锦天城法律实务丛书

ALLBRIGHT
LAW OFFICES
锦天城

THE PATHWAY
FOR DOMESTIC AND OVERSEAS
LISTING OF HEALTH-CARE ENTERPRISES

医疗健康企业
境内外上市之路

上海市锦天城律师事务所
医疗健康与医药行业委员会
证券与资本市场专业委员会
主编

法律出版社 LAW PRESS · CHINA
北京

图书在版编目(CIP)数据

医疗健康企业境内外上市之路/上海市锦天城律师事务所医疗健康与医药行业委员会,证券与资本市场专业委员会主编. -- 北京:法律出版社,2023(2023.7 重印)
(锦天城法律实务丛书)
ISBN 978-7-5197-7700-5

Ⅰ.①医… Ⅱ.①上… ②证… Ⅲ.①制药工业-上市公司-工业企业管理-研究-中国 Ⅳ.①F426.7

中国国家版本馆 CIP 数据核字(2023)第 046234 号

锦天城法律实务丛书	医疗健康企业境内外上市之路 YILIAO JIANKANG QIYE JINGNEIWAI SHANGSHI ZHILU	上海市锦天城律师事务所 医疗健康与医药行业委员会 证券与资本市场专业委员会	主编	策划编辑 薛 晗 田 浩 责任编辑 薛 晗 田 浩 装帧设计 臧晓飞

出版发行 法律出版社
编辑统筹 法商出版分社
责任校对 王 丰 郭艳萍
责任印制 胡晓雅
经 销 新华书店

开本 710 毫米×1000 毫米 1/16
印张 44.5 字数 740 千
版本 2023 年 6 月第 1 版
印次 2023 年 7 月第 2 次印刷
印刷 三河市龙大印装有限公司

地址:北京市丰台区莲花池西里 7 号(100073)
网址:www.lawpress.com.cn
投稿邮箱:info@lawpress.com.cn
举报盗版邮箱:jbwq@lawpress.com.cn

销售电话:010-83938349
客服电话:010-83938350
咨询电话:010-63939796

书号:ISBN 978-7-5197-7700-5
定价:168.00 元
凡购买本社图书,如有印装错误,我社负责退换。电话:010-83938349

序　言

锦天城作为一家服务全球并享有盛誉的综合性律师事务所，以卓越服务、一流品牌为目标，坚持规范化、专业化、数字化、国际化发展，持续进行法律专业服务的升级与迭代。锦天城历来从“法律领域专业化”和“行业领域专业化”两个维度对律师标签进行交叉定位，帮助和敦促锦天城律师成为扎根具体行业、了解行业脉络、明晰行业风险及发展痛点、能够为客户切实提供行业内全流程、全周期法律服务的专家。

目前，锦天城已成立了医疗健康与医药行业委员会等五个行业委员会以及证券与资本市场专业委员会等十四个专业委员会，坚持在行业的背景下为客户提供一站式的精细化和专业化的卓越法律服务。我们一直在密切关注医疗健康与医药产业的动态和发展趋势，并持续优化我们的服务质量。

2015 年政府工作报告提出要“打造健康中国”，“健康中国”相关产业被提升至我国优先发展的战略地位，随着联交所“18A 上市标准”以及上交所科创板“第五套上市标准”的推出，为创新药和创新医疗器械企业提供了历史性的发展机遇，越来越多的境内外私募股权投资基金涌入医疗健康与医药产业，为这个行业的发展注入了一针强心剂。虽然市场偶有波动，但医疗健康与医药产业的私募股权投融资及公开资本市场融资活动一直备受关注。

医疗健康与医药产业是资金、技术和人才密集型产业，国际生物医药行业有个流行的说法叫“10 年 10 亿美金 10%”，即研发一款新药需要花费 10 年时间，投入10亿美金，不到10%的成功率。在医药与生物科技、医疗技术与器械、数字与AI健康全面爆发的当下，涉及生命健康领域的技术平台空前多样化，组合创新成为一种新的创新模式；相较于之前更青睐技术的创新性与独特性，我们的实务经验显示，现在全球资本市场也同样关注对创新药和创新器械的商业化现状和预期。

近年我国资本市场全面注册制改革有条不紊的推进，中国处于临床阶段的创新药和创新器械企业在符合条件时，一般首先选择"第五套上市标准"去科创板上市，或者选择18A上市标准去联交所上市，暂时不符合科创板和联交所上市标准的企业，则大多倾向于选择去美股发行上市，以满足企业发展的资金需求，并与投资人共享发展机遇。根据我们不完全的统计数据显示，截至2023年3月底，已有19家采用科创板第五套标准以及56家采用联交所18A标准成功上市的医疗健康与医药企业。

作为国内最早开始关注并持续服务医疗健康与医药产业的律师事务所之一，锦天城医疗健康与医药行业委员会有约80名合伙人和约400名执业律师专注于为本行业的客户提供优质的专业服务，积累了丰富的行业法律服务经验。

锦天城在医疗健康与医药行业服务的客户和业务类型涵盖了全产业链和细分领域，包括但不限于药品研发、临床实验研究、药品生产、生物制药、医疗器械研发与生产、许可及经销、医院和其他医疗服务商、康养和保健服务等。锦天城医疗健康与医药行业委员会的律师们可以为本行业的客户提供全生命周期的法律服务，包括但不限于境内外经营实体的发起设立、跨境双向投融资、知识产权、公司运营及合规治理、私募股权与风险投资、并购重组、境内外资本市场、争议解决等。

鉴于医疗健康行业具有高度政策驱动和强监管的属性，相较于其他行业，呈现出了行业监管标准更高、业务资质监管更细、上市审查监管更严等特点。作为深耕医疗健康领域的法律服务提供者，锦天城律师凭借根植行业多年的执业经验并通过对大量案例的深入研究，洞悉最前沿的医疗健康行业政策和监管动态，善于针对其行业特性为企业"量体裁衣"提供个性化法律服务，帮助企业防范法律监管风险，并助力企业在新的市场环境中及时抓住时代机遇，在资本市场中获得新活力和新机遇。

序 言

为更好地发挥专业优势，积极践行社会责任，锦天城医疗健康与医药行业委员会携手锦天城证券与资本市场专业委员会，组织锦天城事务所内的一线专家律师，结合实务操作经验，倾力撰写《医疗健康企业境内外上市之路》一书。

全书由五章构成，分别介绍了企业上市地或板块的选择、经典案例分析（分两章展开）、境内外上市的审核关注点以及上市的信息披露要求，对医疗健康企业上市的核心关注点进行了系统梳理与总结，通过复盘解析医疗健康企业境内外上市经典案例，为有IPO意向的医疗健康企业及有意投身该行业领域的相关人士提供参考，助力更多医疗健康企业顺利上市融资。本书在编撰之初，考虑了下述三个期望：

一是期望实战性强。专业分享，立足案例。全书一共五章，除了在每个章节都会涉足案例介绍外，还另辟两章重点介绍了12个经典案例，每个案例都有自己的特色，比如首家H＋科创板模式的昊海生物、首家四价流感疫苗企业以科创板第五套标准成功上市的金迪克等等；著书立说，作者与实践者合二为一。本书不少的案例是锦天城服务过的案例，律师本人把案例还原分享给大家，原汁原味，非常难得。

二是期望融合度高。法律服务、医疗健康、资本市场三者之间，法律服务是专业基础，医疗健康是产业特性，资本市场是金融工具，在新的产业发展和资本市场格局下，律师除了自身专业化之外，也需要熟悉产业发展特色、洞悉资本市场规则。本书立足医疗健康企业行业特色，嵌入式地条分缕析介绍法律和资本市场规则，最大可能地实现法律、行业、资本市场三者的融合。

三是期望实效新和覆盖面广。产业在发展，商业环境在变化，法律和资本市场规则也在不断优化，书籍在编撰过程中，有时就会遇到产业新政策或规则的调整，付梓之后，纸质必然成为过去时。但我们还是尽力地保持规则上与时俱进，同时也分别介绍了中美两国市场的上市规则和各自的经典案例，给医疗健康企业提供更多的上市地的路径选择。

为了实现上述三个期望，我们做了不少的努力，梳理规则、回顾自己的实战案例、学习借鉴同行的优秀经验，但是囿于能力所限以及时间紧迫，不足之处还望各位方家和读者不吝赐教。

锦天城，风雨砥砺，一路前行，离不开各位专家、客户和各界朋友的信任和帮助，在此一并表示致谢。以本书的出版为契机，真诚希望与更多的医疗健康企业携手，发挥锦天城的专业优势，让资本市场服务实体经济，促进产业和资本市场的良性互动，共同为打造一个规范、透明、开放、有活力、有韧性的资本市场贡献力量。

是为序。

上海市锦天城律师事务所

主任：顾功耘

2023 年 6 月

目·录

第三章 医疗健康企业境内外上市经典案例之二

第四章 医疗健康企业境内外上市的核心关注点

第五章 美国上市公司的信息披露规定

第一章 医疗健康企业的资本市场选择

一、医疗健康企业近年来境内外首次公开发行概况

（一）医疗健康行业企业近年融资概况①

众所周知，医疗健康行业属于资金和技术密集型行业，融资需求旺盛。据第三方不完全统计显示，2011 年至 2018 年，医疗健康行业投融资金额总体呈较为稳定增长状态，单项投资金额总额趋高。2011 年投融资总金额为 51. 13 亿元，2020 年投融资金额为 1820. 73 亿元，近 10 年的年均复合增长率高达 42%。在国内资管新政的影响下，一级市场私募股权基金募资情况受到一定影响，因此受企业融资情况短期波动影响，2018 年至 2020 年我国健康服务行业投融资金额呈波动状态。2020 年医疗健康行业投融资中，生物制药领域最受资本关注；其次为医疗器械领域，占医疗健康投融资项目数量总数的 20%；2020 年医疗信息化领域获得高额融资，为资本新宠；上海和北京的医疗健康行业投融资项目最多，其次是广东和江苏。②（见图 1 - 1）

---

① 肖浩，国际法学硕士，锦天城合伙人，广州办公室证券与资本市场专业委员会召集人，历任上海市律师协会第十届并购重组业务研究委员会委员、广州市律师协会第十届证券法律专业委员会委员。

② 参见《2021 年中国医疗健康行业投融资现状与投资事件汇总（全）》，载 https：//baijiahao. baidu. com/s？id = 1698345864827472358&wfr = spider&for = pc，最后访问日期：2022 年 12 月 22 日。

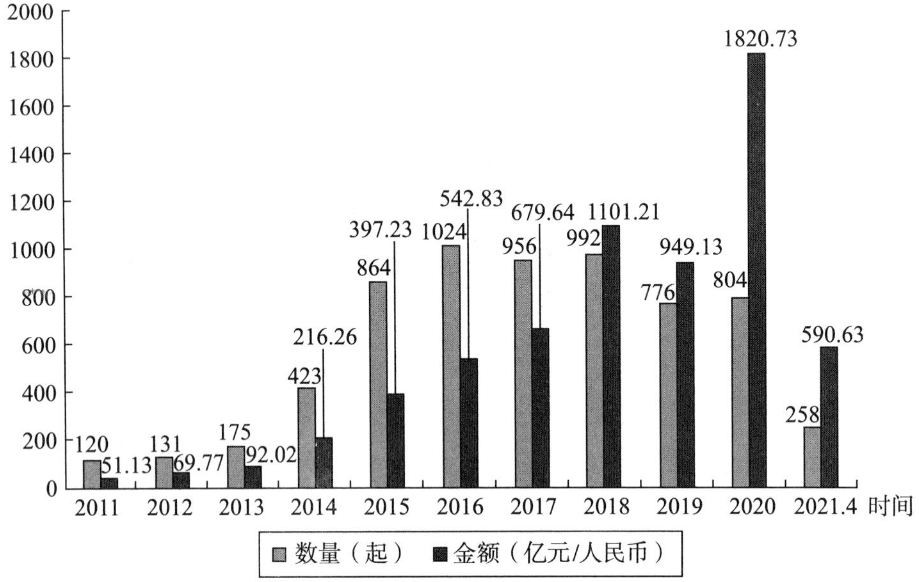

图1－1　2011年至2021年4月医疗健康行业投融资情况

对部分重点地区进行了健康医疗投融资事件的统计，从地域分布来看，2020年以来我国健康服务行业投融资数上海融资项目最多，上海融资项目数量为253起，占融资项目总量的26.7%；其次为北京、江苏和广东，融资项目数量分别为227起、166起和161起。生物技术与制药融资事件主要发生在上海和江苏，医疗信息化领域以及医疗器械及硬件领域的融资主要发生在上海和北京。（见表1－1）

表1－1　2020年至2021年4月中国医疗健康行业部分区域投融资情况　　单位：起

地域	医药电商	寻医诊疗	专科服务	健康保健	医生服务	医疗器械及硬件	医疗信息化	生物技术和制药	医疗机构	其他医疗服务	医疗综合服务	总计
北京	6	16	24	3	2	45	27	76	16	2	10	227
上海	2	11	18	11	—	55	34	106	12	—	4	253
广东	1	3	13	7	—	41	14	62	12	4	4	161
江苏	2	3	6	2	—	42	9	96	3	1	2	166
浙江	3	4	6	—	—	20	11	50	9	2	6	111
山东	—	—	1	—	—	3	3	—	12	—	—	19

续表

地域	医药电商	寻医诊疗	专科服务	健康保健	医生服务	医疗器械及硬件	医疗信息化	生物技术和制药	医疗机构	其他医疗服务	医疗综合服务	总计
安徽	—	1	—	—	—	1	1	—	—	—	—	3
重庆	—	—	—	—	—	—	—	1	—	—	1	2
福建	—	1	—	1	—	—	2	1	—	1	1	7
总计	14	39	68	24	2	207	101	392	64	10	28	949

从投融资领域分布来看，生物技术与制药行业项目数量最多，投融资项目数量为465起，占项目总数的43.79%，其中肿瘤药物与免疫药物是主要细分投资领域。近年来，我国医疗器械市场一直保持较高的增速水平，是投资热点之一。据公开数据显示，2020年我国医疗器械市场规模达7765亿元，2014年至2018年这一领域的年复合增长率（Compound Annual Growth Rate，CAGR）为20.02%。2020年至2021年4月医疗器械投融资项目数量为223起，在医疗健康行业投融资项目中占比为21%，排名第二。2020年至2021年4月，医疗信息化的融资项目数量为109起，占项目总数的10%，在医疗健康行业投融资细分领域中排名第三。专科服务投融资项目共76起，在医疗健康行业投融资项目中占比为7%，排名第四。（见图1－2）

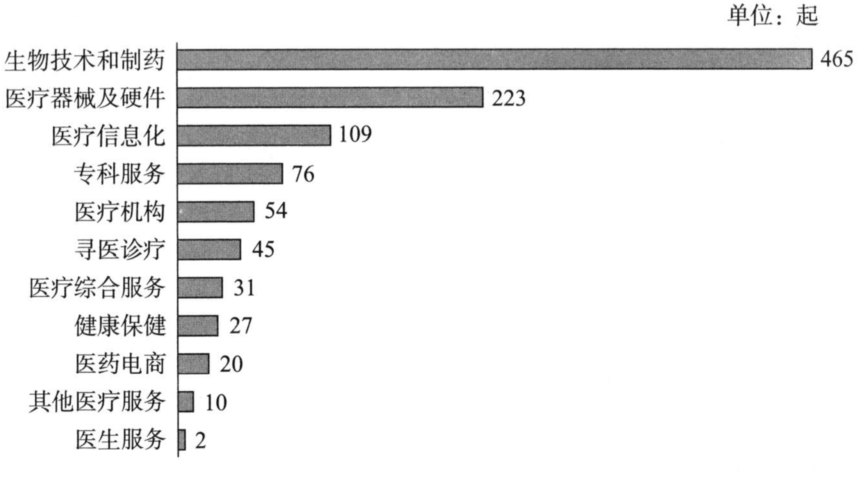

图1－2　2020年至2021年4月中国医疗健康行业投融资重要领域分布情况

在生物制药方面，三叶草生物制药、海和生物、乐普生物、益方生物、海创药业等企业专注于抗肿瘤创新药、肿瘤免疫治疗药物，融资金额都在10亿元以上。其中三叶草生物制药正在开发新型生物制剂和差异化生物仿制药组合以治疗自身免疫、癌症和传染病，于2021年2月完成2.3亿美元C轮融资，投资方中有高瓴创投、淡马锡等国际知名投资机构。

2020年以来，许多医疗信息化企业获得大额融投资。零氪科技作为人工智能与医疗大数据平台，于2020年9月完成7亿元D+轮融资。思派健康科技是专注于肿瘤领域的数据平台，在2020年12月完成近20亿元E1轮融资。

健康险赛道也迎来了融资高峰，2019年上半年就有水滴公司、妙健康等6家公司完成超20亿元融资。2019年7月8日，圆心惠保、诺惠医疗、栈略数据三家企业甚至同时在动脉网宣布融资消息。2020年，暖哇科技、寰宇关爱等互联网健康保险及数据化平台完成超10亿元的融资。

根据IT桔子数据统计，2020年至2021年国内医疗健康产业出现了多笔1亿美元以上的大额融资，重要融资项目情况如表1－2所示。

表1－2　2020年至2021年医疗健康行业重要融资项目情况

序号	企业	融资时间	融资轮次	融资金额	投资方
1	鼎康生物	2021年3月26日	A+轮	1.9亿美元	富达投资、瑞伏医疗健康基金等
2	宜明昂科	2021年3月24日	C轮	8900万美元	大湾区共同家园发展基金、礼来亚洲基金等
3	阿康健康	2021年3月17日	B轮	2亿元	中金启德、中科科创等
4	晟斯生物	2021年3月4日	B轮	8亿元	海通开元、倚峰资本、华融融德等
5	微医	2021年2月26日	Pre－IPO	4亿美元	红杉资本中国、千禧资本等
6	药明奥测	2021年2月24日	B轮	1.5亿美元	拾玉资本、赛默飞世尔科技、农银国际等

续表

序号	企业	融资时间	融资轮次	融资金额	投资方
7	三叶草生物制药	2021年2月23日	C轮	2.3亿美元	高瓴创投、淡马锡等
8	上药云健康	2021年2月19日	B轮	10.33亿元	建投投资、上海生物医药基金等
9	妙手医生	2021年2月9日	E轮	30亿元	红杉资本中国、腾讯投资、中信证券等
10	艾迪康	2021年1月26日	战略投资	8800万美元	奥博资本、千骥资本等
11	丁香园	2020年12月28日	E轮	5亿美元	腾讯投资、高瓴创投等
12	盟科医药	2020年12月21日	E轮	7亿元	中泰创投、德同资本等
13	思派健康	2020年12月21日	E轮	20亿元	腾讯投资、时代资本等
14	鹍远基因	2020年12月15日	B轮	10亿元	中金启德、上海复容投资、德同资本等
15	111集团	2020年12月10日	Pre－IPO	10亿元	软银中国等
16	优锐医药	2020年12月8日	D轮	1.81亿美元	RTW Investments、康桥资本、经纬中国等
17	科兴中维	2020年12月7日	战略投资	5亿美元	中国生物制药
18	华昊中天	2020年11月26日	Pre－IPO	8.9亿元	倚峰资本、经纬中国、建银国际等
19	臻和科技	2020年10月26日	E轮	10亿元	国调基金、泰康资产等
20	叮当快药	2020年10月20日	B＋轮	10亿元	泰康资产、海尔医疗、招银国际等
21	思路迪诊断	2020年10月19日	战略投资	15亿元	中信产业基金、中金资本等

续表

序号	企业	融资时间	融资轮次	融资金额	投资方
22	卫宁健康	2020年10月13日	战略投资	14亿元	京东健康、药明康德
23	益方生物	2020年9月28日	D轮	10亿元	高瓴创投、启明创投等
24	晶泰科技	2020年9月28日	C轮	3.188亿美元	人保资本、晨兴资本等
25	乐普生物	2020年9月26日	B轮	12.91亿元	阳光人寿、平安资本等
26	太美医疗科技	2020年9月25日	F轮	12亿元	腾讯投资、高瓴创投、云锋基金等
27	百奥赛图	2020年9月16日	D+轮	9.7亿元	招银国际、国投创业等
28	零氪科技	2020年9月7日	D+轮	7亿元	中金资本、优山资本
29	微创医疗机器人	2020年9月3日	战略投资	30亿元	高瓴创投、贝霖资本等
30	信诺维	2020年8月26日	C轮	10亿元	正心谷创新资本、中金启德基金等
31	水滴公司	2020年8月20日	D轮	2.3亿美元	腾讯投资、IDG资本等
32	京东健康	2020年8月18日	B轮	8.3亿美元	高瓴创投等
33	海和生物	2020年7月24日	B轮	12亿元	华平投资、招银国际等
34	和铂医药	2020年7月10日	C轮	1.028亿美元	大湾区共同家园发展基金等
35	博奥晶典	2020年6月30日	战略投资	8亿元	广东博意设计院、中国石化集团资本等
36	药明巨诺	2020年6月9日	B轮	1亿美元	正心谷创新资本、淡马锡等

续表

序号	企业	融资时间	融资轮次	融资金额	投资方
37	云顶新耀	2020年6月5日	C轮	3.1亿美元	建峻实业投资、康桥资本、兰亭投资等
38	嘉和生物	2020年6月1日	B轮	1.6亿美元	淡马锡、华润正大生命科学基金等
39	华大智造	2020年5月28日	B轮	10亿美元	IDG资本、CPE源峰、华兴新经济基金等
40	沛嘉医疗	2020年5月13日	F轮	1.51亿美元	国调基金、富达投资等
41	开拓药业	2020年5月13日	F轮	1.15亿美元	格力电器、弘晖资本等
42	联亚药业	2020年5月9日	E轮	10亿元	君联资本、拾玉资本等
43	三博医疗	2020年5月8日	B轮	8亿元	泰康、易凯未来产业基金等
44	迈威生物	2020年4月29日	A轮	19.7亿元	拾玉资本、东方富海、正心谷创新资本等
45	天广实	2020年4月16日	C轮	11.3亿元	中金启德、中信证券等
46	微创心通	2020年4月16日	战略投资	1.3亿美元	CMP Cardio Investment、AUT-XVI Holdings等
47	康方生物	2020年4月14日	F轮	1.63亿美元	奥博资本、博裕资本等
48	传奇生物	2020年3月31日	战略投资	1.5亿美元	礼来亚洲基金、强生创投、维梧资本等
49	华兰生物	2020年3月27日	战略投资	20.7亿元	高瓴创投、晨壹基金

续表

序号	企业	融资时间	融资轮次	融资金额	投资方
50	荣昌生物	2020 年 3 月 16 日	战略投资	1 亿美元	礼来亚洲基金、清池资本等
51	泰和诚医疗	2020 年 3 月 16 日	战略投资	7 亿元	中信兴业
52	大安制药	2020 年 2 月 18 日	战略投资	11.22 亿元	君正集团
53	智云健康	2020 年 1 月 8 日	D 轮	10 亿元	LB 投资、IDG、美年大健康等

如果把视野拓展到包括已经上市的医疗健康行业的整个资本市场，以 2020 年全年为节点，融资额最大的项目来自华大智造 B 轮 70 亿元融资，创下中国基因测序领域最大融资金额纪录。京东健康 B 轮 58.3 亿元融资紧随其后，并在 12 月 8 日登陆港交所，成为继阿里健康、平安好医生后又一家上市的互联网医疗企业。丁香园 E 轮 35 亿元融资与科兴中维 35 亿元战略融资并列第三。在 2020 年的特殊背景下，医疗健康领域自然少不了与新冠相关的企业，科兴中维正是成功研发新冠疫苗的企业之一，其新冠灭活疫苗将投入接种，日产数十万剂。①（见图 1－3）

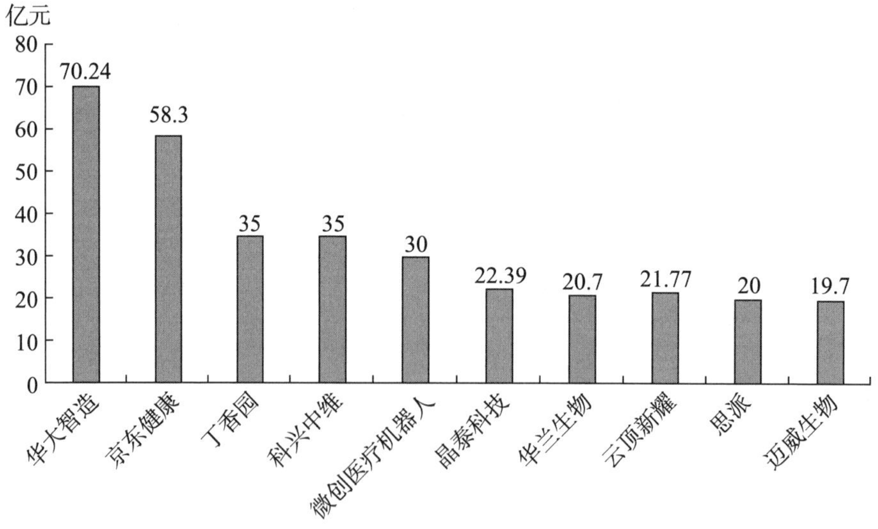

图 1－3　2020 年医疗健康领域融资金额 TOP 10 企业

① 参见《虎博科技发布 2020 年中国一级市场盘点：医疗向前，资本向后》，载 http：//cn.dailyeconomic.com/roll/2021/01/14/143399.html，最后访问日期：2023 年 3 月 8 日。

（二）医疗健康企业近年境内外首次公开发行概况

2020年是科创板开板的第二年，也是其运行的首个完整年度。截至2020年12月31日，在人民币普通股（A股）首次公开募股（Initial Public Offering, IPO）上市的医药生物企业共42家，首发募集资金净额合计约520亿元，其中在科创板上市的企业有28家，占全部企业数量的比例超过65%，首发募资净额合计约390亿元，占比约为75%。无论是从企业数量占比还是首发募资净额合计占比来看，科创板都已成为A股医药生物企业的IPO“重地”。（见图1-4）

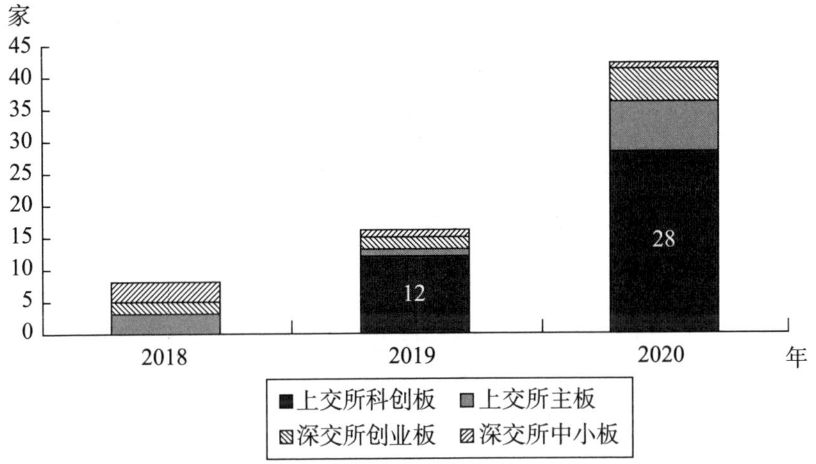

图1-4　2018年至2020年A股各板块生物医药企业IPO数量

不过，从单笔募资额度来看，科创板明显低于香港交易所（Hong Kong Exchanges and Clearing Limited HKEx，以下简称港交所）。28家企业中，除康希诺、君实生物首发募资净额在40亿元以上，其余企业除悦康药业外，首发募资净额均在20亿元以下。

近两年，虽然港交所破发频现，但就医药生物企业而言，截至2020年12月31日，《香港联合交易所有限公司证券上市规则》第18A章推出后上市的企业中，康希诺、信达生物、康龙化成、君实生物、药明康德、维亚生物上市以来涨幅超过100%。

自2019年12月中国证监会发布《上市公司分拆所属子公司境内上市试点若干规定》（现已失效）以来，多家上市公司披露分拆计划，医药生物是企业数量最多的行业之一。辽宁成大、长春高新、天士力、威高股份分别分拆成大生物、百克生物、天士生物、威高骨科赴科创板独立上市；华兰生物分拆华兰疫苗赴创业板独立上市。此外，乐普医疗、迪安诊断、微创医疗等也陆续披露了分拆计划。① 可见，医疗健康企业是以上政策的最大受益者，根据自身业态进行分拆上市，全球多地资本市场联动融资已经成为市场共识。（见图 1－5）

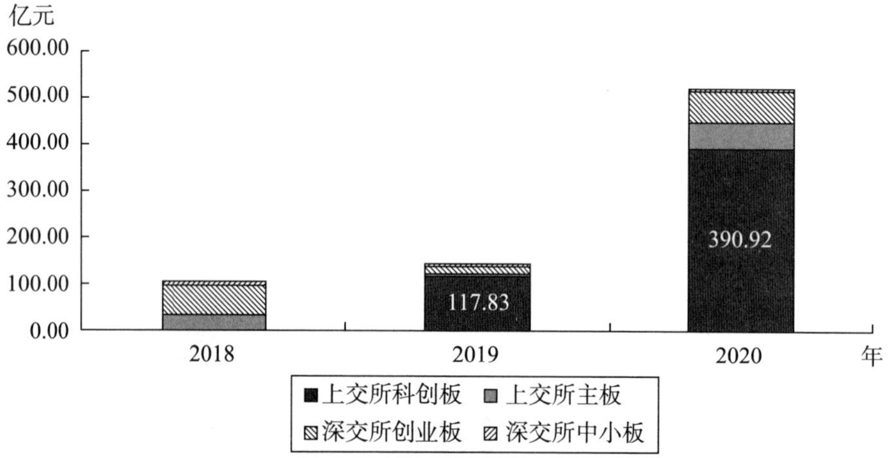

图 1－5　2018～2020 年 A 股各板块生物医药企业首发募集资金净额合计

（三）医疗健康企业近年上市概况

根据我们收集到的公开统计数据显示，截至 2022 年 9 月 30 日，与国内资产或业务相关的医疗健康行业上市企业共计 676 家，其中 61.7% 的企业选择在沪深两地上市，分别为在上海证券交易所（以下简称上交所）上市的有 204 家，占比 30.1%，在深圳证券交易所（以下简称深交所）上市的有 241 家，占比 35.6%；在北京证券交易所（以下简称北交所）上市的有 14 家，占比 2%；187 家企业选择在港交所上市，占比 27.7%；4% 的企业选择在美国上市，其中选择在纳斯达克证券交易所（以下简称纳斯达克）上市的有 23 家，在纽约证券交易所（以下简称纽交所）上市的有 4 家，还有 4 家选择在新加坡上市，占比 0.6%。（见图 1－6、图 1－7）

截至 2022 年 9 月 30 日，从行业分布情况来看，按照资本市场的划分口径，

① 参见于晓宇：《2020 医药生物企业上市地选择：港交所、科创板、创业板对比》，载 http://openapi.jrj.com.cn/flipboard/2020/12/31/31613275.shtml，最后访问日期：2021 年 9 月 9 日。

药企数量最多，共300余家，其中西药214家、中药88家、药品零售11家；生物科技类企业①紧随其后，共有130家；② 医疗保健领域有103家，③ 保健护理领域有97家；④ 生命科学工具和服务类企业有34家。⑤（见图1－8）

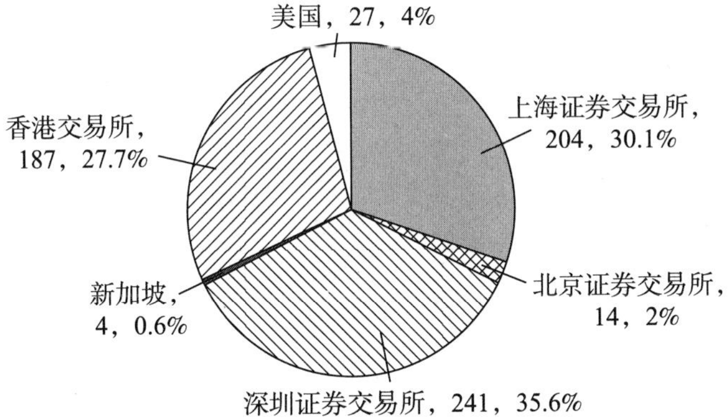

图1－6　医疗健康行业上市公司上市地点分布

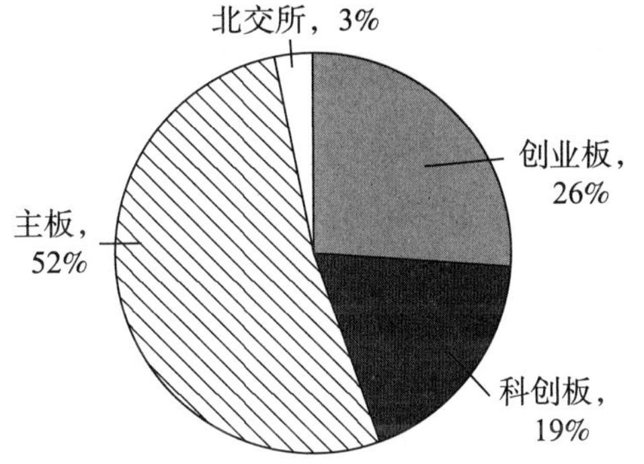

图1－7　医疗健康企业境内上市板块分布

---

① 根据国家发展改革委印发的《"十三五"生物产业发展规划》，生物科技又称生物技术，以现代生命科学为基础，结合先进的工程技术手段和其他基础学科的科学原理，按照预先的设计改造生物体或加工生物原料，为人类生产出所需新产品或达到某种目的。生物技术分为基因工程、细胞工程、酶工程、蛋白质工程、发酵工程5个方面的技术，其中与医疗健康相关的包括了生物医药产业和生物医学工程，载前瞻网，https：//www. qianzhan. com/wenda/detail/190327－186bc35d. html，最后访问日期：2021年9月20日。

② 例如，华大基因、智飞生物、百奥泰都被分类为生物科技类企业。

③ 细分来讲，平安好医生属于医疗保健技术企业，迈瑞医疗属于医疗保健设备企业，乐普医疗属于医疗保健用品企业。

④ 例如，澳洋健康、迪安诊断、爱尔眼科均被归类为保健护理类企业。

⑤ 例如，泰格医药、药明康德、成都先导、博济医药等均属于生命科学工具和服务企业。

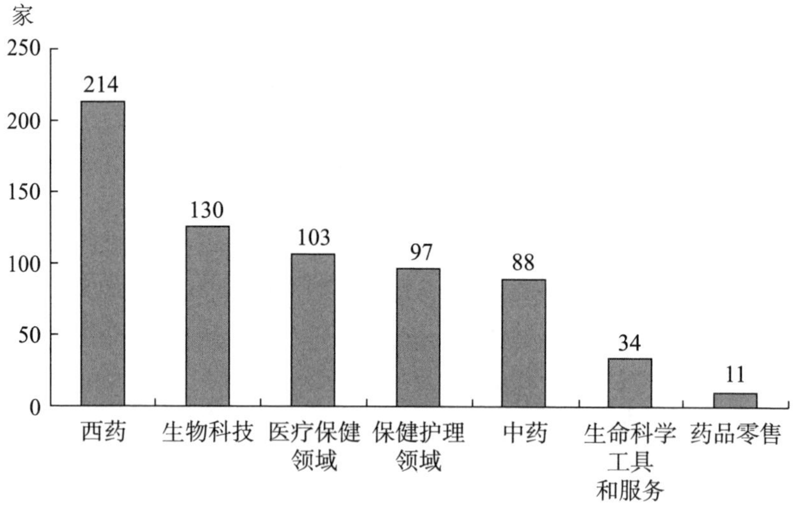

图1-8　医疗健康行业上市公司行业分布

截至2022年9月30日，根据我们收集到的数据显示，医疗健康行业上市公司的行业平均市值中生命科学工具和服务行业最高，为480.51亿元；生物科技行业的平均市值为253.04亿元，紧随其后，具体如图1-9所示。

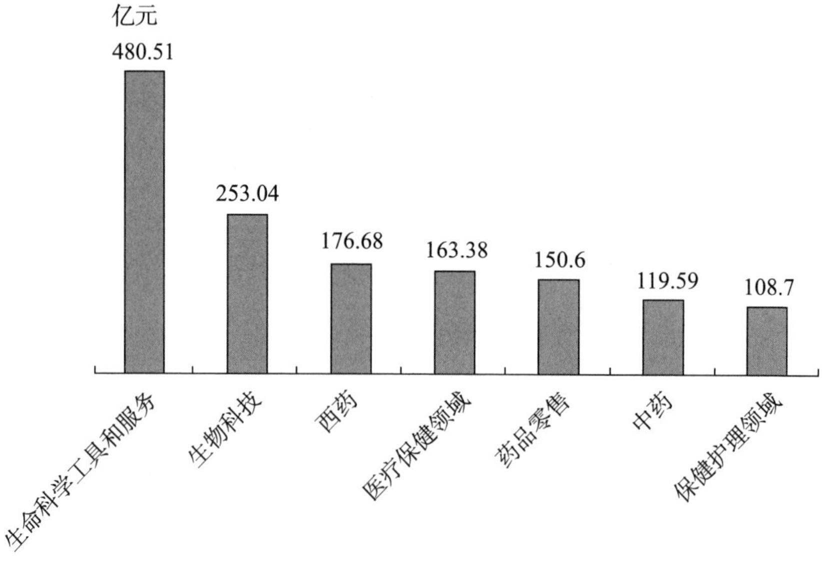

图1-9　医疗健康行业上市公司行业最新平均市值

以下内容为医疗健康行业上市后在不同资本市场的表现。首先从行业分类来看，主板自2016年以来上市新股主要集中于信息技术、可选消费、医疗保健、必需消费、工业、原材料、金融和公用事业8个行业；科创板自2020年以来上市新股主要集中于信息技术、医疗保健、工业和原材料4个行业；创业板注册制改革后上市新股主要集中于信息技术、可选消费、必需消费、医疗保健、工业和原材料6个行业。从上市首日表现来看，改革后创业板医疗保健行业表现显著优于整体，涨幅中位数跑赢整体370.71%；科创板中医疗保健行业表现稳居前列，位于涨幅中位数151.5%附近。①

表1-3 A股科创板各行业新股上市后表现

A股科创板	上市日	3个交易日	1周	2周	1月	3月	6月	1年	#
信息技术	166.0%	138.0%	132.6%	131.3%	131.8%	119.6%	93.09%	49.6%	82
可选消费	93.9%	122.6%	110.5%	116.6%	109.1%	38.99%	249.5%	279.9%	4
医疗保健	129.9%	120.9%	116.1%	129.4%	126.2%	106.7%	57.6%	222.7%	54
工业	144.6%	113.5%	98.1%	104.5%	93.9%	83.3%	52.4%	14.6%	72
原材料	166.8%	143.9%	143.1%	140.2%	109.3%	103.2%	106.3%	115.6%	27
能源	143.6%	140.8%	94.9%	82.49%	84.4%	43.8%	-2.2%	—	1
公用事业	84.2%	62.5%	54.4%	60.8%	51.5%	10.9%	19.0%	—	1
整体	151.5%	127.4%	120.2%	117.2%	111.9%	101.2%	70.6%	79.9%	241

表1-4 A股创业板注册制改革前后各行业新股上市后表现

注册制改革前（2016年1月1日~2020年8月23日）								
A股创业板	上市日	3个交易日	1周	2周	1月	3月	6月	1年
信息技术	44.0%	91.7%	180.5%	253.6%	219.6%	229.9%	155.6%	122.2%
可选消费	44.0%	91.7%	156.3%	163.5%	130.6%	144.8%	113.89%	40.5%
医疗保健	44.0%	91.6%	162.8%	185.2%	194.8%	146.0%	179.0%	150.2%
必需消费	44.0%	91.7%	110.8%	104.1%	149.5%	87.8%	156.6%	49.1%
工业	44.0%	91.7%	157.8%	145.8%	112.5%	100.5%	81.1%	44.8%

① 参见王汉锋、寇玥：《中资企业上市择时、择地、择势》，载《中金公司证券研究报告》2021年8月29日。

续表

注册制改革前（2016 年 1 月 1 日 ~ 2020 年 8 月 23 日）								
原材料	44.0%	91.7%	180.5%	173.5%	149.9%	142.0%	101.8%	64.0%
能源	44.0%	91.6%	121.4%	98.2%	88.2%	93.8%	—	—
整体	44.0%	91.7%	175.6%	182.7%	156.8%	141.5%	135.5%	74.8%
注册制改革后（2020 年 8 月 24 日 ~ 2021 年 7 月 30 日）								
A 股创业板	上市日	3 个交易日	1 周	2 周	1 月	3 月	6 月	#
信息技术	191.7%	164.3%	140.0%	120.1%	106.3%	64.8%	49.3%	31
可选消费	201.09%	157.89%	142.5%	130.9%	100.1%	133.6%	23.7%	25
通信服务	140.1%	74.2%	54.9%	49.7%	39.9%	32.6%	—	2
医疗保健	578.7%	364.9%	311.0%	322.6%	371.79%	436.79%	249.0%	9
必需消费	233.5%	219.9%	190.7%	233.8%	301.3%	289.0%	242.0%	13
工业	216.5%	161.0%	158.8%	137.2%	146.4%	94.5%	68.5%	52
原材料	224.3%	202.0%	147.1%	157.9%	147.8%	147.79%	112.5%	20
房地产	153.5%	187.19%	125.3%	112.29%	100.29%	131.3%	—	1
公用事业	189.99%	178.6%	135.9%	94.7%	108.0%	103.1%	44.2%	2
整体	207.99%	181.2%	152.39%	131.99%	127.2%	104.0%	72.59%	155

而在港股和美股的各行业当中，医疗保健行业的上市日均强于整体涨幅中位数，稳居前四。在上市后半年及一年期来看，港股上市医疗保健行业分别要跑赢整体涨幅 14.8% 和 21.7%，详见表 1－5；而美股上市医疗保健行业则分别要跑赢整体涨幅 41.2% 和 69.3%，详见表 1－6。

表 1－5　港股主板各行业新股上市后表现

港股	上市日	3 个交易日	1 周	2 周	1 月	3 月	6 月	1 年	#
信息技术	7.2%	8.9%	7.5%	6.7%	11.1%	7.6%	13.0%	－4.8%	44
可选消费	1.6%	0.8%	0.0%	0.2%	－2.1%	－5.4%	－7.0%	－12.0%	132
通信服务	3.7%	6.2%	5.0%	4.1%	5.9%	8.7%	－3.9%	－27.6%	43
医疗保健	7.9%	5.5%	9.0%	3.2%	4.9%	14.6%	7.8%	14.3%	84
必需消费	13.1%	13.2%	14.1%	11.7%	13.4%	－3.6%	－3.6%	－18.3%	23

续表

港股	上市日	3个交易日	1周	2周	1月	3月	6月	1年	#
工业	2.5%	1.0%	0.0%	-1.1%	-4.0%	-10.4%	-19.2%	14.0%	163
原材料	2.8%	2.9%	0.0%	-3.7%	0.3%	-1.7%	-6.9%	-4.4%	29
房地产	1.0%	0.4%	0.3%	0.0%	0.5%	4.0%	7.2%	1.0%	70
能源	0.5%	1.3%	-2.8%	-8.8%	-10.8%	-17.3%	-26.5%	-33.0%	8
金融	0.0%	0.0%	0.0%	0.0%	-3.7%	-2.8%	-6.3%	-6.1%	47
公用事业	-1.3%	-2.0%	-3.3%	-0.6%	-2.1%	-6.4%	-12.4%	-19.5%	11
整体	2.1%	1.0%	0.2%	0.0%	-1.0%	-0.7%	-7.0%	-7.4%	654

表1-6　美国中概股各行业新股上市后表现

美股	上市日	3个交易日	1周	2周	1月	3月	6月	1年	#
信息技术	5.1%	3.2%	2.5%	0.1%	10.2%	4.5%	-7.2%	-28.8%	21
可选消费	1.2%	-0.5%	-1.2%	-5.3%	-9.4%	-5.4%	-27.7%	-32.7%	47
通信服务	4.8%	0.0%	0.5%	-0.6%	-11.8%	-14.1%	-22.7%	-37.9%	24
医疗保健	9.6%	4.4%	-0.4%	-1.4%	-1.3%	-3.7%	19.9%	24.4%	18
工业	6.3%	10.9%	-2.0%	-11.4%	1.0%	-9.8%	-25.2%	-47.4%	13
原材料	44.0%	69.8%	58.2%	69.6%	68.6%	43.6%	4.5%	-62.7%	5
房地产	3.8%	12.1%	-2.9%	-12.1%	-19.0%	-27.1%	-39.9%	-65.3%	3
金融	16.9%	5.2%	1.2%	1.4%	-5.8%	1.1%	-26.0%	-49.3%	26
整体	5.2%	1.6%	0.1%	0.0%	-3.9%	-5.5%	-21.3%	-44.9%	157

（四）医疗健康企业近年境内上市被否概况

根据我们收集到的公开数据显示，自证券发行保荐制度于2004年2月1日在资本市场登上历史舞台之日起至2022年9月30日，历年来IPO被否的项目共计418例，其中涉及医疗健康行业的企业有37例，被否原因集中在核心技术、销售费用、关联交易合理性和公允性以及持续盈利能力等方面，极个别存在信息披露真实性和完整性问题，具体如表1-7所示。

表 1-7　保荐制以来 IPO 被否的医疗健康行业项目概况（截至 2022 年 9 月 30 日）

序号	企业名称	申报上市地	被否主要理由	被否时间
1	广州科莱瑞迪医疗器材股份有限公司	深市创业板	（1）主营业务是否具有成长性，是否符合创业板定位存疑 （2）“带量采购”和“两票制”政策对发行人业务的影响 （3）公司经销销售、境外销售情况、以经销模式为主的原因不明确	2022 年 9 月 22 日
2	江苏伟康洁婧医疗器械股份有限公司	深市创业板	经营业绩是否具有成长性，是否符合创业板定位存疑	2022 年 8 月 26 日
3	中健康桥医药集团股份有限公司	深市主板	（1）核心产品仿制药存在：第三方知识产权是否存在纠纷不明确、复合增长率不明确、尚未通过一致性评价、夸大功效误导消费者、持续利益问题、外部数据真实性问题 （2）销售费用中市场推广服务费占比较高	2022 年 6 月 2 日
4	上海吉凯基因医学科技股份有限公司	沪市科创板	（1）核心技术先进性存疑 （2）销售费用率过高 （3）持续盈利能力存疑	2021 年 9 月 22 日
5	上海海和药物研究开发股份有限公司	沪市科创板	核心产品存在技术依赖，研发能力存疑	2021 年 9 月 17 日
6	苏州林华医疗器械股份有限公司	沪市主板	销售费用率过高，涉嫌不正当竞争	2021 年 5 月 27 日
7	武汉珈创生物技术股份有限公司	沪市科创板	核心技术先进性存疑	2021 年 4 月 29 日
8	广东泰恩康医药股份有限公司	深市创业板	（1）持续经营能力存疑 （2）报告期内财务数据真实性存疑	2019 年 8 月 22 日

续表

序号	企业名称	申报上市地	被否主要理由	被否时间
9	江西3L医用制品集团股份有限公司	深市创业板	（1）销售费用率过高，涉嫌不正当竞争 （2）报告期内因产品质量问题受到行政处罚	2019年7月11日
10	苏州富士莱医药股份有限公司	沪市主板	（1）历史沿革、关联方等信息披露完整性存疑 （2）报告期内财务数据真实性存疑	2018年12月18日
11	海南中和药业股份有限公司	沪市主板	销售费用率过高，可能涉嫌不正当竞争	2018年4月17日
12	宁波天益医疗器械股份有限公司	沪市主板	涉嫌通过关联交易等方式输送利益	2018年3月27日
13	深圳市贝斯达医疗股份有限公司	深市创业板	（1）核心技术先进性存疑 （2）违规使用新三板期间所募集资金	2018年1月26日
14	温州康宁医院股份有限公司	沪市主板	（1）涉嫌通过关联交易等方式输送利益 （2）涉嫌滥用会计政策粉饰报表	2018年1月23日
15	安佑生物科技集团股份有限公司	沪市主板	（1）报告期内多次受到行政处罚 （2）核心资产独立性、完整性存疑 （3）报告期内财务真实性存疑	2018年1月23日
16	深圳雷杜生命科学股份有限公司	深市创业板	（1）历史沿革等信息披露的真实性存疑 （2）营收真实性存疑	2018年1月10日
17	稳健医疗用品股份有限公司	沪市主板	报告期内多次受到行政处罚	2017年10月30日

续表

序号	企业名称	申报上市地	被否主要理由	被否时间
18	湘北威尔曼制药股份有限公司	沪市主板	（1）报告期内营收真实性存疑 （2）核心技术先进性存疑	2017 年 10 月 24 日
19	嘉必优生物技术（武汉）股份有限公司	深市创业板	（1）核心技术先进性存疑 （2）涉嫌通过关联交易输送利益	2017 年 7 月 12 日
20	河南润弘制药股份有限公司	沪市主板	（1）涉嫌通过关联交易输送利益 （2）报告期内多次受到行政处罚	2017 年 6 月 23 日
21	四川港通医疗设备集团股份有限公司	沪市主板	涉嫌通过关联交易输送利益	2017 年 5 月 23 日
22	浙江诺特健康科技股份有限公司	深市创业板	与医院合作的合法合规性存疑	2017 年 5 月 10 日
23	重庆圣华曦药业股份有限公司	沪市主板	销售费用率过高，可能涉嫌不正当竞争	2017 年 5 月 2 日
24	南京圣和药业股份有限公司	沪市主板	销售费用率过高，可能涉嫌不正当竞争	2017 年 3 月 27 日
25	长春普华制药股份有限公司	深市创业板	销售真实性、财务规范性、内控有效性存疑	2017 年 2 月 24 日
26	广东百合医疗科技股份有限公司	深市创业板	财务真实性存疑	2017 年 1 月 13 日
27	广东丸美生物技术股份有限公司	沪市主板	经销模式下商品销售真实性存疑	2016 年 11 月 16 日
28	吉林省西点药业科技发展股份有限公司	沪市主板	核心产品知识产权完整性存疑	2016 年 5 月 18 日
29	江西 3L 医用制品集团股份有限公司	深市创业板	内控体系存在重大缺陷	2015 年 5 月 22 日

续表

序号	企业名称	申报上市地	被否主要理由	被否时间
30	广州复大医疗股份有限公司	沪市主板	（1）海外营收真实性存疑 （2）涉嫌虚假宣传	2015年5月22日
31	上海昊海生物科技股份有限公司	深市创业板	（1）股权可能存在重大权属纠纷，信息披露完整性和合理性存疑 （2）向竞争对手采购主要原料，持续盈利能力存疑	2012年9月28日
32	广东利泰制药股份有限公司	沪市主板	主营产品不符合产业政策，持续盈利能力存疑	2012年5月11日
33	珠海亿邦制药股份有限公司	沪市主板	经营模式变化导致持续盈利能力存疑	2012年5月7日
34	浙江九洲药业股份有限公司	沪市主板	募投项目中部分产品可能面临产能过剩风险，投资项目的市场前景和盈利能力具有不确定性	2011年6月13日
35	广东溢多利生物科技股份有限公司	深市创业板	募投项目中部分产品可能面临产能过剩风险，可能对持续盈利能力构成重大不利影响	2011年4月12日
36	诚达药业股份有限公司	深市中小板	募投项目的生产资质尚未取得，可能对持续盈利能力构成重大不利影响	2011年3月30日
37	浙江康乐药业股份有限公司	沪市主板	募投项目的生产资质尚未取得，可能对持续盈利能力构成重大不利影响	2010年11月1日

（五）医疗健康行业企业近年境内外上市地的选择考量因素

在服务各类医疗健康企业的过程中，锦天城律师经常会被客户问及如何选择上市地，可见这已经成为企业发展普遍关注的核心问题。出于对资金的迫切需求和国内IPO规则所限，很多未盈利却为了在科研创新等方面进行持续投入的处在研发潜伏期和业绩成长期的国内医疗健康领域企业在2018年之前，往往会选择去美股上市，而2018年之后港股及A股为了吸引更多优质的企业，纷纷从政策和规则上降低了上市的财务门槛，甚至对未盈利企业亦提供了更多的上市机会，比如：

1. 港交所于2018年在《上市规则》中增加了第18A章，未盈利生物科技公司在满足市值等条件下即可申请在香港挂牌上市。截至2021年6月30日，共有34家未盈利生物科技公司在港交所主板挂牌上市，使得香港成为全球第二大生物科技企业融资中心。

2. 上交所于2019年设立的科创板也为包含人工智能、生物医药等未盈利的科技创新企业开通了国内融资渠道。截至2021年6月30日，已有21家未盈利企业在科创板上市，包括百奥泰、康希诺生物、欧林生物等多家生物科技企业。

3. 深交所于2020年推出的创业板注册制改革，也对未盈利企业给出了更为灵活的2套上市标准，当未盈利企业市值、近一年营业收入达到一定条件时即可申请上市。截至2021年8月20日，迈普医学和雷电微力2家未盈利企业已由创业板上市。

综合对比A股、港股和美股等主流资本市场，有机构研究人员通过对比认为，通常来讲，“A股市场规模大、流动性好、发行估值较高、投资者对‘中国故事’的接受度和认可度高，但市场机构化、国际化和专业化程度以及监管体系较发达市场仍有差距；港股市场规模居中、新经济行业占比高、投资者机构化和专业化程度较高、对中资企业有较高的认可度，但流动性较差且分化；而美股市场横阔纵深、机构化和国际化程度高，对科技创新型企业的整体接受度高，但对中概股的认知度可能受客观因素所限。不同的市场特征在一定程度上决定了发行募集及二级市场表现”。①

我们进一步横向对比全球主流资本市场对于未盈利企业的要求，可以发现美国纳斯达克全球市场（The Nasdaq Global Market，NASDAQ-GM）对未盈利企业上市要求依然最为灵活，仅对市值、股东权益、总资产/收入中任一指标作出限制。当然，纳斯达克全球精选市场（The Nasdaq Global Select Market，NASDAQ-GS）对

① 王汉锋、寇玥：《中资企业上市择时、择地、择势》，载《中金公司证券研究报告》2021年8月29日。

未盈利企业上市标准的要求略高于纽交所，在市值要求相近的前提下对营业收入提出更高的要求。对于未盈利医疗健康企业而言，科创板的上市要求高于港交所。根据《上海证券交易所科创板股票上市规则》（以下简称《科创板上市规则》），未盈利甚至没有收入的医疗健康企业的预计市值不低于40亿元，主要业务或产品市场空间大，目前已取得阶段性成果，且特别提出医药行业企业需至少有一项核心产品获准开展二期临床试验。而根据港交所《上市规则》第18A章，生物科技公司需要满足上市时预期市值15亿港元，以及拥有支付12个月所需开支的125%的运营资金。对比两个上市地对市值的要求，科创板对生物科技企业的市值要求是港交所主板的3倍多，而"至少有一项核心产品获准开展二期临床试验"则意味着拟上市企业需要大量的前期科研投入以及拥有较为成熟的成果，其上市门槛可见一斑。相较于科创板和港交所主板而言，创业板对未盈利企业上市标准要求更高，这一点也会反应在市值上，即"在最近一年营业收入要求约为3亿元的前提下，预计市值的要求较科创板和港交所主板高约20亿元"。①

不难看出，港交所对在创业初期、暂无成熟盈利模式，但具有较高成长可能性的医疗健康企业提供了更友好和更灵活的融资环境，而科创板的定位则更偏向于已过初期，或者研发投入较长、成长性更确定的行业头部或细分领域的佼佼者。

综上所述，我们认为在上市地选择这个问题上，并没有放之四海而皆准的标准可供套用，而需要结合企业自身的状况和业态的特点，综合考虑其发展的阶段、客户群体、不同资本市场对于上市的条件、制度、监管要求以及二级市场反应等因素，作出个性化的相对优选。作为医疗健康企业选择上市地的核心考量要素，我们认为主要有如下几个方面：

1. 上市条件。注册制下A股科创板和创业板设置了已允许未盈利企业、红筹企业及同股不同权企业上市，但A股财务门槛仍然整体高于港股和美股，且创业板和科创板对部分行业有要求和限制；港股和美股上市制度层次更丰富，对未盈利、可变利益实体（Variable Interest Entities，VIE）、不同投票权等特殊架构公司更宽松和灵活。

2. 监管政策。目前A股发行依然是核准制与注册制并行，前置审核力度较

① 王汉锋、寇玥：《中资企业上市择时、择地、择势》，载《中金公司证券研究报告》2021年8月29日。

强，对部分行业还有其他审核和监管措施，而港股和美股采用注册制，政策和规则的透明度和可预见性较强，重披露和后续的监管。A 股对上市后新股持续披露要求较为严格，尤其是未盈利企业的信息披露和减持安排等，是需要医疗健康类企业重点关注的。2019 年修订的《证券法》实施以来，信息披露相关的监管措施和处罚屡见不鲜。而港股和美股上市后主动监管限制较少，以信息披露为核心。

3. 上市费用成本。从平均上市时间角度来讲，结合政策稳定性和交易所反馈效率，A 股 > 港股 > 美股。从平均上市费用角度来讲，则港股 < A 股创业板 < A 股主板 < A 股科创板 < 美股。

4. 首发市场发行定价。就整体发行市盈率（此处不限于医疗健康企业）而言，美国中概股 > 科创板 > 创业板 > 港股主板 > A 股主板（见图 1－10）。

5. 上市后市值。从上市后表现来看，2016 年年初至 2021 年 7 月底 A 股新股首日（注册制）/开板（核准制）平均上涨 200%，其中创业板注册制改革后新股平均涨幅达到 332%；而港股和美国中概股新股首日涨幅均值仅为 2.1% 和 5.2%，2021 年 1 月 1 日至 8 月 30 日，分别有 1/2 和 1/4 新股上市首日即破发。从上市后一年表现来看，A 股新股呈现首日或开板日前大涨随后震荡回调的态势，但整体享有更高涨幅及估值溢价；港股和美股整体表现相对平淡，但信息技术和医疗保健等行业股价则呈现稳健上行走势。①

6. 融资资金属性。在医疗健康类企业发展过程中融资是必不可少的，往往在股东结构中存在以美元资金为主的机构股东的企业较多会选择境外作为首发上市地点，而人民币基金持股占比高的企业在上市地选择上则较多会以境内 A 股为原则，辅助考虑政策和行情选择境外上市，相对而言更灵活。

7. 企业所处阶段。不同上市地对上市企业的财务要求和接纳程度存在差异，港股和美股对处于初创期和成长期的企业接纳程度更高，而具有良好且稳定盈利能力的企业在 A 股往往可获得更高估值。如果我们把视野拓展到企业业态整体布局上，医疗健康类企业已呈现针对不同业态，选择多地分拆、联动发行的新趋势。

8. 其他。还有的考虑因素有市场客户群体（如企业上市地与其客户群体重

---

① 图表数据来源同前注，参见王汉锋、寇玥：《中资企业上市择时、择地、择势》。

合度越高，越可放大上市对业务发展的促进效应）、企业聚集效应（选择与其业务模式相近且具有行业可比性的企业分布的上市地，以享受聚集效应）等。

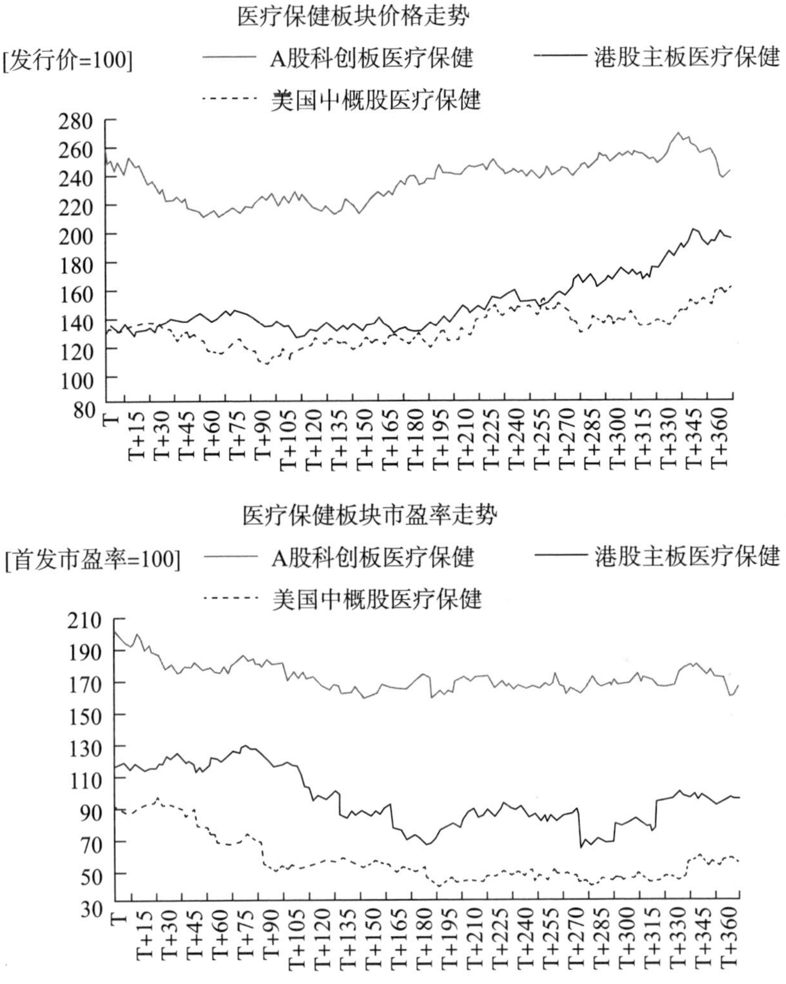

图 1-10　医疗保健行业发行 1 年期间价格及市盈率走势

二、医疗健康企业的行业特点

（一）概述

医疗健康行业与其他行业最重要的区别在于其最终服务的对象为人，即为人提供医疗服务、药品、医药器械等，与人的生命、健康和身体息息相关。由此，医药行业以其强烈的行业属性，受到了更为严格的监管机关执法，较其他行业企业面临更大的法律监管风险，因此，医疗健康行业企业的上市问题是一个值得深入、细致研究与探讨的课题。同时，近年来，随着医疗卫生体制改革的深化及药械领域国产替代等政策的出台，促进了医疗健康行业的不断发展，推动了越来越多医疗健康行业企业走向上市。此外，随着生物医药企业在科创板、香港联合交易所有限公司（以下简称香港联交所）、美国纳斯达克等上市申报监管尺度的明朗化，医疗健康企业在我国科创板、香港联交所、美国纳斯达克等境内外资本市场的上市活动日趋火热。

（二）医疗健康企业分类及发展背景

1. 医疗健康企业分类

医疗健康产业是将现代生物技术与各种形式的新药研发、生产结合，以及与疾病诊断、预防和治疗相结合形成的产业，包括医疗服务、药品、医疗器械、其他医疗健康相关领域如体外诊断（In Vitro Diagnosis，IVD）等细分领域。

（1）医疗服务

从监管角度来看，原卫生部等于2000年7月18日发布的《关于城镇医疗机构分类管理的实施意见》（卫医发〔2000〕233号）将医疗机构区分为非营利性和营利性，划分的主要依据是医疗机构的经营目的、服务任务，以及执行不同的财政、税收、价格政策和财务会计制度。非营利性医疗机构是指为社会公众利益服务而设立和运营的医疗机构，不以营利为目的，其收入用于弥补医疗服务成本，实际运营中的收支结余只能用于自身的发展，如改善医疗条件、引进技术、开展新的医疗服务项目等。营利性医疗机构是指医疗服务所得收益可用于投资者经济回报的医疗机构。政府不举办营利性医疗机构。在行业实践中，医疗服务行业机构按照资本与股权关系，可以分为公立医疗机构与民营医疗机构。根据《外商投资准入特别管理措施（负面清单）（2021年版）》第24条与《中外合资、合作医疗机构管理暂行办法》第8条的规定，民营医疗机构中的外商投资医疗机构限于合资，同时，合资中方在中外合资医疗机构中所占的股权比例或权益不得低于30%，由此，民营医疗机构根据是否有外资参与又可细分为中外合资医疗机构与非外资医疗机构两种类型。按照提供的医疗服务类别，医疗服务行业机构可以

分为综合性医疗机构与专科性医疗机构。目前较多上市案例集中在民营医疗机构与专科类医疗机构领域。(见图1－11)

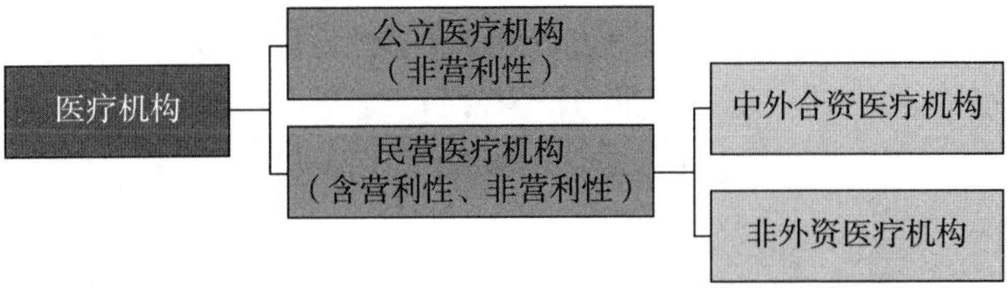

图1－11　医疗机构分类

近年来，国家持续推动系列医改政策，进一步开放公立医院优质医疗资源，推动公私营医院分工。而国家持续推动的医保控费、分级诊疗、公立医院改革、鼓励民营资本办医等多系列医改政策逐步落地将进一步分化公立医疗机构与民营医疗服务机构的职能，特别是医生执业方面的政策改革使优质医疗资源逐步向民营医疗服务机构开放，加速民营医疗服务产业化。另外，随着我国居民的可支配收入增长，医疗服务可负担性提高，在眼科、口腔、辅助生殖、医美等不受基本医保约束的消费性医疗服务领域，民营医疗服务机构具有更广阔的发展前景。

根据中国卫生健康统计年鉴数据，2019年我国主要专科医院数量达到8531家，主要分布在精神病、眼科、口腔、妇产、康复、美容等19个方向。其中，美容、眼科、口腔的民营比例最高。整形外科医院、口腔医院、美容医院和眼科医院近几年平均利润率在10%以上。盈利能力强的专科医院，投资回报周期短，更容易连锁复制扩张，近年来数量增速较快。眼科医院从2015年的455家增长到2019年的945家（CAGR21.5%），美容医院从2015年的228家增长到2019年的450家（CAGR19.5%），口腔医院从2015年的501家增长到2019年的885家（CAGR15.3%）。目前国内盈利能力和扩张速度较高的医疗专科医院/服务机构有：爱尔眼科、通策理疗、马泷齿科、芙艾医疗等。

（2）药品

根据《药品管理法》第2条以及《药品注册管理办法》第4条的规定，药品可以分为中药、化学药和生物制品等，药品注册按照中药、化学药和生物制品等进行分类注册管理。(见图1－12)

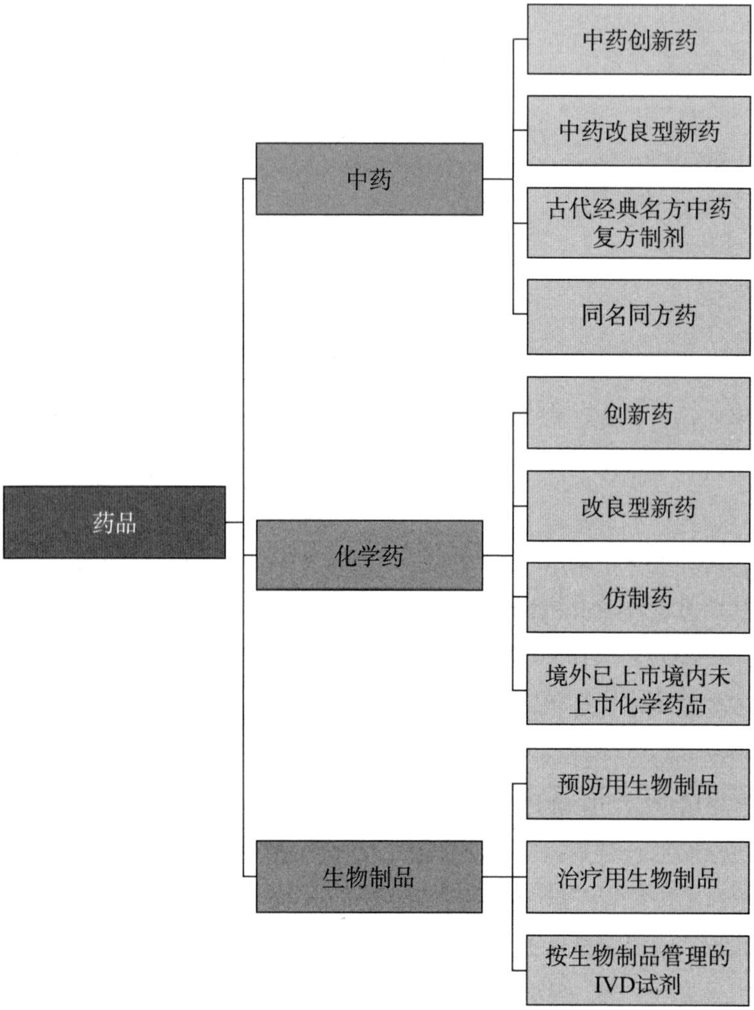

图1-12　药品分类

①中药

根据国家药监局2020年9月发布的《中药注册分类及申报资料要求》，中药是指在我国中医药理论指导下使用的药用物质及其制剂，包括中药饮片、中成药和中药材等。中药注册按照中药创新药、中药改良型新药、古代经典名方中药复方制剂、同名同方药等进行分类，前三类属于中药新药。

截至2021年7月31日，我国中药板块上市公司有71家，在医药生物行业中市值占比为11.41%，但自2011年起呈现逐年下降的趋势。同时考虑到新获批的中药新药数量少，中药行业进入存量博弈的时代。近年来，国内医药行业将有一系列的重新洗牌，医药企业、医院、医生中存在的一些不合理的潜规则将被打破，这将影响一大批自主创新能力不强、主要依靠医院销售的中小型制药企业。此外，随着2019年8月国家医保局清退了一批临床效果不明显的中成药，以及中成药开始被纳入药品集中带量采购，[①] 市场规模的萎缩和未来价格的下降都进一步刺激中成药企业加速转型。而对于具有较好的市场品牌、广泛的市场网络渠道、强大的技术开发实力的老牌中药企业，如云南白药、天士力、白云山医药等，则是一次难得的继续壮大的良机，这些企业中有望诞生中药行业的“超级航母”。

②化学药

从监管角度来看，根据国家药监局2020年6月发布的《化学药品注册分类及申报资料要求》，化学药品注册分类分为创新药、改良型新药、仿制药、境外已上市境内未上市化学药品，具体分为境内外均未上市的创新药、境内外均未上市的改良型新药、境内申请人仿制境外上市但境内未上市原研药品的药品、境内申请人仿制已在境内上市原研药品的药品、境外上市的药品申请在境内上市5个类别。从行业实践角度来看，化学药包括化学原料药及其药品制剂等。

化学原料药是用于生产药品制剂的原材料，是具有一定药理作用的化合物，在产业链中位于制剂生产的上游。原料药又可以分为大宗原料药（上市公司有新和成、科伦药业等）、特色原料药（上市公司有司太立、华海制药等）、专利原料药（上市公司有合全药业、凯莱英等）。我国是全球最大的原料药生产国之一，化学药品原料药行业作为我国医药工业战略支柱之一，通过几十年发展已经形成了比较完备的工业体系，且具有规模大、成本低、产量高等特点。近年来，国内原料药产量稳步提升，产品逐渐由中低端向中高端转变，行业发展规范性不断提高。

化学药品制剂是直接用于人体疾病防治、诊断的化学药品，包括片剂、针剂、胶囊、药水、软膏、粉剂、溶剂等剂型药品，不包括中成药、动物用药、生物药品。按创新程度可分为新药和仿制药，新药是指化学结构、药品组分和药理作用不同于现有药品的药物，仿制药是指与商品名药在剂量、安全性和效力、质

① 2021年9月14日，广东省药品交易中心发布《广东联盟清开灵等58个药品集团带量采购文件（征求意见稿）》，显示参与本次集采品种报量的联盟地区包括广东、山西、河南、海南、宁夏、青海、新疆7省，广东7省联盟本轮集采的品种全部为中成药。

量、作用以及适应症上相同的一种仿制品。国内化学药品制剂领先企业有扬子江药业、哈药集团、华北制药、上海复星医药、华润双鹤药业、华润三九、山东瑞阳制药、珠海联邦等。国际化学药品制剂知名企业有葛兰素史克公司（Glaxo Smith Kline）、美国强生（Johnson & Johnson）、阿斯利康制药有限公司（Astra Zeneca）、罗氏制药（Roche Group）、辉瑞制药公司（Pfizer）、百时美施贵宝（Bristol Myers Squibb）、诺和诺德（Novo Nordisk）、诺华（Novartis AG）等。

③生物制品

根据国家药监局2020年6月发布的《生物制品注册分类及申报资料要求》，生物制品是指以微生物、细胞、动物或人源组织和体液等为起始原材料，用生物学技术制成，用于预防、治疗和诊断人类疾病的制剂。从监管角度来看，生物制品分为预防用生物制品、治疗用生物制品和按生物制品管理的体外诊断试剂。从行业实践角度来看，生物制品包括疫苗、抗体药物、基因工程药物及血液制品等。（见图1－13）

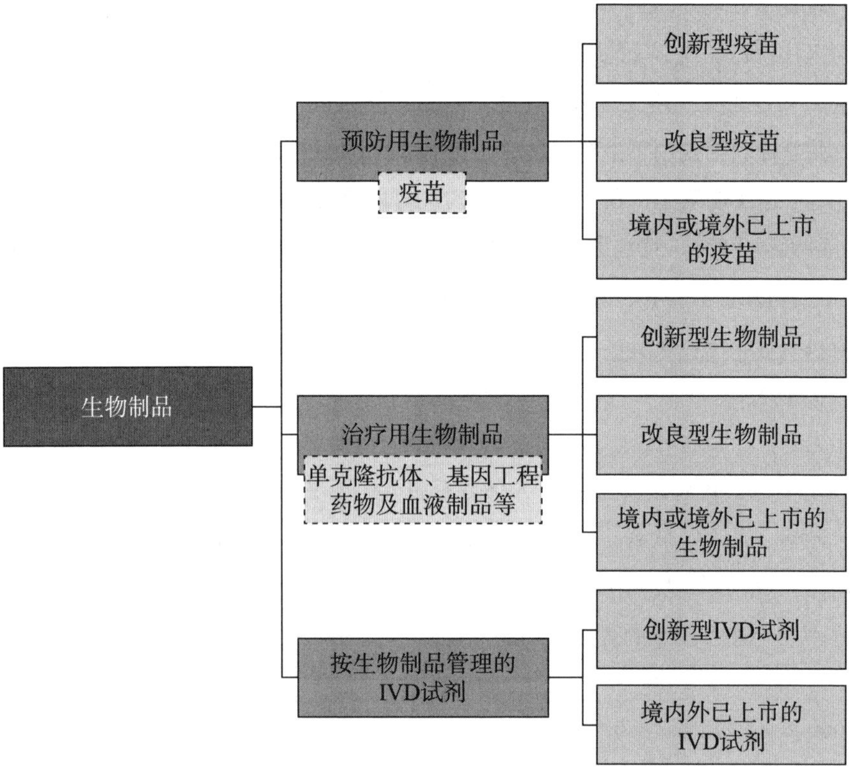

图1－13　生物制品分类

我国生物制品市场尚处于发展初期，因此具备强劲的增长潜力。2018 年以来，我国生物制品行业政策着重鼓励创新，调整结构，将医改组合拳一以贯之。随着创新，九价 HPV 疫苗超预期获批，肿瘤药获得关注，2017 年年底的扶持创新药政策持续发挥作用，整个生物制品行业景气度持续走高。从产业发展的角度看，中国的生物医药还处于兴起的阶段，尤其是国内做创新药的企业尚处于非常早的起步阶段。

第一，疫苗。我国是全球最大的疫苗生产国，也是世界上疫苗产品生产企业最多的国家，年产疫苗 10 亿剂量单位，疫苗的种类和数量也达到世界之最，其中用于预防乙肝、脊髓灰质炎、麻疹、百日咳、白喉、破伤风的儿科常见病的疫苗生产量达到 5 亿剂量单位，使我国已经全部实现计划免疫接种。

我国由于医疗保健体系的架构和管理，疫苗市场分为计划免疫疫苗市场与有价疫苗市场，俗称“计划内”与“计划外”，大致为 7∶3。计划免疫疫苗由政府招标采购，价格低廉，利润不高，市场基本稳定，目前主要由国内疫苗生产商供应，中国生物技术股份有限公司（以下简称中生集团）六大研究所（北京、兰州、长春、武汉、上海、成都）、中国医学科学院医学生物学研究所（以下简称医科院生物所）、天坛生物长期占据行业主导地位。有价疫苗是指未列入国家计划免疫范畴的、接种者自愿选择的自费疫苗，包括近年扩大使用的儿童及成人疫苗，还有用于特定人群的狂犬病疫苗、流行性出血热疫苗等，该类疫苗价格高，利润也高。目前，国内的有价疫苗市场基本由葛兰素史克公司、赛诺菲、诺华等国际巨头控制，而随着我国人均可支配收入及公众健康意识的普遍提高，以及国产“计划外”疫苗的安全性、保护效力与范围不断提升，国产疫苗渗透率将进一步提升，现阶段国内相关企业有处于龙头地位的智飞生物、康泰生物、华兰生物，以及拥有出众创新能力的后起之秀万泰生物、康希诺、百克生物、长春高新、康华生物等。

第二，抗体药物。在全球生物制药市场，单克隆抗体（以下简称单抗）药物是最重要的一个品类。该类药物具有靶向性强、特异性高和毒副作用低等特点，其代表了药品治疗领域的最新发展方向，尤其在抗肿瘤和治疗自身免疫系统缺陷领域有着广阔的市场前景。目前从事生产单抗的国内龙头企业有恒瑞医药、百济神州、信达生物、中国生物制药、海正药业、安科生物、复宏汉霖、君实生物等。

与单抗相对应的，还有双特异性抗体（以下简称双抗）药物，相关研究指出，相对单抗，双抗可能具备更强特异性、靶向性，可以降低脱靶毒性；相较单抗的组合疗法，也可有效降低治疗成本。双抗是潜力巨大的产品，未来有机会把部分癌症完全治愈或变成慢性病，其药品疗效还可能扩展到原来单抗无法涉及的其他疾病领域。国内在2010年以来有关双抗开发的项目数量快速增长，治疗领域方面，双抗开始突破肿瘤领域，向炎症、感染、眼病等疾病领域拓展；开发阶段方面，目前全球范围内除了上述已上市品种外，大多数项目处在早期临床阶段，原因在于双抗的开发较单抗更为困难，前期双抗平台的建设需要花费大量时间成本，近一两年内新兴创新药企业的双抗平台建设才基本成熟。目前国内多家企业正在积极布局双抗疗法，其中不乏康宁杰瑞、康方生物、信达生物、百济神州、恒瑞医药等公司。

全球范围内，抗体药物的开发已进入高速发展期，2020年全球销量排名前100位的药物中，单抗、双抗、抗体偶联药物（ADC）、重组蛋白类大分子药物共42个，销售收入占比49%，销售总额逾1700亿美元，是全球医药市场增长最快的领域。中国抗体产业基数低，是医药行业中为数不多的短缺板块。国外抗体药物价格昂贵而且难以降价，而本土产品相对低廉，同时近年来全球多个单抗产品专利到期，这为国内抗体发展提供了市场机遇。

第三，基因工程药。基因工程（genetic engineering）又称基因拼接技术和DNA重组技术。所谓基因工程是指在分子水平上对基因进行操作的复杂技术，是将外源基因通过体外重组后导入受体细胞内，使这个基因能在受体细胞内复制、转录、翻译表达的操作。基因工程技术最成功的是用于生物治疗的新型药物的研制，如今，已有近50种基因工程药物投入市场，产生了巨大的社会效益和经济效益。生物技术研发的用于疾病的预防和治疗的新剂型已被广泛使用，为很多疾病患者解决了被疾病困扰的痛苦。中国基因工程药物主要为以下几个系列：胰岛素系列、干扰素系列（IFN）、白介素系列、集落刺激因子类药物（CSF）、其他基因工程药物（促进红细胞生成素、人生长激素、人表皮生长因子）。

基因工程药物的研发难度远高于小分子化学药物。与小分子化合物相比，基因工程的分子量与结构复杂度往往是其数百或上千倍，此外，基因工程的生物学功能与其肽链折叠与修饰方式高度相关，这决定了基因工程药物的研发难度远高于小分子化学药。国内基因工程制药企业有长春高新、金赛药业、双鹭药业、安科生物、科兴制药等。

第四，血液制品。血液制品可分为血浆扩容剂、凝血因子类、免疫球蛋白类、纤维蛋白类、微量蛋白五大类，在临床急救、免疫增强、疾病治疗中发挥着重要作用。

就需求端而言，中国人口基数大，社会步入人口老龄化，血液制品适应证不断增加，使中国血液制品下游需求不断扩大。就供给端而言，因血液制品是从血浆中分离纯化得到的，所以血浆是血液制品生产最核心的原材料，这决定了血液制品具有明显的资源属性。在产业链上游，血液制品行业主要受单采血浆站数量、质量和管理水平的影响，下游主要受血液制品企业研发、生产和销售能力的影响。与常规制造业相比，血液制品制造商的规模效应更为明显，这种规模效应主要来自血浆的利用度，浆站扩张能力强、综合利用度高的制造商，将获得更多的发展机会。目前国内血液制品企业有华兰生物、天坛生物、博雅生物、双林生物、卫光生物、上海莱士等。

（3）医疗器械

从监管角度来看，根据《医疗器械监督管理条例》第6条，考虑医疗器械的预期目的、结构特征、使用方法等因素，国家对医疗器械按照风险程度实行分类管理。第一类是风险程度低，实行常规管理可以保证其安全、有效的医疗器械。第二类是具有中度风险，需要严格控制管理以保证其安全、有效的医疗器械。第三类是具有较高风险，需要采取特别措施严格控制管理以保证其安全、有效的医疗器械。医疗器械根据不同的类别，分别由国务院、省级、设区的市级三级药监部门，对医疗器械的研发注册、生产、经营、使用各环节进行监督管理。第三类医疗器械由于风险高于前两类，受到政府部门的严格监管，但同时也因其高技术含量而具有更高壁垒，目前我国第三类医疗器械的进口比例最高。（见图1－14）

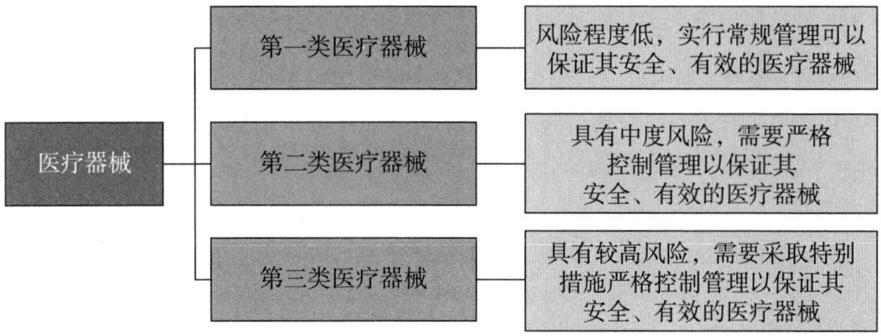

图1－14　医疗器械分类

在行业实践中，医疗器械行业主要可以分为医疗设备（含医用、家用）、医用耗材（含高值、低值）等。目前国内中高端医疗器械主要依靠进口，进口金额约占全部市场的40%，进口品牌占据国内中高端市场的七成。CT扫描设备、磁共振设备、高端耗材（如心脏起搏器）等，大部分仍依赖进口，国外产品多销往国内的大型医院，尤其是三甲医院。从各个细分市场的国产化情况来看，高端医疗设备国产化比例最低，仅有10%～20%，其次是高端耗材，占比20%～40%，家用护理器械占比约60%。中低端设备和耗材已经基本完成国产化，达到80%以上，其也是我国医疗器械出口的主要领域。随着国内器械企业创新能力的不断提升，进口替代，尤其是高端产品的替代，将是中长期国内医疗器械企业成长的重要路径。

2020年，全球医疗器械市场规模近5000亿美元，年增速接近4%；中国医疗器械市场规模近8000亿元人民币，年增速近20%，远高于全球平均水平。中国医疗器械行业正处于发展的黄金年代，一方面国内市场快速增长将成为国产医疗器械龙头崛起的重要支撑；另一方面本土医疗器械龙头的全球化布局有望持续扩大在国际市场的份额，并终将诞生一批全球领先的龙头企业。

①高值医用耗材

高值医用耗材中比较常见的有骨科医疗器械、血管介入器械、神经外科医用耗材、口腔科医用耗材等。其中，骨科医疗器械是医疗器械行业中最大的子行业之一，其中骨科植入物又是骨科器械中最重要的门类，通常指通过手术植入人体以替代、支撑定位或者修复骨骼、关节和软骨等组织的器件和材料。由于价值较高、对人体生命和健康有重要影响，骨科植入物的生产、使用必须严格控制，因此一般也将其归属到高值医用耗材类。国内高值医用耗材企业有乐普医疗、先健科技、微创医疗、威高骨科等。

2019年7月19日国务院办公厅印发《治理高值医用耗材改革方案》，提出完善价格形成机制，降低高值医用耗材虚高价格。此后国家级、省级、地市级的医用耗材带量采购陆续开展。国家层面目前已完成对冠脉支架的带量采购，骨科关节植入物集采预计很快落地，预计未来仍将有部分品种由国家层面组织带量采购。

②低值医用耗材

低值医用耗材中比较常见的有医用敷料、注射穿刺、医用消毒等。其中，注射穿刺类在低值医用耗材市场中占比最大，市场份额高达30%，其次为医用卫生材料及敷料类，市场份额达22%，市场份额排名前五的领域分别是注射穿刺类、医用卫生材料及敷料类、医用高分子材料类、医技耗材类、医用消毒类。据不完全统计，目前我国已上市的低值耗材企业共计10家，分别为蓝帆医疗、奥美医疗、康德莱、英科医疗、振德医疗、维力医疗、阳普医疗、普华和顺、三鑫医疗、南卫股份。

③医疗设备

医疗设备，是指直接或者间接用于人体的仪器、设备、器具以及其他类似或者相关的物品（IVD设备除外），包括所需要的计算机软件。根据使用场景不同，医疗设备可以分为医用医疗设备和家用医疗设备。而根据使用功能不同，医用医疗设备又可以分为诊断设备类、治疗设备类和辅助设备类；家用医疗设备则可以分为检测设备类、治疗设备类、康复设备类。其中，DR机、生命监护仪等设备的性能已能够比肩进口产品，国产化率相对较高；彩超、内镜的进口替代空间很大，未来有望快速放量；CT扫描仪、磁共振设备等高端产品进口替代则仍需较长的时间。目前国内医疗设备龙头企业有联影医疗、东软医疗、迈瑞医疗、开立医疗、澳华医疗等。

（4）其他医疗健康

IVD是指在体外通过对人体体液、细胞和组织等样本进行检测而获取临床诊断信息，进而判断疾病或机体功能的诊断方法。[①] 市场上较多观点认为，IVD行业是医疗器械行业的一个分支。一般意义上的IVD产品属于医疗器械的一种，包括IVD仪器和配套的诊断试剂。根据《体外诊断试剂注册与备案管理办法》第3条，目前我国对于IVD试剂的法律监管一般分为两类进行不同的管理：①对于用于血源筛查的IVD试剂、采用放射性核素标记的IVD试剂，作为药品进行监管；②除上述部分特殊区分的IVD试剂外，其他IVD试剂均按照医疗器械进行监管。（见图1－15）

---

① 参见《新冠疫情之下，体外诊断IVD行业深度研究》，载中国医疗器械行业协会2021年6月25日，http：//www. camdi. org/news/10062。

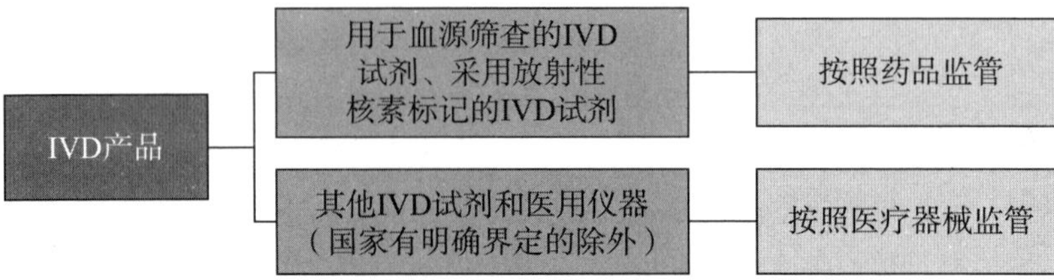

图1－15　IVD产品分类

早前IVD行业多数市场需求来自欧美等发达国家，经过多年的并购整合，全球IVD市场主要由国外知名医药企业占据核心地位，如罗氏（Roche）、雅培（Abbott）、西门子（Siemens）、贝克曼（Beckman Coulter）等。近年来，随着中国经济的腾飞和发展中国家市场的崛起，我国IVD行业正经历快速发展阶段，大量国内IVD企业开始逐渐打破先前国外企业垄断市场份额的局面。

IVD行业细分种类繁多，品类较为复杂，根据检测项目的不同，大致可以分为生化诊断（如肝功能、肾功能检测）、免疫诊断（如肿瘤标志物、传染病标志物检测）、分子诊断（如肿瘤基因检测和早筛、微生物核酸检测）、微生物诊断（如细菌检测）、血液学诊断（如血细胞、尿液检测）、即时检验（point-of-care testing，POCT，如血糖、心血管类检测）等。其中免疫诊断、分子诊断、生化诊断占据了IVD产品主要市场：生化诊断、分子诊断中的试剂以国内企业为主，但高端设备仪器仍主要依赖国外企业；免疫诊断中占据主导地位的化学发光技术主要市场份额也由国外品牌占据，但近年来国内化学发光技术也已取得长足进步，如新产业、安图、迈瑞、迈克、亚辉龙五家企业逐渐在该领域形成国内竞争格局。此外，传染病和肿瘤标志物也是国产免疫诊断的重点。

值得注意的是，除涉及IVD产品的研发生产领域外，还有部分IVD企业以独立医学实验室（Independent Clinical Laboratory，ICL）身份，主要向各类医疗机构等提供医学检验及病理诊断外包服务，如金域医学、迪安诊断等企业。根据检测项目的不同，ICL提供的医学检验服务可以分为普检和特检，其中：普检包括血液化学、尿液分析等常见检查项目；特检包括临床免疫学检测（如标志物检测）、临床化学检测（如代谢产物检测、蛋白质检测）、临床分子生物学检测（如HPV检测、基因检测）、病理学检测（如肿瘤诊断）等。

2. 医疗健康行业发展背景

（1）医疗服务行业发展背景

①人口老龄化

第七次人口普查数据显示，2020年中国65岁及以上人口占比达到13.5%，在“十四五”期间这一数据将达到14%。根据1956年联合国《人口老龄化及其社会经济后果》确定的划分标准，按照65岁及以上人口占总人口比例的7%、14%、20%进行分类，可以将人口老龄化分为进入、深度、超级三个阶段。因此，预计到2030年中国将进入超级老龄化阶段。

中国人口结构老龄化的同时还伴随少子化，儿童（0~14岁人口）在1975年前后达到高峰后便开始持续下降。随着近年来政府先后发布多项文件以大力发展银发产业及全面放开三胎，中国的人口结构将在一定程度上得以改变。考虑到国民健康意识逐步提升，65岁以上、0~14岁这两个年龄段人群通常有更大、更多的医疗需求，同时伴随科研技术发展，消费升级，整体医疗需求将进一步升级①，而需求侧的增长将推动供给侧加速提升服务质量、布局相关创新药械。因此，医疗健康行业整体处于一个加速发展的趋势之中。

②医药卫生体制改革

党中央、国务院于2009年3月17日发布《关于深化医药卫生体制改革的意见》（中发〔2009〕6号），指出医疗服务体系要坚持非营利性医疗机构为主体、营利性医疗机构为补充，公立医疗机构为主导、非公立医疗机构共同发展的办医原则，积极引导社会资本以多种方式参与包括国有企业所办医院在内的部分公立医院改制重组等。

国务院办公厅于2022年5月4日进一步发布《深化医药卫生体制改革2022年重点工作任务》（国办发〔2022〕14号），提出加快构建有序的就医和诊疗新格局，发挥国家医学中心、国家区域医疗中心的引领辐射作用，发挥省级高水平医院的辐射带动作用，增强市县级医院服务能力，提升基层医疗卫生服务水平。深入推广三明医改经验，开展药品耗材集中带量采购工作，推进医疗服务价格改

---

① 根据艾昆纬（IQVIA）的统计，中国的药品支出已从2010年的560亿美元增加到2019年的1380亿美元，由于COVID－19影响，到2020年略微下降至1340亿美元，预计未来几年，中国药品支出将增加近500亿美元，到2025年将超过1700亿美元。

革，推进医保支付方式改革，深化公立医院人事薪酬制度改革。推进医药卫生高质量发展，推动公立医院综合改革和高质量发展，发挥政府投入激励作用，促进多层次医疗保障体系发展，协同推进相关领域改革。

针对公立医院改革，根据《关于公立医院改革试点的指导意见》（卫医管发〔2010〕20号），公立医院改革试点的主要内容有完善公立医院服务体系，加强公立医院的规划和调控，对部分公立医院，可有计划、按步骤地迁建、整合、转型和改制等，推动公立医院结构布局的优化调整；改革公立医院管理体制，明确各级政府举办公立医院的职责，积极探索管办分开的有效形式；改革公立医院法人治理机制；改革公立医院内部运行机制；改革公立医院补偿机制，推进医药分开，改革以药补医机制，逐步将公立医院补偿由服务收费、药品加成收入和政府补助三个渠道改为服务收费和政府补助两个渠道，合理调整医药价格，逐步取消药品加成政策，完善医疗保障支付制度改革，加大政府投入；加强公立医院管理；改革公立医院监管机制；加快推进多元化办医格局等。

③鼓励民营医疗机构发展

根据《基本医疗卫生与健康促进法》第30条第2款的规定，县级以上地方人民政府根据本行政区域医疗卫生需求，整合区域内政府举办的医疗卫生资源，因地制宜建立医疗联合体等协同联动的医疗服务合作机制。鼓励社会力量举办的医疗卫生机构参与医疗服务合作机制。

此外，国家卫生和计划生育委员会（已变更）《关于加快发展社会办医的若干意见》（国卫体改发〔2013〕54号）、《关于促进社会办医加快发展若干政策措施》（国办发〔2015〕45号）、《关于支持社会力量提供多层次多样化医疗服务的意见》（国办发〔2017〕44号）等一系列政策文件支持鼓励社会资本举办的民营医疗机构的发展。

④医师多点执业

为深入实施《关于深化医药卫生体制改革的意见》中“稳步推动医务人员的合理流动，促进不同医疗机构之间人才的纵向和横向交流，研究探索注册医师多点执业”的要求，2014年11月5日，原国家卫生计生委等联合发布《关于推进和规范医师多点执业的若干意见》（国卫医发〔2014〕86号），正式明确了医师多点执业的资格条件和注册管理、人事（劳动）管理和医疗责任等。

国务院办公厅于2015年6月11日发布的《关于促进社会办医加快发展的若干政策措施》中进一步要求加快推进和规范医师多点执业，鼓励和规范医师在不同类型、不同层级的医疗机构之间流动，鼓励医师到基层、边远山区、医疗资源稀缺地区和其他有需求的医疗机构多点执业，医务人员在学术地位、职称晋升、职业技能鉴定、专业技术和职业技能培训等方面不因多点执业受影响。各地要根据实际，对开展医师多点执业涉及的人事管理、收入分配、社会保险等工作尽快研究制定试点方案，取得经验后逐步推开。鼓励探索区域注册和多点执业备案管理试点。

⑤重视专科医疗服务

国家卫生健康委于2021年10月9日发布的《“十四五”国家临床专科能力建设规划》提出临床专科能力建设是国家卫生健康事业发展的重要内容之一。“十二五”和“十三五”期间，由中央财政投入70余亿元，按照鼓励先进、合理布局、整体规划、分步实施的原则，从人才培养、临床诊疗技术研发和关键设备购置等方面支持了1700余个临床重点专科建设项目，覆盖全国31个省（自治区、直辖市）和新疆生产建设兵团300余家三级医院，涵盖了除预防保健诊疗科目外的所有一级诊疗科目，以二级诊疗科目为主，部分专业细化到三级诊疗科目。通过持续的支持和建设，我国临床专科能力得到快速提升。

以眼科专科医疗服务行业为例，国家卫生健康委于2022年1月4日发布《“十四五”全国眼健康规划（2021—2025年）》，指出加强眼科医疗服务体系建设，加强综合医院眼科和眼科专科医院建设。根据患者就医需求和医疗资源布局等，将眼科医疗服务体系建设纳入“十四五”区域医疗机构设置规划等统筹建设，推动眼科相关优质医疗资源扩容并下延；加强眼科医疗服务能力建设，按照《“十四五”国家临床专科能力建设规划》，从国家、省、市（县）级层面支持眼科临床重点专科建设，完善相关眼科亚专科体系，进一步提升眼科临床专科服务能力。

（2）药品与医疗器械行业发展背景

①政策鼓励药械创新发展

表 1－8　相关文件

发布时间	文件名称	主要内容
2015 年 5 月	《中国制造 2025》	发展针对重大疾病的化学药、中药、生物技术药物新产品，重点包括新机制和新靶点化学药、抗体药物、抗体偶联药物、全新结构蛋白及多肽药物、新型疫苗、临床优势突出的创新中药及个性化治疗药物。提高医疗器械的创新能力和产业化水平，重点发展影像设备、医用机器人等高性能诊疗设备，全降解血管支架等高值医用耗材，可穿戴、远程诊疗等移动医疗产品。实现生物 3D 打印、诱导多能干细胞等新技术的突破和应用
2016 年 3 月	《关于促进医药产业健康发展的指导意见》	加强技术创新，提高核心竞争能力。加大科技体制改革力度，完善政产学研用的医药协同创新体系。加强原研药、首仿药、中药、新型制剂、高端医疗器械等创新能力建设，优化科技资源配置，打造布局合理、科学高效的科技创新基地。运用数据库、计算机筛选、互联网等信息技术，建设医药产品技术研发、产业化、安全评价、临床评价等公共服务平台。积极发展众创空间，大力推进大众创新创业，培育一批拥有特色技术、高端人才的创新型中小企业，推动研发外包企业向全过程创新转变，提高医药新产品研制能力
2016 年 2 月	《关于开展仿制药质量和疗效一致性评价的意见》	药品生产企业是一致性评价工作的主体，应主动选购参比制剂开展相关研究，确保药品质量和疗效与参比制剂一致。国内药品生产企业已在欧盟、美国和日本获准上市的仿制药，可以国外注册申报的相关资料为基础，按照化学药品新注册分类申报药品上市，批准上市后视同通过一致性评价；在中国境内用同一生产线生产上市并在欧盟、美国和日本获准上市的药品，视同通过一致性评价
2016 年 5 月	《药品上市许可持有人制度试点方案》	试点药品范围主要包括试点方案实施后批准上市的新药、按新标准批准的仿制药以及试点方案实施前已批准上市的部分药品。不包括麻醉药品、精神药品、医疗用毒性药品、放射性药品、预防用生物制品、血液制品

续表

发布时间	文件名称	主要内容
2017 年 1 月	《关于进一步改革完善药品生产流通使用政策的若干意见》	对药品生产、流通、使用三个环节有针对性地提出了改革意见，涉及药品质量、一致性评价、药品上市许可持有人制度、医保控费、医药分家等各个方面，对促进医药产业转型升级具有重要意义
2017 年 10 月	《关于调整进口药品注册管理有关事项的决定》	调整了进口药品注册管理有关事项的适用范围，包括在中国进行的国际多中心药物临床试验申请、化学药品新药以及治疗用生物制品创新药进口临床和进口上市注册申请
2017 年 10 月	《关于深化审评审批制度改革鼓励药品医疗器械创新的意见》	该文件为药械制度改革的纲领性文件。分别从改革临床试验管理、加快上市审评审批、促进药品创新和仿制药发展等六方面提出了 36 条具体措施，促进药品医疗器械产业结构调整和技术创新
2018 年 3 月	《关于改革完善仿制药供应保障及使用政策的意见》	要促进仿制药研发，重点解决高质量仿制药紧缺问题。一是定期制定并公布鼓励仿制的药品目录，引导企业研发、注册和生产。二是加强仿制药技术攻关，将鼓励仿制药品的关键共性技术研究列入国家相关科技计划。三是研究完善与我国经济社会发展水平和产业发展阶段相适应的药品知识产权保护制度，充分平衡药品专利权人与社会公众的利益
2018 年 5 月	《关于组织实施生物医药合同研发和生产服务平台建设专项的通知》	组织实施生物医药合同研发和生产服务平台建设专项，重点支持一批高水平、国际化的综合性生物医药合同研发和生产服务平台建设，着力提升生物医药研发和生产服务能力。单个项目国家补助资金原则上为项目总投资的 30% 左右，金额不超过 1 亿元
2018 年 12 月	《关于改革和完善疫苗管理体制的意见》	提出要采取强有力举措，严格市场准入，强化市场监管等；发挥国有企业和大型骨干企业的主导作用，加强疫苗研发创新、技术升级和质量管理

续表

发布时间	文件名称	主要内容
2019 年 7 月	《治理高值医用耗材改革方案》	要通过优化制度、完善政策、创新方式，理顺高值医用耗材价格体系，完善全流程监督管理，净化市场环境和医疗服务执业环境，支持具有自主知识产权的国产高值医用耗材提升核心竞争力，推动形成高值医用耗材质量可靠、流通快捷、价格合理、使用规范的治理格局，促进行业健康有序发展、人民群众医疗费用负担进一步减轻
2019 年 7 月	《关于进一步完善药品关联审评审批和监管工作有关事宜的公告》	鼓励原料药、药用辅料、直接接触药品的包装材料和容器（以下简称原辅包）登记人自行登记，对原辅包登记人资格进行大幅度限制，明确药品质量主体责任、原辅包状态标识，明确已有批文的原辅包自动转化政策，允许原料药单独技术审评等
2019 年 10 月	《关于促进中医药传承创新发展的意见》	从健全中医药服务体系、发挥中医药在维护和促进人民健康中的独特作用、大力推动中药质量提升和产业高质量发展、加强中医药人才队伍建设、促进中医药传承与开放创新发展、改革完善中医药管理体制机制六个方面提出了 20 条意见
2021 年 3 月	《国民经济和社会发展第十四个五年规划和 2035 年远景目标纲要》	提出推动生物技术和信息技术融合创新，加快发展生物医药等产业，做大做强生物经济；聚焦生物医药等重大创新领域组建一批国家实验室，重组国家重点实验室，形成结构合理、运行高效的实验室体系；构建强大的公共卫生体系；深化医药卫生体制改革，加快建设分级诊疗体系，积极发展医疗联合体，加强预防、治疗、护理、康复有机衔接；推进国家组织药品和耗材集中带量采购使用改革，发展高端医疗设备，完善创新药物、疫苗、医疗器械等快速审评审批机制，加快临床急需和罕见病治疗药品、医疗器械审评审批，促进临床急需境外已上市新药和医疗器械尽快在境内上市；健全全民医保制度，完善医保目录动态调整机制，推行以按病种付费为主的多元复合式医保支付方式；推动中医药传承创新等规划和目标

续表

发布时间	文件名称	主要内容
2021 年 5 月	《深化医药卫生体制改革 2021 年重点工作任务》	增强药品供应保障能力。持续推进药品优先审评审批，加快创新药、临床急需药品上市。完善短缺药品保供稳价机制。加强儿童用药供应保障。研究修订国家基本药物目录管理办法，优化目录遴选调整程序，适时启动目录调整工作。加强基本药物配备使用和用药规范管理，促进医疗联合体内部用药衔接。制定医疗机构药事管理办法
2021 年 5 月	《政府采购进口产品审核指导标准》（2021 年版）	通知明确规定了政府机构（事业单位）采购国产医疗器械及仪器的比例要求，其中 137 种医疗器械全部要求 100% 采购国产；12 种医疗器械要求 75% 采购国产；24 种医疗器械要求 50% 采购国产；5 种医疗器械要求 25% 采购国产
2021 年 12 月	《"十四五"医药工业发展规划》	加快产品创新和产业化技术突破。强化关键核心技术攻关。大力推动创新产品研发。推动企业围绕尚未满足的临床需求，加大投入力度，开展创新产品的开发。支持企业立足本土资源和优势，面向全球市场，紧盯新靶点、新机制药物开展研发布局，积极引领创新。推进中药守正创新，开发与中药临床定位相适应、体现其作用特点和优势的中药新药。完善以临床价值为导向的药物临床研发指导原则，强化信息引导，促进企业合理布局研发管线

②医保政策促进药械发展

2015 年 2 月 9 日，国务院办公厅发布《关于完善公立医院药品集中采购工作的指导意见》，首次在顶层设计层面提出分类采购的新思路，要求对部分专利药品、独家生产药品建立公开透明、多方参与的药品价格谈判机制。2015 年 10 月，经国务院批准，原国家卫生计生委等 16 个部委（局）建立起部门协调机制，组织开展了首批国家药品价格谈判试点工作。

自 2016 年第一轮医保药品的准入谈判起……其中谈判品种自第一次的替诺福韦酯、埃克替尼和吉非替尼 3 个品种上升至第五轮的 162 个，平均降幅维持在 40% ~60%，疾病领域涵盖肿瘤、肝炎、心脑血管、糖尿病、风湿免疫等多个重大病种。多种药物为近几年上市的超新药，通过医保对这些优质创新药的战略性购买，激励了药企的创新。

除医保谈判外……2020 年 12 月国家组织药品集中采购和使用联合采购办公室（以下简称联合采购办公室）在上海阳光医药采购网正式公布《关于开展第四批国家组织药品集中采购相关药品信息收集工作的通知》，第四轮集采共涉及 44 个品种、90 个品规，涉及药企数量超过了 100 家。从销售规模来看，样本医院销售规模超过 10 亿元的品种为 2 种，5 亿 ~ 10 亿元的品种有 6 种。第四批国采的 45 种药品全部采购成功，涉及高血压、糖尿病、消化道疾病、精神类疾病、恶性肿瘤等疾病领域。中选药品平均降价 52%，最高降幅达 96%，为齐鲁制药的注射用帕瑞昔布钠（40mg/瓶），单价 3. 5 元。2021 年 1 月 22 日，在第四批集采即将推行之际，国务院办公厅发布《关于推动药品集中带量采购工作常态化制度化开展的意见》，进一步明确了药品集采的常态化机制。该意见明确重点将基本医保药品目录内用量大、采购金额高的药品纳入采购范围，逐步覆盖国内上市的临床必需、质量可靠的各类药品，做到应采尽采。

2021 年 8 月 25 日，国家医保局、国家卫生健康委、国家发展改革委等 8 部门联合印发《深化医疗服务价格改革试点方案》，进一步将医用耗材从价格项目中逐步分离，实现集中采购，“零差率”销售。

随着医保谈判和集采政策逐渐向常态化发展，未来更多药企将在支付压力下倒逼由仿制向创新转型。

③药品与医疗器械上市优待政策

2020 年 1 月 22 日，《药品注册管理办法》（2020）正式出台，并于 7 月 1 日起正式施行。在《药品注册管理办法》（2020）中，设立“突破性治疗药物、附条件批准、优先审评审批及特别审批” 4 个加快通道的修改为创新药的加速审批提供了新的路径。该版管理办法发布后，2020 年 8 月国家药品监督管理局药品审评中心（CDE）官网公布首个拟突破性治疗品种，南京传奇生物的 LCAR - B38M CAR - T 细胞自体回输制剂拔得头筹，率先纳入优先审评的新药包括恒瑞医药的血小板生成素受体（TPO - R）激动剂海曲泊帕乙醇胺、基石药业的 KIT/PDGFRA 突变激酶抑制剂阿泊替尼、君实生物的程序性死亡受体 - 1（PP - 1）抑制剂特瑞普利单抗注射液、百济神州的 PARP 抑制剂帕米帕利胶囊，以及和黄医药的间质上皮转化因子（MET）抑制剂沃利替尼。

2020 年 CDE 受理的 1 类新药临床试验申请（IND）数量快速增长并再创新高，超过 20 种国产创新药提交了上市申请，国产新药获批数量超两位数。随着近年来 IND 数量的爆发式增长，结合审评审批通道的升级，预计未来国产新药每年获批的数量将持续增长。

类似地，《医疗器械监督管理条例》于 2021 年修订后，将此前《医疗器械应急审批程序》《医疗器械优先审批程序》《创新医疗器械特别审查程序》《医疗器械附条件批准上市指导原则》4 个文件中规定的医疗器械上市快通道相关制度进行了整合衔接，在市场竞争更加激烈、国际市场复杂多变的情况下，有助于稳定并强化医疗器械企业在创新医疗器械特别审查程序、医疗器械附条件批准上市程序、医疗器械优先审批程序及医疗器械应急审批程序中的政策扶持，持续深化医疗器械审评审批制度改革。

（三）医疗健康企业的行业特点①

1. 行业整体具有强监管的属性

如上所述，医疗健康领域具有极强的行业特殊性，事关千千万万人民群众的生命健康与持续发展。为此，国家密切关注医疗健康行业的违法违规现象，各项监管政策与执法行动频繁出台与开展、执法力度不断加强。依据国家药品监督管理局食品药品审核查验中心（以下简称核查中心）2021 年度的药品检查工作报告，2021 年，核查中心共组织完成药品检查核查任务 1368 个。②

落实到具体的监管措施，国家无论对医疗健康企业的业务资质、业务合规性还是上市审查都提出了十分细致、严格的要求，以确保医疗健康企业的合规生产及上市经营。

（1）业务资质监管细致化

①医疗服务的业务资质要求

对于医疗服务，国家从医疗机构设置到医师人员配置再到器械配备都提出了严格的资质要求。此外，随着互联网技术的高速发展，互联网诊疗进一步引起人们重视，其就医方式更加便捷灵活的特点使得传统诊疗行业发生了根本性变革。

---

① 刘婷婷，法学学士，锦天城律师事务所律师。现任上海市律师协会医药健康研究会干事、中国合规专业人士协会会员、威科先行医药行业智合规板块专栏作者及专家委员会成员。

② 参见《国家药监局核查中心 2021 年度药品检查工作报告》，载国家药品监督管理局食品药品审核查验中心网，https://www.cfdi.org.cn/resource/news/14698.html，最后访问日期：2022 年 12 月 28 日。

根据有关机构统计，2020年中国互联网医疗市场规模逼近2000亿元，同比增速超过60%。为此，我国对于互联网诊疗的监管要求不断细化，对医疗机构、医务人员及诊疗行为提出了更加明确的资质要求，如处方仅由接诊医师本人开具；依法取得相应执业资质，具有3年以上独立临床工作经验并经其执业注册的医疗机构同意的医师方能开展互联网诊疗活动。

②药械的业务资质要求

对于药械的业务资质，国家在各个环节都进行了严格把控。以药品为例，在临床试验阶段，需要在具备相应条件的临床试验机构进行，同时，药物临床试验机构需要进行备案管理；在注册上市阶段，需要经药监部门批准，取得药品注册证书；在生产阶段，药品上市许可持有人（MAH）需要取得药品生产许可证；在经营阶段，从事药品批发或零售活动，应当取得药品经营许可证。通过各项资质的严格管理，国家对于药械质量安全实现全方位监测。

（2）业务合规性要求不断提高

①医疗服务的业务合规性要求

在实践中，存在较多体检、检测类机构没有取得医疗机构相关资质而从事检测等诊疗业务的情况。此种行为实际存在较多违规风险，相关机构应当及时整改。而对于医疗服务的开展，企业需要注意其执业医师、执业护士、执业药师等医疗机构人员资质的取得情况，同时，还需注意业务整体开展的真实性、证据留存性。此外，对于医疗健康领域频发的反垄断、商业贿赂、数据合规等风险也需及时避免，采取对应措施。

②药械的业务合规性要求

对于药械业务开展的合规性，国家规定更为严格。不仅场所、设备、仓储设施和卫生环境有强制要求，对于药品、医疗器械的保管也有严密的措施以保证药品和医疗器械的质量。此外，在流程上，需要严格遵守相关程序，如依法经过资格认定的药师或者其他药学技术人员调配处方时，应当进行核对，对有配伍禁忌或者超剂量的处方，应当拒绝调配；必要时，经处方医师更正或者重新签字，方可调配。《药品生产监督管理办法》（2020）、《医疗器械生产监督管理办法》（2022）对药械的监督检查形式也予以了丰富细化，包括监督检查、重点检查、跟踪检查、有因检查和专项检查等。各地药监部门还建立辖区内药械上市许可持有人信用档案，对各药械企业的生产许可备案、监督检查结果、违法行为查处、质量抽查检验、不良行为记录和投诉举报等信息予以记录，对业务合规性要求极高。

③环保及消防等业务合规性要求

除了各种模式下特定的合规性要求，对于环保、消防等常规性监管要求同样不能忽视，特别是线下药房或医疗机构。例如，在北京市，300 平方米以下的建筑可以不经消防安全检查直接投入使用、经营，而 300 平方米以上则需取得消防安全检查许可。

（3）上市审查监管严格化

根据《科创板上市规则》的规定，第五套上市标准明确提出医药行业企业需至少有一项核心产品获准开展二期临床试验，可见对医疗健康企业的核心技术提出了较高要求。同时，科创板对于医疗健康企业的财务数据、集采违规记录等内控状况审查极为严格。根据公开数据显示，截至 2021 年 12 月 29 日，共有 17 家医疗健康企业科创板 IPO 终止，具体的终止原因见表 1－9。

表 1－9　终止原因

序号	终止原因
1	半数以上专利为受让取得 主动撤回
2	主动撤回
3	未诚实披露 主动撤回
4	财报更新问题 主动撤回
5	半数以上专利为受让取得财务数据问题 IPO 被否
6	主动撤回
7	主动撤回
8	主动撤回
9	财务数据问题 主动撤回

续表

序号	终止原因
10	集采提供虚假证明被列入不良记录名单财务数据问题 主动撤回
11	难以证明符合科创板属性评价规定 主动撤回
12	无先进核心技术无自主知识产权 IPO 被否
13	无先进核心技术买卖数据、数据造假 IPO 被否
14	先进核心技术问题财务数据问题 主动撤回
15	财务数据问题 主动撤回
16	先进核心技术问题 主动撤回
17	难以证明符合科创板属性评价规定 主动撤回

2. 国家政策大力鼓励企业发展

医疗健康行业是我国重点关注的产业类型，近年来国家制定了“健康中国”的发展战略，并在其引领下出台了各项政策措施鼓励医疗健康领域的行业建设，一方面鼓励高质民营医疗发展和大力推动药品、医疗器械的创新研发与生产，另一方面深化落实“放管服”改革要求，助推医疗健康企业向前快速发展。与此同时，为了加速医疗健康企业的上市进程，科创板、纳斯达克等上市标准给予医疗健康企业更多的鼓励扶持政策。

（1）行业发展政策

①大力鼓励企业创新发展

近年来，国家出台了多项文件政策，无论是具有旗帜性的规划战略还是细致具体的监管规定，都对医疗健康产业给予了鼓励和指引。具体而言，国务院办公厅印发的《关于支持社会力量提供多层次多样化医疗服务的意见》鼓励了高质民营医疗发展；《药品注册管理办法》《医疗器械注册与备案管理办法》对药械注册上市“快通道”进行了全面搭建；此外，国家医保目录动态调整加快，创新药械进入医保速度大幅提升，从宏观政策上我国大力鼓励科技成果转化，地方政府也加快了医疗健康产业落地。这些政策都预示了未来我国医疗健康产业的大好前景。

②深入贯彻“放管服”改革要求

国家逐渐落实简政放权的大背景下，对于医疗健康行业的审批监管也逐步体现了“放管服”改革要求。2021 年 5 月 19 日国务院《关于深化“证照分离”改革进一步激发市场主体发展活力的通知》出台。该文件共涉及 6 项医疗健康行业的简化放宽，包括诊所执业从许可准入转变为备案管理、三级以外医疗机构取消设置医疗机构审批书、对社会办医大型医用设备许可简易审批等。此外，各项注册备案法规对医疗机构设置、药械注册备案流程等都简化了注册备案材料与程序要求，整体上缩短审批时限，助力企业发展。

（2）境内外上市鼓励政策

①境内上市鼓励政策

对境内上市来说，我国《科创板上市规则》规定，申请科创板上市的企业可从五个具体上市标准中进行选择，其中第一套上市标准对企业净利润进行了限制，要求最近两年净利润均为正且累计净利润不低于人民币 5000 万元或者最近一年净利润为正且营业收入不低于人民币 1 亿元；第二套、第三套、第四套上市标准分别对企业最近一年营业收入进行了数额不等的规定，而第五套上市标准（被称为为生物医药科技企业“量身打造”的上市标准）对营业收入、净利润、现金流量等均无具体要求，对医疗健康企业予以了鼓励扶持。截至 2022 年 4 月底，科创板上市公司中医疗健康企业占比约 22%，覆盖了创新药、仿制药、医疗器械、生物制品和临床试验服务等细分领域，汇聚了一批以小分子化药、单抗、疫苗、生物制品、ZVD 试剂、医用设备及耗材等为主要发展方向的创新型企业。[①]

②境外上市鼓励政策

对于境外上市来说，纳斯达克小股盘主要面向经营生化、生物技术、医药、

---

① 载 https：//www. 163. com/dy/article/HCJDG61N0519DDQ2. html，最后访问日期：2023 年 3 月 8 日。

科技（硬件、软件、半导体、网络及通信设备）、加盟商、制造及零售连锁服务等公司，同时该类公司要求满足经济活跃期满1年以上，且具有高成长性、高发展潜力的条件。该资本市场的上市条件相较于全球市场上市条件更为宽松，对于医疗健康企业给予了上市支持。特别地，我国医疗健康领域企业天境生物曾在2020年顺利上市纳斯达克。

3. 行业领域细分程度不断提高

随着医疗健康行业的向前推进，其领域分支不断细化并蓬勃发展。典型领域如疫苗产业、IVD产业、基因治疗及细胞治疗产业等。

（1）疫苗产业

受新冠疫情的影响，疫苗研发已然成为全球医疗健康企业的一项重要研发领域。2022年2月10日，在阿斯利康公布的2021年业绩中显示，该公司实现营收374.17亿美元，其中，新冠疫苗在2021年贡献了39.17亿美元销售额，位居阿斯利康产品收入第二。

（2）IVD产业

IVD具有技术水平高、知识密集、多学科交叉综合的特点，是典型的技术创新推动型行业，也是生物、化学、医学、材料、电子、基因工程等学科前沿高新技术应用较为活跃的领域之一。近些年我国IVD下游需求高速增长，国内企业获得了良好的发展契机。截至目前，在生化诊断试剂中的酶类、脂类、肝功能、血糖、尿检等系列，免疫诊断试剂中的肝炎、性病和孕检系列，国内主要生产厂家的技术水平已基本达到国际平均水平；基因检测中的PCR技术系列已基本达到国际先进水平，基因芯片、癌症系列开始迅速追赶国际水平。中国规模较大的IVD公司包括科华生物、达安基因、九强生物、利德曼、迈瑞医疗、四川迈克、中生北控、复星长征等。其中，科华生物、达安基因、利德曼、中生北控等公司已顺利上市。

（3）基因治疗及细胞治疗产业

基因治疗、干细胞治疗等细胞治疗产品在我国近年来发展速度较快，根据Nature的一项统计显示，2021年中国细胞治疗研发管线数量达到了695种，和美国一起主导了全球细胞治疗研发管线。[①] 特别地，在全球共6款获批的嵌合抗原受体T细胞（CAR-T）免疫疗法中就有两款产品来自中国。在《"十四五"医药工业

① Upadhaya Samik et al., *The Clinical Pipeline for Cancer Cell Therapies*, Nature Reviews Drug Discovery, Vol. 20: 7, p. 503-504 (2021).

发展规划》中便提出将重点发展针对新靶点、新适应证的嵌合抗原受体T细胞（CAR－T）、嵌合抗原受体NK细胞（CAR－NK）等免疫细胞治疗、干细胞治疗、基因治疗产品，同时，在医药产业化技术攻关工程重点开发超大规模（≥1万升/罐）细胞培养技术、细胞治疗和基因治疗药物等新型生物药的产业化制备技术。

4. 医药健康行业各板块整合和发展能力强

近年来，我国医疗健康行业呈现整合发展趋势，典型企业如叮当健康、京东健康、阿里健康、平安健康、一心堂、医脉通科技等。这些企业不仅存在线上药品流通和医疗相关服务业务，同时，部分企业还相应整合了线下药房的药械经营与配送服务、线上线下医疗服务、患者健康管理、健康保险以及食品、保健食品、化妆品经营等业务板块，进行融合性综合发展。其中，叮当健康已于2022年9月14日正式在香港联交所主板上市，彰显了此类企业的活力与前景，也体现了我国医疗健康行业的新发展业态逐步向好。

5. 药械技术交易和合作（含跨境）频发

近年来，我国医疗健康产业的发展特点也体现在频繁的国际化技术交易和合作。以往中国药企更多是从海外早期或中期生物科技企业引进产品以丰富管线，但以百济神州与安进公司（Amgen）达成多个产品的战略合作为例，2020年中国药企无论是在许可引进（license-in）方面还是在对外授权（license-out）方面都加速了与跨国大药企的合作，且在交易金额上也位列世界前列。

在许可引进方面，2020年，中国制药企达成的许可引进产品交易超过35个，合作模式涵盖了从单个产品至技术平台引进，其中值得关注的交易包括：信达生物与罗氏达成20亿美元合作，以开发通用CAR－T疗法和T细胞双特异性抗体（TCB）；君实生物与Revitope达成合作协议，引进后者开发的双抗原导向T细胞嵌合活化专利技术平台，开发5款CD3双抗；百济神州引入BioAtla的肿瘤微环境条件活化抗体技术，以解决细胞毒性T淋巴细胞相关蛋白4（CTLA－4）抗体的毒性问题等。

在对外授权方面，相比往年每年只有1～2个对外授权的案例，2020年国内药企对外授权案例数量超过15个，从产品到技术，多个项目首付款过亿美元，其中值得关注的交易包括：天境生物的CD47单抗来佐利单抗（Lemzoparlimab），艾伯维（Abbvie）以总金额近30亿美元获得其在大中华区以外的权益，创下2020年交易金额纪录；礼来在2020年从中国获得了3个新药的授权，除与信达生物继续扩大基于信迪利单抗在全球的合作之外，还从君实生物收获了新冠中和抗体的海外开发权并从复星医药获得了B细胞淋巴瘤（BCL－2）抑制剂在海外的权益等。

值得关注的是，除了授权交易（license deal），中国的新兴药械企业也开始和国内外知名的制药公司以及跨国药企开展成本共担、风险共担、收益共享的协同发展的合作模式，进一步为中国的新兴药械企业发展赋能。

（四）结语

一方面，随着国家政策对医疗健康发展和企业上市的大力支持，2021年我国共有121家医疗健康企业上市，较2020年的69家增长超过75%。行业整体呈快速上升态势，同时领域内部不断细化发展。另一方面，由于医疗健康行业自身的特殊性和专业性，国家监管机关对于行业企业的监管呈现细致化、严格化趋势，以确保人民群众的生命安全和行业领域的健康发展。在国家医疗卫生体制改革、人口老龄化日趋严重、医疗健康产品国产替代的大背景下，国家未来对于医疗健康企业的扶持力度还将继续加强，推动更多的医疗健康企业在中国萌芽发展。为此，本书意欲为各个有IPO意向的医疗健康企业及有意投身该行业领域的相关人士及企业提供境内外上市要点分析和建议，以助力各相关企业顺利上市。下一章我们将对境内外主要资本市场关于医疗健康企业的上市标准进行介绍与总结，以便各相关企业选择适配的上市地点与上市标准。

三、境内外主要资本市场关于医疗健康企业的上市标准①

（一）医疗健康企业A股上市标准②

1. 红筹架构概述

（1）红筹架构简介

红筹架构，是指公司创始人（或境内公司）在设立境外控股公司（通常为离岸地）时，将境内公司的股权、资产及业务等权益通过收购、重组等方式迁移至境外控股公司，由境外控股公司持有或控制的交易架构。进而，采用红筹架构，以境外控股公司作为上市主体在境外交易所申请挂牌上市的行为被称为红筹上市。这类注册地在境外、主要经营活动在境内的企业被称为红筹企业。红筹架构主要有两种

---

① 李明文，法律硕士，锦天城律师事务所高级合伙人。

② 湛益祥，法律史硕士，锦天城律师事务所律师。

模式：境外控股公司直接或间接股权控制境内公司（以下简称股权控制模式）；

境外控股公司间接通过一系列的协议控制境内公司，即 VIE 架构模式。中资企业以红筹架构在境外上市的优势在于：第一，境外资本市场对一些新兴产业认可度较高；第二，境外上市的上市条件及上市程序较为灵活，节省等待时间；第三，境外上市公司更容易获得境外投资人的投资；第四，企业资本运作的可选市场得到了拓展。

（2）红筹架构所涉政策法律法规

企业以红筹架构在境外或境内上市时，涉及境外投资、返程投资、外资并购、员工的股权激励等内容，由此涉及主要政策及法律法规如表 1－10 所示。

表 1－10　主要政策及法律法规

类别	文件名及文号	主要内容
一、综合类	国务院《关于进一步加强在境外发行股票和上市管理的通知》（国发〔1997〕21 号）（以下简称“97 红筹指引”）	第 3 条规定：“凡将境内企业资产通过收购、换股、划转以及其他任何形式转移到境外中资非上市公司或者境外中资控股上市公司在境外上市，以及将境内资产通过先转移到境外中资非上市公司再注入境外中资控股上市公司在境外上市，境内企业或者中资控股股东的境内股权持有单位应当按照隶属关系事先经省级人民政府或者国务院有关主管部门同意，并报中国证监会审核后，由国务院证券委按国家产业政策、国务院有关规定和年度总规模审批。”
二、境外投资类	《境外投资管理办法》（商务部令 2014 年第 3 号）	第 2 条规定：“本办法所称境外投资，是指在中华人民共和国境内依法设立的企业（以下简称企业）通过新设、并购及其他方式在境外拥有非金融企业或取得既有非金融企业所有权、控制权、经营管理权及其他权益的行为。” 第 3 条规定：“企业开展境外投资，依法自主决策、自负盈亏。” 第 6 条规定：“商务部和省级商务主管部门按照企业境外投资的不同情形，分别实行备案和核准管理。企业境外投资涉及敏感国家和地区、敏感行业的，实行核准管理。企业其他情形的境外投资，实行备案管理。” 第 9 条第 1 款规定：“对属于备案情形的境外投资，中央企业报商务部备案；地方企业报所在地省级商务主管部门备案。”

续表

类别	文件名及文号	主要内容
二、境外投资类	《关于进一步引导和规范境外投资方向的指导意见》（国办发〔2017〕74号）	第2条第2项规定："……坚持以备案制为主的境外投资管理方式，在资本项下实行有管理的市场化运行机制，按'鼓励发展+负面清单'模式引导和规范企业境外投资方向。" 第3条规定："支持境内有能力、有条件的企业积极稳妥开展境外投资活动，推进'一带一路'建设，深化国际产能合作，带动国内优势产能、优质装备、适用技术输出，提升我国技术研发和生产制造能力，弥补我国能源资源短缺，推动我国相关产业提质升级……" 第4条规定："限制境内企业开展与国家和平发展外交方针、互利共赢开放战略以及宏观调控政策不符的境外投资……" 第5条规定："禁止境内企业参与危害或可能危害国家利益和国家安全等的境外投资……"
	《企业境外投资管理办法》（国家发展和改革委员会令第11号）	第2条规定："本办法所称境外投资，是指中华人民共和国境内企业（以下简称'投资主体'）直接或通过其控制的境外企业，以投入资产、权益或提供融资、担保等方式，获得境外所有权、控制权、经营管理权及其他相关权益的投资活动。前款所称投资活动，主要包括但不限于下列情形：……（四）获得境外企业或资产所有权、经营管理权等权益；（五）新建或改扩建境外固定资产；（六）新建境外企业或向既有境外企业增加投资；（七）新设或参股境外股权投资基金；（八）通过协议、信托等方式控制境外企业或资产。……本办法所称控制，是指直接或间接拥有企业半数以上表决权，或虽不拥有半数以上表决权，但能够支配企业的经营、财务、人事、技术等重要事项。" 第13条规定："实行核准管理的范围是投资主体直接或通过其控制的境外企业开展的敏感类项目。核准机关是国家发展改革委。……敏感行业目录由国家发展改革委发布。"

续表

类别	文件名及文号	主要内容
二、境外投资类	《境外投资敏感行业目录（2018年版）》（发改外资〔2018〕251号）	境外投资敏感行业： 一、武器装备的研制生产维修 二、跨境水资源开发利用 三、新闻传媒 四、根据《国务院办公厅转发国家发展改革委　商务部　人民银行外交部关于进一步引导和规范境外投资方向指导意见的通知》（国办发〔2017〕74号），需要限制企业境外投资的行业：（一）房地产；（二）酒店；（三）影城；（四）娱乐业；（五）体育俱乐部；（六）在境外设立无具体实业项目的股权投资基金或投资平台
三、外资管理类	《关于外国投资者并购境内企业的规定》（2006年修订）（商务部、国务院国有资产监督管理委员会、国家税务总局、国家工商行政管理总局、中国证券监督管理委员会、国家外汇管理局令2006年第10号）（该规定已根据商务部令2009年第6号于2009年修改，以下简称10号文）	第2条规定："本规定所称外国投资者并购境内企业，系指外国投资者购买境内非外商投资企业（以下简称'境内公司'）股东的股权或认购境内公司增资，使该境内公司变更设立为外商投资企业（以下简称'股权并购'）；或者，外国投资者设立外商投资企业，并通过该企业协议购买境内企业资产且运营该资产，或外国投资者协议购买境内企业资产，并以该资产投资设立外商投资企业运营该资产（以下简称'资产并购'）。" 第11条规定："境内公司、企业或自然人以其在境外合法设立或控制的公司名义并购与其有关联关系的境内的公司，应报商务部审批。当事人不得以外商投资企业境内投资或其他方式规避前述要求。" 第39条规定："特殊目的公司系指中国境内公司或自然人为实现以其实际拥有的境内公司权益在境外上市而直接或间接控制的境外公司。特殊目的公司为实现在境外上市，其股东以其所持公司股权，或者特殊目的公司以其增发的股份，作为支付手段，购买境内公司股东的股权或者境内公司增发的股份的，适用本节规定。当事人以持有特殊目的公司权益的境外公司作为境外上市主体的，该境外公司应符合本节对于特殊目的公司的相关要求。" 第40条第1款规定："特殊目的公司境外上市交易，应经国务院证券监督管理机构批准。"

续表

类别	文件名及文号	主要内容
三、外资管理类	《外商投资准入特别管理措施（负面清单）(2020年版)》(现已失效)	第6条规定："境内公司、企业或自然人以其在境外合法设立或控制的公司并购与其有关联关系的境内公司，按照外商投资、境外投资、外汇管理等有关规定办理。"
四、外汇管理类	《境内机构境外直接投资外汇管理规定》（汇发〔2009〕30号）	第2条规定："本规定所称境外直接投资是指境内机构经境外直接投资主管部门核准，通过设立（独资、合资、合作）、并购、参股等方式在境外设立或取得既有企业或项目所有权、控制权或经营管理权等权益的行为。" 第6条规定："外汇局对境内机构境外直接投资及其形成的资产、相关权益实行外汇登记及备案制度。境内机构在向所在地外汇局办理境外直接投资外汇登记时，应说明其境外投资外汇资金来源情况。" 第7条规定："境内机构境外直接投资获得境外直接投资主管部门核准后，持下列材料到所在地外汇局办理境外直接投资外汇登记。……"进而，根据《银行直接办理资本项目外汇业务操作指引（二）——境内机构境外直接投资外汇登记》，境内机构在以境内外合法资产或权益向境外出资前，应到注册地银行申请办理境外直接投资外汇登记。
	国家外汇管理局《关于境内个人参与境外上市公司股权激励计划外汇管理有关问题的通知》（汇发〔2012〕7号）	第1条规定："本通知所称'境外上市公司'是指在境外（含港、澳、台）证券交易场所上市的公司。'股权激励计划'是指境外上市公司以本公司股票为标的，对境内公司的董事、监事、高级管理人员、其他员工等与公司具有雇佣或劳务关系的个人进行权益激励的计划，包括员工持股计划、股票期权计划等法律、法规允许的股权激励方式。'境内公司'是在境内注册的境外上市公司、境外上市公司在境内的分支机构（含代表处）以及与境外上市公司有控股关系或实际控制关系的境内各级母、子公司或合伙企业等境内机构。'境内个人'（以下简称个人）是指符合《中华人民共和国外汇管理条例》第五十二条规定的境内公司董事、监事、高级管理人员及其他员工，包括中国公民（含港澳台籍）及外籍个人。"

续表

类别	文件名及文号	主要内容
四、外汇管理类	国家外汇管理局《关于境内个人参与境外上市公司股权激励计划外汇管理有关问题的通知》（汇发〔2012〕7号）	第2条规定："参与同一项境外上市公司股权激励计划的个人，应通过所属境内公司集中委托一家境内代理机构（以下简称境内代理机构）统一办理外汇登记、账户开立及资金划转与汇兑等有关事项，并应由一家境外机构（以下简称境外委托机构）统一负责办理个人行权、购买与出售对应股票或权益以及相应资金划转等事项。境内代理机构应是参与该股权激励计划的一家境内公司或由境内公司依法选定的可办理资产托管业务的其他境内机构。"
	国家外汇管理局《关于境内居民通过特殊目的公司境外投融资及返程投资外汇管理有关问题的通知》（汇发〔2014〕37号）（以下简称37号文）	第1条规定："本通知所称'特殊目的公司'，是指境内居民（含境内机构和境内居民个人）以投融资为目的，以其合法持有的境内企业资产或权益，或者以其合法持有的境外资产或权益，在境外直接设立或间接控制的境外企业。本通知所称'返程投资'，是指境内居民直接或间接通过特殊目的公司对境内开展的直接投资活动，即通过新设、并购等方式在境内设立外商投资企业或项目（以下简称外商投资企业），并取得所有权、控制权、经营管理权等权益的行为。本通知所称'境内机构'，是指中国境内依法设立的企业事业法人以及其他经济组织；'境内居民个人'是指持有中国境内居民身份证、军人身份证件、武装警察身份证件的中国公民，以及虽无中国境内合法身份证件、但因经济利益关系在中国境内习惯性居住的境外个人。本通知所称'控制'，是指境内居民通过收购、信托、代持、投票权、回购、可转换债券等方式取得特殊目的公司的经营权、收益权或者决策权。" 第3条规定："境内居民以境内外合法资产或权益向特殊目的公司出资前，应向外汇局申请办理境外投资外汇登记手续。境内居民以境内合法资产或权益出资的，应向注册地外汇局或者境内企业资产或权益所在地外汇局申请办理登记；境内居民以境外合法资产或权益出资的，应向注册地外汇局或者户籍所在地外汇局申请办理登记。……境内机构按《国家外汇管理局关于发布〈境内机构境外直接投资外汇管理规定〉的通知》（汇发〔2009〕30号）等相关规定办理境外投资外汇登记手续。境内居民办理境外投资外汇登记后，方可办理后续业务。"

(3) 主要的红筹架构模式

公司搭建红筹架构通常会涉及一系列的境内外公司设立及重组工作。搭建时，境内公司即在中国境内注册成立的经营实体（operating company，OPCO）层面显示的股东权益原则上均需镜像平移至境外控股公司。首先，境内自然人投资人、境内机构投资人（以下统称境内投资人）、创始人及员工持股平台需根据各自情况相应办理37号文登记、境外投资（outbound direct investment，ODI）核准、备案等手续及外汇登记手续。其次，当上述主体取得境外控股公司层面的股东权益后，还需退出OPCO。最后，根据以股权控制方式或协议控制方式注入境内资产及业务（见图1－16），产生股权控制模式与VIE架构模式两种不同的红筹架构。

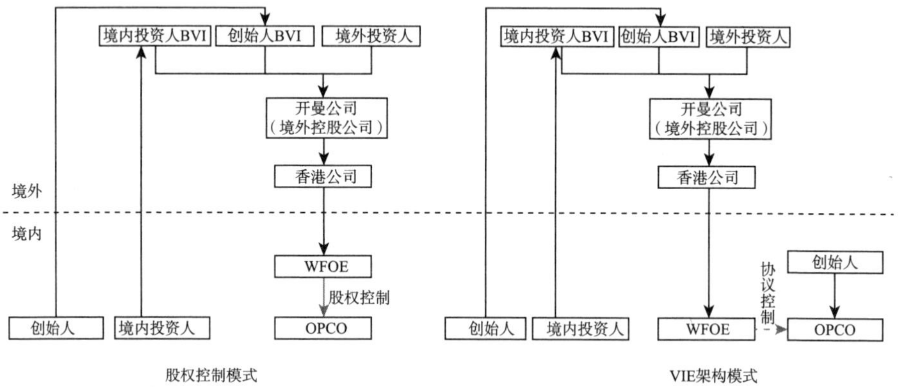

图1－16　两种模式

①股权控制模式

股权控制模式，如图1－16左边所示，是指创始人通过境外控股公司在境内设立的外商独资企业（Wholly Foreign Owned Enterprise，WFOE）并购OPCO股权或资产，进而实现股权控制OPCO或拥有OPCO资产的红筹架构模式。

股权控制模式在实操中需要注意两点：一是被并购的OPCO或资产在产业上应为外商投资负面清单之外的产业；二是要避免触发10号文所规定的关联并购。对于第二点，从10号文相关规定的构成要件出发，分析如何避免触发关联并购：一是“境内公司、企业或自然人”，即创始人为境外人士将不受该规定约束。二是“以其在境外合法设立或控制的公司名义收购”，即收购方必须是境外公司。从文义解释来看，收购方为境外公司持有的境内公司，便不属于关联并购的规定范畴，但10号文也明确规定“不得以外商投资企业境内投资或其他方式规避”。三是“与其有关联关系的境内公司”，即被收购主体是境内公司，由此产生了“两步走”，即先将被收购主体变更为外资企业再进行收购的变通方式。

②VIE架构模式

VIE架构又称合约安排，如图1-16右边所示，通常指创始人通过境外控股公司在境内设立的WFOE与OPCO及其股东签订一系列协议，进而达成控制OPCO并享有其资产的目的。

VIE架构主要适用于拟上市业务属于我国禁止境外投资者投资或对境外投资者投资存在股权限制的行业［如增值电信业务经营（ICP）、教育行业、演出经纪等①］。

2. 红筹架构搭建

接下来，笔者将通过真实案例，分别介绍股权控制以及VIE架构两种模式的红筹架构搭建流程及相关注意事项。

（1）股权控制模式的搭建：开拓药业

开拓药业股份有限公司（Kintor Pharmaceutical Limited，以下简称开拓药业）是一家临床阶段新药开发方面的生物医药企业，于2020年在香港联交所上市。

根据披露易官网披露的《开拓药业有限公司招股章程（全球发售）》②，开拓药业未搭建红筹架构时，即重组前公司股权架构如图1-17所示。

根据招股说明书的披露，结合开拓药业在香港联交所上市时的股权架构来看，苏州开拓、苏州开禧是开拓药业红筹架构中的OPCO，对开拓药业的经营业绩有重大贡献。

苏州开拓成立于2009年3月24日，主要业务为自主研发潜在同类首创及同类最佳在研药物。该公司由创始人童博士及郭博士共同设立，由于童博士及郭博士均持美国国籍，出于便利苏州开拓的管理及日常运营之目的，进行了以下委托安排：由童某1根据股权委托协议代童博士持有苏州开拓50%股权；陈某根据股权委托协议代郭博士持有苏州开拓50%股权。同时，该公司也作为公司后续五轮

---

① 我国禁止境外投资者投资或对境外投资者投资存在股权限制的行业，请参见我国每年颁布的《外商投资准入特别管理措施（负面清单）》。

② 参见《开拓药业有限公司招股章程（全球发售）》，载 https://www1.hkexnews.hk/listedco/listconews/sehk/2020/0512/2020051200014_c.pdf，最后访问日期：2021年8月26日。

投资的融资主体。

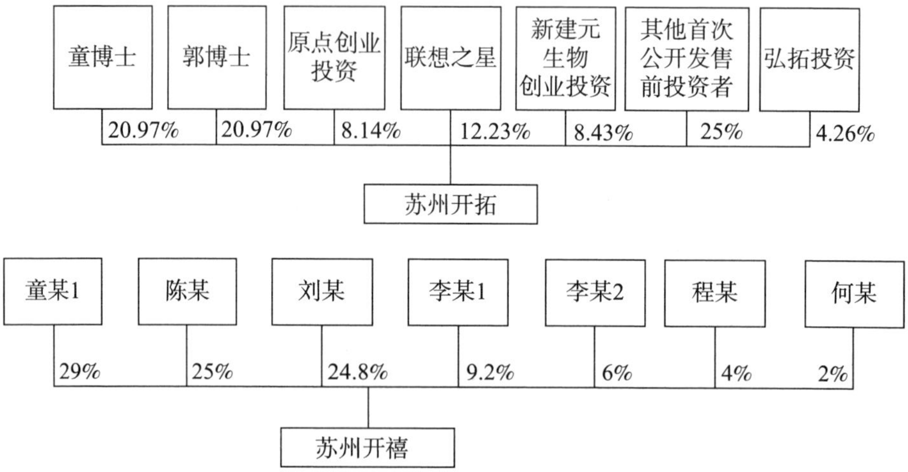

图 1－17 股权架构

苏州开禧成立于 2010 年 9 月 21 日，主要从事研发福瑞他恩（KX－826），即一种作局部皮肤科用途的潜在同类首创小分子雄激素受体（AR）拮抗剂。成立后，苏州开禧的 50% 股权由童某 1 代童博士持有，另外 50% 股权由陈某代郭博士持有。

开拓药业的红筹架构搭建流程，按照时间及搭建目的可分为三个阶段。

第一阶段：成立境外特殊目的公司，构建红筹架构的雏形。

2018 年 5 月 15 日，KT International 及 KG Development 在英属维尔京群岛（The British Virgin Zslands，B. V. I. 在此注册的公司被称作 BVI 公司）注册成立，分别由童博士、郭博士就投资控股目的全资拥有。

2018 年 5 月 16 日，在开曼群岛（在此注册的公司被称为开曼公司）注册成立豁免有限公司 KTKM Holdings Inc. 即开拓药业。公司注册成立后，将股权转让予 KT International。随后更名为 Kintor Pharmaceutical Limited。

2019 年 8 月 27 日，KT International 及 KG Development 分别获得发行股份 303, 326 股及 303, 327 股，随后 KT International 及 KG Development 各自持有开拓药业已发行股本的 50%。

2018 年 6 月 15 日，开拓药业在香港注册成立 Kintor Science。

第二阶段：收购苏州开禧的控制权，实现苏州开禧原有股东平移境外。

公司通过收购苏州开禧控制权的动作，达到了以下目的：①将苏州开禧的原有境内股东翻至境外，作为持有开拓药业股份权益的股东；②将苏州开禧重组为开拓药业的全资下属公司，拓展及多元化产品组合及业务；③避免上市后符合上市规则持续关联交易规定的行政负担。

2018 年 7 月 19 日，苏州开禧余下原有股东成立苏州欣禧医药企业管理咨询合伙企业（有限合伙）作为境内控股公司，直接持有苏州开禧 46% 股权。

2018 年 8 月 1 日，在香港注册成立 Koshine Pharmaceuticals，由苏州开禧余下原有股东的境外控股公司按收购苏州开禧的控制权前各自持有的苏州开禧的股权比例获得 Koshine Pharmaceuticals 的发行股份。

2018 年 11 月 5 日，Kintor Science 向代童博士及郭博士持股的童某 1 及陈某收购苏州开禧合计 54% 股权。

2018 年 11 月 27 日，Koshine Pharmaceuticals 向苏州欣禧医药企业管理咨询合伙企业（有限合伙）收购苏州开禧 46% 股权。

2018 年 12 月 11 日，苏州开禧余下原有股东（通过其境外控股公司）与开拓药业签订股份互换协议。据此，苏州开禧余下原有股东通过各自的境外控股公司同意向开拓药业转让其于 Koshine Pharmaceuticals 的全部已发行股份，代价及交换条件为向其境外控股公司配发及发行新股份。

上述股份收购及股份互换完成后，苏州开禧成为开拓药业的全资下属公司，由 Kintor Science 直接持有 54% 股份以及由 Koshine Pharmaceuticals 直接持有 46% 股份。

第三阶段：重组苏州开拓，实现投资人平移境外。

在重组之前，苏州开拓的已发行股份由相关首次公开发售前投资者和创始人持有。

2018 年 12 月 20 日，原点创业投资与 Oriza Flight 签订了股份转让协议，约定将其持有的苏州开拓的 1,862,824 股股份转让予 Oriza Flight，代价为人民币 166,218,480 元。

同日，Oriza Flight 的唯一股东与 Kintor Science 签订了股份转让协议，约定将 Oriza Flight 的全部已发行股本转让予 Kintor Science，代价为人民币 166,218,480 元。

2019 年 3 月 15 日，原点创业投资认购开拓药业发行的 1,862,824 股股份，代价为人民币 166,218,480 元。

此项交易完成后，开拓药业通过 Kintor Science 全资拥有 Oriza Flight，而 Oriza Flight 持有苏州开拓 8.5% 已发行股本。

其他相关首次公开发售前投资者及创始人通过以下方式转让其于苏州开拓的权益予 Kintor Science，并通过股份转让自行或通过各自的境外公司认购开拓药业一定比例的权益。

2019 年 1 月 1 日，童博士及郭博士分别与 Kintor Science 签订了股份转让协议，其向 Kintor Science 转让苏州开拓 4, 800, 400 股股份，代价为人民币 428, 345, 249. 02 元（根据最近一轮首次公开发售前投资的估值）或其等价物。KT International 及 KG Development 之后认购开拓药业股份。

2019 年 3 月 15 日，联想之星、新建元生物创业投资、中億明源及泰弘景晖通过其境外控股公司分别认购一定数量的股份（与相关首次公开发售前投资者所持苏州开拓的股份数目相同），代价为相关首次公开发售前投资者就其投资所支付的最初金额。所收的代价总额交予 Kintor Science 以认购苏州开拓的相同数目股份。

在此阶段，除上述投资人，其他首次公开发售前投资人也各自与 Kintor Science 签订了股份转让协议，向 Kintor Science 转让苏州开拓的有关股份，并认购开拓药业相应股份。

完成上述重组操作后，开拓药业在紧接全球发售完成前的股权架构如图 1 – 18 所示。

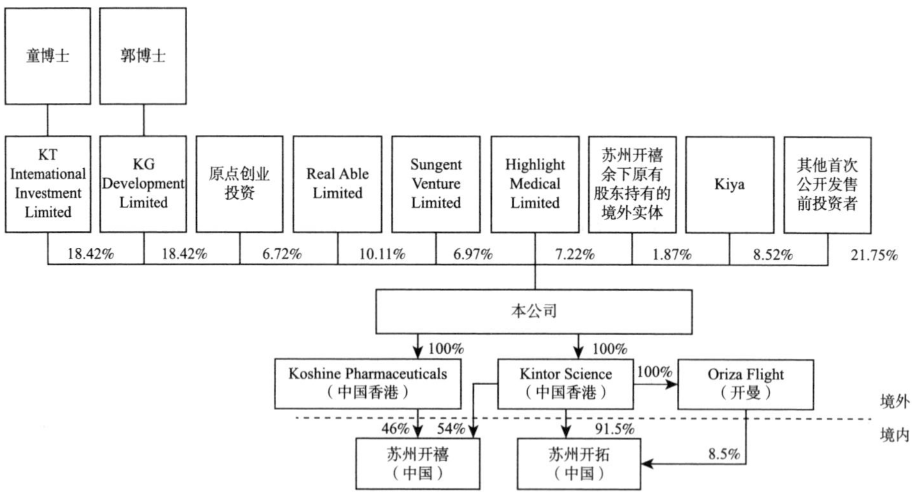

图 1 – 18　股权架构

为此，我们归纳通用的红筹架构搭建步骤（见图1－19），股权控制模式的红筹架构搭建分为6个步骤，具体分析如下。

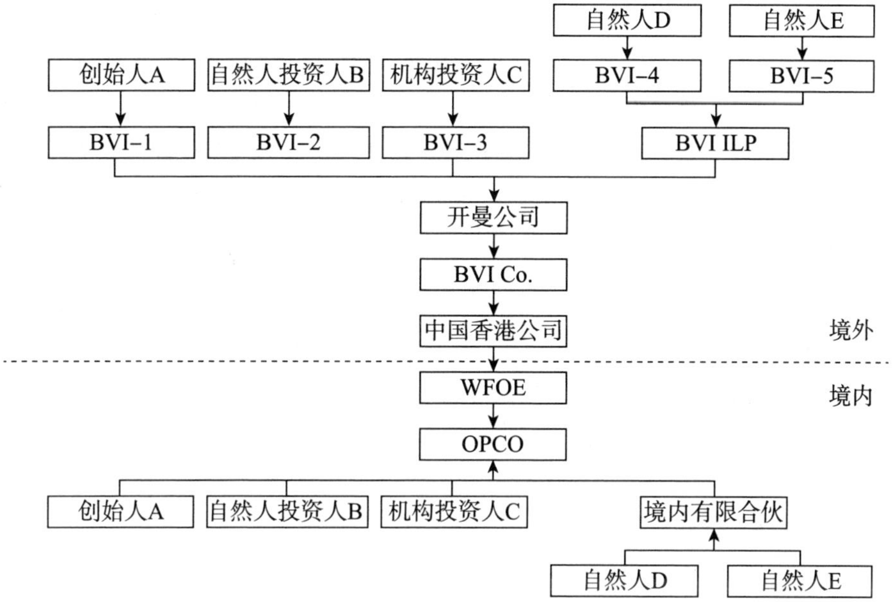

图1－19　红筹架构搭建步骤

第一步：OPCO创始人A、自然人投资人B、机构投资人C分别设立各自持股的BVI公司（BVI－1、BVI－2、BVI－3），其中OPCO的境内自然人应完成37号文登记，OPCO的机构投资人应完成ODI登记。自然人D、自然人E通过境内有限合伙企业持有OPCO权益的需镜像境内股权结构，在境外设立国际有限合伙（BVI ILP）公司。

第二步：通过各自持股的BVI公司与境外投资人（如有）共同持股开曼公司（境外控股公司），此处的开曼公司将作为境外上市以及境外融资的主体，体现公司创始人和投资人的股东权益。

第三步：开曼公司下设BVI Co.，预留未来业务重整空间。部分红筹上市公司会根据不同业务板块分别设计各自业务条线架构，如果开曼公司上市后，公司决议出售或是内部重组某业务板块的OPCO，可通过在境外转让该业务条线对应的BVI Co.股权完成。通过转让BVI Co.股权可避免转让香港公司股权所产生的印花税（根据我国香港地区法律规定，转让香港公司股权需要缴纳印花税），即此处加设一层 BVI Co. 可以节省一定税费支出。

第四步：BVI Co. 下设香港公司，享受我国香港地区与内地有关避免双重征税的优惠安排。根据我国法律法规，对非居民企业（境外公司）来自中国境内的所得（包括股息、红利）征收 10% 的企业所得税。根据《国家税务总局关于执行税收协定股息条款有关问题的通知》（国税函〔2009〕81 号）关于香港地区与内地之间的税收协定，符合香港公司持有内地公司股权超过 25% 以及受益所有人（不得为“导管公司”）要求的，该香港公司可享受 5% 的优惠税率，但开曼群岛、BVI 均未与我国签订税收协定或者安排。

第五步：香港公司在中国境内设立 100% 持股的 WFOE。

第六步：WFOE 收购 OPCO，注入境内资产及业务。为避免触及 10 号文有关关联并购的规定，WFOE 收购境内企业应分“两步走”，即应先以无关联的境外第三方入股 OPCO，将 OPCO 变更为中外合资企业，而后再由 WFOE 公司对其进行收购。

至此，股权控制模式的红筹架构搭建完毕。

（2）VIE 架构模式：亘喜生物

VIE 架构模式的搭建与前述股权控制模式基本相同，区别在于前述的第六步变为协议控制 OPCO，以亘喜生物科技集团（Gracell Biotechnologies Inc.，以下简称亘喜生物）为例。

亘喜生物成立于 2017 年，是一家处于临床阶段的全球生物技术公司，专注于开发突破性的癌症细胞疗法。2021 年 1 月 8 日，亘喜生物成功在纳斯达克挂牌上市。根据亘喜生物的招股说明书①，由于中国法律法规限制外资公司从事人类干细胞或基因诊断和治疗技术的开发和应用，其使用了 VIE 架构模式的红筹架构，具体如图 1－20 所示。

以下内容为按时间顺序还原的亘喜生物 VIE 架构模式的搭建流程。

2017 年 5 月，在上海市成立 Gracell Biotechnologies（Shanghai）Co.，Ltd.（以下简称上海亘喜或 OPCO）。

2018 年 4 月，在苏州市，上海亘喜下设 Suzhou Gracell Biotechnologies Co.，

① 参见《亘喜生物招股说明书》，载 https：//www. sec. gov/Archives/edgar/data/1826492/000119312520321500/d33957df1. htm，最后访问日期：2021 年 8 月 27 日。

Ltd.（以下简称苏州亘喜）。亘喜生物主要通过上海亘喜和苏州亘喜开展生物技术和制药行业的研发活动，该活动的外商投资准入需采取特别管理措施，是因为其属于负面清单范围内。

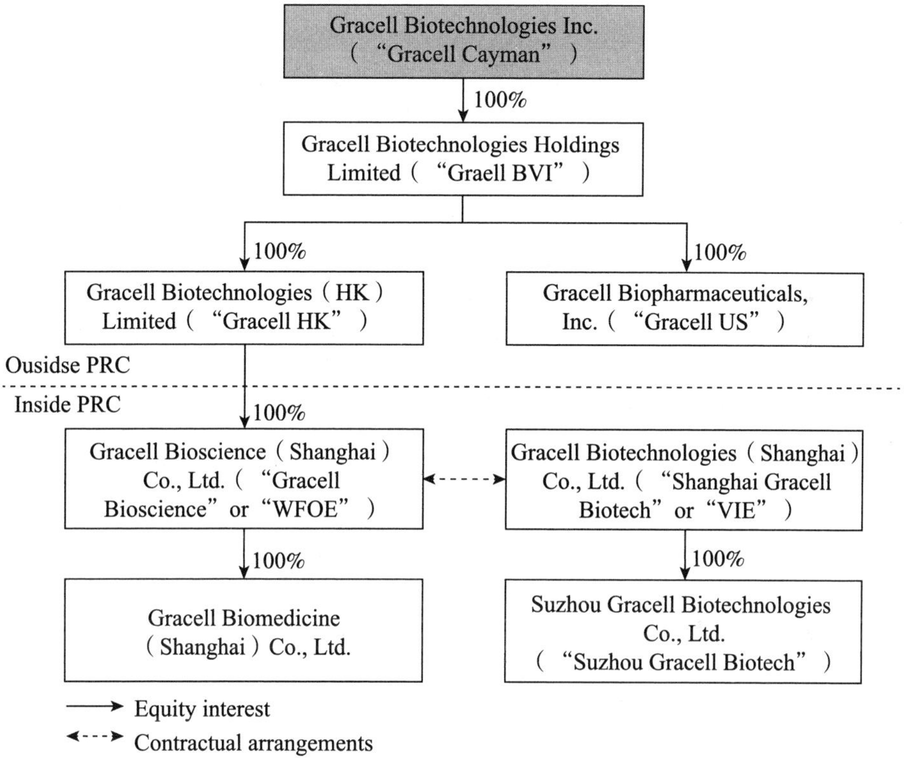

图 1－20　红筹架构

2018 年 5 月，在开曼群岛成立 Gracell Biotechnologies Inc. 即亘喜生物作为纳斯达克上市主体。

同月，亘喜生物在 BVI 设立 Gracell Biotechnologies Holdings Limited（以下简称 BVI 亘喜）。

2018 年 6 月，BVI 亘喜在上海市设立 100% 持股的 Gracell Bioscience（Shanghai）Co.，Ltd.（以下简称"WFOE"）作为 WFOE。主要通过该 WFOE 从事动物的初步研发活动，该活动不属于负面清单范畴。

为了获得 OPCO 及其子公司的控制权，WFOE、OPCO 和 OPCO 的股东共同签署了一系列的协议，具体如表 1－11 所示。

表 1－11　一系列协议

<table>
<tr><th>协议名称</th><th>签署主体</th><th>主要内容</th><th>实现目的</th></tr>
<tr><td>《股东权利委托协议及其授权书》</td><td>WFOE、OPCO、OPCO 股东</td><td>不可撤销地授权 WFOE 代其行使作为 VIE 股东的所有权利，包括（1）提议举行和出席股东大会的权利；（2）法定股东投票表决事项，如指定和任命董事、首席执行官和其他高级管理层成员；（3）其他股东的权利，如出售或转让该股东拥有的全部或部分股权。投票权代理协议有效期为 20 年。在任期届满之前，WFOE 可以自行决定通过书面通知延长期限</td><td rowspan="3">实现 WFOE 对 OPCO 公司的实际控制，并且排除 OPCO 登记股东的表决权。
为保证股份质押效力，在中国法项下，股份质押需向当地市场监管管理部门进行股权质押登记</td></tr>
<tr><td>股权质押协议</td><td>WFOE、OPCO 股东</td><td>为保证其他 VIE 协议的有效执行，OPCP 股东将其持有的 OPCO 股权质押给 WFOE</td></tr>
<tr><td>配偶同意书</td><td>OPCO 股东的配偶</td><td>无条件、不可撤销地确认 VIE 协议的有效性并同意不就 OPCO 股东持有的 VIE 权益作出任何主张</td></tr>
<tr><td>技术咨询和服务协议</td><td>WFOE、OPCO</td><td>WFOE 为 OPCO 提供咨询及服务，OPCO 支付年度服务费。WFOE 拥有因履行技术咨询和服务协议而产生知识产权的排他性所有权</td><td rowspan="2">允许 WFOE 从 VIE 获取经济利益，实现收入及利润自 OPCO 向 WFOE 的转移</td></tr>
<tr><td>业务合作协议</td><td>WFOE、OPCO</td><td>WFOE 拥有向 OPCO 提供 VIE 技术支持、业务支持和相关咨询服务的专属权利，OPCO 支付月度服务费。WFOE 拥有因履行业务合作协议而产生知识产权的排他性所有权</td></tr>
<tr><td>《独家股权购买权协议》或者《独家期权认购协议》</td><td>WFOE、OPCO、OPCO 股东</td><td>OPCO 及 OPCO 股东授予 WFOE 及/或其指定的一人或多人随时以中国法律允许的最低价格购买 OPCO 全部或部分资产及股权的独家权利</td><td>为 WFOE 提供购买 VIE 权益的权利</td></tr>
</table>

上述一系列协议的安排使得亘喜生物能够实际有效控制 OPCO 及其子公司，合法取得 OPCO 及其子公司所有的经济利益，并获得独家购买 OPCO 及其子公司股权和资产的权利。

（3）搭建注意事项

①创始人、境内自然人投资人需履行 37 号文登记

境外公司设立完成后，境内自然人以其持有的境内权益和搭建完成的境外架构向 OPCO 注册所在地的银行申报 37 号文登记。该登记由于是为取得境外融资同时进行返程投资事宜的合规登记，故登记时需要提供已同境外投资方签署完成的投资条款清单。37 号文登记完成后，再以香港公司为股东设立 WFOE。因此，37 号文登记的时间是在 WFOE 设立前。

境内自然人在搭建境外架构及 37 号文登记阶段，需注意 OPCO 股权结构的稳定性（不可发生股权变动），自然人必须持有 OPCO 股权。如 OPCO 中有其他机构投资人或其他拟放弃权益的自然人主体持股，该方应在登记时配合签署放弃权益承诺函（视 OPCO 所在地登记政策而定）。

②境内机构投资人需履行 ODI 核准、备案手续以及外汇登记

境内机构投资人开展境外投资行为（包括新设境外企业或向既有境外企业增资等行为）受国家发展和改革委员会及商务部的监管，需要根据境外投资的不同情形，分别向国家发展和改革委员会、商务部、省级政府发展改革部门、省级商务主管部门履行核准或备案手续，具体情况详见表 1－12。

表 1－12　核准或备案情况

申报手续	适用项目	中央企业	地方企业中方投资额≥3 亿美元	地方企业中方投资额 <3 亿美元	层级
核准	直接投资敏感类	√	√	√	国家层面
	间接投资敏感类	√	√	√	
备案	直接投资非敏感类	√	√	—	
		—	—	√	省级

③VIE 架构的风险考虑

VIE 架构因存在规避外资准入规定的行为，需密切关注外资管理类政策走向以及相应监管态度的变化。另外，VIE 架构下对 OPCO 的有效控制一定程度上依赖于协议各方的信用，具有一定商业风险，以至于部分境外上市监管机构或者交易所对 VIE 架构的审查要求较为严格。

举例说明，香港联交所对 VIE 架构的审查要求是严限（narrowly tailore）。首先，根据《香港交易所上市决策》（编号：HKEX - LD 43 - 3）第 13. b 条规定，VIE 架构的设计应“严限于”达到上市申请人的业务目标，以及把与中国法律法规出现冲突的可能性降至最低。根据第 16. a 条的规定，所有上市申请人无一例外，无论采用 VIE 架构经营业务的收入或盈利还是其他方面对上市申请人重要与否，均须严限于 VIE 架构。其次，第 17 条明确规定，若无外资拥有权限制，上市申请人不得采用 VIE 架构。最后，根据第 18 条、第 19 条、第 20 条规定，香港联交所同时要求采用 VIE 架构的上市申请人提供在业务运营中采用 VIE 架构的原因、确保 VIE 架构的有效实施，披露与 VIE 架构相关资料以及相关风险因素。

3. 红筹架构拆除

境内企业为筹划境外融资及境外上市而搭建红筹架构，在完成红筹架构搭建后，考虑到企业实际经营情况，并出于对国内资本市场的迅速发展的信心，在经过对境内外资本市场反复权衡之后，改变在境外上市的发展战略并终止境外上市进程，最终回归境内资本市场。

虽然法律法规已支持符合条件的红筹企业直接境内上市，但仍有不少企业由于达不到红筹企业直接境内上市条件，而选择拆除红筹架构后再回归境内资本市场的传统路径。股权控制模式与 VIE 架构模式在拆除步骤上有所不同。

（1）股权控制模式

上海海和药物研究开发股份有限公司（以下简称海和药物）作为一家拟采用第五套上市标准的创新药研发企业，根据《上海海和药物研究开发股份有限公司首次公开发行股票并在科创板上市招股说明书》[①]《上海海和药物研究开发股份有限

① 参见《上海海和药物研究开发股份有限公司首次公开发行股票并在科创板上市招股说明书（上会稿）》，载 http：//static. sse. com. cn/stock/information/c/202107/f582c77714dd4823955abbb1b89c67ff. pdf，最后访问日期：2021 年 9 月 10 日。

公司首次公开发行 A 股股票并在科创板上市的法律意见书》① 披露，曾于 2018 年至 2020 年搭建和拆除过红筹架构，自红筹架构搭建、存续至拆除过程中，不存在境外股权转让或分红的情形，但存在一次境外融资，即 A 轮融资的情形。

红筹搭建阶段，海和药物原股东及诺迈西原股东在境外设立开曼海和作为境外架构控股主体，并拟在开曼海和完成 A 轮融资，因此相应权益平移系通过由开曼海和间接全资控制的香港海和向海和药物原股东及诺迈西原股东承接海和药物及诺迈西股权，并在开曼海和向该等股东或其控制的特殊目的公司等额发股的方式完成（见图 1－21）。

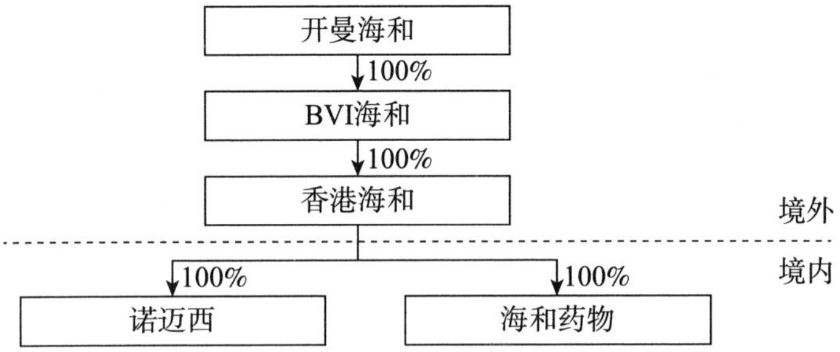

图 1－21　控股主体

红筹架构搭建过程中境内股东将其持有的相应权益平移至境外时，其交易金额、款项支付情况及一一对应关系如表 1－13 所示。

表 1－13　对应关系

香港海和收购股权				开曼海和发行股份			
主体	股东名称	交易价格/万元人民币	支付情况	认购主体	认购股份数/股	认购股份价格/万元人民币	支付情况
诺迈西	UNION CAPITAL	141.42	股份	UNION CAPITAL	561,600	141.42	股份
	何某	1391.00	现金	Qin	5,523,999	1391.00	现金
	上海瑞鹄	53.83	现金	Youqing	213,999	53.83	现金
	RUIPING DONG	1811.93	股份	RUIPING DONG	7,195,500	1811.93	股份

① 参见《上海海和药物研究开发股份有限公司首次公开发行 A 股股票并在科创板上市的法律意见书》，载 http://static.sse.com.cn/stock/information/c/202107/7878fc61e59348339d27b14d816629cc.pdf，最后访问日期：2021 年 9 月 10 日。

续表

香港海和收购股权				开曼海和发行股份			
主体	股东名称	交易价格/万元人民币	支付情况	认购主体	认购股份数/股	认购股份价格/万元人民币	支付情况
海和有限	RUIPING DONG	350.00	现金	Unicell	38,124,999	19,768.53	现金
	丁某	19,418.53	现金				
	陈某	1166.66	现金	Tongcell	2,249,999	1166.66	现金
	王某1	4922.68	现金	Syncell	27,124,999	14,064.82	现金
	王某2	4078.80	现金				
	刘某1	5063.35	现金				

需要注明的是，丁某与RUIPING DONG作为海和药物及诺迈西代表协商约定，丁某因达成股权激励目标而可行权取得的16.48%股权中的1%股权（对应注册资本350万元），由激励授予方西藏南江先行转让给RUIPING DONG以作为红筹搭建顺利推进并实施的保障，待香港海和完成对诺迈西和上海海和药物研究开发有限公司（以下简称海和有限，海和药物前身）的收购，且开曼海和向海和有限股东的相关持股公司或指定主体发行新股时，由RUIPING DONG向丁某的持股公司Unicell还原该等股权。

除上述情况外，在红筹搭建过程中，海和药物及诺迈西原股东向香港海和转让海和药物及诺迈西股权的对价与该等原股东认购开曼海和新发行股份的对价一一对应，实现股权结构从境内向境外的镜像平移。

2020年，基于境内上市的诉求，海和药物启动红筹架构的拆除工作。拆除工作启动前，开曼海和层面涉及原海和有限及诺迈西股东7名和A轮投资者15名，共计22名股东。

根据红筹架构拆除方案，由原海和有限及诺迈西股东7名、境外投资人4名，共计11名股东按其在开曼海和持股比例等比例自香港海和受让海和药物股权并由开曼海和回购该等股东持有开曼海和的股份，对于每一位股东的回购价格与其受让海和药物股权价格一致；11名ODI投资人由开曼海和回购其股份，并以回购款对海和有限进行等额增资。通过上述镜像平移，最终实现开曼海和的股东按其当时持有开曼海和的股权比例持有海和有限100%的股权。

具体重组及拆除过程分为4个阶段。

第一阶段：签署重组框架协议，确定境内、境外重组方案。

为了拆除红筹架构，2020年5月19日，开曼海和、BVI海和、香港海和、海和有限、诺迈西、丁某、RUIPING DONG以及其他开曼海和的全体股东签署《关于海和境内外重组交易之框架协议》，约定对开曼海和、BVI海和、香港海和、海和有限、诺迈西等进行重组，由海和有限收购诺迈西，并拆除已搭建的红筹架构，将各方在开曼海和持有的权益转回海和有限。开曼海和分批次回购现有股东的全部股份。

第二阶段：海和有限收购迈诺西，香港海和向海和有限增资。

香港海和以其持有的诺迈西100%的股权作价为等值于诺迈西实缴注册资本498.082万元人民币认缴并实缴海和有限的新增注册资本，认缴并实缴完毕后，海和有限的注册资本变更为450,937,325元人民币，全部由香港海和持有；而海和有限持有诺迈西100%的股权。本次增资完成后，香港海和、海和有限及诺迈西之间的控制关系如图1－22所示。

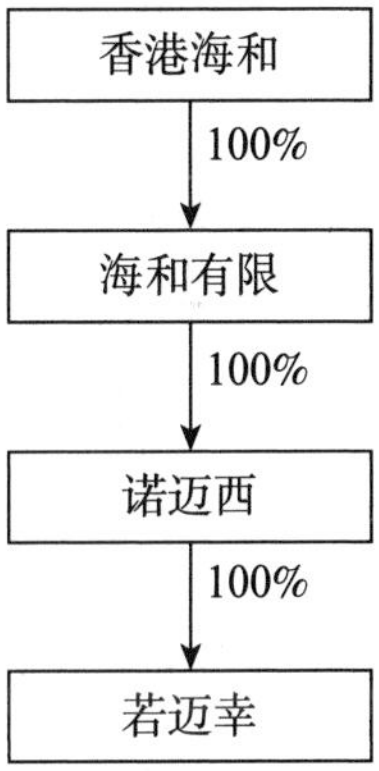

图1－22　控制关系

第三阶段：各方在开曼海和层面持有的权益转回境内。

取消预留的员工激励股份并新发行等额股份。2020年6月，开曼海和取消预留的员工激励股份（对应开曼海和10,000,000股的普通股，占开曼海和转换并充分稀释后全部股份的8.2406%）；同时，开曼海和按面值以原在开曼海和的持股比例向Unicell、Tongcell、Syncell、Qin、Youqing、RUIPING DONG、Union Capital新发与激励股份等额的股份。

原海和有限股东境内持股主体、原诺迈西股东境内持股主体及A轮融资的境外投资人收购海和有限100%股权。2020年6月，原海和有限股东境内持股主体、原诺迈西股东境内持股主体及A轮融资的境外投资人自行或通过其指定的关联方以等值于注册资本的价格（450,937,325元人民币）购买香港海和持有的海和有限100%股权。

搭建境内股权激励持股平台。2020年6月，由丁某作为普通合伙人和刘某2作为有限合伙人共同在中国境内设立上海合赢作为海和有限的员工持股平台。由原海和有限股东境内持股主体及原诺迈西股东境内持股主体各自以人民币1元的对价，按照其各自当时直接或间接在开曼海和持股的相对比例向员工持股平台出让共计9.77%的海和有限股权（对应注册资本44,067,647元人民币）。

开曼海和回购A轮融资中的ODI投资人所持的全部股份。2020年6月，开曼海和以47,130,000美元的总价款向A轮融资中的ODI投资人回购其所持有的全部开曼海和股份。

ODI投资人对海和有限增资。2020年7月，ODI投资人按照其此前各自直接或间接在开曼海和持股的相对比例认缴海和有限的新增注册资本83,826,637元人民币，增资对价为等值于47,130,000美元。

开曼海和回购全部剩余股份。2020年7月，开曼海和向原海和有限股东境外持股主体、原诺迈西股东境外持股主体及A轮融资中的境外投资人回购其所持有的全部开曼海和股份，回购价款安排如下：

开曼海和向原境外投资人、RUIPING DONG及Union Capital支付的回购价款等额于其各自或其指定主体应向香港海和支付的股权转让款，并与股权转让款抵销。

开曼海和按照陈某、何某、西藏南江及上海南江各自应向香港海和支付的股权转让款的金额向其支付相应的回购价款。

由于丁某和Youqing并未实际支付开曼海和的股份价款，开曼海和按照0元对价回购丁某及Youqing所持有的全部股份。为便于开曼海和后续办理注销手续，本次股份回购完成后，RUIPING DONG仍持有开曼海和1股普通股。

第四阶段：境外相关主体注销手续。

境外相关主体香港海和、BVI海和、开曼海和办理注销手续的进度情况如下所示。

香港海和。2020年11月27日，香港海和根据公司章程作出决议，决定申请注销香港海和，并向香港税务局提出申请，要求香港特别行政区税务局证明其不反对香港公司注册处撤销香港海和的注册。截至前述招股说明书签署日，香港海和已向香港公司注册处提交了《私人公司或担保有限公司撤销注册申请书》。

BVI海和。2021年3月10日，BVI海和清算人向英属维尔京群岛公司注册处提交书面清算报告，宣布已完成BVI海和的清算和解散程序。2021年3月11日，英属维尔京群岛公司注册处出具解散证明，证明BVI海和已于2021年3月11日解散。

开曼海和。2021 年 6 月 30 日，开曼群岛公司登记处出具书面证明，开曼海和从开曼群岛公司登记处的公司登记簿中删除并解散。

红筹架构拆除完毕，海和药物的股权架构见图 1－23。

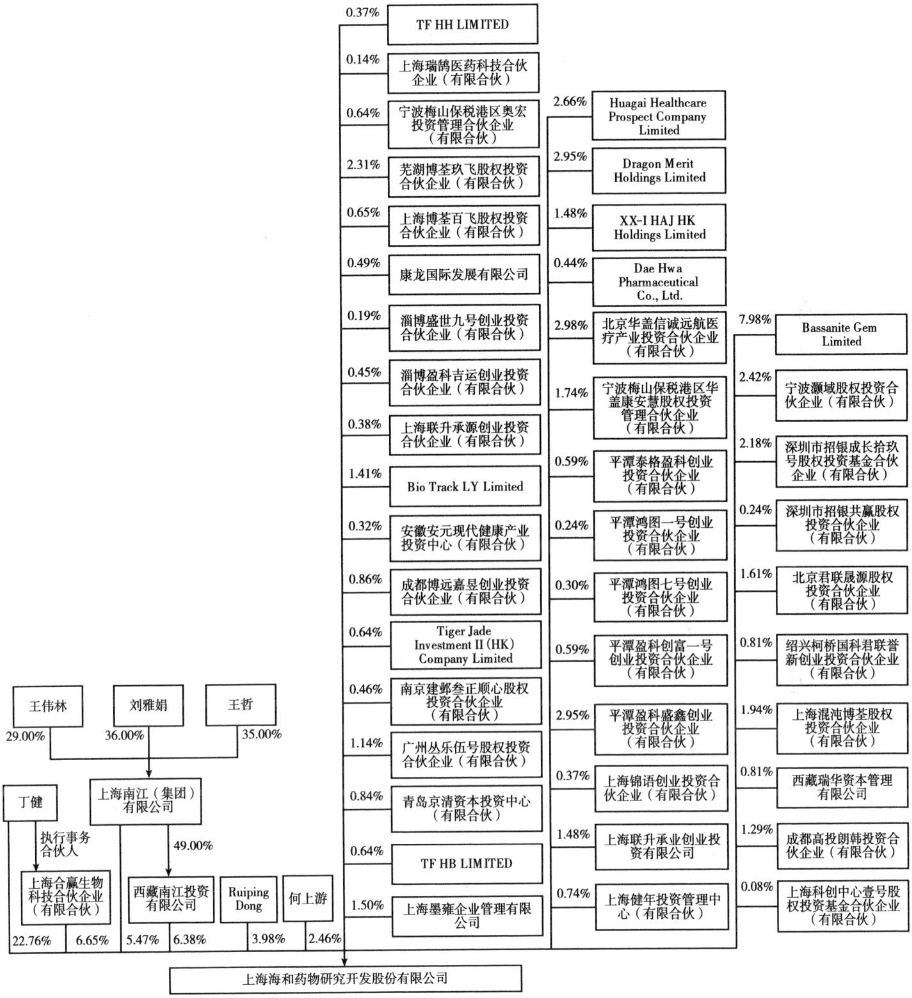

图 1－23　海和药物的股权架构

（2）VIE 架构模式

一般情况下，境外上市主体因产业政策调整而不再属于外资禁止或限制类，会以 WFOE 为境内上市主体进行红筹架构拆除。其境外股东权益（包括创始人或其境外持股公司以及境外投资人持有的股东权益）平移至境内的方式与上述股权控制模式的一致。该种平移方式的优势是可避免由于境外投资人需要退出而进行讨价还价的各种困难。但在拆除过程中建议应与行业主管机关进行必要的事先沟通，确认（间接穿透的）外资成分对于 OPCO（重组后将成为 WFOE 子公司）相关牌照的取得或更新不会构成障碍。

若选择 OPCO 作为境内上市主体，则创始人、境外投资人的境内关联主体和新的投资人向内资运营公司增资，OPCO 收购 WFOE 的股权或资产，从而实现资金从 OPCO 流转至境外公司的安排。境外公司的后续拆除以及境外股东权益平移至境内的方式仍与上述股权控制模式一致。

在 VIE 协议控制红筹架构下，无论是 WFOE 还是 OPCO 作为境内上市主体，均涉及解除 VIE 协议。

赛诺医疗科学技术股份有限公司（以下简称赛诺医疗）是一家专注于高端介入医疗器械研发、生产、销售，并采用科创板第二套标准上市的企业。

根据《赛诺医疗首次公开发行股票并在科创板上市招股说明书》①《赛诺医疗首次公开发行股票并在科创板上市招股说明的法律意见书》② 披露，解除红筹架构前，赛诺有限（赛诺医疗的前身）存在的红筹架构安排如下所示（见图 1 – 24），其中，Sinomed Holding Limited（以下简称赛诺控股）是原拟境外上市主体。

为解除红筹架构及实现资产、业务及财务完整性之目的，赛诺有限相继于 2017 年 4 月收购福基阳光及安华恒基 100% 的股权，于 2018 年 4 月收购北京赛诺曼 100% 的股权；赛诺医疗之美国子公司 Nova Vascular Inc. 于 2017 年 11 月吸收合并美国公司 Nova Vascular LLC.；赛诺医疗之香港子公司先锋科技（现已更名为赛诺香港）于 2018 年 6 月收购 AlchiMedics 的 100% 股权。同时，赛诺控股的股东将所持有的赛诺控股股份通过解除红筹结构回落至赛诺有限层面，具体分为 5 个阶段。

第一阶段：各方确认境内承接主体。

赛诺控股各股东确认承接主体。2017 年 1 月 6 日，创始人孙某 1 设立伟信阳光用作本次红筹解除过程中承接 Well Sun 持有的赛诺控股的股份。

---

① 参见《赛诺医疗首次公开发行股票并在科创板上市招股说明书》，载 http：//static. sse. com. cn/stock/information/c/201910/30704c73ee514c9a96b26ca3c83bad93. pdf，最后访问日期：2021 年 9 月 10 日。

② 参见《赛诺医疗首次公开发行股票并在科创板上市招股说明的法律意见书》，载 http：//static. sse. com. cn/stock/information/c/201909/eb185ca7be0143ec92e8aada386fb194. pdf，最后访问日期：2021 年 9 月 10 日。

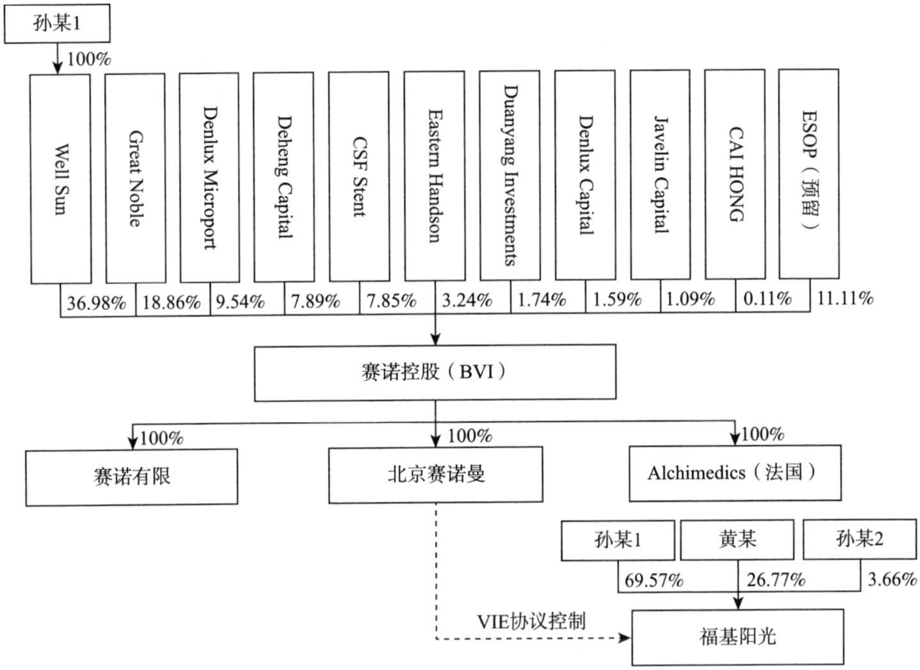

图1-24　红筹架构安排

鉴于赛诺控股历史上存在授予员工股权激励计划（ESOP），而该计划未在赛诺控股层面登记股权。故在本次红筹解除过程中，直接将员工股权激励计划按照境外授予情况平移至赛诺有限层面。设立阳光德业、阳光广业、阳光永业、阳光基业、阳光荣业、阳光宝业、阳光嘉业、阳光福业8个员工持股平台用作承接员工股权激励计划对应的11.11%股权。

赛诺控股的股东的各承接实体根据其各自在赛诺控股中的持股比例向赛诺控股购买赛诺有限股权，员工持股计划则采取增资方式承接相应股权。承接主体如表1-14所示。

表1-14　承接主体

序号	赛诺控股股东名称	赛诺医疗承接主体
1	Well Sun	伟信阳光
2	Decheng Capital	Decheng Capital
3	Denlux Capital	Denlux Capital

续表

序号	赛诺控股股东名称	赛诺医疗承接主体
4	Duanyang Investments	Duanyang Investments
5	Great Noble	Great Noble
6	Javelin Capital	Javelin Capital
7	CSF	CSF
8	Eastern Handson	Eastern Handson
9	Denlux Microport	Denlux Microport
10	CAI HONG	CAI HONG
11	员工股权激励计划对应股权	阳光德业等 8 个有限合伙企业

第二阶段：将各方在境外持有的权益转回境内。

员工股权激励计划平移到赛诺有限。2017 年 2 月 20 日，赛诺控股、赛诺有限与已在赛诺控股层面授予期权的员工签署了《关于员工持股计划平移替代安排的确认书》，各方一致同意将员工在赛诺控股层面的持股计划以平移方式在红筹落地后通过员工持股平台对赛诺有限进行增资的方式落地，同时终止员工在赛诺控股层面的股权激励计划。

根据《关于员工持股计划平移替代安排的确认书》，原境外员工股权激励计划获授期权的员工按照各自在赛诺控股获授的期权价格及数量，出资设立阳光德业、阳光广业、阳光永业、阳光基业、阳光荣业、阳光宝业、阳光嘉业、阳光福业 8 个员工持股平台承接员工股权激励计划对应的 11.11% 股权。

除个别员工在获授期权后离职外，其余人员均为公司在职员工，且与红筹架构时预留期权的受益人名单完全一致。

2017 年 5 月 2 日，赛诺有限召开董事会，全体董事一致同意赛诺有限注册资本由 30,000,000 美元增加至 33,749,578 美元，新增的 3,749,578 美元注册资本由阳光广业、阳光德业、阳光永业、阳光福业、阳光宝业、阳光基业、阳光荣业、阳光嘉业 8 家员工持股平台出资人民币 38,458,100 元认缴，同日相应修改并签署了公司章程修正案，赛诺有限及其股东与阳光广业等 8 个员工持股平台签订了《增资协议》。

赛诺控股的各级优先股转为普通股。2017 年 3 月，赛诺控股召开董事会及股东大会，批准同意红筹落地重组方案以及所有各个层级的优先股转为普通股。

赛诺有限股权转让。2017 年 4 月 11 日，赛诺控股出具股东决定，同意分别向伟信阳光、Decheng Capital、Denlux Capital、Duanyang Investments、Great Noble、Javelin Capital、CSF Stent、Eastern Handson、Denlux Microport 及 CAI HONG 转让其持有的赛诺有限股权，除与伟信阳光的股权转让作价 10 美元名义价格外，其他转让均约定按照赛诺控股截至 2017 年 3 月 31 日的未经审计净资产额为基础确定股权转让对价。

本次转让中伟信阳光已购汇并完成向赛诺控股的对价支付，其余 Decheng Capital、Denlux Capital、Duanyang Investments、Great Noble、Javelin Capital、CSF Stent、Eastern Handson、Denlux Microport 及 CAI HONG 应向赛诺控股支付的转让对价与赛诺控股于 2018 年 6 月回购上述股东所持赛诺控股普通股时应向其支付的回购股份支付对价进行抵付。

第三阶段：终止 VIE 协议。

2017 年 4 月 18 日，北京赛诺曼通过董事会决议，决定终止与福基阳光及相关主体于 2007 年 6 月 27 日分别签署的《独家购买合同》、《独家技术服务合同》以及《股权质押合同》，并同意签署相应的终止协议。

同日，北京赛诺曼与福基阳光签署《独家技术服务合同之终止协议》。

同日，北京赛诺曼与孙某 1、孙某 2 和黄某签署《独家购买合同之终止协议》。

同日，北京赛诺曼、福基阳光与孙某 1、孙某 2 和黄某签署《股权质押合同之终止协议》。

同时，约定各方同意免除另一方与《独家购买合同》、《独家技术服务合同》以及《股权质押合同》相关的所有以前、现在和未来的义务或主张，并使其免遭损害，各方在此放弃其根据《独家购买合同》、《独家技术服务合同》以及《股权质押合同》将来可能拥有的任何其他权利。

第四阶段：拆除红筹架构涉及的重组交易。

2017 年赛诺有限收购福基阳光。

福基阳光成立于 2001 年，在被收购前由赛诺控股通过北京赛诺曼协议控制。

2017 年 4 月 20 日，赛诺有限与福基阳光股东孙某 1、黄某、孙某 2 签署股权转让协议，以 10 元作价收购福基阳光 100% 股权。2017 年 4 月 26 日，福基阳光全体股东作出决议，同意将其持有的全部福基阳光股权转让予赛诺有限。本次股权转让系同一控制下的收购，转让对价结合交易背景、福基阳光经营状况和财务状况确定。交易完成后，赛诺有限持有福基阳光 100% 的股权。

2018 年赛诺有限收购北京赛诺曼。北京赛诺曼成立于 2005 年，被收购前由赛诺控股持股 100% 。该公司系在红筹架构下为实现对福基阳光协议控制而在境内设立的全资子公司（WFOE），报告期内无实际经营业务。为保证报告期内赛诺医疗合并报表财务核算完整性，通过收购将其纳入合并范围。

2018 年 4 月 12 日，赛诺有限与赛诺控股签订股权转让协议，约定以 0 元对价受让赛诺控股持有的北京赛诺曼 100% 股权。同日，北京赛诺曼作出股东决定，同意北京赛诺曼原股东赛诺控股将其持有的北京赛诺曼全部股权转让予赛诺有限。本次股权转让系同一控制下的收购，转让对价结合交易背景、北京赛诺曼经营状况和财务状况确定。交易完成后，赛诺有限持有北京赛诺曼 100% 的股权。

2018 年赛诺医疗香港子公司先锋科技收购阿尔希（AlchiMedics）。阿尔希由自然人 Homsy Christian 于 2006 年设立，该公司持有多项涂层技术相关的全球范围内的发明专利，公司实际控制人孙某 1 认为该等专利具有较大潜在商业价值，由赛诺控股于 2012 年 12 月向时任股东 Bureau Christophe 等人收购其持有的阿尔希的 100% 股份。

2018 年 3 月 28 日，赛诺医疗香港子公司先锋科技董事会作出决议，同意收购赛诺控股所持的阿尔希的全部股份。2018 年 4 月 2 日，先锋科技与赛诺控股签订股权转让协议，约定以 100 万欧元对价受让其持有的阿尔希的全部股份。

2018 年 6 月 6 日，赛诺医疗董事会决议同意由香港子公司以 100 万欧元对价收购赛诺控股持有的阿尔希的全部股份。本次交易完成后，赛诺控股将交易价款 100 万欧元向香港子公司先锋科技捐赠，故本次交易作价相当于零对价。

第五阶段：赛诺控股股份回购。

2018 年 6 月，赛诺控股通过董事会及股东会决议，决定向 WellSun、Decheng Capital、Denlux Capital、Duanyang Investments、Great Noble、Javelin Capital、CSF Stent、Eastern Handson、Denlux Microport 及 CAI HONG 回购其持有的赛诺控股普通股，并分别与上述各方签署《股份回购协议》，在回购股份对价支付上（除 WellSun 外的全部股东）采取了应收应付抵销方式，即本次回购应付股东价款与红筹落地时股东应付赛诺控股价款进行抵销。

截至前述赛诺医疗招股说明书签署日，赛诺控股的唯一股东为 CAI HONG，股份数为 5000 股。

至此，红筹架构解除完毕。截至招股说明书签署之日，赛诺医疗的股权架构如图 1－25 所示。

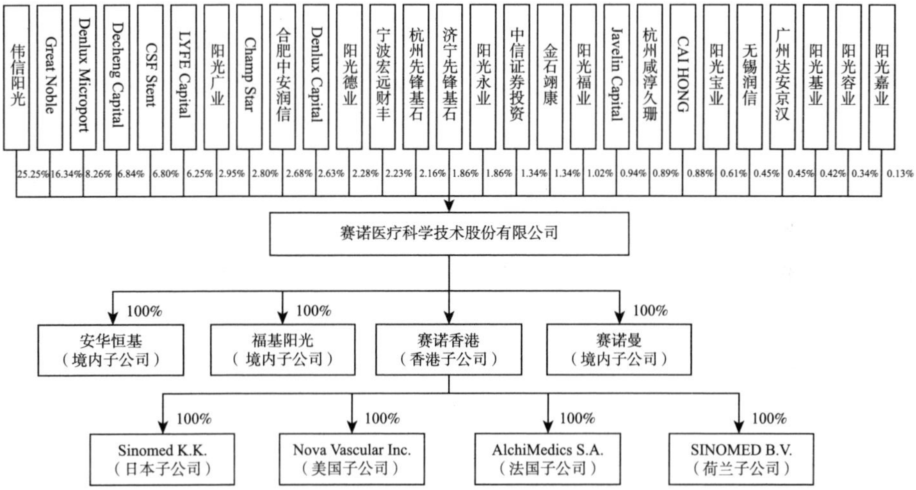

图 1－25　股权架构

赛诺医疗的红筹架构拆除后相关境内外主体并未注销，但已视赛诺医疗业务需要转出或被收购成为赛诺医疗全资子公司。赛诺控股、北京赛诺曼、福基阳光和 Well Sun 目前仍存续，赛诺控股已变更为 CAI HONG 一人所持公司，北京赛诺曼和福基阳光已成为赛诺医疗全资子公司。

红筹架构拆除前后，各方及其在赛诺有限层面持股的主体及权益比例如表 1－15 所示。

表 1－15　主体及权益比例

序号	权益持有人名称或姓名	在赛诺有限层面持股的主体	赛诺控股持股数/股	拆除前赛诺控股持股比例	拆除后赛诺有限持股比例
1	Well Sun	伟信阳光	12, 758, 739	36. 9814%	29. 1554%
2	Great Noble	Great Noble	6, 508, 403	18. 8647%	18. 8647%
3	Denlux Microport	Denlux Microport	3, 290, 919	9. 5388%	9. 5388%

续表

序号	权益持有人名称或姓名	在赛诺有限层面持股的主体	赛诺控股持股数/股	拆除前赛诺控股持股比例	拆除后赛诺有限持股比例
4	Decheng Capital	Decheng Capital	2, 722, 920	7. 8924%	7. 8924%
5	CSF Stent	CSF Stent	2, 708, 653	7. 8511%	7. 8511%
6	Eastern Handson	Easterm Handson	1, 116, 897	3. 2373%	3. 2373%
7	Duanyang Investments	DuanyangInvestments	600, 000	1. 7391%	1. 7391%
8	Denlux Capital	Denlux Capital	547, 135	1. 5859%	1. 5859%
9	Javelin Capital	Javelin Capital	375, 000	1. 0869%	1. 0869%
10	CAI HONG	CAI HONG	38, 765	0. 1124%	0. 1124%
11	员工股权激励计划（预留）	阳光德业、阳光广业、阳光永业、阳光基业、阳光荣业、阳光宝业、阳光嘉业、阳光福业	3, 832, 998	11. 11%	11. 1100%
合计		—	34, 500, 429	100. 00%	92. 1741%

赛诺控股各股东的境外权益转回境内时，赛诺控股保留了对赛诺有限 8. 80% 股权，鉴于上述境外权益转回境内时除 Well Sun 外其余股东的股权均已平移至赛诺有限，该等保留股权实际系 Well Sun 所有。该部分赛诺有限 8. 80% 股权在 2017 年 7 月赛诺有限引入外部机构投资者后被稀释至 6. 78%，并于 2017 年 7 月分别转让予 LYFE Capital 和 CAI HONG 6% 和 0. 78% 后，赛诺控股不再持有赛诺有限的股权。

（3）拆除注意事项

①税费

红筹架构拆除的核心问题之一是税，即境外架构搭建及解除过程中涉及的相关税费成本以及发行人及子公司的税收合规性。以下总结红筹架构拆除中通常可能涉及的税的相关问题。第一，境外公司转让 WFOE 的股权涉及的企业所得税；第二，WFOE 性质变更为内资企业可能涉及的税收优惠追缴风险；第三，非居民企业间接转让中国居民企业股权等财产所涉及的企业所得税；第四，非居民企业取得投资收益的企业所得税；第五，OPCO 向境外公司支付特许权使用费以抵扣企业所得税应纳税所得额的补缴风险；第六，境内自然人持股的特殊目的公司在清算注销时的个人所得税；第七，员工持股平台期权行权或收益实现时的纳税问题等。

②搭建与拆除

红筹企业会涉及架构的搭建、运营以及拆除，架构运营期间境外控股公司可能会进行境外融资，导致企业的历史沿革较为复杂。境外控股公司所在地的法律规定允许设置不同类别股份等原因使得红筹架构常见的关注点有以下几方面。

第一，境外控股公司设立以来历次股权融资的金额及定价依据、增资或股份转让价格差异较大的原因、价款支付情况、是否缴清相关税费；第二，发行人搭建红筹架构的原因、发行人所属行业是否存在外资准入的限制、历史上协议控制的履行情况、是否已经彻底终止、红筹架构拆除后境内外相关主体是否注销、红筹架构拆除是否符合法律法规有关规定、各方之间是否存在纠纷及潜在纠纷；第三，在 VIE 架构下，对境内主体资金支持的时间、金额、途径和方式，有关资金往来、利润转移安排的合法合规性；第四，历次境外融资、股权转让、分红的外汇资金跨境调动情况，是否属于返程投资并办理外汇登记及变更登记等必备手续；第五，境外控股公司发行普通股、A 类优先股、B 类优先股的异同，增资价格是否存在区别，是否存在拥有特殊表决权的股东或者其他特殊利益安排（如重大事项否决权、董事提名/任命权等），对公司经营及实际控制权的影响；第六，境外股东将其持有的相应权益平移至境内的过程，平移后相关股权的一一对应关系，所持股权比例的变动情况，如存在差异需说明原因。

4. 红筹企业境内上市

境内企业搭建红筹架构大多是为了上市融资，在科创板及注册制落地之前，受法律法规的限制，红筹企业只能选择境外上市。境外上市虽然具有上市门槛较低、筹资速度较快、具有较成熟的境外资本市场和投资者、获取国际声誉及机会等优势，但随着时间的推移，境外上市公司容易出现与我国境内资本市场脱节的现象，对企业的持续发展产生一定影响。因此，红筹企业需要境内上市的途径。

2018 年以前，我国监管部门对于红筹企业境内上市的态度是不允许的，必须在上市前拆除红筹架构。如今红筹企业若未达到规定的红筹企业境内上市条件（相关上市条件后文将详细展开）也仍须拆除红筹架构才能境内上市。

2018年3月22日，国务院办公厅转发了中国证监会《关于开展创新企业境内发行股票或存托凭证试点的若干意见》（以下简称21号文），允许试点企业即符合条件的已在境外上市的大型红筹企业和未在境外上市的创新企业（包括红筹企业和境内注册企业）选择申请发行股票或中国存托凭证（Chinese Depository Receipt，CDR）上市，同时明确表示，存在VIE架构的红筹企业也具备在境内上市的可能性，为红筹企业境内上市打开了突破口。符合条件的红筹企业可以跳过拆除红筹架构环节，避免拆除红筹架构所带来的拆除费用、高税收成本、拆除程序合规性等一系列问题，但此意见的条件较高且有关问题仍待进一步明确。

2018年6月6日，中国证监会公布《试点创新企业境内发行股票或存托凭证并上市监管工作实施办法》，进一步规范有序推进创新企业在境内发行股票或CDR试点。

2018年11月5日，中央在首届中国国际进口博览会开幕式上宣布设立科创板并试点注册制。

2019年3月，上交所隆重推出科创板，同时，同月发布的《科创板上市规则》进一步明确，符合一定条件的红筹企业可以发行股票或CDR并在科创板上市。红筹企业申请其在境内首次公开发行的股票上市的，应当取得上交所出具的同意发行上市审核意见，并由中国证监会作出同意注册决定；红筹企业在境内发行CDR并上市的，还应当提交本次发行的CDR已经中国结算存管的证明文件、经签署的存托协议、托管协议文本以及托管人出具的CDR所对应基础证券的托管凭证等文件。

2020年4月30日，中国证监会公布《关于创新试点红筹企业在境内上市相关安排的公告》，为回归境内上市的红筹企业释放了积极信号。其降低了红筹企业回归境内上市的条件，明确表示VIE架构的红筹企业可以境内发行上市，但需经过一定的审批程序，并对尚未境外上市的红筹企业申请在境内上市时存量股份减持等涉及用汇的事项进行明确规定，大大增加了红筹企业境内上市的可行性。

2020年6月，参照科创板注册制，深交所创业板推进试点注册制改革。其在行业定位、上市条件等方面进行了个别不同规定，大体上与科创板规定相似，对红筹企业境内上市的条件更为清晰明确。同月，上交所发布《关于红筹企业申报科创板发行上市有关事项的通知》。至此，红筹企业境内上市的相关规定更为完善，为一些原本准备境外上市但由于国际关系、市场环境变化而犹豫的企业提供了上市新思路。

据上交所官网披露，截至2021年8月19日，共有9家红筹企业申请上市或已上市（包括终止项目），均集中在科创板，包括华润微（688396）、中芯国际（688981）、九号智能（689009）、吉利汽车（已终止）、依图科技（已终止）、格科微（注册生效）、百济神州（已提交注册）、旷视科技（已问询已回复）、敏实集团（已问询）。未来随着注册制、红筹企业境内上市制度的日渐成熟，红筹企业回归境内资本市场将是大势所趋。

（1）已境外上市红筹企业申请境内上市

①市场情况及代表案例

已境外上市红筹企业境内上市的有3家（包括正在申请或已上市），分别是中芯国际、百济神州、敏实集团，占比约为43%。3家企业的境外上市情况为：中芯国际已成功在香港联交所上市，百济神州已成功在香港联交所、纳斯达克两地上市，敏实集团已成功在香港联交所上市。

②上市主要条件（见表1－16）

表1－16　相关上市主要条件

条件	科创板	创业板	主板/中小板
行业条件	应当是符合国家战略、科技创新能力突出并掌握核心技术、市场认可度高，属于互联网、大数据、云计算、人工智能、软件和集成电路、高端装备制造、生物医药等高新技术产业和战略性新兴产业，达到相当规模，社会形象良好，具有稳定的商业模式和盈利模式，对经济社会发展有突出贡献，能够引领实体经济转型升级的创新企业		
市值和财务指标条件（二选一）	市值不低于2000亿元人民币	市值不低于2000亿元人民币，且最近1年净利润为正	市值不低于2000亿元人民币
	市值200亿元人民币以上，且拥有自主研发、国际领先技术，科技创新能力较强，同行业竞争中处于相对优势地位	市值200亿元人民币以上，且拥有自主研发、国际领先技术，科技创新能力较强，同行业竞争中处于相对优势地位，且最近1年净利润为正	市值200亿元人民币以上，且拥有自主研发、国际领先技术，科技创新能力较强，同行业竞争中处于相对优势地位

VIE 架构红筹企业申请境内上市时需适用特别程序。

存在 VIE 架构的红筹企业申请发行股票时，中国证监会受理相关申请后，将征求红筹企业境内实体实际从事业务的国务院行业主管部门和国家发展改革委、商务部意见，依法依规处理。但存在 VIE 架构的红筹企业申请发行 CDR，仅需在招股说明书等公开发行文件显要位置充分、详细地披露相关情况，特别是风险、公司治理等信息，以及依法落实保护投资者合法权益规定的各项措施。

③上市流程

根据《百济神州有限公司首次公开发行人民币普通股（A 股）股票并在上海证券交易所科创板上市的法律意见书》① 的披露，已境外上市红筹企业境内上市需经过以下流程：

第一，取得香港联交所的相关豁免。

根据发行人提供的资料，香港联交所已于 2021 年 1 月 12 日出具与发行人本次发行上市相关的豁免。根据《香港法律意见书》，发行人就本次发行上市不存在尚未取得的香港的任何政府或监管同意、批准、授权、许可或指令。

第二，取得上交所同意本次发行上市的审核意见。

第三，取得中国证监会同意注册的决定。

第四，向美国证券交易监督委员会（以下简称美国证监会）网站公开上传相关文件。

在本次发行经中国证监会同意注册后，根据所适用的美国证券法律规则的规定，发行人拟就本次发行同步于美国证监会网站公开上传一份英文版招股说明书及其他流程性公告，其内容与发行人现有公开披露及《招股说明书》无实质性差异。根据《美国法律意见书》，除上述程序外，发行人为本次发行上市无须取得或完成美国证监会及纳斯达克的任何同意、批准、许可、豁免、命令、授权、备案、登记或注册。

总体来说，已境外上市红筹企业境内上市流程大致为：预沟通——香港联交

① 参见《百济神州有限公司首次公开发行人民币普通股（A 股）股票并在上海证券交易所科创板上市的法律意见书》，载 http://static.sse.com.cn/stock/information/c/202107/2f0a5b0837264497a15d1ff5db1bc317.pdf，最后访问日期：2021 年 8 月 31 日。

所的批准①（如需）——境内上市申报——受理和预披露——交易所同意本次发行上市的审核意见——中国证监会的同意注册决定——向美国证监会网站上传招股说明书等文件（如需）。

④上市注意事项

第一，红筹企业的投资者权益保护。红筹企业在境内发行股票并上市，其股权结构、公司治理、运行规范等事项可适用境外注册地的法律，但关于投资者权益（包括资产收益、参与重大决策、剩余财产分配等权益）保护的安排总体上应不低于境内法律要求。由于股东核心权益的条款涉及境内外差异事项，此问题被审核部门反复关注，发行人及中介机构也在审核问询函的回复以及法律意见书中反复论证。

第二，对 VIE 架构予以特别关注。对于存在 VIE 架构的红筹企业，其采用 VIE 架构的原因、必要性及合理性，VIE 架构的持续运行情况及稳定性，VIE 架构对红筹企业业务经营、财务状况、公司治理及投资者合法权益的具体影响，以及报告期内 VIE 协议的执行情况等均为在审核过程中被上交所反复问询的问题。

第三，关于公司治理方面。与一般境内 A 股上市公司相比，发行人的董事会将有权审议批准部分通常由 A 股上市公司股东大会审议批准的事项。因此，需要发行人针对差异情况就发行人董事会在成员构成、董事提名或罢免、董事会职权、董事会程序等方面列表说明，以及对各类别董事的区别，是否在任免程序、职权、任期等方面存在差异予以说明。此外，还需关注是否存在发行人董事会实际控制发行人导致投资者权益保护低于境内法律要求的情形及依据。

第四，美国《外国公司问责法案》的影响。2020 年 12 月 18 日，《外国公司问责法案》在美国正式成为法律。《外国公司问责法案》要求，自 2021 年起，若美国证监会认定一家在美上市的外国公司连续 3 年聘用美国公众公司会计监督委员会（PCAOB）无法检查的外国会计师事务所，则美国证监会将禁止其在美注册证券在美国任何全国性证券交易所（如纳斯达克或纽交所）或者在场外进行

① 《香港联合交易所有限公司证券上市规则》第 8.20 条规定："如再次发行某类已上市的证券，则须于发行前就该等再次发行的证券寻求上市。"第 13.26 条第 1 项规定："如发行人再次发行的证券，与已上市证券属同一类别，则须在发行前先申请将该等证券上市。除非本交易所已批准该等证券上市，否则发行人不得发行该等证券。"

交易。发行人需注意，是否会因此面临退市风险，目前有无应对措施及其具体内容，并明确说明根据上述法案要求而可能制定的实施细则对发行人造成的影响和面临的相关风险。

第五，红筹企业上市标准。对于红筹企业，审核部门会提出发行人属于红筹企业的具体依据和理由的进一步分析要求，并结合发行人现有核心技术中能够衡量发行人核心竞争力或技术实力的关键指标、具体表征及与可比公司的比较情况等，在境内与境外发展水平中所处的位置，进一步分析发行人是否属于“拥有自主研发、国际领先技术，科技创新能力较强，同行业竞争中处于相对优势地位”的企业。

第六，股权激励情况。发行人股权激励计划的披露需要较为详细，其主要内容包括但不限于：激励目的、对象、标的、有效期，各类价格或其确定方法，激励对象获取权益的条件、程序等，所对应股票数量占总股本的比例，激励计划目前的执行情况，尚未授予或行权的数量及占比，实施股权激励计划的股份具体来源，以及股权激励计划对公司经营状况、财务状况、控制权变化等方面的影响，披露报告期内股权激励费用确认情况，并以表格形式列示股权激励费用计算过程及依据。

（2）尚未境外上市红筹企业直接境内上市

①市场情况及代表案例

尚未境外上市红筹企业境内上市的有 4 家（包括正在申请或已上市），分别是：华润微、格科微、九号智能、旷视科技，占比约为 57%。其中，九号智能、旷视科技是发行 CDR；华润微、格科微是发行 A 股。

②上市主要条件（见表 1－17）

表 1－17　相关上市主要条件

条件	科创板	创业板	主板/中小板
行业条件	应当是符合国家战略、科技创新能力突出并掌握核心技术、市场认可度高，属于互联网、大数据、云计算、人工智能、软件和集成电路、高端装备制造、生物医药等高新技术产业和战略性新兴产业，达到相当规模，社会形象良好，具有稳定的商业模式和盈利模式，对经济社会发展有突出贡献，能够引领实体经济转型升级的创新企业		

续表

条件	科创板	创业板	主板/中小板
	最近1年经审计的主营业务收入不低于30亿元人民币，且企业估值不低于200亿元人民币	最近1年经审计的主营业务收入不低于30亿元人民币，最近1年净利润为正且企业估值不低于200亿元人民币	最近1年经审计的主营业务收入不低于30亿元人民币，且企业估值不低于200亿元人民币，企业估值
市值和财务指标条件（二选一）	营业收入快速增长，拥有自主研发、国际领先技术，同行业竞争中处于相对优势地位且 （1）预计市值不低于100亿元人民币； （2）预计市值不低于50亿元人民币，且最近1年营业收入不低于5亿元人民币	营业收入快速增长，拥有自主研发、国际领先技术，同行业竞争中处于相对优势地位且 （1）预计市值不低于100亿元人民币，且最近1年净利润为正； （2）预计市值不低于50亿元人民币，最近1年净利润为正且营业收入不低于5亿元人民币	拥有自主研发、国际领先、能够引领国内重要领域发展的知识产权或专有技术，具备明显的技术优势的高新技术企业，研发人员占比超过30%，已取得与主营业务相关的发明专利100项以上，或者取得至少1项与主营业务相关的一类新药药品批件，或者拥有经有权主管部门认定具有国际领先和引领作用的核心技术； 依靠科技创新与知识产权参与市场竞争，具有相对优势的竞争地位，主要产品市场占有率排名前三，最近3年营业收入复合增长率30%以上，最近1年经审计的主营业务收入不低于10亿元人民币，且最近3年研发投入合计占主营业务收入合计的比例10%以上。 对国家创新驱动发展战略有重要意义，且拥有较强发展潜力和市场前景的企业除外

如果存在VIE架构的尚未境外上市红筹企业申请发行股票的，同样需征求红筹企业境内实体实际从事业务的国务院行业主管部门和国家发展改革委、商务部意见，但发行CDR无须征求相关意见。该规定与上述已境外上市红筹企业保持一致。

尚未境外上市红筹企业申请在境内上市，应在申报前就存量股份减持等涉及用汇的事项形成方案报中国证监会，由中国证监会征求相关主管部门意见。

③上市注意事项

第一，关于开曼群岛经济实质标准。由于开曼群岛新修订了《经济实质法》，发行人需注意以下几点：是否符合该法关于“控股业务”及经济实质测试的具体规定；结合当前简化经济实质测试的标准，说明是否存在未来该测试标准发生变化、更加复杂、标准要求更高导致发行人不再符合相关标准的可能；发行人是否存在被当地相应执法机关予以处罚甚至要求停止经营的风险。

第二，VIE架构存在的合理性、必要性及合法合规性。发行人应注意：采用VIE架构的原因、必要性及合理性；结合发行人所属行业存在的限制性规定，说明发行人采取VIE架构是否符合相关监管要求；后续外部投资者增资入股的背景、原因、价格确定的依据；入股的外部投资者是否同意或签署VIE协议，对VIE有效性的认定是否产生影响；在入股的同时是否需签署其他相关文件；是否存在代持安排；拆除部分VIE架构的背景、原因及具体情况。

第三，关于特殊表决权。发行人需注意以下事项：结合发行人红筹企业发行股票或CDR的事实，说明表决权的设置是否符合相关规定，信息披露是否符合规范的要求；发行人设置特别表决权，运行时间较短，故需说明上述特殊公司治理结构是否稳定、有效；是否满足法规关于控制权和实际控制人的发行条件的规定；《一致行动协议》的具体有效期及解除、终止等情形；特别表决权与《一致行动协议》是否相互依存，《一致行动协议》解除等情形对特别表决权设置的影响。

第四，关于股东特殊权利条款。发行人需注意：关于特殊股东权利的清理、安排是否符合发行上市的相关要求；特殊权利条款存续期间，相关股东是否提出转换权、赎回权、优先清算权等诉求，相关股东与发行人、发行人的控股股东、实际控制人是否存在纠纷或潜在纠纷；发行人公司章程及相关协议中是否存在反收购条款等特殊条款或类似安排；是否存在“一票否决权”等其他特殊权利条款；结合特殊权利条款中关于合格发行要求的所得款项总额及市值的要求安排，说明本次募资资金的数额及公司当前的市值估值是否受此条款影响；本次募集资金是否确实符合公司生产经营实际需要，市值测算估计是否客观、合理。

第五，关于股东核查及历史沿革。上市时发行人需确认以下内容：发行人实际控制人均为中国籍，无境外永久居留权，但都通过境外设立的境外持股平台的方式持股发行人；实际控制人均通过多层次境外公司控制持股的原因及合理性，必要性；是否符合注册地法律规范及国内公司上市的相关要求；实际控制人在设立境外多层股权架构过程中，是否办理37号文关于“返程投资”外汇登记；报告期内是否存在税收、外汇或其他方面的违法违规事项。

（二）医疗健康企业美国上市标准①

美股对于医疗健康企业并没有如联交所《上市规则》第18A章所规定的特殊上市规则要求。拟赴美上市的医疗健康企业，可根据自身情况，选择相应的证券交易所上市规则，申请挂牌上市。

美国证券交易市场主要有两大交易所②：纽交所和纳斯达克。其中，纳斯达克市场又分为3个板块，分别为纳斯达克全球精选市场、纳斯达克全球市场和纳斯达克资本市场，不同板块的上市标准有所不同。

1. 纳斯达克上市规则③

根据纳斯达克上市指引，申请人必须满足某些财务、流动性和公司治理等要求，才能获准在纳斯达克市场上市。以下仅列举财务和流动性要求以及其他主要的量化性上市规则。

（1）纳斯达克资本市场财务及流动性标准

纳斯达克资本市场为纳斯达克最小的板块，其上市标准相对较低。拟在纳斯达克资本市场上市的公司应至少满足表1－18所列3个标准之一。

---

① 黄晶晶，法学硕士，锦天城律师事务所高级合伙人。

② 美国证券交易市场除纽交所、纳斯达克外，还有美国证券交易所（AMEX）、场外柜台交易系统（OTCBB）、粉单市场等，本文由于篇幅限制，此处不做展开讨论，仅以纽交所和纳斯达克为例。

③ 以下纳斯达克各板块上市规则，载 https：//listingcenter. nasdaq. com/assets/initialguide. pdf，最后访问日期：2022年12月18日。

表1－18 相关标准

要求	权益标准	市值标准*	净收入标准
股东权益/美元	不低于500万	不低于400万	不低于400万
由公众持股的非限制性股票市值/美元	不低于1500万	不低于1500万	不低于500万
经营历史/年	2	—	—
发行股票市值/美元	—	5000万	—
持续经营净利润/美元（在最近1个财务年度或最近3年财务年度的两年）	—	—	75万
公众持有的非限制性股票/股	100万	100万	100万
公众股东	300	300	300
做市商/个	3	4	4
发行最低价 或交割最低价/美元**	4 3	4 2	4 3

注：*现时只符合市值标准的上市公司，必须在连续90个交易日内，符合5000万美元的上市市值及适用的发行价格要求，方可提出申请。

**除满足上述其他财务和流动性要求外，一个公司必须满足：（1）3年的平均年收入为600万美元；（2）500万美元的净资产；（3）200万美元的净资产以及3年运营历史，以作为交割最低价的替代标准。

（2）纳斯达克全球市场财务及流动性标准

纳斯达克全球市场为纳斯达克中型板块，其上市要求较资本市场板块较高。拟在纳斯达克全球市场上市的公司应至少满足表1－19所列4个标准之一。

表1－19 相关标准

要求	收入标准	权益标准	市值标准*	总资产/ 总收入标准
税前年收入/美元（在最近一个财务年度或最近三年财务年度的两年）	不低于100万	—	—	—
股东权益/美元	不低于1500万	不低于3000万	—	—
经营历史/年	—	2	—	—

续表

要求	收入标准	权益标准	市值标准*	总资产/总收入标准
发行股票市值/美元	—	—	7500 万	—
总资产和总收入/美元（在最近 1 个财务年度或最近 3 年财务年度的两年）	—	—	—	分别不低于 7500 万
公众持有的非限制性股票/股	110 万	110 万	110 万	110 万
公众持股的非限制性股票市值/美元	不低于 800 万	不低于 1800 万	不低于 2000 万	不低于 2000 万
公众股东	400	400	400	400
做市商/个	3	3	4	4
发行最低价/美元	4	4	4	4

注：* 现时只符合市值标准的上市公司，必须在申请前连续 90 个交易日达到 7500 万美元的发行股票市值及 4 美元的发行价格，方可申请。

（3）纳斯达克全球精选市场财务及流动性标准

纳斯达克全球精选市场为纳斯达克最大的板块，众多知名企业均在纳斯达克全球精选市场板块上市，如谷歌、特斯拉、京东、网易等大型公司。纳斯达克全球精选市场相对于纽交所和纳斯达克其他板块而言，上市标准最为严格，拟在全球精选市场上市的公司应至少满足表 1－20 所列 4 个标准之一。

表 1－20　相关标准

财务要求	收入	现金流	收入	资产
税前收入/美元	前 3 个财务年度合计 ≥1100 万 且最近 2 个财务年度每年≥220 万 且前 3 个财务年度每年≥0	—	—	—

续表

财务要求	收入	现金流	收入	资产
现金流/美元	—	前3个财务年度总额≥2750万 且前3个财务年度每年≥0	—	—
市值/美元	—	前12个月均值≥5.5亿	前12个月均值≥8.5亿	1.6亿
收入/美元	—	前1个财务年度≥1.1亿	前一个财务年度≥9000万	—
总资产/美元	—	—	—	8000万
股东权益/美元	—	—	—	5500万
发行最低价/美元	4	4	4	4
流动性要求*	IPO	已有流动股交易的公司	关联公司	—
公众持有的非限制性股票/股	125万	125万	125万	—
公众持股的非限制性股票市值/美元	4500万	4500万	4500万	—
公众股东	450个公众股东或全球2200个股东	450个公众股东或全球2200个股东	450个公众股东或全球2200个股东	—

注：*公司必须拥有4个注册且活跃的做市商；满足纳斯达克全球市场的收入标准或权益标准（如上所述）的情况下，它必须有3个注册和活跃的做市商。

（4）纳斯达克上市的其他标准

除上述财务及流动性标准各板块要求不同外，纳斯达克还要求拟上市公司统一遵守如下主要标准。

至少提供两年经审计的财务报表。

如果最后1年的年收入超过10亿美元，则须提供3年经审计的财务报表。①

因任何原因而受转售限制的证券不在公众持股、公开发行股票市值和公众股东的计算范围内。此外，至少应有一半的公众股东必须每人持有市值不低于2500美元的非限制性证券。②

如果申请在全球市场上市时，该股票正在美国其他交易市场交易，则该股票必须在上市前30个交易日内保持最低日均成交量2000股［包括一级市场美国存托凭证（ADR）的交易］，且30个交易日中至少有一半时间存在交易，除非该股票承诺公开发售至少价值400万美元的股票。③

上市公司董事会必须有1名女性以及1名少数族裔或自我界定为LGBT+（女同志、男同志、双性恋、跨性别者等）的成员。④

（5）纳斯达克上市典型医疗健康企业案例

百济神州生物科技有限公司（以下简称百济神州）是一家研发抗肿瘤药物的生物科技公司，于2016年2月3日以24美元的发行价成功在美国纳斯达克市场完成IPO，共募集资金1.58亿美元，并成为首个赴美上市的中国创新型生物制药企业，上市首日总市值达到7.2亿美元。⑤

---

① 2012年4月5日，美国前总统奥巴马签署《促进创业企业融资法案》（The Jumpstart Our Business Startups Act，以下简称《JOBS法案》）。《JOBS法案》定义了"发展阶段的成长型公司"（Emerging Growth Companies，以下简称EGC公司），即最近一个财政年度总收入不超过10亿美元的公司，简化和降低了这类公司实施IPO和公开披露的相关要求和标准，也即包括但不限于最近一个财政年度的总收入不超过10亿美元的公司，可只提供发行前两年的财务报告。

② 载https：//listingcenter. nasdaq. com/assets/initialguide. pdf，最后访问日期：2022年12月15日。

③ 载https：//listingcenter. nasdaq. com/assets/initialguide. pdf，最后访问日期：2022年12月15日。

④ 此标准为美国证监会于2021年8月6日公开发布并实施的新标准，该标准要求纳斯达克上市公司在首两年内须有1名多元董事，并在后两年增加到至少2名，否则须以书面形式解释原因，公司还需要披露有关其董事会的多元化统计数据，而未能作出相关披露的企业，或会面临除牌风险。载https：//www. sec. gov/news/public- statement/gensler- statement- nasdaq- proposal- disclosure- board-diversity-080621，最后访问日期：2022年12月15日。

⑤ 载http：//finance. eastmoney. com/news/1354，20160426618107758. html，最后访问日期：2022年12月16日。

根据百济神州招股书,[①] 百济神州成立仅 5 年，尚无产品上市，且连续 3 年均为亏损状态。2013 年，公司营业收入为 1114.8 万美元，净亏损 789 万美元；2014 年，公司营业收入为 1303.5 万美元，净亏损 1854 万美元；截至 2015 年 9 月 30 日，公司营业收入为 413.9 万美元，净亏损 2985 万美元。（见图 1 – 26）

	Years Ended December 31, 2013	Years Ended December 31, 2014	Nine Months Ended September 30, 2014 (unaudited)	Nine Months Ended September 30, 2015 (unaudited)
	(in thousands, except share and per share data)			
Statements of Operations Data:				
Revenue	$ 11,148	$ 13,035	$ 11,654	$ 4139
Operating expenses				
Research and development	(13,463)	(21,862)	(15,654)	(30,147)
General and administrative	(3143)	(6930)	(5304)	(4361)
Total operating expenses	(16,606)	(28,792)	(20,958)	(34,508)
Loss from operations	(5458)	(15,757)	(9304)	(30,369)
Interest income	2	40	4	1286
Interest expense	(3155)	(3552)	(3239)	(840)
Changes in fair value of financial instruments	133	(2760)	(2778)	(502)
Gain on debt extinguishment	—	2883	—	—
Disposal loss on available-for-sale securities	—	—	—	(298)
Other income	694	806	616	996
Other expense	(110)	(206)	(107)	(125)
Net loss	(7894)	(18,546)	(14,808)	(29,852)
Less: net loss attributable to non-controlling interests	(400)	(268)	(281)	—
Net loss attributable to ordinary shareholders	$ (7494)	$ (18,278)	$ (14,527)	$ (29,852)
Loss per ordinary share attributable to ordinary shareholders, basic and diluted(1)	$ (0.08)	$ (0.18)	$ (0.15)	$ (0.28)
Weighted-average ordinary shares outstanding, basic and diluted	91,484,521	99,857,623	96,939,630	107,015,707
Pro forma net loss per ordinary share attributable to ordinary shareholders, basic and diluted(1)		$ (0.08)		$ (0.10)
Pro forma weighted-average ordinary shares outstanding, basic and diluted		216,643,140		307,006,348
Comprehensive loss	$ (7718)	$ (18,761)	$ (14,873)	$ (31,085)

图 1 – 26　百济神州运营情况

虽然百济神州在上市前仍处于亏损状态，但是，百济神州招股书显示，公开发行后的普通流通股为 409,723,027 股，而每股美国存托股（ADS）代表 13 股普通股，因此相当于 31,517,156 股 ADS。以发行价 24 美元/ADS 计算，百济神州发行上市后的市值可达 7.56 亿美元左右，符合纳斯达克全球市场的“市值标准”。

2. 纽交所上市规则

纽交所是目前全球最大的证券交易所，科技、医疗、金融和能源等领域的上市业务在世界范围内保持领先地位。[②] 2006 年 6 月 1 日，纽交所宣布与泛欧证券交易所合并组成纽交所 – 泛欧证交所公司（NYSE Euronext）。纽交所的上市标准也较为严格，分为美国本土公司标准和非美国公司标准。主要上市要求如下所述。

（1）美国公司纽交所上市标准

①基本标准

拟在纽交所上市的美国公司，需满足以下所有流动性标准：

① 招股书原文，载 https://www.sec.gov/Archives/edgar/data/1651308/000104746916009999/a2227243z424b4.htm，最后访问日期：2022 年 12 月 16 日。

② 引自纽交所官网，载 https://www.nyse.com/why-nyse，最后访问日期：2023 年 1 月 3 日。

公众股东400个（包括记录在册股东及散户）；

公众持股110万股；

上市时股价至少为4美元/股，且公众股东合计持股市值不少于4000万美元。

②财务标准

拟在纽交所上市的美国公司，应至少满足表1－21所列标准之一。

表1－21　标准

财务要求	收入	全球市场资本化	房地产投资	封闭式管理投资公司	业务发展公司
税前收入/美元	最近3个会计年度税前总收入≥1亿；最近2个会计年度每年收入≥2000万	—	—	—	—
全球市场资本化/美元	—	2亿	—	—	7500万
股东权益/美元	—	—	6000万	—	5亿
公众股东合计持股市值/美元	另表	另表	另表	6000万	6000万

（2）非美国公司纽交所上市标准

①基本标准

拟在纽交所上市的非美国公司，需满足以下所有流动性标准：

全球合计5000个股东（包括记录在册股东及散户）；

全球公众持股数量250万；

上市时股价至少为4美元/股，且全球公众股东合计持股市值不少于6000万美元。

②财务标准

拟在纽交所上市的非美国公司，应至少满足表1－22所列4个标准之一。

表 1-22 标准

财务要求	收入	估值/现金流及收入	纯估值/收入	关联方公司
税前收入/美元	最近 3 个会计年度税前总收入≥1 亿①；最近 2 个会计年度每年收入≥2500 万	—	—	—
现金流/美元	—	前 3 个财务年度总额≥1 亿 最近 2 个财务年度每年≥2500 万	—	—
市值/美元	—	5 亿	7.5 亿	5 亿
收入/美元	—	最近 12 个月 1 亿	最近一个财务年度≥7500 万	—
经营历史	—	—	—	12 个月

（3）纽交所上市医疗健康企业典型案例

2009 年 12 月 11 日，泰和诚医疗集团（以下简称泰和诚）成功登陆美国纽交所。泰和诚以 11 美元/ADS 的价格总计发行 1200 万股 ADS，合计融资 1.32 亿美元。②

根据泰和诚招股书，③ 泰和诚成立于 2007 年 11 月，是一家肿瘤专科医院及肿瘤诊断与放射治疗中心网络的运营商与肿瘤诊疗服务解决方案提供商。泰和诚 2018 年度税前收入约 2517 万美元；截至 2019 年 9 月 30 日，泰和诚税前收入增长至约 3010 万美元，符合纽交所最近 2 个会计年度每年税前收入≥2500 万美元的“收入标准”。

---

① 如果拟上市公司是根据《JOBS 法案》成立的 EGC 公司，则只需要两年财务审计报告。

② 参见前瞻网，载 https：//stock.qianzhan.com/us/gongsixinxi_CCM.N.html，最后访问日期：2023 年 12 月 19 日。

③ 招股书原文，载 https：//www.sec.gov/Archives/edgar/data/1472072/000095012309070157/h03611b4e424b4.htm，最后访问日期：2022 年 12 月 19 日。

	Predecessor	Concord Medical (Successor)	Combined	Concord Medical (Successor)				
	Period from January 1, 2007 to October 30, 2007	Period from September 10, 2007 to December 31, 2007	Year Ended December 31, 2007	Year Ended December 31, 2008		Nine Months Ended September 30, 2008	Nine Months Ended September 30, 2009	
	RMB	RMB	RMB	RMB	US$	RMB	RMB	US$
	(in thousands, except share, per share and per ADS data)							
Summary Consolidated Statements of Operations Data								
Revenues, net of business tax, value-added tax and related surcharges:								
Lease and management services	63,082	13,001	76,083	155,061	22,716	94,296	184,937	27,092
Management services	4340	982	5322	12,677	1857	7519	20,096	2944
Other, net	—	—	—	4051	593	178	624	91
Total net revenues	67,422	13,983	81,405	171,789	25,166	101,993	205,657	30,127
Cost of revenues:								
Lease and management services	(20,396)	(1908)	(22,304)	(25,046)	(3669)	(14,671)	(42,144)	(6174)
Amortization of acquired intangibles	—	(2002)	(2002)	(20,497)	(3003)	(13,671)	(20,388)	(2987)
Management services	(20)	(4)	(24)	(54)	(8)	(19)	(9)	(1)
Total cost of revenues	(20,416)	(3914)	(24,330)	(45,597)	(6680)	(28,361)	(62,541)	(9162)
Gross profit	47,006	10,069	57,075	126,192	18,486	73,632	143,116	20,965
Operating expenses:								
Selling expenses	(1601)	(757)	(2358)	(5497)	(805)	(3275)	(4463)	(654)
General and administrative expenses(1)	(8467)	(57,171)	(65,638)	(18,869)	(2764)	(12,468)	(19,687)	(2884)
Operating income (loss)	36,938	(47,859)	(10,921)	101,826	14,917	57,889	118,966	17,427
Other (loss) income	(2494)	(649)	(3143)	578	84	(5262)	(4275)	(626)
(Loss) income before income taxes	34,444	(48,508)	(14,064)	102,404	15,001	52,627	114,691	16,801
Income tax (expense) benefit	(15,014)	182	(14,832)	(23,335)	(3418)	(12,611)	(25,734)	(3770)
Net (loss) income	19,430	(48,326)	(28,896)	79,069	11,583	40,016	88,957	13,031
Accretion of Series A contingently redeemable convertible preferred shares	—	—	—	(270,343)	(39,604)	(262,286)	(23,851)	(3494)
Accretion of Series B contingently redeemable convertible preferred shares	—	—	—	(304,763)	(44,646)	—	(38,383)	(5623)
Net income (loss) attributable to ordinary shareholders	19,430	(48,326)	(28,896)	(496,037)	(72,667)	(222,270)	26,723	3914
Income (loss) per share — basic and diluted(2)	0.39	(0.97)	(0.58)	(8.63)	(1.26)	(3.67)	0.38	0.06
Income (loss) per ADS — basic and diluted	1.17	(2.91)	(1.74)	(25.89)	(3.78)	(11.01)	1.14	0.18
Shares used in computation — basic and diluted(2)	50,000,000	50,000,000	50,000,000	57,481,400	57,481,000	60,621,700	70,428,100	70,428,100
ADSs used in computation — basic and diluted	16,666,667	16,666,667	16,666,667	19,160,467	19,160,467	20,207,233	23,476,033	23,476,033

图1－27　泰和诚运营情况

（三）多地联动上市模式探讨①

1. 生物医药企业的行业特点

我国的生物医药行业发展较全球市场而言是相对滞后的，但在过去的10年中，国内积极的人才引进计划推动了海外科学家的回国潮，同时鼓励医药创新的各项配套政策的逐步完善落实，也催化了生物医药行业的蓬勃发展。特别是近几年，我国生物医药市场正在以数倍于全球生物医药市场增速的增长率快速成长。由于生物医药的研发和商业化过程非常复杂，研发周期长，耗资巨大，因此大多数生物医药企业长期处于资金持续投入且未盈利的状态。

（1）研发周期长

从全球范围来看，一款生物医药的研发周期通常由新药发现、临床前研究、临床试验、新药申请、批准上市、上市后监测等几个阶段组成。其中最为耗时耗资的当属临床试验阶段，平均每一期临床试验需要一年半到两年的时间，完成上市前的临床试验一般需要5～7年。而一款新药完成整个流程，平均需要10年以上，有的甚至需要15年乃至更长的时间。以下简单介绍一款新药从发现到上市的整个流程。②（见表1－23）

---

① 于炳光，国际商法及公司法硕士，锦天城律师事务所高级合伙人。

② 参见陈思远：《内地企业香港上市操作实务与图解》，法律出版社2019年版，第196～200页。

表 1-23 整个流程

周期及流程	说明
第一阶段：新药的发现	药物早期探索阶段，主要在实验室内完成，包括药物作用靶点以及生物标记的选择与证实、先导化合物的确定、活性化合物的筛选、候选药物的选定等流程。这是为了寻找合适的化学成分或者生物制品，也是药物最初被发现的过程
第二阶段：临床前研究	早期开发阶段，主要包括药物化学、制造和控制、药代动力学、安全性药理、毒理研究、制剂开发等阶段，一般会通过在动物体内进行试验以初步了解药物针对特定目标疾病的效果、可能出现的毒副作用等
第三阶段：临床试验	Ⅰ期临床试验：第一次用于人体以研究新药性质的试验，主要是为了观测人体对新药的耐受程度以及药代动力学，为制定给药方案和安全剂量提供依据
	Ⅱ期临床试验：对药品的有效性和安全性作出初步评价，为了证实药品的治疗作用
	Ⅲ期临床试验：第三期临床试验是整个临床试验阶段最重要的一步，是对药物治疗效果和安全性的确证阶段，以便为药品注册申请获得批准提供重要依据
第四阶段：新药申请	药品注册与审批，完成了前三个阶段的临床试验，药物安全性和有效性得到了证明后，新药持有人可以向监管部门提交新药申请，并提交所有研究资料
第五阶段：批准上市	一旦获得药监部门批准，取得药品注册批件（证书），新药即可进入正式上市销售流程，但新药持有人还需要定期向药监部门提交关于药品副作用情况及质量管理情况的相关资料
第六阶段：Ⅳ期临床研究	药物上市后进一步监测阶段，药品上市并被大范围人群使用后，仍需对药物治疗效果及不良反应、副作用等情况进行检测，药监部门可根据这一阶段的监测情况要求修正药物使用说明书，或加注警告说明，如出现严重不良反应，药物甚至还可能被要求下架

（2）耗资巨大

毫不夸张地说，生物医药企业研发新药的过程，就是一个不断“烧钱”的过程，而医药圈也流传着一条“双十定律”，即国际上一种新药的研发成本超过10

亿美元，研发周期超过10年，然而这还只能算一种理想状态。以我国A股市场为例，根据各公司披露的2020年度财务报告，君实生物在上一年度投入的研发费用约为17.78亿元,[①] 神州细胞在上一年度投入的研发费用约为6.1亿元,[②] 百奥泰在上一年度投入的研发费用约为5.6亿元;[③] 从港股市场来看，再鼎医药在上一年度投入的研发费用约2.23亿美元,[④] 折合人民币约14.4亿元，先声药业在上一年度投入的研发费用约11.4亿元,[⑤] 京东健康在上一年度投入的研发费用约6.1亿元[⑥]。另外，在美国、中国香港、中国内地三地上市的百济神州也在短短五年内花费约220亿元研发费用，导致回流上市前仍为未盈利企业。可以说，创新生物医药研发公司在研发方面“烧钱”的速度远远超过了其他类型的创新产业公司。

（3）大多处于资金投入、未盈利阶段

正是由于一种新药从源头研发到实现上市是一个周期长、耗资巨大的过程，大公司花不起那么多钱同时展开几个项目研究，小公司又没有能力和财力去完成一个新药的全部研发流程，且创新药物的项目风险巨大，一旦研发环节任何一个阶段出现问题，项目很可能折戟，致使很多药企濒临破产边缘。因此对于产品尚处于研发或临床试验阶段的生物医药企业来说，很难做到盈利。况且随着药物研发的不断深入，需要投入的资金迅速增加，虽然会有风险投资（VC）和私募股权投资（PE）的资金加持，但一般程度的外部资金注入并没有办法解决生物医药企业长期面临的资金困境；同时，在经历了数轮融资而药品还迟迟不能上市的情况下，这些生物医药企业还要面临VC和PE退出的压力，因此登陆资本市场

---

① 参见《上海君实生物医药科技股份有限公司2020年年度报告》，载http://static.cninfo.com.cn/finalpage/2021-03-31/1209496730.PDF，最后访问日期：2023年1月2日。

② 《北京神州细胞生物技术集团股份公司2020年年度报告》，载http://static.cninfo.com.cn/finalpage/2021-04-15/1209691113.PDF，最后访问日期：2023年1月2日。

③ 《百奥泰生物制药股份有限公司2020年年度报告》，载http://static.cninfo.com.cn/finalpage/2021-03-05/1209338595.PDF，最后访问日期：2023年1月2日。

④ 《再鼎医药有限公司2020年年度报告》，载https://www1.hkexnews.hk/listedco/listconews/sehk/2021/0301/2021030103576_c.pdf，最后访问日期：2023年1月2日。

⑤ 《先声药业集团有限公司2020年年度报告》，载https://www1.hkexnews.hk/listedco/listconews/sehk/2021/0426/2021042600303_c.pdf，最后访问日期：2023年1月2日。

⑥ 《京东健康股份有限公司2020年年度报告》，载https://www1.hkexnews.hk/listedco/listconews/sehk/2021/0423/2021042300526_c.pdf，最后访问日期：2023年1月2日。

以获得更多的资金支持便成为生物医药企业的普遍需求。过去迫于国内A股的盈利门槛要求，研发新药的生物医药企业往往会选择美国上市，而在2018年4月港股改革及2019年6月我国正式推出科创板之后，生物医药企业的上市地才有了更多的选择。

鉴于生物医药企业的以上主要特点，目前上交所科创板、香港联交所和美国纳斯达克已成为中国医药医疗健康企业，尤其是创新生物医药公司的3个主要上市目的地，其中A代表中国内地A股市场，H代表香港资本市场，N代表美国资本市场。这些主要资本市场需要吸引优质企业来上市，而优质企业也需要更多的资本加持，在境内境外资本市场互联互通日趋密切的大背景下，双重上市、二次上市、多地上市的现象也就更为常见了。

2. 上交所科创板上市要点解析

（1）生物医药企业赴科创板上市概况

科创板于2019年6月应运而生，定位于服务突破关键核心技术、市场认可度高的科技创新企业。重点支持新一代信息技术、高端装备、新材料、新能源、节能环保以及生物医药等高新技术产业和战略性新兴产业。旨在解决科技创新投入大、周期长、风险高，间接融资、短期融资力有不逮，需长期资本引领和催化的问题，提供一个促进科技和资本的融合、加速创新资本形成和有效循环的资本市场，而这一定位也正好与生物医药企业的特质吻合。截至2022年7月，科创板迎来开市3周年，从泛领域统计，科创板生物医药板块上市公司已达93家，成为生物医药公司在美国、中国香港之外的全球主要上市地。

（2）科创板上市标准

发行人申请在科创板上市，市值及财务指标应当至少符合下列标准中的一项。

第一套标准（市值＋净利润）：预计市值不低于10亿元人民币，最近两年净利润均为正且累计净利润不低于5000万元人民币，或者预计市值不低于10亿元人民币，最近一年净利润为正且营业收入不低于1亿元人民币。

第二套标准（市值＋收入＋研发投入）：预计市值不低于15亿元人民币，最近一年营业收入不低于2亿元人民币，且最近3年累计研发投入占最近3年累计营业收入的比例不低于15%。

第三套标准（市值＋收入＋现金流）：预计市值不低于20亿元人民币，最近一年营业收入不低于3亿元人民币，且最近3年经营活动产生的现金流量净额累计不低于1亿元人民币。

第四套标准（市值+收入）：预计市值不低于30亿元人民币，且最近1年营业收入不低于3亿元人民币。

第五套标准（市值+技术优势）：预计市值不低于40亿元人民币，主要业务或产品需经国家有关部门批准，市场空间大，目前已取得阶段性成果。医药行业企业需至少有一项核心产品获准开展二期临床试验，其他符合科创板定位的企业需具备明显的技术优势并满足相应条件。

其中，没有硬性营收和盈利要求的第五套标准被市场认为是科创板较A股主板的一项根本性变革，这也与2018年4月香港联交所颁布的《上市规则》第18A章不谋而合。对于研发周期长、耗资巨大、尚处在投入而无盈利阶段的生物医药企业来说可谓是量身定制。尽管如此，第五套标准也并非“降低门槛”，而是强调公司的创新和技术能力。2022年6月，《上海证券交易所科创板发行上市审核规则适用指引第7号——医疗器械企业适用第五套上市标准》发布，针对申请适用科创板第五套上市标准的医疗器械企业，更进一步明确了核心技术产品范围、取得阶段性成果的具体要求、明显的技术优势要求等上市标准。苏州泽璟生物是第一家采用第五套上市标准登陆科创板的企业，继而还有康希诺、君实生物、艾力斯、百奥泰、神州细胞、前沿生物、天智航这些未盈利的生物医药企业陆续登陆科创板。当然，出于对市值评估的谨慎性和上市确定性的考量，更多的企业还是会选择市值要求最低且已有利润的第一套标准。因此，每家企业最终还是要根据自身情况选择合适的上市标准。

（3）审核机构关注要点

第一，作为登陆科创板的企业，其科创属性必然是审核机构关注的重中之重。2021年4月修正的《科创属性评价指引（试行）》针对企业的科创属性要求再升级，增加了研发人员的比例要求，由原来的“3+5”变为“4+5”（四项常规性指标和五项例外性指标）。对于生物医药企业的科创属性来说，发行人的核心技术的先进程度、该等核心技术于境内境外的市场地位、企业研发机制是否具备持续创新能力、研发管线的创新性与多样性、核心研发团队专业背景等都是审核机构关注的重点问题。

第二，知识产权的来源问题及权属问题。鉴于知识产权是核心产品和核心技术的直观体现，企业的核心技术来源及权属问题在审核中同样是审核机构重点关注的内容。发行人需要详细说明应用于主营业务的专利数量及质量、知识产权的来源问题（包括但不限于自主研发、合作开发、委托开发、受让取得、授权使用、共有知识产权等）、发行人与第三方的合作模式以及是否存在潜在纠纷等。

第三，企业的业务资质以及开展业务的模式。生物医药是一个高壁垒的行业，并非一般企业可以简单复刻。生物医药企业生产经营所需的资质有很多，包括但不限于药品生产许可、药品注册批件、药品生产、质量管理规范（GMP）认证、新药证书、在研产品临床试验批文、境外 GMP 认证及上市许可等，审核机构会要求详细说明已取得的资质情况，或未取得的具体原因。另外，医药行业销售多采用经销商模式，审核机构对此会特别关注经销商模式下企业具体的经销安排，如选取标准、日常管理、定价机制、物流、退换货机制以及收入的真实性等。

第四，产品的质量与安全问题。药品关系着民众的生命健康，因此药品在采购、生产、包装、运输等方面的质量内控制度是否被切实有效执行也是审核机构关注的问题。企业是否发生过质量问题或医疗纠纷、是否存在产品召回的情况、是否受过相关主管部门的处罚、是否存在社会负面新闻等，都会被审核机构关注。

第五，行业政策和医疗改革的影响。随着我国医疗卫生体制改革的深化，“两票制”、带量采购、一致性评价制度、药品上市许可人制度等逐步推行，各类执法活动逐渐趋于常态化、制度化。企业需要就现有产品是否纳入医保目录、是否纳入集采目录、已中标集采药品情况及医药行业政策对其产品销售的影响等作出说明。

第六，商业贿赂问题。众所周知，医药行业历来是商业贿赂的“重灾区”，因此，执法机构对于这一现象的监管日益严格，审核机构也特别关注发行人这一问题，比如是否假借各类学术会议的名义向处方医生提供回扣，学术推广会议的支出情况、会议费构成、真实性及正当性等都需要进行说明。另外，还需要说明是否已建立了有效的防范商业贿赂的内控制度，以及股东、董事、高管、销售人员是否涉及商业贿赂或被处罚甚至立案的情况。

第七，环保问题。这个问题并不单一针对生物医药企业，对于所有发行人，这都是一个普遍涉及的问题，涉及的审核关注点包括企业是否存在污染事故、是否有排污许可、环保设施建设及运行情况、委托处理单位是否具备资质等。

（4）红筹企业在科创板上市

所谓红筹企业，是指注册地在境外，但主要经营活动在境内的企业。科创板的落地，为红筹企业在境内发行股票打开了一扇大门。目前，如华润微、中芯国际、九号智能、百济神州、格科微这些红筹企业均成功在科创板挂牌。根据《科创板上市规则》，符合相关要求的已在境外上市的红筹企业，可以申请发行股票或 CDR 并在科创板上市，这一规定对于中国资本市场来说，可谓又一创举。这里的“符合相关要求”主要是指需要符合 2018 年 3 月 22 日发布的 21 号文。红筹企业登陆科创板需要注意以下几个方面。

红筹企业在科创板上市的标准，应当是符合国家战略、科技创新能力突出并掌握核心技术、市场认可度高，属于互联网、大数据、云计算、人工智能、软件和集成电路、高端装备制造、生物医药等高新技术产业和战略性新兴产业，且达到相当规模的创新企业。另外，对于企业市值/估值及营收要求等指标要求如表 1－24 所示。

表 1－24　指标要求

<table>
<tr><th>分类</th><th>市值/估值</th><th>营收要求</th><th>其他要求</th></tr>
<tr><td>已在境外上市的大型红筹企业</td><td>市值不低于 2000 亿元人民币</td><td>—</td><td>—</td></tr>
<tr><td rowspan="3">尚未在境外上市的创新企业（包括红筹企业和境内注册企业）</td><td>估值不低于 200 亿元人民币</td><td>最近 1 年经审计的营业收入不低于 30 亿元人民币</td><td>—</td></tr>
<tr><td>预计市值不低于 100 亿元人民币</td><td>—</td><td rowspan="2">营业收入快速增长，拥有自主研发、国际领先技术，同行业竞争中处于相对优势地位</td></tr>
<tr><td>预计市值不低于 50 亿元人民币</td><td>最近 1 年营业收入不低于 5 亿元人民币</td></tr>
</table>

第一，红筹企业在科创板上市的路径选择。

直接发行股票：根据《科创板上市规则》第 13 章的规定，红筹企业申请其在境内首次公开发行的股票上市的，应取得上交所出具的同意发行上市审核意见并由中国证监会作出同意注册决定。

发行 CDR：所谓 CDR，是指由存托人签发、以境外证券为基础在中国境内发行、代表境外基础证券权益的证券。红筹企业在境内发行 CDR 并上市的，还应当提交本次发行的 CDR 已经中国结算存管的证明文件、经签署的存托协议、托管协议文本以及托管人出具的 CDR 所对应基础证券的托管凭证等文件。

第二，投资者权利保护水平不低于境内法律及中国证监会规定的要求。

为解决红筹企业在境内上市与境内监管制度不相适应的问题，科创板也作出了制度安排，原则上认可红筹企业在股权结构、公司治理、运行规范等事项适用境外注册地公司法等法律法规规定，但规定投资者权益保护水平，包括资产收益、参与重大决策、剩余财产分配等权益，总体上不低于境内法律法规以及中国证监会规定的要求，并保障境内 CDR 持有人实际享有的权益与境外基础证券持有人的权益相当。

第三，信息披露要求。

鉴于科创板面向包括红筹企业开放，科创企业控股股东和受控股股东、实际控制人支配的股东在国际避税区注册并设置持股层次复杂的股权结构的情况较为常见，根据《上海证券交易所科创板股票发行上市审核问答》（以下简称《上交所问答》）问答 5，对于控股股东、实际控制人设立在国际避税区且持股层次复杂的，需对发行人设置此类架构的原因、合法性及合理性，持股的真实性，是否存在委托持股、信托持股，是否有各种影响控股权的约定，股东的出资来源，发行人控股股东和受控股东、实际控制人支配的股东所持发行人的股份权属是否清晰，发行人如何确保公司治理和内控的有效性等问题进行核查并予以披露。

3. 香港联交所上市要点解析

（1）生物医药企业赴香港上市概况

2018 年 4 月 30 日，香港联交所上市制度改革生效，允许双重股权结构公司上市；同时，新增第 18A 章，允许未盈利的生物科技公司在香港联交所上市。改革政策刚落地，就引发了医药健康企业赴港上市热潮，被视为“本土丙肝第一家”的歌礼制药、癌症创新药先锋百济神州、糖尿病新药首创者华领制药、信达生物、君实生物等均集中在2018年实现了香港联交所挂牌。2019年、2020年及2021年，也分别有7家、14家和20家生物医药企业赴港上市，据不完全统计，目前在香港联交所依据第18A章上市的生物医药公司已有48家。

2022年10月19日，香港联交所发布《上市规则》第18C章改革的咨询文件，允许特专科技公司来港上市。在咨询文件中香港联交所将“特专科技公司”定义为主要于特专科技行业内可接纳领域从事（不论直接或透过其附属公司）研发、商业化及/或销售特专科技产品的公司，并载列一份特专科技行业名单：①新一代信息技术；②先进硬件；③先进材料；④新能源及节能环保；⑤新食品及农业技术。该项改革对于生物医药公司的上市申请将不会构成较大影响，未来未盈利生物医药公司申请在香港联交所挂牌上市，仍应适用第18A章的相关标准。

（2）生物医药企业赴港上市标准

根据香港联交所《上市规则》第18A章及HKEX－GL92－18指引信《有关生物科技公司是否适合上市》的规定，将生物医药企业赴港上市的主要标准罗列如下。

①企业需要满足相关条件

表1－25　条件

分类	具体说明
行业类型	证明其合资格及适合以生物科技公司的身份上市，这里主要指从事生物科技产品研发、应用和商业化发展的公司
预期市值	上市时的市值至少达到15亿港元
管理层连续性	上市前已由大致相同的管理层经营现有业务至少2个会计年度
营运资金	申请人需有足够的营运资金（包括计入新申请人首次上市的所得款项）。该等营运资金应为集团自上市文件刊发之日起至少12个月所需开支的125%。该等开支应主要包括：一般、行政及营运开支（包括任何生产成本）和研发开支

②核心产品通过概念阶段①

表 1－26 具体说明

分类	具体说明
药剂	①若核心产品属于新药剂（小分子药物）产品，申请人必须证明该产品已经通过第一阶段临床试验，且有关主管部门并不反对其开展第二阶段（或其后阶段）的临床试验； ②若核心产品是基于先前获批产品的药剂（小分子药物）产品［例如美国食品和药物管理局（FDA）的 505（b）（2）申请批准程序］，则申请人必须证明该产品已经至少通过一次人体临床试验，且有关主管部门并不反对其开展第二阶段（或其后阶段）的临床试验； ③若核心产品是外购许可技术或购自其他公司，香港联交所要求生物技术公司在外购引进或收购以来，该核心产品至少完成一项由有关主管部门监管的人体临床试验。如果生物科技公司的外购或收购的核心产品尚未完成至少一项人体临床试验，则香港联交所将评估尚未完成临床试验的原因，以及公司是否进行了相当于完成一项人体临床试验的实质性的研发工作和过程。香港联交所不会将行政报批过程视为实质性的研发工作和过程（于 2020 年 4 月新增）
生物制剂	①若核心产品属于新生物制剂产品，则申请人必须证明该产品已经通过第一阶段临床试验，且有关主管部门并不反对其开展第二阶段（或其后阶段）的临床试验； ②若核心产品属于生物仿制药，则申请人必须证明该产品已经至少通过一次人体临床试验，且有关主管部门并不反对其开展第二阶段（或其后阶段）的临床试验以证明生物等效性； ③若核心产品是外购许可技术或购自其他公司，香港联交所对该核心产品的要求与前述新药剂（小分子药物）产品相同（于 2020 年 4 月新增）
医疗器械（包括诊断器材）	①该产品是有关主管部门分类标准项下的第二级或以上分类医疗器材； ②该产品已至少通过一次人体临床试验，该试验将构成主管部门或认可机构所需申请的关键部分； ③主管部门或认可机构同意或并无反对申请人开展进一步临床试验；或主管部门（如属欧盟委员会成员，则认可机构）不反对申请人开始销售有关器材

① 香港交易所 HKEX－GL92－18 指引信《有关生物科技公司是否适合上市》，载 https：//sc. hkex. com. hk/TuniS/cn-rules. hkex. com. hk/规则手册/gl92－18，最后访问日期：2022 年 12 月 18 日。

续表

分类	具体说明
其他生物科技产品	对于完全不属上述类别的生物科技产品的上市申请，若上市申请人能证明有关生物科技产品已通过概念阶段，并具备适合框架或客观指标可供投资者作出知情投资决定，则香港联交所将按情况逐一个别考虑。 香港联交所对生物科技产品的分类一概遵从主管部门的分类；若并无监管机制规定任何外部目标或客观框架可评估“其他生物科技产品”分类下有关产品的开发进度、市场及临床相关性，香港联交所将考虑以下各方面（举例而言）（于2020年4月新增）： ①测试抽样人群的数量、筛选过程及多样性，以及是否有临床前及临床试验数据。 ②推出市场的时间表及障碍。 ③临床前及临床结果是否在医学/科学期刊上发表。联交所将考虑期刊的影响因素。 ④若主管部门有发布相关准则，其于准则中的观点以及“其他生物科技产品”的可资比较框架及/或客观指标

③专注于研究及开发核心产品最少12个月

表1－27　具体说明

分类	具体说明
时间	上市前最少12个月已从事核心产品的研发
外购许可技术的核心产品研发	若核心产品是外购许可技术或购自第三方的核心产品，申请人须能展示自外购许可技术/购得产品以来的研发进度。例如，申请人的外购许可技术或购得产品：从临床前阶段发展到临床阶段；从一个临床阶段发展到下一阶段的临床试验；或取得主管部门的监管批文可向市场推广核心产品
已商业化的核心产品研发	若核心产品已经在特定市场上推出并用作特定适应症，而生物科技公司有意将上市所得款项部分用于以下方面，例如：扩大该已推出市场的生物科技产品的适应症，或在其他市场上推出有关产品，则香港联交所预期生物科技公司在核心产品上有进一步的研发支出，以应对主管部门对临床试验的规定，以将核心产品提供新适应症，或在新的受规管市场中推出（于2020年4月新增）

④集资主要用于研发用途，以将核心产品推出市场

表1－28　具体说明

分类	具体说明
上市所得款项用途	上市集资主要作研发用途，以将核心产品推出市场。若生物科技公司开发的是开发期较短的医疗器材，香港联交所或可考虑该等生物科技公司的业务计划及开发中产品的开发阶段，使该等公司可将部分上市所得款项用作例如设立主要用于生产核心产品的生产设施以实现其商业化，并建立销售、市场推广以及医疗团队，将核心产品推出市场（于2020年4月新增）
知识产权	必须拥有与其核心产品有关的已注册专利、专利申请及/或知识产权；如申请人从事医药（小分子药物）产品或生物产品研发，须证明其拥有多项潜在产品

⑤上市日期的至少6个月前已获得至少一名资深投资者提供相当数额的第三方投资，且首次公开招股时仍未撤回投资

表1－29　具体说明

分类	具体说明
资深投资者	下列投资者一般会被视为资深投资者： ①专门的医疗保健或生物科技基金，或旗下有专门或侧重于投资生物制药领域的分支/部门的大型基金； ②主要的制药/医疗保健公司； ③大型制药公司/医疗保健公司的风险投资基金； ④管理资产总值不少于10亿港元的投资者、投资基金或金融机构
相当数额的投资	下列金额一般会被视为相当数额的投资： ①就市值介乎于15亿港元至30亿港元的申请人而言，投资占申请人上市时已发行股本不少于5%； ②就市值介乎于30亿港元至80亿港元的申请人而言，投资占申请人上市时已发行股本不少于3%； ③就市值超过80亿港元的申请人而言，投资占申请人上市时已发行股本不少于1%

（3）审核机构关注要点

香港联交所在审核生物医药企业上市时主要参考的依据即是《上市规则》第18A章、HKEX－GL92－18指引信《有关生物科技公司是否适合上市》以及HKEX－GL107－20指引信《有关生物科技公司上市文件的披露》这三份文件。除了科创板审核机构关注的核心产品、核心技术、知识产权、企业资质、研发能力、研发团队、业务模式、行业政策影响、企业合规、内控制度等，香港联交所还会重点关注：①当地主管机关对发行人在研产品研究进程的反馈，比如主管机关是否对已经完成或进行的临床试验提出疑问，是否同意开展下一阶段的临床试验；②是否有符合条件的资深投资者在上市6个月前对发行人进行投资，以及投资的金额、份额、资深投资者信息等是否符合香港联交所设定的标准；③募集资金用途，包括对每一项核心产品及产品管线安排募集资金用途及成本估算予以详细阐述；④需要阐述发行人的详细商业计划并进行可行性分析等。

（4）香港合格第二上市规则——“主要上市”（dual primary listing）及“第二上市”（secondary listing）

所谓“主要上市”是指香港地区之外的发行人也可选择同时在两家交易所作双重主要上市，但需要同时符合香港及另一司法权区的所有规定的一种上市方式。两市场股票无法跨市场流通，股价表现相对独立，可能产生价差。双重上市的公司可以被纳入港股通名单，也可以引入A股投资者，提升股票流动性，且有利于日后回归A股，实现“三地上市”。[①] 但双重上市需要同时满足两个交易所对于上市公司的各项管理要求，整体来说要求会严格很多，如果选择在香港作为双重主要上市，需要全面遵守联交所《上市规则》，与香港首发的要求无异。此处限于篇幅不再赘述，具体可参见联交所《上市规则》及《证监会与联交所修订有关海外公司来港上市的联合政策声明》等文件，对此有详细规定。

所谓“第二上市”是指已在纽交所、纳斯达克或伦敦证券交易所等香港联交所认可的交易所上市的公司，在符合相关条件的前提下，可以豁免香港联交所的某些条件和要求的一种上市方式。遵循此途径申请上市的发行人主要特点为：①必须已在符合资格上市交易所（纽交所、纳斯达克或伦敦证券交易所主市场）

---

① 参见《中概股回港IPO，双重上市与二次上市如何区分?》，载https：//mp. weixin. qq. com/s/CQD9peD4vae7tyvCrUk5JA，最后访问日期：2023年1月3日。

上市的创新产业公司；②在符合资格交易所上市至少两个完整会计年度期间保持良好合规记录；③上市时逾期市值最少100亿元；④如果申请人为大中华区公司，则必须在2017年12月15日前在合资格交易所已作主要上市[①]。具体可参见香港联交所2018年4月在《上市规则》新增的第19C章以及HKEX－GL94－18指引信《为某些在合资格证券交易所主要上市并有意在香港第二上市的新兴及新产业公司设立新的优待第二上市渠道》等文件，对此有详细规定。

4. 美国纳斯达克上市要点解析

（1）生物医药企业赴美上市概况

纳斯达克股票市场分为3个层级，分别是纳斯达克全球精选市场、纳斯达克全球市场和纳斯达克资本市场，其中，纳斯达克全球精选市场的上市标准最为严格，主要针对大型蓝筹企业；纳斯达克全球市场则吸引中等规模的企业；纳斯达克资本市场主要面向小型企业。每个层级对应不同的上市条件，均设置有不同标准。

纳斯达克是成熟的国际资本市场，具备合理的估值体系、多元化的上市标准和投资者结构，且一向以鼓励创新著称，即使公司没有盈利，但只要具备巨大发展潜力，就能够被纳斯达克的资本助力。可以说，在2018年港股改革和2019年我国科创板推出之前，纳斯达克是生物医药企业最理想的上市地，百济神州、和黄医药、万春医药、再鼎医药这些具有国际竞争力和影响力的生物医药企业，早在2016年和2017年就已陆续在纳斯达克上市。从2020年以来的数据来看，作为可以对接全球顶级资源的资本市场之一，纳斯达克对于生物医药企业仍具有相当大的吸引力，2020年，天境生物、传奇生物、燃石医学、泛生子等知名药企赴美国纳斯达克上市，2021年，康乃德生物、天演药业、拓臻生物、亘喜生物等也陆续在纳斯达克成功挂牌。[②]

---

① 香港联交所《上市规则》第19C章，载https://cn-rules.hkex.com.hk/sites/default/files/net_file_store/HKEXCN_SC_11547_VER12705.pdf，最后访问日期：2021年8月23日。

② 参见《盘点11家登陆纳斯达克的中国新药研发公司，它们的产品管线有何亮点?》，载微信公众号“医药观澜”，https://mp.weixin.qq.com/s/ucRflgzxZ909np1WAsTRsA，最后访问日期：2023年3月1日。

（2）纳斯达克上市标准

①纳斯达克全球精选市场上市标准[①]（见表1－30）

表1－30 相关标准

财务标准	收入标准	市值＋现金流	市值＋收益	资产＋股东权益
税前利润	近3年累计1100万美元且均为整数，且近2年每年220万美元	—	—	—
现金流	—	近3年累计现金流2750万美元且均为正数	—	—
公司市值	—	前12个月平均高于5.5亿美元	前12个月平均高于8.5亿美元	1.6亿美元
收益	—	近1年收入1.1亿美元	近1年收入9000万美元	—
总资产	—	—	—	8000万美元
股东权益	—	—	—	5500万美元
发行价	4美元	4美元	4美元	4美元

②纳斯达克全球精选市场流动性标准（见表1－31）

表1－31 相关流动性标准

流动性标准	IPO和剥离公司	成熟公司：目前存在的普通股或类似交易	附属公司
持有100股以上股东数量或股东总数	持100股以上股东的数量为450人以上或股东总数在2200以上	持100股以上股东的数量为450人以上或股东总数在2200以上	持100股以上股东的数量为450人以上或股东总数在2200以上
股东总数过去12个月平均月交易量	—	股东总数550以上，且过去12个月平均月交易量110万美元以上	股东总数550以上，且过去12个月平均月交易量110万美元以上

① Nasdaq Initial Listing Guide，载 https：//listingcenter. nasdaq. com/assets/initialguide. pdf，最后访问日期：2023年3月1日。

续表

流动性标准	IPO 和剥离公司	成熟公司：目前存在的普通股或类似交易	附属公司
公众持股股份数	1,250,000	1,250,000	1,250,000
公众持股市值	4500 万美元	1.1 亿美元	4500 万美元
公众持股市值与股东权益	—	公众持股市值 1 亿同时股东权益 1.1 亿美元	—

③纳斯达克全球市场上市标准及流动性要求（见表 1－32）

表 1－32　相关要求与标准

上市要求	收入标准	权益标准	市值标准	总资产/总收益
税前收入（近 1 年或近 3 年中的两年）	100 万美元	—	—	—
股东权益	1500 万美元	3000 万美元	—	—
上市证券市值	—	—	7500 万美元	—
总资产和总收益（近 1 年或近 3 年中的两年）	—	—	—	7500 万美元总资产和 7500 万美元总收益
公众持股数	110 万	110 万	110 万	110 万
公众持股股票价值	800 万美元	1800 万美元	2000 万美元	2000 万美元
发行价	4 美元	4 美元	4 美元	4 美元
股东数（持 100 股以上）	400	400	400	400
做市商数量	3	3	4	4
运营历史	—	2 年	—	—

④纳斯达克资本市场上市标准及流动性要求（见表 1－33）

表 1－33　相关要求与标准

上市要求	权益标准	已发行证券市值标准	净收入标准
股东权益	500 万美元	400 万美元	400 万美元
公众持股股票市值	1500 万美元	1500 万美元	500 万美元

续表

上市要求	权益标准	已发行证券市值标准	净收入标准
经营历史	2 年	—	—
上市证券市值	—	5000 万美元	—
净收入（近 1 年或近 3 年中的两年）	—	—	75 万美元
公众持股数	100 万	100 万	100 万
股东数（持 100 股以上）	300	300	300
做市商数量	3	3	3
发行价或收盘价	4/3 美元	4/2 美元	4/3 美元

（3）审核机构关注要点

整体来说，纳斯达克的审核和科创板、港股的审核要点差异不大，审核机构会关注核心产品情况、研发阶段、知识产权权属情况、资质证照、业务模式、核心优势、研发团队、管理层稳定性、募集资金用途等。除此之外，审核机构也会关注到中国子公司境外分红及 VIE 架构方面的披露，如中国子公司向境外母公司分配股息及外商投资受限制行业的情形，境内子公司的境外控股股东被中国税务机关认定为中国税务居民或非中国税务居民对发行人收取境内子公司分红的影响等。

受到瑞幸咖啡财务造假事件影响，美国针对中概股强化了披露方面的要求。根据美国证监会 2021 年 7 月发布最新声明，拟赴美上市的境内发行人需要强化披露的内容主要包括：公司需要明确投资人将购买的是海外控股/壳公司的股票而不是中国实体运作公司的股票；需要明确中国运作实体公司和投资人面临中国政府执法的风险会严重影响运作公司的财务状况和 VIE 协议的法律效力；提供详细的财务量化数据，以便投资人理解 VIE 和运作公司的财务关系；实体运作公司和上市公司，如果适用的话，是否收到中国监管机构的同意或者否决其在海外上市的批文，并披露即便收到相关政府同意也可能被收回的风险；披露公司如果没有接受 PCAOB 检查的审计事务所的风险。

（4）针对中概股新规——《外国公司问责法案》的影响

2021 年 3 月 25 日，美国证监会发布公告称，《外国公司问责法案》通过临时最终修正案，修改了上市公司披露文件的要求。根据该法案，外国发行人连续三年不能满足 PCAOB 对会计师事务所检查要求的，其证券禁止在美交易，如发行人聘请了由外国管辖的会计师事务所，由于主管部门的立场，PCAOB 将无法对该会计师事务所进行彻底检查或调查，则发行人需提交材料，证明该公司并非外国政府国有或控股，同时还需要提交审计底稿。虽然该规定指的是美国境外的公司，但市场普遍理解该法案主要是针对中概股而生，因为目前在不接受美国 PCAOB 检查审计底稿的外国上市企业中，中国企业占了近 90%①。法案的颁布或使已在美上市的中概股企业退市压力陡增，也会使有意赴美上市的中国公司面临更为严格的审查。

（5）中美签署《审计监管合作协议》

2022 年 8 月 26 日，中国证监会、财政部与 PCAOB 签署《审计监管合作协议》，并将于签署后启动相关合作。根据中国证监会说明，合作协议包括以下重点内容：第一，中美双方均可依据法定职责，对另一方辖区内相关事务所开展检查和调查，被请求方应在法律允许范围内尽力提供充分协助；第二，合作范围包括协助对方开展对相关事务所的检查和调查，其中中方提供协助的范围也涉及部分为中概股提供审计服务，且审计底稿存放在内地的香港事务所；第三，双方将提前就检查和调查活动计划进行沟通协调，美方须通过中方监管部门获取审计底稿等文件，在中方参与和协助下对会计师事务所相关人员开展访谈和问询。②

目前，有超过 200 家中国公司在美国资本市场上市，有 30 余家中国境内会计师事务所在 PCAOB 注册，能够为在美上市的中国公司提供审计服务。PCAOB 为履行对上述事务所的审计监管职责，需要与中国监管部门建立合作关系，实施跨境监管合作。同样，中国监管机构有需要对自身监管范围内的美国会计师事务所实施审计监管的，也要通过监管合作机制进行。中美《审计监管合作协议》的签署标志着双方通过加强合作解决中概股审计监管问题迈出了关键一步。下一步双方将根据合作协议对相关会计师事务所合作开展日常检查与调查活动，并对合作效果作出客观评估。如果后续合作可以满足各自监管需求，则有望解决中概股

---

① 参见王鑫：《〈外国公司问责法案〉最终修正案通过，中概股退市压力陡增》，载 https://mp.weixin.qq.com/s/mwID5eRtCzXXqzXrq2aAug，最后访问日期：2022 年 12 月 30 日。

② 参见《中国证监会有关负责人就签署中美审计监管合作协议答记者问》，载 http://www.csrc.gov.cn/csrc/c100028/c5572300/content.shtml，最后访问日期：2022 年 12 月 30 日。

审计监管问题，从而避免自美被动退市。

5. 三大上市板块之优劣势比较

（1）科创板上市的优势及劣势

科创板作为我国新推出的板块，其优势在于突破了传统A股的制度限制，允许未盈利企业、红筹企业、同股不同权的企业向科创板提出上市申请，并设置不同的上市标准，对于符合科创板定位的新一代信息技术、高端装备、新材料、新能源、节能环保以及生物医药等具备科创属性的企业有很高的宽容度。自开板以来，科创板已成为众多高科技公司的首选上市地，而采用科创板第五套标准申请上市的，目前来说全部都是生物医药企业。另外，在我国自己的“主场”申请上市，无须考虑复杂的股权结构设计以及外汇进出等问题，在一定程度上也更为便利。

虽然科创板采用注册制，已经使审核速度大大加快，但随着相关监管制度的频频出台，科创板的审核日趋严格，审核时间也相对较长，从上市准备到审核的时间一般在1年以上。另外，科创板的锁定期也较长，发行人的控股股东及实际控制人所持股份需要在上市后锁定三年，如果公司未能实现盈利，控股股东、实际控制人、董事、监事、高级管理人员及核心人员所持有的首发股份在上市之日起三年内同样不得减持。因此，其锁定期相比于香港联交所和纳斯达克的相关要求来说更长。

（2）香港联交所上市的优势及劣势

中国香港是国际金融中心，又与内地之间往来交通便捷，且香港市场兼具本土化和国际化，因此得到了很多企业的青睐，也成为众多企业上市的首选地。加上香港在2018年起不断推进上市制度的改革，对符合条件的生物科技公司豁免了利润和盈利要求，设置合资格发行人第二上市，其更加多元化的标准和高效快速的审核程序也吸引了大批优质企业赴港上市。除此之外，香港上市公司再融资方式多样、便利且快捷，主要包括配售、供股、公开发售、代价发行、行使认股权和股份认购计划等，只要有董事会的一般性授权，增发不超过20%，打折8折之内，可以不经审批，短期内即可实现再融资。[①] 另外，随着H股全流通在2019

① 参见《从过去5年的数据，来看香港资本市场再融资的规模、速度和多样性》，载https：//mp. weixin. qq. com/s/TRzb2ZQoe5ie1dvq2GhCqQ，最后访问日期：2022年12月31日。

年年底的开放，许多国内公司从国际化的角度考虑选择H股直接上市，以便于进行“H+A”的布局。

然而，不得不注意到，从赴港上市企业的后续市场表现来看，此前在上市阶段战绩不俗的先声药业、药明巨诺这两只有着高瓴加持的生物医药企业接连跌破发行价，在港股上市的歌礼制药、开拓药业、云顶新耀等生物医药企业也持续“跌跌不休”，形成一边是港股破发潮，一边是生物医药热的情形。

(3) 纳斯达克上市的优势及劣势

纳斯达克作为成熟的资本市场，具有不同层次的市场可供不同类型的企业进行选择，其灵活的上市制度和完善的配套机制均居于世界领先水平，目前来说，纳斯达克依然是最大的生物医药企业IPO市场，其接纳未盈利的创新科技企业上市，提供融资渠道实现多方共赢的市场机制对世界范围内其他资本市场均具有借鉴性意义。对于生物医药企业而言，能够实现在纳斯达克上市本身就代表了企业的科技实力，更能够获得市场和投资机构的认可。

然而，选择赴美上市的企业不得不考虑国际政治风险，除企业自身表现以外，中美关系也可能直接会影响在美上市的中概股企业股价。自2020年以来，我们可以明显感受到美国监管机构针对中概股企业的态度，市场上甚至一度传出暂停中概股注册的消息，尽管并未得到官方证实，但可以看到美国监管机构确实加强了赴美上市企业的信息披露要求。另外，美国的做空机构也并“不好惹”，已经有多家中概股企业遭遇了美国做空机构的“狙击”，还有不少中概股企业遭遇了美国的集体诉讼。近期国内针对学科教育、网络游戏等行业的调整政策造成了在美上市中概股股价断崖式的大跌，新出台的有关去国外上市的网络数据安全审查要求增加了赴美上市的不确定性，这些政策性变化对于有赴美上市意向的企业来说，都是不得不考虑的风险。

6. “A+H+N”多地上市叠加优势

(1) 百济神州上市路径简介（具体案例后续篇幅会详细介绍）

提到“A+H+N”三地上市，百济神州是不可不说的一个案例，这家由高瓴创投一路“陪跑”的全球性生物科技公司，2010年在北京成立，专注于分子靶向和免疫肿瘤疗法的研究，花费百亿投入研发，号称“中国研发投入之王”。

2016年2月3日，迫于当时的内地A股市场和香港地区均对上市有盈利要求，百济神州选择在美上市，成为首家在美国纳斯达克上市的中国生物科技公司，股票代码为“BGNE”，首次公开发售7,590,000股ADS（公司首次出售6,600,000股ADS，承销商行使购股权以购买额外990,000股ADS），每股定价24美元，扣除承销商折扣和发行费用后的净收益大约为1.67亿美元，所募资金为用于支持在研的癌症靶向药物。①

2018年8月8日，即香港联交所实施上市制度改革，开放对无收入生物科技公司的上市门槛后，百济神州出乎意料地未经常规递送表阶段，直接“冲刺撞线”，且采用的是主要上市，而非第二上市，股票代码为“06160”，是首个实现在美股和港股双重一级上市的中国生物医药企业，公司在全球发行项下的发行股份数量为65,600,000股普通股，其中于香港发行股份数量为5,904,000股，于国际配售股份数量为59,696,000股，募资9.02亿美元用于后续研发。②

2021年7月28日，在美国纳斯达克和香港联交所双重上市的百济神州正式登陆上交所科创板，又成为第一家三地上市的生物医药企业。由于居高不下的研发费用，公司招股说明书显示，截至2020年12月31日，公司累积未分配利润为-275.83亿元，表明其仍为一家尚未盈利的生物科技公司。但经过了10年的发展，百济神州已拥有商业化产品及临床阶段候选药物共47款，包括9款商业化阶段药物、3款已申报候选药物和35款临床阶段候选药物；此外，公司还有10余款临床前在研产品。③

2021年8月6日，百济神州公布了2021年第二季度财报，第二季度产品收入约9亿元，相较去年同期增长111%；上半年产品总收入达15.8亿元，同比增长108%。可以看到，凭借出色的研发能力和丰富的产品管线，借助高效资本运作的三地资本市场的加持，百济神州成为“药王”可能只是时间问题而已。

（2）天境生物上市路径简介

截至目前，于三地上市的生物医药企业只有百济神州一家生物医药企业，但

---

① 参见《百济神州纳斯达克招股说明书》，载纳斯达克网，https://www.sec.gov/Archives/edgar/data/1651308/000104746916009999/a2227243z424b4.htm#en44101_principal_shareholders，最后访问日期：2023年1月3日。

② 参见《百济神州香港联交所招股说明书》，载https://www1.hkexnews.hk/listedco/listconews/sehk/2018/0730/ltn20180730006_c.pdf，最后访问日期：2022年12月30日。

③ 参见《百济神州有限公司首次公开发行人民币普通股（A股）股票并在科创板上市投股说明书》，载http://static.sse.com.cn/stock/information/c/202107/ac6100a7264944d6b8aae4bd28f2fed8.pdf，最后访问日期：2022年12月30日。

是，2021年7月27日，天境生物宣布，公司董事会批准了拟新发行股份并在上交所科创板双重上市的初步计划，意味着天境生物或将成为“A+H+N”三地上市的又一家生物医药企业。

天境生物成立于2016年，聚焦肿瘤免疫差异化创新生物药的研发、生产和商业化，2020年1月在美国纳斯达克正式上市，股票代码为“IMBA”，发行价为14美元，发行规模740万股，每10股ADS代表23股普通股，募资金额超过1亿美元，所募资金将有57%用于其药物管线的临床试验开支，17.1%的金额将用于研究设施和生产设施的建设，剩余资金将用于其他的一般公司目的，主要是营运费用，以及未来可能发生的投资和收购。①

值得关注的是，2020年9月4日，天境生物接连宣布两项轰动医药圈的重磅交易：一项协议是与艾伯维就天境生物旗下CD47单抗来佐利单抗达成约17.4亿美元的全球开发和商业化合作协议，这一合作将中国创新药物权益的转让金额提升到了一个新的高度；另一项协议则是以高瓴集团为首的资本通过私募配售方式对天境生物投资约4.18亿美元，这也是中国生物科技领域有史以来最大的私募配售融资。②

天境生物表示，在大中华区证券交易所，包括香港交易所及上海交易所双重上市的计划预计将于2022年完成。一旦顺利完成，天境生物将成为继百济神州之后又一家成功于美国、中国内地、中国香港上市的企业。

7. 结束语

企业上市的资本运作是个系统工程，要结合其自身的发展和需求，依照境内、外市场环境和相关法规、政策的变化适时调整。从实践出发，如果企业存在一定的不完善之处，在境内A股上市不是很自信的情况下，可以考虑先去香港上市，布局“H+A”的模式；或者先去美国上市，美国资本市场的投资人对科技类创新型企业情有独钟，能获得一个相对较高的公司估值，然后考虑到香港二次上市或者回归A股上市。随着境内外资本市场的互联互通和相关法律法规的逐步

---

① 参见《天境生物纳斯达克上市》，载 https://mp.weixin.qq.com/s/U1fjHASq9rnNSD3QHa9-2w，最后访问日期：2023年3月1日。

② 参见《高瓴重仓的天境生物（IMAB.US）拟“A+H+N”三地上市，加速向覆盖全产业链的综合性生物制药公司转型》，载 https://mp.weixin.qq.com/s/_p7-VPtzj0v7cP-NRnP-2g，最后访问日期：2023年3月1日。

完善，境内上市公司分拆子公司于境内、外上市，香港联交所和美国纳斯达克上市公司分拆子公司在境内、外上市以及两地上市、多地上市均已出现多起成功案例。鉴于篇幅限制，这里就不作赘述，但强烈建议企业在筹划资本运作时，要本着早期统一规划、有效分步实施的原则。瑞幸咖啡从设立公司伊始就在行业专家指导下进行高效资本运作，是非成败尚且不论，单就瑞幸咖啡如何搭建红筹架构并实现美国纳斯达克快速上市还是可圈可点。① 早期搭建好公司股权架构、组织架构，明确公司经营范围，避免同业竞争，保证各公司的人财物独立性，为公司整体的资本运作做好预设，尽量少走弯路，降低相关重组及分拆上市的成本。

我国生物医药企业正面临前所未有的良好发展机遇和环境，可以预见的是，未来会有更多企业寻求境内外上市、双重上市、二次上市、多地上市，企业高效资本运作将助力生物医药企业的快速稳健发展，以取得事半功倍的效果。

① 参见于炳光：《瑞幸咖啡的经验与教训：跨境资本市场的视角分析》，载 https：//www.sohu.com/a/386806199_610982，最后访问日期：2023 年 1 月 2 日。

第二章 医疗健康企业境内外上市经典案例之一

一、昊海生科

——首家“H＋科创板”上市的生物医用材料企业①

（一）昊海生科历次申报之路——“H＋科创板”模式的诞生

纵观昊海生科的历史沿革，公司曾于2011年起冲刺深交所创业板上市未果，后于2015年成功登陆香港联交所主板挂牌上市，又于2019年10月末，成功登陆上交所科创板，完成境内首次公开发行股票并上市的目标。自此，昊海生科成为首家同时登陆香港联交所和上交所的上市公司。

1. 昊海生科历次申报简介

（1）昊海生科的申报之路

昊海生科曾于2011年首次向中国证监会报送首次公开发行股票及在创业板上市申请材料并获正式受理。但创业板发行审核委员会经审核后于同年下半年向昊海生科发出了不予核准上市申请的决定。时隔两载，公司于2013年年终再度冲刺深交所创业板并于同月获正式受理。其后，由于公司及保荐机构主动撤回了该次创业板申请，中国证监会于翌年7月终止对该行政许可申请的审查。

据了解，中国证监会于2014年3月末发布了发行监管问答，其中提及首发企业可以根据自身意愿，在沪深市场之间自主选择上市地，而不与企业公开发行

① 周健、沈诚，上海市锦天城律师事务所合伙人，昊海生科项目签字律师。

股数多少挂钩。昊海生科撤回深交所创业板申请的主要原因，系公司拟将发行上市的证券交易所由深交所调整为上交所所致。撤回申请后，因彼时A股在审企业较多，审核周期较长，公司出于综合考量，拟转向申请发行H股股票并在香港联交所主板上市。2015年1月，中国证监会下发批复并核准昊海生科于香港联交所发行上市的申请。自此，公司成功登陆香港联交所主板，并被允许在香港联交所发行不超过4600万股境外上市外资普通股，每股面值人民币1元。

2019年，公司向上交所提交首次公开发行股票及在科创板上市的申请材料并获正式受理。此后，昊海生科历经考验，并在半年内成功通过上交所审核、中国证监会注册程序，于10月末成功登陆上交所科创板，成为首家“H＋科创板”发行上市的生物医用材料企业。

（2）企业申报史上曾要求落实的问题应予以重点关注

如昊海生科这般在资本市场存在境内申报史的企业不在少数。公司早期曾尝试在深交所申报上市，但遗憾的是中国证监会对公司首次申请创业板上市的尝试做出了不予核准的决定。对此公司及发行上市的中介应予以高度重视。昊海生科项目组律师经审阅公司历史上的发行申报材料及交易所、中国证监会的反馈回复，认为审核部门主要关注了如下问题：

一是发行人对外投资收购股权对价异常，且无法得到合理解释。昊海生科以不同价格自上海其胜生物材料技术研究所有限公司（以下简称其胜研究所）和若干位自然人处受让上海其胜生物制剂有限公司（现为昊海生科全资子公司，以下简称其胜生物）的股权，其对价显著低于其胜生物另一股东昊海化工取得其股权的对价。昊海生科以不同价格受让其胜生物的股权被认为存在重大权属纠纷，或存在应披露而未披露的利益安排的可能性。

二是发行人供应商疑似与竞争对手存在关联关系，对公司持续盈利能力存疑。当时的报告期内，昊海生科用于生产透明质酸钠产品的主要原材料供应商单一，为华熙福瑞达生物医药有限公司。该公司与昊海生科另一主要产品的竞争对手（山东博士伦福瑞达制药）的关联关系备受质疑。公司向竞争对手采购主要原材料被认为存在对公司持续盈利能力构成重大不利影响的可能性。

为积极反馈上述重点，解决历史遗留问题，昊海生科及项目组律师向上交所科创板递交申报材料时，对该等事项履行了审慎、详尽的核查程序。

①子公司股权转让——其胜生物

发行人历史上存在交易价格异常的股权转让情况的，中介机构应对该次股权转让的书面留存资料及企业登记档案进行审慎审阅，在事实清晰的基础上确认该次股权转让行为的真实性、有效性，确认股权转让行为是否为转让方的真实意思表示，并对相关各方是否已就该等股权转让事项签署书面说明进行确认。

聚焦其胜生物股权转让的相关事项，项目组律师在充分了解事实情况的基础上履行审慎核查的义务。2007 年 12 月，昊海生科分别与若干自然人、其胜研究所（均为其胜生物原少数股东）签订股权转让协议，以 1.2 元/股的对价受让合计 40% 其胜生物股权。于 2008 年 3 月、5 月结清股权转让款后完成股权变更登记。当时对其胜生物持股 60% 的昊海化工的入股价格系在上海联合产权交易所经多轮竞拍确定，因此实质上确定的成交价格较评估基准日其胜生物净资产值存在较大幅度的溢价。昊海生科以 1.2 元/股收购其胜生物的对价的计算方式，是以该等少数股东于投资其胜生物时的初始投资金额加适当溢价并经各方协商确定。在此基础上，出于审慎判断，昊海生科已为此计提减值准备。

基于前述，昊海生科历史上受让其胜生物 40% 股权的单价虽显著低于另一股东昊海化工取得其胜生物 60% 股权的单价及该等股权所对应的转让时其胜生物账面净值单价，但该等股权转让系转让方真实意思表示，股权转让价款也全数结清并已办理工商登记手续，转让各方与昊海生科未就该次股权转让产生纠纷或潜在纠纷，不存在应披露而未披露的利益安排。

②原材料供应

昊海生科在听取创业板发行审核委员会提出的若干意见的基础上，为积极解决历史上存在的原材料供应问题，2017 年 12 月，以稳定公司原材料供应为出发点，昊海生科通过收购 China Ocean 取得了青岛华元精细生物制品有限公司（以下简称青岛华元）100% 的股权。本次收购完成后，昊海生科已完全具备该等原材料的自供能力。次年，随着青岛华元纳入公司合并范围，昊海生科原材料供应量已能满足内部生产经营的需求。除自产外，昊海生科少量外购原材料占比在 20% 以下，这意味着该等原材料的对外采购即便出现波动情况也不会对公司生产经营造成重大不利影响。

据此，项目组律师认为，通过公司积极主动的解决，昊海生科历史上存在的原材料供应问题已得到积极、有效的解决，公司目前已经具备该等原材料的自供能力。

2. 与香港联交所主板申报的信息披露差异性

在上交所的首轮问询中，审核部门即重点关注到了公司在香港联交所主板成功登陆的情况。对于昊海生科 H 股的过往经历，审核部门聚焦于披露报告期内在香港联交所披露的财务信息与本次申报披露的财务信息的主要差异点及产生差异的原因、合理性等角度，并要求公司对此作出合理解释。

（1）信息披露的差异情况

报告期内，昊海生科在香港联交所披露的财务信息与本次上交所申报财务信息的差异情况如表 2-1 所示。

表 2-1　差异情况　　单位：万元

项目	2018 年	2017 年	2016 年
营业收入	1263	959	1005
税前利润	—	—	—
净利润	—	—	—
归属于母公司股东的净利润	—	—	—
总资产	—	3402	—
总负债	—	1546	—
归属于母公司股东的净资产	—	—	—
少数股东权益	—	1856	—

造成上述差异的主要原因系财务信息在境内会计准则与国际会计准则下具有不同的披露标准。

公司营业收入的差异主要是因为在境内企业会计准则下，“税金及附加”也包括城市维护建设税、教育费附加、地方教育费附加等，并单独在利润表的税金及附加科目核算；而在国际财务报告准则下，“税金及附加”中除房产税、印花税、土地使用税、车船使用税外的部分，均作为收入的抵减项核算。

资产负债项目的差异主要系因昊海生科于本次申报的报告期内自第三方收购 Contamac Holdings 公司 70% 股份和 China Ocean 公司全部股份所致，由于收购当时评估工作尚未完成，合并中取得的各项可辨认资产的公允价值只能暂时确定，根据《企业会计准则第20号——企业合并》之规定，发行人以所确定的暂时价值为基础对企业合并进行确认和计量，并拟在购买日后的12个月内对确认的暂时价值进行调整的，视为在购买日的确认和计量。本次申报的财务报表根据准则规定对2017年度相关科目的暂定价值进行了调整，且公司已在香港联交所披露的2018年度的财务报表中据此重述了2017年的比较数字。由此可见，除因会计准则导致的信息披露差异外，本次申报文件的财务信息和香港联交所披露的财务信息不存在重大差异。

可见，发行人在提交发行上市申请时，应当与保荐机构、审计机构进行充分有效、尽职勤勉的沟通，并落实财务数据信息披露的真实性，做到在不同会计准则下不存在实质性差异的基本点。

（2）境外交易所自律性制度及当地法律法规的遵守情况

在昊海生科H股上市的案例中，香港联交所曾认为公司已实施的一项短期结构性存款不应依据其《上市规则》相关条文豁免遵守第14章下关于交易的规定。为此，香港联交所于2015年就同件存款事宜向昊海生科三度发函问询。

在发行审核过程中，针对此类事项，发行人及相关中介机构应予以充分说明，对境外交易所自律性制度及当地法律法规的遵守情况在一定程度上能反映企业的诚信精神及对社会责任的态度。回到昊海生科的案件中，项目组律师为确认该事件的事实基础与发行人保持了积极沟通，并取得了香港律师事务所出具的确认意见，即除收悉香港联交所上述三次发函外，自昊海生科H股于香港联交所上市之日起至确认意见出具之日期间，香港律师事务所并无知悉香港联交所对发行人有关未能遵守香港联交所证券上市规则的书面投诉或询问。

在还原事实的基础上，通过取得当地具有资质的律师事务所出具的肯定性合规意见，可以认为，昊海生科在香港联交所主板挂牌上市期间未受到香港联交所作出的其他监管措施，未受到香港证监会作出的任何处罚。项目组律师对相关律师意见的援引与综述后被上交所科创板审核部门采信，未对本短期结构性存款事件做进一步问询。

（二）经销业务模式管理——内部控制与下游追踪并行

医药企业对外销售的过程中，直销与经销并存的销售模式属于同行业较为普遍的做法，对此，中介机构可以采用多元化、立体化的核查程序对发行人对外销售的基本情况及销售数据进行审查，同时通过对比同行业可比上市公司对外公示的信息披露数据予以佐证。

本次科创板申报报告期内，昊海生科曾与多家经销商签署购销协议或框架性协议，以实现对外销售模式的多样化。报告期内昊海生科经销模式下主营业务收入占比自70%变为54%，直销模式下主营业务收入占比自30%变为46%，无论是经销模式还是直销模式均占有一定比例，是昊海生科实现对外销售中不可分割的组成部分。审核部门对昊海生科对外销售的模式予以了重点关注。

1. 对医药领域发行人、经销商的资质取得及风险控制之要求

（1）相关法律法规简述

根据相关法律法规的规定，企业开展药品、医疗器械的生产经营活动需要取得的生产经营资质如表2－2所示。

表2－2 生产经营资质

	药品	一类医疗器械	二类医疗器械	三类医疗器械
生产许可	（1）药品生产许可证 （2）GMP认证 （3）药品批准文号及再注册批件号	（1）一类医疗器械生产备案凭证 （2）一类医疗器械备案凭证	（1）医疗器械生产许可证 （2）医疗器械注册证	（1）医疗器械生产许可证 （2）医疗器械注册证
销售许可	（1）药品经营许可证 （2）药品经营质量管理规范（GSP）认证	—	医疗器械经营备案凭证	医疗器械经营许可证

根据《医疗器械监督管理条例》等相关法律法规之规定，从事第二类医疗器械经营的，由经营企业向所在地设区的市级人民政府药品监督管理部门备案；从事第三类医疗器械经营的，经营企业应当向所在地设区的市级人民政府药品监督管理部门申请经营许可，对符合规定条件的，准予许可并发给医疗器械经营许可证。此外，根据《药品管理法实施条例》之规定，药品经营企业应取得药品经营许可证和药品经营质量管理规范（GSP）认证。

（2）发行人及其子公司的资质梳理

昊海生科及其子公司主要从事药品的生产及其生产药品的销售、医疗器械的生产及医疗器械的销售。根据上一节列示的法律法规及相关要求，昊海生科及其

子公司均已取得药品及医疗器械生产经营所应具备的各项资质，能够保证各项生产经营所需资质的完整性及有效性。

（3）发行人应对经销商进行管理与把控

在经销商管理方面，在昊海生科的案例中，根据公司及其子公司与经销商签署的经销协议，其均要求经销商承诺已取得相关资质证照，并由经销商提供该等资质证照。为进一步验证该等事项，项目组律师实施了诸多核查手段，包括但不限于通过实地查阅或视频方式，了解昊海生科产品最终销售对象信息；查阅药品、医疗器械生产经营方面的相关法律法规；对主要经销商进行访谈并审查经销商提供的资质证照文件；抽查昊海生科提供的部分经销商资质证照文件；抽查昊海生科提供的报告期内的部分经销协议；抽查昊海生科对产品经销商下游客户的定期/不定期检查记录。

基于上述调查手段所取得的核查结果，项目组律师对本次申报报告期内昊海生科经销商均具备相应资质的事实情况作出了确认。

2. 经销业务的具体模式

（1）经销模式、销售数据的可比性及必要性论证

针对本案例中公司直销与经销并存的销售模式，项目组律师通过现场面谈、函证确认、书面审查等方式调查了昊海生科对外销售的基本情况及销售数据，同时采信当时同行业可比上市公司对外公示的信息披露，得出以下数据比对结果。

表2-3　对比结果

公司名称	销售模式的基本情况	经销模式的销售比例/%	经销模式的销售毛利率/%
莎普爱思	通过经销商的销售渠道实现对零售终端和医院终端的覆盖，公司部分产品由公司直供医院终端	—	—
景峰医药	公司以自营模式为主，以代理和外包模式为辅，打造全网点全产品的销售网络	—	—
凯利泰	公司销售模式包括经销配送销售模式、终端销售模式和其他模式	71.27	61.80

续表

公司名称	销售模式的基本情况	经销模式的销售比例/%	经销模式的销售毛利率/%
冠昊生物	公司销售模式包括代理分销模式及服务配送模式。代理分销模式下公司与经销商签订代理协议，通过经销商分销产品；服务配送模式下公司通过配送商对部分医院客户进行销售	86.58	75.55
双鹭药业	公司目前的营销模式主要为“精细化区域合作伙伴+专业化学术推广”模式，部分地区采用终端销售模式	—	—
兴齐眼药	公司销售模式分为经销商销售和直接供货销售，经销商模式下公司与经销商签订购货合同，由经销商向医疗机构、药店等销售终端供货	—	—
正海生物	公司采用直销与经销相结合的销售模式，在全国范围内拥有近450家经销商，已基本实现全国全覆盖	70.93	91.85
华熙生物	终端医疗产品主要采用经销商销售的模式，公司将产品以卖断方式销售给经销商，经销商再另行向终端客户进行销售	43.27	75.88
爱美客	公司采取直销和经销相结合的销售方式，以面向非公立医疗机构的直销为主，买断式经销为辅	27.77	87.95
可比公司的平均值		59.96	78.61
昊海生科	公司采取经销与直销并举的销售模式。经销模式下，公司与经销商之间属于购销关系，通常采用买断方式	54.32	72.39

从表2-3数据比对结果可以直观地看出，经销与直销并举的模式也是医药行业销售端较为常见的做法。同时，昊海生科经销模式在整体对外销售的销售比例及实现销售的毛利水平与同行业的其他公司不存在实质上的重大差异。对于昊海生科的经销模式具体是如何实施的，项目组律师对公司下游经销商进行了实地

走访与现场访谈并取得了访谈问答的书面确认，确认了公司与经销商之间属于正常购销关系、不存在关联关系，通常采用买断方式进行，不同产品的经销模式之间也不存在重大差异。

在经销模式下，昊海生科虽能通过产品介绍或者培训与终端医疗机构及医生或相关人员发生一定程度的联系，但经销商仍然承担产品开发进院、售后服务等重要职能，多数情况下产品进院需要经过医疗机构的严格筛选和通过竞价采购流程。经销商拥有丰富的资源对当地医疗机构进行深度覆盖，同时医用耗材的特点是使用的频次高，使用的机会多，特别是外科领域的产品常常需要即刻提供送货服务。昊海生科采用经销业务模式不仅可以更有效和经济地为当地医疗机构提供产品配送、使用跟踪、后续回访等服务工作，亦可以促进公司各类产品的专业化使用和良性增长。因此，即使在与终端医疗机构及医生或相关人员建立一定联系的情况下，公司亦同时采用了使用经销商来实现销售。

（2）下游直销与经销情况核查

①基本情况

昊海生科对接下游经销商共计数千余家，公司经销商网络总体呈增长趋势。昊海生科下游的体量巨大，为此中介机构相互配合对经销情况进行了充分核查。公司的经销商均为法人实体，未有因存在大量个人等非法人实体而导致下游经销商管理不严格的情况出现。核查后，项目组律师认为，经销客户及经销商存在通过第三方回款的情况，但该等回款情况经统计占营业收入的比例从 2016 年的 4.16% 下降到了 2018 年的 0.68%。可见，昊海生科对历史上存在的第三方回款情况较为重视，并积极主动地持续改善内部控制及下游经销商管理制度，使其整体金额相对较小，且总体呈下降趋势。

②信用政策

昊海生科给予下游厂商的信用政策与同行业可比公司无重大差异。按公司内控制度及政策，经销模式下公司会对经销商提出款到发货的要求，针对部分长期合作的经销商可给予一定的信用账期，但需经销售部门办公会审议通过后，提交总经理、财务总监和销售支持部经理讨论决定。直销模式下，公司客户为配送商和医院等终端客户，由于配送商和医院信用状况较好，公司一般会给予直销客户一定的信用期。因此，实质上，公司给予经销商的信用政策较给予直销客户的信用政策更加严格。

③终端客户

昊海生科下游经销商及终端客户的基本情况如下。

表2-4 基本情况

项目	2018年度		2017年度		2016年度	
	金额/万元	占比/%	金额/万元	占比/%	金额/万元	占比/%
人工晶状体：公立医院	12,005.40	68.87	10,584.15	70.37	1129.93	76.35
人工晶状体：民营医院	5427.64	31.13	4455.78	29.63	350.04	23.65
眼科粘弹剂：公立医院	2007.31	67.98	1686.21	58.71	1133.58	52.19
眼科粘弹剂：民营医院	945.36	32.02	1185.80	41.29	1038.27	47.81
玻尿酸：公立医院	62.72	0.34	66.12	0.54	177.17	1.91
玻尿酸：民营医院	18,174.70	99.66	12,263.77	99.46	9093.20	98.09
外用重组人表皮生长因子：公立医院	851.45	86.31	537.42	83.87	304.30	89.22
外用重组人表皮生长因子：民营医院	135.02	13.69	103.36	16.13	36.77	10.78
玻璃酸钠注射液：公立医院	5519.77	99.51	4066.99	97.99	3891.61	99.38
玻璃酸钠注射液：民营医院	26.96	0.49	83.33	2.01	24.39	0.62
医用几丁糖（关节腔内注射用）：公立医院	3001.30	78.61	2970.75	77.13	2500.13	79.89
医用几丁糖（关节腔内注射用）：民营医院	816.82	21.39	881.02	22.87	629.26	20.11

续表

项目	2018 年度		2017 年度		2016 年度	
	金额/万元	占比/%	金额/万元	占比/%	金额/万元	占比/%
医用几丁糖（防粘连用）：公立医院	3461.73	92.32	4912.58	92.69	4130.74	93.53
医用几丁糖（防粘连用）：民营医院	288.03	7.68	387.66	7.31	285.92	6.47
医用透明质酸钠凝胶：公立医院	352.21	35.42	368.67	89.12	650.27	98.22
医用透明质酸钠凝胶：民营医院	642.21	64.58	45.01	10.88	11.76	1.78
胶原蛋白海绵：公立医院	565.60	96.50	346.51	91.84	358.87	97.56
胶原蛋白海绵：民营医院	20.54	3.50	30.77	8.16	8.99	2.44
公立医院合计	27,827.49	51.24	25,539.40	56.43	14,276.61	55.43
民营医院合计	26,477.27	48.76	19,716.96	43.57	11,481.27	44.57

可见，昊海生科生产的视光材料产品主要来自子公司 Contamac，视光材料产品采用直销模式，客户是人工晶状体、角膜接触镜等眼科产品的生产厂商。除视光材料外，其他眼科、整形美容与创面护理产品、骨科产品和防粘连与止血产品的终端用户均为相关领域的医疗机构。此外，在经销模式下，昊海生科与具有资质的经销商签订书面的买断式购销合同向其授权，并由经销商或者其下游经销网络将产品再销往各医疗机构。

④产品追溯

产品追溯环节通常是此类医药企业应建立的向下管理制度之一。昊海生科设立了符合医疗器械经营质量管理要求的计算机信息管理系统，以保证对医疗器械产品生产、出入库、销售过程的追索。同时，公司亦要求下游厂商根据《医疗器械经营监督管理办法》建立并执行进货查验记录制度和销售记录制度，购进、贮存、销售等记录应当符合可追溯的要求。根据国家药监局《关于药品信息化追溯体系建设的指导意见》等相关法律法规，昊海生科为其药品类产品玻璃酸钠和外用重组人表皮生长因子编制电子监管码，并使用第三方技术系统进行追溯。

昊海生科建立并执行相关追溯制度是为了在出现客户投诉和不合格产品时，可追溯到原材料的批号及来源、生产批次记录和产品销售场所，能够确保在出现需要响应的产品质量问题时，产品的召回、责任追究能够根据该等应急管理制度有序进行。但囿于销售体量的因素，公司虽然要求经销商保存相关分销记录，但在日常经营中并不会要求经销商提供，仅会根据需要做一定抽查。

3. 建立健全多途径、立体化的经销管理体系

（1）对经销商及终端客户的资质审定

在本案例中，发行人昊海生科通过直销及经销的方式实现对外销售。在直销模式下，昊海生科在与医疗机构建立业务关系时均要求其提供医疗执业机构许可证和相关资质证照，对其是否具有相关医疗资质进行审核。在经销模式下，公司亦要求经销商销售至具有相关资质的下游客户。经昊海生科积极主动地执行下游管理制度，公司主要医疗机构客户均具有相关医疗资质。

依据监管准入限制，公司的主要产品分为药品和医疗器械两大类，此外公司亦生产销售视光材料等医疗器械原材料。在人工晶状体、眼科粘弹剂、润眼液、玻尿酸、重组人表皮生长因子、玻璃酸钠注射液、医用几丁糖等公司支柱型产品中，其分属于三类医疗器械、生物药品和化学药品类别。为确保使用公司相关产品的医生或人员具有相应的适格性，公司对销售终端的医疗机构依法受到各地卫生行政监管部门的监管监督、医疗机构具有使用相关产品的资质、相关医生或人员具备相关医生资质并持证上岗等方面均会审查并做持续追溯。

可见，公司有效执行上述经销管理制度的行为，是确保相关产品可以被医疗机构、医生或具有资质的相关医护人员所正确使用的关键之一。从监管问询的角度来看，发行人该等制度能够被有效施行的情况证明，亦可满足审核机关对发行人销售情况的关注。

（2）客户指导、培训、讲解体系的建立

在医疗企业上交所科创板申报案例中，除对经销商进行硬性的资质审定以确保公司实现对外销售的合法合规性外，对相关客户指导、培训、讲解等配套售后服务的建立、实施情况亦可对公司业务模式的完备性予以佐证。

在昊海生科的支柱型销售产品中，玻尿酸产品最终主要会销售到民营医疗机

构，销往公立医院的情况较少。对此，昊海生科与项目组律师亦对公司的销售模式、终端客户分布比例进行了核查，其与玻尿酸产品以民营医院使用为主的行业现状相符。根据玻尿酸产品注册证要求，玻尿酸产品仅限于在国家正式批准的医疗机构中由具有相关专业医师资格的人员经培训后方能按照产品使用说明书的要求进行使用。因此，对于玻尿酸产品，昊海生科同时也会负责经销模式下对于医疗机构及医生的培训，授权经销商则负责医疗机构的对接及培训协调工作。公司对于医疗机构和医生的培训与直销模式下的相关培训基本一致，主要由公司编制相关培训材料，并委派市场销售人员到相关医疗机构对医生进行培训和产品使用方法的讲解。

除此之外，昊海生科其他终端医疗产品主要销售至公立医院，该等产品成熟度较高，医院对于相关产品使用的操作流程培训体系较为完善，同时使用产品的医生均为具有相关专业医师资格的人员，对产品使用的掌握程度较高。因此，对于上述产品，经销模式下通常由经销商自行向相关医院科室及医生进行产品特点介绍，部分情况下昊海生科市场部的人员也会根据经销商需求陪同参加培训、指导、讲解等。

（三）医药企业的发展之本——主观能动地追求企业合规

回顾昊海生科本次发行的报告期间，企业在规范运营并上市之路上命运多舛。审核机关亦对上述事项高度重视，并三度就昊海生科业务中的合法合规问题提出问询。在本案例中，发行人对外投资众多，产业布局广泛，集团体系内存在产品召回、被药监机关公告、被相关主管部门行政处罚的情形。公司曾因销售医疗器械质量不合格被药监局公告；其子公司经销的人工晶状体，在原国家食品药品监督管理局医疗器械监督抽检中的光焦度检验结果不符合标准规定；深圳市市场稽查局曾下发行政处罚决定书，没收昊海生科召回的人工晶状体产品；另一子公司的人工晶状体，在原国家食品药品监督管理局医疗器械监督抽检中的尺寸和允差（总直径、主体直径）及光谱透过率检验结果不符合标准规定，并于报告期内启动相关召回程序；同时，另有子公司曾分别受到税务机关、海关、环境保护主管部门行政处罚的情况。本案发行人在守法合规论证方面情况复杂，项目组律师在充分了解相关事实的基础上勤勉履行了相关核查程序，以期在帮助发行人说明合法合规性的基础上，亦对公司此后的风控合规予以一定帮助。

1. 产品质量和技术标准备受关注

（1）对不良产品的积极召回

纵观昊海生科本次科创板申报的问询焦点，报告期内公司是否建立健全了完善的质量把控制度和控制体系，是否因产品质量问题而受到过行政处罚，相关事项是否可能被认定为重大违法行为等问题备受关注。

根据《医疗器械监督管理条例》（2017 修订）第 66 条第 1 款规定："有下列情形之一的，由县级以上人民政府食品药品监督管理部门责令改正，没收违法生产、经营或者使用的医疗器械；违法生产、经营或者使用的医疗器械货值金额不足 1 万元的，并处 2 万元以上 5 万元以下罚款；货值金额 1 万元以上的，并处货值金额 5 倍以上 10 倍以下罚款；情节严重的，责令停产停业，直至由原发证部门吊销医疗器械注册证、医疗器械生产许可证、医疗器械经营许可证：（一）生产、经营、使用不符合强制性标准或者不符合经注册或者备案的产品技术要求的医疗器械的；……（三）经营、使用无合格证明文件、过期、失效、淘汰的医疗器械，或者使用未依法注册的医疗器械的……"《医疗器械监督管理条例》（2017 修订）第 66 条第 2 款规定："医疗器械经营企业、使用单位履行了本条例规定的进货查验等义务，有充分证据证明其不知道所经营、使用的医疗器械为前款第一项、第三项规定情形的医疗器械，并能如实说明其进货来源的，可以免予处罚，但应当依法没收其经营、使用的不符合法定要求的医疗器械。"由于昊海生科的子公司深圳新产业主动启动涉及抽样不合格批次的人工晶状体的召回程序，业已采取积极的补救措施；且深圳新产业履行了《医疗器械监督管理条例》（2017 修订）规定的进货查验等义务，有充分证据证明其不知道所经营、使用的医疗器械为《医疗器械监督管理条例》（2017 修订）第 66 条第 1 款规定情形的医疗器械，并能如实说明其进货来源，因此深圳新产业的上述违法行为不属于重大违法行为。

值得注意的是，在公司正常开展业务中无可避免地面对采购渠道及物料质量问题，尤以医药领域的企业应当慎之又慎。根据《医疗器械监督管理条例》之规定，医疗器械产品应当符合医疗器械强制性国家标准；尚无强制性国家标准的，应当符合医疗器械强制性行业标准。据此，医药公司在采购方面，应当本着勤勉尽责的精神对物料履行查验义务。

回到本案例中，报告期内，昊海生科子公司 Aaren 对外销售的人工晶状体产品，在原国家食品药品监督管理局医疗器械监督抽检中的尺寸和允差（总直径、主体直径）及光谱透过率检验结果不符合标准规定，相关情况已经国家药监局公告。该人工晶状体产品品牌公司的中国经销商北京千禧金帆医药科技有限公司于同月迅速启动涉及抽样批次所有产品的召回程序，未因本次产品召回事件受到行政处罚。

（2）对产品质量的内控制度

回顾上述产品召回事件，医药公司应当按照法律法规建立健全质量管理体系并保持有效运行。

为此，昊海生科积极履行了上述要求。在此后的反馈中可以看出，其对外销售的药品和医疗器械已分别按 GMP 和医疗器械生产质量管理规范［《医疗器械质量管理体系用于法规的要求》（ISO 13485）和《质量管理体系要求》（ISO 9001）］等相关文件的要求进行了规范，依法组织生产和销售。昊海生科按 ISO 13485 及 ISO 9001 建立质量管理体系，对物料管理、生产环境、设备、人员、工艺、偏差、变更、标签标识等有完整管理程序支持，同时，实行产品的放行审核制度。公司医药产品的质量管理覆盖了医药产品设计与开发、生产、贮存、销售和售后服务的整个生命周期，公司及各子公司均按照其生产产品类别及当地监管要求建立了适合各自公司的质量管理体系，并提供了必要的资源以确保质量管理体系有效运行。

由于昊海生科及子公司长期以来对产品质量进行严格的质量控制和跟踪，在本次上交所科创板申报的报告期内，公司没有发生因产品质量问题而引起的严重不良反应。

（3）健全的质量控制体系

在医药公司建立健全内部质量控制制度的同时，应当建立有效的质量管理体系。为此，昊海生科将公司及子公司质量管理部门规定为质量控制的具体实施部门，对公司医药产品生产质量管理规范的实施和产品质量负责。昊海生科的质量管理部门包括质量保证部（QA）和质量控制部（QC），其中，质量保证部负责关键质量要素监控，质量控制部负责质量检验检测。公司在产品的设计开发、原辅材料的采购与生产过程、质量检验、质量管理、销售和市场服务等各环节建立了一系列的管理文件和制度，并在实施过程中不断改进。昊海生科在医药产品生产过程中监督和控制的措施主要体现在如下几方面。

①物料采购环节

医药产品质量与所选用的物料质量密切相关，昊海生科及子公司质量管理部门负责对品种涉及的物料进行风险评估，通过考察供应商的质量保证体系、了解供应商的产品质量情况、对供应商进行现场审计等措施，确定供应商符合公司要求。

各种材料购进后，由质量保证部负责物料进厂的接收、数量核对、请验发放和贮存管理；化验室负责对物料进行取样、质量检验并出具检验报告；质量保证部包材检验人员负责包装材料的外观检查及其他各项目的质量检验，并出具包材的检验报告。

②生产环节

昊海生科的各生产车间出于合法合规的考量相继制定了质量控制制度并有效执行，持续对生产过程进行质量监督并做记录。质量保证岗位的员工对每批医药产品生产过程进行质量监督，确保车间按照注册批准的工艺生产，具体包括检查车间各岗位工艺执行情况，对各岗位的质量控制点每批检查，对班前、班后情况以及清场清洁效果检查确认。半成品由质保岗位的员工签字放行，所有的半成品、中间产品未经检验或检验不合格时，不得流入下一工序。

质保岗位的员工对每批产品按规定数量取样送交化验室样品管理员，化验员对每批成品按照各品种检验操作规程及技术标准进行质量检验，并根据检验结果出具检验报告单，检验不合格的按照相关要求执行。此外，质保岗位的员工对车间洁净区环境进行监测与监控，以保证医药产品生产的洁净度要求。质保岗位的员工对生产过程质量监督的情况，要如实完整地记录，以保证产品质量的可追溯性。

③销售和售后环节

最后也不可忽略的是，企业最终实现对外销售的环节往往是其安身立命、持续发展之本。昊海生科及子公司在销售和售后环节中，根据内控制度要求留存产品销售记录，并对客户定期进行售后回访，留存售后回访记录，以满足必要时可追溯的需求。

2. 行政处罚非重大违法违规行为的论证要点

在上交所科创板首次申报的过程中，发行人曾受到行政处罚的情况总是备受关注。《上交所问答》第三个问答中说明，发行人不存在涉及国家安全、公共安全、生态安全、生产安全、公众健康安全等领域的重大违法行为被认定为企业可获通过的硬性指标之一。存在以下违法行为之一的，原则上视为重大违法行为：被处以罚款等处罚且情节严重；导致严重环境污染、重大人员伤亡、社会影响恶劣等。

对此，律师事务所作为发行上市的中介机构之一，在涉及发行人具有“违法行为显著轻微、罚款数额较小；相关规定或处罚决定未认定该行为属于情节严重；有权机关证明该行为不属于重大违法”情形的应当进行核查，并出具明确核查结论。对于可以不认定为重大违法的情况，应尽职勤勉地发表法律意见，帮助发行人说明情况，但违法行为导致严重环境污染、重大人员伤亡、社会影响恶劣等并被处以罚款等处罚的，不包含在上述情况之中。

昊海生科或其子公司曾在报告期内存在受到税务主管部门、市场稽查局、深圳海关、环境保护主管部门行政处罚的情况。针对该等情况，作为发行人律师可以履行如下核查程序：查阅行政处罚决定书，并就相关公示信息和舆情进行检索，对国家和地方相关主管部门网站及互联网公开信息中关于违法违规、行政处罚相关的公示和报道进行综合分析。在充分分析论证相关行政处罚决定书引用的相关法律、法规、规章中关于重大违法行为的认定标准的情况下，帮助企业说明其曾受到行政处罚的情况，帮助企业与相关行政主管部门进行沟通并在符合条件的情况下取得守法合规的证明文书。

针对昊海生科曾受行政处罚的情况，公司及项目组律师进行了充分的论证，基本逻辑如表2－5所示。

表2－5　基本逻辑

序号	行政处罚事项	不属于重大违法违规行为的认定依据
1	珠海艾格受到税务主管部门行政处罚事项	（1）《发票管理办法》第36条规定：跨规定的使用区域携带、邮寄、运输空白发票，以及携带、邮寄或者运输空白发票出入境的，由税务机关责令改正，可以处1万元以下的罚款；情节严重的，处1万元以上3万元以下的罚款；有违法所得的予以没收。丢失发票或者擅自损毁发票的，依照前款规定处罚。 （2）珠海高新区税务局根据上述规定对珠海艾格处罚款50元。 （3）珠海高新区税务局出具证明，本次处罚不属于情节严重的行政处罚

续表

序号	行政处罚事项	不属于重大违法违规行为的认定依据
2	深圳新产业受到市场稽查局行政处罚事项	(1)《医疗器械监督管理条例》（2017 修订）第 66 条第 1 款、第 2 款规定：有下列情形之一的，由县级以上人民政府食品药品监督管理部门责令改正，没收违法生产、经营或者使用的医疗器械；违法生产、经营或者使用的医疗器械货值金额不足 1 万元的，并处 2 万元以上 5 万元以下罚款；货值金额 1 万元以上的，并处货值金额 5 倍以上 10 倍以下罚款；情节严重的，责令停产停业，直至由原发证部门吊销医疗器械注册证、医疗器械生产许可证、医疗器械经营许可证：（一）生产、经营、使用不符合强制性标准或者不符合经注册或者备案的产品技术要求的医疗器械的……医疗器械经营企业、使用单位履行了本条例规定的进货查验等义务，有充分证据证明其不知道所经营、使用的医疗器械为前款第一项、第三项规定情形的医疗器械，并能如实说明其进货来源的，可以免予处罚，但应当依法没收其经营、使用的不符合法定要求的医疗器械。 (2) 深圳市市场稽查局根据上述规定对深圳新产业处没收违法经营的人工晶状体 406 盒。 (3) 深圳市市场稽查局出具证明，确认不属于情节严重情形
3	深圳新产业受到海关行政处罚事项	(1)《行政处罚法》（2017 修正）第 27 条第 1 款规定：当事人有下列情形之一的，应当依法从轻或者减轻行政处罚：……（四）其他依法从轻或者减轻行政处罚的。 (2)《海关行政处罚实施条例》（2004）第 15 条规定：进出口货物的品名、税则号列、数量、规格、价格、贸易方式、原产地、启运地、运抵地、最终目的地或者其他应当申报的项目未申报或者申报不实的，分别依照下列规定予以处罚，有违法所得的，没收违法所得：……（四）影响国家税款征收的，处漏缴税款 30% 以上 2 倍以下罚款…… (3)《海关行政处罚实施条例》（2004）第 49 条、《行政处罚法》（2017 修正）第 42 条规定，海关行政处罚对较大数额的认定标准为对法人或其他组织处 10 万元以上罚款。 (4) 中国沙湾海关对深圳新产业从轻按照漏缴税款的较低比例进行罚款，比例不足 30%；罚款 1.19 万元，未达 10 万元以上标准

续表

序号	行政处罚事项	不属于重大违法违规行为的认定依据
		(5)中国沙湾海关出具证明，确认本次案件无重大违法违规情形
4	发行人受到环境保护主管部门行政处罚事项	(1)《上海市环境保护条例》(2017 修正)第 72 条第 1 款规定：违反本条第四十二条第一款、第二款规定，未制定操作规程或者未按照规定及时报告的，由市或者区环保部门责令限期改正，处五千元以上五万元以下的罚款；未停止生产经营活动的，处二万元以上二十万元以下的罚款。 (2)上海市环保局对发行人责令立即改正并处罚款 13 万元。 (3)上海市生态环境局出具证明，本次处罚不属于情节严重的行政处罚

同时，上述违法行为未导致严重环境污染、重大人员伤亡或恶劣的社会影响。基于上述较为完备的论证体系，昊海生科及其子公司受到行政处罚事项不属于重大违法违规行为的相关认定依据充分。值得注意的是，对相关法律法规的充分解读与有权部门对此出具的证明文件均对论证结论产生了至关重要的积极影响。

(四)总结

回溯昊海生科发行上市历时多年的坎坷征途，公司被监管审核关注点中，大多为申报上市的既往史、经销业务模式即下游管理、生产型及进出口企业的守法合规等医药行业共性问题，但在这些共性问题中，也有其特殊的个案之处，从而被监管反复关注，一如上述昊海生科部分产品在对外经销过程中是否对终端客户的适格性经销把控的相关系列问题。

在回答监管机构的反馈问题过程中，项目组律师始终认为，出具法律意见的底层逻辑必须是本着实事求是的精神，通过剖析相关事件的内在逻辑、还原事实本质并在此基础上为发行人厘清脉络，积极主动地对企业内部、外部的风险进行把控、辅导及完善，不仅从企业发行上市之目的短期目标出发，亦是为企业提供行之有效的长期发展策略，同时是解答监管审核部门各项问询的最善之策。

二、金迪克

——以科创板第五套标准申报上市的首家四价流感疫苗企业①

（一）控股权及主要股东变动的考验——公司持续研发能力分析

回顾金迪克的历史沿革，公司在发展过程中曾历经控股权频繁变动及创始股东陆续离场的考验。因此，在首轮问询中，审核部门从股权变动背景，以及重要历史股东在金迪克产品、技术研发中的作用和影响等角度，对该问题予以了重点关注。拨开层层渲染夸大的传闻迷雾，有力论证发行人的独立持续研发、经营能力是否在变动中保持稳定发展，才是打破各方质疑的关键。

1. 控股权及主要股东变动的背景探究

企业的长期发展与“稳”密不可分，IPO相关的法律法规及审核规则中均要求拟上市企业在公司实际控制人、董事、高级管理人员、主营业务等方面不存在重大变化。因而，发行人历史沿革中存在主要人员的重大变动情况往往会引起监管部门的关注及问询。但“变动”本身并不必然与消极的结果挂钩，探究并呈现“变动”背后原因的合理性至关重要。

金迪克于2008年12月由侯某、赵某、付某、王某、周某及泰州华健创业投资有限公司（以下简称华健创投）等出资设立，以从事人用疫苗的研发、生产及销售为主要业务。鉴于疫苗研发周期长、资金投入大，在金迪克现有的投资人、管理团队进入之前，金迪克经历了股权频繁变动的一段时期。

（1）金迪克控股股权变动情况

自2008年12月金迪克设立之日起至2012年9月，金迪克由侯某领导的团队实际控制；自2012年9月至2015年6月，张某1、道中道制药有限公司（以下简称道中道）、江苏汇金控股集团有限公司（以下简称汇金控股）、江苏正阳投资控股集团有限公司（以下简称正阳投资）先后为金迪克的控股股东，属于金迪克控股权调整的阶段；自2015年6月至今，金迪克处于余某和张某2的共同控制之下。

2012年9月至2015年6月，金迪克主要产品均处于临床实验阶段，需要持

① 庞景，国际法学硕士，锦天城律师事务所高级合伙人，华东政法大学硕士研究生导师。

续的资金投入，而彼时金迪克无任何已上市产品，无经营相关的资金流入，长期处于亏损阶段，故在此期间引入了包括张某1、道中道、汇金控股等外部投资人，以通过股权或债权方式为公司提供资金支持。通过访谈历史股东、对无法联系的历史股东发函确认等手段，项目组深入了解到公司该期间内控股股东相继因为看好行业发展而入股，后或因为企业规划调整或因内部股权安排或因公司短期投入产出比不理想，在有其他投资人愿意接手的情况下又都退出金迪克，上述入股、退出的原因经项目组多方核实确认，具有真实合理性。

（2）创始人的陆续离场

2008年，在泰州市医药高新区招商引资的背景下，侯某、赵某等6名创始人作为疫苗行业的研发技术人员，秉着建立一个集疫苗研发、生产、销售三位一体的科技型企业的目的设立了金迪克。在金迪克的6名创始人中，侯某和赵某是持股时间最长，也是对金迪克发展贡献最大的两位股东及管理人员，后侯某因年龄较高决定退出，赵某在公司上市申报前因个人原因和资金需求决定退出，而其他三人早在2012年9月前就因个人原因已退出公司，华健创投则作为泰州医药高新区的国有投资平台在企业发展到一定时期后于2014年转让了所持有的金迪克股权。

在上述6名创始人的退出中，赵某作为金迪克的董事、高管及创始股东之一，在金迪克拟申报上市前的敏感时间点退出公司，可以预见必然会成为审核过程的重点关注事项。当时，锦天城项目团队已经驻场，协助公司在赵某退出前完成了股权转让，并就公司股权、技术和产品的知识产权等历史沿革向赵某予以确认，保证了该事项程序的规范性、完整性和严谨性。相较一般的股权转让事宜，此次赵某转让金迪克股权的程序还包括安排赵某配偶签署《配偶同意函》，由江苏省泰州市泰州公证处对本次股权转让进行公证并出具公证书等，避免本次股权转让存在纠纷或潜在纠纷。

2. 人员变动对公司经营发展、研发能力的影响

探究“变动”的原因、背景是审核部门用以判断“变动”是否合理真实的依据，了解“变动”产生的影响才是审核部门目之所及的真正落脚点。在本案例中，审核部门发出了这样的问询：“创始人侯某、赵某、周某及关键自然人梁某退出对发行人经营发展，核心技术和产品研发的影响情况，是否造成重大不利影响及依据?”“除上述人员外，公司历史沿革的其他股东在公司经营发展、核心技

术和产品研发中的作用，若发挥类似特殊作用，请详细说明。”

对于新药研发企业而言，核心产品的研发过程需要经历漫长的摸索期，同时其复杂的研发流程牵涉诸多人员的参与，人员变动并不鲜见，如何合理解释变动的影响是对发行人和项目组的重要考验。在金迪克项目中，为更好阐释公司历史上所涉人员对公司的影响，项目组通过时间轴等详细列举说明了公司主要股东持股情况与核心产品研发进度的匹配情况。

结合主要历史股东持股情况与核心产品研发节点的时间轴，项目组让审核人员更直观清晰地看到不同历史股东所处的公司发展阶段，由此进一步分析历史股东退出对发行人在经营发展、核心技术和产品研发等方面造成的影响。在金迪克案例中，侯某、赵某因其担任公司重要职务及创始股东的角色在审核中尤为受关注，首轮问询中的“关于股权变动”和“关于核心技术”两个问题中均涉及了侯某、赵某在公司经营发展、产品研发中的角色，以及退出对公司的影响。

一方面，在公司经营发展上，金迪克自设立以来便专注于人用疫苗的研发和产业化。在历次投资人、管理团队变更过程中，金迪克始终坚持创立之初设立的发展方向，并不断根据行业发展前沿、市场需求调整具体研发内容。

余某等在 2015 年进入金迪克后，通过进一步的资金、技术、管理投入加快公司发展，获得了四价流感病毒裂解疫苗三期临床试验、产品注册、规模化生产及上市销售，冻干人用狂犬病疫苗（Vero 细胞）进入临床试验三期的经营成果，发行人经营状况持续且稳定地发展。公司发展过程中虽然部分创始人、管理团队、投资人在不同阶段由于不同原因退出发行人，但未对发行人的经营发展造成重大不利影响。

另一方面，在公司产品研发上，侯某、赵某分别对发行人在疫苗研发过程中核心技术的形成和产品研发工作起到宏观上的指导，以及重要的整体组织、协调的作用，具体的研发工作由其他研发人员完成。截至项目组反馈回复时，除侯某、赵某因年龄、身体等个人原因退休外，其他负责具体研发工作的人员均仍在公司任职并从事重要的研发、管理工作。

从核心技术相关的专利发明情况看，在公司已授权及已申请的 21 项专利中，18 项专利（含申请中的专利）主要为余某、夏某等人作为发明人进行申请，赵某为其中 3 项专利的共同发明人，侯某未作为任何一项专利的发明人。

此外，金迪克项目组亦采取了多种核查方式，深入探究其他剩余历史股东在公司发展中所起到的作用，并通过列表的方式清晰呈现，以论证该等历史股东的离开对公司的经营发展、核心技术和产品研发未造成任何严重影响。

3. 公司持续研发能力的进一步论证

如果要说明变量对公司发展影响不大，则需要反之论证未变量才是影响公司发展的重大要素。前文已说明相关股东的退出未对公司的技术研发能力造成重大不利影响，但公司能否实现研发技术的持续性发展仍需要进一步论证。金迪克项目对公司持续研发能力的论证主要体现在如下 4 个方面：

（1）金迪克的核心技术及专利均为自主研发；

（2）公司的核心技术及专利均由公司员工在任职期间利用公司的资金、设备等物质条件及技术条件形成，形成过程合法合规，不存在涉及职务发明或职务成果的纠纷；

（3）公司的主要项目研发人员仍在公司任职，研发团队具有持续性；

（4）金迪克当前的控股股东、实际控制人和管理层对公司的产品研发在资金、技术等方面提供了极大的支持。

持续研发能力的关键之处在于人与资源的长效投入，金迪克面对控股权频繁变动和创始股东退出考验的底气便来自管理层的强大支持和核心研发团队的稳定存续。对于发行人来说，在论证其持续研发能力时亦可考虑从人与资源两方面的可持续性展开分析。

（二）一款上市疫苗 + 一项发明专利冲刺科创板？——科创板第五套标准 + 科创属性要求剖析

金迪克在申报科创板 IPO 时，仅有一款于 2019 年获准上市的四价流感病毒裂解疫苗产品，以及一项已授权的发明专利“一种高剂量四价流感疫苗组合物”。对于科创板上市企业，如此上市产品数量和授权发明专利数量可谓数量极少。金迪克何以在质疑声中逆袭且冲出科创板 IPO 突围呢？答案看似简单却暗含了高标准：满足严格的科创板上市标准及科创属性的硬指标。

1. 科创板关于上市标准及科创属性的规定梳理

相较于传统板块，科创板出台时的定位异常鲜明。《科创板首次公开发行股票注册管理办法（试行）》、《上海证券交易所科创板股票发行上市审核规则》、《科创属性评价指引（试行）》、《上海证券交易所科创板企业发行上市申报及推荐暂行规定》（以下简称《上市推荐指引》）等相关法律法规就拟申报科创板企业需要满足的硬指标予以明确规定，其中科创板专属的申报领域、财务及科创属性标准梳理如下所述。

（1）科创板关于申报企业领域及财务标准的规定

科创板鼓励何种企业上市？《上市推荐指引》列出了优先和重点推荐的“三大类别、七大领域”的范围，具体如表2－6所示。

表2－6　三大类别、七大领域

<table>
<tr><td>序号</td><td colspan="2">三大类别</td></tr>
<tr><td>1</td><td colspan="2">符合国家战略、突破关键核心技术、市场认可度高的科技创新企业</td></tr>
<tr><td>2</td><td colspan="2">属于新一代信息技术、高端装备、新材料、新能源、节能环保以及生物医药等高新技术产业和战略性新兴产业的科技创新企业</td></tr>
<tr><td>3</td><td colspan="2">互联网、大数据、云计算、人工智能和制造业深度融合的科技创新企业</td></tr>
<tr><td>序号</td><td colspan="2">七大领域</td></tr>
<tr><td>1</td><td>新一代信息技术领域</td><td>主要包括半导体和集成电路、电子信息、下一代信息网络、人工智能、大数据、云计算、软件、互联网、物联网和智能硬件等</td></tr>
<tr><td>2</td><td>高端装备领域</td><td>主要包括智能制造、航空航天、先进轨道交通、海洋工程装备及相关技术服务等</td></tr>
<tr><td>3</td><td>新材料领域</td><td>主要包括先进钢铁材料、先进有色金属材料、先进石化化工新材料、先进无机非金属材料、高性能复合材料、前沿新材料及相关技术服务等</td></tr>
<tr><td>4</td><td>新能源领域</td><td>主要包括先进核电、大型风电、高效光电光热、高效储能及相关技术服务等</td></tr>
<tr><td>5</td><td>节能环保领域</td><td>主要包括高效节能产品及设备、先进环保技术装备、先进环保产品、资源循环利用、新能源汽车整车、新能源汽车关键零部件、动力电池及相关技术服务等</td></tr>
<tr><td>6</td><td>生物医药领域</td><td>主要包括生物制品、高端化学药、高端医疗设备与器械及相关技术服务等</td></tr>
<tr><td>7</td><td>其他</td><td>符合科创板定位的其他领域</td></tr>
</table>

另外，就企业市值及财务指标要求上，科创板采取了差异化的5套不同利润指标，以契合不同规模和发展阶段的企业。（见表2－7）

表2－7　5套指标

序号	预计市值	其他指标（RMB）
1	不低于10亿元	（1）最近两年净利润均为正且累计净利润不低于5000万元 （2）最近一年净利润为正且营业收入不低于1亿元
2	不低于15亿元	最近一年营业收入不低于2亿元，且最近三年累计研发投入占最近三年累计营业收入的比例不低于15%
3	不低于20亿元	最近一年营业收入不低于3亿元，且最近三年经营活动产生的现金流量净额累计不低于1亿元
4	不低于30亿元	最近一年营业收入不低于3亿元
5	不低于40亿元	主要业务或产品需经国家有关部门批准，市场空间大，目前已取得阶段性成果。医药行业企业需至少有一项核心产品获准开展二期临床试验，其他符合科创板定位的企业需具备明显的技术优势并满足相应条件

在前述标准中，值得注意的是第五套标准，该套标准对于营业收入、净利润、现金流量等均无硬性要求，而是采用了“市场空间大”“明显技术优势”等要求，但明确申报的医药企业需至少有一项核心产品获准开展二期临床试验，可谓为“未盈利生物医药企业量身定做的”上市标准。

同时，就科创板生物医药企业选择的不同上市标准，我们关注到监管部门在审核过程中亦重点关注第五套上市标准，常见的问询要点包括：要求发行人逐项说明论证发行人符合第五套上市标准的理由和依据；说明判断发行人是否符合第五套上市标准的“市场空间大”及其原因、具体判断标准以及相关依据；就“产品尚未上市销售，公司尚未盈利并预期持续亏损”“产品管线较多，预期未来持续较大规模研发投入”“无法保证取得新药上市批准，核心在研药品上市存在不确定性”“无法保证未来几年内实现盈利，公司上市后亦可能面临退市风险”等进行重大风险提示等。

（2）科创板关于科创属性的规定

《科创属性评价指引（试行）》（2020）（已修改）及《上市推荐指引》（2020）

（已失效）就科创板拟上市企业的科创属性规定了可量化指标。

前述两个指引采取“3+5”结构，包括3项常规指标和5项例外情形。企业如同时满足3项常规指标，即可认为“具有科创属性”；如并未同时满足3项常规指标，但是满足5项例外情形的任意一项，也可认为“具有科创属性”。“例外条款”主要是对《科创板首次公开发行股票注册管理办法（试行）》中“优先支持符合国家战略，拥有关键核心技术，科技创新能力突出”的企业到科创板发行上市的进一步细化和落实，是对常规指标的进一步补充，在实践中会从严把握。

2021年4月16日，中国证监会发布《关于修改〈科创属性评价指引（试行）〉的决定》（以下简称《新科创属性指引》），将原来的“3+5”结构进一步调整为“4+5”结构，新增了研发人员的指标，即要求研发人员占比超过10%的常规指标，以充分体现科技人才在创新中的核心作用。此外，《新科创属性指引》修订的内容还包括：按照支持类、限制类、禁止类分类界定科创板行业领域，建立负面清单制度；在咨询委工作规则中，完善专家库和征求意见制度，形成监管合力；交易所在发行上市审核中，按照实质重于形式的原则，重点关注企业的自我评估是否客观、保荐机构对科创属性的核查把关是否充分，并做出综合判断。

《新科创属性指引》对科创板上市企业应具有的科创属性的具体要求如表2-8所示。

表2-8 具体要求

序号	常规指标（需同时满足）	
1	研发投入	最近3年累计研发投入占最近3年累计营业收入比例5%以上，或者最近3年研发投入金额累计在6000万元以上（软件企业最近3年累计研发投入占最近3年累计营业收入比例10%以上）
2	发明专利	形成主营业务收入的发明专利5项以上
3	营业收入	最近三年营业收入复合增长率达到20%，或最近一年营业收入金额达到3亿元（采用第五套标准的企业不适用）
4	研发人员（新增）	研发人员占当年员工总数的比例不低于10%

续表

序号	例外情形 （虽未达到上述常规指标，但符合下列情形之一，且科技创新能力突出）
1	发行人拥有的核心技术经国家主管部门认定具有国际领先、引领作用或者对于国家战略具有重大意义
2	发行人作为主要参与单位或者发行人的核心技术人员作为主要参与人员，获得国家科技进步奖、国家自然科学奖、国家技术发明奖，并将相关技术运用于公司主营业务
3	发行人独立或者牵头承担与主营业务和核心技术相关的国家重大科技专项项目
4	发行人依靠核心技术形成的主要产品（服务），属于国家鼓励、支持和推动的关键设备、关键产品、关键零部件、关键材料等，并实现了进口替代
5	形成核心技术和主营业务收入的发明专利（含国防专利）合计50项以上

生物医药企业虽然在相关领域内，但若公司产品缺乏核心竞争力，跟不上行业发展趋势，仍然与科创板的定位不符。因此，生物医药企业就科创属性上应重点考虑：核心技术及专利的来源及其形成过程；现有核心技术中能够衡量发行人核心竞争力或技术实力的关键指标、具体表征及与可比公司的比较情况；通过核心技术开发产品的情况及各产品对应的技术；持续创新能力和核心技术先进性程度；已有或研发药品的竞争能力以及商业优势等。

2. 第五套标准剖析：不低于40亿元估值 + 核心产品符合要求

鉴于生物医药企业存在产品研发周期长、资金投入大，且新药获批生产前几乎无收入等情况，生物医药企业往往凭借市值与产品技术优势选择科创板第五套上市标准进行申报，市值预期也成为生物医药企业申报科创板上市的核心环节。

金迪克的第一个产品于2019年11月获准上市销售，截至报告期期末2020年6月30日，金迪克的营业收入和净利润均为负数，故选择了以科创板第五套标准申报上市。对于生物医药企业来说，采用该套标准也就意味着要满足“不低于40亿元估值”和“至少有一项核心产品获准开展二期临床试验”两个条件。金迪克的核心产品已获得药品注册，符合“至少有一项核心产品获准开展二期临床试验”这一条件，其关键在于是否符合“不低于40亿元估值”的条件。

监管部门在审核中就估值问题向金迪克问询如下：“2020年5月2日发行人部分股东债转股时，公司整体估值10亿元；2020年5月24日，赵某对外转让其持有的发行人股权，整体估值约为15.70亿元。请发行人结合相关情况，进一步分析论证公司预计市值超过40亿元的依据和合理性，并说明发行人是否符合第五套上市标准关于市值的要求。”

公司预计市值是指公司未来在二级市场进行新股发行时的预计市值，因此主要参考的是同市场内可比公司的二级市场价值。金迪克在报告期内虽为亏损状态，但于申报后的当年度实现了盈利。对于已实现盈利的企业而言，市盈率是最常运用并能够合理反映公司价值的估值指标之一；而由于研发费用为生物医药企业价值增长的主要驱动因素之一，因此市值/研发费用也常被选作为生物医药企业的估值指标。通过参考可比A股上市公司市盈率或市值/研发费用的中值及均值情况，并结合公司当年的净利润或研发费用，可得出公司本次在二级市场发行时的预计市值。

由于生物医药企业存在产品管线研发风险、药品销售呈非线性成长、研发临床投入较高、生产销售路径不确定等特殊因素，发行人在提交发行上市申请时，应当与保荐机构充分沟通并明确所选择的具体上市标准，结合报告期外部股权融资情况、可比公司在境内外市场的估值情况等因素综合选择合适的估值方式。

3. 科创属性剖析：符合科创属性例外条款+科技创新能力突出

如前文所述，如发行人不符合科创属性的常规指标但符合5项例外情形之一的，应满足“科技创新能力突出”的要求。

金迪克在申报时仅持有1项授权发明专利，未达到当时的三项常规指标中关于“形成主营业务收入的发明专利5项以上”的要求，但满足了5项例外情形中的第3项情形：“发行人独立或者牵头承担与主营业务和核心技术相关的‘国家重大科技专项’项目。”对此，项目组主要从如下4个方面进行具体论述：

（1）“国家科技重大专项”介绍；

（2）公司牵头承担“重大新药创制”科技重大专项课题；

（3）公司独立承担“重大新药创制”科技重大专项子课题；

（4）金迪克参与“国家科技重大专项”课题的研究人员情况。

就公司是否符合科技创新能力突出的要求上，本案例中，项目组从如下5个方面展开论证：

（1）公司产品关键质量指标明显优于国家及欧盟标准，具备明显的技术优势；

（2）公司持续开展人用疫苗产品研发，取得了一系列技术成果；

（3）公司研发技术团队经验丰富，老中青结构和团队梯次合理；

（4）公司研发技术团队人员取得的专利及学术成果；

（5）公司保持较高的研发投入。

针对金迪克在申报时仅持有 1 项发明专利的情形，项目组结合疫苗行业生产研发的特点和企业发展的实际需要，进一步解释了公司发明专利数量少背后的合理性：疫苗开发中多运用通用技术，疫苗企业一般较难对完整且复杂的疫苗工艺开发流程进行专利申请，所以通常只会对其中的关键步骤或装置进行专利申请。同时，出于对公司产品所采用的创新工艺方法及关键步骤的保护，公司未在核心产品进入到申报上市阶段前即进行大量的专利申请。该等情形可参照可比公司已取得的授权发明专利数量。

发行人一般可从产品、专利、核心技术、荣誉奖项、核心技术人员、行业地位、研发投入等角度多方面论证“科技创新能力突出”，但更关键的是，发行人应结合本公司的实际情况挖掘实质性的科创亮点，即使个别方面存在令人质疑的点，通过合理解释后亦不会造成不利影响。

（三）洞穿核心产品的知识产权迷雾——联合署名申报疫苗的权利归属论证

关于江苏金迪克与北京金迪克生物技术研究所（2021 年 4 月更名为北京金迪克生物技术有限责任公司，以下简称北京金迪克）之间的关系及联合申报疫苗产品的权利权属问题，是金迪克 IPO 审核过程中历经上交所问询次数最多、反馈时间用时最长的一个事项。

项目组就该问题进行了深入的剖析，该事项的问询回复不仅是对两个联合申报疫苗产品研发流程的抽丝剥茧，亦是对药品管理制度变革下相关资质、证书概念的复盘和梳理。

1. 江苏金迪克与北京金迪克的历史关系概述

在提及北京金迪克这一关联方时，无论对于项目组成员、审核部门抑或读者，江苏金迪克与北京金迪克之间的关系是无法绕开的、被首要提及的问题。这一问题亦贯穿于发行人的独立性、核心技术及知识产权的权属判断中，为让读者快速了解两者的渊源，因此本部分将先就两者的历史关系予以简要概述。

江苏金迪克与北京金迪克均系侯某作为创始人之一牵头设立的企业。虽然江苏金迪克和北京金迪克所用商号相同，但两者间自始不存在股权关系，两家企业在报告期内的资产、人员、财务、机构、业务等方面亦完全分开、各自独立，两者历史上的关联主要体现为部分股东、管理层人员上的重合，联合署名申报两个疫苗产品的临床试验等情形。

2012 年 9 月前，江苏金迪克和北京金迪克的主要股东均为侯某和赵某，2013 年 7 月前侯某同时担任江苏金迪克和北京金迪克的董事长兼法定代表人。此外，江苏金迪克的 5 位员工曾基于对侯某的信任和个人投资需求，通过赵某的介绍投资入股北京金迪克。截至金迪克 IPO 申报之日，该等人员已转让持有北京金迪克的全部股权。

鉴于双方的主要股东和法定代表人存在重合，出于整体考虑，江苏金迪克与北京金迪克联合署名了四价流感病毒裂解疫苗和冻干人用狂犬病疫苗（Vero 细胞）临床试验的申报文件。除前述两个疫苗的联合申报情形之外，江苏金迪克与北京金迪克之间从事的业务不相关，亦不存在其他业务合作。

2. 疫苗产品的整体研发流程及取得的相关资质、证书梳理

在厘清两家公司关系的基础上，尚需明确与联合申报疫苗权属相关的法律规定，具体而言，系疫苗产品的整体研发流程及各流程涉及的资质、证书等相关规定。鉴于 2019 年以来颁布的《药品管理法》（2019 修订）、《药品注册管理办法》（2020）和《疫苗管理法》引入了药品上市许可持有人制度，并对疫苗申报注册过程中应取得的资质文件做出了重大调整，项目组在问询答复中详细梳理了新旧法更替下的各个概念，以下将就相关重要概念予以论述。

通常来说，疫苗的整体注册流程主要可分为临床前研究阶段、药品临床试验申请阶段、临床试验研究阶段和药品注册申请阶段，各阶段取得的证书或研究成果概括如表 2－9 所示。

表 2－9　各阶段取得的证书有研究成果

序号	产品研发阶段	主要工作内容	研究成果
1	临床前研究阶段	对疫苗进行产品处方/工艺研究、产品质量标准研究、临床注册用样品试制、样品稳定性研究等，并报监管部门审批	申请临床申报资料

续表

序号	产品研发阶段	主要工作内容	研究成果
2	药品临床注册申请阶段	向药品监督管理部门报送临床申报资料，接受监管部门的核查、评审	CDE网站通知临床试验申请审批结果（自2019年12月起不再发药物临床试验批件，临床试验自获准之日起三年内实施）
3	临床试验研究阶段	对疫苗进行产品处方/工艺补充研究、产品质量标准补充研究、临床试验用样品试制、样品稳定性补充研究、临床试验研究等	《临床试验总结报告》（根据实际情况分Ⅰ期、Ⅱ期、Ⅲ期）
4	药品注册（生产）申请阶段	向药品监督管理部门报送申请产品生产注册的申报资料，国家药监局作出审批决定，符合规定的发给药品批准证明文件	（1）药品注册证书（2019年12月之前为药品注册批件/进口药品注册证/医药产品注册证） （2）新药证书（自2019年12月起不再发放） （3）药品生产许可证（应于申请药品上市许可前取得） （4）药品GMP证书（自2019年12月起不再发放）

药品注册相关资质、证书中，与疫苗产品权利归属紧密相关的概念包括药品批准文号、药品注册批件、药品注册证书、药品上市许可持有人、新药证书、药品生产许可证等，其各自的定义及相互之间的关系具体如下所述。

①“药品批准文号”与药品注册批件、药品注册证书

“药品批准文号”是国家药品监管部门准许药品上市许可持有人（旧法下为药品生产企业）生产某一规格药品的法律许可凭证。旧法下，“药品批准文号”以药品注册批件的形式发放给药品生产企业；新法下，“药品批准文号”记载于药品注册证书并由药品上市许可持有人所有。

旧法下，“药品批准文号”是药品注册批件的核心内容。“药品批准文号”只能发给持有药品生产许可证并具备生产条件的药品生产企业，药品注册批件用于记载药品生产企业取得该规格药品的“药品批准文号”，“药品批准文号”

的所有人是药品注册批件上记载的药品生产企业。故药品注册批件在行业内也被称为“药品生产批件”或“药品准生证”，药品注册批件持有人为批件上载明的药品生产企业。除另有约定外，该药品生产企业享有批件上所载药品生产、销售、处分和收益的权益。在联合申报药品注册的情形下，药品注册批件的主送对象可能为两个或两个以上的药品申请人，除药品生产企业外的其他药品申请人无权生产该药品，但所有药品申请人可以自行约定药品的销售、处分和收益分配。

新法下，“药品批准文号”记载于药品注册证书，药品上市许可持有人是药品注册证书的持有主体。除另有约定外，该药品上市许可持有人享有药品生产（委托生产）、销售、处分及收益的完整权益。

②药品上市许可持有人

根据《药品管理法》（2019 修订）第 30 条第 1 款[①]的规定，药品上市许可持有人是指取得药品注册证书的企业或者药品研制机构等。

鉴于旧法中并无“药品上市许可持有人”的概念，国家药监局《关于贯彻实施〈中华人民共和国药品管理法〉有关事项的公告》（以下简称《药品管理法实施公告》）对新旧法衔接的问题进行了规定，自 2019 年 12 月 1 日起，凡持有药品注册证书（药品批准文号、进口药品注册证、医药产品注册证）的企业或者药品研制机构为药品上市许可持有人。

针对多个单位联合申报药品的情形，CDE 就过渡期内上市许可持有人的确定发布了《关于药品上市注册申请确认持有人有关事宜的通知》。根据该通知，自 2019 年 12 月 1 日起提出的药品注册申请，仅允许有一个申请人，该申请人在上市注册申请批准后，自然成为药品上市许可持有人；对于已受理的两个或两个以上申请人共同提出的药品注册申请，最晚不得迟于该注册申请技术审评结束前提交注册申请表中所有申请人签署的《上市注册申请人确认书》。因此，新法实施后，存在联合研制药品情形的多家单位应在申报前自行协商确定一家单位作为药品上市注册申请人。

---

① 《药品管理法》（2019）第 30 条第 1 款规定：“药品上市许可持有人是指取得药品注册证书的企业或者药品研制机构等。”

如申请人已取得药品注册批件且存在多个单位联合申报情形的，《药品管理法实施公告》已明确规定取得“药品批准文号”的主体为上市许可持有人。根据前文的相关分析，药品注册批件上的“药品批准文号”所有人为该批件所记载的药品生产企业，故该药品生产企业应当被认定为上市许可持有人。

③药品生产许可证

根据《药品管理法》（2019 修订）第 41 条[①]及《药品生产监督管理办法》（2020）第 3 条第 2 款[②]的规定，从事药品生产活动，应当经所在地省、自治区、直辖市药品监督管理部门批准，依法取得药品生产许可证。

根据《药品注册管理办法》（2020）第 50 条[③]的规定，申请药品上市许可时，申请人和生产企业应当已取得相应的药品生产许可证。同时，根据《疫苗管理法》第 97 条第 4 款[④]的规定，疫苗上市许可持有人应当依法取得药品生产许可证。

根据《药品生产监督管理办法》（2020）第 25 条[⑤]的规定，疫苗上市许可持有人应当具备疫苗生产、检验必需的厂房设施设备，配备具有资质的管理人员，建立完善质量管理体系，具备生产出符合注册要求疫苗的能力，超出疫苗生产能力确需委托生产的，应当经国家药品监督管理局批准。

据此，药品生产许可证是从事药品生产活动的前提，在申请药品上市许可前必须取得。同时疫苗上市许可持有人应当具备疫苗生产、检验必需的厂房设施设备。

---

① 《药品管理法》（2019 修订）第 41 条规定：“从事药品生产活动，应当经所在地省、自治区、直辖市人民政府药品监督管理部门批准，取得药品生产许可证。无药品生产许可证的，不得生产药品。”

② 《药品生产监督管理办法》（2020）第 3 条第 2 款规定：“从事药品生产活动，应当经所在地省、自治区、直辖市药品监督管理部门批准，依法取得药品生产许可证，严格遵守药品生产质量管理规范，确保生产过程持续符合法定要求。”

③ 《药品注册管理办法》（2020）第 50 条规定：“申请药品上市许可时，申请人和生产企业应当已取得相应的药品生产许可证。”

④ 《疫苗管理法》第 97 条第 4 款规定：“疫苗上市许可持有人，是指依法取得疫苗药品注册证书和药品生产许可证的企业。”

⑤ 《药品生产监督管理办法》（2020）第 25 条规定：“疫苗上市许可持有人应当具备疫苗生产、检验必需的厂房设施设备，配备具有资质的管理人员，建立完善质量管理体系，具备生产出符合注册要求疫苗的能力，超出疫苗生产能力确需委托生产的，应当经国家药品监督管理局批准。”

④新药证书

根据《药品注册管理办法》（2007）的规定①，新药申请是指未曾在中国境内上市销售的药品的注册申请。新药申请获得批准后，发给新药证书。根据国家药监局颁布的《关于实施〈药品注册管理办法〉有关事宜的公告》，新修订《药品管理法》实施之日起，批准上市的药品发给药品注册证书及附件，不再发给新药证书。虽然新药证书将慢慢淡出历史舞台，但已获取新药证书的持有人仍享有相应的权利。

新药证书持有人与“药品批准文号”所有人各自所享有的权利内容不同。“药品批准文号”的所有人依法享有该药品生产、制造、销售及处分的完整权益。新药证书持有人所享有的权利是针对新药技术，而“药品批准文号”的所有人享有的权利是针对药品。新药证书的持有人如具备相应资质可以依法申请该新药的“药品批准文号”并自行生产，也可以依法转让相应的新药生产技术给药品生产企业，由受让方药品生产企业申请药品注册并生产。法律法规未对新药证书持有人自行生产新药产品或新药技术转让的收益分配作明确规定，新药证书持有人之间可对收益分配自行约定。

新药证书持有人行使权利的方式如表2-10所示。

表2-10　行使权利的方式

权利行使方式	单独持有新药证书	共同持有新药证书
取得“药品批准文号”并生产	新药证书持有人取得“药品批准文号”，享有药品生产、销售的完整权利	（1）只能由一家单位取得“药品批准文号”并单独生产； （2）未取得“药品批准文号”的新药证书持有人对相应的“药品批准文号”不享有任何权益，也不得生产或委托生产；

① 《药品注册管理办法》（2007）第12条第1款规定：“新药申请，是指未曾在中国境内上市销售的药品的注册申请。”第65条第1款规定：“国家食品药品监督管理局药品审评中心依据技术审评意见、样品生产现场检查报告和样品检验结果，形成综合意见，连同有关资料报送国家食品药品监督管理局。国家食品药品监督管理局依据综合意见，作出审批决定。符合规定的，发给新药证书，申请人已持有《药品生产许可证》并具备生产条件的，同时发给药品批准文号；不符合规定的，发给《审批意见通知件》，并说明理由。”

续表

权利行使方式	单独持有新药证书	共同持有新药证书
		(3) 未经该“药品批准文号”所有人的同意并注销该“药品批准文号”，新药证书持有人不得对外转让新药技术； (4) 新药证书持有人之间可以就药品收益分配作出约定
先取得“药品批准文号”并生产，然后转让新药技术	(1) 自行生产阶段：新药证书持有人取得“药品批准文号”，享有药品生产、销售的完整权利； (2) 新药技术转让阶段：新药技术转让时，新药证书持有人应注销原“药品批准文号”，停止生产销售该新药	(1) 自行生产阶段： ①只能由一家单位取得“药品批准文号”并单独生产； ②未取得“药品批准文号”的新药证书持有人对相应的“药品批准文号”不享有任何权益，也不得生产或委托生产； ③未经该“药品批准文号”所有人的同意并注销该“药品批准文号”，新药证书持有人不得对外转让新药技术； ④新药证书持有人之间可以就药品收益分配作出约定。 (2) 新药技术转让阶段： ①须经全体新药证书持有人签署同意，并经持有“药品批准文号”的单位和生产企业签署同意； ②新药技术转让时应注销原“药品批准文号”，原生产企业停止生产销售该新药； ③新药证书持有人之间可以就转让所得收益分配作出约定
未持有“药品批准文号”、未生产，转让新药技术	新药证书持有人享有转让所得收益	(1) 须经全体新药证书持有人签署同意； (2) 新药证书持有人之间可以就转让所得收益分配作出约定

3. 联合署名申报的疫苗产品权利归属分析

在前述历史渊源与相关资质、证书的概念的基础上，下文将结合金迪克在疫苗产品研发过程中的具体工作，从两企业的协商约定及现行法律的解释适用两个角度阐释疫苗的权属问题。

（1）联合申报人的协商约定效力

早在2015年5月，北京金迪克法定代表人及董事长侯某便已经出具确认函，确认四价流感病毒裂解疫苗和冻干人用狂犬病疫苗（Vero细胞）均为江苏金迪克在研产品，北京金迪克无条件放弃两个批件所涉新药的转让权与生产权。2020年6月，发行人与北京金迪克再次就前述两个疫苗产品的权利归属签署了一系列文件，再度确认江苏金迪克享有该两个疫苗的独家生产权和完全的占有、使用、收益及处分权利，而北京金迪克则不享有上述及与上述权利相关的任何权益。

鉴于相关法律法规未就联合申报情形下相关药品的销售、处分和收益分配权益的归属进行强制性规定，该等权益应当遵从相关协议约定。在本案例中，基于北京金迪克的确认与申明，应当认为两个疫苗产品的所有权益应归属于江苏金迪克。然则，审核部门基于从严把控的考虑，要求发行人律师就江苏金迪克享有两个联合署名申报的疫苗产品的完整权利予以法律上的论证。

（2）上市许可持有人制度下联合申报疫苗的权属、申请资料及相关技术成果的确定

结合疫苗申报过程中所涉资质、证书的法律法规，以及四价流感病毒裂解疫苗和冻干人用狂犬病疫苗（Vero细胞）研发过程的梳理，上市许可持有人制度下两个联合申报的疫苗产品的权属分析如下。

就四价流感病毒裂解疫苗的权利归属而言，结合该疫苗药品注册批件的相关信息，江苏金迪克是四价流感病毒裂解疫苗所记载的药品生产企业，也即该疫苗的“药品批准文号”的所有人。北京金迪克作为主送对象（药品注册申请人）之一，仅仅是被告知方。另根据《药品管理法实施公告》的规定，自2019年12月1日起，凡持有“药品批准文号”的企业或者药品研制机构为药品上市许可持有人。因此，江苏金迪克是该疫苗的唯一上市许可持有人。

因江苏金迪克取得四价流感病毒裂解疫苗的“药品批准文号”时，《药品注册管理办法》（2020）尚未生效，因此江苏金迪克目前持有的药品注册批件上未记载药品上市许可持有人信息。根据江苏金迪克在江苏省药品监管信息系统中备案的《四价流感病毒裂解疫苗说明书》记载，江苏金迪克是该四价流感病毒裂解疫苗的唯一上市许可持有人及唯一生产企业。

就冻干人用狂犬病疫苗（Vero细胞）的权利归属而言，该疫苗目前已完成该疫苗的三期临床试验，尚未取得药品注册证书。该疫苗系由江苏金迪克自行投入员

工、资金等资源独立研发，北京金迪克仅在药品临床注册申请阶段作为联合署名申请人在申报资料上进行署名盖章，未参与产品研发。实践中某一规格药品的上市许可持有人只允许是一家企业，且疫苗上市许可持有人应该是该疫苗的生产企业。据此，江苏金迪克是唯一有权申请成为冻干人用狂犬病疫苗（Vero细胞）上市许可持有人并生产的企业，北京金迪克无权申请成为该疫苗的上市许可持有人。

根据现行《药品注册管理办法》（2020）第34条[①]的规定，申请药品上市许可前，申请人应完成支持药品上市注册的药学、药理毒理学和药物临床试验等研究，确定质量标准，完成商业规模生产工艺验证，并做好接受药品注册核查检验的准备。该两个产品的研发、产品制备、临床试验、申报和生产等均由江苏金迪克独立投资、独立完成。北京金迪克没有参与药品研发过程，除在临床试验和药品注册申请文件上署名外，相关研发文件上北京金迪克均没有署名。因此，北京金迪克没有权利根据联合署名的申请资料及相关技术重新申请注册药品。如果北京金迪克想要重新申请注册药品，需要从头开始完成药品研发的所有环节。

另外，四价流感病毒裂解疫苗虽以新药进行申报，但因2018年四价流感病毒裂解疫苗已在中国上市销售，江苏金迪克与北京金迪克未取得新药证书；且新法下新药证书已取消发放，冻干人用狂犬病疫苗（Vero细胞）也无法取得新药证书。鉴于北京金迪克已在《确认函》中已确认上述两个疫苗产品是江苏金迪克的在研新药，新药技术和其他所有的全部权利归江苏金迪克单独所有。因此无论是否取得新药证书，北京金迪克均不享有上述两个药品的任何权利。2019年未取得四价流感病毒裂解疫苗的新药证书亦不影响江苏金迪克享有该产品“药品批准文号”的完整权利和技术的完整产权。

（四）总结

科创板第五套标准一直以来被称为“为未盈利生物制药企业量身打造的上市标准”，金迪克作为一个以第五套标准成功冲刺科创板IPO的案例，无疑印证了科创板拟上市企业的制胜关键点：独立且可持续的科技创新能力。金迪克在审核过程

---

① 《药品注册管理办法》（2020）第34条规定：“申请人在完成支持药品上市注册的药学、药理毒理学和药物临床试验等研究，确定质量标准，完成商业规模生产工艺验证，并做好接受药品注册核查检验的准备后，提出药品上市许可申请，按照申报资料要求提交相关研究资料。经对申报资料进行形式审查，符合要求的，予以受理。”

中面临的上述3个最主要的质疑点亦与此息息相关，然而纷扰的表象并不重要，探究并呈现背后的合理合规性才是发行人及项目组的使命。正如本案例中所示。

1. 控股权的频繁变动及创始股东的退出是表象，探究变动背后的背景、影响后，可知前述变动未对金迪克现有经营发展及研发能力造成重大不利影响，金迪克在前述变动后仍具有持续研发能力的关键在于管理层的资源持续性支持和研发团队核心人员的稳定。

生物医药企业因高资金需求和长研究周期，不可避免会存在控股团队和重要股东的更迭。这些重大变动往往会引起审核部门的重点关注，常见的问询事项包括变动的背景及合理性、历史股东在公司发展中的角色、人员变动是否会对公司的经营发展、技术研发造成重大不利影响等。针对这些问题，发行人和项目组应深入核查变动的原因，把握变动的人员与公司经营、研发进程的关联关系，从公司核心技术和专利等知识产权的来源，主要研发人员、专利发明人的任职情况，以及当前管理、研发团队对公司发展的支持与贡献等角度，重点论述公司当前经营、研发能力发展的稳定性和可持续性。

2. 上市产品及发明专利的数量仅为1项是表象，剖析科创板上市企业的定位要求，可知金迪克完全符合科创板上市标准和科创属性的硬指标。金迪克在申报时尚未盈利，亦不满足科创属性的常规标准，然而其主要产品和专利背后的核心技术满足了科创板至关重要的“科技创新能力突出”的要求。

科创板上市标准和科创属性要求对生物医药企业的主要产品及专利均设置了可量化指标，但值得注意的是，产品和专利的数量并非越多越好，审核部门在问询中还会关注企业所持产品和专利是否能支撑企业在所属行业具备长期领先地位，核心专利的营收转化率是否理想，专利与核心技术及主营业务的相关性等问题。因此，对拟上市企业来说，应切实注重核心技术的先进性、核心产品的竞争力和专利的质量，以及专利、核心技术与主营业务的相关性。

3. 一南一北两个“金迪克”的历史渊源令人质疑联合申报疫苗产品的权利归属是表象，梳理两者在资产、人员、财务、机构、业务等方面的联系以及疫苗产品的研发过程及相关资质、证书，可知金迪克具备联合署名申报的两个疫苗产品的完整权利。

实践中，生物医药企业联合署名申报药品的情况并不鲜见，但该药品的权利归属问题是IPO审核过程中的关注要点。一般情形下，联合申报人如已就双方的权利和义务进行明确约定且确认不存在纠纷，该事项不会引发审核部门较大的疑问。但如联合申报人之间存在可能影响发行人独立性的关联关系，审核部门可能会从严要求项目组结合申报文件和法律规定，进一步核查联合申报药品的权利归属问题。因此，对于存在联合申报或研究的项目来说，除关注合作方的基本情况（资质、背景、规模）、合作研发的具体模式及相关协议约定外，应结合药品研制、申报的原始资料以及不同时期药品管理制度的规定，厘清发行人和合作方在研发和临床试验中各自的具体贡献、研发成果及所有权归属。

综上，独立持续研发能力的要求贯穿于不同问询问题之中，是科创板监管部门的重点关注事项。本案例呈现的相关问题的问询及答复要点，对拟申报科创板的生物医药企业来说亦不失为一面参照镜。

三、睿昂基因①

——科创板白血病分子诊断第一股的上市之路

（一）“买买买”型发行人的审核关注要点——子公司收购的内在逻辑

IPO 项目中，对于控股子公司较多或发行人对控股子公司持股比例不高的项目，监管层亦会关注控股子公司其他小股东的相关背景。关于子公司的常见审核要点如表 2－11 所示。

表 2－11　常见审核要点

问题	内容
问题一	控股子公司历史沿革，包括历次增资与股权转让时股东的资金来源、股权转让原因、股东背景、定价依据、股权转让款支付情况、工商变更情况；控股子公司历次验资情况的真实性、验资资产的权属、作价的公允性及是否存在产权瑕疵，控股子公司出资是否充实
问题二	控股子公司的主营业务、提供的主要产品和服务、主要财务指标（包括资产、负债、净资产、营业收入、营业利润和净利润等）、税收情况
问题三	结合子公司的业务情况、业绩规模、与发行人之间的交易情况等，说明子公司在发行人业务体系中的作用、对发行人业务的影响情况
问题四	控股子公司自设立以来经营的合法合规性，包括但不限于外汇、土地、工商、海关、环保及社保等方面

① 庞景，国际法学硕士，锦天城律师事务所高级合伙人，华东政法大学硕士研究生导师。

续表

问题	内容
问题五	发行人控股子公司小股东对外投资情况，是否存在与发行人经营相同、相似业务或上下游业务的情况，其对外投资的企业报告期内与发行人交易的基本情况及定价公允性；子公司的小股东是否经营与发行人相竞争的业务
问题六	控股子公司其他股东（直接股东及间接股东）的基本情况，是否与控股股东、实际控制人、董事、监事、高管、主要客户和供应商之间具有关联关系或资金往来
问题七	说明自然人股东的背景、最近5年的从业经历、现任职单位和职务，说明非自然人股东主要从事的实际业务、主要产品、经营模式、报告期内的基本财务状况、税收情况、股东的基本情况
问题八	控股子公司生产经营模式，与控股子公司其他股东合作模式及利润分配方式

睿昂基因是个典型的集团公司型发行人，营业收入主要来源于下属子公司，其重要经营资质及相关牌照证书、多数知识产权亦由子公司持有。自2015年起至上市申报前夕，公司为增强业务独立性、丰富产品管线、延伸业务布局，打造分子诊断行业“试剂+设备+服务”一体化模式，先后收购了云泰生物100%股权、源奇生物100%股权、百泰基因100%股权、Akonni少数股权、思泰得生物51%股权及技特生物51%股权。截至上市挂牌之日，睿昂基因共有3个全资子公司、5个控股子公司、1个美国参股子公司。

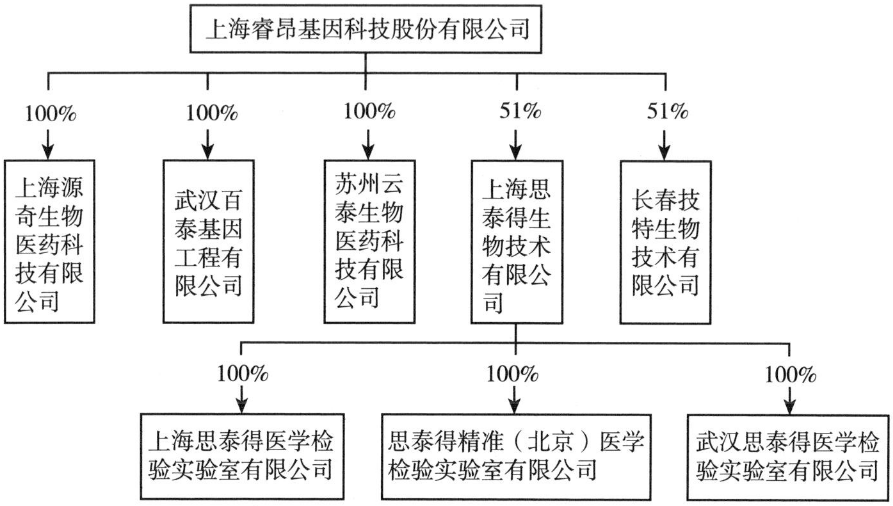

图2-1 睿昂基因同一控制下合并报表主体集团股权结构

同样，睿昂基因就收购子公司事项被问询过多次，基本涵盖上述常见问题，包括问题一历史沿革（关于增资或收购子公司的具体情况，包括但不限于交易对方、交易估值）、问题二主营业务（经营状况、商誉、无形资产减值事项）、问题三业务情况（公司各主要业务和产品在母、子公司的分布情况、结合子公司股权变化和设立情况，逐一说明公司各项业务和产品的来源等），问题五及问题六（少数股东是否存在股份代持或其他应披露未披露事项），问题七（结合原股东和主要人员的学历和工作背景，思泰得生物、技特生物核心技术和主要业务的来源），以及要求对控股子公司实现有效控制的具体措施及进行必要的风险提示。

1. 子公司收购对发行人的协同效应及估值影响

回顾睿昂基因整个集团公司的建构历程，子公司的并购过程从报告期前一直延续到报告期后，可以说是通过并购架起了整个集团布局。收购事项完善并扩充了业务及产品布局，实现了合并报表财务范畴的收入增长以及集团母公司的估值增加。

（1）业务协同

发行人及子公司源奇生物、云泰生物、百泰基因的主营业务为IVD产品的研发、生产、销售及科研服务，主要产品为分子诊断试剂，涵盖血液病、实体瘤及传染病等多个产品线。此外，发行人于2020年上半年收购思泰得生物、技特生物，将业务范围延伸至检测服务、IVD仪器领域。

发行人各主要业务和产品在母、子公司的分布情况具体如表2－12所示。

表2－12　分布情况

主体	主要业务	主要产品
睿昂基因	日常经营管理、IVD试剂研发、销售及科研服务	—
源奇生物	IVD试剂的研发、生产、销售及科研服务	血液病分子诊断试剂、实体瘤分子诊断试剂
云泰生物	IVD试剂的研发、生产、销售及科研服务	血液病分子诊断试剂、实体瘤分子诊断试剂
百泰基因	IVD试剂的研发、生产及销售	传染病分子诊断试剂

续表

主体	主要业务	主要产品
思泰得生物及其子公司	第三方医学检测服务	—
技特生物	IVD 仪器的研发、生产及销售	生物芯片阅读仪、全自动样品处理系统等数字 PCR 仪器、全自动核酸提取纯化仪

发行人各项主要业务和产品的来源具体如表 2－13 所示。

表 2－13 主要业务和产品的来源

业务类别	主要产品	业务主体	来源
分子诊断试剂	血液病分子诊断试剂、实体瘤分子诊断试剂	睿昂基因、源奇生物、云泰生物	自主研发
	传染病分子诊断试剂	百泰基因	收购整合
科研服务	—	睿昂基因、源奇生物、云泰生物	自主研发
第三方医学检测服务	—	思泰得生物	收购整合
IVD 仪器	生物芯片阅读仪、全自动样品处理系统等数字 PCR 仪器、全自动核酸提取纯化仪	技特生物	收购整合

（2）估值影响

在 IPO 审核过程中，发行人被问及历次投资者入股价格异常。在 2016 年，外部投资者入股睿昂基因的价格翻了一倍以上，与睿昂基因收购重要子公司源奇生物股权有密切关系。

2016 年 2 月和 3 月辰德投资、金垣投资、辰德含华以 15.82 元/出资额作为增资入股的价格。2016 年 12 月，辰德投资、辰德含华、辰瑗投资、白雪投资、上海悦帝、金垣投资向卓奇投资、睿泓投资股权转让价格为 43.30 元/出资额。

2016 年 3 月，源奇生物 51% 股权已重组至发行人体系，源奇生物成为发行人控股子公司，由于源奇生物研发、生产、销售体系完整，卓奇投资以市场估值与发行人及其股东协商以43.30元/股价格收购辰德投资、辰德含华、上海悦帝、辰瑷投资、白雪投资所持发行人的股权，故与前次转让的定价基础存在差异。

（3）盈利影响

发行人收购的四家子公司均系行业内较为优质的企业，因收购该等子公司产生的商誉系其技术优势、行业资源、管理经验、团队凝聚力等在子公司单体财务报表上不可辨认的资源或优势在发行人合并财务报表上的体现。具体分析如下：

①源奇生物拥有4张第三类医疗器械注册证，报告期内为发行人贡献的利润分别为1148.49万元、1316.87万元、2320.42万元及730.47万元（不考虑合并范围内交易抵销），预计未来其盈利能力还将进一步增强。

②百泰基因拥有24张第三类医疗器械注册证，在传染病分子诊断试剂上积累了丰富的技术优势及行业经验，未来其试剂销售将得到发行人在肿瘤分子诊断领域的优势资源的助力，实现放量销售。

③思泰得生物是国内领先的独立第三方医学检验机构之一，其子公司武汉思泰得、北京思泰得均持有有效的医疗机构执业许可证，可有效满足医药企业对IVD试剂企业的合作伙伴须具备医疗检测服务资质的要求，以抓住与知名医药企业深度合作的战略机遇。2020年上半年，正是基于思泰得生物的医学检测能力，发行人获得了阿斯利康的600万元液体活检订单，叩开了与世界知名医药企业进行药品伴随诊断深度合作的大门，预计未来合作将持续增加，在该领域的盈利能力将明显增长。

④技特生物主要从事微滴式数字PCR仪器的研发、生产及销售，在国产数字PCR行业中处于相对领先的地位，其第一代微滴式数字PCR仪已于2019年取得医疗器械注册证，是国内微滴式数字PCR领域第一个获得注册证的仪器产品，而第二代产品已在研发中。技特生物自主研发的微滴式数字PCR仪在技术上已达到国际先进水平，且因制造成本较低，在价格上具有竞争优势。该仪器预计在配套试剂获批后将实现产品的放量销售，可直接提升发行人盈利能力；同时可以用于投放至各大医院，能够有效带动发行人相关试剂销售。

由此可见，发行人收购子公司形成的商誉系该等子公司的技术优势、行业资源、管理经验、团队凝聚力等资源或优势在合并财务报表上的体现，从整体层面来看，将对发行人的盈利能力产生积极、正面的影响，虽然难以完整、准确地量化估计，但其价值仍是显著的。

2. 子公司收购款项资金核查

频繁的收购引起了监管部门的关注，收购事项的经济实质核查不外乎资金的流向监管，审核要求项目组保荐机构及会计师说明发行人在报告期内收购、增资子公司款项的资金去向和用途所履行的核查方法、核查范围，并就相关资金是否直接或间接流向发行人发表明确意见。

项目组就此问题履行以下核查程序以确认是否存在资金回流发行人的情况：

（1）查阅实际控制人及股权转让、增资方的银行流水，转让款项，股权转让款银行回单及资金去向的相关凭证；

（2）查阅发行人及被收购子公司报告期内的银行流水；

（3）就资金实际用途终端流向核查相关文件，例如房产的买卖合同和房屋产权证书、缴纳个人所得税的税收完税证明、银行流水；

（4）访谈相关人员了解收购相关款项资金去向及用途。

3. 子公司少数股东背景、出资来源与股份代持核查

对于报告期后通过增资方式收购控股权的两个子公司技特生物与思泰得生物，审核要求项目组保荐机构及申报会计师进一步说明针对思泰得生物、技特生物少数股东是否存在股份代持或其他应披露未披露事项所履行的核查方法、核查范围及核查结论。

项目组就此问题履行了以下核查程序：

（1）查阅子公司及其少数股东全套企业登记资料；

（2）查阅收购相关增资协议、付款凭证等投资交易文件；

（3）查阅子公司与少数股东及其原实际控制人填写的关联关系调查表及书面确认文件；

（4）查阅子公司的原股东和主要人员填写的个人简历，了解其学历和工作背景；

（5）访谈子公司主要人员，了解在发行人增资并取得控制权之前，子公司核心技术和主要业务的来源；

（6）查阅子公司的少数股东及其穿透上层自然人合伙人报告期内的相关银行流水，核查上述少数股东出资资金来源及资金往来情况，了解少数股东与发行人的控股股东、实际控制人之间是否存在资金往来，是否存在股份代持的情形。

4. 子公司实现控制权的具体措施

由于控股子公司思泰得生物及技特生物少数股东看好发行人收购后该子公司的未来发展，能够更好实现股东权益，因此保留了部分股权。项目组梳理发行人对子公司实现有效控制的具体措施包括如下要点：

（1）制定《控股子公司管理制度》；

（2）修改控股子公司章程；

（3）向控股子公司委派管理层；

（4）执行与母公司统一的资金管理制度；

（5）经营及投资决策、财务、信息、人事等方面的日常经营层面的管理。

5. 子公司收购相关的合规建议

结合睿昂基因的反馈经验，拟上市公司收购控股子公司的过程中，提出以下建议。

在收购前做好控股子公司的尽职调查工作并留存相关底稿文件。尽调工作不仅应包括对控股子公司本身的法律、财务尽调，掌握子公司历史沿革情况、业务经营情况、核心人员及核心技术来源，还应尽可能挖掘原股东背景信息，收集小股东简历并要求填写关联关系调查表，确保股权清晰、稳定，不存在股权代持等隐形利益输送。

在收购过程中，应注意充分履行子公司及母公司层面的内部决策程序，确保收购过程的合法合规。关于收购价格，尽可能取得各方认可的有评估资质的机构评估报告，参考评估报告各方协商确定标的估值，以公允价格进行收购。

在收购完成后，及时完善控股子公司管理制度机制，确保母公司对子公司的控制权。在经营层面，应注意集团各主体间的业务布局与协同效应，发挥主体竞争优势，实现利益最大化。

（二）医疗器械行业的灵魂拷问——投放设备？销售费用？商业贿赂？

在资本市场，医药行业产品或服务的销售费用的管控是监管机构问询的重点——企业往往被要求结合销售收入的变动情况以说明市场推广费大幅增长的原因及合理性。原因在于销售费用相关问题可能存在潜在的商业贿赂风险、舞弊风险、法律风险及税务风险。具体于医疗器械研发、生产、销售领域，部分企业通过免费投放医疗设备的形式捆绑配套试剂耗材的销售行为常受诟病，近年来相关主管部门多次发文进行治理。相关部委发布的《2017 年纠正医药购销和医疗服务中不正之风专项治理工作要点》《医用耗材专项整治活动方案》等文件要求重点查处“假借租赁、捐赠、投放设备等形式捆绑耗材和配套设备销售等”的销售模式。

就睿昂基因而言，在上市过程中曾被多次问及销售费用、投放设备相关事宜，要求公司说明是否采用仪器、试剂联动销售模式，投放仪器的会计处理，各地医疗器械投放相关政策，是否存在利益输送、商业贿赂，是否构成不正当竞争。

1. 投放设备 + 试剂销售行业模式介绍

设备投放销售模式并没有明确的法律定义，在医疗器械行业是指医疗器械生产厂商提供某一（类）特殊的医用设备给医院等使用，由于设备的非普遍适配性，直接或间接促使医院等使用该器械厂商所生产的配套耗材的销售模式。同理可见，试剂投放即是医疗试剂生产厂商投放某类特殊的医用试剂供医院等进行使用。由于试剂通常匹配特定的试剂耗材进行使用，因此不免在医疗设备与医疗试剂中产生一定联络。设备投放既是考虑到大部分医院资金流通受阻、程序审批复杂，又考虑到医用设备价格往往高昂，厂商在初期推广上亦有困顿，因而采用免费投放的方式率先挣得市场的一席地位。投放期内，器械厂商一般保留设备的所有权，医院仅享有设备使用权，所有权将于投放周期届满后转移至医院。

在上市审核中，关于发行人睿昂基因向部分客户投放仪器设备 + 试剂销售的模式是否构成商业贿赂、不正当竞争行为便在被问询的范畴之内。本质上来说，联动投放设备与试剂的方式只是销售者的一种定位长久的经营策略，本身带有一定的让利属性，因此难以用合法与否来简单定义。但由于设备与试剂往往价值不低，因此这种联动的销售模式很容易被认为是一种名为投放、实为商业贿赂的不正当竞争手段。鉴于此，有必要结合国家现行的相关政策，对医疗器械投放、商业贿赂的相关内容予以说明，并由此得出可予采纳的相对可行的合规建议。

2. 国家及各地医疗器械投放政策分析

国家层面的医疗器械投放政策具体可见国家市场监督管理总局发布的《关于进一步加强反不正当竞争执法工作的意见》、原国家工商总局竞争执法局发布的《关于进一步加强医药领域不正当竞争案件查处工作的通知》等相关文件，其政策核心在于要求重点查处经营者假借租赁、捐赠、投放设备等形式，贿赂利用职权或者影响力影响交易的医疗机构，捆绑耗材和配套设备销售等损害竞争秩序的行为。此外，以发行人睿昂基因的实际情况为例，项目组在反馈中梳理列举了睿昂基因重要销售区域关于医疗器械投放的政策规定，包括北京、上海、江苏、浙江、安徽、山东、河南等地。

结合国家及地区的相关政策可见，企业向医疗机构免费投放设备并未被明文禁止，且属于 IVD 行业惯例。故根据“法无禁止即可为”的原则，理论上这种免费投放设备的行为并不违法，应当是可行的。尽管如此，由于此中仍涉及行业竞争的问题，在实行医疗器械投放时，仍需关注这些方面：（1）实质上是否存在捆绑销售；（2）形式上是否存在以假借租赁、捐赠、投放掩盖商业贿赂等不正当竞争事实；（3）协议内容方面，仪器设备投放与试剂产品销售协议是否相互独立，是否互为生效前提，是否存在最低试剂采购量、采购金额条款，是否附加其他不合理采购条件。

3. 投放设备 + 试剂销售与商业贿赂合规性分析

（1）关于商业贿赂的法律法规规定

商业贿赂系不正当竞争的方式之一，是经营者采用财物或者其他手段贿赂相关单位或者个人以谋取交易机会或者竞争优势的行为。现行的法律法规对于商业贿赂的相关规定总结如表 2－14 所示。

表 2－14　相关规定

法律法规	规定内容
《反不正当竞争法》（2019 年 4 月修订）	第 7 条　经营者不得采用财物或者其他手段贿赂下列单位或者个人，以谋取交易机会或者竞争优势： （一）交易相对方的工作人员； （二）受交易相对方委托办理相关事务的单位或者个人； （三）利用职权或者影响力影响交易的单位或者个人。 经营者在交易活动中，可以以明示方式向交易相对方支付折扣，或者向中间人支付佣金。经营者向交易相对方支付折扣、向中间人支付佣金的，应当如实入账。接受折扣、佣金的经营者也应当如实入账。 经营者的工作人员进行贿赂的，应当认定为经营者的行为；但是，经营者有证据证明该工作人员的行为与为经营者谋取交易机会或者竞争优势无关的除外

续表

法律法规	规定内容
《市场监管总局关于进一步加强反不正当竞争执法工作的意见》（国市监竞争〔2018〕48号）	重点查处医院、学校等具有公共管理和服务职能的主体违法收受财物或其他利益的行为，如经营者假借租赁、捐赠、投放设备等形式，贿赂利用职权或者影响力影响交易的医疗机构，捆绑耗材和配套设备销售等损害竞争秩序的行为
《关于印发加强医疗卫生行风建设"九不准"的通知》（国卫办发〔2013〕49号）（已失效）	第4条　医疗卫生机构及行业协会、学会等社会组织应当严格遵守国家关于接受社会捐赠资助管理有关规定，接受社会捐赠资助必须以法人名义进行，捐赠资助财物必须由单位财务部门统一管理，严格按照捐赠协议开展公益非营利性业务活动……严禁接受附有影响公平竞争条件的捐赠资助，严禁将接受捐赠资助与采购商品（服务）挂钩……
《关于印发2017年纠正医药购销和医疗服务中不正之风专项治理工作要点的通知》	加强对医疗机构耗材及配套使用设备采购行为的监督检查，严格查处假借租赁、捐赠、投放设备等形式，捆绑耗材和配套设备销售等涉嫌商业贿赂不正当竞争行为

（2）商业贿赂的构成要件分析

免费投放模式是否构成商业贿赂，若基于目前《反不正当竞争法》的商业贿赂条款进行分析，需具体考虑如下几个要点：

首先，就主观意图来看，目前《反不正当竞争法》反商业贿赂条款突出了违法主体"谋取交易机会或者竞争优势"这一主观条件。器械厂商免费投放设备，其真实目的是谋取医用耗材与设备捆绑进而能够实现长期销售，因此，有着明显的"谋取交易机会或者竞争优势"这一主观意图。

其次，从客观要件来看，根据《关于办理商业贿赂刑事案件适用法律若干问题的意见》（2008）的相关规定，贿赂标的既包括金钱和实物，也包括可以用金钱计算数额的财产性利益。器械厂商免费提供的设备使用权虽然不涉及金钱或实物的给付，但可以被认定为"财产性利益"，因此，构成了采用非财物的"其他手段"实施商业贿赂的客观要件。

最后，在2017年《反不正当竞争法》修订后，一系列规章、规范性文件随即发布，医疗行业开始整顿，其中直接明确提出了“假借租赁、捐赠、投放设备等形式，捆绑耗材和配套设备销售”的模式构成《反不正当竞争法》中的涉及商业贿赂的不正当竞争行为，设备投放正式明确进入违规行为的规制范围。

综上，“假借租赁、捐赠、投放设备等形式，捆绑耗材和配套设备销售”的免费投放模式将很可能构成涉及商业贿赂的不正当竞争行为。

（3）睿昂基因投放设备+试剂合规性分析

如前文所述，在上市审核中，关于投放设备及试剂的问题发行人睿昂基因亦有被问询。关于此，发行人及其中介机构反馈该问题时采用了如下思路。

首先，需要说明的是，发行人向客户投放设备+试剂的模式是否构成捆绑销售。发行人与客户签署的投放仪器设备《借用协议》中约定设备无偿出借使用，但所有权仍然归属于借方即发行人，待借用期满后则需归还设备。由于医院等客户采购仪器设备需经公开招投标等程序及在审核中控制预算，往往响应周期较长，所以考虑到客户的日常业务及科研需求、维护客群关系，《借用协议》虽然未明确约定归还期限，但发行人会根据客户需求先行借用设备，而待其采购的设备到货后再将借用物收回，期限一般为2～3年。由此可见，发行人与客户之间的关系并非租赁关系，也不是捐赠关系，协议并不以获取销售试剂产品的交易机会为目的，协议中也不附带排他性的采购要求，与试剂销售之间不存在特定的对应关系，亦即投放设备与销售试剂属于独立行为，而这种商业模式具备合理性，因此并不构成捆绑销售。

其次，需要说明发行人的行为并不构成商业贿赂。发行人向部分客户投放仪器设备主要系基于医院临床的要求或相关科研合作的需求，投放仪器设备与销售试剂属于独立行为。发行人投放的仪器设备均为非封闭式通用型设备，其他IVD企业生产的相关试剂产品也可以在该等仪器设备上使用，且发行人投放仪器设备不以获取销售试剂产品的交易机会为目的，协议中亦不附带排他性的采购要求，与发行人向投放客户销售的试剂之间不存在特定的对应关系，不属于上述涉嫌商业贿赂、捆绑耗材和配套设备销售等损害竞争秩序的行为。此外，值得一提的是，发行人亦称其已经通过建立反商业贿赂内部控制制度、加强员工反商业贿赂培训以及与销售人员、客户签署反商业贿赂承诺的方式控制商业贿赂发生的风险。

再次，需要进一步说明，发行人的投放设备行为并不构成不正当竞争。本质上，商业贿赂行为即是不正当竞争的一种方式，而无偿投放设备的行为亦最容易使人联想到通过商业贿赂来达到在同类市场中不正当竞争的目的。而在睿昂基因一案中，发行人向部分客户投放仪器设备不存在《反不正当竞争法》规定的贿赂医疗机构或科研机构及其工作人员、委托办理相关事务的单位或者个人、利用职权或者影响力影响交易的单位或者个人的情形；同时，发行人投放仪器设备并非以销售试剂为前提，发行人保有仪器设备的处置权及所有权，发行人与客户签署的关于仪器设备投放的协议中未约定客户不得选择其他IVD企业生产的相关产品等排他性条款，亦未设置其他不合理的约束条件，发行人不存在捆绑或联动销售的客观行为，不存在采用贿赂等手段以谋取交易机会或竞争优势的情形，因此不属于不正当竞争行为。从根本上来说，对于这一点的论证逻辑与论证发行人不构成商业贿赂的逻辑是一致的。

最后，通过类案检索，发行人及其中介机构罗列了相关案例，包括艾德生物、凯普生物及之江生物的实例来支撑其论证，用以佐证睿昂基因投放设备与试剂的合法性。基于类案分析，可以得出发行人投放仪器的行为符合商业惯例，因此不存在商业贿赂，不构成不正当竞争的情况，符合包括《反不正当竞争法》在内的法律法规的规定。

4. 医疗器械经营企业的合规建议

“投放”设备给医院（或医疗机构等）使用的方式并非必然被认定为违规行为，但免费投放模式下耗材和设备的捆绑或“打包”的形式将可能影响某一市场范围内的公平竞争、排除竞争对手的进入——一旦医院对某一厂商的设备予以认可，至少在短期内，别的厂商基本上无从在此中立足。而若是如此，便不免被认为是以商业贿赂的形式达到占据市场的目的。因此，在采用投放模式时应当慎重。以下将提供部分合规建议。

首先，可以考虑将设备使用和耗材采购进行“松绑”。譬如，厂商可以根据与医院交易的实际情况，将免费投放的模式改成购买、租赁或者融资租赁的方式。当然，其中最可行的应当是融资租赁，因为融资租赁对于医院流动资金的要求较低，亦可避免因为烦琐的招投标程序而宕后合作关系。此外，厂商还可以采用与医院约定试用期及保证金的方式进一步完善投放设备管理制度。如在试用期期满后，医院可以选择签订正式的设备使用协议及保证金协议。在该等情况下，反过来医院则有义务保证设备的使用得当，如果由于医院使用不当或保养不善，器械厂商有权在保证金中扣除相关维修维护费用或收回设备。在此基础上，厂商也应当建立完整的跟踪管理制度，并做好针对突发情况的应对措施。

其次，在进行投放时，厂商要注意去除包括约定最低采购量、排他性采购等涉嫌谋取交易机会、竞争优势或涉嫌捆绑销售的条款及任何相似的意思表示。当然，从商业让利的角度来看，既然免费投放的方式总会伴随最终无法收回设备的风险，那么厂商可以将原来的消极违约调整为市场正向激励，如当耗材采购量达到一定数额，器械厂商可以赠送少量耗材或设置销售激励条件的阶梯。但需注意的是，鉴于《反不正当竞争法》的反商业贿赂条款中明确规定了“经营者向交易相对方支付折扣”时“应当如实入账”，因此相关销售激励政策应当在协议中明确约定，同时注意会计处理的规范性并避免产生税务违规问题。

最后，厂商可以考虑采用经销商模式进行合规投放。因为与直销相比，经销商模式往往具备地域优势，能够减少公司在市场推广上的投入，器械厂商可以将主要资源和精力投入到生产及研发环节中，在产品质量和技术迭代方面更深层地建立市场竞争“护城河”。除此之外，双方签订的设备和耗材协议系平等商业主体之间约定，经销商在权衡自身的经济效益和交易风险的情况下自主选择与器械厂商进行设备采购的安排，经销商买断后在其齐备市场能力的区域内自行制定销售策略和投放安排，因此，经销商模式在市场推广上可以更灵活。然则虽然经销商往往为商品买断模式，但经销商模式并不能完全规避商业贿赂风险，在很多行政处罚案例中，经销商实施的商业贿赂被认定为代表的是器械厂商的利益，即双方具有商业贿赂的合意，最终器械厂商仍然被监管部门穿透追究责任。因此，器械厂商应当建立完善的经销商管理制度、内控体系和合规体系，以期有效阻断因经销商商业贿赂导致穿透到自身的法律风险。

（三）交易所、中国证监会三问跨境投资——境外股权收购与专利技术许可系列问题

Akonni 是一家位于美国的以研发创新为特色的 IVD 仪器厂商。2017 年 11 月 10 日，发行人全资子公司源奇生物与 Akonni 签订《股票购买协议》，约定源奇生物以每股 0.95 美元的价格对 Akonni 增资 750.00 万美元；2017 年 12 月、2018 年 2 月，源奇生物分两次向 Akonni 出资并持有其 15.02%，发行人成为 Akonni 的第一大股东；2017 年 12 月 15 日，发行人与 Akonni 签署《分销及许可协议》，双方约定 Akonni 授权发行人于有效期内在中国（包括香港和台湾地区）生产及

销售相关许可的产品，许可方式为独占。许可使用费的计费方式为按照基于Akonni技术并完成国产化改造后发行人自行生产的产品的销售量或销售额、协议约定的每台产品提成额或提成比例进行计费，并约定了实现销售后的保底许可使用费：发行人每销售一笔自行生产的TruTip核酸提取系统应向Akonni支付5000美元，每销售一笔自行生产的TruTip样品制备试剂盒应向Akonni支付净销售额的5%；若上市第一年（协议中原约定为2018年）未能实现50,000美元许可使用费，则发行人应向Akonni支付年度保底许可使用费50,000美元，此后年度的保底许可使用费由双方进一步协商后确定。截至中国证监会于发行注册环节反馈阶段（如未特殊说明，下文中各项信息披露截点均为睿昂基因发行注册环节反馈阶段），上述产品尚未实现对外销售。

1. 境外投资与专利上市审核要点

（1）境外投资审核要点

在“引进来”和“走出去”的战略指引下，越来越多境内企业到境外投资，实现全球化经营。在境外子公司带给企业正向影响的同时，IPO审核考虑到境外主体的不可控性、政策风险等种种原因，对相关主体的关注日益增多。关于境外收购常见审核要点包括以下内容。

表2-15　审核要点

问题	内容
问题一	发行人境外子公司设立目的，主要是关注其境外业务的真实性以及可持续性
问题二	境外子公司设立与经营的合法合规性，主要是关注其境外业务的可持续性与相关业务的法律风险
问题三	发行人境外子公司的纳税情况，主要是关注其境外业务的利润真实性与税务合规风险
问题四	发行人能否掌控境外子公司，主要是关注发行人内部控制的有效性与境外业务的真实性、可持续性
问题五	政治、经济等外部环境对发行人的影响，主要是关注发行人境外业务的稳定性与其他不可控风险

（2）科创板对发行人专利的审核要点

就睿昂基因而言，监管机构在关注其境外投资的同时，结合了核心技术相关问题。

企业具有显著的科创属性是科创板的核心所在，核心技术问题主要要求充分披露发行人的核心技术和核心竞争力。我们梳理科创板各案例的反馈问题，对核心技术的审核要点整理如下：充分披露其核心技术的先进性；在境内外发展水平中所处的位置；相关专利的取得、专利产品收入划分的依据、相关专利是否具有先进性、认定核心技术先进性的依据是否充分、是否具备持续创新能力；关于与同行业竞争对手的对比情况；是否主要依赖采购材料；是否存在外部供应商依赖。

其中专利是科创板企业核心技术的试金石。科创板企业的核心竞争力，就是企业自身所拥有的科技创新能力与成果，而一个企业科技创新成果数量最好的体现，就是企业所拥有的专利数量。根据《新科创属性评价指引》，要求申报科创板上市的企业形成主营业务收入的发明专利5项以上，或虽未达到前述专利指标但满足以下任一情形：……（5）形成核心技术和主营业务收入的发明专利（含国防专利）合计50项以上。

对于申报企业通过不同方式（自主研发、受让取得、授权使用或与第三方合作研发）取得的专利，科创板审核有不同的关注点。

表2-16 关注点

项目	内容
自主研发	对于申报企业自主研发的知识产权，即申报企业员工在执行职务过程中或利用申报企业物质条件研发的知识产权，上交所主要关注该等知识产权是否涉及研发人员在原单位的职务成果，研发人员是否违反竞业禁止的有关规定，是否存在违反保密协议的情形，与原单位是否存在纠纷
受让取得	对于通过受让方式取得的知识产权，上交所通常关注受让取得专利的取得来源，原权利人的具体情况，发行人通过受让取得该等专利的原因及合理性，定价依据及公允性，核心技术对应专利中的原始取得、受让取得专利占比，发行人主要产品的核心技术是否依赖外部购买方式等
授权使用	对于通过授权使用的知识产权，上交所通常关注授权主体，授权是否以独占、排他的许可方式，授权费用及公允性，是否存在与授权方的纠纷，授权期限，到期后的续约安排，能否保证长期使用，如果无法续约对发行人持续经营的影响，被授权使用的技术在发行人产品中的作用及重要程度，对应的产品名称，报告期的销售收入及占比情况，发行人对被授权技术是否存在重大依赖等

续表

项目	内容
合作研发	对于申报企业与第三方合作研发取得的知识产权，上交所一般会关注申报企业在合作研发中所起作用或贡献，合作研发的具体成果，专利申请情况及权利归属，研发成果运用及许可使用，合作研发费用，是否存在违约情形与违约责任，是否可以独家申请注册证书，是否能独家使用，是否存在使用期限，合作研发是否涉及发行人核心技术、产品配方等机密，发行人是否采取了积极有效的保密措施，相关合作研发是否对发行人自主掌握核心技术与核心技术保密构成重大不利影响

2. 睿昂基因的核心技术与专利审核应对分析

招股说明书披露，发行人已取得30项专利，其中6项为受让取得；发行人投资的公司美国Akonni公司授权发行人使用专利7项。

审核要求发行人补充披露各项专利具体信息，并说明发行人核心技术对受让取得专利、共有专利、被授权使用专利是否存在依赖；发行人是否具备核心技术的自主研发能力；受让取得专利、共有专利、被授权使用专利事项是否存在纠纷或潜在纠纷。首先，项目组在获取相关专利证书、协议后进一步补充披露了专利信息表，以列表的形式对比说明各项专利与核心技术的关系以及发行人对相关专利的具体安排，可以分为以下几个类型。

表2-17　类型分布

序号	专利类型	对核心技术的影响/不属于核心专利的原因
1	共有专利	未产生收入，亦未有进一步的开发计划；非发行人的主营业务
2	受让专利	发行人及其子公司之间内部相互转让的专利；已被迭代技术更新取代，发行人不准备对原受让专利进行进一步研发；非发行人的主营业务
3	授权专利	发行人和Akonni合作研发的微流控一体化检测平台技术为发行人的核心技术。在与Akonni合作的过程中，发行人已经对微流控一体化检测平台技术进行了二次优化，发行人已经掌握该技术，相关产品已进入注册检验阶段，该新产品为发行人自主研发，且在国内属于创新性的新产品，国内均无相同或相似产品上市

通过梳理各项专利的具体情况，个案分析并进行合理解释，项目组从而得出发行人核心技术对受让取得专利、共有专利、被授权使用专利不存在依赖的结论。其次，从技术保护的角度来说，发行人自主研发的科研成果及核心技术已取得24项专利授权，其中23项为发明专利授权，已经形成了具有先进性，覆盖多平台、全流程、全病程的分子诊断技术体系，从而证明发行人具备核心技术的自主研发能力。最后，项目组退一步从技术纠纷来证明，发行人受让取得专利、共有专利、被授权使用专利事项不存在纠纷或潜在纠纷，发表核心技术稳定的意见。

3. 中美贸易摩擦背景下的境外投资影响

企业IPO过程中，不仅需要关注企业本身的内在风险因素，同样要关注市场波动甚至国际形势等外在风险因素。恰逢中美贸易摩擦时期，睿昂基因7项自美国参股公司Akonni授权许可的专利构成发行人核心技术和业务的重要组成部分，这无疑是审核关注的风险点，因此就该情况被问及“在中美贸易摩擦不断升级的情况下，上述《分销及许可协议》的履行是否具有不确定性，是否会给发行人的经营造成重大不利影响”。

正如前述对授权使用专利与核心技术影响的分析，发行人已掌握Akonni授权使用的微流控一体化检测平台技术，并完成该项技术的二次优化，中美贸易摩擦升级不会对发行人已掌握并二次优化的相关技术造成不利影响。项目组查询美国《出口管制条例》等相关规定，发现重要的大前提——“专利中显示的或公开的专利申请”免于《出口管制条例》限制，结合小前提——Akonni授权发行人使用的7项专利均已于中国国家知识产权专利局公开并获得授权，得出发行人及Akonni授权发行人使用的专利技术不受美国出口管制限制的结论。

由此可见，政策风险从某种角度来说属于企业的不可抗力，企业需结合实际情况、政策具体化分析并规避风险。在境外投资的过程中，建议发行人就各项权利义务及细节及时与境外被投资对象形成书面协议，同时需考虑到各种可能发生的意外事项以便未来发生政策变化时可以有约定从约定，尤其要控制损失的上限，确保不对发行人的经营造成重大不利影响。

4. 跨境投资与专利许可相关合规建议

境外子公司如运作顺利合法合规，发行人乘跨境贸易之势，可如虎添翼地享受经济全球化的果实与国内资本市场的资本红利。但如果境外投资稍有不慎，反而可能成为上市过程中的“拦路虎”“绊脚石”，被监管机构反复问询关注。

建议拟上市公司在遵守国内外法规的前提下遵循合理的商业目的成立境外子公司，同时制定完善的内控制度、实施有效的管理，合规经营；拟上市公司如与境外主体存在技术合作，应签订完善的法律文本，通过协议明确约定各项事宜，明确知识产权归属、各方权益份额比例、后续产业化盈利分配，确保产权清晰，权利义务相匹配；注重自主研发，确保核心技术不依赖于境外合作方的共享技术；关注国际贸易政治及经济环境变化，尽可能规避因环境变化引起的不可抗力。

（四）总结

细数申报历程，睿昂基因被监管审核关注点中，大多为核心技术与人员、经营资质、行业政策等医疗器械行业共性问题，但在这些共性问题中，也有其特殊的个案之处，从而被监管反复关注，一如上述重要子公司收购、设备投放、跨境投资相关系列问题。在回答监管机构的反馈问题过程中，项目组认为，始终把握从事实出发的原则，通过还原事情内在逻辑，系解答监管机构各项审核问询的最佳途径。

四、之江生物[①]

——上市关注要点分析

（一）之江生物的上市历程

1. 首次申报材料撤回依然面临现场检查

上海之江生物科技股份有限公司（以下简称之江生物）成立于2005年，主要从事分子诊断试剂的研发、生产和销售，其于2015年12月实现在新三板挂牌上市。

2017年10月，之江生物首次递交了IPO申报材料，计划登陆上交所主板，保荐机构为东方花旗证券。2018年8月，因合作承销商东方花旗在担任传媒股份有限公司财务顾问期间涉嫌违反证券法律法规被立案调查而中止审查。2018年12月，之江生物主动申请撤回IPO申报材料，中国证监会于2019年1月正式获准其终止IPO申请并下发《中国证监会行政许可申请终止审查通知书》。但即便如此，之江生物依然被抽中成为中国证监会现场检查的企业。在检查过程中，因

① 马茜芝，国际经济法硕士，锦天城律师事务所高级合伙人，杭州市律师协会第十届理事会理事、杭州市律师协会第十届专门委员会资产管理与财务委员会委员。

为存在个人账户支付工资等费用、未披露控股股东等关联方与发行人发生资金往来、2016 年存在少计费用多计收入的情况、设备管理不善、关联交易及内部组织结构披露与事实不符等问题，2019 年 7 月，之江生物被中国证监会采取出具警示函的行政监管措施。之江生物成为首批撤回材料后仍被现场检查并被出具警示函的企业。

2020 年年初，全国新冠肺炎疫情暴发，之江生物依托成熟的研发平台，在第一时间研制成功新冠病毒核酸检测试剂。1 月 26 日，之江生物成为国内首批获得新冠病毒核酸检测试剂注册证的企业且取得了第一张注册证书，并快速量产，为新冠肺炎的疫情防治工作作出贡献。同时期，之江生物决定重启 IPO。

锦天城律师于 2020 年 1 月开始与之江生物接洽本次发行上市相关事宜，并于 2020 年 3 月底于上海地区新冠疫情得到有效控制具备现场办公条件后正式至发行人现场开展全面核查工作，其间锦天城律师通过线上及线下相结合的方式与保荐机构、申报会计师对发行人开展尽职调查工作，并就本次发行是否满足条件、是否存在影响发行的重大问题等进行可行性论证。

2. 二次申报对现场检查问题重点关注

发行人于 2019 年 7 月受到中国证监会采取出具警示函的行政监管措施，本次交易所审核重点关注警示函的具体内容、原因及整改情况，该处罚是否属于重大违法违规。对此项目组首先核查行政监管措施的具体内容、原因及整改情况。

（1）行政监管措施的具体内容及原因

发行人受到中国证监会出具《行政监管措施决定书》（〔2019〕19 号）采取出具警示函的行政监管措施的具体内容如下：

经查，我会发现你公司在申请首次公开发行股票并上市过程中，存在个人账户支付工资等费用、未披露控股股东等关联方与发行人发生资金往来、2016 年存在少计费用多计收入、设备管理不善、关联交易及内部组织结构披露与事实不符等问题。

上述行为违反《首次公开发行股票并上市管理办法》第 4 条、第 17 条、第 22 条、第 24 条的有关规定，构成《首次公开发行股票并上市管理办法》第 55 条所规定的违规行为。按照《首次公开发行股票并上市管理办法》第 55 条的规定，我会决定对你采取出具警示函的行政监管措施。

（2）行政监管措施的整改情况

①个人账户支付工资等费用

之江生物子公司杭州博康出纳个人卡农业银行6228480320416808××××账户实际视同公司账户使用并管理，该账户中部分零星进项和费用未及时核算。

发行人存在通过其子公司杭州博康出纳名下的个人账户向部分员工支付工资的情况。实际执行过程中，该等工资均已计提，但系通过该个人卡进行发放，不存在体外代付工资薪酬的行为。

针对警示函关注的事项，发行人于2019年度强化资金内控及现金管理，禁止通过个人卡代付工资的行为，已完成对杭州博康出纳个人账户的清理及整改。

发行人已对该个人卡涉及的未及时入账进项、未及时入账费用、多计提费用事宜进行追溯调整。

②未披露控股股东等关联方与发行人发生资金往来

报告期前发行人由于疏忽未披露完整关联交易，针对警示函关注的事项，发行人后续强化关联交易内控，强调关联方之间的资金往来必须经过前置流程审批，全部留痕并充分披露，对历史年度未披露关联交易依法履行程序予以追认。

2020年5月22日，公司第三届董事会第十四次会议审议通过《关于追认关联交易的议案》并同步于股转系统公告，完成对前述交易的追认。

③2016年存在少计费用多计收入的情况

发行人历史年度在各期末计提客户服务费时存在数家销售服务商对应的客户服务费计提跨期及归集错误的情况。由于汇总错误，发行人于2016年度少计提与员工李某相关的股权激励费用8.23万元。发行人2018年度向控股股东之江药业支付与资金占用相关的利息并在当年计提，该等利息实际对应包括2016年、2017年度在内的历史年度，相应导致发行人存在财务费用跨期的情形。

发行人在2016年度与杭州索嘉的代理协议书中就返利予以约定，返利方式为抵充货款，后续杭州索嘉完成对应业绩，发行人由于疏忽未能根据合同识别该等返利，相应于2016年度存在多计收入的情况。

发行人2016年12月27日发货给深圳市罗湖区人民医院，终端医院实际签收日为2017年1月2日，该笔收入误确认入2016年度。

针对警示函关注的事项，发行人从以下几个方面予以整改：一是加强对销售人员管理，落实细化客户服务商备案制度，并复核确认各期客户服务费计提是否充分、准确；二是加强对费用跨期的管控与识别；三是进一步加强对销售返利相关事项的识别与管控，针对约定的销售返利逐项复核判断其是否已兑现；四是加强对于已发出商品的监控，关注其是否已为客户签收，强化对于收入跨期事项的识别。

同时，发行人已完成对于警示函关注事项的追溯调整。

④设备管理不善

经销商泰州民信保溢在未通知发行人的情况下将公司投放在经销商的设备以销售的名义交付给终端医院。

对于在外投放设备，公司采取季度抽盘、年终全盘的方式进行盘点，盘点中发现的设备盘亏，主要系部分实际已退回设备而未及时变更登记所致。2019 年上半年，经核查发现泰州民信保溢将其申请借出的设备销售给终端医院，公司 2018 年末盘点中未发现该情况，主要系公司盘点制度存在缺陷，仅对设备型号、存放位置、使用状态进行盘点。2019 年起，公司进一步完善了投放设备盘点制度，加强了对盘点人员培训工作，要求盘点人员在盘点过程中，对设备权属进行确认。

针对警示函关注的问题，发行人健全出借固定资产的管理制度，通过实地盘点、维保等多种方式确认其所有权及使用状态。于《在外设备管理规程》中明确对于擅自对外销售发行人对其投放设备之经销商，发行人历史年度对其投放设备一律转为销售且后续不再对其进行设备投放。发行人于 2019 年度已将对泰州民信保溢的全部投放设备转为销售。

⑤关联交易及内部组织结构披露与事实不符

关联交易披露与事实不符系“未披露控股股东等关联方与发行人发生资金往来”中涉及的关联交易未在招股说明书中披露。内部组织结构披露与事实不符系招股说明书中披露的内部组织结构未能与办公自动化（OA）系统中保持一致，OA 系统中未体现内审部，发行人控股股东财务审批人系发行人总经理邵某，在内部控制上存在进一步加强空间。

针对警示函关注的问题，发行人后续保持 OA 系统与公司组织架构一致性。发行人总经理不再对控股股东财务事项进行审批。健全信息披露制度，通过建立健全多级复核机制确保信息披露与事实相一致。

（3）中国证监会行政监管措施不属于重大违法违规

①中国证监会此次行政监管措施不属于行政处罚

在核查行政监管措施的具体内容、原因及整改情况的基础上，本所律师根据

《证券期货市场监督管理措施实施办法（试行）》第 11 条规定“出具警示函，是指实施机构将有关风险状况或者违法违规事实书面告知当事人，警示其关注经营风险，要求其及时补救的监督管理措施”说明上述出具警示函的行政监管措施不属于《行政处罚法》（2017 修正）第 8 条所规定的行政处罚的种类，即不属于行政处罚。

②发行人的行为不属于情节严重的情形

中国证监会依据《首次公开发行股票并上市管理办法》第 55 条规定对发行人采取监管措施，其中第 55 条具体规定：“发行人、保荐人或证券服务机构制作或者出具的文件不符合要求，擅自改动已提交的文件，或者拒绝答复中国证监会审核中提出的相关问题的，中国证监会将视情节轻重，对相关机构和责任人员采取监管谈话、责令改正等监管措施，记入诚信档案并公布；情节特别严重的，给予警告。”发行人因构成该条规定所述的行为被中国证监会采取出具警示函监管措施，而未被给予警告，不属于情节特别严重的情形。

③发行人已进行整改

发行人已在本次申报前对警示函中关注的问题逐条进行整改，同时组织公司董事、监事、高级管理人员等相关人员进一步学习包括三会议事规则、关联交易管理办法、非上市公众公司信息披露管理办法等在内的多项制度，强化公司治理并对内控管理予以高度重视。

④综合结论

根据发行人说明及本所律师核查，上述中国证监会行政监管措施不属于行政处罚，发行人的行为不属于情节严重的情形，并已进行整改，综上，中国证监会行政监管措施中提及的发行人行为不属于重大违法违规行为，不会对本次发行并上市构成法律障碍。

3. 两次申报交易所重点关注中介机构独立性

由于之江生物本次 IPO 于 2020 年 1 月左右正式启动，并于 2020 年 5 月进行申报，申报材料制作时间较短，且本次申报与前次申报的中介机构均发生了变更，因此交易所对更换后的中介机构工作的独立性进行了问询，主要为以下内容。

（1）首次申报以来发行人律师及其签字人员是否发生变化

发行人于 2017 年 10 月 30 日向中国证监会报送了首次公开发行股票并在主板

上市的申请文件，并于2017年11月9日取得《中国证监会行政许可申请受理通知书》（172155号）（以下简称前次申报）。发行人于2020年5月29日向上海证交所报送了首次公开发行股票并在科创板上市的申请文件，并于2020年6月1日取得上交所《关于受理上海之江生物科技股份有限公司首次公开发行股票并在科创板上市申请的通知》（上证科审（受理）〔2020〕109号）（以下简称本次申报）。前次申报发行人律师为北京大成律师事务所，签字人员为张某、王某1、游某、王某2，本次申报发行人律师为上海市锦天城律师事务所，签字人员为詹某、马某1、张某2，发行人律师及签字人员发生变化。

（2）历次更换中介机构后，新的中介机构是否重新执行核查及相关工作程序，是否使用前任中介机构的工作，若使用，相关工作是否合规

锦天城律师于2020年1月开始与发行人接洽本次发行上市相关事宜，并于2020年3月底上海地区新冠疫情得到有效控制具备现场办公条件后正式至发行人现场开展全面核查工作，其间锦天城律师通过线上及线下相结合的方式与保荐机构、申报会计师对发行人开展尽职调查工作，并就本次发行是否满足条件、是否存在影响发行的重大问题等进行可行性论证，具体执行的核查及相关工作程序如下所述。

①对本次发行重点关注问题进行独立分析和论证

自锦天城律师开展全面核查工作开始，锦天城律师依据《律师事务所证券法律业务执业规则（试行）》等相关业务规则、上市要求及发行人的实际情况，编制了尽职调查文件清单，向发行人详细讲解尽职调查清单的内容，并在收集、审阅与发行人本次发行有关的文件、资料基础上多次向发行人提交补充尽职调查清单，要求发行人补充提供相关材料。

尽职调查过程中，锦天城律师通过与发行人实际控制人、主要股东、董事会成员、监事会成员及经营管理层访谈沟通，对发行人及其子公司的生产经营场所进行现场勘察，向相关市场监督管理部门、税务主管部门、业务主管部门、商标、专利等管理部门/机构进行查询、走访，对发行人报告期内主要供应商、客户是否与发行人存在关联关系、合同履行等情况进行走访、函证等核查程序的基础上，独立地对发行人的历史沿革、股权结构及其演变、股东和实际控制人、主营业务及经营成果、关联交易及同业竞争、主要财产、重大债权债务、重大资产变化情况、董事和高级管理人员、公司治理、组织结构、规范运作、诉讼仲裁等

与本次发行相关问题进行了重点关注和分析讨论。

②独立收集工作底稿、独立发函并独立进行走访

对于出具《律师工作报告》及《法律意见书》所需的文件和底稿，锦天城律师均独立收集，并对其真实性、准确性、完整性审慎地进行了必要的核查、验证，其中针对前次申报出具的有关历史事实的确认文件等，锦天城律师均在独立分析事实情况的基础上，就确认文件的内容对出具主体进行重新访谈核验，并对访谈结果保持独立的职业判断，未依赖前任中介机构的工作。

对于发行人报告期内的主要客户、供应商，锦天城律师均独立进行走访，并取得访谈笔录等资料，对发行人报告期内的主要财务数据均进行了独立发函程序。

③本项目已履行锦天城内部审核程序

经办律师在对相关资料收集整理和事实核查的基础上，制作了《法律意见书（初稿）》及《律师工作报告（初稿）》，并提交锦天城证券业务内核委员会进行审核，内核委员会在收到项目组内核申请文件、确认材料完备后正式受理内核申请，内核申请受理后，内核人员及时对申请文件进行审查，对项目组尽职调查情况、文件撰写中发表的各项意见及重点关注的问题进行审核，并以电子形式对项目组在核查和验证中形成的工作记录和工作底稿进行检查。

内核部门针对材料审核过程中的问题提出问询意见，项目组出具反馈回复并依据内核意见对项目申报文件进行修改、补充和完善。内核委员会在此基础上召开内核会，经投票表决，对本次发行项目的内核作出了通过决议。

综上，锦天城律师已按照相关规定并结合发行人实际情况履行了尽职调查，勤勉尽责且独立充分地完成本次发行申报相关工作，而未使用前任中介机构的工作。

（3）历次新中介机构进场后是否对前任中介机构的相关结论进行调整，若调整，请说明历次调整的情况

除因选择的拟上市板块发行条件的差异及不同的报告期内根据事实情况新增或变更的事项外，锦天城律师对前次申报发行人律师相关结论进行调整的情况如下：

①之江药业历史上股东（员工薛某、马某2、马某3、孙某、凌某、柴某、赵某）退出时股权交易对价为按其入股时投入的资金加计同期银行存款利息，而

前次申报披露为入股时投入的资金，未将同期银行存款利息计算在内。

②报告期内发行人使用授权许可专利的情况在本次申报中披露了对虾白斑综合症病毒（WSSV）的荧光定量PCR（FQ－PCR）诊断试剂盒及检测方法和CHEMICALLY MODIFIED NUCLEOSIDE 5′－TRIPHOSPHATES FOR THERMALLY INITATED AMPLIFICATION OF NUCLEIC ACID两项，而前次申报未将发行人获得使用TriLink专利授权相关情形披露在内。

上述调整未触及核心发行条件的变更，不会对发行人本次发行构成实质障碍，除上述情形之外，本次申报不涉及其他对前次申报结论进行调整的情形。

由于之江生物上市之路较为曲折，经历两次申报，同时回撤材料后依然被现场检查，因而二次申报时交易所针对这一情况，对两次申报中介机构的独立性，是否对前次申报的结论等进行实质性推翻，现场检查问题的整改情况以及是否对本次发行构成实质障碍等进行了重点关注与问询。

（二）新三板挂牌企业申报IPO合法合规性核查

1. 发行人报告期内曾受到公开谴责的纪律处分

作为新三板挂牌申报IPO的企业，发行人在新三板挂牌履行的程序、挂牌后在运营、股份转让、信息披露等方面的合法合规性成为申报IPO时的必答问题。挂牌企业在新三板期间被处罚的案例并不少见，但受到公开谴责的纪律处分的情况却是史无前例。

上文提及中国证监会于2019年1月中旬开始对之江生物首次公开发行股票并上市相关工作进行现场检查，应中国证监会要求，发行人及聘任的包括审计机构、券商、律师事务所在内的中介机构于2019年1～3月全力配合中国证监会IPO现场检查工作。为积极配合中国证监会现场检查并确保公司年度报告披露的文件质量，发行人基于以往年度审计及年报编制的工作量及时间安排，预计无法在2019年4月30日前完成审计及年报编制工作。

根据全国股转公司《关于做好挂牌公司2018年年度报告披露相关工作的通知》（股转系统发〔2018〕2533号）的要求“挂牌公司预计不能在2019年4月30日前披露年度报告的，应当及时告知主办券商，并在2019年4月20日前就延期披露原因、延期期限、公司股票存在被暂停转让及终止挂牌的风险等事项进行公告”，发行人于2019年3月21日通过主办券商持续督导专员向股转公司提交预计无法于4月30日前披露2018年年度报告的信息。2019年4月19日，发行人在股转公司官方网站披露了《上海之江生物科技股份有限公司关于预计无法按期披露2018年年度报告的风险提示性公告》（公告编号：2019-004），载明了延期披露原因、延期期限，并对因此存在的风险进行了提示。

股转公司于5月24日对发行人作出《关于给予上海之江生物科技股份有限公司及相关责任人员纪律处分和自律监管措施的决定》（股转系统发〔2019〕1085号），发行人后向全国股转公司提交了复核的申请函，全国股转公司于2019年8月27日作出了《关于维持对上海之江生物科技股份有限公司采取公开谴责纪律处分的决定》（〔2019〕6号）。

2. 发行人符合上市条件的有效论述

针对上述发行人报告期内受到公开谴责纪律处分的情况，本所律师首先对发行人未及时披露年报的原因及合理性进行了分析。

发行人未能按时披露年报的主要原因系年报审计及编制工作往年均在1～4月进行。由于2018年年度报告审计工作开展进度晚于往年，发行人为保证公开披露文件质量，确保审计及年报编制的时间，因此未能在2019年4月30日前披露2018年年度报告。发行人因当时认为该理由属于股转系统要求的年报延期披露的正当理由，故未于4月30日前完成年报披露，具有客观原因。

发行人就未能及时披露年度报告事宜于2019年3月21日通过主办券商持续督导专员向股转公司提交预计无法按时披露2018年年度报告的信息，并进行了相关提示性公告，发行人主观上并无不履行披露定期报告义务的故意。

其次，本所律师就该违规行为是否属于重大违法违规进行有效论述。

（1）发行人、实际控制人邵某受到股转公司公开谴责的纪律处分、倪某受到警示函的自律监管措施不属于行政处罚

根据国务院《关于全国中小企业股份转让系统有关问题的决定》、《非上市公众公司监督管理办法》及《全国中小企业股份转让系统有限责任公司管理暂行办法》的相关规定，全国股转公司为全国性证券交易场所，负责组织和监督挂牌公司的股票转让及相关活动，实行自律管理。全国股转公司对相关挂牌公司的监管以及依法采取的自律监管措施均系自律管理范畴而非行使行政职权，全国股转公司不属于《行政处罚法》第三章规定的行政处罚的实施主体。

根据《全国中小企业股份转让系统自律监管措施和纪律处分实施细则》的

规定，出具警示函，即以书面形式将有关违规事实或风险状况告知监管对象，并要求其采取措施及时防范、补救或者改正。公开谴责，即全国股转公司以公开方式对监管对象进行谴责，是由股转公司根据纪律处分委员会的意见作出决定并实施的。上述自律监管措施及纪律处分不属于《行政处罚法》（2017 修订）第 9 条规定的行政处罚的种类。

综上，发行人及实际控制人邵某受到公开谴责的纪律处分、倪某受到警示函的自律监管措施不属于行政处罚的范畴。

（2）发行人、实际控制人邵某受到股转公司公开谴责的纪律处分、倪某受到警示函的自律监管措施不会对本次发行构成实质法律障碍

①发行人受到公开谴责的纪律处分不会对本次发行构成实质法律障碍

《科创板首次公开发行股票注册管理办法（试行)》第 13 条第 2 款规定：“最近 3 年内，发行人及其控股股东、实际控制人不存在贪污、贿赂、侵占财产、挪用财产或者破坏社会主义市场经济秩序的刑事犯罪，不存在欺诈发行、重大信息披露违法或者其他涉及国家安全、公共安全、生态安全、生产安全、公众健康安全等领域的重大违法行为。”

发行人未能按期披露 2018 年年度报告违反了《全国中小企业股份转让系统挂牌公司信息披露细则》第 11 条的规定，属于股转公司监管下的信息披露违规行为，但根据公司说明并经本所律师核查，发行人未涉及上述《科创板首次公开发行股票注册管理办法（试行)》所列的负面情形。

同时根据《非上市公众公司信息披露管理办法》（2019）第 24 条第 1 款规定：“挂牌公司未在规定期限内披露定期报告的，全国股转公司根据自律规则予以处理，情节严重的，应当提请中国证监会立案稽查。”发行人未因上述年报披露事项被中国证监会立案稽查，不属于情节严重的情形。

根据本所律师对公开披露信息的检索核查，存在德马科技（688360)、三角防务（300775)、正帆科技（已过会）等于股转系统挂牌期间因未及时披露年报事项受处罚但仍成功上市发行的相关案例。

综上，发行人受到纪律处分的行为不构成重大信息披露违法违规行为，不会对本次发行构成实质法律障碍。

②邵某受到股转公司公开谴责的纪律处分、倪某受到警示函的自律监管措施不对本次发行构成实质法律障碍

《科创板首次公开发行股票注册管理办法（试行）》第 13 条第 3 款规定："董事、监事和高级管理人员不存在最近 3 年内受到中国证监会行政处罚，或者因涉嫌犯罪被司法机关立案侦查或者涉嫌违法违规被中国证监会立案调查，尚未有明确结论意见等情形。"

邵某及倪某作为公司信息披露负责人违反了股转系统的《业务规则（试行）》及《挂牌公司信息披露细则》（现已失效），但不属于受到中国证监会行政处罚的行为，不涉及因涉嫌犯罪被司法机关立案侦查或者涉嫌违法违规被中国证监会立案调查的情形。同时，邵某及倪某上述行为不属于《公司法》第 146 条规定中不得担任公司的董事、监事、高级管理人员的情形。

因此，实际控制人邵某、董事会秘书倪某的违规行为未涉及上述《注册管理办法》所列负面情形，未影响其董事、高管的任职资格。

综上，发行人、实际控制人邵某受到股转公司公开谴责的纪律处分的行为、倪某受到警示函的自律监管措施的行为不属于重大违法违规行为，不对本次发行构成实质法律障碍。

最后，本所律师对发行人上述违规行为的后果进行了事实陈述。

发行人对未能按期披露定期报告事项进行了风险提示，并于 2019 年 6 月 26 日披露了 2018 年年度报告，履行了定期报告的披露义务，不存在规避信息披露义务的主观故意，也未造成股票终止转让的不良后果，公司的正常生产经营亦未受到重大不利影响。

根据发行人说明并经本所律师通过公开途径核查，自发行人未按期披露 2018 年年度报告事实发生之日至补充法律意见书出具之日，无投资者因上述行为损害其利益而提起诉讼的情况，发行人亦未收到股东或历史股东因年报未按期披露事项主张权利的请求。

为避免类似情况发生，公司严格执行内部控制管理制度，全体董事、监事、高级管理人员认真学习了股转系统的相关制度、规则，提高全员合规意识和风险意识，确保信息披露的及时性和准确性，后续公告均履行了必要的内部决议和主办券商的审查流程，未再发生不按期披露公告的情形。除上述信息披露违规外，发行人不存在其他被股转公司采取自律监管措施或纪律处分的情况。

该案例也成为目前市场上唯一一例新三板期间受到公开谴责的纪律处分仍成功过会的案例。

（三）交易所重点关注行业相关问题

1. 是否存在无资质进行生产经营的情形

（1）问询重点

说明发行人销售的产品是否均已取得产品注册证，如存在未取得产品注册证而销售的情况请说明原因，并说明相关事项是否合规。

（2）医疗器械行业相关法律、政策规定

①《医疗器械监督管理条例》

第31条第1款规定："从事第一类医疗器械生产的，应当向所在地设区的市级人民政府负责药品监督管理的部门备案，在提交符合本条例第三十条规定条件的有关资料后即完成备案。"

第84条规定："有下列情形之一的，由负责药品监督管理的部门向社会公告单位和产品名称，责令限期改正；逾期不改正的，没收违法所得、违法生产经营的医疗器械；违法生产经营的医疗器械货值金额不足1万元的，并处1万元以上5万元以下罚款；货值金额1万元以上的，并处货值金额5倍以上20倍以下罚款；情节严重的，对违法单位的法定代表人、主要负责人、直接负责的主管人员和其他责任人员，没收违法行为发生期间自本单位所获收入，并处所获收入30%以上2倍以下罚款，5年内禁止其从事医疗器械生产经营活动：（一）生产、经营未经备案的第一类医疗器械；（二）未经备案从事第一类医疗器械生产；（三）经营第二类医疗器械，应当备案但未备案；（四）已经备案的资料不符合要求。"

②《医疗器械注册管理办法》（已失效）

第2条规定："在中华人民共和国境内销售、使用的医疗器械，应当按照本办法的规定申请注册或者办理备案。"

③《医疗器械生产监督管理办法》（2017修正）（已失效）

第8条规定："开办第二类、第三类医疗器械生产企业的，应当向所在地省、自治区、直辖市食品药品监督管理部门申请生产许可。"

第61条规定："有下列情形之一的，按照《医疗器械监督管理条例》第六十三条的规定处罚：（一）生产未取得医疗器械注册证的第二类、第三类医疗器械的；（二）未经许可从事第二类、第三类医疗器械生产活动的……"

（3）本所律师对于“无证销售”的披露要点和论证方式

①全面核查发行人产品及所需的资质证照

核查发行人及其子公司报告期内实现销售收入的产品种类，以终端客户是否将产品用于临床为标准，发行人最终销往医院、第三方医学检验中心的产品均已取得注册证；其余未取得注册证的产品，根据发行人说明并经本所律师对其中销售合同及产品使用说明的抽查，确认使用范围与销售对象。

②披露是否未获得相关注册即进行销售

本所律师核查了发行人发出第一批新冠病毒核酸检测试剂及开展新冠病毒核酸检测试剂的注册工作的具体时间、发行人取得国家药监局核发的Ⅲ类医疗器械注册证的时间，得出从发出第一批新冠病毒核酸检测试剂至取得医疗器械注册证期间，发行人存在未获得相关注册即进行销售的情形。

③具体核查“无证销售”期间的销售对象性质

《医疗器械监督管理条例》（2017修订）第2条规定：“在中华人民共和国境内从事医疗器械的研制、生产、经营、使用活动及其监督管理，应当遵守本条例。”第76条第2款规定：“医疗器械使用单位，是指使用医疗器械为他人提供医疗等技术服务的机构，包括取得医疗机构执业许可证的医疗机构，取得计划生育技术服务机构执业许可证的计划生育技术服务机构，以及依法不需要取得医疗机构执业许可证的血站、单采血浆站、康复辅助器具适配机构等。”

各地疾病预防控制中心主要系承担疾病预防与控制、突发公共卫生事件应急处置等职责的事业单位。各地国际旅行卫生保健中心则为各地海关所属事业单位，主要职能为防止疫病传播提供国际旅行卫生与检验保障。上述事业单位均不属于《医疗器械监督管理条例》（2017修订）规定的医疗器械使用单位，不适用于《医疗器械监督管理条例》（2017修订）对医疗器械使用单位的规定。

综上，本所律师论证发行人向疾病控制中心和国际旅行卫生保健中心销售科研类产品不属于按照规定需要取得注册证的情形。

④论证相关销售是否合法合规

本所律师在反馈过程中作出如下核查，判断无证期间销售的新冠病毒核酸检测试剂使用范围为仅限于科研，且发行人在销售时已于产品外包装标注科研使用的标识，根据本所律师对上海市药监局相关监督管理部门负责人的访谈并取得合规证明文件，发行人报告期内不存在因未取得注册证而销售或因其他违反生产经营相关的法律法规而被主管部门处罚的情形，发行人的销售行为符合相关法律法规的规定。

2. 关于合同销售组织（CSO）模式（医药销售推广服务商）

（1）问询重点

发行人需要客户服务商提供服务的具体原因；服务商选取标准、部分推广服务商与发行人合作的原因、是否专门为发行人提供服务、是否存在关联关系；同行业可比公司是否存在类似客户服务商、发行人使用客户服务商进行推广的方式是否符合行业惯例。

（2）CSO 模式的具体内容

CSO 模式即专业的市场推广服务机构向药品生产制造企业提供市场推广服务，包括学术推广、信息收集、方案策划、辅助招投标、市场调研、宣传物料制作等，药品或医疗器械生产制造企业向其支付相应的推广费用的销售模式。

（3）本所律师对发行人采取 CSO 模式的合理性与必要性以及内控制度建设的论证

①全面核查发行人的销售模式

核查取得报告期内发行人销售费用明细、市场推广费明细、营业收入明细、推广商名单以及结算单等底稿明细；访谈发行人销售负责人及财务负责人，了解发行人进行推广的具体模式、同行业公司情况、行业常见模式、是否存在利益输送；通过公开渠道核查主要市场推广服务商的基本工商信息、董事、监事、高级管理人员的基本信息及与发行人开始合作的实际，了解相关人员之间的关联关系；查阅发行人与主要推广商签订的合同等。通过上述程序了解发行人除通过自身销售团队开拓和维系终端客户外，还通过客户服务商、经销商来推广销售。

②明晰公司业务范围以及地域分布等特点

发行人是一家以产品研发、产品技术为立足的分子诊断公司，由于面向的终端客户涉及地域范围较广、数量较多，在客户开拓和维护方面需要较大的管理投入和资源投入，基于资源配置及经营效率最优化的考虑，发行人目前以技术研发为核心，客户的开拓、维护、款项催收等职能大部分通过经销商或客户服务商协助完成。

③了解外部原因

部分客户服务商因不具备经销商资质或者资金实力，采用 CSO 模式为发行人提供服务。

医疗器械经销商需要承担产品的仓储、物流配送等多种职能，部分客户服务商由于未取得相关资质，与发行人签订客户服务协议，成为发行人客户服务商，承担客户开拓、货款催收等职责。

同时，发行人经销模式均为买断式经销，经销商需支付经销产品货款，并承担仓储、物流等职能，支付对应费用，资金压力较大。而CSO模式下，客户服务商仅需承担客户推广活动相关费用。此外，部分终端客户要求生产厂家或其指定配送商供货而非经销商供货，受终端客户采购政策影响，发行人选择客户服务商来协助进行终端客户的开拓和管理。

④发行人使用客户服务商进行推广的方式是否符合行业惯例

通过确定可比公司，核查发行人同行业可比公司存在与发行人类似客户服务商，了解到第三方服务提供商提供市场调研推广、研究制定营销方案、客户开拓等服务，并在协助可比公司成功开发终端客户后，由其为可比公司提供对具体终端客户的培训、物流配送、催款、信息收集、客户维护等服务。

⑤采取CSO模式的内控建设

发行人建立合理、完善的推广服务商管理制度且确保有效运行，包括明确与公司合作的推广服务商的准入标准，具体包括明细具体负责销售服务供应商的资料收集、监督管理、核查等工作。

⑥是否存在商业贿赂

根据上海市市场监督管理局出具的《合规证明》，证明报告期内没有发现发行人有违反上海市市场监督管理局管辖范围内的相关法律法规的行政处罚记录，且根据发行人说明并经本所律师登录国家企业信用信息公示系统、信用中国、国家市场监督管理总局、国家卫生健康委、中国裁判文书网、中国执行信息公开网、人民检察院案件信息公开网等网站的查询，发行人、发行人的董事、监事、高级管理人员未出现因商业贿赂而被追究刑事责任的情形。

五、华厦眼科[①]

——上市项目的主要法律问题研究

华厦眼科医院集团股份有限公司（以下简称华厦眼科）是一家专注于眼科专科医疗服务的大型民营医疗连锁集团，向国内外眼科疾病患者提供各种眼科疾

① 马茜芝，国际经济法硕士，锦天城律师事务所高级合伙人，杭州市律师协会第十届理事会理事、杭州市律师协会第十届专门委员会资产管理与财务委员会委员。

病的诊断、治疗等眼科医疗服务，已建立覆盖白内障、屈光、眼底、斜弱视与小儿眼科、眼表、青光眼、眼眶与眼肿瘤、眼外伤共8大眼科亚专科科室及眼视光的眼科全科诊疗服务体系。截至目前，公司已在国内开设56家眼科专科医院，覆盖17个省及46个城市，辐射国内华东、华中、华南、西南、华北等广大地区，已通过连锁运营的模式建立了全国范围内的诊疗服务网点体系。

华厦眼科的主营业务是提供眼科八大亚专科及眼视光专科的眼科全科诊疗服务，其在行业分类上属于“Q卫生和社会工作”中的“Q8415专科医院”，因此本项目组在华厦眼科的尽调中也发现其存在与相同行业相关企业类似的风险，包括但不限于医保控费的风险、业务经营资质及许可无法续期的风险、专业医务人才流失的风险、无法继续获评三级甲等的风险、品牌和声誉受损的风险、医疗广告违法违规的风险等。鉴于篇幅原因，本部分将仅对华厦眼科物业租赁瑕疵问题、高校冠名问题以及合作办医问题展开详细论述。

（一）租赁物业的瑕疵

1. 租赁瑕疵

华厦项目中，公司及其控股子公司自有和租赁物业总面积为400,502.66平方米，其中向第三方合计承租86处物业，租赁面积合计282,894.54平方米。该项目的大量的租赁中，存在一些瑕疵，除常见的未能提供相关的产权证明的瑕疵外，还存在审批程序不完善的国有资产、土地规划用途与实际用途不一致、所涉土地为划拨性质用地或集体性质用地等问题。

（1）部分承租物业为审批程序不完善的国有资产

企业国有资产是指国家对企业各种形式的出资所形成的权益。由于其特殊性，国家颁布了《企业国有资产法》来维护国家基本经济制度，巩固和发展国有经济，加强对国有资产的保护。

针对审批程序不完善的国有资产，经过沟通，出租方就出租相关国有资产提供了其有权出租或处置相关物业的文件，当地市政府会议纪要，其上级主管单位或其他政府部门、国有资产管理单位出具的证明，相应物业对外招租的招投标文件或其他证明文件，证明其对外出租相应的国有资产履行了相应的必要审批程序。

截至2021年6月16日，暂时未取得前述替代性的证明文件的物业面积占公司自有和租赁物业总面积的比例仅为3.84%，涉及子公司2018年至2020年年均营业收入之和占公司报告期内年均营业收入的比例为3.86%。在该瑕疵不会影响发行人持续经营能力并做出风险提示的情况下，该租赁房产瑕疵不会造成公司上市阻碍。

（2）部分承租物业规划用途与实际用途不一致

土地使用者需要改变土地使用权出让合同约定的土地用途的，必须取得出让方和市、县人民政府城市规划行政主管部门的同意，签订土地使用权出让合同变更协议或者重新签订土地使用权出让合同，相应调整土地使用权出让金，因此，土地规划用途和实际用途需要一致。在华厦项目中，经过核查，发行人及其子公司共有14处共计76,642.33平方米物业的规划用途与实际用途不一致。

《城乡规划法》也给这种规划用途与实际用途不一致的情况提供了解决方案：建设单位应当按照规划条件进行建设；确需变更的，必须向城市、县人民政府城乡规划主管部门提出申请。因此，可以看出规划用途的变更最重要的是需要主管部门的审批。经过与出租方及所在地的规划部门沟通，已经有13处取得了相关证明文件，并进行了事后追认。

最后1处未获得相关证明文件的物业的租赁面积占公司自有和租赁物业总面积的比例仅为1.86%，对公司的可持续经营影响较小。

（3）所涉土地为划拨性质用地

我国现行的划拨用地的主要项目是党政机关和人民团体用地、军事用地、城市基础设施用地、公益事业用地及国家重点扶持的能源、交通、水利等基础设施用地和特殊项目（如监狱等）用地。从中可以看出，由于划拨性质的土地是无偿取得的，所以政府严格限制了它的规划目的。发行人作为营利性医疗机构，在租赁划拨性质用地的时候需要经过主管部门的审批。经过核查，一共有22处物业所涉的土地的性质为划拨。

其中17处物业已经由当地区、县级房管部门、土地管理部门或其上级部门出具相关证明或其他文件，证明出租方出租相应物业符合规定程序，认可公司及其控股子公司继续将相应物业用于营利性医疗用途或实际用途。还有5处物业暂时无法取得相关的证明，但是报告期内的年收入占比在5%以下，影响较小。

（4）所涉土地为集体性质用地

农村和城市郊区的土地，除由法律法规规定的属于国家所有的以外，属于农民集体所有；宅基地和自留地、自留山，属于农民集体所有。审核中本项目组对于集体土地较为关注的是其取得的合法性以及规范性。根据集体土地这一性质，需要提供集体组织及其他利益相关人的同意证明，来减少潜在的纠纷的可能性。在华厦项目中，存在一块集体性质的土地，公司遂提供了一份证明该项物业所有权属于出租方且2/3以上村民（代表）同意该项房产出租用于开办营利性医疗机构的文件。此外，当地县、区级自然资源局出具证明，证明出租方出租相应物业符合规定程序，认可公司及其控股子公司继续将相应物业用于营利性医疗用途。

此外，实际控制人也对上述的瑕疵出具了专项的承诺：如公司及其控股子公司本次发行上市因其存在瑕疵的租赁房产被拆除或拆迁，或租赁合同被认定无效或者出现任何纠纷给公司及其控股子公司造成经济损失，由此产生的一切支出均由实际控制人无条件全额承担，以避免公司遭受任何损失。

2. 从效力性规定与管理性规定上来讲，瑕疵是否有影响？

最高人民法院在司法解释中明确将“强制性规定”限定在“效力性强制性规定”范围内，明确了管理性的强制性规定不影响合同效力，区分效力性规定跟管理性规定对合同的效力认定至关重要。

《合同法》（已失效）关于合同无效规定了5种情形，其中第5种情形是指“违反法律、行政法规的强制性规定”，其实这里的强制性规定指的应该是效力性规定，对于违反管理性规定的情形并不能导致合同无效。

而最新的《民法典》第153条第1款明确表明“违反法律、行政法规的强制性规定的民事法律行为无效。但是，该强制性规定不导致该民事法律行为无效的除外”。

合同自由、意思自治两大原则一直贯穿民法的始终，而效力性规定的出现是为了保护更高阶层的利益，比如公共利益、国家利益。如何权衡一个规定是管理性规定还是效力性规定，理论界和实践界一直也没有一个明确的定论。目前判决表明，管理性规定是指法律及行政法规未直接约定违反此类规范将导致合同无效的规定，只是出于政府管理的目的而制定的规定，例如，《城市房地产管理法》第40条第1款划拨用地审批要求的规定。与之相反，效力性强制规定则指法律及行政法规明确规定违反此类规定将导致合同无效的规范，或者虽未明确规定违反之后导致合同无效，但若使合同继续有效将损害国家利益和社会公众利益等的规范，例如，《民法典》第153条第2款。

针对国有资产、集体土地、划拨用地等各规划用途的特点，为了便于管理，相关部门规章例如《企业国有资产评估管理暂行办法》《事业单位国有资产管理暂行办法》中有一些管理性规定。但上述租赁合同的瑕疵均不会导致发行人及其子公司与出租方签署的租赁合同因《民法典》第153条“违反法律、行政法规的强制性规定的民事法律行为无效”的规定而被认定为无效。上述租赁合同的继续履行侵害国家利益和社会公共利益的可能性较小。

申报之前，华厦眼科就上述租赁行为均已获得大部分出租方上级单位或主管部门批准同意，未获得批准材料的租赁面积占发行人自有和租赁物业总面积的比例较小，不会对发行人的持续性生产经营产生重大影响。

（二）《基本医疗卫生与健康促进法》实施使得合作办医事项整改

1. 合作办医相关政策的演变

社会资本与公立医院合作办医（以下简称合作办医）是民营医疗机构和公立医疗机构的中间形态。法律对于合作办医尚未进行明确定义，有相关学者将其定义为“由企事业单位、社会团体及其他社会组织和个人，利用非国家财政资金举办或参加举办的非公立医疗机构”。但从实践角度出发，合作办医不仅是社会资本的注入，更意味着公立医疗机构的医护人员及土地设备向社会资本的开放。

随着改革开放和经济发展，国家对合作办医的态度随着其对社会资本的态度的变化而变化，由开放到鼓励，到分类管理逐渐规范。指导思想逐步调整，一系列配套制度落地，合作办医模式逐渐走向规模化、制度化、规范化。

1980年至1989年，随着国务院和原卫生部下发的《关于允许个体开业行医问题的请示报告》《关于卫生工作改革的若干政策问题报告》《关于扩大医疗卫生服务有关问题的意见》，个体行医合法化，国有的、集体的医疗服务市场向社会资本开放。随后，我国相关监管部门先后出台了各项规章制度，完善社会办医的制度框架。

2009年3月17日，中国共产党中央委员会、国务院发布并实施的《关于深化医药卫生体制改革的意见》指出，要鼓励社会资本依法兴办非营利性医疗机构，积极引导社会资本以多种方式参与包括国有企业所办医院在内的部分公立医院改制重组。

2009年《关于深化医药卫生体制改革的意见》出台后，国家发改委、原卫生部、财政部、商务部、人力资源和社会保障部于2010年11月26日发布《关于进一步鼓励和引导社会资本举办医疗机构的意见》，进一步明确引入社会资本的具体要求。包括要根据区域卫生规划，合理确定公立医院改制范围。引导社会资本以多种方式参与包括国有企业所办医院在内的公立医院改制，积极稳妥地把部分公立医院转制为非公立医疗机构，适度降低公立医院的比重，促进公立医院合理布局，形成多元化办医格局。要优先选择具有办医经验、社会信誉好的非公立医疗机构参与公立医院改制。公立医院改制可在公立医院改革试点地区以及部分国有企业所办医院先行试点，卫生部门要会同有关部门及时总结经验，制定出台相关办法。在改制过程中，要按照严格透明的程序和估价标准对公立医院资产进行评估，加强国有资产处置收益管理，防止国有资产流失；按照国家政策规定制定改制单位职工安置办法，保障职工合法权益。

随着2012年国务院在《卫生事业发展“十二五”规划》中明确指出建立健全医疗服务监管体系。合作办医一方面得到国家的大力支持，另一方面也面临着监管趋严的压力。

2013年12月，国家卫健委、国家中医药管理局发布《关于加快发展社会办医的若干意见》表示，要持续提高社会办医的管理和质量水平，引导非公立医疗机构向规模化、多层次方向发展，实现公立和非公立医疗机构分工协作、共同发展。

2014年，国务院在《关于创新重点领域投融资机制鼓励社会投资的指导意见》一文中指出，应加快社会事业公立机构分类改革，鼓励社会资本参与公立机构改革；通过独资、合资、合作、联营、租赁等途径，采取特许经营、公建民营、民办公助等方式，鼓励社会资本加大社会事业投资力度；改进社会事业价格管理政策，民办医疗机构用电、用水、用气、用热，执行与公办医疗机构相同的价格政策，非公立医疗服务实行经营者自主定价。

2015年，国务院办公厅在《关于促进社会办医加快发展的若干政策措施的通知》文件中表示，鼓励具备医疗机构管理经验的社会力量通过医院管理集团等多种形式，在明确责权关系的前提下，参与公立医疗机构管理。

2016年12月27日，国务院发布的《“十三五”深化医药卫生体制改革规划》，在允许公立医院根据规划和需求，与社会力量合作举办新的非营利性医疗机构，支持社会办医疗机构与公立医院加强合作，共享人才、技术、品牌的同时，表示要加强对营利性医疗机构盈利率的管控，医疗养生类节目和医疗广告等方面的监管。

2019 年 6 月 10 日，国家卫健委等部委发布《关于促进社会办医持续健康规范发展的意见》表示，公立医疗机构应与社会办医分工合作，发挥三级公立医院带动作用，探索医疗机构多种合作模式，拓展人才服务。

2. 《基本医疗卫生与健康促进法》的相关规定

2020 年 6 月 1 日我国卫生健康领域的第一部基础性法律《基本医疗卫生与健康促进法》正式实施。这部法律的施行对合作办医模式产生了冲击。

此法第 40 条第 3 款规定，政府举办的医疗卫生机构不得与社会资本合作举办营利性医疗卫生机构。

上述条款部分表述在现行法律法规中已得到明确，部分仍待后续配套法规的解读。其中，“医疗卫生机构”是指基层医疗卫生机构、医院和专业公共卫生机构等，包括乡镇卫生院、社区卫生服务中心（站）、村卫生室、医务室、门诊部、诊所、疾病预防控制中心、专科疾病防治机构、健康教育机构、急救中心（站）和血站等机构。而关于“营利性医疗卫生机构”，国务院于 2000 年在《关于城镇医药卫生体制改革的指导意见》提出营利性医疗机构和非营利性医疗机构的概念，随后出台的《关于城镇医疗机构分类管理的实施意见》明确指出非营利性、营利性医疗机构采取不同的财政、税收等政策和管理模式。但是，何种情况属于“政府举办”以及何种情形归于“合作举办”尚未有法律法规或规范性文件进行明确。

在定义不完全明朗的情况下，相关的法律责任也相对较为模糊。《基本医疗卫生与健康促进法》第 9 章法律责任部分，并未规定公立医院与社会资本合作举办营利性医疗卫生机构的法律责任，但这并不意味着这样操作没有法律风险。一方面，不排除后续会出台配套法规和作出补充性规定，而从实践中可以看到，部分地方卫生监管部门已开始就《基本医疗卫生与健康促进法》第 40 条进行专项整治行动。另一方面，即便没有设定行政法律责任，从民事法律风险角度来看，《民法典》第 153 条第 1 款规定，“违反法律、行政法规的强制性规定的民事法律行为无效。但是，该强制性规定不导致该民事法律行为无效的除外”。同时，结合已有案例，部分法院认为此法的出台会导致合作办医协议的合同目的无法达到而赋予了一方解除合同的权利。因此，合作办医存在引发合作协议效力争议纠纷的潜在风险。

3. 新政策下，公立医院合作模式的情况

法律禁止公立医院与社会资本合作举办营利性医疗卫生机构，但由于前文所述“合作举办”的边界尚未明确，严格意义上，法律并未明令禁止公立医院与社会资本共同设立其他形式的营利法人并通过该营利法人设立营利性医疗卫生机构。营利性综合医院泰康仙林鼓楼医院即是按此模式设立的。

南京鼓楼医院与泰康人寿保险股份有限公司共同出资设立了南京仙林鼓楼医院投资管理有限公司，注册资本135,000万元人民币，其中南京鼓楼医院持股比例为20%，泰康人寿保险股份有限公司持股比例为80%。南京仙林鼓楼医院投资管理有限公司又设立了全资子公司泰康仙林鼓楼医院有限公司，即泰康仙林鼓楼医院的持证主体。

该公司成立于2016年4月5日，自《基本医疗卫生与健康促进法》生效后至今未从公开渠道查询到相关依据《基本医疗卫生与健康促进法》对其作出处罚的相关记录。

4. 华厦眼科下属医院的合作办医整改情况

《基本医疗卫生与健康促进法》生效前（2020年6月1日前），华厦眼科及其子公司与几家公立医院分别合作设立或出资了福州眼科医院有限公司（以下简称福州眼科医院）、镇江康复眼科医院有限公司（以下简称镇江康复）、徐州复兴眼科医院有限公司（以下简称徐州复兴）、上海和平眼科医院有限公司（以下简称上海和平）。

虽然法不溯及既往，但是由于部分医院合作办医期限届满、收到当地卫生监管部门的整改要求，华厦眼科的相关医院积极进行了整改。正如前文所述，合作办医不仅是社会资本的注入，更意味着公立医疗机构的医护人员及土地设备向社会资本的开放，因此社会资本的退出也不仅仅意味着股东名册的变更，医院需要对医护人员、土地等一系列人员资产进行分割。华厦眼科的整改具体如下：

（1）福州眼科

2010年12月14日，厦门眼科中心有限公司（民办非营利医院）与福州市第二医院签署《合作组建福州眼科医院框架协议》，约定合作成立福州眼科医院，协议有效期至2020年7月31日。

截至2020年8月1日，《合作组建福州眼科医院框架协议》已经终止。经福州市第二医院眼科主任以及发行人确认并经核查员工花名册以及劳动合同，自合作终止后，除王某以及合作期间已离职的一名医师外，其他合作医师均已不在福州眼科多点执业。

2020年12月11日，福州仓山国有资产营运有限公司与福州眼科签署《房屋租赁合同》，约定福州仓山国有资产营运有限公司将其拥有的坐落于福州市仓山区六一南路88号房屋出租给福州眼科使用，租赁期限自2020年8月1日至2023年7月31日。

（2）镇江康复

2013年7月29日，镇江市第一人民医院（以下简称镇江一院）与华厦眼科签署《合作协议》，“为了适应国家公立医院改革”对双方合作创办镇江康复相关事宜进行了约定。

华厦眼科与镇江一院共同出资设立镇江康复，其中华厦眼科持股58%，镇江一院持股42%，镇江一院提供经营场所。协议期间，镇江一院的医生可由新设的镇江康复聘用，新设的镇江康复为营利性医院，独立法人，自负盈亏。

2020年12月18日，镇江一院出具说明，承诺“本医院取得标的股权时履行了相应程序，合法合规。2020年6月1日生效实施的《基本医疗卫生与健康促进法》以及政府主管部门尚未要求本医院对持有标的股权进行清理。若未来生效的法律、行政法规或者政府规章规定及主管部门要求本医院不再持有标的股权的，则本医院将根据相关规定和要求对所持标的股权作出妥善安排”。

镇江市卫生健康委员会已向镇江一院下达《关于纠正与社会资本合作举办营利性医疗卫生机构等违法行为的通知》，要求镇江一院与合作方积极协商的基础上，向镇江市卫生健康委员会提交具体整改方案，并于2021年12月31日前完成整改。目前，镇江康复尚未收到经镇江市卫生健康委员会批复的整改方案。

（3）徐州复兴

根据《合作组建徐州复兴眼科医院、徐医附三院眼科中心框架协议》以及徐州复兴公司章程，华厦眼科与徐州嘉信美誉医院管理有限公司（以下简称嘉信美誉）以现金投入方式投入6000万元，将徐州复兴建成为江苏乃至全国技术领先、设备先进、专科齐全、管理服务优良的国家三级眼科医院，成为徐州医疗体制改制的成功范例，为徐州医疗体制改制提供借鉴，满足徐州及周边地区群众的眼科医疗服务需求。华厦眼科与嘉信美誉投资用于购买设备、房屋设计、装修等，徐州医科大学附属第三医院（以下简称徐医附三院）提供办医场所。协议期间，徐医附三院原眼科医护人员可以加入徐州复兴工作。收益及费用结算方面，签订之日起第一个合作年度，徐州复兴支付给徐医附三院 60 万元作为保底收益；自第二个合作年度起，徐州复兴支付 120 万元作为徐医附三院保底收益，另外根据约定的合作收入比例提取收益：年医疗总收入数 3000 万元以上，医疗总收入数 ×3%；年医疗总收入数 5000 万元以上，医疗总收入数 ×4%；年医疗总收入数 8000 万元以上，医疗总收入数 ×6.5%；年医疗总收入数 10,000 万元以上，医疗总收入数 ×10%。新设徐州复兴为独立法人，独立核算；由华厦眼科及嘉信美誉进行管理，投资购买先进设备等。

2021 年 1 月 18 日，徐州市卫生健康委员会向徐医附三院、徐州复兴下达《关于对政府督查室交办单〔2020〕616 号责成整改的通知》，要求：①徐医附三院变更其机构许可性质为非营利性（政府办）；②徐州复兴变更其单位设置人；③两家机构终止其合作协议，徐医附三院编制内 4 位眼科执业医师变更其执业地点回原单位，双方做好善后工作。

（4）上海和平

根据复旦大学附属眼耳鼻喉医院相关人员说明，因当时国内青少年近视情况愈发严重，眼科诊疗技术和设备相对落后，为提升当地眼科诊疗的技术实力，为国家培养眼科相关的人才，满足当地市民眼科就诊需求，相关方共同设立上海和平，复旦大学附属眼耳鼻喉医院提供部分技术人员对上海和平的设立和发展进行支持，并参与投资上海和平。2002 年 10 月，上海商投创业投资有限公司、复旦大学附属耳鼻喉科医院、上海宏阳实业有限公司、吴某、韩某、朱某、夏某发起设立上海和平。相关各方未单独签署合作协议。2010 年 12 月，华厦眼科通过增资的方式入股上海和平。复旦大学附属眼耳鼻喉科医院目前持有上海和平 6.25% 股权，华厦眼科持有上海和平 90.625% 股权。

上海和平尚未收到当地卫生健康主管部门就公立医院与社会资本合作举办营利性医疗卫生机构事宜出具的整改通知。

经访谈复旦大学附属眼耳鼻喉科医院相关人员，政府主管部门尚未要求复旦大学附属眼耳鼻喉科医院对持有的上海和平的股权进行清理。若未来生效的法律、行政法规或者政府规章规定及主管部门要求其不再持有上海和平的股权，则复旦大学附属眼耳鼻喉科医院将根据相关规定和要求对所持股权作出妥善安排。复旦大学附属眼耳鼻喉科医院没有为上海和平的管理、经营场所设置、医师配置、合作科室、设备、对外宣传等方面提供便利条件，与上海和平在业务、资产、机构、人员、财务上均是独立的，复旦大学附属眼耳鼻喉科医院允许该单位的医生在上海和平等多家医院进行多点执业。

综上，2020 年 6 月 1 日《基本医疗卫生与健康促进法》正式实施，对合作办医模式产生了冲击。目前，部分合作医院已在尝试新的合作模式，例如，公立医院与社会资本共同设立其他形式的营利法人并通过该营利法人设立营利性医疗卫生机构，目前该种模式暂未发现被主管部门予以处罚的记录。但是华厦眼科医院涉及四家与公立医院合作的子公司，其中福州眼科已终止其与公立医院的合作，而镇江康复、徐州复兴已收到整改通知书，并进行相应的整改，包括但不限于场地搬迁、执业人员回到原工作医院等，而上海和平由于公立医院仅存在持股行为，不存在场地、人员等问题，目前暂未收到相关整改通知。

（三）高校冠名

1. 高校冠名的相关规定

高校冠名指的是企业在其名称或其标识中使用大学名称的行为。医疗行业中，比较常见的高校冠名形式为在医院的名称中加入大学的名称，如北京大学人民医院、北京大学口腔医院、南京医科大学附属无锡人民医院、南京医科大学附属友谊整形外科医院、上海交通大学附属仁济医院等。

高校冠名的医院与其冠名的高校之间常用附属两个字作为连接，其中附属关系在实质上可分为两种：直属附属与非直属附属。直属附属即实际附属，高校与医院之间的关系为上下级关系，一般医院为其高校医学院下面的二级学院，医院里的医生在高校中一般有担任教学职位。非直属附属即名义附属，高校与医院之间为合作伙伴关系，冠名是一种合作关系的外在体现，但是两者之间的行政系统和财政系统完全独立。

《普通高等医学教育临床教学基地管理暂行规定》（以下简称《临床教学暂行规定》）对附属医院、教学医院、实习医院的主要教学任务、应具备的基本条件等作出了明确规定。

《临床教学暂行规定》第28条规定:“国家教育委员会、卫生部、国家中医药管理局联合公布《全国高等医学院校附属医院名册》《全国高等医学院校教学医院名册》”;第29条规定:“各省、自治区、直辖市教委、高教局、教育厅(局)、卫生厅(局)、中医药管理局联合组成本省、自治区、直辖市高等医学院校附属医院和教学医院审定工作组。有关部委参加其所辖高等学校所在地的工作组。工作组的职责是:负责所辖高等医学院校附属医院和教学医院管理的协调工作,指导附属医院、教学医院和实习医院的发展建设审定位于本省、自治区、直辖市内高等医学院校附属医院并报国家教育委员会备案,同时按医院类别抄报卫生部或国家中医药管理局。负责位于本省、自治区、直辖市内高等医学院校教学医院的审定工作,将审定意见及有关资料按医院类别报卫生部、国家中医药管理局备案,同时抄报国家教育委员会”;第30条规定:“申报教学医院应与协作的高等医学院校先签署正式协议,待履行审定、备案手续后执行。解除协议亦要履行同样手续。”

《教育部直属高等学校国有资产管理暂行办法》第18条规定:“高校应当坚持安全完整与注重绩效相结合的原则,建立国有资产有偿使用制度,积极推进国有资产整合与共享共用,提高国有资产使用效益。”

《教育部直属高等学校国有资产管理暂行办法》第20条规定:“高校应当加强对本单位专利权、商标权、著作权、土地使用权、非专利技术、校名校誉、商誉等无形资产的管理,依法保护,合理利用,并按照国家有关规定及时办理入账手续,加强管理。”

除此以外《医疗机构管理条例》《医疗机构管理条例实施细则》等法律、行政法规和部门规章,未规定附属医院名称中的高校需持有该医院的股份,亦未规定营利性医院不能成为高校的附属医院。

在实践中,高校主要在遵守上述相关法律法规的前提下,根据其自身的实际情况,制定对外冠名的相关制度,管理其冠名的相关行为。

2. 高校冠名的相关案例

(1) 北京大学

北京大学经2004年1月13日第520次校长办公会讨论通过《关于规范北京大学“企业冠名权”的规定》(以下简称《北京大学“企业冠名权”规定》)。为贯彻国务院国办函〔2001〕58号文件精神、维护北京大学权益,同时根据北京大学产业实际情况和保证企业持续健康稳定发展，北京大学规范“企业冠名权”实行分类管理、分类收费。北京大学冠名的企业既包括原北京大学企业，如北京北大方正集团，也包括北京大学与北京医科大学合并后北京大学医学部批准设立的企业，如北京北大药业有限公司。

《北京大学“企业冠名权”规定》中对“企业冠名权”作出如下定义：北京大学“企业冠名”是指企业在其名称及其标识中使用北京大学名称的行为。北京大学名称包括北京大学中、英文的全称、简称及其汉语拼音与图形以及其他北京大学所独有的标识性文字与图案或其组合，如北京大学、北大、Peking University、Beijingdaxue、Beijing University、PKU、BEIDA 等。

《北京大学“企业冠名权”规定》中明确对冠名企业实行分类管理、分类收费。①针对北京大学四大支柱企业：北京北大方正集团、北京北大资源集团、北京市北大青鸟软件系统公司和北京北大未名生物工程集团有限公司等北京大学四大支柱企业可以保留北京大学“冠名”至 2008 年 12 月 31 日，但须每年向北京大学上缴“冠名费”1000 万元人民币。②针对北京大学四大支柱企业和科技园之下属企业及其他企业：一是原则上不允许使用“北大”冠名，这些企业应自本规定施行之日起六个月内取消北京大学冠名。二是特例：对于取消北京大学冠名确有困难的企业，经北京大学批准可以保留北京大学“冠名”至 2008 年 12 月 31 日，但须在 2004 年 12 月 31 日之前向北京大学上缴“冠名费”100 万元人民币，并在前一年度“冠名费”的基础上逐年递增 100 万元人民币，即 2005 年 12 月 31 日前向北京大学上缴“冠名费”200 万元人民币，2006 年 12 月 31 日前向北京大学上缴“冠名费”300 万元人民币，2007 年 12 月 31 日前向北京大学上缴“冠名费”400 万元人民币，2008 年 12 月 31 日前向北京大学上缴“冠名费”500 万元人民币。③针对新设企业：新设企业一律不允许冠名“北大”。

对于收取的冠名费用如何管理，《北京大学“企业冠名权”规定》规定：北京大学医学部批准设立的企业上缴北京大学“冠名费”至北京大学医学部计财处，由北京大学医学部支配；其他企业上缴北京大学“冠名费”至北京大学校办产业管理委员会办公室，由北京大学支配。

另外《北京大学“企业冠名权”规定》要求其规定中提及的应去掉“北大”冠名的公司，在去掉“北大”冠名之前，停止股权转让（不含将北京大学持有的股权向资产经营公司划转）。

同时《北京大学“企业冠名权”规定》中规定：北京大学医学部批准设立的企业由北京大学医学部负责管理和监督；其他企业由北京大学校办产业管理委员会办公室负责管理与监督。四大支柱企业管理层对执行该规定负有行政责任。通过上述部门对企业冠名的相关事项进行管理和监督。

对于冠名“北医”的企业，北京大学医学部“企业冠名权”相关规定由北京大学医学部依照《北京大学“企业冠名权”规定》制定相应的管理办法。

根据上述规定，北京大学医学部经2004年8月31日医学部第25次部务办公会研究，同意《关于规范冠用北京大学（医学部）名称的规定（试行）》的颁布。针对北京大学医学部直属、挂靠单位、组织（包括研究院所）及附属、教学医院等在合作、交流当中，合作单位、组织和北京大学医学部管理的全资、控股、参股企业冠用北京大学（医学部）名称的行为进行了规定，规定了北京大学（医学部）名称使用既包括营利性使用，也包括非营利使用，但原则上不支持营利性使用。如有营利性使用则必须实行有偿制且应明确规定使用期限。同时对于冠名的条件、不同类型企业的冠名期限、冠名费用及其他费用的收取和使用要求、审查、管理和监督进行了规定。

据北京大学医学部官网公布，截至目前北京大学医学部冠名的医院清单及医院性质如表2－18所示。

表2－18　医院清单及性质

医院性质	医院名称
直属附属医院	北京大学第一医院（北京大学第一临床医学院）
直属附属医院	北京大学人民医院（北京大学第二临床医学院）
直属附属医院	北京大学第三医院（北京大学第三临床医学院）
直属附属医院	北京大学口腔医院（北京大学口腔医学院）
直属附属医院	北京大学肿瘤医院（北京大学临床肿瘤学院）
直属附属医院	北京大学第六医院（北京大学精神卫生研究所）
共建附属医院	北京大学深圳医院
共建附属医院	北京大学首钢医院
共建附属医院	北京大学国际医院（北京大学第八临床医学院）

续表

医院性质	医院名称
共建附属医院	北京大学滨海医院（天津市第五中心医院）
教学医院	北京大学第四临床医学院（北京积水潭医院）
教学医院	北京大学第五临床医院（北京医院）
教学医院	北京大学中日友好临床医院（中日友好医院）
教学医院	北京大学第九临床医学院（北京世纪坛医院）
教学医院	北京大学航天临床医学院（北京航天中心医院）
教学医院	北京大学民航临床医学院（民航总医院）
教学医院	北京大学回龙观临床医学院（北京回龙观医院）
教学医院	北京大学中医药临床医学院（西苑）（中国中医科学院西苑医院）
教学医院	北京大学三〇二临床医学院（解放军总医院第五医学中心）
教学医院	北京地坛医院教学医院（北京地坛医院）
教学医院	北京大学首都儿科研究所教学医院（首都儿科研究所）
教学医院	北京大学北京京煤集团总医院教学医院（北京京煤集团总医院）
教学医院	北京大学北京仁和医院教学医院（北京仁和医院）
教学医院	北京大学解放军三〇六医院教学医院（战略支援部队特色医学中心）
教学医院	北京大学海淀区教学医院（北京市海淀医院/北京大学第三医院海淀院区）

（2）厦门大学

据厦门大学官网公布所示，经厦门大学授权使用“厦门大学”字样的附属组织、单位及直接投资企业的主要情况如表 2－19 所示。

表 2－19 主要情况

序号	附属机构名称	基本情况	冠名背景	厦门大学内外部审批程序
1	厦门眼科中心	2004 年获评国家三级甲等专科医院，系由公司全资控股的营利性医疗机构	厦门大学的非直属附属医院	已经获得卫生部门批准并复审合格，获得厦门大学的授权许可

续表

序号	附属机构名称	基本情况	冠名背景	厦门大学内外部审批程序
2	厦门大学附属第一医院	由厦门市卫生健康委员会作为举办人的事业单位	厦门大学的非直属附属医院	厦门大学及该附属机构公开信息未披露
3	厦门大学附属中山医院	三级甲等综合性医院，系由厦门市卫生健康委员会作为举办人的事业单位	厦门大学首家附属医院，承担厦门大学医学院的多项临床专业课程教学工作，也是厦门大学博士、硕士研究生培养单位	厦门大学及该附属机构公开信息未披露
4	厦门大学附属心血管病医院	三级心血管病专科医院，系由厦门市卫生健康委员会作为举办人的事业单位	厦门大学非直属附属医院	厦门大学及该附属机构公开信息未披露
5	厦门大学附属翔安医院	三级甲等综合性医院，系厦门市政府与厦门大学按照三级甲等医院标准共同出资建设，由厦门大学作为举办人的事业单位	厦门大学唯一的直属附属医院	经教育部审批作为厦门大学的直属附属医院，并已与厦门大学正式签订合作协议
6	厦门大学附属成功医院	厦门大学及该附属机构公开信息未披露	厦门大学及该附属机构公开信息未披露	厦门大学及该附属机构公开信息未披露
7	厦门大学附属福州第二医院	三级甲等医院，由福州市卫生健康委员会作为举办人的事业单位	厦门大学非直属附属医院	厦门大学及该附属机构公开信息未披露

续表

序号	附属机构名称	基本情况	冠名背景	厦门大学内外部审批程序
8	厦门大学附属东南医院	三级甲等医院，系军队医院	厦门大学及该附属机构公开信息未披露	厦门大学及该附属机构公开信息未披露
9	厦门大学附属东方医院	厦门大学及该附属机构公开信息未披露	厦门大学及该附属机构公开信息未披露	厦门大学及该附属机构公开信息未披露
10	厦门大学附属妇女儿童医院	三级甲等医院，由厦门市卫生健康委员会作为举办人的事业单位	厦门大学及该附属机构公开信息未披露	厦门大学及该附属机构公开信息未披露
11	厦门大学附属科技中学	公立中学，系由厦门市教育局作为举办人的事业单位	厦门市政府与厦门大学联合创办的公办特色学校	厦门市政府与厦门大学已就冠名事项签署协议，并经厦门市教育局审批同意其学校名称
12	厦门大学附属第二中学	公立中学，系由厦门市教育局作为举办人的事业单位	厦门大学与厦门市教育局于2016年9月22日签署合作协议，正式授牌学校成立了厦门大学附属第二中学	厦门大学及该附属机构公开信息未披露
13	厦门大学附属实验小学	公立小学，系由漳州招商局经济技术开发区教育局作为举办人的事业单位	由厦门大学和漳州招商局经济技术开发区合作创办	厦门大学及该附属机构公开信息未披露
14	厦门大学附属实验中学	公立中学，系由招商局漳州开发区管委会作为举办人的事业单位	由厦门大学和漳州招商局经济技术开发区联合创办	厦门大学及该附属机构公开信息未披露

续表

序号	附属机构名称	基本情况	冠名背景	厦门大学内外部审批程序
15	厦门大学附属演武小学	公立小学，系由厦门市思明区教育局作为举办人的事业单位	由社会捐助和厦门大学等方面联合办学	厦门大学及该附属机构公开信息未披露
16	厦门大学附属音乐学校	音乐特色学校及中等音乐学校，系由厦门市教育局作为举办人的事业单位	厦门大学及该附属机构公开信息未披露	厦门大学及该附属机构公开信息未披露
17	厦门大学资产经营有限公司	厦门大学投资设立的国有独资有限责任公司，厦门大学持股100%	厦门大学下属的投资运营平台	厦门大学及该有限公司公开信息未披露
18	厦门大学国际学术交流中心有限公司	厦门大学直属会议服务与保障机构，厦门大学持股100%	厦门大学下属的学校会议服务保障机构	厦门大学及该有限公司公开信息未披露
19	厦门大学电子出版社有限责任公司	厦门大学持股100%	厦门大学下属的出版社	厦门大学及该有限公司公开信息未披露

（3）部分其他高校附属医院

表2－20　其他附属医院

序号	工商名称	医院名称
1	武汉爱尔眼科医院有限公司	武汉大学附属爱尔眼科医院/武汉爱尔眼科医院
2	广州爱尔眼科医院有限公司	暨南大学附属广州爱尔眼科医院/广州爱尔眼科医院

续表

序号	工商名称	医院名称
3	深圳爱尔眼科医院	暨南大学附属深圳爱尔眼科医院/深圳爱尔眼科医院
4	东莞爱尔眼科医院有限公司	暨南大学附属东莞爱尔眼科医院/东莞爱尔眼科医院
5	合肥爱尔眼科医院有限公司	安徽医科大学附属爱尔眼科医院蜀山院区/合肥爱尔眼科医院
6	北京三博脑科医院有限公司	首都医科大学三博脑科医院
7	温州康宁医院股份有限公司	温州康宁医院/温州医科大学附属康宁医院
8	东莞东华医院有限公司	东莞东华医院/中山大学附属东华医院
9	苏州九龙医院股份有限公司	上海交通大学医学院附属苏州九龙医院
10	延安大学咸阳医院有限公司	延安大学咸阳医院/延安大学医学院第三附属医院
11	南京明基医院有限公司	南京明基医院/南京医科大学附属明基医院
12	南京同仁医院有限公司	南京同仁医院/东南大学医学院附属医院

注：高校的附属机构清单一般会在其高校的官网进行公示，若想了解其他高校的附属机构，可登录其高校官网进行查询，本文中不再一一罗列。

3. 医疗机构名称使用规范

从上文中可以发现，在医疗行业中存在部分医疗机构拥有两个名称的情况。医疗机构的名称命名应当符合哪些要求？如何才能拥有两个名称？第一名称和第二名称的使用是否有区别呢？《医疗机构管理条例实施细则》对上述行为和问题进行了规范和解答。

对医疗机构的命名要求，主要体现在《医疗机构管理条例实施细则》第4章。医疗机构的名称核准、登记单位为卫生行政管理部门。

《医疗机构管理条例实施细则》第39条规定：医疗机构开业、迁移、更名、改变诊疗科目以及停业、歇业和校验结果由登记机关予以公告。

《医疗机构管理条例实施细则》第40条规定：医疗机构的名称由识别名称和通用名称依次组成。医疗机构的通用名称为：医院、中心卫生院、卫生院、疗养院、妇幼保健院、门诊部、诊所、卫生所、卫生站、卫生室、医务室、卫生保健所、急救中心、急救站、临床检验中心、防治院、防治所、防治站、护理院、护理站、中心以及国家卫生计生委规定或者认可的其他名称。医疗机构可以下列名称作为识别名称：地名、单位名称、个人姓名、医学学科名称、医学专业和专科名称、诊疗科目名称和核准机关批准使用的名称。

《医疗机构管理条例实施细则》第47条规定：医疗机构只准使用一个名称。确有需要，经核准机关核准可以使用两个或者两个以上名称，但必须确定一个第一名称。

《医疗机构管理条例实施细则》第51条规定：医疗机构的印章、银行帐户、牌匾以及医疗文件中使用的名称应当与核准登记的医疗机构名称相同；使用两个以上名称的，应当与第一名称相同。

根据《关于城镇医疗机构分类管理的实施意见》的规定，取得医疗机构执业许可证的营利性医疗机构，按有关法律法规还需到工商行政管理、税务等有关部门办理相关登记手续。

那么营利性医疗机构的工商登记名称是否必须与医疗机构执业许可证名称相一致呢?

公司制的工商企业的命名要求主要体现在《公司法》及《企业名称登记管理规定》，其名称核准、登记单位为市场监督管理部门。

《公司法》第8条规定：依照本法设立的有限责任公司，必须在公司名称中标明有限责任公司或者有限公司字样。

《企业名称登记管理规定》第6条规定：企业名称由行政区划名称、字号、行业或者经营特点、组织形式组成。跨省、自治区、直辖市经营的企业，其名称可以不含行政区划名称；跨行业综合经营的企业，其名称可以不含行业或者经营特点。

上述法规并未要求营利性医疗机构的工商登记名称须与医疗机构执业许可证名称一致。

因此，医疗机构经核准机关核准可以使用两个或者两个以上名称，但必须确定一个第一名称。医疗机构的印章、银行账户、牌匾以及医疗文件中使用的名称应当与核准登记的医疗机构名称相同；使用两个以上名称的，应当与第一名称相同。截至目前，暂未有文件名称规定营利性医疗机构的工商登记名称须与医疗机构执业许可证名称完全一致。

4. 华厦眼科的高校冠名情况

华厦项目中，厦门大学附属厦门眼科中心（以下简称厦门眼科）和厦门大学之间的关系即属于非直属附属关系，双方通过签署《厦门大学附属医院协议书》，约定厦门眼科中心成为厦门大学的无行政隶属关系的附属医院。

2006 年 6 月 7 日，厦门大学为了加强临床教学基地建设，培养高质量的医学专门人才和加强临床科研工作，厦门眼科中心为了加强学科建设、提高学术人才和医疗技术水平，双方签署《厦门大学附属医院协议书》，约定厦门眼科中心成为厦门大学的无行政隶属关系的附属医院，“厦门大学附属厦门眼科中心”作为厦门眼科中心的第二名称；协议期限为 5 年（2006 年 6 月 7 日至 2011 年 6 月 7 日）。2007 年 1 月 19 日，福建省卫生厅出具闽卫函〔2007〕31 号福建省卫生厅《关于同意厦门眼科中心作为厦门大学非行政隶属附属医院的复函》，规定：“为加强我省高等医学院校教学工作，进一步提高医学教育质量，以适应医学教育事业发展的需要，我厅组成厦大非行政隶属附属医院评估专家组，对厦门眼科中心进行了评估”并“同意厦门眼科中心作为厦门大学非行政隶属医院，使用‘厦门大学附属厦门眼科中心’名称。”2007 年 6 月 4 日，福建省卫生厅出具闽卫函〔2007〕352 号福建省卫生厅《关于同意厦门眼科中心变更名称的批复》，同意厦门眼科中心将名称变更为厦门大学附属厦门眼科中心，并作为医院的第一名称。

2009 年 4 月 6 日，厦门大学和厦门眼科中心签署《厦门大学附属医院补充协议》，约定厦门大学同意厦门眼科中心将“厦门大学附属厦门眼科中心”作为第一名称，用于开展临床医疗、教学和科研与学术交流等活动；补充协议期限 5 年（自协议生效之日计算）。2016 年 10 月 27 日，厦门眼科中心与厦门大学签署协议，约定厦门眼科中心作为厦门大学的非隶属附属医院的名称为“厦门大学附属厦门眼科中心”；厦门眼科中心作为厦门大学的人才培训基地，承担厦门大学有关临床教学工作、担任指导研究生工作及相关科学研究工作。协议有效期为 5 年，协议期满前 3 个月，由双方友好协商续签协议事宜。如双方无异议，该协议有效期将自动顺延。双方确认 2006 年 6 月 7 日签署的《厦门大学附属医院协议书（厦门大学附属厦门眼科中心）》及 2009 年 4 月 6 日签署《厦门大学附属医院补充协议书》到期后至该协议生效前双方的合作无任何异议及潜在纠纷。

根据福建省卫生厅、福建省教育厅《关于加强普通高等医学院校临床教学基地管理的通知》，非直属医院和教学医院实行动态管理，每四年进行一次重新评审。根据福建省卫生健康委员会和福建省教育厅于2018年12月14日发布福建省卫健委福建省教育厅《关于公布2018年福建省普通高等医学院校临床教学基地名单的通知》（闽卫科教〔2018〕110号），经专家评审，厦门眼科中心作为厦门大学的非直属附属医院复审合格，有效期4年。

厦门眼科中心以“厦门大学附属厦门眼科中心”作为医院名，厦门大学和厦门眼科中心在资源互补、合作共进的基础上，经过相关行政部门审批确认，具备合理性和合法性，已经获得厦门大学的授权许可。

厦门大学于2020年12月18日印发的《厦门大学校名、校标使用管理办法》第6条及第9条规定：使用厦门大学校名、校标应当报校长办公会审议，经许可使用校名、校标的任何单位和个人，应当与学校签订相关使用协议。上述管理办法并未明确要求该管理办法发布前使用校名、校标且仍在合同合作有效期内的情况需要重新履行内部审批程序。根据厦门大学会议纪要（厦大办纪要〔2006〕10号），2006年5月，厦门大学第10次校长办公会议同意接受厦门眼科中心作为厦门大学非隶属附属医院。综上，厦门眼科中心作为厦门大学的非直属附属医院于2006年已经厦门大学内部审议同意，厦门眼科中心作为厦门大学的非直属附属医院并使用“厦门大学附属厦门眼科中心”作为医院名称，已经厦门大学内部审议同意，且厦门眼科中心已与厦门大学就此签署合作协议，已履行了相关的内部程序。

《教育部直属高等学校国有资产管理暂行办法》第18条规定：“高校应当坚持安全完整与注重绩效相结合的原则，建立国有资产有偿使用制度，积极推进国有资产整合与共享共用，提高国有资产使用效益。”《教育部直属高等学校国有资产管理暂行办法》第20条规定，“高校应当加强对本单位专利权、商标权、著作权、土地使用权、非专利技术、校名校誉、商誉等无形资产的管理，依法保护，合理利用，并按照国家有关规定及时办理入账手续，加强管理”。

根据2016年10月27日厦门眼科中心与厦门大学签署的合作协议可知，协议双方并未约定厦门眼科中心在使用“厦门大学附属厦门眼科中心”名称时需直接向厦门大学支付对价。针对该情况，华厦眼科承诺：如未来厦门大学要求本公司或本公司下属子公司厦门眼科中心进一步直接支付一定的冠名使用费，本公司将与厦门大学积极协商，并愿意在合理对价范围内支付冠名使用费。

鉴于前期合作协议已到期，厦门大学与厦门眼科中心合作协议的签署流程于2021年6月启动。2021年6月8日，厦门眼科中心取得换发后的营业执照，登记名称为“厦门眼科中心有限公司”。根据厦门眼科中心于2021年1月26日取得的《医疗机构执业许可证》，厦门眼科中心登记有两项医疗机构名称，分别为“厦门大学附属厦门眼科中心”“厦门眼科中心”。经过协商，2021年6月18日，厦门大学与厦门眼科中心合作协议正式签署，双方根据协议条款延续合作关系。

因此，在2021年6月前，厦门大学冠名厦门眼科中心，厦门眼科中心成为厦门大学的非隶属附属医院。厦门大学助力厦门眼科中心加强学科建设、提高学术人才和医疗技术水平。厦门眼科中心作为厦门大学的人才培养基地，虽未直接支付厦门大学冠名费，但是为厦门大学承担了教学、科研等相关义务，为厦门大学眼科医学专业的科研、教学提供了相关资金、技术、专业人员支持，为厦门大学加强临床教学基地建设，培养高质量的医学专门人才和加强临床科研工作提供支持。同时，厦门眼科中心作为全国范围内知名的三级甲等眼科专科医院，为厦门大学的眼科医学学科建设作出了一定贡献，系双方共赢的合作关系。后续虽然厦门眼科中心变更其工商名称为“厦门眼科中心有限公司”，但是其医疗机构名称中，仍保留了“厦门大学附属厦门眼科中心”。

（四）结论

医院项目的特殊性，导致其法律问题的特殊性。华厦眼科上市项目中，其租赁物业的瑕疵、合作办医事项的整改以及高校冠名事宜，是IPO审核机构关注的重点问题，也是项目组成员在整个项目申报过程中着重论证和不断研究的部分，希望在给其他医疗行业的企业的法律服务过程中带来一定的借鉴意义。

六、上海谊众[1]

——未盈利生物医药企业的科创板上市要点

（一）产品与技术——生物医药企业的核心

1. 审核关注要点

科创板淡化盈利要求，并不代表其不关注企业的发展前景，科创板定位主要在于其“科创”属性，要求企业主要依靠核心技术开展生产经营。对于未盈利生物医药企业重技术、重研发的特征，上交所更多关注企业的业务、技术及创新

① 沈国兴，环境科学硕士，锦天城律师事务所合伙人。

性，以进一步让市场对未盈利企业的价值作出判断。因此，核心产品及技术科创属性作为生物医药企业的基础，也自然成为未盈利生物医药企业上市的审核重点。

从已上市案例来看，采用第五套标准在科创板上市的未盈利生物医药企业都为创新型生物制药公司，均具有代表生物医药技术前沿的核心产品，产品涵盖肿瘤免疫治疗、代谢类疾病、炎症或自身免疫性疾病、神经系统疾病、疫苗等多个领域。

总体来看，针对产品与技术，审核中心对未盈利生物医药企业的审核关注点主要包括以下几个方面：

（1）生物医药企业核心技术的先进性及来源是监管机构的核心关注点，拟上市未盈利生物医药企业需要充分披露现有核心技术的先进性及其在境内外发展水平中所处的位置，并说明核心技术是否存在被国际、国内市场上其他技术替代、淘汰的风险，核心技术是否能够支撑所有在研产品管线的顺利推进及未来产品的研发；同时，拟上市未盈利生物医药企业需充分披露核心技术的来源，系自主研发、合作研发还是外部授权，说明其形成或取得过程是否合法合规。

（2）拟上市未盈利生物医药企业的研发实力也是监管机构的关注重点，在问询阶段，监管机构通常会要求公司补充披露其研发实力，说明核心产品和储备药物系自行研发还是外部引进授权，说明与CRO企业的合作情况，包括具体采购金额、是否存在依赖性、研发外包机构对储备产品研发的贡献程度、知识产权归属等。

（3）核心技术人员是未盈利生物医药企业能否持续发展的关键要素，核心技术的发明、维持和再升级都离不开核心技术人员，因此有关核心技术人员的认定、待遇及稳定性也是监管机构的关注重点。

（4）未盈利生物医药企业的产品管线进展及市场竞争情况也是监管机构着重关注的问题，拟上市未盈利生物医药企业需要在招股说明书中充分披露各在研管线的审批进度，说明进入临床试验阶段的主要产品在境内外的竞争情况以及未来上市后的市场空间、竞争优势、发展前景及收益情况，充分披露各在研产品存在的风险。

在科创板审核过程中，未盈利生物医药企业需要详细披露相关情况：

（1）在核心技术的先进性及来源方面，披露专利的权属情况，专利、非专利技术、商业性权利的形成或取得过程的合法合规情况，涉及职务发明的情况，以及相关人员是否存在违反竞业禁止或保密规定或约定的情形；

（2）在研发实力方面，披露核心技术是否存在对CRO公司的依赖，持续经营能力是否依赖于CRO和合作研发或相关单位，CRO和合作研发事项是否存在纠纷或潜在纠纷；

（3）在核心技术人员方面，披露核心技术人员在企业的职责和定位，在企业技术研发领域所发挥的作用，所参与的企业研发活动情况；

（4）在产品管线进展及市场竞争情况方面，披露产品所在市场已上市药物数量、临床阶段竞品数量、产品渗透空间等；产品研发所使用的技术平台的权属情况，与海内外其他创新药企业的合作情况。

2. 上海谊众的产品及技术

在上海谊众的审核过程中，审核中心详细问询了上海谊众产品的研发进展，包括技术的先进性，参与“重大新药创制”科技重大专项项目的具体情况，临床试验的设计、对照药的选择和使用剂量、不同类型紫杉醇类药物的疗效等，使用的辅料等问题。上海谊众充分披露了紫杉醇胶束产品的研发进展，临床试验数据等。

药物研发应以患者需求为核心，以临床价值为导向已经成为普遍共识。2021年7月2日，国家药监局药品审评中心（CDE）发布了《以临床价值为导向的抗肿瘤药物临床研发指导原则（征求意见稿）》（以下简称《指导原则》），从患者需求的角度出发，对抗肿瘤药物的临床研发提出建议，以期指导申请人在研发过程中，落实“以临床价值为导向，以患者为核心”的研发理念，为促进抗肿瘤药物科学有序的开发提供参考。

上海谊众的紫杉醇胶束产品较好地体现了“以患者需求为核心，以临床价值为导向”的研发理念。紫杉醇胶束产品虽然不属于创新药，为剂型改良型新药，但具有良好的安全性和耐受性，具有明显的临床优势，因此，在临床试验和药品注册过程中进展较为顺利。上海谊众的紫杉醇胶束Ⅲ期临床试验结果确证，对于晚期一线NSCLS患者，与普通紫杉醇注射液联合顺铂相比，紫杉醇胶束联合顺铂在客观缓解率（ORR）、无进展生存期（PFS）达到了显著的临床获益，并有总生存期（OS）延长的趋势，并在临床使用剂量大幅提升的情况下，具有相对更好的安全性。良好的安全性和显著的疗效使紫杉醇胶束作为一种新型的抗肿瘤化疗药物，将成为抗肿瘤化疗的新选择，具备明确的临床价值。

（二）市场及商业化——生物医药企业的未来

1. 审核关注要点

科创板同样注重企业的“持续经营能力”，未盈利生物医药企业在研产品的市场及商业化关系到企业核心技术的“变现能力”，是保证未盈利生物医药企业上市后“持续经营能力”的重要因素。因此，除“产品与技术”外，“市场及商业化”也是监管机构对未盈利生物医药企业上市的另一个审核关注点。

从已上市案例来看，采用第五套标准在科创板上市的多家未盈利生物医药企业均被多次反馈提及产品的市场及商业化安排，包括新药上市后的业务和经营模式、营销计划、销售团队规模、经验、销售策略，产品收录入国家、省级医保目录所需平均时间以及有效期限，以及核心产品商业化的成本和预计时间表，新药上市后可能面临的商业化风险等。

在科创板审核过程中，未盈利生物医药企业需要详细披露相关情况：

（1）披露市场营销团队的建设情况，营销负责人的商业化运营经验，以及产品销售推广的途径和方式；

（2）结合原研药物及其他竞争产品的市场情况、自有核心产品的临床优势，披露产品的差异化市场战略；结合国内市场特点及竞争对手价格，以及患者可及性、患者经济负担、支付手段、医保合作等领域合作情况，披露产品的定价情况。

2. 上海谊众的市场及商业化

上海谊众在审核过程中，审核中心详细问询了上海谊众产品的市场竞争情况、市场空间和商业化安排。

上海谊众紫杉醇胶束的适应症为非小细胞肺癌。根据世界卫生组织国际癌症研究机构（IARC）于2021年1月发布的2020年全球最新癌症负担数据显示，2020年肺癌是全球发病率第二的肿瘤，是男性发病率第一的肿瘤。2020年全球癌症死亡病例996万例，其中肺癌死亡180万例，远超其他癌症类型，位居癌症死亡人数第一。2020年中国癌症新发病例457万例，肺癌发病数高居第一。紫杉醇作为当前国内使用最广泛的广谱、经典抗肿瘤化疗药物，其临床疗效获得多个相关领域专家指南或诊疗指南的推荐，紫杉醇胶束相较其他紫杉醇剂型有更优的疗效和安全性，具备明确的临床优势。根据中国临床肿瘤学会指南工作委员会组织编写的《中国临床肿瘤学会（CSCO）原发性肺癌诊疗指南（2020 年版）》相关专家共识，早期阶段即Ⅰ期、Ⅱ期 NSCLC 主要采用放疗、化疗疗法，有基因驱动的 NSCLC 主要采用靶向药物，剩余病症中，紫杉醇是一线推荐最多的治疗方案。因为我国肺癌约 65% 诊断在中晚期，加之不断增多的发病率，紫杉醇作为一线用药有着最大的市场份额，未来该品种仍有较大潜力。

在审核过程中，上海谊众详细披露了肺癌治疗及紫杉醇市场，并根据新药上市审评进度，搭建市场营销团队，建立自有的销售渠道和队伍，待产品正式商业化销售，上海谊众将发挥产品临床优势，通过自营团队和渠道覆盖迅速产生销售收入。

3. 市场战略和商业化安排

国内已有 8 款免疫检查点抑制剂上市，包括 4 款国产 PD－1，2 款进口 PD－1 和 2 款进口的 PD－L1，国产 4 款 PD－1 已进入医保目录。上海谊众紫杉醇胶束上市后将面临较为复杂的市场环境，面临已上市产品在市场推广、已纳入医保、医生用药路径、药品先行者等方面的竞争优势。

在审核过程中，上海谊众详细披露了产品推广的市场战略，商业化安排，通过精准定位、合理定价，组建学术团队开展学术推广活动，通过多层次、多回合的学术交流和典型病例疗效分析，进行精准、定点推广。

（三）股权架构特点及上市地的选择

1. 未盈利生物医药企业的股权架构特点

生物医药企业普遍存在产品研发周期长、投入大、风险高的特点，产品在商业化前需要投入巨大的研发支出和生产成本，因此生物医药企业大都会通过多轮融资来获得外部资金的支持；同时，生物医药行业的研发人才较其他行业领域相对稀缺，企业在上市前通常会授予研发团队较高比例的激励股权，以起到稳定和激励研发团队、保护核心技术秘密的作用。因此，除个别公司外，采用第五套标准在科创板上市的多家未盈利生物医药企业在申请科创板上市时普遍存在创始股东股权比例相对较低的特点。

由于生物医药行业的特殊性，人才在企业发展中的作用尤为重要，大部分生物医药企业在上市前都会实施高额的股权激励计划。从已上市的多家未盈利生物医药企业案例来看，监管机构的审核重点一般集中在股权激励计划的内容、员工持股平台的设立及出资情况，股权激励计划对经营状况、财务状况、控制权变化等方面的影响，以及股份支付费用的会计处理。

2. 国内科创板、香港联交所和美国纳斯达克之比较

科创板、香港联交所和美国纳斯达克是目前生物医药企业通常会选择的三个上市板块（如表 2－21 所示）。

表 2－21　相关比较

上市板块	板块特点
科创板	1. 政策鼓励及行业倾向：重点支持新一代信息技术、高端装备、新材料、新能源、节能环保以及生物医药等高新技术产业和战略性新兴产业，生物医药企业是重点支持的“六大行业”之一； 2. 上市标准灵活：采用五套上市标准，其中第五套标准契合生物医药行业发展规律； 3. 首发市盈较高：从平均数据来看，首发市盈率高于创业板注册制在内的其他 A 股板块以及港股
香港联交所	1. 政策鼓励及行业倾向：对生物医药企业上市有专项的政策，鼓励生物医药企业赴港上市，联交所《上市规则》第 18A 章允许未有收入的生物科技公司赴港上市； 2. 募资能力强及再融资效率高：香港联交所的募资能力强，再融资效率也很高； 3. 兼顾本土化及国际化：香港扎根本土、面向世界，兼顾本土化和国际化的优势，沪港通及深港通也为内地及香港市场的投资者提供了直接进入对方市场的渠道
美国纳斯达克	1. 全球顶级资本市场：作为全球最成熟的资本市场之一，在总市值、流动性、募资能力、上市审核效率、再融资便捷性、上市制度灵活度及创新性、配套机制完善程度等方面都有着世界领先的水平； 2. 鼓励创新性企业上市：定位和设立的初衷就是吸引和支持创新性企业上市融资，美国也是目前最大的生物医药企业 IPO 市场，同时设有专门的生物科技指数（NBI 指数）以及相关 ETF； 3. 全球认可度高：能够助力对接全球顶级资源，在美国上市的生物科技公司获得投资者关注的机会更高，也更加容易获得美国当地科研机构、医疗机构的信赖，并建立合作关系，帮助企业进一步提升科技研发并增强公司实力，也更有利于企业的品牌塑造和推广

从科创板、香港联交所主板以及美国纳斯达克的板块特点中不难发现，全球主要资本市场都大力鼓励生物医药企业上市，生物医药企业越发成为科创板、我国香港特别行政区和美国资本市场 IPO 的主力军，不同股权架构的生物医药企业可以在不同资本市场或不同板块选择上市，有很大的选择空间。

此外，A 股科创板第五套标准、联交所《上市规则》第 18A 章等相关规定更是为未盈利生物医药企业的上市融资创造了条件，部分未盈利生物医药企业（如君实生物、康希诺、百济神州等）也会充分利用这一政策红利，选择先在港股或美股上市融资后再登录 A 股资本市场，谋求多地上市融资。

第三章 医疗健康企业境内外上市经典案例之二

一、开拓药业[①]

——红筹架构下的第一批 18A 生物医药企业

（一）开拓药业基本情况

开拓药业有限公司（开曼）［以下简称开拓药业（开曼）］在全球范围内多地设有子公司及分支机构，包括苏州、珠海、北京、上海、香港和美国北卡罗来纳州等，其中最早的境内子公司苏州开拓药业股份有限公司（以下简称开拓药业）成立于 2009 年。开拓药业专注于发展潜在“best - in - class”和“first - in - class”创新药物的研发及产业化，以雄激素受体（AR）和肿瘤相关疾病为核心，研发多通道产品组合，其产品覆盖全球高发病率癌症及其他未满足临床需求的疾病领域，包括新冠肺炎、前列腺癌、乳腺癌、肝癌、脱发和痤疮等。截至目前，开拓药业在全球已获得及正在申请的专利达 70 多项，且已有多个项目被列为国家“十二五”“十三五”“重大新药创制”专项。

2020 年 5 月 22 日，开拓药业正式在香港联交所主板挂牌上市，股票代码：09939. HK。开拓药业致力成为创新疗法研究、开发及商业化的领军企业，其股票自 2021 年初以来股价涨超 574%，成为香港生物医药行业表现最好的股票之一。此外，2021 年 8 月 20 日，开拓药业股票获恒生指数有限公司纳入恒生综合

① 李明文，法律硕士，锦天城律师事务所高级合伙人。

指数，并将于 2021 年 9 月 6 日起生效，成为被恒生指数认可的生物医药企业。

（二）开拓药业的资本市场之路

2009 年 3 月，开拓药业（开曼）的境内主要子公司苏州开拓设立于苏州工业园区的生物纳米园内。2016 年 4 月，开拓药业整体改制为股份有限公司，并于 2016 年 12 月在全国中小企业股份转让系统挂牌，证券代码：839419，证券简称：开拓药业。

2018 年年初，随着香港联交所正式修订《上市规则》，明确未盈利的生物医药企业在满足第 18A 章规定的条件下，可以申请在香港联交所主板上市。开拓药业在经过与投资者的深入探讨后，决定先在全国中小企业股份转让系统摘牌，之后前往香港联交所主板上市。

2018 年 5 月，开拓药业引入以松禾投资为领投人的 C 轮融资，该轮融资 2.88 亿元，锦天城律师作为松禾投资的律师全程参与了项目尽调，并协助松禾资本、贝欣投资、建银国际等完成了本轮融资。

鉴于锦天城律师在开拓药业 C 轮融资过程中的出色表现，随后开拓药业就香港上市事宜，聘请锦天城律师作为公司在香港主板上市的专项法律顾问，协助公司完成香港主板上市项目。

2018 年 5 月，开拓药业原计划以 H 股形式在香港主板上市，但是当时 H 股规则全流程政策尚在试点阶段，并未全面执行，且公司的创始人童某和郭某均为美籍华人，之后经公司董事会审慎决策，决议调整为通过红筹架构形式在香港联交所主板上市。

因开拓药业涉及多家投资者，红筹架构的搭建重组过程需要较长的时间，公司于 2019 年 5 月完成整个红筹架构的搭建，并于 2019 年中通过境外红筹架构的境外母公司开拓药业（开曼）完成约 4500 万美元 D 轮融资。2019 年 12 月，开拓药业正式向香港联交所递交了上市申请。2020 年 5 月，开拓药业成功在香港联交所主板上市，并完成了 18.6 亿元的募集资金，股票代码：09939. HK。

（三）开拓药业的历次融资里程碑

开拓药业自设立之初，便备受苏州工业园区及资本市场的关注，在苏州工业园区及生物纳米园的支持下，完成了多轮融资，具体情形如下。

1. 2011 年 6 月，开拓药业完成第一轮天使轮融资

2011 年年初，原点创投和融风投资作为公司的第一轮天使投资人分别投资

人民币125万元、125万元（合计250万元），分别占本次增资后注册资本的7.14%、7.14%，并于2011年2月经苏州工业园区国有资产监督管理办公室备案。2011年6月，开拓药业完成第一轮天使轮融资，融资金额人民币250万元。

原点创投是于2008年3月26日在中国成立的有限公司，由中新苏州工业园区创业投资有限公司全资拥有，主要专注投资保健、电讯、媒体及科技行业的初创企业。

2. 2012年9月，开拓药业完成第二轮天使轮融资

2012年8月，联想之星作为公司的第二轮天使轮投资人投资人民币950万元，占本次增资后注册资本的20%。2012年9月，开拓药业完成第二轮天使轮融资，融资金额人民币950万元。

联想之星是于2012年1月9日在中国成立的有限公司，由联想控股股份有限公司及一名资深投资者全资拥有，主要专注于投资保健、人工智能、电讯、媒体及科技行业的初创企业。其投资组合公司包括开拓药业、Coyote Bioscience、PegBio、MEDATC及Burning Rock等医疗卫生行业的公司。

3. 2014年8月，完成A轮融资

2014年6月，新建元投资人民币2000万元，占本次增资后注册资本的12.9%。2014年8月，开拓药业完成本次A轮融资，融资金额人民币2000万元。

新建元是于2013年10月28日在中国成立的有限合伙，由苏州工业园区元生创业投资管理有限公司及一名资深投资者管理，主要专注于投资早期及成长期生命科学及医疗产业。其投资组合公司包括广州康立明生物科技有限公司、苏州纳微科技股份有限公司等遍布新药、医疗技术、诊断及健康服务产业的公司。

4. 2015年9月，完成B轮融资

2015年9月，Highlight和泰弘景晖分别投资390万美元、210万美元（合计500万美元），占本次增资后注册资本的9.37%、5.05%。2015年10月，开拓药业完成本次B轮融资，融资金额人民币500万美元。

2017年7月，开拓药业向Highlight、泰弘景晖和中亿明源发行874,357股股票，合计增资3299.82万元。2015年10月，开拓药业完成本次B+轮融资，融资金额人民币3299.82万元。

Highlight是于2015年4月17日在香港注册成立的有限公司，由Highlight Capital Partners I L. P.（Corporation）全资拥有，主要专注于投资医疗保健公司。

泰弘景晖是于2014年7月22日在中国成立的有限合伙，由江苏弘晖股权投资管理有限公司间接管理，主要专注于投资医疗保健公司。

中亿明源是于2015年3月17日在中国成立的有限合伙，由苏州工业园区中亿明源创业投资管理有限公司管理。其提倡长期价值增长战略，同时注重对具有高增长潜力的企业家的投资。

5. 2018年5月，完成C轮融资

2018年3月，开拓药业向松禾资本、东证腾骢、贝欣基金、Highlight、建创投资、吉润投资、原点创投、拉萨庆喆等发行不超过3,240,149股股票，募集资金不超过2.88亿元，占本次增资后注册资本的14.15%。2018年5月，开拓药业完成本次C轮融资，融资金额人民币2.88亿元。

松禾资本是于2016年3月17日在中国成立的有限合伙，由深圳市松禾国际资本管理合伙企业（有限合伙）管理，主要专注于股权投资。

东证腾骢是于2016年4月8日在中国成立的有限合伙，由上海东方证券资本投资有限公司管理，主要专注于行业投资及投资管理。

贝欣基金是于2017年12月29日成立的有限合伙，由杭州贝加投资管理有限责任公司管理，专注于生命科学产业的投资。

建创投资是于2017年10月17日成立的有限合伙，由建创中民创业投资管理（昆山）有限公司管理，主要专注于风险资本。

吉润投资是于2017年6月29日在中国成立的有限合伙，由上海博润投资管理有限公司管理，主要专注于创业资金、股权投资及项目投资。

拉萨庆喆是于2016年6月30日在中国成立的有限合伙，由拉萨杉禾创业投资管理有限公司管理，主要专注于风险资本。

6. 2019年9月，完成D轮融资

2019年4月，开拓药业（开曼）向上海自贸区基金、珠海华金、建银科创等发融资4400万美元，占本次增资后注册资本的8.30%。2019年9月，开拓药业完成本次D轮融资，融资金额人民币4400万美元。

上海自贸区基金是于2015年5月19日成立的有限合伙，由上海自贸区股权投资基金管理有限公司管理，主要专注于股权投资、创投资金、资产管理、投资顾问及企业管理。上海国际机场股份有限公司（一家于上交所上市的有限公司，股票代码：600009）、中国信达资产管理股份有限公司及中国东方资产管理股份有限公司分别持有上海自贸区基金股权的约33.31%。

珠海华金是于2019年1月31日成立的有限合伙，由珠海华金领创基金管理有限公司管理，主要专注于股权投资、创业投资及基金管理。

建银科创是于2017年12月1日成立的有限合伙，由天津建银国际金禾股权投资管理有限公司管理，主要专注于非证券股权投资、创投资金、投资管理、资产管理及投资顾问。

北京亦融创是于2015年12月18日成立的有限合伙，由北京亦城宏泰科技投资管理有限公司管理，主要专注于科技投资、投资管理、项目管理及资产管理。

广州城发是于2014年3月24日成立的有限公司，由广州市财政局间接全资拥有。

成都高新科技自由贸易区是于2018年2月12日成立的有限合伙，由上海自贸区股权投资基金管理有限公司管理，主要专注于有关投资上市公司非公开买卖股权的咨询服务及买卖非上市公司证券。上海自贸区基金第3期及四川省创新创业股权投资基金合伙企业分别持有成都高新科技自由贸易区股权的47.62%。

Cheung Ming Ming 为个人投资者。

Sinvas Asset 是于2018年2月22日在新加坡注册成立的私人有限公司，由 Tang Pu Investment Holdings Pte. Ltd. 全资拥有。

7. 2022年5月，完成上市融资

2019年12月，开拓药业向香港联交所递交了上市申请。2020年5月，开拓药业成功在香港联交所主板上市，并完成18.6亿元的募集资金。

（四）开拓药业上市过程中的审核关注要点

1. 股权代持事宜

（1）开拓药业的股权代持事宜

根据开拓药业提供的资料，2015年9月股权转让完成前，股东陈某实际系受 GUO CHUANGXING 委托代为持有开拓药业股权，股东童某系受 TONG YOUZHI 委托代为持有开拓药业股权，具体情况如下：

2009年3月20日，TONG YOUZHI 与童某签订《股权代持协议》，约定 TONG YOUZHI 委托童某作为其对开拓药业全部出资的名义持有人，并代为行使相关股东权利。2009年12月8日，GUO CHUANGXING 与陈某签订《股权代持协议》，约定 GUO CHUANGXING 委托陈某作为其对开拓药业全部出资的名义持有人，并代为行使相关股东权利。

2015 年 9 月 1 日，童某与 TONG YOUZHI 签署了《股权转让协议》，约定童某将其持有的开拓药业股权中的人民币 480.04 万元出资额（占公司注册资本 29.87%）以零元价格转让给 TONG YOUZHI；同日，陈某与 GUO CHUANGXING 签署了《股权转让协议》，约定陈某将其持有的开拓药业股权中的 480.04 万元出资额（占公司注册资本 29.87%）以零元价格转让给 GUO CHUANGXING。

根据公司提供的资料及童某与 TONG YOUZHI、陈某与 GUO CHUANGXING 出具的确认函，上述股权转让实际上是为了解除童某与 TONG YOUZHI、陈某与 GUO CHUANGXING 之间股权代持关系。前述《股权转让协议》生效且开拓药业完成工商变更登记后，代持关系解除。

经项目组律师核查，确认童某与 TONG YOUZHI 系近亲属、陈某与 GUO CHUANGXING 系近亲属，开拓药业设立之初存在股权代持，主要系因 TONG YOUZHI、GUO CHUANGXING 长期居于海外，办理工商登记不方便，故委托近亲属代持其股权，上述股权已经于 2015 年 9 月予以还原。

（2）开禧医药的股权代持事宜

根据开禧医药提供的资料，2018 年 12 月股权转让完成前，股东陈某实际系受 GUO CHUANGXING 委托代为持有开禧医药股权，股东童某系受 TONG YOUZHI 委托持有开禧医药股权，具体情况如下：

2018 年 11 月 7 日，GUO CHUANGXING 与陈某出具确认函，分别就陈某受 GUO CHUANGXING 委托于 2010 年 9 月 21 日认缴出资并开始持有至 2018 年 11 月转让开禧医药 25% 股权期间形成的股东权益予以确认。

2018 年 11 月 7 日，TONG YOUZHI 与童某出具确认函，分别就童某受 TONG YOUZHI 委托于 2010 年 9 月 21 日认缴出资并开始持有至 2018 年 11 月转让开禧医药 29% 股权期间形成的股东权益予以确认。

经项目组律师核查，确认童某与 TONG YOUZHI 系近亲属、陈某与 GUO CHUANGXING 系近亲属，开禧医药设立之初存在股权代持，主要系因 TONG YOUZHI、GUO CHUANGXING 长期居于海外，办理工商登记不方便，故委托近亲属代持其股权，上述股权已经于 2018 年 12 月按照 TONG YOUZHI、GUO CHUANGXING 的指示转让给 Kintor Science Limited。

2. 国有股权转让瑕疵

2014年6月，开拓药业的股东原点创投与引导基金签署《股权转让协议》，约定引导基金将其持有的开拓药业4.97%的股权（对应开拓药业注册资本79.96万元）以149.3124万元人民币的价格转让给原点创投。

本次股权转让未按照企业国有产权转让的相关规定履行审批手续，程序上存在一定瑕疵。

经项目组律师核查：

（1）融风投资原所持股权属于苏州工业园区专项资金，用于跟进投资项目，苏州工业园区国有资产监督管理办公室于2011年8月决定将融风投资所持股权无偿划转至引导基金，因此，引导基金所持股权亦可认定为跟进投资形成的股权；且本次原点创投受让股权系自引导基金跟投后3年内购买的，故本次股权转让的价格系按照《苏州工业园区创业投资引导基金管理暂行办法》第21条的规定，按原始投资额加同期银行贷款基准利率计算的利息确定，本次股权转让价格符合前述规定；

（2）根据《创业投资企业管理暂行办法》第24条及《江苏省新兴产业创业投资引导基金管理办法》第17条的规定，引导基金可以通过股权协议转让等途径实现投资退出，本次股权转让方式符合前述规定；

（3）2017年12月5日，苏州工业园区国有资产监督管理办公室出具《关于苏州开拓药业有限公司国资协议转让流程瑕疵的处理意见》，确认本次股权转让虽存在流程瑕疵，但未造成国有资产流失。

综上，项目组律师认为，虽然本次股权转让程序上存在一定瑕疵，但本次股权转让的价格及转让的方式均符合相关管理办法的规定，且未造成国有资产的流失，不会对本次上市造成法律障碍。

3. 行政处罚

报告期内，苏州市吴江区市场监督管理局认定开禧医药开设的网络店铺（恩植旗舰店、恩植护肤品店）在经营化妆品销售业务时，发布违法广告（使用医疗术语、易误解内容），违反《广告法》的相关规定，因此对开禧医药进行了行政处罚，合计罚款人民币70万元。

经项目组律师核查，开禧医药开设的上述网络店铺在经营期间点击浏览量少、销售产品的金额低，上述违法广告宣传造成的社会影响小，且开禧医药及时撤销了相关广告，并依法缴纳了罚款；同时，为规范经营管理，开禧医药已经于2018年12月31日前关停了上述网络店铺，不再从事上述化妆品的销售业务，并在公司内部加强广告宣传方面的培训。

综上，项目组律师认为，上述行政处罚未对开禧医药的生产经营造成重大影响，不会对本次上市造成法律障碍。

4. 新三板摘牌并在香港联交所上市的原因

开拓药业于2016年12月在全国中小企业股份转让系统挂牌，证券代码：839419，证券简称：开拓药业。2018年年初，开拓药业在经过与投资者的深入探讨后，决定先在全国中小企业股份转让系统（以下简称股转系统）摘牌，之后前往香港联交所主板上市。

香港联交所对于开拓药业在香港联交所上市的原因进行了重点关注，项目组律师对此进行回复的具体情况如下：

（1）股转系统是中国仅供合格投资者进行场外转让非上市公众股份的交易平台，其采用做市转让或集合竞价转让或协议转让的方式，一定程度上会限制市场定价及执行指示。在股转系统挂牌的股份流动性较低，开拓药业在该平台又无法公开发行股份或债务融资，故难以持续支持其自身的业务发展；

（2）相较之下，香港联交所作为国际金融市场的领导者，凭借与中国投资者和业务伙伴稳固的业务关系，是开拓药业理想的上市地点。作为一家主要从事自主研发潜在同类首创及同类最佳在研药物的公司，以可用资本资源拨付研发及核心产品推出后的业务增长对开拓药业而言至关重要。联交所可为开拓药业提供进入国际资本市场的直接途径，增强和拓宽开拓药业的融资能力和渠道并且扩阔开拓药业的股东基础。本次上市便于市场主体更了解开拓药业的业务及经营模式，同时中国投资者亦可通过中国及香港之间的沪港通及深港通系统投资于开拓药业；

（3）本次上市也将使开拓药业的股份激励计划（其与开拓药业集团业务表现直接挂钩）更具吸引力，继而有助于开拓药业更好地吸引、激励所需人才，以支持开拓药业的快速增长和经营效率的不断提升；

（4）开拓药业于香港联交所上市将会进一步提升企业形象，因而增强吸引新客户、业务伙伴和策略投资者的能力以及为开拓药业业务招募、激励和挽留主要管理层人员的能力。

5. 关于药物的临床试验

香港联交所对于开拓药业正在开展的一款新药的临床试验未完全按照临床试验的三个阶段进行了问询，项目组律师对此进行回复的具体情况如下：

根据国家药监局于2007年7月10日颁布并于2007年10月1日生效的《药品注册管理办法》（已失效），临床开发计划分为Ⅰ期、Ⅱ期、Ⅲ期及Ⅳ期。

（1）Ⅰ期是指初步的临床药理学及人体安全性评价研究；

（2）Ⅱ期是指初步评价在研药物对特定适应症患者的治疗作用和安全性，为Ⅲ期临床试验的设计和给药剂量方案的确定提供依据和支持；

（3）Ⅲ期旨在进一步验证药物对目标适应症患者的治疗作用和安全性，评价药物的总体利益与风险关系，最终为药物注册申请的审查提供充分的依据；

（4）Ⅳ期是指新药上市后的应用研究，目的是考察在广泛使用条件下药物的疗效和不良反应，评价在普通或者特殊人群中使用药物的总体利益与风险关系以及调整给药剂量。

然而，根据国家药监局于2012年5月15日发布的《抗肿瘤药物临床试验技术指导原则》，抗肿瘤药物的临床研究过程通常分为Ⅰ期、Ⅱ期和Ⅲ期临床试验。

Ⅰ期临床试验主要目的是对药物的耐受性、药代动力学进行初步研究，为后期研究给药方案提供数据支持；

Ⅱ期临床试验主要是探索性的研究，如给药剂量探索、给药方案探索、瘤肿有效性探索等，同时观察其安全性；

Ⅲ期临床试验则在Ⅱ期基础上进一步确证肿瘤患者临床获益情况，为获得上市许可提供足够证据。需要指出，这种临床研究的分期并不是固定的开发顺序。在该指导原则中，尽管对Ⅰ期、Ⅱ期探索性试验和Ⅲ期确证性试验区别对待，但统计假设的建立和检验也可以成为Ⅱ期临床试验的一部分，同样，部分探索性研究也可能成为Ⅲ期临床试验的一部分。抗肿瘤药物研究理论和技术的快速发展可能对未来抗癌药物开发模式产生影响。因此，申请人可积极探索更科学合理的研究模式，并尽快寻求国家药监局药物注册部门的意见。

根据国家药监局于2018年7月24日发布的《关于调整药物临床试验审评审批程序的公告》，已获准开展新药临床试验的，在完成Ⅰ期、Ⅱ期临床试验后、开展Ⅲ期临床试验之前，申请人应向CDE提出沟通交流会议申请，就包括Ⅲ期临床试验方案设计在内的关键技术问题与CDE进行讨论。

二、亘喜生物[①]

——第二家美股 CAR－T 公司的上市之路

（一）想要打破行业“游戏规则”？——亘喜生物创始人二次创业背后的愿景

亘喜生物从设立伊始，就是一家肩负使命的公司。这是创始人曹某博士的二次创业项目，此前，曹博士就曾以联合创始人的身份加入细胞治疗公司西比曼生物，并于2015年成功带领西比曼生物登陆美国纳斯达克。此后，曹博士凭借着30多年的生物技术研发经验，开始考察各类 CAR－T 项目，并总结出了当时CAR－T 行业普遍存在的共性问题——成本高、制备周期长、缺乏即用型产品、对实体瘤效果有限。为了解决行业“痛点”，亘喜生物于2017年应运而生，而亘喜生物当时在研的产品，相较于其他同类型的产品而言成本将极大降低，一旦上市，将打开全新的 CAR－T 产品格局，打破 CAR－T 产品定价的“游戏规则”，让更多人有机会获得治疗。[②]

根据上市招股说明书，亘喜生物是一家致力于发现和开发突破性细胞疗法的全球临床阶段生物制药公司，在2021年1月完成纳斯达克全球精选市场上市前，亘喜生物已获得了多家明星投资机构的青睐并完成了多轮融资，具体如表3－1所示。

表3－1　融资情况

轮次	时间	金额/美元	投资方
A轮	2017年12月	7000万	通和毓承
B轮	2019年2月	8500万	淡马锡（Temasek）领投，联合礼来亚洲基金（Lilly Asia Ventures）、苏州民投（Kington Capital）、King Star Capital 以及成都妙济共同出资
C轮	2020年10月	1亿	Wellington Management Company、OrbiMed 和 Morningside Ventures 领投，参与本轮的新投资者还包括 Vivo Capital；现有投资者 Temasek Holdings、Lilly Asia Ventures 、OrbiMed 和 King Star Med LP 也参与其中

① 施庆庆，法律硕士，锦天城律师事务所律师。

② 贝壳社：《第二家赴美上市的中国 CAR－T 公司，要改变行业“游戏规则”?》，载 https：//www.cn－healthcare. com/articlewm/20201224/content－1174867. html，最后访问日期：2023年4月25日。

从启动到完成上市，亘喜生物只用了 3 个多月的时间。亘喜生物快速融资及上市的背后，是创始人曹博士及整个团队无数心血的付出，公司上市地的选择是其第一件需要谨慎考虑的事情。根据亘喜生物招股书显示，在过去的 2018 年、2019 年和 2020 年前 9 个月，亘喜生物都没有收入，相应的净亏损分别为 0. 61 亿元、1. 39 亿元和 1. 28 亿元人民币。

	For the Year Ended December 31,			For the Nine Months Ended September 30,		
	2018	2019		2019	2020	
	RMB	RMB	US$	RMB	RMB	US$
	(in thousands, except per share data)					
Summary consolidated statement of comprehensive loss:						
Expenses						
Research and development expenses	(52,243)	(119,218)	(17,559)	(81,251)	(108,137)	(15,927)
Administrative expenses	(10,261)	(27,362)	(4030)	(19,437)	(20,781)	(3061)
Loss from operations	**(62,504)**	**(146,580)**	**(21,589)**	**(100,688)**	**(128,918)**	**(18,988)**
Interest income	1435	3932	579	2494	2416	356
Interest expense	—	—	—	—	(1350)	(199)
Other income	256	1449	213	170	1794	265
Foreign exchange gain, net	—	2556	376	2127	(2237)	(329)
Others, net	20	(21)	(3)	38	(12)	(2)
Loss before income tax	**(60,793)**	**(138,664)**	**(20,424)**	**(95,859)**	**(128,307)**	**(18,897)**
Income tax expense	—	—	—	—	—	—
Net loss	**(60,793)**	**(138,664)**	**(20,424)**	**(95,859)**	**(128,307)**	**(18,897)**
Deemed dividend to convertible redeemable preferred shareholders	—	(25,390)	(3740)	(25,390)	—	—
Accretion of convertible redeemable preferred shares to redemption value	(12,199)	(36,802)	(5420)	(26,176)	(46,392)	(6833)
Net loss attributable to Gracell Biotechnologies Inc.'s ordinary shareholders	**(72,992)**	**(200,856)**	**(29,584)**	**(147,425)**	**(174,699)**	**(25,730)**

图 3－1　公司的经营状况

就境内而言，科创板包容性的制度设计消除了传统 IPO 对盈利指标的门槛。在第五套上市标准的吸引下，越来越多的医药类企业踊跃“报考”科创板。但科创板第五套上市标准规定发行人需满足“预计市值不低于人民币 40 亿元，主要业务或产品需经国家有关部门批准，市场空间大，目前已取得阶段性成果。医药行业企业需至少有一项核心产品获准开展二期临床试验，其他符合科创板定位的企业需具备明显的技术优势并满足相应条件”，而亘喜生物核心产品在上市前仍处于临床一期阶段，且公司整体尚未盈利，故暂不具备境内上市条件。就港股和美股的选择上，曹博士曾公开表示“纠结”①。以港股为例，2018 年 4 月底，如

① 参见医麦客：《亘喜生物创始人兼 CEO 曹某：有计划国际市场 IPO，“游戏规则改变者”将用技术革新降低成本》，载 http：//xueqiu. com/5603603160/151499924，最后访问日期：2023 年 4 月 25 日。

同一颗石子投入波心，港股市场对未盈利生物医药公司敞开大门，香港联交所发布《新兴及创新产业公司上市制度的咨询总结》以及《新主板上市规则》，允许尚未盈利或未有收入的生物科技公司申请香港主板上市。这一规定大大降低了生物医药类企业的上市标准，生物医药企业纷纷赴港上市。此外，考虑到美国纳斯达克市场主流的上市企业画像就是未盈利公司，数量上更是以制药与生物科学公司居多，故港股主板和美国纳斯达克全球精选市场，都属于亘喜生物可选择的范围。而亘喜生物最终定位于国际资本市场，更多考虑了创始团队此前在美国纳斯达克成功扶植上市公司的经验，以及亘喜生物未来与美国研究所和企业合作，通过许可引进、并购等方式获得国际前沿的生物医疗技术的需求。

2021 年 1 月 8 日，亘喜生物首次公开发行 ADS 并于纳斯达克全球精选市场上市。亘喜生物本次发行 11,000,000 份 ADS，每份 ADS 的发行价格为 19 美元，超额配售股票发售前，募集资金总额为 2.09 亿美元，以收盘价计算，亘喜生物市值为 16.43 亿美元。Citigroup、Jefferies、Piper Sandler 及 Wells Fargo Securities 担任其上市发行的联席主承销商，锦天城和科律分别担任公司境内外律师，普华永道会计师事务所（PwC）担任审计师。

（二）CAR－T 生物企业如何搭建境外上市结构——VIE 结构和股权控制结构的选择

截至 2023 年 3 月 31 日，已有 5 家红筹 CAR－T 生物医药企业完成了境外上市，其上市基本情况及采用的上市结构如表 3－2 所示。

表 3－2 上市结构

公司名称	上市代码	上市地	上市时间	募集资金总额	首发价格	上市结构
亘喜生物	GRCL. US	纳斯达克	2021 年 1 月 8 日	2.09 亿美元	19 美元/ASD	VIE
传奇生物	LEGN. US	纳斯达克	2020 年 6 月 5 日	4.238 亿美元	23 美元/ASD	股权控制
药明巨诺	2126. HK	香港联交所	2020 年 11 月 3 日	23 亿港元	23.8 港元/股	VIE

续表

公司名称	上市代码	上市地	上市时间	募集资金总额	首发价格	上市结构
永泰生物	6978. HK	香港联交所	2020 年7 月 10 日	11. 77 亿港元	11 港元/股	VIE
科济药业	2171. HK	香港联交所	2021 年6 月 18 日	29. 4 亿港元	32. 8 港元/股	VIE

根据《外商投资准入特别管理措施（负面清单）（2021 年版）》（以下简称2020 年负面清单）（已失效），禁止外商投资“人体干细胞、基因诊断与治疗技术开发和应用”。表 3 – 2 中通过搭建 VIE 架构完成上市的公司因从事的业务涉及基因治疗技术，故属于外商禁止投资的领域，需要通过 VIE 协议控制的方式实现并表。但由于负面清单及其他官方文件均未明确“基因治疗技术”的具体范围或对该等名词做出任何解释，导致实践中存在不同的理解和操作，如传奇生物未采用 VIE 架构，仅在招股书中对外资禁入做了重大风险提示。下文借助已上市 5 家公司招股书中对此问题的分析披露，可基本总结出 CAR – T 类企业未来可选择的上市路径：

表 3 – 3　相关分析披露

亘喜生物	
《外国投资法》和负面清单可能会严重影响我们的业务	《外商投资法》给予外国投资者实体与中国境内实体相同的待遇，但在国务院公布的 2020 年负面清单中被视为“限制”或“禁止”的行业中的外国投资实体除外。我们是开曼群岛的公司，而我们的中国子公司 Gracell Bioscience (Shanghai) Co., Ltd.，又称 Gracell Bioscience，目前在中国则被视为在中国的外商投资实体。2020 年负面清单规定，禁止外商投资人体干细胞、基因诊断和治疗技术的开发和应用。截至本招股书发布之日，“人体干细胞、基因诊断和治疗技术”的范围尚未得到正式解释，该法规的应用仍不清楚。如果公司的 CAR – T 细胞疗法或其他正在研发的技术被中国监管机构认为属于“人体干细胞、基因诊断和治疗技术”类别，那么公司将被禁止从事此类研究及开发此类技术

续表

亘喜生物	
《外商投资法》的解释和实施存在不确定性，它会对我们目前的结构、业务、财务状况及经营成果造成何种影响存在不确定性	《外商投资法》未明确规定外国投资者通过VIE架构控制在中国实体是否会被认定为“外商投资”。具体来说，中国政府主管部门将通过采用准入国民待遇原则与2020年负面清单共同管理外商投资，禁止外国投资者在根据负面清单归类为禁止投资的行业领域中进行任何投资，允许外国投资者在受限制的行业中进行投资，但前提是必须遵守该限制条件中规定的所有要求及条件，满足负面清单；当外国投资者在负面清单所列领域以外的领域进行投资时，应适用国民待遇原则。此外，应根据适用的外商投资法律和法规满足某些批准和/或备案要求。 我们对VIE及VIE架构子公司的相关安排可能会受到2020年负面清单及后续颁布的法律法规的约束，该清单于2020年7月生效。如果我们通过合同安排控制VIE的行为在未来被视为外商投资，或者我们的VIE的相关商事行为被2020年负面清单限制或禁止，我们可能会被视为违反《外商投资法》，我们通过合同安排对VIE的控制可能被视为无效和违法，并且我们可能被要求撤销此类合同安排和/或重组我们的业务经营，其中任何一项都可能对我们的业务经营造成重大不利影响，并因此影响我们在中国和其他地区为我们的候选产品进行准备以及寻求批准和商业化的能力
传奇生物	
《外国投资法》和负面清单可能会严重影响我们的业务	全国人大于2019年3月15日颁布了《外商投资法》，该法于2020年1月1日生效，取代了现行的三部规范中国境内外国投资的法律，即《外资企业法》《中外合资经营企业法》《中外合作经营企业法》及其实施规则和附属法规。《外商投资法》给予外国投资实体与中国境内实体相同的待遇，但在国务院公布的负面清单中被视为“限制”或“禁止”的行业中的外国投资实体除外。我们是一家开曼群岛公司，而我们的中国子公司南京传奇生物科技有限公司（以下简称南京传奇）目前被视为外国投资实体。 《外商投资准入特别管理措施（负面清单）》（2019年）于2019年7月30日生效，规定禁止外商投资人体干细胞、基因诊断与治疗技术开发和应用。截至本招股说明书发布之日，“人体干细胞、基因诊断与治疗技术”的范围尚未得到正式解释，该法规的应用仍不清楚。南京传奇从事CAR－T细胞疗法的研究和开发。我们

续表

传奇生物	
	相信目前南京传奇正在研发的细胞疗法不涉及人类干细胞的使用或基因的诊断和治疗，因此不应属于“人体干细胞、基因诊断与治疗技术”。此外，相关政府部门还确认，南京传奇目前从事的 CAR－T 细胞疗法的研发符合外国投资产业政策的要求。我们的中国法律顾问告知我们，南京传奇的 CAR－T 研发在所有重要方面遵守了中国法律和法规，并获得了中国监管机构的所有重要政府批准和许可。然而，我们的中国法律顾问亦告知我们，T 细胞疗法有关的中国法律及法规的诠释及适用存在不确定性，且无法保证中国政府最终会采纳与我们的观点及商见不相抵触的观点。我们的中国法律顾问认为如果南京传奇正在研发的 CAR－T 细胞疗法或其他技术被中国相关监管机构认为属于“人体干细胞、基因诊断与治疗技术”类别，南京传奇将被禁止从事此类技术的研究或开发。在此种情况下，我们可能不得不停止对南京传奇的投资或考虑将南京传奇改组为 VIE 实体。南京传奇还可能不得不放弃其从此类技术的研发中获得的收入。这些事件均可能严重损害我们的业务、前景、财务状况和经营业绩
药明巨诺	
根据相关中国法规，禁止外商投资基因诊断与治疗技术开发及应用	本集团从事 CAR－T 治疗的临床试验（相关业务），其涉及基因诊断与治疗技术开发及应用，因此属于相关中国法规的“禁止类”。因此，我们目前并不直接或间接持有从事相关业务的并表联属实体的任何股权。 为遵守中国法律法规及对相关业务维持有效控制，我们透过全资附属公司上海药明巨诺与上海炬明及其相关股东订立合约安排，据此，上海药明巨诺获得对我们的并表联属实体财务及运营政策的有效控制权，并有权自其业务获得所有经济利益。鉴于上述原因，我们认为合约安排仅在于使本集团可在中国受到外商投资限制的领域内进行业务时实施
永泰生物	
我们于中国从事免疫治疗的开发及应用业务，包括 CAR－T 及 TCR－T 细胞治	相关业务由永泰瑞科进行，因此，我们无法直接或间接持有永泰瑞科的股权。 由于根据中国法律、法规或规则，相关业务归类为禁止外商投资的业务，为遵守中国法律及法规以及维持对我们在研发及应用领

续表

永泰生物	
疗的开发及应用业务，其在目录及2019年《外商投资准入特别管理措施》中，被认为属于禁止外商投资行业，而此类外商投资受中国法律及法规限制	域研究的有效控制，本集团与永泰瑞科及登记股东订立合约安排。根据合约安排，北京永泰已取得对永泰瑞科财务及营运管理以及业绩的有效控制，并有权享有永泰瑞科经营所产生的所有经济利益
科济药业	
根据相关中国法规，禁止外商投资人体干细胞、基因诊断与治疗技术开发及应用	本集团从事发现、开发和商业化治疗实体瘤和血液恶性肿瘤的创新细胞疗法，其涉及基因治疗技术与产品开发及应用，因此属于相关中国法规的“禁止类”。因此，我们目前并不直接或间接持有从事相关业务的并表联属实体的任何股权。 为遵守中国法律法规及对相关业务维持有效控制，我们透过全资附属公司恺兴生命科技与科济生物、公司登记股东（科济生物的股东）及个人登记股东（公司登记股东的股东）订立合约安排，据此，恺兴生命科技获得对我们的并表联属实体财务及运营的有效控制权，并有权自其业务获得所有经济利益。鉴于上述原因，我们认为合约安排仅在于使本集团可在中国受到外商投资限制的领域内进行业务时实施

根据表3－3，搭建VIE架构的主要原因系拟上市主体境内运营实体从事的业务涉及外资禁止投资目录。而传奇生物作为首家境外CAR－T上市企业，可参考案例有限，且根据其自身判断，公司正在研发的细胞疗法不涉及人类干细胞的使用或基因的诊断和治疗，因此不应属于“人体干细胞、基因诊断与治疗技术”，且获得了主管政府部门的背书。值得一提的是，2019年8月13日，上海市出台《上海市新一轮服务业扩大开放若干措施》，其中提到要“争取允许外商投资人体干细胞、基因诊断与治疗技术”；2022年1月1日起施行的《上海市浦东新区促进张江生物医药产业创新高地建设规定》中亦提及“市、浦东新区人民政府应当将促进人体细胞和基因产业发展纳入生物医药产业发展协调促进机制，在风险可控的前提下，支持符合条件的多元化投资主体开展人体细胞、基因技术研发和推进产业化进程”，未来随着监管的进一步完善，放开此类外资限制也值得期待。

（三）CAR－T企业境外上市重点关注法律问题/风险

CAR－T企业作为生物医药企业大类中的细分领域，本质上存在一般生物医药企业的共性法律问题，但由于各企业发展阶段和经营模式等的差异，其各自应当重点关注的法律问题也因企业而异。以亘喜生物为例，其核心上市法律问题及风险归纳如下。

1. 中国法律监管环境的变化和不确定性

生物制药行业在中国受到政府的强力监管，亘喜生物在研药物未来临床试验、批准上市和商业化将极大受限于中国现有的及未来的规定及法律监管。亘喜生物招股书披露，近年来，中国医药行业的监管框架发生了重大变化，且该等变化预计将持续发生。任何此类法律法规变更或修订都可能导致公司业务的合规成本增加，或导致公司在中国的候选药物的成功开发或商业化延迟或被阻止，并减少公司认为其在中国开发和制造药物可获得的现有利益。此外，若公司或公司的合作伙伴未能遵守适用的法律法规或未能获得和维持所需的执照和许可，可能导致公司在中国的业务活动暂停或终止，并承受巨大损失。

2. 资质证照的取得

对于生物医药企业来说，需要关注其在各个不同阶段所开展的业务是否都取得了相应的资质、证照或获得了相关审批/备案，通常一般证照包括但不限于质量和环境体系认证证书、高新技术企业证书、国家重点扶持技术企业证书/批复、其他政府认定、资助或扶持项目的证书/批复等；业务证照包括但不限于药品生产许可证、药品经营许可证、药物非临床研究质量管理规范认证书、药物临床试验机构资格认定证书、新药证书、药品批准文号、进口药品注册证、进口药品海关通关文件、医药产品注册证、药品广告批准文号、药用包装材料容器生产许可证、实验动物使用许可证、国家重点保护野生动物驯养繁殖许可证、病原微生物实验室备案、辐射安全许可证等。以上证照需要根据企业所处的发展阶段具体判断是否必须。除业务及行业相关证照外，企业通常容易忽略生产类证照，比如建设实验室的或者生产基地或工厂的，常常容易忽略项目在主管部门的备案，或未取得建设用地规划许可证、建设工程规划许可证、建设工程施工许可证、排污许可证、排水许可证、危险废物经营许可证等证照。但在境外上市过程中，该等生产类证照并非核心关注事项，若存在缺漏情形，应当尽可能补充取得或由主管部门出具无需取得的意见；实在无法弥补的，也建议进行风险因素进行披露。

3. 知识产权保护——License - in

根据亘喜生物招股书，亘喜生物的成功在很大程度上取决于其对候选产品和技术获得、维护、捍卫和执行专利保护的能力。截至招股书签署日，亘喜生物的主要候选产品和技术平台的专利组合包括三项专利合作条约申请（已在美国进入国家审理阶段）、一项中国大陆专利申请和三项中国台湾地区专利申请。亘喜生物拥有5项专利合作条约申请，5项中国发明专利和1项中国实用新型专利，24项中国专利申请，2项欧洲专利申请，1项与公司其他产品和/或技术相关的中国台湾地区专利申请。但作为一家生物制药公司，知识产权对亘喜生物至关重要。虽然亘喜生物采取了适当的保护措施，但仍存在被第三方侵权的法律风险，且一旦发生，将对其经营产生巨大不利影响。此外，亘喜生物还签署了多份专利许可引进合同，公司部分依赖第三方许可的知识产权，任何该等授权的终止或公司与授权人业务关系的中断均会导致其蒙受金钱损失或失去重大权利，对业务造成损害。专利许可引进合同即“License - in”，作为生物医药企业的核心商业合同，其将直接影响拟上市公司知识产权的稳定性，以及市场对该公司研发能力的判断。因此在上市过程中，应当重点核查此类合同中对专利的授权范围、知识产权归属、许可费的支付、商业化安排、专利实施许可以及违约责任等内容，并在招股书中进行适当的披露及风险提示。

4. 由研究者发起的试验——Investigator - initiated trials（IIT）

在上市前，亘喜生物与多家医院合作对候选药品GC012F、GC007F、GC027开展了由研究者发起的试验，由该等试验产生的数据将用于在中国申请临床试验。一种新药从最初立项到获得上市批准需经历多种程序，大致可分为临床前研究、新药临床试验审批（Investigational New Drug，IND）、临床试验和新药上市审批，由研究者发起的试验所代表的药物研发阶段，在亘喜生物的上市过程中曾被监管机构多次问及。此前曾有案例将IIT称作为临床一期试验，但从谨慎角度，亘喜生物最终采取了折中的方式，即在产品管线图中，进行IIT的产品所处阶段标注为“临床一期”，但在文字中描述IIT仍属于新药临床审批前所进行的研究。此外，由于IIT系由亘喜生物与医院等机构合作开展，亘喜生物对该等试验的执行无法完全控制和全程监督，而我国已加入ICH，作为一家立足全球的生物医药企业，亘喜生物需要遵守良好的实验室规范和良好临床规范的标准，以进行、记录和报告临床前和临床试验的结果，以确保数据和报告的结果可信和准确，并保护试验参与者的权利、完整性和机密性。如果亘喜生物进行IIT的合作方未完整履行该等内容，可能会导致药监局拒绝新药审批而对公司产生重大不利影响。

5. 临床（前）试验委托第三方合同研究组织

亘喜生物拟就 GC012F 委托 CRO/CDMO 进行临床试验及候选产品生产。基于临床试验/候选产品生产委托合同而产生的委托合同关系，如果被委托方因执行合同内容而造成他人损害，则委托方应承担相应责任；申办者是委托方，是试验方案、试验用候选药品及相关辅助产品、材料、仪器等的提供者的，因研究者正确执行方案而导致受试者损害的，则申报者应承担赔偿责任。此外，若受托方未严格按照合同约定执行，或未遵守 GMP 规定，则可能导致无法启动或继续正在开发的候选产品的临床试验、延缓新药上市进度等不利影响。

6. 人类遗传资源管理

2019 年 7 月 1 日生效的《人类遗传资源管理条例》规定“外国组织、个人及其设立或者实际控制的机构不得在我国境内采集、保藏我国人类遗传资源，不得向境外提供我国人类遗传资源”，但该规定并没有明确外方单位的具体范围。参考已上市的 5 家 CAR－T 企业，其均对人类遗传资源的法律法规进行了说明，永泰生物披露了其合作临床试验机构已就进行中的 EAL@Ⅱ期临床试验向中国人类遗传资源管理办公室进行备案，科济药业则将《人类遗传资源管理条例》及其他适用法律法规解释及实施的不确定性风险作为风险因素进行了披露。2020 年 11 月 23 日，港股上市公司金斯瑞生物科技（传奇生物母公司）发布公告称其创始人涉嫌走私人类遗传资源而遭到逮捕，这导致该公司股价大跌。人类遗传资源直接关乎国家安全与民生，在生物医药企业上市过程中应当作为重要法律问题予以核查，并由企业进行全面自查，完善备案或审批程序，并始终在上市后严格遵守相关法律规定。

三、康诺亚生物①

——香港上市案例介绍

（一）康诺亚生物介绍

康诺亚生物医药科技有限公司（以下简称康诺亚生物），是一家注册于开曼群岛，总部位于四川成都，专注于自主发现及开发自体免疫及肿瘤治疗领域的创新生物疗法的生物科技公司，于 2021 年 7 月 8 日在香港联交所主板成功上市

① 杜晓东，细胞生物学/法学学士，锦天城律师事务所高级合伙人。

（股票代码：02162）。本次上市全球发售因超额配售选择权完全行使，总共发行股份约 6700.4 万股，总募集金额约 35.7 亿港元（合 4.58 亿美元）。

公司的产研管线十分丰富且研发进程行业领先，拥有 9 个可进入临床试验申请及临床阶段的候选药物，其中 5 种候选药物已处于临床研发阶段，该 5 种候选药物在国产同类别药物或同靶点药物中，均处于取得中国及/或美国临床试验申请批准的前三位。公司核心产品中，CM310 为首个国产且获得临床试验申请批准的 IL－4Rα 抗体，该产品有望为各年龄阶段的众多Ⅱ型过敏性疾病患者提供良好的治疗选择，包括中重度特应性皮炎、中重度嗜酸性哮喘、慢性鼻窦炎伴鼻息肉以及慢性阻塞性肺病等患者；CM326 为中国首个、全球第三个获临床试验申请批准的国产 TSLP 靶向抗体，CMG901 是首个在中国及美国取得临床试验申请的 Claudin 18.2 抗体偶联药物。

康诺亚生物创始人之一陈某是美国 Albert Einstein College of Medicine 博士、抗体药物研发专家，拥有逾 20 年的药物开发经验和丰富的创业管理经历，是创新生物药品研发的实践者和引导者。在创立康诺亚生物前，陈博士曾在 Trellis Bioscience 和 StemcentRx 公司领导生物技术药物开发工作，而后作为董事长和总经理创立武汉华鑫康源生物医药有限公司和上海君实生物医药科技有限公司，其研发的中国第一个抗 PD－1 人源化抗体拓益（特瑞普利单抗注射液）已于 2018 年批准上市。目前，陈博士主持开发的多个全球首个或国内首创的创新抗体药物已获批临床。康诺亚生物是陈博的第三次创业，这次团队阵容更加强大——包括世界上第一个 PD－1“O 药”发明人王某博士和曾任罗氏研发（中国）有限公司高级科学家的徐某博士。

王博士拥有逾 20 年的生物制药研发经验，先后在美国 Chiron、Medarex、Bristol－Myers Squibb 及 Pfizer 担任资深研究科学家及管理角色。王博士领导开发了世界首款 PD－1 免疫检查点抑制剂 Nivolumab（Opdivo），该药物已于 2014 年获准商业化。王博士于 1994 年在美国科罗拉多大学医学中心获得微生物学及免疫学博士学位，并曾在哈佛大学及麻省理工学院担任博士后研究员。

徐博士拥有逾 15 年的生物制药研发经验，领导体外展示平台、药物筛选和双特异性抗体药物开发工作，在 Nature Immunology、PNAS 等国际知名学术刊物发表了多篇免疫系统识别、抗体显示和双特异性抗体相关的研究论文。徐博士自北京协和医学院取得免疫学博士学位，并曾任马里兰大学医疗中心博士后研究员。

除上述强大的专业实力背景外，连接康诺亚生物三位创始人的特殊纽带，是三人武汉大学校友的身份。陈博士、王常玉、徐刚三人分别毕业于武汉大学的生物系、微生物学系和遗传学系本科。多年相识、相知、相赏的默契，直接助力康诺亚生物一路迎风前行，这也是众多投资人最看重的“人”的因素的完美体现。因此，康诺亚生物一路走来备受 VC/PE 的青睐。在 IPO 前，公司股东就包括：联想之星、高瓴资本、汉康资本、礼来亚洲基金、博裕资本、三正健康投资、丰川资本等知名投资机构。其中，高瓴资本自陈博士还作为君实创始人时便开始一路支持陈博士及君实发展。当陈博士创立康诺亚生物且公司彼时仍只有初步的临床试验时，高瓴资本就投资了康诺亚生物的 A 轮融资，并在之后的每轮投资中不断加码，于公司 IPO 前成为康诺亚生物最大的投资方。而康诺亚生物的天使投资方联想之星也从天使轮开始参与对康诺亚生物多轮投资。

此次上市，康诺亚生物已获得 15 家基石投资者强劲认购，以发行价计算，总金额达到 1.90 亿美元。参与认购的基石投资者涵盖国际长线基金及医疗专业基金，包括 UBSAM、Invesco、Temasek、Hudson Bay、Janchor、Springhill、Octagon、Sage，之前的股东高瓴资本、博裕资本、清池资本、礼来亚洲基金、三正健康、易方达等继续参与认购基石投资。另外，继与石药集团在药品研发合作后，康诺亚生物也获得了石药集团战略投资作为基石投资。

（二）康诺亚生物 IPO 前的重组与融资过程

1. 上市架构的选择

根据 2020 年负面清单，康诺亚生物专注于自主发现及开发自体免疫及肿瘤治疗领域的创新生物疗法，从事的业务并不属于外资限制或者禁止的业务领域，因此康诺亚生物的上市架构为红筹股权架构。

此外，因康诺亚生物在中国境内的主要运营实体康诺亚生物医药科技（成都）有限公司（以下简称成都康诺亚）自成立时便是外资企业，在后续将成都康诺亚并入康诺亚生物上市集团时，并不适用商务部等六部门于 2006 年 8 月出台并于 2009 年 6 月修订的《关于外国投资者并购境内企业的规定》中关于关联并购的审批流程，因此，康诺亚生物在上市前也省去了一般企业红筹上市先将境内企业变更为中外合资企业再由境外上市集团进行收购的“两步走”重组过程。

2. 重组及融资历程

2016 年 9 月，康诺亚生物主要运营实体成都康诺亚在中国注册成立。成立时，成都康诺亚是一家外商独资企业，由一桥香港控股有限公司（以下简称一桥香港）和 Wealth Venture Enterprises（Hong Kong）Limited（以下简称 Wealth Venture HK）分别持有 88.90% 及 11.10%。其中，一桥香港的全资股东是 BVI 公司 iBridge Holdings Limited（以下简称一桥 BVI），集团主要创始人陈博士、徐博士、以及王博士的配偶 Toscano 女士分别持有一桥 BVI 73.38%、13.31% 及 13.31% 的权益；Wealth Venture HK 的全资股东是 Wealth Venture Enterprises Limited（以下简称 Wealth Venture BVI），一位独立投资人持有 Wealth Venture BVI 的 100% 股权，该独立投资人同时持有另一家 BVI 公司 Vast Equity Holdings Limited（以下简称 Vast Equity）的 100% 股权。

2016 年 10 月，成都康诺亚进行了天使轮融资，引入天使投资者，募资总额 1650 万元人民币，成都康诺亚变成中外合资企业。2018 年 3 月，一桥香港向成都康诺亚增资 3000 万元人民币。同年 3 月和 4 日，成都康诺亚的境内股东间进行了股权转让。上述交易完成后，成都康诺亚的股东变为一桥香港、Wealth Venture HK 和西藏星光银河投资中心（有限合伙）（以下简称西藏星光），持股比例分别为 84.95%，7.46% 和 7.59%，成都康诺亚的股权结构如图 3－2 所示。

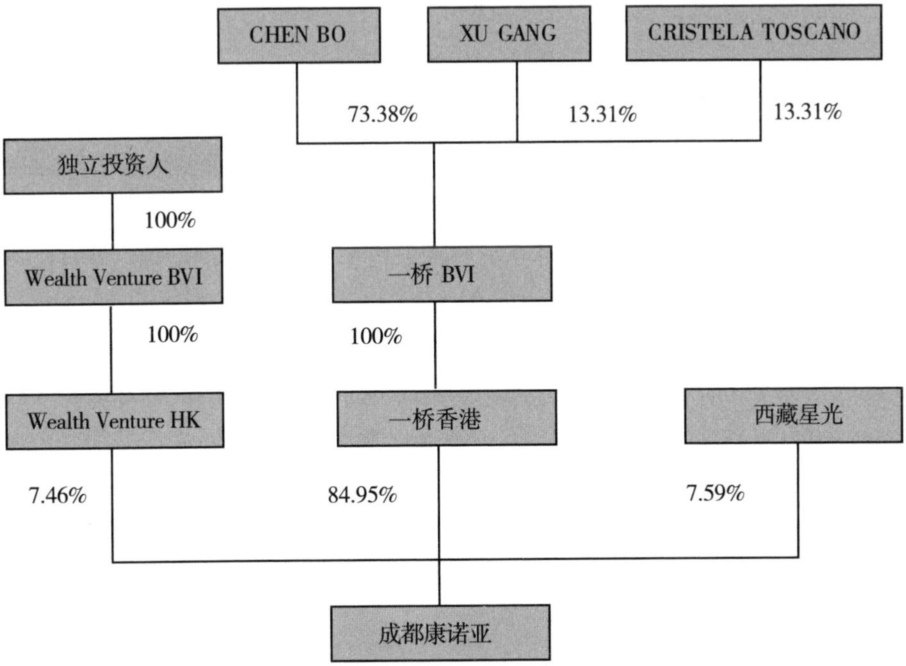

图 3－2　股权结构

2018年4月，为完成境外重组，作为上市主体的2Health Biosciences Inc.（康诺亚生物的前身）在开曼群岛注册成立。康诺亚生物成立时的唯一股东为Mootshot Holdings Limited（以下简称Moonshot），是一家BVI公司，彼时由集团主要创始人陈博士、徐博士以及Toscano女士分别持有73.38%、13.31%及13.31%权益，与该三人持有的一桥BVI的股权比例完全相同。（见图3－3）

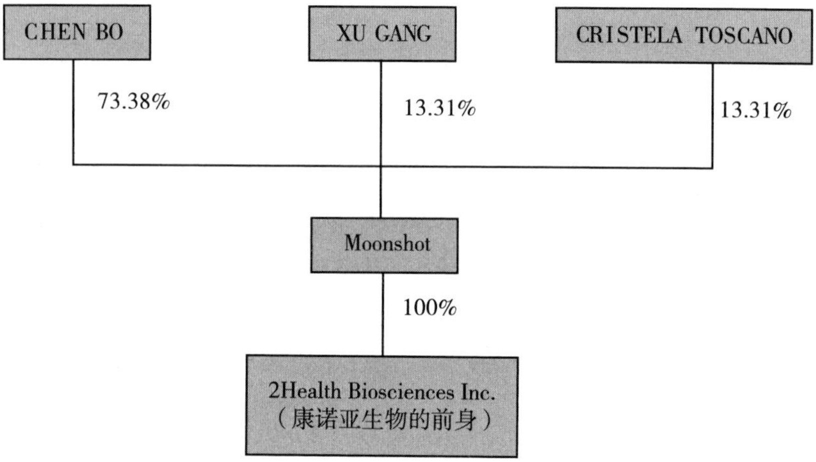

图3－3　股权比例

2018年5月，为了将成都康诺亚并入以康诺亚生物为主体的上市体系，Moonshot及一桥BVI的股东（均为陈博士、徐博士和Toscano女士），Vast Equity及Wealth Venture BVI的股东（均为同一位独立投资人）与康诺亚生物进行了股权置换：由康诺亚生物分别向Moonshot和Vast Equity增发普通股和Pre－A轮优先股，作为对价，一桥BVI股东（陈博士、徐博士和Toscano女士）和Wealth Venture BVI股东（独立投资人）将一桥BVI和Wealth Venture BVI的所有股份转让予康诺亚生物。股权置换完成后，Moonshot和Vast Equity成为康诺亚生物的股东，而一桥BVI和Wealth Venture BVI则成为康诺亚生物的全资子公司。由于一桥BVI和Wealth Venture BVI合计间接持有成都康诺亚92.41%股权，上述股权置换将成都康诺亚92.41%权益并入了以康诺亚生物为主体的上市体系，成都康诺亚剩余的7.59%股权由西藏星光继续持有。（见图3－4）

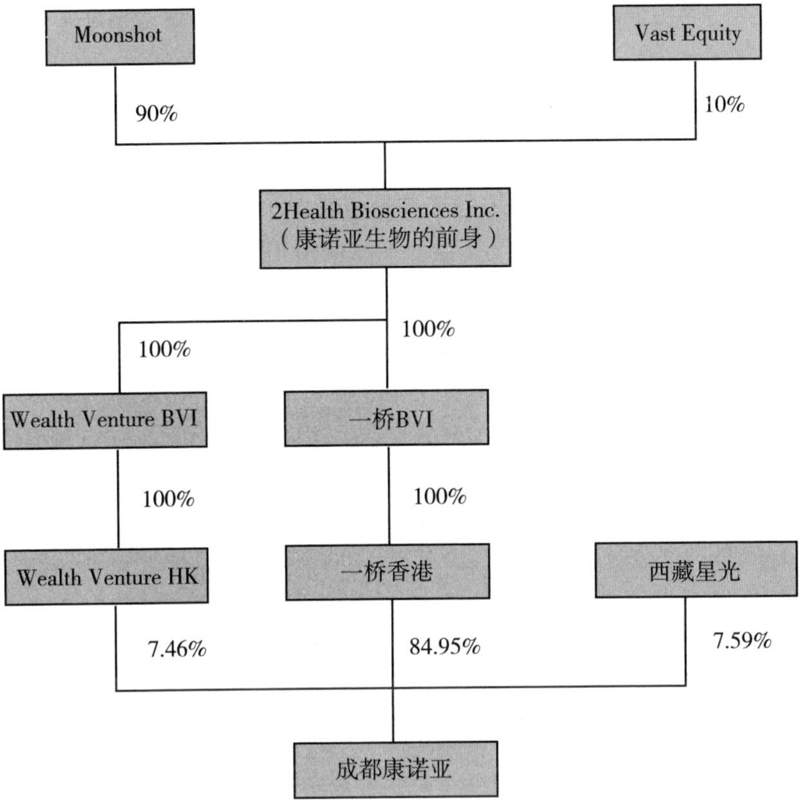

图3－4　股权情况

2018年6月，康诺亚生物完成了A轮融资，共发行3200万股A类优先股，购买价为每股0.7876美元，募集资金约2520万美元。在交割日，高瓴资本、汉康资本、联想之星和丰川资本在境外分别以6500万元人民币等值美元、500万元人民币等值美元、1000万元人民币等值美元和1000万元人民币等值美元的对价认购了康诺亚生物A类优先股，而苏州建信和成都高投也分别以6000万元人民币等值美元和1000万元人民币等值美元的对价认购了康诺亚生物A类优先股但未实际支付，同时安排在境内分别先以6000万元人民币和1000万元人民币向成都康诺亚提供借款。A轮融资交割后，苏州建信和成都高投成功办理了ODI备案，也分别以6000万元人民币等值美元和1000万元人民币等值美元支付了康诺亚生物A类优先股认购款。

由于彼时持有成都康诺亚剩余7.59%股权的西藏星光是A轮投资者联想之

星的关联方，各方同意，在A轮融资交割日，西藏星光将该7.59%股权转让予一桥香港，而康诺亚生物则向联想之星增发同比例Pre－A类优先股。据此，成都康诺亚100%权益并入了以康诺亚生物为主体的上市体系，成都康诺亚从中外合资企业变回了外商独资企业。

2019年12月，康诺亚生物完成了B轮融资，共发行超过3692万股B类优先股，购买价为每股1.6004美元，募集资金约5910万美元。包括礼来亚洲和三正资本在内的新投资者和包括高瓴资本、汉康资本和联想之星在内的A轮投资者在境外以美元认购了康诺亚生物的B类优先股。

2021年3月，康诺亚生物完成了C轮融资，也是香港上市前的最后一次融资，共发行超过3542万股C类优先股，购买价为每股3.67美元，募集资金约1.3亿美元。包括博裕资本在内的新投资者和包括高瓴资本、礼来亚洲和汉康资本在内的A轮和B轮投资者在境外以美元认购了康诺亚生物的C类优先股。

至此，在IPO前康诺亚生物的股权结构如图3－5所示。

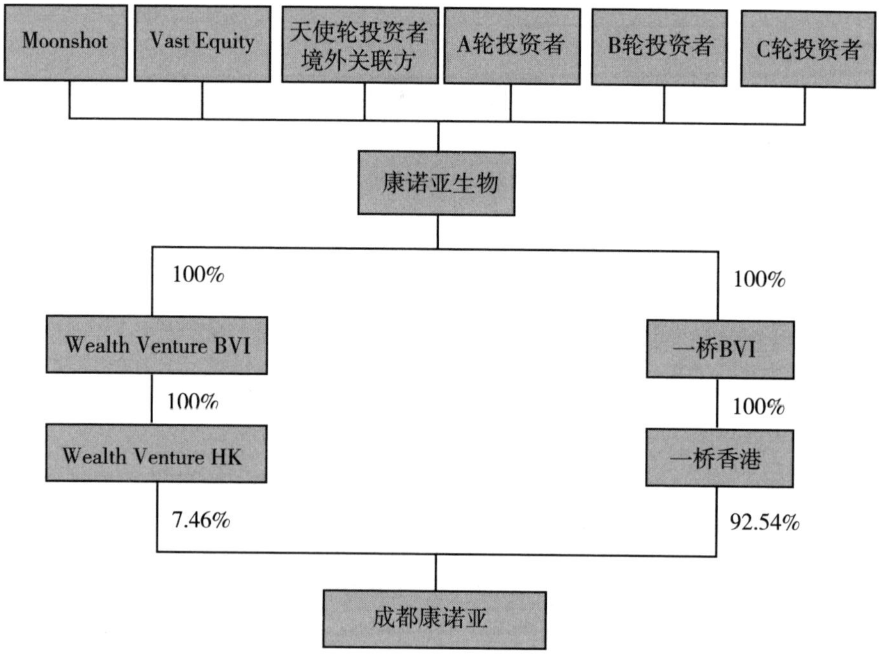

图3－5　股权结构

（三）香港联交所和香港证监会对康诺亚生物上市重点关注的问题

2018年4月30日，香港联交所修订联交所《上市规则》，新增第18A章“生物科技公司”。根据第18A章，香港联交所允许未能满足香港联交所的上市规则中主板上市财务指标的生物科技公司申请在香港联交所主板上市。同日，香港联交所刊发HKEX－GL92－18指引信，就生物科技公司是否具备依照第18A章申请上市的适格性作出了细化解释。此后，香港联交所又分别于2019年10月和2020年4月对这份指引信进行了更新。

2020年4月，香港联交所刊发HKEX－GL107－20指引信，就依照联交所《上市规则》第18A章申请上市的生物科技公司的上市文件披露内容作出指引。此后，联交所于2021年2月对这份指引信进行更新。联交所审核第18A章生物科技公司的上市申请时主要参考联交所《上市规则》第18A章及前述2封指引信。

根据联交所《上市规则》第18A章及前述2封指引信并结合康诺亚生物的具体情况，简单阐述依据第18A章申请在香港上市时香港联交所和香港证监会重点关注、审核的问题。

1. 专利及其他知识产权

联交所《上市规则》第18A章所规定的生物科技公司在赴港上市时，尚未实现盈利，因此，知识产权对于第18A章所规定的上市企业来说，是其核心竞争力，香港联交所和香港证监会对其知识产权会给予很高的关注。

一般情况下，发行人上市申请文件中需列明：（1）在招股书概要章节载列产品的主要知识产权、披露与有关知识产权及余下知识产权的有效期及重要支付责任，以及该等知识产权权利究竟是引进授权还是自有；（2）披露重要知识产权应用或保护各核心产品或主要非核心产品的部分，以及相关知识产权受保护的程度及形式（知识产权正进行的申请程序或已完成注册、相关知识产权的权属、专有所有权的期限和地域保护范围、排他性等）；（3）在招股书概要章节及风险因素章节中概述任何知识产权侵权的风险，并披露由董事出具的就发行人/申请人是否有侵犯第三方知识产权的声明，如是，则进一步披露相关细节以及对发行人/申请人正常生产经营的潜在影响。

根据康诺亚生物招股书的披露，直至最后实际可行日期，康诺亚生物的33项专利均处于待批准状态，除上述常规披露外，康诺亚生物在招股书中进一步披露：其专利申请未曾被相关监管机构拒绝、通过对竞争对手状况的检索表明其发明获得专利的可能性很高、知识产权法律顾问预计专利申请获批不存在任何困难等内容，说明其能够获得并进一步维持在商业上对其业务十分重要的专利，尤其是与其核心产品相关的专利。

此外，康诺亚生物还在风险因素章节对知识产权的有关风险进行了详尽的披露，包括：（1）第三方可能提起法律诉讼，指控康诺亚生物侵犯、盗用或以其他方式侵犯他们合法的知识产权，其结果尚不确定，且康诺亚生物或会因专利或其他知识产权有关的诉讼或其他法律程序而承担高昂的成本或相应责任，或被阻止使用康诺亚生物候选药物或未来药物中包含的技术或延迟候选药物于若干区域的商业化；（2）即使能为候选药物取得专利保护，有关保护（如有）的期限有限，第三方可能会在专利权（如有）到期后开发与康诺亚生物相关产品及技术类似或相同者，使其商业化，并与康诺亚生物直接竞争，这将令康诺亚生物成功使任何产品或技术商业化的能力受到重大不利影响；（3）取得及维持专利保护取决于康诺亚生物是否遵守各种程序、文件提交、费用支付的要求，以及政府专利代理机构规定的其他要求，且不符合该等要求可能导致对康诺亚生物的专利保护减少或取消；（4）倘若康诺亚生物未能遵守康诺亚生物在第三方授权知识产权许可协议中的义务，或康诺亚生物与许可人之间的业务关系中断，康诺亚生物可能须支付金钱损失或可能丧失对康诺亚生物的业务十分重要的权限等。

2. 已通过概念阶段

依据联交所《上市规则》第18A章申请在香港上市的生物科技公司除满足第18A章的要求之外，对于生物科技公司上市申请的指引信（HKEX - GL92 - 18）中“已通过概念阶段”的要求也需要予以关注，只有在其产品通过了概念阶段后才能够依据第18A章申请上市，具体如下所述。

（1）药剂（小分子药物）

核心产品属于新药剂产品（小分子药物），则申请人必须证明该产品已经通过第一阶段临床试验，且有关主管当局并不反对其开展第二阶段（或其后阶段）的临床试验；核心产品是基于先前获批产品的药剂产品（小分子药物）[如FDA的505（b）（2）申请批准程序]，即仿制药，则申请人必须证明该产品已经至少通过一次人体临床试验，且有关主管部门并不反对其开展第二阶段（或其后阶段）的临床试验。

核心产品是外购许可技术或购自其他公司的，香港联交所要求生物技术公司在外购引进或收购以来，该核心产品至少完成一项由有关主管部门监管的人体临床试验。如果生物科技公司的外购或收购的核心产品尚未完成至少一项人体临床试验，则香港联交所将评估尚未完成临床试验原因，以及公司是否进行了相当于完成一项人体临床试验的实质性的研发工作和过程。香港联交所不会将行政报批过程视为实质性的研发工作和过程。

（2）生物制剂

核心产品属于新生物制剂产品，则申请人必须证明该产品已经通过第一阶段临床试验，且有关主管部门并不反对其开展第二阶段（或其后阶段）的临床试验。

核心产品属于生物仿制药，则申请人必须证明该产品已经至少通过一次人体临床试验，且有关主管部门并不反对其开展第二阶段（或其后阶段）的临床试验以证明生物等效性。

核心产品是外购许可技术或购自其他公司，香港联交所对该核心产品的要求与前述的药剂（小分子药物）相同。

（3）医疗器械

该产品是有关主管部门分类标准项下的第二级或以上分类医疗器材；该产品已至少通过一次人体临床试验，该试验将构成主管部门或认可机构所需申请的关键部分；主管部门或认可机构同意或并无反对申请人开展进一步临床试验；或主管部门不反对申请人开始销售有关器材。

由此可见，指引信对于新药和仿制药的要求是有区别的，对于新药而言，Ⅰ期临床已经完成并且可以正常开展Ⅱ期临床即视为“已通过概念阶段”；而对于仿制药而言，则只需要完成一次临床试验，而非整个Ⅰ期临床阶段。

根据康诺亚生物招股书的披露，康诺亚生物的核心产品已进入Ⅱ期临床试验，因此符合“已通过概念阶段”的要求。

（4）合作协议

为支持药物开发并使其商业价值最大化，生物医药科技企业会与第三方进行合作。根据招股书的披露，康诺亚生物与石药集团、乐普生物、天广实、诺诚健华分别进行合作，签署相关合作协议以共同开发药物。

香港联交所在反馈意见中要求对每一合作协议的主要条款披露至相对详尽的

程度，包括：合同各方的权利、义务（包括但不限于研究权利、对最终生物药物的专利所有的分配，费用及收益分配安排）；任何预付款、里程碑付款和/或特许权使用费的约定数额，以及里程碑付款的触发事件的详细信息；合同期限及独占许可期间（如有）；争议解决措施、终止条款及有关根本违约相关情况的约定；并且要求行业顾问对合作协议是否符合行业惯例发表意见。此外，香港联交所在反馈意见中可能会就个别合作协议中的特定方面作出更详尽的披露要求。

因合作协议中约定有保密条款等，如需按照香港联交所的要求对合作条款在上市申请文件中作出披露，需先行拿到合作方的书面同意，为加快申请进度，可先在对香港联交所反馈意见的回复中以附件形式对合作协议进行补充披露，并同时向香港联交所说明，待公司取得合作方的书面同意后会在招股书中进行补充披露。

（5）股权及业务重组的历史沿革

历史沿革反映了企业的演变及股权结构的变化，历史沿革合法合规是对寻求上市的中国境内企业的统一要求。对于通过红筹架构在香港联交所上市的中国境内企业而言，涉及境内股东持有境外实体股权以及公司所实施的红筹重组的合法合规性，是香港联交所和香港证监会一贯重点关注的法律问题。

对新药研发企业历史沿革的上述重组环节（包括股权及业务重组）的合法、合规、合理性往往会深挖细究，其代表性反馈意见包括：①历次股权变动中涉及的股东是否存在需要进行返程投资登记的情况，是否均按规定履行了相关程序，返程投资登记相关事项是否合法合规；②报告期内上市体系股权重组的情况，包括具体时间、股权结构、转让/注销原因、是否履行了必要程序、转让交易价格、定价的公允性和依据、交易价款支付情况等。

此外，对于历史沿革中发生的包括股权代持等情况，香港联交所和香港证监会要求企业作出进一步的说明及解释。比如，康诺亚生物下属子公司于报告期内存在股权代持的情况，其在招股书中对代持安排的原因做出了合理解释，股权代持安排系为了对初步开发阶段的候选药物进行保密，后来为了上市而终止了股权代持安排；此外，确认代持人除拥有公司集团雇员（或雇员亲属）的身份外，与本集团之间概无其他过往或当前的业务、财务或其他关系。

（6）数据隐私及保护

临床数据隐私的交换及保护对于生物医药科技公司十分重要，香港联交所和香港证监会审核中十分关注上市申请人的数据隐私保护措施，及临床数据是否会发生跨境传输转移，如涉及临床数据涉及跨境传输转移的情况，需要在招股书中进一步披露数据传输转移是否存在困难及是否符合适用法律的相关要求。

康诺亚生物的大部分业务都是在中国境内开展的，其所有的临床试验过去或现在都是在中国境内进行。因此，康诺亚生物的临床试验数据没有在中国和美国之间进行过任何的转移。在临床试验过程中，康诺亚生物可能会接触到医疗机构及个体患者的某些数据，根据适用的中国境内法律法规，该等数据的某些类型可能属于个人信息的范畴。康诺亚生物已制定了严格的数据保护政策，以确保收集、使用、存储、传输及传播该等数据符合适用的法律法规，包括《网络安全等级保护定级指南》以及普遍的行业惯例［包括取得患者入组前的事先同意、去标识化（删除入组患者的个人标识）、数据储存在有内部控制协议的医疗机构并限制和监控数据访问］。为进一步确保实施数据隐私及保护措施，康诺亚生物采用了电子数据收集系统。康诺亚生物还与其雇员及第三方合作方签订了保密协议，其中载有数据隐私及保护的要求。

（7）环境、社会及管治（ESG）

就ESG部分的披露，香港联交所和香港证监会要求上市申请人应提供足够的信息让投资者正确评估公司的长期可持续性和前景，包括但不限于：①集团关于环境、社会和气候相关风险的治理措施（包括是否成立了董事会的任何小组委员会来评估和管理重大的ESG问题，以及管理层在评估和管理与气候相关的风险和机遇）；②环境、社会和气候相关风险对集团业务、战略和财务的实际和潜在影响绩效（包括与气候相关的短期、中期和长期风险和机遇）；③公司如何识别、评估、管理和缓解环境、社会和气候相关风险，包括公司的ESG政策和ESG战略（特别是与气候相关的问题）；④用于评估和管理此类风险的指标（包括但不限于与污染物/温室气体排放和资源消耗）。

就环境保护部分，根据康诺亚生物招股书的披露，其在生产过程中须遵守中国有关危险化学品、废水及化学废料使用与处理的各项法律法规。康诺亚生物日常运营涉及危险化学品的使用，在实施的安全指引条例中，明确列出生产设施的潜在安全隐患及操作程序，并在生产设施内安装视频监控系统，以监察生产过程。

康诺亚生物在运营过程中亦产生废水和化学废物，这些危险废物存放于专门的仓库中，并与符合资质的第三方签订了危险材料及废物处理合同；康诺亚生物在生产过程中所产生废水集中排放于康诺亚生物生产基地所在的工业园区所运营和管理的中央污水处理设施。

此外，生产过程中所产生废气的控制及处理，完全符合法律规定以及空气污染排放标准，并通过了相关符合资质的第三方审核。康诺亚生物生产过程中废气的排放率和浓度可忽略不计，远低于有关空气污染排放标准规定的阈值。

（8）新冠疫情暴发的影响

自2019年12月以来，新冠疫情的暴发对全球经济产生重大不利影响。香港联交所和香港证监会在上市审核中要求上市申请人披露新冠疫情产生的影响，包括对公司的业务语音及财务状况或财务业绩的重大影响，并要求公司就新冠疫情相关应对措施进行详细阐述。

根据康诺亚生物在招股书的披露，自2019年12月至挂牌上市时，新冠疫情的暴发并未对康诺亚生物的业务、财务状况及经营业绩造成重大不利影响。康诺亚生物采取多种措施证明新冠疫情不会对公司的业务营运、开发计划及临床试验进展以及生产及供应链造成任何重大影响，具体包括：在临床试验上，与临床试验机构合作为招募的患者提供口罩等个人防护设备，持续对患者进行随访，通过受监督的交付流程为招募的患者提供研究性药物治疗，并与公司的主要研究人员进行频繁交流以识别并解决可能出现的任何问题等；在日常运营中，定期对公司的办公室及生产设施消毒通风、每日检测雇员体温、记录雇员出行记录与健康状况，并为前往公司办公室及设施的雇员提供口罩及消毒剂；在生产及供应链方面，倘公司预计供应将会或存在任何延迟，公司将物色符合公司需求及要求的其他供货商并与之谈判，以保障本集团供应的稳定。

因新冠疫情何时以及是否能得到完全控制，目前尚不确定。康诺亚生物无法保证新冠疫情不会进一步加剧或不会对康诺亚生物的业务营运产生重大不利影响，因此在风险章节对新冠疫情的有关风险进行了披露。

四、百心安①

——未盈利医疗器械企业港股上市之路

（一）百心安基本情况

百心安是中国领先的创新介入式心血管装置公司，目前专注于以下两种疗

① 李明文，法律硕士，锦天城律师事务所高级合伙人。

法：①全降解支架（BRS），以解决患者在治疗冠状或外周动脉疾病方面的医疗需求；②肾神经阻断（RDN），以解决患者在治疗未控高血压及顽固性高血压方面的医疗需求。

2021年11月23日，百心安正式在香港联交所主板挂牌上市，股票代码：02185. HK。2022年2月16日，公司完成BRS产品BIOHEART®（一种自主开发可随时间被人体完全吸收的临时支架）临床试验患者入组，其为治疗冠状动脉疾病的经皮冠状动脉介入治疗手术中使用的自主研发全降解支架系统，根据弗若斯特沙利文的资料，中国仅有两款已商业化的全降解支架产品，且均为第一代全降解支架产品，支柱厚度超过150微米。百心安是中国仅有的4家拥有处于临床试验阶段的第二代全降解支架产品的国内公司之一。由于百心安较其他竞争者更早于中国完成随机对照临床试验患者入组，并且全球市场亦无报告有全降解支架在研产品已启动随机对照临床试验，故如入组研发顺利，百心安将成为全球首个基于多中心随机对照临床试验结果获得监管批准的第二代全降解支架系统。①

（二）百心安上市之路

1. 背景

百心安成立于2014年7月18日，其旗下有2家境内子公司及1家香港子公司，分别为上海安通医疗科技有限公司（以下简称安通医疗），成立于2011年9月；上海先建易贸易有限公司（以下简称上海先建易），成立于2022年2月；（Hong Kong Bio－heart Biological Technology Co.，Limited香港百心安），成立于2021年4月。

2018年4月，香港联交所正式修订《上市规则》，第18A章上市规则正式生效，企业达到“最少有一项核心产品已通过概念开发流程阶段，产品类型包括……医疗器材且由EMA、FDA或NMPA等主管当局认可管理”“预期市值不低于15亿港元”等要求后具备上市资格。百心安在2019年已经有多款产品处于研发阶段，符合了第18A章规定的上市资格，因此，在经过与投资者的深入探讨后，决定前往香港联交所主板上市。鉴于项目组律师在百心安历次融资、及重组过程中的出色表现，百心安聘请锦天城律师作为其在香港主板上市的专项法律顾问，协

① 参见《百心安香港联交所招股说明书》，载https：//www1. hkexnews. hk/listedco/listconews/sehk/2021/1213/2021121300026_c. pdf，最后访问日期：2023年1月5日。

助其完成香港主板上市项目。

2. 融资及重组

2019年，百心安管理层以百心安作为主体，在2019年下半年至2020年10月股改完成前，先后引入了辰德资本、建元资本、TPG、正心谷资本、奥博资本等知名投资者，并于2020年9月收购安通医疗作为其控股子公司。

安通医疗成立于2011年，早于百心安，根据项目组律师尽职调查发现，百心安和安通医疗两家公司虽然在日常运营管理（包括人力资源、财务、临床试验管理及营销职能）独立运作，但在财务、临床试验管理职能方面存在若干重叠的工作人员。同时，从历史沿革角度看，百心安的历次股权转让、历次增资以及历次董监高变更也更为规范，因此，在上市中介团队的建议下，公司管理层决定以百心安作为上市主体，收购安通医疗为其控股子公司，重组完成之后，两家公司各自的日常管理职能能够更好的整合，同时百心安及安通医疗持有的上百项知识产权也可整合至集团，增加公司整体估值、节约成本及提升运营效率。

3. 成立香港百心安

2021年4月，百心安在香港设立香港百心安，为方便公司上市后在香港本地运营管理。

（三）百心安的核心产品

根据百心安最新招股书显示，百心安所有产品均处于在研发状态，百心安主打全降解支架及肾神经阻断系列医疗器械，具体如下所述。

1. 全降解支架在研产品

Bioheart® 是治疗冠状动脉疾病的经皮冠状动脉介入治疗手术中使用的自主研发全降解支架系统。根据弗若斯特沙利文的资料，截至最后实际可行日期，中国仅有两款已商业化的全降解支架产品，且均为第一代全降解支架产品（支柱厚度超150微米）。根据弗若斯特沙利文的资料，百心安是中国仅有的4家拥有处于临床试验阶段的第二代全降解支架产品的国内公司之一，而Bioheart® 预期将成为全球首个基于多中心随机对照临床试验结果获得监管批准的第二代全降解支架系统。Bioheart® 获国家药品监督管理局认可为“创新医疗器械”，因而合资格进入快速审批通道。百心安须于申请国家药品监督管理局批准之前完成Bioheart® 的确认性临床试验，包括随机对照性临床试验及单臂临床试验。百心安于 2019 年 8 月完成随机对照临床试验受试者入组，于 2021 年 4 月展开单臂临床试验。根据百心安 2022 年 2 月自愿性公告①，百心安已完成 BRS 产品 Bioheart® 临床试验患者入组，预计于 2023 年第三季度就 Bioheart® 获得国家药监局的批准。

2. 肾神经阻断在研产品

肾神经阻断在研产品：肾神经阻断是为数不多的在治疗未控高血压及顽固性高血压方面具有经证实临床疗效的疗法之一，根据弗若斯特沙利文的资料，百心安是中国仅有的 3 家拥有处于临床试验阶段的肾神经阻断产品的公司之一，其在研产品第二代 Iberis® 预期将成为中国首款获批的多电极肾神经阻断产品。与单电极肾神经阻断在研产品相比，百心安的多电极第二代 Iberis® 可有效缩短手术时间，并减少患者及医生暴露于辐射的风险。此外，第二代 Iberis® 为中国唯一具有主要肾动脉及其分支联合消融功能的多电极肾神经阻断在研产品，与仅能消融主要肾动脉的在研产品相比，第二代 Iberis® 可改善肾神经阻断手术的降血压疗效，此与弗若斯特沙利文的资料一致。此外，第二代 Iberis® 为世界上唯一为医生及患者提供经股动脉及经桡动脉介入方法的肾神经阻断在研产品，而所有其他肾神经阻断产品仅允许经股动脉方法。与经股动脉方法相比，经桡动脉方法的侵入性更低，一般涉及的潜在并发症更少，并且可使患者更快痊愈。第二代 Iberis® 亦获国家药监局认可为“创新医疗器械”，因而合资格进入快速审批通道。百心安正在完成确认性临床试验，该试验是一项针对第二代 Iberis® 的随机伪对照试验，预计于 2023 年第二季度就第二代 Iberis® 获得国家药监局的批准。百心安亦正与泰尔茂合作，在日本进行第二代 Iberis® 的临床试验。目前，百心安已于日本完成第二代 Iberis® 的首次人类临床试验，预期将于 2025 年在日本推出第二代 Iberis®。根据百心安 2022 年 1 月香港联交所自愿性公告，百心安已完成第二代 Iberis® 临床试验患者入组；根据百心安 2022 年 5 月香港联交所自愿性公告，欧洲心血管研究中心（CERC）将进行使用桡动脉入路的肾动脉去交感神经治疗未控高血压试验（RADIUS – HTN 试验），并评估百心安的第二代 Iberis® 肾神经阻断系统治疗未控高血压患者。RADIUS – HTN 试验将比较通过经桡动脉

① 参见 https://www1.hkexnews.hk/listedco/listconews/sehk/2022/0216/2022021600757_c.pdf，最后访问日期：2023 年 3 月 10 日。

入路和经动脉入路进行的肾神经阻断的疗效。

3. 其他在研产品

除百心安的核心产品外，百心安亦正在开发用于治疗冠状动脉疾病的具有超薄支柱的下一代全降解支架产品 Bioheart Ultra™，以及用于治疗膝下外周动脉疾病的全降解支架系统 Bio - Leap™。百心安计划于 2022 年开展 Bio - Leap™ 及 Bioheart Ultra™的临床试验，且目前预期将分别于 2025 年及 2027 年或前后在中国推出产品。

（四）百心安上市过程中的审核关注要点

1. 历史沿革事宜

（1）安通医疗的股权代持

根据项目组律师核查安通医疗资料，胡女士、洪女士曾为安通医疗的股东，二人退出前分别持有安通医疗出资额为 172.60 万元，占安通医疗注册资本的 28.35%。经项目组律师与安通医疗相关人员确认，胡女士和洪女士持有的股权均为代他人持有，其中：洪女士系为汪先生代持安通医疗的股权（二人系配偶关系），胡女士系为秦先生代持安通医疗的股权（二人系母子关系）。

根据项目组律师核查，安通医疗存在代持主要系安通医疗设立之初，因汪先生、秦先生长期居于海外，办理工商登记不便，故委托近亲属代持其股权，同时，秦先生与胡女士、汪先生与洪女士于 2011 年、2012 年分别签署《股权代持协议》，在明确代持行为的基础上，经项目组律师建议，在百心安收购安通医疗时进行了代持还原，故在 2020 年 9 月 10 日，洪女士、胡女士、上海欣祐投资咨询合伙企业（有限合伙）与百心安签订《关于上海安通医疗科技有限公司之股权转让协议》，胡女士和洪女士分别将其持有的安通医疗出资额 172.60 万元以 9922.3425 万元的价格转让给百心安。同时，秦先生与胡女士、汪先生与洪女士分别签署了股权代持及解除的确认函，确认在百心安收购其持有的安通医疗股权后，已将款项支付给被代持人，双方代持关系解除，同时确认在代持期间，其委托代持行为均系被代持人的真实意思表示，代持人未实际享有安通医疗任何股权权益、未收取被代持人任何代持费用，所有涉及股权转让款项均由被代持人实际收取/支付，亦不存在任何纠纷。

综上所述，在现有资料明确代持关系后，通过重组节点进行代持解除，确认了代持关系形成的合理性、股权代持的真实性，以及代持解除和清理的合法性和有效性。

（2）国有股东标识

项目组律师核查中，发现百心安股东上海张江科技创业投资有限公司（以下简称张江科创）系上海张江（集团）有限公司全资持有，上海张江（集团）有限公司由上海市浦东新区国有资产管理委员会全资持有，属于《上市公司国有股权监督管理办法》（国务院国资委、财政部、中国证监会令第36号）认定的国有股东，由国有资产监督管理机构进行标识管理。根据国资委《〈关于进一步明确非上市股份有限公司国有股权管理有关事项的通知〉的问题解答》，股份公司拟在香港或境外证券交易所首次申请发行股票并上市，需要申请办理股东标识管理。因此，张江科创符合上述规定，其证券账户应标注“SS”。

根据与百心安管理层沟通，项目组提请了公司股东办理股东标识，根据国资委《〈关于进一步明确非上市股份有限公司国有股权管理有关事项的通知〉的问题解答》，张江科创办理国有股东标识管理需提供的材料主要包括：股份公司的国家出资企业产权登记表（证）；股份公司各国有股东的国家出资企业产权登记表（证）；股份公司最近一期年度审计报告；律师事务所出具的股份公司股东情况的法律意见书；其他需要提供的辅佐性文件。

最终，张江科创顺利取得了上海市国资委出具的批复文件。

（3）股权穿透/对外出资

百心安股改完成后，共有10名外资股东，涉及外资股东的情况，一般难以通过境内公开渠道核查，因此，项目组律师事先协调百心安各外资股东分别出具了包括但不限于盖章的股权穿透结构图、关于实际控制人确认函、关于是否需要办理37号文登记、ODI登记的确认函以及经公证的企业注册证书等文件。

在中国证监会国际部的反馈中，其中一个问题即问询了发行人外资股东的穿透情况，并要求披露其与发行人是否存在关联关系、亲属关联或业务关系，根据项目组律师事先收集的资料，我们分别披露了外资股东的实际控制人、控股股东/执行事务合伙人以及已投资的部分境内外上市医疗企业信息。

2. 合规经营

（1）租赁物业

因百心安所有产品均处于研发过程中，无对外销售情况，因此不涉及生产、安监等方面的合规性问题。在项目组律师尽调过程中，发现百心安名下租赁物业均未办理房屋租赁合同登记备案。根据《城市房地产管理法》第54条，《商品房屋租赁管理办法》第14条、第23条等相关规定，房屋租赁合同应向房产管理部门登记备案，逾期未办理由主管部门责令限期改正，单位逾期不改正的，处以1000元以上1万元以下的罚款。因百心安所有租赁物业尚未办理租赁登记备案手续，因此存在被房地产管理部门罚款的潜在风险。

在项目组律师的督促下，百心安陆续就其租赁房屋向房管部门办理了租赁合同备案登记。

同时，在他权核查中，发现百心安名下一处物业存在抵押，系承租后业主设立的抵押，根据《民法典》第405条规定，在抵押权设立前，抵押财产已经出租并转移占有的，原租赁关系不受该抵押权的影响。项目组在法律意见书中亦就此发表了明确意见：百心安租赁物业的上述情况不会对本次上市造成法律障碍。

（2）临床研发过程的合规问题

在核查百心安研发产品是否需要进行临床评价以及临床评价合规性方面，当时主要依据国家药监局发布的《医疗器械注册管理办法》（已废止）①、《生物可吸收冠状动脉药物洗脱支架临床试验指导原则》、《全降解冠状动脉药物洗脱支架临床试验审评要点》等法律法规，② 百心安研发产品为全降解支架，符合上述法规认定的需要进行临床评价的医疗器械产品，同时，百心安的“Bioheart 生物可吸收冠状动脉雷帕霉素洗脱支架系统治疗冠心病患者的随机对照临床试验”项目涉及开展收集（国际合作）人类遗传资源的活动，根据《人类遗传资源管理暂行办法》的规定，需要取得中国人类遗传资源管理办公室出具的审批许可，而百心安均取得了上述产品的临床试验批件及遗传办审批许可。

（五）结语：以研发能力为价值导向

在联交所《上市规定》第18A章4周年之际，投资者对港股医药板块已经

---

① 《医疗器械注册与备案管理办法》自2021年10月1日起施行，《医疗器械注册管理办法》同时废止。

② 2021年9月28日，国家药监局发布《医疗器械临床评价技术指导原则》《决策是否开展医疗器械临床试验技术指导原则》《医疗器械临床评价等同性论证技术指导原则》《医疗器械注册申报临床评价报告技术指导原则》《列入免于临床评价医疗器械目录产品对比说明技术指导原则》5项技术指导原则，对于免于临床试验、须临床试验的医疗器材产品作了进一步的明确规定。

逐渐回归理性，公众更看重产品能否顺利实现商业化、是否存在创新性以及是否在临床数据上已经达到可实现巨大收益的未来预期，自百心安2021年11月23日联交所上市以来，虽然百心安尚未有产品实现商业化，但其已在海外布局多款核心产品的研发，从数据上看，百心安自上市以来，股票在2022年4月实现了“逆袭”，[①] 其主要原因也在于百心安旗下两款产品新进展的驱动：（1）第二代Iberis® 肾神经阻断系统在欧洲临床获批，随后临床试验患者入组工作完成；（2）百心安的核心产品可降解心脏支架，2月16日，该产品完成临床患者入组。因此，项目组相信，公司在具备持续研发能力以及实现商业化领先地位的情况下，未来将会获得更多境内外投资者的认可。

五、百济神州

——浅析“A+H+N”上市之路[②]

（一）百济神州公司背景简介

百济神州的发展，离不开两位创始人的专业和睿智，这便是王某和欧某。王博士1985年赴美留学，2003年被聘为北京生命科学研究所第一任所长，于2004年当选美国国家科学院院士，其研究重点是细胞凋亡的生物化学途径和生物化学过程，是新中国培养出来的第一位获此殊荣的科学家，王某归国后一直有一个愿景，就是做中国自己的创新药。欧某是宾夕法尼亚州匹兹堡人，毕业于麻省理工学院和斯坦福大学商学院，曾在麦肯锡担任商业咨询顾问，在2005年时，欧某曾在北京成立了从事研发外包（CRO）的保诺科技公司，2009年以7700万美元出售给美国CRO公司PPD，欧某早早就看中了中国市场巨大的发展潜力，一直对于在华业务报有雄心壮志。[③]

这两位创始人一个是出生在中国，求学于美国的科学家，另一个是出生于美国，创业于中国的企业家，正是这样两位不同领域、经历迥异的人，在2010年的一个朋友聚会上认识后一拍即合，共同在北京成立了百济神州，寓意“百创新

---

① 参见http：//stockpage.10jqka.com.cn/HK2185/，最后访问日期：2023年3月8日。

② 于炳光，国际商法及公司法硕士，锦天城律师事务所高级合伙人。

③ 参见《第一个在华创业的美国亿万富豪出现了》，载https：//baijiahao.baidu.com/s?id=1610311979024895559&wfr=spider&for=pc，最后访问日期：2023年1月6日。

药，济世惠民”。公司“十年磨一剑”，研发投入数百亿元，专注于分子靶向和免疫肿瘤疗法的研究。根据公开资料显示，截至目前百济神州已完成14轮融资，其中不乏知名PE及VC如高瓴资本、摩根士丹利、高盛等，融资金额超过了59亿美元，高瓴资本更是从公司初创至今一路支持。

百济神州的发展过程中，除强大的研发能力和核心产品以外，其最为人所乐道的当属其不断投入的天价研发费用，在行业中号称为“中国研发投入王”。除知名投资人的资金支持以外，为支持企业不断投入的高额研发费用，2016年百济神州在美国纳斯达克上市，融资约1.67亿美元；港股改革后，2018年百济神州又一次在香港联交所挂牌，融资约9.02亿美元；2021年百济神州在科创板上市，融资200亿元人民币。即便如此，这似乎仍不能应对百济神州在研发方面成本消耗的速度，数据表明，百济神州在2016年到2020年投入的研发费用合计超过220亿元人民币，而同期其累计亏损达234.69亿元人民币。百济神州历年平均研发投入占总支出比例高达75%，远超国内其他创新研发企业，正是由于这种不计代价的研发投入，百济神州在三地上市前均未能实现盈利，甚至一度让市场怀疑其盈利能力。

（二）国际化第一步：美国纳斯达克上市

虽然2016年的百济神州还只能算是一个名不见经传的中小型企业，然而，在百济神州的美国招股说明书上，承销商却同时有高盛和摩根士丹利两家顶级大行。赴美上市时，百济神州在全球的员工总数为215人，一大半属于科研人员；在财务方面，截至2015年9月时公司的收入为413.9万美元，亏损为2985.2万美元，[①] 仍处于未盈利状态；在产品方面，公司有4款自主研发的在研产品处于国际临床试验阶段，尚无产品上市，4款在研产品分别是BGB－3111、BGB－A317、BGB－290和BGB－283，其中2款临床阶段在研药物通过了FDA的审评，意味着可以在美国开展临床试验，另外2款药物也获得了原中国国家食品药品监督管理总局的临床试验批件，分别在国内已经开始和即将开展临床试验。

2016年2月3日，在中概股纷纷私有化回国上市的大环境下，百济神州逆流

① 参见《百济神州纳斯达克招股说明书》，载 https：//www.sec.gov/Archives/edgar/data/1651308/000104746916009999/a2227243z424b4.htm#en44101_principal_shareholders，最后访问日期：2023年1月6日。

赴美国纳斯达克全球精选市场上市，成为首家在美国纳斯达克上市的中国生物科技公司，股票代码为 BGNE，首次公开发售 7,590,000 股 ADS（公司首次出售 6,600,000 股 ADS，承销商行使购股权以购买额外 990,000 股 ADS），每股定价 24 美元，扣除承销商折扣和发行费用后的净收益大约为 1.67 亿美元，所募资金用于支持在研的癌症靶向药物①。

之所以选择在美国上市，首先，百济神州在当时作为一个既没有产品上市，也没有盈利的企业来说，无法满足当时境内 A 股或中国香港地区上市的盈利门槛要求；其次，作为一家尚处在成长期的企业，很难获得理想的估值，而当时美国资本市场已有较为完善的估值体系和多元化的上市标准，美国投资者更看重企业的创新性和远期成长性，能够满足不同类型的企业融资需求；最后，当时迫切需要大量资金投入全球临床开发阶段的百济神州，无法通过债权融资获得大量资金，更无法承受债权融资的高额财务成本，唯有通过公司上市，以股权融资的方式可以迅速获得资金用以支持在研产品的后续研发及临床试验，同时得以让部分先期投资人通过公司上市实现退出。因此，在美国上市对于当时的百济神州来说是最为理想的选择。

（三）国际化第二步：香港联交所上市

2018 年 4 月，香港联交所实施上市制度改革，在《上市规则》中新增第 18A 章“生物科技公司”，允许未盈利的生物科技公司在香港联交所上市，根据第 18A 章申请上市的申请人必须符合以下条件：（1）证明其合资格及适合以生物科技公司的身份上市，这里的生物科技公司指主要从事生物科技产品研发、应用或商业化发展的公司，不包括医保提供商及服务商；（2）上市时的市值至少达到 15 亿港元；（3）上市前已由大致相同的管理层经营现有业务至少 2 个会计年度；（4）申请人需有足够的营运资金，该等营运资金应为集团自上市文件刊发之日起至少 12 个月所需开支的 125%。该等开支应主要包括：一般、行政及营运开支（包括任何生产成本）和研发开支。

除《上市规则》第 18A 章所列指标以外，生物医药企业以该形式登陆香港联交所还需要符合联交所 2018 年 4 月两份指引信的有关要求，即 HKEX – GL92 – 18

---

① 参见 https://www.sec.gov/Archives/edgar/data/1651308/000104746916009999/a2227243z424b4.htm#en44101_principal_shareholders，最后访问日期：2023 年 3 月 10 日。

指引信以及 HKEX - GL107 - 20 指引信，测试标准主要包括申请人必须至少有一只核心产品已通过概念阶段；申请人须主要专注于研究及开发核心产品且上市前12 个月需一直从事核心产品的研发；须拥有与核心产品有关的知识产权；上市至少 6 个月前须已获得至少一名资深投资者提供相当数额的第三方投资；上市集资须主要作研发用途，将核心产品推向市场等。

2018 年 8 月 8 日，百济神州依据《上市规则》第 18A 章成为首个实现在美股和港股双重一级上市的中国生物医药企业（港股股票代码为 06160），所谓“双重一级上市”主要指百济神州在中国香港地区上市为主要上市（primary listing）而非第二次上市（secondary listing），即美股和港股两个资本市场均为第一上市地，公司需要同时遵守两地的市场准则，也意味着在中国香港地区一级上市后可在沪港通上流通。[①] 公司在全球发行项下的发行股份数量为 65, 600, 000 股普通股，其中于在中国香港地区发行股份数量为 5, 904, 000 股，于国际配售股份数量为 59, 696, 000 股，募资 9. 02 亿美元用于后续在研产品的临床试验及商业化，直至在中国香港地区上市时，百济神州已经发展成为可以对标国际一流药企的跨国集团。

在人员方面，百济神州已拥有一支超过 1300 名雇员组成的全球团队，包括 200 多人的研究团队、200 多人的开发经营团队及 200 多人的商业化团队；在生产方面，百济神州已在中国苏州拥有超 11, 000 平方米的生产基地拟用于 Zanubrutinib（BGB - 3111）药品的商业化生产，同时着手投建广州 100, 000 平方米的生物制剂生产工厂；在财务方面，百济神州的收入达 3254. 4 万美元（截至 2018 年 3 月 31 日），但同期亏损约为 1. 05 亿美元，因此直至香港联交所上市时公司仍未能实现盈利；在产品管线方面，百济神州较美国纳斯达克上市时拥有了更为丰富的产品管线，主要涉及 6 种内部开发的在研药物，其中 3 款核心产品均处于临床后期，分别为 Zanubrutinib（BGB - 3111）、Tislelizumab（BGB - A317）、Pamiparib（BGB - 290），另外，百济神州还通过与新基的合作获得 3 种已上市抗癌药物的独家许可；在知识产权方面，百济神州在中国香港地区上市时

---

① 参见《纳斯达克之后登陆港交所，百济神州成为首家美港双重上市生物科技公司》，载 https：//baijiahao. baidu. com/s? id = 1607471769336029124&wfr = spider&for = pc，最后访问日期：2023 年 3 月 10 日。

已拥有17项美国专利，7项中国已发布专利，另外还有20项待美国、中国审批的专利申请。①

虽然百济神州系根据香港联交所《上市规则》第18A章上市的生物医药企业，但随着百济神州的发展，截至2018年12月31日，企业的年度收入为1308.85万美元，远远超过5000万港元，符合联交所《上市规则》第8.05（3）条内容。百济神州2019年6月28日宣布，在向香港联交所提出申请后，香港联交所根据第8.05（3）条，批准百济神州在符合指定收入/市值门槛后作为创收公司上市，不适用生物科技规则。② 经批准后，象征通过第18A章上市的生物医药企业后所带的“B”标识已从百济神州在香港联交所的股票代码中移除，2020年8月百济神州（06160）被纳入恒生综合指数。

（四）国际化第三步：中国内地科创板上市

1. 回归本土市场

2019年6月，上交所新设科创板，坚持面向世界科技前沿、面向经济主战场、面向国家重大需求，主要服务于符合国家战略、突破关键核心技术、市场认可度高的科技创新企业。重点支持新一代信息技术、高端装备、新材料、新能源、节能环保以及生物医药等高新技术产业和战略性新兴产业。为此，科创板设置了5套不同标准以满足不同企业的融资需求，其中，第五套标准被普遍认为是为未盈利的生物医药企业而设，同时，科创板还允许红筹企业、同股不同权的企业上市，短短两年，科创板就已经吸引了大批优质生物医药企业，截至目前大约有93家已成功在科创板挂牌。

根据21号文第2条的规定：“试点企业应当是符合国家战略、掌握核心技术、市场认可度高，属于互联网、大数据、云计算、人工智能、软件和集成电路、高端装备制造、生物医药等高新技术产业和战略性新兴产业，且达到相当规模的创新企业。其中，已在境外上市的大型红筹企业，市值不低于2000亿元人民币；尚未在境外上市的创新企业（包括红筹企业和境内注册企业），最

---

① 参见https：//www1.hkexnews.hk/listedco/listconews/sehk/2018/0730/ltn20180730006_c.pdf，最后访问日期：2023年2月8日。

② 参见https：//www1.hkexnews.hk/listedco/listconews/sehk/2019/0628/ltn201906281538_c.pdf，最后访问日期：2022年12月8日。

近一年营业收入不低于30亿元人民币且估值不低于200亿元人民币，或者营业收入快速增长，拥有自主研发、国际领先技术，同行业竞争中处于相对优势地位。”

2020年《科创板上市规则》第2.1.3条的规定，红筹企业在科创板上市需要符合以下条件：“符合《国务院办公厅转发证监会关于开展创新企业境内发行股票或存托凭证试点若干意见的通知》（国办发〔2018〕21号）相关规定的红筹企业，可以申请发行股票或存托凭证并在科创板上市。营业收入快速增长，拥有自主研发、国际领先技术，同行业竞争中处于相对优势地位的尚未在境外上市红筹企业，申请在科创板上市的，市值及财务指标应当至少符合下列标准之一：（一）预计市值不低于人民币100亿元；（二）预计市值不低于人民币50亿元，且最近一年营业收入不低于人民币5亿元……”

2021年1月，百济神州采用上述有关红筹企业在科创板上市的相关标准申请上市，选择的具体上市标准为：“市值200亿元人民币以上，且拥有自主研发、国际领先技术，科技创新能力较强，同行业竞争中处于相对优势地位。”同年7月28日，已在美国纳斯达克和香港联交所双重上市的百济神州在我国内地科创板提交注册，成为第一家在美国、中国香港地区、中国内地上市的生物医药企业。

根据百济神州的科创板招股说明书显示，在人员方面，公司截至2021年11月4日已有研发人员2800人，占员工总数超过36%，分布在中国、美国、澳大利亚、欧洲等国家和地区，具备强大的全球临床开发团队，销售人员占比37.45%，其余为行政管理人和生产人员；在生产方面，公司在苏州和广州分别建立小分子及大分子生物药的生产基地以支持药品的生产及商业化；在财务方面，由于居高不下的研发费用，公司累积未分配利润为-275.83亿元，仍为一家尚未盈利的生物科技公司；在产品管线方面，经过了10年的发展，百济神州已拥有商业化产品及临床阶段候选药物共48款，包括10款商业化阶段药物，2款已申报候选药物和36款临床阶段候选药物。其中，公司共有3款自主研发药物正在上市销售、8款自主研发候选药物处于临床在研阶段以及37款处于临床或商业化阶段的合作产品。其中3款已上市自主研发药品，包括百悦泽®［Brukinsa®，泽布替尼胶囊（Zanubrutinib）］、百泽安®（替雷利珠单抗注射液，Tislelizumab）和百汇泽®（帕米帕利胶囊，Pamiparib）均已上市。①

特别值得一提的是，2019 年 11 月 15 日，百悦泽® 获得 FDA 批准上市，这是百济神州第一款自主研发上市的产品，也是我国第一款中国本土自主研发，并在美获批上市的抗癌新药，打破了我国创新药“只进不出”的局面，真正意义上实现了“从无到有”的突破。②

2. 红筹企业在科创板上市需注意的法律问题

参考百济神州回科创板上市的案例来看，审核机构对于这类红筹企业的科创属性的指标要求更为严格，需要用具体的指标来论证企业是否“拥有自主研发、国际领先技术，科技创新能力较强，同行业竞争中处于相对优势地位”。另外，虽然科创板为红筹企业打开了大门，对红筹企业股权结构、公司治理、运行规范等发行条件有所放宽，但《科创板上市规则》明确规定在投资者权益保护方面不能低于境内法律及中国证监会的要求，因此在科创板上市的过程中，审核机构还重点关注了百济神州在公司董事会及公司治理方面的安排，要求其具体说明是否因此而存在投资者权益保护低于境内法律要求的情形。

《科创板上市规则》第 13. 1. 3 条规定：“红筹企业在境内发行股票或者存托凭证并在本所科创板上市，股权结构、公司治理、运行规范等事项适用境外注册地公司法等法律法规的，其投资者权益保护水平，包括资产收益、参与重大决策、剩余财产分配等权益，总体上应不低于境内法律法规规定的要求，并保障境内存托凭证持有人实际享有的权益与境外基础证券持有人的权益相当。”

从不低于境内投资者权利保护的角度，建议拟上市的红筹企业注意以下几点：③（1）红筹企业根据注册地法律和境外上市地的上市规则而制定的公司治理规则，如低于境内法律法规规定的上市公司投资者权益保护水平，需要参照境内法律法规进行适当调整并作具体说明；（2）股东大会的职权、召集、提案、通

---

① 参见《百济神州上交所科创板上市招股说明书》，载上海证券交易所官网，http：//static. sse. com. cn/stock/information/c/202107/ac6100a7264944d6b8aae4bd28f2fed8. pdf，最后访问日期：2023 年 1 月 6 日。

② 参见《照亮全球的神州之光——百济神州》，载 https：//mp. weixin. qq. com/s/B3dRJU57WT8fPzavbz0PTw，最后访问日期：2023 年 1 月 6 日。

③ 参见《百济神州上交所科创板法律意见书》，载上海证券交易所官网，http：//static. sse. com. cn/stock/information/c/202107/2f0a5b0837264497a15d1ff5db1bc317. pdf，最后访问日期：2023 年 3 月 6 日。

知、召开、表决和决议需要满足红筹企业投资者保护要求；（3）红筹企业独立非执行董事的职责需与中国证监会发布的《关于在上市公司建立独立董事制度的指导意见》（已失效）等A股规则中对独立董事职责的基本要求相一致，包括独立董事需就重大关联交易、董事的提名和任免等事项发表意见，需维护公司整体利益，尤其应关注中小股东的合法权益不受损害；（4）红筹企业设置的董事会专门委员会的职能和作用与A股规则对董事会下设专门委员会的相关要求不存在实质差异；（5）境外上市规则中通常没有设置监事或监事会的要求，红筹企业需说明其设置的独立非执行董事或董事会专门委员会的相关机制可以起到监督公司规范运作的作用；（6）红筹企业的利润分配机制一般较境内上市企业来说更为灵活，可以通过出具在科创板上市后三年分红回报计划的有关承诺来明确公司利润分配原则、利润分配形式、利润分配的决策机制与程序、利润分配政策的调整程序等，以保障公司全体股东获取资产收益的权利；（7）对于关联交易的问题，建议按照境内要求以及红筹企业上市地规则，关联方认定和关联交易标准认定范围取两地上市规则的并集，确保关联交易审议程序可以充分保护公司股东权益；（8）需保障股东获取剩余财产分配的权利，满足境内法律法规关于股东参与上市公司剩余财产分配的制度要求；（9）关于适用法律和管辖法院的问题，如红筹企业在章程中设置有开曼群岛法院的独家司法管辖权条款，出于保护红筹企业投资者的保护要求，需出具关于因在境内发行股票并在科创板上市以及在上市期间发生的证券纠纷适用中国法律并由中国境内法院管辖的承诺；（10）关于A股募集资金的管理安排，需符合A股规则关于上市公司募集资金管理的要求；（11）红筹企业及其董事、独立非执行董事、高级管理人员等需为保障A股股东权益作出相应承诺，如关于稳定公司A股股价的承诺、关于填补被摊薄即期回报的承诺等；（12）红筹企业需为人民币普通股股东行使表决权行使股东权利作出相应的便利安排，如为境内股份持有人提供网络投票方式行使表决权等，以保障境内股东权益。

虽然百济神州一度因为高昂的研发费用导致连年亏损，致使其盈利能力遭受市场怀疑，但在2020年底，百济神州3款创新抗癌药物，包括自主研发的“百泽安”和“百悦泽”以及其最大股东安进战略合作授权的“安加维”已被成功纳入我国医保目录，财报显示这3款产品进医院数量显著增加，分别为进医保目录前的约13倍、28倍和23倍；从百济神州于2021年8月6日公布的2021年第二季度财报来看，其第二季度产品收入约9亿元，相较去年同期增长111%，上半年产品总收入达15.8亿元，同比增长108%。① 可以看到，凭借着出色的研发能力和丰富的产品管线，百济神州的商业化已走上正轨。至今，百济神州仍然是第一家，也是唯一一家在美国、中国香港地区、中国内地三地上市的生物医药企业，它成功地抓住了每一次资本市场变革的机会，从赴美国纳斯达克上市，到香港联交所上市制度改革，再到科创板推出，凭借着其常年坚持不懈地对创新药物研发的工匠精神，以及资本市场的高效助力，逐步走向规模化、国际化、商业化，逐步发展成为具备新药研发、临床实验、药品上市、生产及销售等全产业链的全球领先生物医药技术公司，至于能否成为中国本土制造的“药神”，还需要百济神州在今后的商业化之战中给出答案。

六、微创医疗

——“一拆多”情况简析②

（一）“一拆多”如何在不同资本市场实现——微创医疗下属企业分拆上市情况简析

微创医疗（MicroPort Scientific Coporation）（证券代码：00853.HK）系香港联交所主板上市企业，亦系国内领先的医疗器械生产商。随着下属企业在细分业务赛道上的逐渐成熟，微创医疗开始了分拆下属企业上市之路。截至目前，微创医疗已有6家控股或联营子公司实现境内外上市，具体如图3-6所示。

1. 心脉医疗（上交所科创板上市，证券代码：688016.SH）

心脉医疗前身心脉有限成立于2012年8月17日，主要从事主动脉及外周血管介入医疗器械的研发、生产和销售。

2014年9月至2016年1月，心脉有限陆续受让了上海微创（微创医疗下属控股子公司）拥有的、与心脉有限主营业务相关的全部经营性资产、知识产权及非专利技术，并承接了与主动脉和外周血管介入医疗器械独立业务条线相关的研

① 参见《百济神州2021年第二季度产品收入约9亿元，较去年同期增长111%》，载https://baijiahao.baidu.com/s?id=1707312075403373088&wfr=spider&for=pc，最后访问日期：2023年2月9日。

② 谢静，法律硕士，锦天城律师事务所合伙人。

发、生产、销售及行政管理人员。

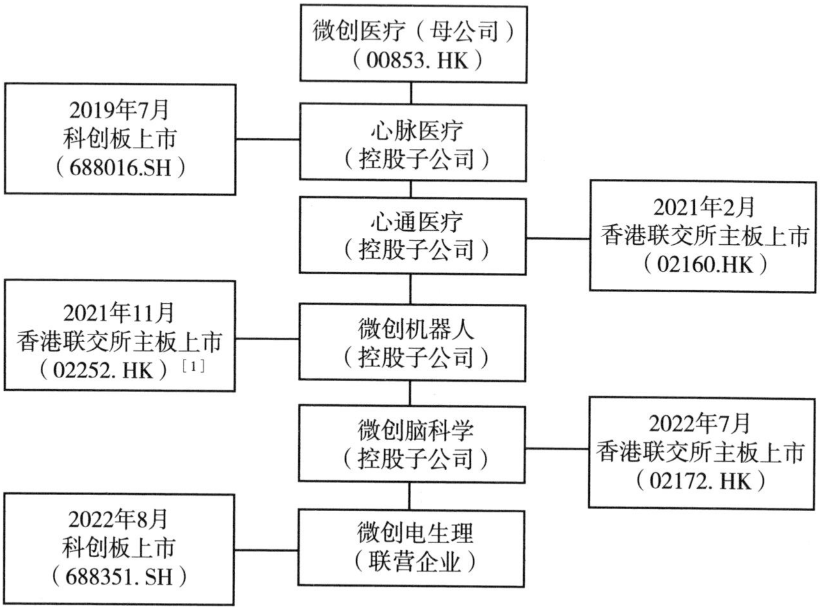

[1] 2022 年 6 月，微创机器人董事会同意其在上交所科创板上市，目前微创机器人科创板上市的申报文件尚未提交。

图 3－6　上市情况

2016 年 10 月，微创医疗曾获得香港联交所关于分拆心脉有限赴深交所创业板上市的同意。根据心脉医疗后续申请科创板上市时公开披露的信息，因当时心脉有限处于发展初期，业务规模相对较小且未完成股份制改制，故未向创业板申报上市材料。

2018 年 8 月，心脉有限改制为股份公司。其后，随着科创板相关政策的出台，心脉医疗开始着手筹划在上交所科创板上市事宜。2019 年 3 月，香港联交所同意微创医疗分拆心脉医疗在科创板上市。2019 年 4 月，心脉医疗首次公开发行股票并在科创板上市的申请文件获上交所受理，其选择的上市标准为“预计市值不低于人民币 10 亿元，最近两年净利润均为正且累计净利润不低于人民币 5000 万元，或者预计市值不低于人民币 10 亿元，最近一年净利润为正且营业收入不低于人民币 1 亿元”。2019 年 7 月 22 日，心脉医疗作为科创板第一批 25 家上市的企业之一及科创板分拆上市第一股在科创板上市，证券代码：688016. SH。

根据心脉医疗首次公开发行股票并在科创板上市的申请文件，心脉医疗的控股股东为香港心脉，间接控股股东为维尔京心脉和微创医疗，无实际控制人。

2. 心通医疗－B（香港联交所主板上市，证券代码：02160. HK）

2015年5月21日，上海微创心通成立，主要从事心脏瓣膜领域高端介入医疗器械研发、制造、销售及相关技术咨询服务。2019年1月10日，心通医疗于开曼群岛注册成立。其后，通过红筹架构的搭建及一系列的股权转让及重组，上海微创心通成为心通医疗的全资子公司。

2020年11月6日，微创医疗发布公告，建议分拆微创医疗附属公司心通医疗的股份于香港联交所主板独立上市，且公告披露香港联交所已同意其进行本次建议分拆上市事宜。2021年2月4日，心通医疗在香港联交所主板上市，证券代码：02160. HK。心通医疗系根据联交所《上市规则》第18A章的规定作为未盈利的生物科技公司申请在香港联交所上市，其上市时的市值不低于15亿元人民币。

3. 微创机器人－B（联交所主板上市，证券代码：02252. HK）

2015年5月11日，机器人有限成立，主要从事手术机器人医疗器械的研发、生产和商业化。

2020年12月11日，微创医疗发布自愿公告，披露其正在考虑可能分拆微创机器人及其股份于认可的证券交易所独立上市。2020年12月31日，机器人有限改制为股份公司。同日，微创机器人与中金公司签署上市辅导协议，拟于科创板上市。2021年6月10日，微创医疗发布公告，建议分拆微创机器人的H股于香港联交所主板独立上市，且公告披露香港联交所已同意其进行本次建议分拆上市事宜。

2021年6月，微创机器人向中国证监会国际部提交了《境外首次公开发行股份（包括普通股、优先股等各类股票及股票派生的形式）审批》材料且已获中国证监会受理。其后，微创机器人向香港联交所递交了上市申请。2021年11月2日，微创机器人在香港联交所主板上市，证券代码：02252. HK。微创机器人亦系根据联交所《上市规则》第18A章的规定作为未盈利的生物科技公司申请在香港联交所上市。

2022年6月1日微创机器人董事会审议通过其发行A股并在上交所科创板上市的议案。截至目前，微创机器人尚未完成向科创板的申报。

4. 微创脑科学（香港联交所主板上市，证券代码：02172. HK）

2012年5月16日，微创神通医疗成立，为中国神经介入医疗器械行业的先行者和重大的中国公司，致力于向医生及患者提供创新解决方案。2020 年 9 月 30 日，微创脑科学于开曼群岛注册成立。其后，通过红筹架构的搭建及一系列的股权转让及重组，微创神通医疗成为微创脑科学的全资子公司。

2021 年 12 月 28 日，微创医疗发布公告，建议分拆微创医疗附属公司微创脑科学的股份于香港联交所主板独立上市，且公告披露香港联交所已同意其进行本次建议分拆上市事宜。2022 年 7 月 15 日，微创脑科学在香港联交所主板上市，证券代码：02172. HK。

5. 微创电生理（上交所科创板上市，证券代码：688351. SH）

2010 年 8 月 31 日，电生理有限成立，主要从事电生理介入诊疗与消融治疗领域创新医疗器械研发、生产和销售。2016 年 4 月 14 日，电生理有限改制为股份公司。

2016 年 8 月 30 日，微创医疗发布公告，披露其正在考虑对微创电生理通过在新三板独立挂牌之方式分拆，且香港联交所已同意其进行本次建议分拆。2017 年 8 月 15 日，微创电生理在新三板挂牌，证券代码：871960. SH，其时微创医疗间接持有微创电生理 81. 93% 的股份。为配合业务发展需要及长期战略发展规划，2018 年 11 月 30 日，微创电生理终止在新三板挂牌。

终止挂牌后，微创电生理股东层面进行了多次转让和增资，微创医疗持有微创电生理的股份被逐步稀释。2019 年 6 月 24 日，微创医疗发布公告称，因其持有微创电生理的股份由 81. 93% 降至 45. 10%，微创电生理的财务报告不再被其合并；2020 年 8 月 5 日，微创医疗发布公告披露微创电生理与投资者订立增资协议，完成增资后，微创医疗持有的微创电生理权益将减少至 38. 4852%，故其继续将微创电生理作为联营公司入账。

2021 年 6 月，微创电生理向科创板递交了上市申请文件并获受理，其选择的上市标准为“预计市值不低于人民币 40 亿元，主要业务或产品需经国家有关部门批准，市场空间大，目前已取得阶段性成果。医药行业企业需至少有一项核心产品获准开展Ⅱ期临床试验，其他符合科创板定位的企业需具备明显的技术优势并满足相应条件”。2022 年 8 月 31 日，微创电生理在科创板上市，证券代码：688351. SH。微创电生理系上交所公布《上海证券交易所科创板上市审核规则适用指引第 7 号——医疗器械企业适用第五套上市标准》后首个获批上市的企业。

根据相关的申请文件，微创电生理无控股股东和实际控制人。值得注意的是，因微创电生理系微创医疗的联营企业，且在提交申报文件前一个会计年度并非微创医疗的控股子公司，微创医疗并未就微创电生理上市事宜履行下属子公司分拆上市所需的联交所批准程序，[①] 仅于2021年6月3日公告披露了其联营公司微创电生理拟寻求科创板上市的消息。

6. 微创医疗下属其他业务板块的融资情况

除前述已经或正在申请上市的主体外，微创医疗下属其他业务板块的企业近年亦进行了多轮次的融资，具体如表3－4所示。

表3－4　融资情况

企业名称	主营业务	融资情况
微创骨科	研发、生产并销售用于人体髋、膝关节产品，用于人体脊柱的内植入产品、器械和生物材料，运动医学、新型创伤产品	2020年5月融资5.8亿美元，投资人包括望道通生物技术、国寿股权投资、粤民投、观由资本、千毅资本、MPO Global Management Limited等
微创心律	研发及销售植入式起搏器和除颤器设备以及心律失常管理相关技术	（1）2020年7月融资1.05亿美元，投资人包括高瓴创投（GL Ventures）、云锋基金及微创国际； （2）2021年7月融资1.5亿美元，由高瓴资本和微创医疗共同领投，星利有限公司（碧桂园创投）参与投资。其他参与方还包括中金资本、易方达资本、涌容资产（Everfund）、L Squared Private Management和万汇资本等
明悦医疗	辅助生殖领域的产品线和医疗解决方案	（1）2020年7月融资1.3亿美元，投资人包括深创投、微创医疗等； （2）2020年11月亦完成一轮融资，投资人包括张江火炬创投、创伴投资等，具体融资额未披露

① 参见联交所《上市规则》中的第15项应用指引规定：香港上市公司（母公司）在进行分拆上市前，应当就其分拆上市建议向联交所提出并由联交所按照应用指引的有关内容进行审批。应用指引亦明确，其一般只适用于发行人以及在呈交分拆上市建议时属发行人附属公司的机构，如有关机构在发行人呈交分拆上市建议之时属其联营公司，而同时，有关机构在发行人最近一个完整财务年度（至少须有12个月）内的任何时间，并计至呈交分拆上市的建议日期为止，曾属发行人的附属公司的话，则香港联交所将视该机构为发行人的附属公司处理。

续表

企业名称	主营业务	融资情况
微创视神	研发、生产和销售用于诊断、治疗及护理的眼科相关医疗产品，并提供相关服务	2021年3月融资3.5亿美元，投资人包括微创投资、望通道生物技术等

根据前述微创医疗下属企业主营业务切割明晰性和融资的情况，不排除微创医疗有分拆该等企业进行上市的计划和安排。该等企业后续具体上市板块的选择，则视其时该等企业自身的估值情况、主营业务的阶段性成果及其他实质性条件而确定。

（二）母公司及其股东的利益如何维护——香港联交所关于分拆上市的规定及审核关注重点

对于香港上市公司分拆企业境内上市而言，香港联交所作为母公司（香港联交所上市公司）的监管机构，其主要关注分拆上市后母公司是否仍有维持其运作的资产及业务，是否会因分拆上市而损害母公司股东的利益等方面。香港联交所的相关规定和审核关注点如下。

1. 香港联交所关于主板上市公司分拆下属企业上市的规定

香港联交所分拆上市的规定主要体现在《上市规则》的第15项应用指引中，第15项应用指引自1997年5月12日起生效。应用指引规定，香港上市公司（母公司）在进行分拆上市前，应当就其分拆上市建议向联交所提出并由联交所按照应用指引的有关内容进行审批；且不论拟被分拆上市的机构（新公司）是在中国香港地区或海外上市，第15项应用指引均适用，具体如表3-5所示。

表3-5　相关要求

序号	原则性要求	具体要求
1	新公司须符合基本上市准则	如现有发行人拟分拆上市的机构是在本交易所营运的证券市场（创业板除外）上市，新公司必须符合《上市规则》中有关新上市申请人的所有规定，包括载于《上市规则》第8章的基本上市准则

续表

序号	原则性要求	具体要求
2	母公司最初上市后的3年内不得作分拆上市	鉴于母公司最初上市的审批是基于母公司在上市时的业务组合，而投资者当时会期望母公司继续发展该等业务。因此，如母公司上市年期不足3年，上市委员会一般不会考虑其分拆上市的申请。 就该条而言，已根据《上市规则》第9A章成功从创业板转往主板上市的上市发行人将以其当初于创业板上市的日期作为该条所述的母公司上市日期
3	母公司经分拆后余下之业务	母公司须使上市委员会确信，新公司上市后，母公司保留有足够的业务运作及相当价值的资产，以支持其分拆做独立上市的地位。特别是上市委员会不会接纳以一项业务（新公司的业务）支持两个上市公司（母公司及新公司）的情况。换言之，母公司除保留其在新公司的权益外，自己亦须保留有相当价值的资产及足够业务的运作（不包括其在新公司的权益），以独立地符合《上市规则》第8章的规定。 在母公司（不包括其在新公司的权益）未能符合第8.05条的最低盈利规定的情况下，母公司如能证明其（不包括其在新公司的权益）未能符合第8.05条的最低盈利规定的原因，纯粹是由于市况大幅逆转，则联交所可能给予豁免。同时，母公司亦须证明导致其未能符合最低盈利规定的情况只是暂时性质，而且相当可能不会继续存在或日后再次出现；或者母公司已采取适当措施以抵销市况逆转对其盈利的影响（视属何情况而定）。此外，母公司（不包括其在新公司的权益）在紧接提出申请分拆前的5个财政年度中，其中任何3个财政年度的股东应占盈利总额不得少于5000万港元
4	考虑分拆上市申请时所采用的原则	考虑有关以分拆形式上市的申请时，上市委员会将采用下列原则： （1）由母公司及新公司分别保留的业务应予以清楚划分。 （2）新公司的职能应能独立于母公司。上市委员会除要求新公司保持业务及运作独立外，亦要求新公司在下列方面有其独立性： ①董事职务及公司管理方面的独立。两公司有相同董事出任的情况尽管在本原则下不会对有关申请资格构成障碍，但发行人须使上市委员会确信，新公司会独立地及以其整体股东的利益为前提运作，并在其利益与母公司利益实际或可能出现冲突的情况时，不会仅仅考虑母公司的利益

续表

序号	原则性要求	具体要求
		②行政能力方面的独立。尽管上市委员会就母公司与新公司在有关行政及非管理职能（如秘书服务）的分担方面愿意作弹性处理，但上市委员会会要求所有基本的行政职能均由新公司执行，而毋须由母公司给予支援。 ③母公司须使上市委员会确信，母公司及新公司两者之间持续进行的以及未来的关连交易，均根据《上市规则》第14A章及/或此章的豁免规定适当进行，尤其是，即使获得任何豁免，母公司与新公司的持续关系，在保障各自的少数股东权益方面不会虚假或难以监察。 （3）对母公司及新公司而言，分拆上市的商业利益应清楚明确，并在上市文件中详尽说明。 （4）分拆上市应不会对母公司股东的利益产生不利的影响
5	分拆上市建议须获得股东批准	（1）目前，根据《上市规则》及在适用关连交易的条文的情况下，（根据《上市规则》第14.07条）如有关交易的任何百分比率计算达25%或25%以上，须获股东批准。 （2）本交易所认为，分拆上市建议如属于上述（1）的情况，必须寻求获得母公司的股东批准。此外，如控股股东在有关建议中占有重大利益，则该控股股东及其联系人均须放弃其表决权。 （3）如分拆上市建议须经母公司的股东批准，无论控股股东是否需要放弃其表决权，母公司均须遵守第13.39（6）条及第13.39（7）条的规定。在向股东发出通函中，必须载有分拆上市之详情及分拆上市对母公司的影响。根据《上市规则》第13.39（6）（b）条所委任的独立财务顾问，不能同时担任子公司的保荐人或联席保荐人或包销商。 （4）在任何情况下，如控股股东在面对大多数小股东反对下投票通过分拆上市建议，则有关独立财务顾问须就在有关股东大会上所作出的讨论向本交易所提交报告
6	保证获得新公司股份的权利	上市委员会要求母公司向其现有股东提供一项保证，使他们能获得新公司股份的权利，以适当考虑现有股东的利益，方式可以是向他们分派新公司的现有股份，或是在发售新公司的现有股份或新股份中，让他们可优先申请认购有关股份。至于新公司股份中拨作保证他们获得股份权利部分的比例，则由母公司董事与其顾问决定，并且母公司全体股东将会获

序号	原则性要求	具体要求
		得同等对待。因此，控股股东据此收取其应得比例的股份不受限制。如新公司的建议上市地点不在香港，而在这保证的权利项下可获得的新公司股份，仅可通过在香港公开发售的方式提供予母公司的现有股东，则有关公司需作出陈述，解释有关保证权利的规定为何不符合母公司或其股东的利益，以供上市委员会考虑。此外，即使新公司将在香港上市，母公司的小股东亦可在股东大会上决议通过放弃有关保证的权利
7	分拆上市的公告	发行人必须在呈交A1表格（或任何海外司法管辖区所规定的同等文件）时或之前公布其分拆上市申请。如某一海外司法管辖区规定发行人须作机密存档，发行人应在存档前与上市科商讨。发行人应当保持绝对秘密，直至公布其申请为止。如资料有所外泄或母公司证券的价格或成交量出现大幅波动而未作出解释时，发行人须提前作出公告

2. 香港联交所对于上市公司分拆下属企业上市的审核关注点

经查阅心脉医疗科创板上市的反馈回复，在微创医疗向香港联交所申请分拆上市时，香港联交所核心关注了分拆心脉医疗上市后是否符合微创医疗及其股东利益、对微创医疗财务信息的影响，并要求逐条分析该次分拆是否符合第15项应用指引的规定。微创医疗聘请的律师出具了分拆事项备忘录，结合第15项应用指引进行了分析，具体情况如表3－6所示。

表3－6　具体情况

序号	原则性要求	微创医疗分拆上市的具体情况
1	新公司须符合基本上市准则	鉴于发行人拟上市地为科创板，并非在香港联交所营运的证券市场上市，因此微创医疗本次分拆上市不适用该款规定
2	母公司最初上市后的3年内不得分拆上市	微创医疗已于2010年在香港联交所主板上市，自上市之日起至其董事会批准实施本次分拆之日已超过3年
3	母公司经分拆后余下之业务	剔除微创医疗享有的发行人权益后，微创医疗在2018年度、2017年度中任一年度股东应占盈利均不低于2000万港元，且2017年度、2016年度累计股东应占盈利及2016年度、2015年度累计股东应占盈利亦均不低于3000万港元，即微创医疗仍保持了相当价值资产及足够业务

续表

序号	原则性要求	微创医疗分拆上市的具体情况
4	考虑分拆上市申请时所采用的原则	分拆上市时，发行人与微创医疗：（1）双方保留的业务能够清楚划分；（2）发行人的职能能独立于微创医疗；（3）分拆上市的商业利益清楚明确；（4）分拆上市不会对微创医疗股东的利益产生不利的影响
5	分拆上市建议须获得股东批准	本次分拆上市后，微创医疗持有发行人的权益比例将减少，但该等交易在资产比率、利润比率、收入比率等方面均未达25%或25%以上，因此，微创医疗本次分拆上市无须获得股东大会批准
6	保证获得新公司股份的权利	根据中国证券登记结算有限责任公司《关于符合条件的外籍人员开立A股证券账户有关事项的通知》《上海证券交易所科创板股票交易特别规定》等相关法律法规的规定，除符合一定资格条件的境外投资者外，其他境外投资者不具备直接开立A股账户并参与科创板股票交易的资格。因此，微创医疗向香港联交所申请豁免上述规定，香港联交所予以有条件豁免
7	分拆上市的公告	2019年4月3日，微创医疗在香港联交所公告披露《建议分拆上海微创心脉医疗科技股份有限公司并于上海证券交易所科创板独立上市》的公告信息

（三）子公司是否符合上市条件和持续经营能力——境内监管机构对境外上市公司分拆下属企业境内上市的规定及审核关注重点

相对于香港联交所对母公司及其股东利益的关注和保护，境内监管机构更侧重于子公司（拟分拆上市主体）的独立性、是否有脱离母公司持续运营的能力。境内的相关规定和审核中关注的重点问题如下。

1. 境内关于境外上市公司分拆下属企业境内上市的规定

1997年，国务院《关于进一步加强在境外发行股票和上市管理的通知》（国发〔1997〕21号）笼统规定了中资控股的境外上市公司分拆上市受当地监管机构监管。该文件发布迄今，国家层面并未出台相关的法律法规对境外上市公司分拆企业到境内上市予以明确，相关的监管政策和审核要点主要体现在历次的保代培训和中国证监会的审核监管问答中，且处于逐步完善的状态，演变情况如表 3－7 所示。

表 3－7　相关文件及其内容

时间	相关文件	规定内容
1997 年 6 月 20 日	国务院《关于进一步加强在境外发行股票和上市管理的通知》	在境外注册、中资控股（包括中资为最大股东，下同）的境外上市公司，进行分拆上市、增发股份等活动，受当地证券监管机构监管，但其中资控股股东的境内股权持有单位应当事后将有关情况报中国证监会备案，并加强对股权的监督管理
2009 年至 2018 年	相关的保代培训纪要	境外上市公司分拆子公司境内上市的，要求关注：来自上市公司的资产处置给发行人时的合法合规性，上市公司的信息披露程序、决策程序是否符合要求；是否涉及利益输送，有没有影响中小投资者合法权益，发行人的实际控制人、董监高是否曾在上市公司任职、任职情况对决策程序的影响；定价公允性；上市公司所在地派出机构出具意见。原则上不允许同一块资产重复上市；同时亦需关注关联交易、同业竞争、分拆程序是否符合上市地法律法规和交易所的规定
2018 年迄今	《首发业务若干问题解答》(54 条)[1]	问题 8：如果发行人的资产部分来自上市公司，中介机构核查应重点关注哪些方面？ 答：境内上市公司在境内分拆子公司上市，保荐机构和发行人律师应核查是否符合境内分拆上市的相关规定并发表意见；境外上市公司在境内分拆子公司上市，保荐机构和发行人律师应核查是否符合境外监管的相关规定并发表意见。 除上述情形外的发行人部分资产来自上市公司，保荐机构和发行人律师应当针对以下事项进行核查并发表意见： （1）发行人取得上市公司资产的背景、所履行的决策程序、审批程序与信息披露情况，是否符合法律法规、交易双方公司章程以及证监会和证券交易所有关上市公司监管和信息披露要求，资产转让是否存在诉讼、争议或潜在纠纷。 （2）发行人及其关联方的董事、监事和高级管理人员在上市公司及其关联方的历史任职情况及合法合规性，是

续表

时间	相关文件	规定内容
		否存在违反竞业禁止义务的情形，与上市公司及其董事、监事和高级管理人员是否存在亲属及其他密切关系，如存在，在相关决策程序履行过程中，相关人员是否回避表决或采取保护非关联股东利益的有效措施；资产转让过程中是否存在损害上市公司及其中小投资者合法利益的情形。 （3）发行人来自上市公司的资产置入发行人的时间，在发行人资产中的占比情况，对发行人生产经营的作用

［1］2018 年 6 月、2019 年 3 月、2020 年 6 月，中国证监会分别出台了《首发业务若干问题解答》第 51 条、第 50 条和第 54 条，对分拆上市的审核关注重点予以明确，此处主要引用目前适用的第 54 条的内容。

2. 境内监管机构审核关注重点

经查阅心脉医疗科创板上市的反馈回复，境内监管机构在审核中主要关注了如下问题：（1）分拆上市履行的相关决策程序、审批程序及信息披露情况，是否符合法律法规、交易双方公司章程以及中国证监会和证券交易所有关上市公司监管和信息披露要求；（2）发行人取得上市公司资产的背景及合法合规性，是否存在纠纷或潜在纠纷；（3）分拆后发行人与上市公司及其控制的其他企业及其他关联方之间同业竞争的情况；（4）分拆后发行人与上市公司及其控制的其他企业之间关联交易的必要性、合理性、公允性及采取的减少关联交易的措施；（5）发行人与上市公司及其控制的其他企业之间在资产、人员、业务等方面的独立性，其中业务的独立性还包括技术和研发、采购和销售渠道获取的独立性。（见表 3－8）

表 3－8　反馈问题

关注事项	心脉医疗典型反馈问题
分拆上市履行的相关程序及其合法合规性	（1）分拆上市是否已履行相关的法定程序，是否符合相关法律法规和监管规则的要求，是否存在对原股东的强制配售义务； （2）微创医疗向联交所提交分拆上市申请时，香港联交所关注的主要问题；

续表

关注事项	心脉医疗典型反馈问题
	(3) 控股股东及其董事、监事、高级管理人员在上市期间是否曾受到香港证监会、联交所或相关管理部门的处罚或监管措施，是否存在违法违规的情况； (4) 发行人信息披露与微创医疗在香港的信息披露是否存在重大差异
发行人取得上市公司资产的背景和合法合规性，是否存在纠纷或潜在纠纷	因心脉有限陆续受让了上海微创拥有的、与发行人经营相关的全部经营性资产、知识产权及非专利技术，并承接了相关人员（业务重组）。审核中主要关注了如下问题： (1) 微创医疗体系内与心脉医疗主营业务相关的发展沿革； (2) 上海微创历史沿革、实际从事业务的演变、业务和技术的来源； (3) 发行人受让上海微创相关资产、业务及承接人员时具体的资产划分原则和依据； (4) 业务重组的决策程序，转让作价的公允性，是否存在纠纷或潜在纠纷，是否符合微创医疗上市地相关法律法规
发行人与上市公司及其控制的其他企业及其他关联方之间的同业竞争情况	(1) 发行人和微创医疗的技术差异，是否存在跨越及交叉的可能性，业务或市场分割是否清晰，产品是否属于同一类别；是否存在同业竞争； (2) 发行人和上海微创业务切割是否清晰，是否存在同业竞争； (3) 发行人与微创医疗控制的其他企业是否存在同业竞争； (4) 发行人董事、高级管理人员控制或担任董事、高级管理人员的其他企业与发行人是否存在同业竞争； (5) 微创医疗旗下各业务条线的规划和布局，为了避免潜在同业竞争和损害发行人利益所采取的措施，微创医疗作出的相关承诺
发行人与上市公司及其控制的其他企业之间关联交易的必要性、合理性、公允性及采取的减少关联交易的措施	发行人与关联方之间的交易主要系关联采购，审核中主要关注了如下问题： (1) 关联采购的合理性、必要性，定价原则及作价公允性；关联采购占发行人同类原材料采购金额的比例；关联方向发行人销售占其自身收入、成本费用及利润总额的比例，是否仅向发行人销售；关联方向发行人销售的毛利率与其向第三方销售毛利率的对比；发行人向关联方采购与向非关联方采购相关指标的对比，是否存在可替代性；

续表

关注事项	心脉医疗典型反馈问题
	(2) 如关联方对发行人的销售毛利率低于对其他客户的毛利率的，说明原因及合理性，并需按照平均价分析对发行人财务数据的影响； (3) 发行人是否对关联方存在依赖，是否存在关联方替发行人承担成本、费用以及其他向发行人输送利益的情形，发行人是否存在严重影响独立性或显失公平的关联交易； (4) 发行人关联交易履行的相关决策程序，是否存在纠纷或潜在纠纷； (5) 发行人采取的减少关联交易的措施
发行人与上市公司及其控制的其他企业在资产、人员、业务等方面是否独立	(1) 关于资产的独立性：因上海微创将其持有的部分商标许可发行人作为企业标识使用，需说明是否对发行人的资产完整和独立性构成重大不利影响；更换商标是否会对发行人生产经营及未来推广产品和销售活动造成不利影响。 (2) 关于人员的独立性：发行人的董事和高级管理人员在微创医疗的任职情况，发行人董事和高级管理人员同时在微创医疗、上海微创任职是否可以对微创医疗、上海微创的决策产生影响，如何平衡发行人与微创医疗、上海微创的利益关系；发行人董事、高级管理人员在从事医疗器械的生产或销售的企业兼职是否符合竞业禁止的规定；发行人人员的独立性。 (3) 关于业务的独立性，主要包括技术、研发、采购和销售的独立性等方面。 ①关于技术和研发的独立性：发行人和微创医疗及其他关联方是否存在共享研发成果或受让其研发成果、利用发行人相关人员在微创医疗及其他关联方任职期间的职务发明或者在前述研发成果的基础上再研发的情形；发行人与微创医疗及其他关联方对研发成果权属的约定，在研发团队、研发投入、研发技术等方面的划分，双方是否存在纠纷；发行人是否具备独立的研发能力；发行人业务和技术是否独立。 ②关于采购的独立性：发行人与微创医疗及其关联方供应商重合的情况，发行人对重合供应商采购的占比；发行人对微创医疗及其关联方的供应商网络是否存在依赖；发行人是否具备独立的采购渠道。 ③关于销售的独立性：发行人与微创医疗客户重合情况；发行人是否与微创医疗及其关联方共享销售渠道或通过关联方进行销售；发行人客户的开拓是否依赖微创医疗及其关联方；发行人是否具有独立的产品、独立的销售体系和销售能力

第四章 医疗健康企业境内外上市的核心关注点

一、持续创新能力

（一）核心技术来源

我们通过分析和研究2020年70余家完成上市发行的医疗健康企业在上市过程中监管问询的情况，对监管部门对医疗健康企业的主要审核要点进行如下汇总并提出相应的应对策略：

技术是医疗健康行业发展最基本的推动力，是行业增长的必要条件，持续研发创新能力是医疗健康企业的核心竞争力。中国医疗健康行业自主创新能力不足，很大程度上制约了技术产业化的进程，因此，加强技术研发、提升自主创新能力是医疗健康行业未来发展的关键，有利于进一步提高中国医疗健康行业的国际竞争力。

根据2020年度至今的医疗健康企业的审核情况，无论是上交所科创板还是香港联交所都对医疗健康企业的持续创新能力提出了明确的问询要求。

其中，中国证监会、上交所科创板上市审核委员会关于发行人的创新能力，主要关注以下方面：

（1）发行人拥有的核心技术的来源、形成过程，在境内与境外发展水平中所处的位置；

（2）披露发行人现有核心技术中能够衡量发行人核心竞争力或技术实力的关键指标及与可比公司的比较情况等，用简明扼要的语言及数据分析其核心技术的先进性；结合国内主要竞争对手的研发情况、技术水平等，说明发行人核心技术为行业通用技术还是发行人独创技术，是否存在被国际、国内市场上其他技术替代、淘汰的风险；

（3）结合发行人核心技术、重点在研项目、核心研发团队背景、研发投入、研发设备、技术储备等情况，披露发行人现有研发体系是否具备持续创新能力；

（4）披露报告期内发行人在研项目研发投入情况；说明研发费用率低于同行业可比公司平均水平的原因，结合发行人生产工艺的变革、核心技术研发和专利申请情况分析报告期各期研发投入是否充足，是否足以支撑生产工艺的更新换代；

（5）披露核心技术人员主导的发行人已取得及申请中的专利情况，并说明是否涉及前期公司的职务发明，若是，请充分说明是否取得所在单位或权利人的同意，是否采取了防范风险、解决争议或潜在纠纷的有效措施。

其中香港证监会、香港联交所审核委员关于发行人的创新能力，主要关注以下几方面：

（1）列明核心产品及主要非核心产品的来源。详述各核心产品：①所处研发阶段，包括但不限于临床前研发，IND 的申请和审查，Ⅰ期、Ⅱ期和Ⅲ期、Ⅳ期（上市后）试验等；②在通往商业化过程中每个关键阶段的研发详情、相关规定及商业化时间表；③与核心产品有关的所有重要安全数据（包括任何重大不利事件）；④专利或专利申请的详情；⑤是否存在任何可能会影响核心产品研发的争议或诉讼。

（2）如核心产品是外购许可技术或从第三方购买的核心产品，则需清晰披露相关协议的重要权利、义务；证明其从事核心产品研发工作至少达 12 个月，且获得技术许可或技术转让后又取得了若干研发进展，以证明其具有独立的研发能力。

（3）知识产权：①详述与核心产品相关的知识产权（申请人的主要核心产品至少受到一项已发布的专利保护）的来源；②重要知识产权应用或保护各核心产品或主要非核心产品的部分；③相关知识产权的权属、专有所有权的期限和地域保护范围、排他性等；④与知识产权相关的诉讼、争议或威胁（如有）；⑤相关知识产权受保护的程度及形式；⑥申请人在知识产权和商业秘密保护（如防止第三方侵权）方面采取的措施；⑦如果相关知识产权存在纠纷，还需详述目前的状态、关键的裁决时间及可能对申请人产生的影响。

（4）研发团队及安排。详述：①申请人在实验室研发过程中的操作详情；②研发团队的规模、经验、资历及专业领域，及其研发类似产品的年限；③申请人对外签署的研发合作协议。

1. 核心技术形成过程[①]

对于拟上市的医疗健康企业，其核心技术往往涉及企业存续发展的命脉，亦是拟上市企业获得资本市场估值的核心评价要素。对于境内的医疗健康企业，核心技术的主要来源大致可以分为企业自主研发取得，或者通过第三方授权取得后在原有的技术基础上进行持续研发后取得。

其中，自主研发取得核心技术的方式较为主流，一般由公司创始人或者创始人团队通过自主研发后取得。但是，因为国内医疗健康企业起步较晚，部分企业通过授权取得开发权限后，在授权的基础上进行二次开发并形成规模，市场上也有相关的案例，部分参考案例如下：

A. 苑东生物（688513. SH）

关于在研Ⅰ类新药与核心技术：

根据招股说明书和问询回复，发行人在研产品中有7个Ⅰ类新药，其中2个已进入临床试验阶段，请发行人结合现有核心技术的情况，说明发行人是否拥有创新药研发的关键核心技术。

B. 康希诺（688185. SH）

关于技术来源：

根据首轮问询回复，关于技术出资及公司核心技术来源合法性问题，保荐机构、发行人律师核查结论意见为“存在纠纷或潜在纠纷的可能性极小”。请保荐机构、发行人律师重新核查，并就出资技术、对外授权技术、公司核心技术、使用及对外提供菌种的来源是否合法合规，是否存在纠纷或潜在纠纷，逐项重新发表明确意见，说明依据和理由。

C. 赛科希德（688338. SH）

请发行人补充说明：北京世帝科学仪器公司的主营业务，与发行人业务的重叠部分；发行人自身核心技术的来源，是否与北京世帝科学仪器公司存在潜在的

① 李明文，法律硕士，锦天城律师事务所高级合伙人。

专利纠纷。

D. 开拓药业（09939. HK）

请发行人补充披露：发行人与辉瑞医药关于 ALK－1 的授权协议的主要内容，目前的临床试验进展，最终产品的所有权归属，并说明具体的支付进度安排。

自上述案例可以看出，对于医疗健康行业的企业，核心技术来源是其核心业务的重要组成部分，如专利、技术等是否独立，权属是否清晰一直是监管机构关注的重点要点。

生物医药企业是上交所在推出科创板时已经明文确认的“优先推荐”“重点推荐”领域企业。科创板的第五套标准更是为很多生物医药企业打开了 IPO 的大门，诸如天士力（600535. SH）、百澳泰（688177. SH）、泽璟制药（688266. SH）等生物医药企业都是在尚未实现盈利的情形下凭借了此第五套标准成功地登陆了科创板。

《科创板上市规则》规定了 5 类发行人市值及财务指标的标准要求，所谓科创板的第五套标准即指其中的第 2. 1. 2 条第 5 项要求：“发行人预计市值不低于人民币 40 亿元，主要业务或产品须经国家有关部门批准，市场空间大，目前已取得阶段性成果。医药行业企业需至少有一项核心产品获准开展二期临床试验，其他符合创业板定位的企业需具备明显的技术优势并满足响应条件。”

此第五套标准可以说为生物医药企业专门设立的条件，很多生物医药企业研发实力非常强大，拥有众多的核心技术，但因研发周期长、投入巨大，其在短时间内无法达到盈利的状态，而第五套标准打消了他们的顾虑，扫除了他们上市之路中最大的困难。

深挖第五套标准背后的制定理由，其实质还是国家一直大力倡导的科技创新、科技强国。很多生物医药企业虽然盈利能力暂时不足，但如果其拥有较强的研发实力，拥有核心技术、核心产品，其仍有可能成功登陆科创板。因此，技术作为生物医药企业的核心资产，必定也是企业 IPO 发行过程中的重要核查项目。

实际上，无论是主板，还是创业板、科创板，其首次公开发行股票的管理办法中均要求：发行人在专利、专有技术等重要资产的取得或使用方面不存在重大不利的风险，从而影响发行人持续盈利能力，具体如表 4－1 所示。

表 4－1　文件及相关内容

文件名称	规定内容
《首次公开发行股票并上市管理办法》（2020 修正）第 30 条	发行人不得有下列影响持续盈利能力的情形： ……（5）发行人在用的商标、专利、专有技术以及特许经营权等重要资产或技术的取得或使用存在重大不利变化的风险……
《创业板首次公开发行股票注册管理办法（试行）》第 12 条第 3 项	发行人不存在主要资产、核心技术、商标等的重大权属纠纷，重大偿债风险，重大担保、诉讼、仲裁等或有事项，经营环境已经或者将要发生重大变化等对持续经营有重大不利影响的事项
《科创板首次公开发行股票注册管理办法（试行）》（2020 修正）第 12 条第 3 项	发行人不存在主要资产、核心技术、商标等的重大权属纠纷，重大偿债风险，重大担保、诉讼、仲裁等或有事项，经营环境已经或者将要发生重大变化等对持续经营有重大不利影响的事项

从上述规定可见，发行人核心技术的权属状况是发行人在 IPO 审核关注的重点之一。而发行人技术来源可能会来自三个方面：一是自主研发，二是合作研发，三是外部采购。笔者研习多个生物医药企业 IPO 的案例，发现，对于自主研发而来的技术，如果发行人的核心技术人员曾在同行业公司工作，或者在高校任职，监管部门将主要关注该技术是否是职务发明，是否与原单位存在技术权属纠纷。对于合作研发的技术，监管部门则比较关注发行人是否拥有独立知识产权和所有权，核心技术是否对合作研发存在依赖等。而对于外部采购而来的技术，监管部门也会更多关注发行人对于采购、继受得来的技术是否合法拥有独立知识产权和所有权，该技术是否为企业的核心技术等。并且，在企业存在合作研发或外部采购得来的技术的情况下，监管部门会更加关注企业是否已拥有与生产经营相关的所有专利。

受篇幅所限，本文将根据法律规定并主要结合实际的生物医药企业 IPO 案例对上述监管部门关注的职务发明及合作研发成果等问题进行分析讨论。

2. 职务发明与合作研发成果的归属[①]

（1）职务发明的法律规定与 IPO 关注要点

①职务发明的法律规定

我国《专利法》（2020 修正）第 6 条规定了职务发明，该条第 1 款规定：

① 石荣，国际商法硕士，锦天城律师事务所高级合伙人，苏州仲裁委仲裁员、民建苏州工业园区基层委员会五支部主委。

"执行本单位的任务或者主要是利用本单位的物质技术条件所完成的发明创造为职务发明创造。职务发明创造申请专利的权利属于该单位，申请被批准后，该单位为专利权人。该单位可以依法处置其职务发明创造申请专利的权利和专利权，促进相关发明创造的实施和运用。"

我国《专利法实施细则》（2010 修订）对职务发明做了进一步解释，其第 12 条规定："专利法的第六条所称执行本单位的任务所完成的职务发明创造，是指：（一）在本职工作中作出的发明创造；（二）履行本单位交付的本职工作之外的任务所作出的发明创造；（三）退休、调离原单位后或者劳动、人事关系终止后 1 年内作出的，与其在原单位承担的本职工作或者原单位分配的任务有关的发明创造。专利法第六条所称本单位，包括临时工作单位；专利法第六条所称本单位的物质技术条件，是指本单位的资金、设备、零部件、原材料或者不对外公开的技术资料等。"

上述法条规定了职务发明的归属，职务发明申请专利的权利属于该单位，职务发明的专利权人为该单位，单位有权处置申请专利的权利和专利权。上述法条也规定了 3 种情形下的发明创造应被认定为职务发明。

② IPO 中关于职务发明的关注要点

笔者查询了近期生物医药企业 IPO 过程中监管部门就职务发明有关问题的问询，以及发行人对该问询的回复，具体如表 4－2 所示。

表 4－2 相关文件、问询及回复

公司名称	披露文件	问询	回复
艾迪药业 688488. SH	上海澄明则正律师事务所关于江苏艾迪药业股份有限公司首次公开发行股票并在科创板上市之补充法律意见书（二）	请发行人说明：一种适用于从人尿中大规模富集白蛋白的方法"申请专利时，傅某尚未离开天普生化，是否涉及职务发明及依据，梳理发行人现有专利和在申请专利，说明是否存在类似情况，并说明	根据发行人提供的资料及说明、国家知识产权官网查询公告信息并经本所律师核查，除"一种适用于从人尿中大规模富集白蛋白的方法"外，发行人现有专利权和在申请专利中，不存在傅某尚未从天普生化离职，但作为相关专利之发明人的情形。 "一种适用于从人尿中大规模富集白蛋白的方法"专利的登记发明人包括傅某。经与苗某、傅某书面确认，该项专利的主要发明人为苗某，考虑到

续表

公司名称	披露文件	问询	回复
		是否涉嫌职务发明及侵犯第三方权利，如有，请列示，并说明对发行人生产经营的影响	傅某系乌司他丁领域的知名专家、有其参与申请的专利可能更容易通过专利审查，因此在艾迪药业提交相关专利申请文件时，苗某决定将傅某作为发明人之一列示其中。因此，傅某虽然作为上述专利的发明人，但不涉及执行天普生化的研发任务及利用天普生化的物质技术条件的情况，上述专利不应属于天普生化职务发明，未侵犯天普生化权利
君实药业 688180. SH	北京市嘉源律师事务所关于上海君实生物医药科技股份有限公司首次公开发行股票并在科创板上市之补充法律意见书（二）	请发行人补充说明：（1）发行人是否已拥有与生产经营相关的所有专利，专利权属是否存在瑕疵，使用上述专利是否合法合规，是否存在纠纷，如果存在，请披露纠纷的详细情况及对发行人持续经营的影响；（2）结合发行人董事、监事、高级管理人员及核心技术人员的从业经历、入职时间、对发行人研发的具体贡献等情况，说明是否存在违反竞业禁止和保密协议的情形；（3）发行人董事、监事、高级管理人员及核心技术人员名下是否拥有与发行人主营业	根据董事、监事、高级管理人员及核心技术人员提供的调查问卷，本所经办律师与部分董事、监事、高级管理人员及核心技术人员的访谈，以及北京市天元律师事务所于2019年12月9日出具的关于上海君实生物医药科技股份有限公司知识产权核查报告，截至本补充法律意见书出具之日，发行人董事、监事、高级管理人员及核心技术人员名下未拥有与发行人主营业务相关的知识产权，也不存在将职务发明投入发行人的情形。 根据董事、监事、高级管理及核心技术人员提供的调查问卷并经本所经办律师查询中国裁判文书网、中国执行信息公开网，截至本补充法律意见书出具之日，发行人董事、监事、高级管理人员及核心技术人员不存在与发行人有知识产权方面的纠纷或争议

续表

公司名称	披露文件	问询	回复
		务相关的知识产权或技术成果，是否存在将职务发明投入发行人的情形，是否存在纠纷或潜在纠纷	
迈威生物（审核中）	北京国枫律师事务所关于迈威（上海）生物科技股份有限公司申请首次公开发行股票并在科创板上市的补充法律意见书之一	结合发行人核心技术人员在同行业公司和科研院所等的任职履历与职务发明情况、上述人员与之前任职机构之间存在的竞业禁止协议、保密协议等情形，说明上述人员在发行人处任职是否违反其与之前任职机构间的协议，是否存在争议或潜在纠纷	根据《劳动合同法》第 24 条规定：“竞业限制的人员限于用人单位的高级管理人员、高级技术人员和其他负有保密义务的人员在解除或者终止劳动合同后，前款规定的人员到与本单位生产或者经营同类产品、从事同类业务的有竞争关系的其他用人单位，或者自己开业生产或者经营同类产品、从事同类业务的竞业限制期限，不得超过二年。” 根据发行人核心技术人员填写的基本情况调查表，发行人核心技术人员在入职发行人前两年内，在同行业（生物医药行业）公司和科研院所的任职情况（以签署劳动合同为准）具体如下：（表格省略） 经检索国家知识产权局中国专利审查信息查询系统（网址：http：//cpquery. cnipa. gov. cn；检索日期：2021 年 6 月 6 日），并经相关人员确认，上述人员在前任职单位作为发明人的职务发明情况如下：（表格省略） 经发行人及刘某、郭某分别确认，刘某、郭某在前任职单位参与的该等职务发明内容与其在发行人处任职期间所进行的相关工作不存在关联性，在发行人处任职期间作为发明人参与开发的专利与其在前任职单位所承担的工作或课题无关

续表

公司名称	披露文件	问询	回复
			根据发行人核心技术人员填写的基本情况调查表，不存在自前任职单位离职后的竞业禁止义务，其在发行人处的任职不会导致与原任职单位之间发生关于竞业禁止等事项的纠纷或潜在纠纷。截至本补充法律意见书出具日，其均遵守与前任职单位之间约定的保密义务，不存在泄露原任职单位秘密的情形，其在发行人任职不违反与原任职单位约定的保密义务，与原任职单位之间不存在关于保密事项的纠纷或潜在纠纷。 经本所律师检索中国裁判文书网（网址：https：//wenshu. court. gov. cn/；检索日期：2021 年 6 月 6 日）、中国执行信息公开网（网址：http：//zxgk. court. gov. cn/；检索日期：2021 年 6 月 6 日）等相关网站，上述核心技术人员与原任职单位之间不存在涉及保密、竞业禁止的诉讼、仲裁或其他纠纷。 经查验，发行人核心技术人员在发行人处任职的情况不存在违反其与前任职单位的竞业禁止协议、保密协议的情形，与之前任职机构间不存在争议或潜在纠纷

除上述生物医药企业 IPO 的案例，笔者还查询了其他科技企业 IPO 过程中监管部门对职务发明的关注点，比如键凯科技（688356. SH）、敏芯股份（688286. SH）、嘉元科技（688388. SH）、松井新材（688157. SH）等，分析上述案例，笔者总结出关于职务发明监管部门所关注的要点如下：

一是发行人的专利是否涉嫌职务发明；

二是发行人的专利是否有来源于核心技术人员原单位的职务发明；

三是发行人的董事、监事、高级管理人员及核心技术人员是否存在将职务发明投入发行人的情形；

四是发行人的核心技术人员在发行人处任职是否违反其与之前任职机构间的保密协议、竞业限制协议，是否存在争议或潜在纠纷。

笔者查阅了发行人就监管部门的问询回复意见，就监管部门提出的问询，发行人主要从以下几个方面进行了核查分析，从而认为发行人的专利不存在他人的职务发明，未与他人发生职务发明等纠纷：

一是核查发行人的核心技术人员入职发行人之前在原单位任职情况及主要工作任务；

二是核查核心技术人员原任职单位的主营业务和主要产品情况；

三是核查核心技术人员在原任职单位的职务发明，并与发行人的专利进行比较；

四是对核心技术人员进行访谈并取得其签署的确认函；

五是取得核心技术人员原任职单位（一般为高校）的确认函，确认不存在职务发明；

六是进行网络核查，查核发行人未与第三方就知识产权、职务发明等原因与其他方产生任何争议和纠纷。

（2）合作研发的法律规定与 IPO 关注要点

①合作研发的法律规定

我国《专利法》（2020 修正）第 8 条规定，合作完成的发明创造，除另有协议的以外，申请专利的权利属于共同完成的单位和个人；申请被批准后，申请的单位或者个人为专利权人。

我国《民法典》第 860 条第 1 款也对此进行了规定，“合作开发完成的发明创造，申请专利的权利属于合作开发的当事人共有；当事人一方转让其共有的专利申请权的，其他各方享有以同等条件优先受让的权利。但是，当事人另有约定的除外”。

根据上述的规定，对于合作开发成果的归属，首先是有合作开发的当事方进行协议约定，如果没有协议约定的，则申请专利的权利及专利权归各当事方共同所有。

我国《民法典》第 860 条第 2 款和第 3 款对合作的一方当事人放弃专利申请权和不同意申请专利进行了规定，该条规定：“合作开发的当事人一方声明放弃其共有的专利申请权的，除当事人另有约定外，可以由另一方单独申请或者由其他各方共同申请。申请人取得专利权的，放弃专利申请权的一方可以免费实施该专利。合作开发的当事人一方不同意申请专利的，另一方或者其他各方不得申请专利。”

②IPO 中关于合作研发的关注要点

笔者查询了近期生物医药企业 IPO 过程中监管部门就合作研发有关问题的问询，以及发行人对该问询的回复，具体如表 4－3 所示。

表 4－3　相关文件、问询及回复

公司名称	披露文件	问询	回复
君实药业 688180. SH	北京市嘉源律师事务所关于上海君实生物医药科技股份有限公司首次公开发行股票并在科创板上市之补充法律意见书（二）	请发行人补充披露：(1) 发行人在合作研发、研发外包、引进授权等与第三方合作的商业模式中参与环节、承担角色及相关权利义务约定，是否可以独家申请注册证书，是否拥有完整的知识产权和所有权，是否已约定存在使用期限；(2) 发行人与贝达药业、和记黄埔、亚盛医药等多家公司就产品特瑞普利开展合作研发，补充披露上述合作与发行人正在开展的适应症拓展临床试验的关系，发行人相关关键临床试验是否取决于合作方的研发进度；(3) 补充披露发行人与润佳医药、华奥泰、Anwita 等重要	1. 针对监管机构提出的第一个问题，列表说明公司与其他主要单位的技术转让或合作研发的项目中公司承担的角色及相关权利义务约定，是否可以独家申请注册证书，是否拥有完整的知识产权和所有权，是否已约定存在使用期限； 2. 关键临床试验指拟以其得出的临床试验数据申报药品注册的临床试验。发行人就特瑞普利与贝达药业、和记黄埔、亚盛医药等多家公司开展的合作研发主要为特瑞普利与其他公司产品的联合用药探索，属于适应症拓展临床开发，但尚处于方案制定或临床早期阶段，尚未进入关键临床阶段。发行人目前正在开展的关键临床试验均由发行人申办主导，相关关键临床试验不受联用产品及相关合作方研发进度的影响。 3. 列表说明发行人与润佳医药、华奥泰、Anwita 等重要合作方关于药物受让或合作研发的具体情况、目前进展、上述合作研发或引进授权与发行人在研药品的相互关系、对应的主要产品是否在可预见的未来存在市场竞争力、是否就相关合作约定里程碑式的付款条件及目前进展情况

续表

公司名称	披露文件	问询	回复
君实药业688180. SH		合作方关于药物受让或合作研发的具体情况，双方权利义务的主要约定及目前进展，上述合作研发或引进授权与发行人在研药品的相互关系，对应的主要产品是否在可预见的未来存在市场竞争力；(4) 补充披露相关合作协议的目前进展，发行人是否就相关合作约定里程碑式的付款条件及目前进展情况	
	北京市嘉源律师事务所关于上海君实生物医药科技股份有限公司首次公开发行股票并在科创板上市之补充法律意见书（四）	请发行人补充说明：结合实验室主要负责人的任职经历，补充说明所有研发管线是否均为自主研发，是否存在与其他企业、高校或研究机构等合作研发、授权使用、转让购买等情形。请发行人律师核查并发表明确意见	1. 根据发行人提供的资料及其书面确认，以及对相关人员的访谈，旧金山实验室的主要负责人为 HAI WU（武某），马里兰实验室的主要负责人为 SHENG YAO（姚某），无论是专业背景方面还是工作任职经历，HAI WU（武某）和 SHENG YAO（姚某）在大分子药物研发方面具备丰富的经验。 2. 根据发行人提供的资料及其书面确认，以及对相关人员的访谈，公司美国实验室负责人在肿瘤免疫、靶点评估、抗体药物研发方面具有丰富的经验。公司共有 20 项在研产品，13 项是由公司自主研发的原创新药（其中 12 项为单克隆抗体类药物，1 项为小分子药物），7 项与合作伙伴共同开发。1 项小分子药物（JS101）

续表

公司名称	披露文件	问询	回复
			为公司小分子团队自主研发。公司自主研发的 13 项原创新药不存在与其他企业、高校或研究机构等合作研发、授权使用、转让购买等情形
锦波生物（问询后自行申请撤回）	北京市金杜律师事务所关于山西锦波生物医药股份有限公司首次公开发行股票并在科创板上市的补充法律意见书（一）	请发行人说明：(1) 上述合作研发取得的专利是否为发行人核心专利；(2) 发行人核心技术对合作研发是否存在依赖，发行人持续经营能力是否依赖于合作研发或相关单位；合作研发事项是否存在纠纷或潜在纠纷；(3) 发行人与复旦大学、四川大学、重庆医科大学附属第二医院等的合作研发成果归属情况，基于合作研发形成的知识产权产生的销售收入，发行人是否需与合作研发机构进行利益分成，若存在利益分成约定请进行重大事项提示并完善相关风险揭示	1. 上述合作研发取得的专利“一种预防和控制人乳头瘤病毒感染的生物制剂的制备方法”（专利号：ZL201210066696. 9）、“一种重组人源胶原蛋白及其生产方法”（专利号：ZL201210482543. 2）和“多肽、其生产方法和用途”（专利号：ZL201910111553. 7）均为发行人核心专利。 2. 发行人的核心技术是在不同研发阶段形成的一系列技术，包括专利技术及非专利技术。非专利技术方面，发行人功能蛋白原料及终端产品的生产制造工艺及各环节的工艺参数均系发行人结合自有功能蛋白特点自行研发制订，形成了针对不同产品的非专利技术。报告期内，发行人所有产品均通过自主研发的产业化技术实现生产；专利技术方面，2019 年贡献公司主营业务收入的专利技术共计 13 项，发行人均对其享有完整专利权，其中 3 项系发行人设立初期自实际控制人杨某处受让所得，3 项系发行人与复旦大学合作研发所得，7 项系发行人自行研发并申请所得，报告期内发行人所用的核心技术中，专利技术以自主研发为主，非专利技术均为自主研发，发行人核心技术对合作研发不存在依赖。 发行人具备自主研发能力：有完善的研发体系、专业的研发人员、高校的研发机制；发行人不存在对合作研发

续表

公司名称	披露文件	问询	回复
			的依赖；合作研发符合行业通用模式，与可比公司进行比较。故不存在依赖于合作研发的情形。 对四川大学以及重庆医科大学附属第二医院相关工作人员的访谈确认，并经网络核查，合作研发事项不存在纠纷或潜在纠纷。 3. 分别说明发行人与复旦大学、四川大学、重庆医科大学附属第二医院等合作方的合作情况，其合作研发成果按照双方千岛湖的协议确定归属。发行人与复旦大学的合作过程中曾出现过利益分成的约定，但已于 2014 年 12 月终止，截至本补充法律意见书出具日，针对合作研发形成知识产权产生的产品销售收入，发行人与合作研发各方不存在利益分成的相关约定。发行人共有专利在对外许可或转让时，需根据约定或法律规定对许可或转让收益进行利益分成

除上述生物医药企业 IPO 的案例，笔者还查询了其他科技企业 IPO 过程中监管部门对合作研发的关注点，比如思进智能（003025. SZ）、申菱环境（301018. SZ）等，分析上述案例，笔者总结出关于合作研发监管部门所关注的要点如下：

一是合作研发形成的产品或知识产权及其权利归属；

二是发行人核心技术是否来源于合作研发项目，核心技术是否存在合作研发或者共有权属的情形；

三是发行人核心技术对合作研发是否存在依赖；

四是发行人持续经营能力是否依赖于合作研发；

五是合作研发事项是否存在纠纷或潜在纠纷；

六是合作研发中约定知识产权归双方共有是否影响发行人对该知识产权的使用；

七是发行人是否需与合作研发机构进行利益分成，若存在利益分成约定请进行重大事项提示并完善相关风险揭示。

笔者查阅了发行人就监管部门的问询回复意见，就监管部门提出的问询，发行人主要从以下几个方面进行了核查分析，从而认为发行人合作研发项目不会对发行人产生重大不利影响：

一是列表说明与合作研发单位的合作情况，写明双方的权利义务、知识产权归属等相关情况；

二是罗列发行人的核心技术，指明自行研发的技术，分析发行人的自主研发能力，论证发行人不存在依赖于合作研发；

三是列举具有可比性的行业内公司有关合作研发的情形，论证合作研发符合行业通用模式；

四是与合作研发单位进行访谈确认合作研发项目不存在纠纷，通过网络核查说明合作研发项目不存纠纷。

（3）结语

生物医药企业多由高学历人才创办，很多更是由高校教师作为创始人之一而创办的，而作为拥有众多的技术生物医药企业，技术无疑是其核心资产，是企业得以发展的重要基石。由此，在技术开发过程中，必然会涉及职务发明问题，也很有可能涉及合作研发与外部采购，此也必然是监管部门关注的重点。

因此，建议相关生物医药企业在申报前，按照监管部门通常关注的要点梳理可能被认为构成原单位职务发明的情形以及合作研发、外部采购项目情况，并针对相关问题采取补充措施，提前做好相关准备工作。

（二）核心技术保护措施与侵权风险①

1. 专有技术等商业秘密的保护措施

医疗健康企业作为技术密集型企业，其核心技术可分为专利技术和非专利技术（专有技术），这体现了核心技术保护措施多元化的特点，即除通过专利制度进行保护外，还可以通过商业秘密等途径保护。

---

① 齐宝鑫，博士、上海市锦天城律师事务所高级合伙人。
池振华，上海市锦天城律师事务所合伙人。
杨晓媛，上海市锦天城律师事务所律师助理。

（1）核心技术通过商业秘密进行保护的原因

一般来说，核心技术不选择作为专利技术进行保护而选择通过商业秘密进行保护的原因主要包括以下三点。

①具有较高保密价值的核心技术

此类核心技术属于企业不便公开的具有高技术壁垒的技术方案，是其核心竞争力的关键体现。因专利保护制度有专利公开的义务，以公开换保护，如果上述高技术壁垒技术成为公开技术，竞争企业对关键技术的掌握将使相关医疗健康企业失去市场核心竞争力。

②不宜通过专利制度保护的生命周期过短或过长的核心技术

对于生命周期过短的核心技术来说，由于专利申请周期较长，很可能陷入专利申请流程未走完而相关核心技术已经更新换代的窘境；对于生命周期过长的核心技术来说，专利制度有限的保护期意味着期限一过相关技术即进入公共领域，企业无法继续享有专有权利。因此对于生命周期过短或过长的核心技术保护措施，商业秘密保护的永久性优势得以显现。

③不满足专利申请条件的核心技术

此类情形适用于不属于《专利法》保护的客体，抑或专利创造性程度不足，无法满足专利授权条件，但相关技术仍具有技术保护必要。

（2）商业秘密体系建设

如前文所述，商业秘密保护的复杂性要求企业有一套周密的管理、预防、事故应急、责任追究体系。专有技术等商业秘密的保护措施可从以下四个角度进行体系建设与制度规划。

①建立健全企业内部专有技术等商业秘密保护管理制度

医疗健康企业内部专有技术等商业秘密保护管理制度主要包括以下内容：

建立商业秘密保护内容筛选和评估体系，明确企业商业秘密的保护范围，同时，定期对商业秘密的保护价值进行再评估，剔除随经营计划调整失去保护价值的技术部分或已经成为公开信息的技术部分；建立商业秘密分类、归档、标记体系，按照商业秘密密级，分门别类归纳出商业秘密信息单元，详尽、明确、清晰地说明相关商业秘密信息、所属技术模块、认定依据等内容；严格规范商业秘密接触、审批、登记、备案制度，建立并完善商业秘密物理和电子访问追踪体系。因业务需要必须接触专有技术信息的内部人员应严格履行相应义务并得到严格的权限管控，确保商业秘密仅在得到授权的人员之间传递，避免非必要人员接触相关商业秘密；建立商业秘密保护组织，专门负责商业秘密全流程管理和监控，及时反馈、汇报潜在的安全风险；建立商业秘密保护专项培训制度，重视商业秘密保护文化建设，提高企业内部人员对商业秘密的价值认识和保护意识，使相关员工明确商业秘密保护的职责，同时提高企业人员对技术安全管理流程和技术安全设备设施操作的熟悉度和严密性。

②严格规范企业员工保密义务

医疗健康企业作为技术密集型企业，应视员工岗位属性与员工签订保密协议或在劳动合同中约定保密义务，并有针对性地签订竞业限制协议，以便从源头预防商业秘密泄露。

协议中需明确员工的保密义务、竞业禁止义务，包括但不限于严格限制员工披露、泄露、使用或允许他人使用因履行职责或承担工作任务接触到的专有技术等商业秘密，以及严格禁止竞业限制期限内直接或间接地自营或为他人经营任何直接、间接竞争业务。对于企业管理人员、业务部门核心人员、技术人员等重点岗位人员，应实施更为严格的保密约束义务。

③建立健全商业秘密侵害事故应急处理机制

建立健全商业秘密侵害事故应急处理机制，按照商业秘密事故通报流程规定第一时间向上通报相关事故，尽快开展商业秘密泄露源头调查活动。对事故侵害程度进行初步调查评估，安排相关人员与潜在泄露源沟通协调或修复相关技术安全系统设备，同时立即采取损害控制应急措施，监测、封锁潜在传播载体，尽可能减小事故影响。必要时，相关企业还可以通过行政机关采取行政强制措施来固定证据。

④采取全方位、多手段的责任追究行动

企业可以依法追究相关人员行政、民事、刑事等法律责任。

企业可以就涉嫌侵犯商业秘密的行为向市场监督管理部门举报，由相关部门责令相关人员停止侵犯商业秘密的违法行为，没收违法所得，并根据情节处以罚款。

企业可以根据保密协议或竞业限制协议中的约定追究相关责任人的违约责任，也可依据《反不正当竞争法》的相关规定追究相关人员民事侵权责任。

企业可依法以侵犯商业秘密罪追究相关人员刑事责任。《刑法修正案（十一）》对侵犯商业秘密罪中难以界定的内容进行了修订，侵犯商业秘密罪由“结果犯”更改为“情节犯”，降低了认定犯罪的门槛，即使相关行为没有造成损失或严重后果，但实际上对商业秘密构成的威胁也足以指控相关人员侵犯商业秘密。这一修正使对侵犯商业秘密罪的刑事控告更加具有可操作性。

综上，拟上市的医疗健康企业在专有技术等商业秘密保护问题上应秉持全面布局、周密谋划的原则，从商业秘密管理、相关人员保密义务、商业秘密侵害事故应急、侵犯商业秘密责任追究等角度保障专有技术等商业秘密的安全性，进而从容应对上市审查，真正做到“进可攻，退可守”。

2. 核心技术人员的认定标准及稳定性①

医疗健康企业的核心技术人员是掌握企业核心技术的第一手人员，保障核心技术人员的稳定性是医疗健康企业商业秘密保护的应有之义，也关系到企业核心技术、科研实力的稳固发展和长远布局。

《科创板首次公开发行股票注册管理办法（试行）》②（以下简称《股票注册管理办法》）第12条明确将核心技术人员的稳定性列为发行条件之一，规定“发行人核心技术人员稳定，最近2年内核心技术人员没有发生重大不利变化”。首先要解决的关键问题即是核心技术人员的认定标准问题。

（1）核心技术人员的认定标准

为减少监管问询，提高上市申报效率，拟上市的医疗健康企业应充分披露核心技术人员的认定情况和认定依据。然而，目前核心技术人员的认定标准并没有明确的规范指导，只能通过相关文件中的间接表述或具体实践洞悉认定核心技术人员应考虑的因素。

上交所在《上海证券交易所科创板股票发行上市审核问答》③（以下简称《上交所问答》）中指出：“原则上，核心技术人员通常包括公司技术负责人、研发负责人、研发部门主要成员、主要知识产权和非专利技术的发明人或设计人、

① 齐宝鑫，法学博士，锦天城律师事务所高级合伙人，同济大学上海国际知识产权学院兼职教授（校聘）、上海交通大学安泰经济与管理学院家族传承EMBA项目课程教师教授、香港创业创新研究院研究员、浦东新区专业人民调解中心特邀调解员、伟事达法律专家、中欧国际工商学院国际贸易与知识产权保护协会副秘书长、香港知识产权管理研究院院长。

② 参见《科创板首次公开发行股票注册管理办法（试行）》，载上海证券交易所官网，https：//kcb. sse. com. cn/lawandrule/regulations/csrcorder/，最后访问日期：2023年1月6日。

③ 参见《科创板首次公开发行股票注册管理办法（试行）》，载上海证券交易所官网，http：//www. sse. com. cn/tib/marketrules/review/c/c_20190324_4743501. shtml，最后访问日期：2023年1月6日。

主要技术标准的起草者等。”《上交所问答》还指出：“申请在科创板上市的企业，应当根据企业生产经营需要和相关人员对企业生产经营发挥的实际作用，确定核心技术人员范围。”

以上信息表明，员工的工作岗位、职务及其工作职责是认定核心技术人员的重要因素。此外，对核心技术人员的认定应秉持实质认定原则，而非形式认定原则，核心技术人员的认定关键要看其实质工作内容及其发挥的实际作用。即使相关人员身居技术部门高位或工作岗位处于技术一线，但若其不从事实质技术研发工作或所承担的技术工作实际效用有限，可替代性强，那么都不能认定为核心技术人员。

《公开发行证券的公司信息披露内容与格式准则第41号——科创板公司招股说明书》① 第43条第1款指出：“发行人应披露核心技术人员的简要情况，主要包括：……（三）学历及专业背景、职称；（四）主要业务经历及实际负责的业务活动；还应披露其创业或从业历程；（五）曾经担任的重要职务及任期……”第54条第4款指出：发行人应披露核心技术人员的学历背景构成，取得的专业资质及重要科研成果和获得奖项情况，对公司研发的具体贡献。

由此可见，学历背景、专业背景、专业资质（职称）、从业经验、科研成果、奖项情况与发行人核心技术的相关性及关联度，以及相关人员实际为发行人科研成果做出的贡献程度等也是认定核心技术人员的重要考量因素。

具体来说，教育背景（学历背景+专业背景）显示了个人的专业积累水平，对于技术岗位来讲，对口的专业积累与工作中的专业能力密切相关，教育背景与核心技术所涉领域关联程度越高，认定核心技术人员的说服力相应也越强。

专业资质（职称）是相关人员在特定领域内专业水平得到权威机构认可的证明，能够较为权威地证明相关人员的科研能力。同时，其取得的专业资质与核心技术相关性越高，认定为核心技术人员的可能性越大。

相关从业经验，比如曾经参与的与核心技术有关的业务经历及业务活动，曾经担任的相关重要职务及较长的任期都可凸显相关人员的丰富实践经验。实践经验是理论知识在实际操作中的应用智慧，将欠缺从业经验的从业者作为核心技术

① 参见《公开发行证券的公司信息披露内容与格式准则第41号——科创板公司招股说明书》，载中国证券监督管理委员会官网，http://www.csrc.gov.cn/pub/zjhpublic/zjh/201903/t20190302_351637.htm，最后访问日期：2023年1月6日。

人员，其信服度会大大降低。

同样，科研成果、奖项情况，如在相关领域发表的重量级论文、专著、获得的专利或获得的权威性奖项，也是相关人员研发能力的有利证明。

上述因素应以其在具体科技研发工作中做出的突出领导和关键贡献为根本。

（2）科创板上市问询之经验借鉴

作为科创板重点关注的问题之一，诸多企业披露的招股说明书及针对上交所问询的反馈回复中均提到了核心技术人员的认定问题，这为我们进一步将较为抽象的核心技术人员认定因素具象化提供了重要的思路指导。

通过对问询回复的观察和总结，拟上市企业在说明以上认定因素时应尽可能以具象化的方式进行表述。

比如，某股份有限公司在说明相关人员科研成果和具体贡献时提到“发行人共持有41项发明专利，马某作为发明人涵盖6项，占比14.63%；王某作为发明人涵盖24项，占比58.54%；陈某作为发明人涵盖15项，占比36.59%。三人合计涵盖公司78%发明专利。发行人共持有14项集成电路布图设计专有权，陈某作为创作人涵盖8项，占比57.14%”；杭州某信息技术股份有限公司在招股说明书中提到刘某“共发表SCI科研文章15篇，国际总引用数6000多次”；河南某科技股份有限公司在问询回复中提到相关人员“作为负责人承担国家重点研发项目1项、国家‘863’项目子课题2项、国家自然科学基金项目3项，国家‘973’项目子课题1项，河南省重大科技专项1项；作为骨干参与国家级研发项目十多项”。

拟上市发行人应当在招股说明书中尽可能以量化的形式说明上述提到的认定因素，从而较为客观、真实地反映上交所关注的重点问题，避免被反复问询。

（3）核心技术人员的稳定性

核心技术人员的稳定性是评估医疗健康企业投资风险、经营风险的重要因素。因作为医疗健康企业和其他科创企业根基的科研成果的产业化过程充满不确定性和不可预测性，核心技术人员作为科研产业化的人才保障，其稳定性无疑成为拟上市企业上市审查的重点。同时，核心技术人员的稳定性也是专有技术等商业秘密保护的关键环节，其重要性自然不言而喻。

一般来讲，设计一套适合医疗健康企业的股权激励方案，同时对核心技术人员施行适当的锁定期和限制减持义务是两项常用的保障核心技术人员稳定性的措施。

①股权激励

从《科创板上市规则》等具体规定来看，相较其他主板、新三板，科创板股权激励政策限制条件更为宽松。

第一，股权激励对象范围扩大。《科创板上市规则》指出："单独或合计持有上市公司5%以上股份的股东、上市公司实际控制人及其配偶、父母、子女以及上市公司外籍员工，在上市公司担任董事、高级管理人员、核心技术人员或者核心业务人员的，可以成为激励对象。"但前提是科创公司应当充分说明上述人员成为激励对象的必要性、合理性。

第二，限制性股票类型更加丰富。根据《科创板上市规则》，除"激励对象按照股权激励计划规定的条件，获得的转让等部分权利受到限制的本公司股票"外，还增加了"符合股权激励计划授予条件的激励对象，在满足相应获益条件后分次获得并登记的本公司股票"，第二类限制性股票减轻了激励对象的出资压力，不像第一类限制性股票一样需要在授予时一次性出资，第二类限制性股票可以分批次在归属时出资。

第三，一定程度上放开限制性股票授予价格限制。《科创板上市规则》指出："上市公司授予激励对象限制性股票的价格，低于股权激励计划草案公布前1个交易日、20个交易日、60个交易日或者120个交易日公司股票交易均价的50%的，应当说明定价依据及定价方式。"由此，只要上市公司"聘请独立财务顾问，对股权激励计划的可行性、相关定价依据和定价方法的合理性、是否有利于公司持续发展、是否损害股东利益等"问题上做出说明，限制性股票价格可以突破50%的限制，从而实现自主定价。

第四，股权激励比例上限得到拔高。科创板股权激励比例上限由A股上市股权激励限额的10%提高到20%，这与科创板激励对象范围的扩大相对应，更广泛的激励对象相应地需要更大的激励规模。

②锁定期和限制减持

关于核心技术人员的股份锁定期和限制减持，《股票注册管理办法》第42条第1款规定，"发行人应当在招股说明书中披露公开发行股份前已发行股份的锁定期安排，特别是核心技术人员股份的锁定期安排"。此外，《科创板上市公司持续监管办法（试行）》①（以下简称《监管办法》）第18条规定，“科创公司核心技术人员所持首发前股份的股份锁定期应适当延长，具体期限由交易所规定”。

具体的期限限制和减持比例限制在《科创板上市规则》中有所规定：“上市公司核心技术人员减持本公司首发前股份的，应当遵守下列规定：（一）自公司股票上市之日起12个月内和离职后6个月内不得转让本公司首发前股份；（二）自所持首发前股份限售期满之日起4年内，每年转让的首发前股份不得超过上市时所持公司首发前股份总数的25%，减持比例可以累积使用。”

另外，在科创公司上市尚未盈利时，《监管办法》第17条规定，“核心技术人员所持首发前股份的股份锁定期应适当延长，具体期限由交易所规定”。《科创板上市规则》对公司盈利前的锁定期规定，“核心技术人员自公司股票上市之日起3个完整会计年度内，不得减持首发前股份；在前述期间内离职的，应当继续遵守本款规定”。而在公司盈利后，核心技术人员“可以自当年年度报告披露后次日起减持首发前股份”，减持限额与上述规定一致。

创新是引领发展的第一动力，保护知识产权就是保护创新。对医疗健康企业来说，尤为如此。核心技术人员的认定标准与稳定性，成为衡量企业经营风险的重要影响因素或决策参考依据，直接关乎医疗健康企业的持续创新发展。对有志于境内外上市的企业，守好这一关，提前完善相关信息的披露，或将有助于其顺利上市。

3. 董事、监事、高级管理人员、股东、核心技术人员的竞业限制②

（1）竞业事项的概念区分

竞业事项涉及两个概念——“竞业禁止”和“竞业限制”，现行法律并未明确界定二者的含义。结合实践层面，竞业禁止，通常指《公司法》中董事、高级管理人员对公司的忠实义务，即董事和高级管理人员不得“未经股东会或者股东大会同意，利用职务便利为自己或者他人谋取属于公司的商业机会，自营或者为他人经营与所任职公司同类的业务”；竞业限制，根据《劳动合同法》及相关司法解释的规定，用人单位通常通过劳动合同或者保密协议在劳动合同解除或者终

---

① 参见《科创板上市公司持续监管办法（试行）》，载中国证券监督管理委员会官网，http://www.csrc.gov.cn/pub/newsite/flb/flfg/bmgz/ssl/201906/t20190627_358158.html，最后访问日期：2023年1月6日。

② 邱霞，民商法学硕士，锦天城律师事务所合伙人，劳动争议仲裁员。

止后的一定期限内限制与本单位的高级管理人员、高级技术人员和其他负有保密义务的劳动者从事竞争行为的约定安排，包括但不限于不得到与本单位生产或者经营同类产品、不得从事同类业务有竞争关系的其他用人单位任职或自己开业生产或者经营同类产品、从事同类业务等。

鉴于“竞业禁止”与“竞业限制”的法律依据、适用主体、适用期间和法律后果均有差异，两者概念在法律层面不能完全等同。在制度价值上，前者是《公司法》中诚信义务的具体体现之一，是立法者基于董事、高级管理人员对公司资产事物的信息和控制优势，根据忠实义务原则对其施加的遵循公司利益最大化原则履行职责的法定义务；后者是劳动者与用人单位之间的约定义务，通常以竞业限制协议，或者劳动合同和保密协议中的竞业限制条款的形式表现出来，更加侧重于公司商业秘密、技术秘密的保护需求，以降低公司受到不正当竞争的风险，同时兼顾相关劳动者择业自由的考虑。虽有诸多差异，但两者的“不竞争”内涵是一致的，在上市语境下也并没有严格区分这两种表述。

（2）竞业限制的人员

就承担竞业限制义务的人员范围，《公司法》中规定的人员范围为公司的董事、高级管理人员，《劳动合同法》中规定的人员范围为高级管理人员、高级技术人员和其他负有保密义务的人员。虽然《公司法》和《劳动合同法》中规定的范围存在差异，但在实务中，其关键点在于实际接触到公司商业秘密且应当负有保密义务的人员。在上市问询中，为了全面了解竞业限制情况，监管机构要求公司核查并披露的人员范围会进行拓展，除公司董事、高级管理人员、核心技术人员以外，也会涉及创始人股东、主要股东及监事等。因此，我们建议公司应当结合自身生产经营情况、商业及技术秘密保护的实际需要、员工的职务及对秘密的接触情况等因素对员工进行分类，以全面性为原则确定竞业限制人员范围。同时，我们提示，《劳动合同法》第24条第1款规定“竞业限制的人员限于用人单位的高级管理人员、高级技术人员和其他负有保密义务的人员”，即公司在设置竞业限制义务时不得滥用或扩大范围以限制劳动者的自由择业权利。在司法实践中，是否适用竞业限制，关键在于确定该主体是否接触公司的关键商业秘密，即不涉及商业秘密就不存在竞业限制问题，在法院对相关案件的审理中，该等人员接触商业秘密的举证责任往往由公司承担，如公司举证不能或不充足，则该等竞业限制协议/条款存在被认定为无效的可能。

（3）竞业限制的事项设置

①核查主体对原单位的竞业义务

拟上市公司，尤其是生命健康与医疗领域的高科技企业，其核心技术人员及其参与研发的专利、技术，对科技型企业的发展具有关键影响力。为确保拟上市公司具有持续的市场竞争力，避免负有保密或竞业限制义务的相关人员非法使用原任职单位的商业秘密或陷入不正当竞争纠纷等，监管机构通常要求核查并披露以下事项：拟上市公司董事、高级管理人员、核心技术人员是否曾任职于存在竞争关系的公司，与原单位是否存在竞业限制协议；与原单位的竞业协议对相关人员在本公司的任职是否会产生影响；董事、高级管理人员、核心技术人员在本公司任职期间的研究项目、申请的专利、软件著作权是否与原单位的工作内容相关，是否侵犯原单位知识产权，是否存在知识产权、竞业禁止、商业秘密等方面的纠纷或潜在纠纷；是否存在通过代持规避竞业限制约定的情形。

北交所于2022年6月30日出具的《关于宁波新芝生物科技股份有限公司公开发行股票并在北交所上市申请文件的审核问询函》提到，发行人多名主要人员来自聚光科技，请发行人说明聚光科技主营业务及主要产品情况、产品及技术与公司是否存在交集，公司与聚光科技的关系，是否存在供应商或客户重叠。说明公司聘用钟某等核心技术人员的背景，上述人员是否与原单位签署竞业禁止协议或保密协议，如有，请说明对其任职的影响。公司现有研发及经营是否涉及利用上述人员原任职单位的技术或商业秘密，是否可能产生纠纷。

公司从存在竞争关系的其他单位引进董事、高级管理人员或核心技术人员时，应尤其谨慎并提前做好相关人员的背景调查与脱密措施。对于可能涉密的主要人员，可以通过向原任职单位发送邮件或者函证的方式确认被引进人员是否与原单位签订保密与竞业限制协议、保密与竞业限制协议的内容、被引进人员的原职位及工作内容等。若被引进人员与原任职单位签有保密与竞业限制协议，则建议公司等待竞业限制期满再引进相关人员；或者设置相应的业务隔离制度并保存履职证据，确保相关人员在履职过程中不会披露原任职单位的商业秘密。在上市准备过程中，为了应对监管部门的关注，在上市申请前需要取得原单位关于不存在竞业限制纠纷的书面确认，或未来不因该等事项追究相关人员违反竞业限制规定的法律责任的承诺。此外，在上市前还应进行全面的技术秘密与知识产权风险排查，调取、查阅公司拥有的专利证书等相关文件，核查相关技术秘密与专利等知识产权的取得是否存在潜在的知识产权风险，提前预判并化解相关的争议纠纷。

上交所于2019年10月31日出具的《关于上海三友医疗器械股份有限公司首次公开发行股票并在科创板上市申请文件的第二轮审核问询函》中指出：根据招股书及问询回复，Michael、David（核心研发人员）与其前雇主法国美敦力公司签署的劳动合同包含竞业限制和保密条款：Michael竞业限制条款要求劳动合同结束之后12个月内，雇员不得在其于劳动合同终止前三年内从事过经营活动的地区从事任何与公司存在竞争关系的活动；David与其前雇主美敦力公司签署的劳动合同要求其在受雇于美敦力公司的最后一天后的两年内，不得受雇于与“竞争性产品”或“竞争性研究和支持”相关的冲突组织或为其提供服务。请发行人：说明Michael之前所任职公司从事的业务活动是否涉及中国区域，是否存在违反竞业禁止条款的情形；说明David在从美敦力公司市场部资深经理离职后的一年内即任发行人子公司拓腾医疗市场总监，是否在违反了其与美敦力公司的竞业限制协议；补充说明未来美敦力公司向发行人或发行人实际控制人提起诉讼的风险及对发行人经营的影响。

回复思路及解决方案：

（1）有关Michael、David（核心研发人员）是否存在违反竞业禁止协议的问题。

根据北京嘉源律师事务所出具的《关于上海三友医疗器械股份有限公司首次公开发行股票并在科创板上市之补充法律意见书（三）》（以下简称《补充法律意见书（三）》）。《补充意见书（三）》主要从竞业期限和经营业务不存在竞争关系两个方面论证Michael、David不存在违反竞业禁止协议的情况。

①竞业禁止期限已满。

根据Michael与法国美敦力公司签署的《管理人员无固定期限劳动合同》以及Michael的说明，Michael于2008年10月自美敦力公司离职，竞业禁止期限为3年。而Michael自美敦力公司离职3年内未在中国区域从事骨科相关业务。因此，Michael不存在违反竞业禁止条款的情形。

根据David与美敦力公司签署的《雇员协议》以及David的确认，David自美敦力公司离职后的竞业禁止期限为2年，而截至《补充法律意见书（三）》出具之日，David已自美敦力公司离职9年，竞业禁止条款期限已过。因此，David

不存在违反竞业禁止条款的情形。

②经营业务不存在竞争关系。

根据法国 Bignonlebray 律师事务所出具的法律意见书，三友医疗与 2011 年之前 Michael 任职的法国美敦力公司之间不存在竞争业务，Michael 在法国美敦力公司从事的业务领域以及地理位置与三友医疗完全不同，Michael 在三友医疗的业务活动不受上述竞业限制条款的约束。根据美国 Rimon Law 律师事务所出具的法律意见，David 在美敦力公司从事脊柱业务，David 在上海拓腾从事的工作与在美敦力公司从事的工作存在差异，不存在违反竞业禁止条款的情形。因此，发行人三友医疗与美敦力公司之间的经营业务之间不存在竞争关系。

结合竞业禁止期限已满、经营业务不存在竞争关系这两点，《补充法律意见书（三）》认为：Michael、David 不存在违反竞业禁止协议的问题。

（2）美敦力公司未来向发行人或发行人实际控制人提起诉讼的风险及对发行人经营的影响。

《补充法律意见书（三）》从 Michael、David 遵守竞业禁止协议的情况、境外法律规定两个方面论证发行人或发行人实际控制人因竞业限制被美敦力公司起诉且承担责任的可能性较小。

①遵守竞业禁止协议的情况。

《补充法律意见书（三）》明确：Michael 之前所任职的美敦力公司在 Michael 离职前 3 年内未在中国区域从事骨科相关业务，Michael 不存在违反竞业禁止条款的情形；David 在从美敦力公司离职后任职发行人子公司拓腾医疗市场总监未违反其与美敦力公司的竞业限制协议。

②境外法律规定。

根据明尼苏达州法律，非竞争条款不能为了保护雇主利益而对雇员施加超过合理必要范围的限制，违反竞业限制的诉讼时效只有 6 年，目前 David 已离职超过 9 年，美敦力公司就竞业禁止事项提起诉讼无法被法院接受。

综合竞业禁止协议的遵守情况以及境外法律规定，《补充法律意见书（三）》认为，发行人或发行人实际控制人因竞业限制被美敦力公司起诉且承担责任的可能性较小，不会对发行人经营造成重大不利影响。

②对现单位的竞业义务

监管机构对拟上市公司与其主要人员与现单位的竞业事项的披露核查要求主

要包括以下几项：一是董事、监事、高级管理人员、核心技术人员是否与公司签订保密协议及竞业限制协议；二是公司是否制定保护知识产权、防止技术泄密的内部制度及其执行情况，是否与核心技术人员签署保密协议和竞业限制协议；三是董事、监事、高级管理人员、核心技术人员及其近亲属对外投资企业的情况，是否与本单位构成竞业或利益冲突；四是拟上市公司控股子公司的小股东是否存在由拟上市公司的董事、高级管理人员及其近亲属控制或出资，而存在竞业或利益冲突的情况；五是相关人员在外兼职情况，是否影响其在公司的履职，是否存在竞业或利益冲突；六是涉及主要人员离职的，主要人员的离职原因、离职后的任职单位，是否签订竞业限制协议，离职后竞业限制协议的执行情况，以及该等离职是否有可能导致公司技术、商业秘密泄露的风险。

深交所于 2021 年 12 月 6 日出具的《关于河南新天地药业股份有限公司 首次公开发行股票并在创业板上市申请文件的第二轮审核问询函》提到，发行人最近两年发行人多名董事、高级管理人员存在变动，请发行人："进一步说明离职或辞任的具体原因，说明董事、高级管理人员变动比例、相关人员离职对发行人的具体影响。"

对于现有人员的竞业管理，建议公司建立完善的内部管理制度，与相关人员签订完善的竞业限制协议，在相关人员离职时按照协议约定的方式明确其竞业限制义务的履行以及时间期限等，以确保竞业限制保护制度落到实处，对于在职人员，涉及兼职或对外投资应当经公司同意并报备后方可开展，同时出于实际情况考虑，该等限制应当包括在职人员的近亲属以及实际存在利益往来的情形。

（4）竞业限制的范围和期限

竞业限制并非禁止劳动者从事一切与原单位相竞争的业务，而是限制其不得利用所拥有的原单位商业秘密，在拥有同一种核心技术产品（或核心经营信息）且有竞争关系的其他单位任职，或者自己从事与原单位有竞争关系的同一种核心技术产品的经营活动，其实质限制的是劳动者的不正当竞争行为。企业应当在竞业限制协议/条款中明确劳动者不得与本单位形成竞争关系的职业种类、专业领域及地理范围，并同时考虑离职员工的自由择业、生存权利，为其留有足够的自由进入劳动力市场的空间。一般来说，竞业限制人员仅在其所从事的业务或者任职单位与原单位构成竞争时，才应当受到竞业限制协议的约束。如果保密与竞业限制协议中，劳动者相关义务的重要条款不清晰，可能被法院认定为导致劳动者权利义务始终处于不确定状态，因显失公平导致条款无效。因此，企业在拟定竞业限制条款时，应当根据其业务已有的影响范围和市场份额等，细化竞业限制的范围、地域条款，并在可能的情况下列举对公司正当商业利益有影响或有潜在影响的竞争对手，以减少竞业限制条款被认定为无效的风险。

同时，《劳动合同法》规定，竞业限制的期限不得超过 2 年；如果约定的竞业限制期限超过 2 年，则超过部分的约定无效。竞业限制从本质上说是对劳动者自由就业权利的限制，时限过长会影响其再就业、再生产以及家庭成员的正常生活，如果时限过短则无法有效保护企业的商业秘密。企业可根据其商业、技术秘密在市场竞争中所具有的竞争优势持续的时间、员工掌握其商业秘密的程度以及市场上通过合法手段获悉其商业秘密的时间来确定不同员工的竞业限制期限。

（5）竞业限制的经济补偿支付问题

《劳动合同法》第 23 条第 2 款规定用人单位与劳动者可以在竞业限制条款中约定经济补偿。最高人民法院《关于审理劳动争议案件适用法律问题的解释（一）》（法释〔2020〕26 号）第 36 条规定，双方未约定支付经济补偿的，劳动者有权要求用人单位按照劳动者在劳动合同解除或者终止前 12 个月平均工资的 30% 按月支付经济补偿的，明确了未约定经济补偿金并不导致竞业限制协议/条款无效的原则。竞业限制协议中未约定经济补偿金，劳动者未解除竞业限制协议且违反了竞业限制义务，用人单位可以请求劳动者承担违约责任，劳动者也可同时请求用人单位按照有关标准支付经济补偿金。另外，最高人民法院《关于审理劳动争议案件适用法律问题的解释（一）》第 38 条规定，劳动合同解除或者终止后，因用人单位的原因导致 3 个月未支付经济补偿，劳动者有权请求解除竞业限制约定。

因此，我们在对公司主要人员的竞业限制相关问题进行核查时：①发现相关人员与原单位签有竞业限制协议，但原单位未依法支付或足额支付竞业限制经济补偿的，并不能构成竞业限制条款失效或原单位豁免相关人员竞业限制义务的后果，也不能直接构成竞业限制义务解除的法律后果，仍应当积极面对；②对于拟上市公司与相关人员签订的竞业限制条款和协议，我们应当注意核查其中是否提前约定了经济补偿的具体标准；③对于从公司离职的主要人员，应核查其是否按约定履行竞业限制义务，以及公司是否按约定支付竞业限制经济补偿。

（6）结语

综上所述，笔者认为，竞业限制与竞业禁止对于保护公司商业秘密发挥着基础法律制度的作用，对于拟上市生命健康类高科技企业尤为重要。在公司治理过程中，企业不仅要关注相关员工与本单位的竞业约定，合理规范竞业限制事项，更要重视其与原任职单位的相关竞业义务，防范潜在纠纷。这不仅有助于公司提高风险控制能力，巩固核心竞争力，而且对公司规范经营和上市融资也具有深远的意义。

二、规范经营

（一）经营资质[①]

1. 药品经营活动的相关资质

药品经营活动分为药品生产活动、药品销售活动。根据我国药品监管制度，前述药品经营活动均需要取得相应许可证或满足相应监管要求。

首先，对于从事药品生产活动的，需要按照规定获得相应药品生产许可证。根据《药品管理法》（中华人民共和国主席令第 31 号）第 41 条第 1 款的规定，从事药品生产活动，应当经所在地省、自治区、直辖市人民政府药品监督管理部门批准，取得药品生产许可证。无药品生产许可证的，不得生产药品。根据《药品管理法》第 74 条第 1 款与《药品管理法实施条例》的相关规定，医疗机构配制制剂，应当经所在地省、自治区、直辖市人民政府药品监督管理部门批准，取得医疗机构制剂许可证。无医疗机构制剂许可证的，不得配制制剂。除此之外，根据《危险化学品安全管理条例》第 29 条第 1 款的规定，若药品生产过程中使用危险化学药品且达规定数量，还需要取得危险化学药品安全使用许可证。

其次，对于从事药品销售活动（包括药品批发和零售）的，也需要按照规定获得相应药品经营许可证。根据《药品管理法》第 51 条第 1 款的规定，从事药品批发活动，应当经所在地省、自治区、直辖市人民政府药品监督管理部门批准，取得药品经营许可证。从事药品零售活动，应当经所在地县级以上地方人民政府药品监督管理部门批准，取得药品经营许可证。无药品经营许可证的，不得经营药品。值得注意的是，《药品管理法》全面引入药品上市许可持有人制度后，

① 陆学忠，法学硕士，锦天城事务所高级合伙人。

对药品上市许可人销售药品也作了明确规定。根据《药品管理法》第 34 条的规定，药品上市许可持有人可以自行销售其取得药品注册证书的药品，也可以委托药品经营企业销售。药品上市许可持有人从事药品零售活动的，应当取得药品经营许可证。药品上市许可持有人自行销售药品的，应当具备《药品管理法》第 52 条规定的条件；委托销售的，应当委托符合条件的药品经营企业。

此外，根据《药品管理法》第 61 条第 2 款的规定，除疫苗、血液制品、麻醉药品、精神药品、医疗用毒性药品、放射性药品等国家实行特殊管理的药品外，药品上市许可持有人和药品经营企业可通过网络销售药品。《药品管理法》中也明确要求药品网络交易第三方平台提供者应当按照国务院药品监督管理部门的规定，向所在地省、自治区、直辖市人民政府药品监督管理部门备案。

2. 医疗器械经营活动的相关资质

2021 年 2 月 9 日修订的《医疗器械监督管理条例》（国务院令第 739 号）正式发布。根据《医疗器械监督管理条例》的规定，我国对医疗器械实行分类管理，医疗器械按照风险程度分为三类：第一类是风险程度低，实行常规管理可以保证其安全、有效的医疗器械；第二类是具有中度风险，需要严格控制管理以保证其安全、有效的医疗器械；第三类是具有较高风险，需要采取特别措施严格控制管理以保证其安全、有效的医疗器械。截至目前有效的医疗器械分类目录是原国家食品药品监督管理总局于 2015 年 7 月 14 日颁布的《医疗器械分类规则》。

医疗器械经营活动分为医疗器械生产活动、医疗器械销售活动。根据我国医疗器械监管制度，前述医疗器械经营活动均需要取得相应许可证、备案或满足其他相关的监管要求。

首先，如果从事医疗器械生产活动的，需要根据医疗器械的分类相应获得备案或许可。根据《医疗器械生产监督管理办法》（已失效）的规定，开办第一类医疗器械生产企业的，应当向所在地设区的市级药品监督管理部门办理第一类医疗器械生产备案；开办第二类、第三类医疗器械生产企业的，应当向所在地省、自治区、直辖市药品监督管理部门申请生产许可。生产不同类别的医疗器械，所需的资质级别和类型也不同，审核的严格程度也不一样，具体可以参考《医疗器械生产监督管理办法》（已失效）等有关规定。

其次，如果从事医疗器械的销售活动的，也需要根据医疗器械的分类相应获得备案或许可。根据《医疗器械经营监督管理办法》的有关规定，经营第一类医疗器械企业无须办理许可备案资质；经营第二类医疗器械企业实行经营备案制，需向区县所在市场监督管理部门申请第二类医疗器械经营备案；经营第三类医疗器械企业实行经营许可制，需向区县所在市场监督管理部门申请第三类医疗器械经营许可证。

需注意的是，随着我国对“互联网+”医药政策的逐步放开，医疗器械网络交易和销售日趋活跃。实践中，医疗器械网络交易模式通常可分为两种：一是独立的第三方平台，即在医疗器械网络交易中仅提供网页空间、虚拟交易场所、交易规则、交易撮合、电子订单等服务，供交易双方或者多方开展交易活动，不直接参与医疗器械销售；二是医疗器械注册备案人和生产经营企业直接通过网络进行医疗器械销售。基于《医疗器械网络销售监督管理办法》《互联网药品信息服务管理办法》等文件，不同主体、模式、监管层面所需资质也有所不同，可能涉及的资质要求包括医疗器械经营备案/许可、医疗器械网络交易服务第三方平台备案证书、ICP备案/许可、EDI许可证等，实践中需要结合不同交易模式的具体情况确认所需资质。

（二）生产与销售的合规性①

1. 药品生产的合规性

药品生产阶段的合规风险繁多，就药品内部生产过程而言，凡是生产过程中对药品质量产生不利影响，可能威胁到公众用药安全的各种行为都是药品监管部门对合规性监管的重点。需注意的是，根据原有规定，药品生产企业必须按照《药品生产质量管理规范》（GMP）组织生产，药品监督管理部门进行认证。但在《药品管理法》出台后，上述GMP认证的表述被取消，多地药监局也明确了不再受理药品GMP的认证相关事宜，例如浙江省药监局就发布通告，明确规定自2019年12月1日起不再受理药品GMP认证相关事项。

但是，在《药品管理法》中取消有关GMP认证的规定并不代表着药品生产企业的监管压力减轻，反而对该类企业提出了更高的合规要求。目前的监管体系中，将GMP的理念融入日常管理，监管部门会增加更多的抽检、飞行检查工作，从而将企业质量管理保持在稳定可靠的水平。进一步而言，根据《药品管理法》的规定，对于违反前述规则和其他相关规定的药品生产行为，均可能导致需要生

① 陆学忠，法学硕士，锦天城事务所高级合伙人。

产企业承担不同程度的行政责任甚至刑事责任。

就药品生产面临的外部检查和委托第三方进行药品生产导致的合规风险而言，药品的飞行检查、药品生产外包是较为重要的两个方面，以下简要介绍该两个方面可能面临的风险。

药品飞行检查中面临的风险是覆盖药品研发、生产、经营全过程的。2015 年 7 月 8 日发布的《药品医疗器械飞行检查办法》，明确对药品研制、生产、经营、使用全流程环节开展飞行检查。根据飞行检查结果，监管部门可以依法采取限期整改、发告诫信、约谈被检查单位、监督召回产品、收回或者撤销相关资格认证认定证书，以及暂停研制、生产、销售、使用等风险控制措施。如被检查单位经整改风险因素消除后，相关风险控制措施可及时解除。如被检查单位因违法行为应当受到行政处罚，且具有拒绝、逃避监督检查或者伪造、销毁、隐匿有关证据材料等情形的，药品监督管理部门将依法对其从重处罚。违法行为涉嫌犯罪的，将被移送司法机关追究相应的法律责任。药品飞行检查是医药企业在日常合规中面临的最大挑战，近几年国家显著加强了药品飞行检查的力度。

值得注意的是，2017 年 12 月 29 日，原国家食品药品监督管理总局颁布了《药品监察办法（征求意见稿）》，对药品生产环节的检查要求和责任承担也做了较为详细的规定。例如，《药品监察办法（征求意见稿）》明确，食品药品监督管理部门对被检查单位重点检查以下内容：（1）遵守药品管理法律法规的合法性；（2）执行药品质量管理规范和技术要求的规范性；（3）药品研发或生产资料的真实性；（4）食品药品监管部门认为需要检查的其他内容。食品药品监督管理部门根据风险确定检查频次，对每家生产企业的常规检查每 3 年至少一次。对于检查结果综合评定不符合要求的，食品药品监督管理部门可以根据情节严重程度，分别采取暂停临床试验、暂停生产、销售、使用措施，暂停生产、销售、使用等信息应向社会公告。

药品生产环节中，除药品飞行检查导致的合规风险外，还包括委托外部第三方生产药品导致的合规风险。药品生产外包需要满足的合规条件包括委托生产的药品需要在指定的范围之内、委托生产的行为应满足相应条件且各方需要签署质量协议等。首先，根据《药品管理法》第 32 条的规定，血液制品、麻醉药品、精神药品、医疗用毒性药品、药品类易制毒化学品一般不得委托生产。其次，《药品管理法》明确了药品上市许可持有人自行生产药品的，需依法取得药品生产许可证；委托第三方生产药品的，受托企业需满足相应条件。而《药品生产监督管理办法》（国家市场监督管理总局令第28号，以下简称《药品生产办法》）第7条第2款对药品上市许可持有人委托生产进行了补充和明确，委托他人生产制剂的药品上市许可持有人也应当按照《药品生产办法》的规定申请办理药品生产许可证，即无论是自行还是委托生产药品，药品上市许可持有人都必须取得药品生产许可证。如果药品上市许可持有人或受托企业未取得药品生产许可证生产药品的，可能面临相应的行政处罚。最后，《药品管理法》和《药品生产办法》都规定，药品上市许可持有人和受托生产企业应当签订委托协议和质量协议，药品上市许可持有人应监督受托方履行有关协议约定的义务，受托方不得将接受委托生产的药品再次委托第三方生产。

2. 医疗器械生产的合规性

医疗器械生产的合规风险主要体现在医疗器械生产企业委托第三方生产医疗器械导致的风险。《医疗器械生产监督管理办法》只允许医疗器械生产企业将生产委托给另一家具备生产许可或备案的医疗器械生产企业（创新医疗器械除外），且要求就同一医疗器械产品同一时期内仅能委托一家生产企业。并且委托生产的，委托方需对所委托生产的医疗器械质量负责。委托生产第二类、第三类医疗器械的，委托方应当向所在地省、自治区、直辖市药品监督管理部门办理委托生产备案；委托生产第一类医疗器械的，委托方应当向所在地设区的市级药品监督管理部门办理委托生产备案。此外，2019年6月26日国家药监局、国家卫生健康委员会共同发布的《定制式医疗器械监督管理规定（试行）》（国家药监局、国家卫生健康委公告2019年第53号）明确，定制式医疗器械①不得委托生产。

根据前述规定，相关生产企业委托不具备规定条件的企业生产医疗器械或者未对受托方的生产行为进行管理的，由监管部门责令改正，没收违法生产的医疗器械，依据违法生产的医疗器械货值处以罚款；情节严重的，责令停产停业、吊销医疗器械注册证、医疗器械生产许可证、医疗器械经营许可证。另外，如果未按照规定办理委托生产备案手续的，可能面临警告、限期改正，并可能面临3万元以下罚款。就受托方而言，如果委托生产终止后，受托方继续生产受托产品

---

① 参见《定制式医疗器械监督管理规定（试行）》第31条规定：定制式医疗器械是指为满足指定患者的罕见特殊病损情况，在我国已上市产品难以满足临床需求的情况下，由医疗器械生产企业基于医疗机构特殊临床需求而设计和生产，用于指定患者的、预期能提高诊疗效果的个性化医疗器械。

的，将按照生产无证器械进行处罚。

（三）环保合规①

1. 医疗健康企业上市涉及的环保法规概况

医疗行业在各国都是各类合规风险高发的行业，在我国，也是执法部门监管的重中之重。近年来，因医疗行业环保合规问题产生的行政处罚甚至刑事起诉也越来越多，因此面对的也是越来越严格的监管。伴随我国环境保护体系的日益完善，医疗健康行业既要被具有行业特色的环境法规规范约束，也要被普通的环境法律规范束缚。

医疗健康行业的企业环保合规是指使其生产经营活动符合环保法律法规、监管规定、行业准则和企业章程、规章制度等要求。当前，规范医疗健康行业环保合规的法律法规主要有：《医药工业环境保护管理办法》、《放射性污染防治法》、各类制造工业水污染物排放标准、《新化学物质环境管理办法》（已失效）、《制药工业污染防治技术政策》、《环境保护法》、《突发环境事件应急管理办法》、《制药工业大气污染物排放标准》、《国家污染废物名录》、《放射性药品管理办法》、《建设项目环境保护管理条例》、《水污染防治法》、《环境影响评价法》、《固体废物污染环境防治法》、《环境噪声污染防治法》（已失效）、《土壤污染防治法》、《重点行业挥发性有机物综合治理方案》、《挥发性有机物无组织排放控制标准》、《制药工业大气污染物排放标准》等。

2. 医疗健康企业上市常见环境违法行为

根据涉及的环境因素的不同，可将医疗健康行业所涉及的环境污染行为分为如下几类：大气污染类、固体废弃物及危险废物管理类（以下简称固废危废类）、建设项目环境影响评价类（以下简称环评类）、水污染类、环境信息公开类、新化学物质管理类、噪声污染类、突发环境事件应急管理类和放射性污染类。以下简要介绍医疗健康行业上市时常见的几种环境保护不合规的行为：

（1）大气污染类环境违法行为

大气污染类环境违法行为具体包括：产生含挥发性有机物废气的生产和服务活动，未在密闭空间或者设备中进行，未按照规定安装、使用污染防治设施，或

① 温杏钦，法学学士，锦天城律师事务所合伙人。

者未采取减少废气排放措施的（以下简称 VOCs 类环境违法行为）；超标排放大气污染物；扬尘污染类环境违法行为；未正常运行大气污染防治设施；未采取措施防止排放恶臭气体；未按规定监测废气；使用超标排放的机动车；未按规定设置大气污染物排放口；未取得排污许可证排放大气污染物；生产和使用有机溶剂的企业未采取措施减少物料泄漏；重污染天气预警期间未按管控要求实施预警应急措施（以下简称违反重污染天气管理类）。

如典型案例：浙江九洲药业股份有限公司（以下简称九洲药业）和扬州日新生物科技股份有限公司废气排放超标案

九洲药业于 2014 年上市之前的数次 IPO 申请折戟，就跟其多次遭到环保处罚有关，环保问题是其悬在头顶上的“达摩克利斯之剑”。2011 年九洲药业第一次发行 IPO 之时就在其招股书中承认，九洲药业曾在 2008 年 4 月、7 月连续两次因职工违反安全操作规程，引爆生产中挥发形成的爆炸性混合气体，造成车间大面积着火与人员死亡而受到台州市有关部门的处罚。后来其环境评估虽获通过，但在浙江省环保厅的官网上 2010 年 4 月发布的九洲药业的专门公示中依然罗列了其多项不符合环保要求，责令其整改，这件事被公众人士理解为有突击环评的动机。

（2）固废危废类环境违法行为

此种违法行为可分为一般固废管理类和危废管理类。其中，一般固废类环境违法行为具体包括：未采取相应防范措施，造成工业固体废物扬散、流失、渗漏或者造成其他环境污染的与对暂时不利用或者不能利用的工业固体废物未建设贮存的设施、场所安全分类存放，或者未采取无害化处置措施的。危废类环境违法行为具体包括：不设置危险废物识别标志，将危险废物提供或者委托给无经营许可证的单位从事经营活动，未采取相应防范措施造成危险废物污染环境，将危险废物混入非危险废物中贮存，不按照国家规定申报登记危险废物，不按照国家规定填写危险废物转移联单，未制定危险废物意外事故防范措施和应急预案并备案，擅自关闭、闲置或者拆除危险废物集中处置设施、场所。

如迈威生物在 2021 年 8 月 27 日于上海科创板上市，其招股说明书就表明，主营业务涉及生产及实验废弃物的合理处置，发行人生产经营活动受到各级环境保护部门的日常监管。发行人的日常经营存在造成环境污染或其他违反环保法规事件的潜在风险，可能因此被相关环境保护主管部门施以处罚，并被要求整改，进而对发行人的正常生产经营活动产生不利影响。①

（3）环评类违法行为

医疗健康行业在上市过程中多见的环评类违法行为包括如下两大类：未批先建和未建先投。其中，未批先建类环境违法情形以未获环评批复擅自开工建设最为常见，发生重大变动而未重新报批环境影响评价文件的情况次之。未验先投类环境违法行为罚款幅度多集中在20万元至30万元。

典型案例如奥精医疗科技股份有限公司固体废物污染环境防治设施建成后未经验收，主体工程即投入生产使用，其招股说明书表明，发行人于2012年1月至2020年5月底在北京经济技术开发区地盛东路1号院2幢1层、2层从事人工骨修复材料研发和生产，因历史原因上述用于研发和生产的建设项目（亦庄人工骨修复项目）未能办理环评批复，主体工程投入生产时未进行环评验收手续。2020年6月4日，北京经济技术开发区管理委员会向发行人作出了《行政处罚决定书》（京技管环保监察罚字〔2020〕第15号），认定发行人奥精医疗科技股份有限公司招股说明书亦庄人工骨修复项目存在配套建设的固体废物污染环境防治设施建成后未经验收，主体工程即投入生产使用的情形，违反了2016年《固体废物污染环境防治法》第14条的规定，但鉴于发行人在该项目建设及生产期间未发生环境污染事故，违法情节轻微，依据2016年《固体废物污染环境防治法》第69条的规定，对发行人处以罚款1万元。②

（4）水污染类环境违法行为

医疗健康行业在上市过程中常见的水污染方面的违法行为包括：①超标排放水污染物；②以逃避监管的方式排放水污染物；③违反水污染物自行监测规定；④未取得排污许可证排放水污染物；⑤未按规定设置废水排污口；⑥未采取水污染防治应急措施。其中，前3种最为常见。

例如，稳健医疗用品股份有限公司（以下简称稳健医疗）就因为环境保护问题受到了多个相关部门的处罚，因此其IPO过程中中国证监会发审委将环境保护作为重点问题进行了询问。招股说明书中，稳健医疗在报告期内违法违规情况说明多达7页，2016年申报中主动披露了7个环境污染处罚信息。其中，子公司黄

① 参见《迈威（上海）生物科技股份有限公司招股说明书》。

② 参见《奥精医疗首次公开发行股票招股说明书》。

冈稳健因偷排废水和废水超标排放等环境问题引起外界的高度关注。2019年，北京市丰台区源头爱好者环境研究所因子公司嘉鱼稳健、崇阳稳健和黄冈稳健存在环保设施配套不到位、污染治理设施运行不正常等问题，诉请武汉中级法院判令其停止环境侵权、赔礼道歉、消除危险，并赔偿损失达300万元至500万元。①

（5）其他常见环境违法行为

主要包括：①未依法公开环境信息；②未依法取得新化学物质登记证；③未按规定编制突发环境事件应急预案；④放射性同位素或射线装置许可证有效期届满未延续。

3. 医疗健康企业上市的环保合规性审查重点

2020年10月23日，中国证监会刊登了国邦医药集团IPO申请文件反馈意见。根据招股说明书与反馈意见可知，国邦医药集团的环保问题成为中国证监会关注重点。中国证监会要求国邦医药补充披露生产经营中涉及环境污染的具体环节、主要污染物名称及排放量、主要处理设施及处理能力以及受到的环保处罚等信息。国邦医药集团的医药板块涵盖原料药、关键医药中间体及制剂的生产，因此环保和安全生产是重中之重，也必然是中国证监会的审核关键点。招股说明书显示，公司主要从事医药产品、动物保健品的研发、生产及销售，属国家环保监管要求较高的行业。公司建立了严格的环保相关内部管理制度，严格按照国家环保相关规定进行生产，并通过接受环保部门在线监测设备的远程监测、加强环保相关设备投入、自主环保监测、聘请第三方专业环评监测机构等手段加强对环境保护措施的内外部管理和监督，取得较好成果。但在实际生产过程中，发行人依然可能出现由于人员操作等问题导致环保设备使用不当或废物排放不合规等，从而多次受到环保部门的相关处罚的情况，而国邦医药集团也把环保风险列入了公司上市的风险隐患。最终结果为中国证监会视国邦医药集团对环保的整改情况而定。②

随着大众环保意识的增强，国家对环境保护要求的提高，国家对医药、化工等行业的环保要求较一般行业会更高，环保壁垒逐渐成为企业之间竞争的重要元素之一，不具备环保工艺技术优势、规模优势、成本优势的企业将逐步被淘汰。

---

① 参见《稳健医疗用品股份有限公司招股说明书》。

② 参见《国邦医药首次公开发行股票招股说明书》。

那么，针对发行人环保合规性的核查要点主要包括哪些呢？（1）核查发行人的是否严格执行排污许可制度，排污许可证的具体内容和有效期限；发行人的建设项目是否取得完备的环评批文、在建和拟建项目是否已通过环境影响评价，是否执行环境保护“三同时”制度。（2）核查发行人清洁生产审核验收的具体情况。（3）核查发行人在环保方面是否建立了有效的内部控制制度；发行人环保设施的配置、处理能力以及运行有效性。（4）通过实地走访核查：①发行人在研发和生产等环节的主要环境污染物以及治理措施；②发行人有关污染处理设施的处理能力及实际运行情况；③报告期内环保相关费用支出明细；④相关环保投入、环保设施及日常治污费用是否与处理公司生产经营所产生的污染相匹配。（5）通过实地走访和网络检索核查：①发行人是否属于重污染行业；②是否符合国家和地方环保要求；③是否发生过环保事故、环保纠纷或存在环保违法违规行为；④是否受到环保部门行政处罚或被环保部门要求整改；⑤是否靠近居民生活区域；⑥是否存在环保方面的居民投诉或纠纷。如出现前述情况，应核查引发前述问题的原因是否构成重大违法违规，是否影响发行人的生产经营。（6）核查发行人在生产过程中有无产生工程医疗垃圾、工程危险废液等污染物，采取何种方式处置，污染物委托处置单位是否具有医疗废物、危废处置资质，要求写明处置单位的名称、经营许可证编号、现行有效的证书的期限，报告期各期公司因此支出的费用。（7）获取相关主管部门开具的发行人守法证明。（8）发行人的排污许可证办理及续期情况。

4. 医疗健康企业上市环保合规路径

日益严峻的环境治理形势将倒逼企业不得不重视环保问题，就医药行业而言，特别是医药制药企业作为生产企业，经常涉及排污、污染处理等环保方面的问题，因为环保问题导致上市屡屡被否的情况不胜枚举。因此，医药企业在上市过程中的环保问题值得高度重视，通过总结多家上市企业的经验，得出企业在环保合规层面以下几个方面的认真践行能够为医疗健康企业的顺利上市保驾护航。

（1）大气污染防治合规

①排放的大气污染物浓度不得超过污染物排放标准限值，重点大气污染物排放量应当符合排放总量指标要求。VOCs 的排放速率与浓度不得超过《工业企业挥发性有机物排放控制标准》（DB 12/524—2014）相应标准限值，非甲烷总烃、氯化氢（HCL）的排放浓度不得超过《制药工业大气污染物排放标准》（GB

37823—2019）相应标准限值要求，恶臭气体如乙酸乙酯的排放速率和臭气浓度参考《恶臭污染物排放标准》（DB 12/059—2018）相应标准限值要求。

②依法设置大气污染物排放口，其高度、位置及增减排污口数量需符合要求，不得随意降低或改变。

③不得以逃避监管的方式排放大气污染物，包括但不限于通过偷排、篡改或者伪造监测数据、以逃避现场检查为目的的临时停产、非紧急情况下开启应急排放通道、不正常运行大气污染防治设施等。

④重污染天气应急响应期间，企业应服从当地政府部门指示进行限产或停产等。

⑤对无组织废气予以集中收集处理，参考《挥发性有机物无组织排放控制标准》（GB 37822—2019）严格控制挥发性有机废气、粉尘和气态污染物的排放。

⑥为防范恶臭气体的排放造成污染，应科学选址，设置合理的防护距离，并安装净化装置或者采取其他措施。

（2）固体废弃物（含危险废物）管理合规

①一般工业固体废弃物

针对不同种类的固体废物采取措施，如生活垃圾袋装收集，定期交由城市管理部门处理；废弃包装物属于一般固体废物，交由城市管理部门处理。并建立相应的管理台账对产生工业固体废物的种类、数量、流向、贮存、利用、处置等信息进行如实记录。

对暂时不利用或者不能利用的，建设贮存设施、场所，安全分类存放，或者采取无害化处置措施。贮存工业固体废物及建设工业固体废物贮存、处置的设施、场所，应当符合国家环保标准。

一般工业固体废物如需跨省转移，应当向移出地的省级生态环境主管部门申请批准或依法备案。

对一般工业固体废物采取防扬散、防流失、防渗漏或者其他防止污染环境的措施，更不应该擅自倾倒、堆放、丢弃、遗撒。

委托他人运输、利用、处置工业固体废物的，应当对受托方的主体资格和技术能力进行核实，并依法签订书面合同，在合同中约定污染防治要求。

②危险废物

危险废物主要包括废有机溶剂、废试剂瓶、实验废物、废活性炭，此类废物应交由有资质的单位统一处理。制订年度危险废物管理计划，并向当地生态环境主管部门备案。通过国家危险废物信息管理系统向所在地生态环境主管部门申报危险废物的种类、产生量、流向、贮存、处置等有关资料。

建立危险废物管理台账，如实记录有关信息。

对危险废物的容器和包装物以及收集、贮存、运输、利用、处置危险废物的设施、场所，须设置危险废物识别标志。

收集、贮存、运输、处置危险废物，应当按照危险废物特性分类进行。禁止混合收集、贮存、运输、处置性质不相容而未经安全性处置的危险废物。

贮存危险废物应当采取符合国家环境保护标准的防护措施。禁止将危险废物混入非危险废物中贮存。危险废物贮存设施、场所的标准要求，可参见《危险废物贮存污染控制标准》（GB 18597—2001）等规定。

应当采取防扬散、防流失、防渗漏或者其他防止污染环境的措施，不得擅自倾倒、堆放、丢弃、遗撒危险废物。

转移危险废物的，应当按照国家有关规定填写、运行危险废物电子或者纸质转移联单。跨省、自治区、直辖市转移危险废物时，应当向危险废物移出地省、自治区、直辖市人民政府生态环境主管部门申请。

依法交由有危险废物经营许可证的第三方处置，不得擅自倾倒、堆放、处置，包括不得擅自关闭危险废物贮存设施、场所。

对不明确是否具有危险特性的固体废物（含副产品），应当按照危险废物鉴别标准和鉴别方法予以认定。经鉴别属于危险废物的，按照危险废物进行管理。

依法制定危险废物意外事故的防范措施和应急预案，并向所在地生态环境主管部门和其他负有固体废物污染环境防治监督管理职责的部门备案。

（3）环评许可合规

新、改、扩建项目须依法进行环境影响评价，并取得环评许可后，方可开工建设，不得未批先建。

建设项目须编制的具体环境影响评价文件类型，参照《建设项目环境影响评价分类管理名录》确定。

建设单位应对建设项目的环境影响报告书（表）的内容和结论负责。

建设项目在建设、运行过程中的性质、规模、地点、采用的生产工艺或者防治污染、防止生态破坏的措施发生重大变动的，应重新报批环评，并取得环评批复。关于重大变动的情形，参照《制药建设项目重大变动清单（试行）》确定。

建设项目在建设、运行过程中发生变动但不构成重大变动的，应进行环境影响后评价。

编制环境影响报告书（表）的建设项目，其配套建设的环境保护设施经验收合格，方可投入生产或者使用；环保竣工验收中不得弄虚作假，验收报告须向社会公开。

（4）水污染防治合规

①排放的水污染物浓度不得超过污染物排放标准限值，重点水污染物排放量不得超过排放总量指标。

医药行业的水污染物排放标准，可对应参照《混装制剂类制药工业水污染物排放标准》（GB 21908—2008）、《生物工程类制药工业水污染物排放标准》（GB 21907—2008）、《中药类制药工业水污染物排放标准》（GB 21906—2008）、《提取类制药工业水污染物排放标准》（GB 21905—2008）《化学合成类制药工业水污染物排放标准》（GB 21904—2008）、《发酵类制药工业水污染物排放标准》（GB 21903—2008）等规定执行。

②依法设置废水排放口，不得擅自改变排污口位置及增减排污口数量等。

具体排放口设置，可参见《环境保护图形标志——排放口（源）》（GB/T 15562.1—1995）、《排污口规范化整治技术要求（试行）》（环监〔1996〕470号）等规定。

③不得利用渗井、渗坑、裂隙、溶洞私设暗管，篡改、伪造监测数据，或者不正常运行水污染防治设施等逃避监管方式排放水污染物。

（5）噪声污染防治合规

不得超标排放噪声污染，优先选用低噪设备，采取隔声、减振、距离衰减等措施，确保厂界噪声满足《工业企业厂界环境噪声排放标准》（GB 12348—2008）的相关标准限值要求。

出现环境噪声超标时，须依法申报拥有的造成环境噪声污染的设备的种类、数量以及在正常作业条件下所发出的噪声值和防治环境噪声污染的设施情况，并提供防治噪声污染的技术资料。

（6）排污许可合规

①依法申领、变更排污许可证或办理排污许可证延期；未取得排污许可证

的，不得排放污染物。

②依法制定自行监测方案并开展自行监测；依法安装运行污染物排放自动监测设备，与生态环境主管部门联网，如实保存原始监测记录等，不得篡改、伪造监测数据，不得闲置、损毁、擅自移动、改变自动监测设备。

关于自行监测具体要求：提取类制药工业企业及与提取类药物结构相似的兽药生产企业，可参照《排污单位自行监测技术指南提取类制药工业》（HJ 881—2017）；发酵类制药工业企业及与发酵类药物结构相似的兽药生产企业，可参照《排污单位自行监测技术指南发酵类制药工业》（HJ 882—2017）；化学合成类制药工业企业、专供药物生产的医药中间体工厂、与化学合成药物结构相似的兽药生产企业，可参照《排污单位自行监测技术指南化学合成类制药工业》（HJ 883—2017）；其他医药企业，可参照《排污单位自行监测技术指南总则》（HJ 819—2017）。

③按排污许可证规定排放污染物。

④按排污许可证要求编制排污许可执行报告。

排污许可执行报告具体编制要求，可参见《排污单位环境管理台账及排污许可证执行报告技术规范总则（试行）》（HJ 944—2018）、《排污许可证申请与核发技术规范总则》（HJ 942—2018）、《排污许可证申请与核发技术规范制药工业—原料药制造》（HJ 858. 1—2017）、《排污许可证申请与核发技术规范制药工业—生物药品制品制造》（HJ 1062—2019）、《排污许可证申请与核发技术规范制药工业—化学药品制剂制造》（HJ 1063—2019）和《排污许可证申请与核发技术规范制药工业—中成药生产》（HJ 1064—2019）等规定。

⑤按排污许可证要求记录环境管理台账。

环境管理台账记录要求，可参见《排污单位环境管理台账及排污许可证执行报告技术规范总则》、《排污许可证申请与核发技术规范总则》、《排污许可证申请与核发技术规范制药工业—原料药制造》、《排污许可证申请与核发技术规范制药工业—生物药品制品制造》、《排污许可证申请与核发技术规范制药工业——化学药品制剂制造》和《排污许可证申请与核发技术规范制药工业——中成药生产》等规定。

（7）其他环保合规路径

职能部门增设环保部专门负责落实环境政策方针，具体职责为：贯彻执行国家、上级主管部门的有关环保方针、政策和法规，负责本企业环保工作的管理、监察和测试等；参加新建、扩建和改造项目方案的研究和审查工作，并参加验收，提出环保意见和要求；组织企业内部环境监测，监督检查执行“三废”治理情况，掌握原始记录，建立环保设施运行台账，做好环保资料归档和统计工作，按时向上级环保部门报告；对员工进行环保法律、法规教育和宣传，提高员工的环保意识，并对环保岗位进行培训考核。

医疗制造企业应将生产低毒低害环保型产品作为产业结构调整的方向和重点之一。随着我国《环境保护法》的实施和执法力度加大，国内医药领先企业积极投入低污染、低能耗的产品开发和污染物清洁治理技术的应用。一方面，积极改进生产工艺，研发新型生态环保型产品，从源头减少污染物排放。另一方面，加强针对性污染物处理技术的研发和引进，提高环保处理效率和处理成本，树脂吸附技术、MVR 高效蒸发、生物降解法等污染物处理技术已得到广泛应用。

5. 结语

随着世界经济的不断发展，环保意识的日益增强和国内环保政策要求的提高与监管的日益严格，使得医疗健康行业的环保问题受到高度重视。在上市过程中，环保设施齐备、环保投入充足、综合环保治理合规的医疗健康企业才能避免环保阵痛，环保问题不会成为其成功上市的掣肘，而缺乏综合环保治理的企业IPO 申请相继被否决甚至受到处罚，终将被拦在顺利上市的大门之外。

（四）反不正当竞争

1. 侵犯商业秘密①

（1）近期商业秘密相关法律法规的修改动向

随着企业商业秘密制度保护的需求增加，越来越多的企业以商业秘密为权利基础作为保护自己亦或是商业竞争的武器。这一趋势直接地推动和促进了相关法律法规的制定和完善，自 2019 年与商业秘密相关的法律法规陆续修改或者出台，笔者在此罗列其修改亮点，具体法律规定可参考文后附录。

①《反不正当竞争法》（2019 年修正）

2019 年 4 月 23 日《反不正当竞争法》修正后实施，本次修改主要集中在商业秘密的保护方面，修改的亮点有：扩大了侵犯商业秘密行为的范围，增加了电子入侵获取商业秘密，教唆、引诱、帮助他人违反保密义务或者违反权利人有关

① 汪妍瑜，生物化学硕士，锦天城律师事务所高级合伙人。

保守商业秘密的要求，获取、披露、使用或者允许他人使用权利人的商业秘密的侵权行为。增加了承担侵权责任的主体，经营者以外的其他自然人、法人和非法人组织实施违法行为的，视为侵犯商业秘密。减轻了商业秘密权利人的举证责任，只要提供初步证据即应在某些情况下适用举证责任倒置。将法定赔偿数额上升到500万元。

②最高人民法院《关于审理侵犯商业秘密民事案件适用法律若干问题的规定》（2020年9月12日实施）

相比于2007年《关于审理不正当竞争民事案件应用法律若干问题的解释》，《关于审理侵犯商业秘密民事案件适用法律若干问题的规定》关于商业秘密的各认定要件、情节更加明确而体系化，具体可以参见后文法条摘录。

③最高人民法院、最高人民检察院《关于办理侵犯知识产权刑事案件具体应用法律若干问题的解释（三）》（2020年9月14日实施）

《关于办理侵犯知识产权刑事案件具体应用法律若干问题的解释（三）》中涉及商业秘密的有9条，最重大的变化是降低了入罪标准，由以前的50万元降低到30万元；将直接导致商业秘密的权利人因重大经营困难而破产、倒闭作为入刑标准。同时《关于办理侵犯知识产权刑事案件具体应用法律若干问题的解释（三）》还明确了侵犯商业秘密的行为造成的损失数额或者违法所得数额的具体计算方式。具体计算方式可以参见后文《关于办理侵犯知识产权刑事案件具体应用法律若干问题的解释（三）》第5条。

④《刑法修正案（十一）》（2021年3月1日实施）

此次修正有几个值得注意的地方：

首先，将“造成重大损失”修改为“情节严重”，由于情节严重不限于造成重大损失，因而在导致的后果维度扩大了本法条适用范围。

其次，删除“拘役”刑，将最高刑提至10年，加大了刑罚力度。

再次，删除了“应知”表述，只有主观状态“明知”才入罪，提高了嫌疑人主观意识证明门槛。

最后，增加了商业间谍罪。

（2）医疗健康企业商业秘密合规建议

由于医疗健康企业具有研发投入高、研发周期长、多学科交叉、技术门槛高、技术更新快的特点，这类企业一般为知识产权密集型企业。在医疗健康企业中，知识产权的存在形式除常见的专利之外，商业秘密占比也较大。近年来商业秘密保护在立法层面得到了越来越多的完善，企业的商业秘密价值将进一步提升，与之相应，企业的合规要求也需进一步提升。下述我们结合商业秘密的特点和相关案例来提出企业与商标秘密相关的合规建议。

商业秘密是不为公众所知悉、具有商业价值，并经权利人采取相应保密措施的技术信息、经营信息等商业信息。但存在3种不属于商业秘密的例外；①仅以与特定客户保持长期稳定交易关系为由的客户信息，不属于商业秘密；②客户基于对员工个人的信赖而与该员工所在单位进行交易，该员工离职后，能够证明客户自愿选择与该员工或者该员工所在的新单位进行交易的；③通过反向工程获取的不构成侵犯商业秘密。

医疗健康企业常见的经营秘密一般包括企业管理方面的诀窍及相关数据资料，采购方面的数据资料，如供应链、营销方面的数据资料，如客户名单、财务方面的数据资料。常见的技术秘密主要是生产环节使用的技术诀窍，例如，配方、工艺流程、工艺参数、质控方法等技术信息。整体而言，商业秘密的合规管理有两大使命：一是如何及时识别出商业秘密并以与其价值相适应的手段予以保护，防止泄露；二是如何做好企业自身的风险防范避免侵犯他人商业秘密。面对上述两大使命，企业在管理实操时分为两个层次：一是建立明确的、全局的管理制度，赏罚分明，流程明晰，让大家有据可查、有据可依。二是要顺畅推进制度执行，保证制度可以得到严格实施。两者相互补充、相互促进、相互配合共同发挥作用。此外，需要特别提示企业注意的是：商业秘密管理制度必须要与企业的规模以及运营特点相匹配，不可不切实际的一味追求高标准。因为企业的管理制度越完备、管控越严密，投入的人力、物力成本就越高，同时企业运行的效率必然就会降低。

下面就商业秘密合规的几个重点进行讨论。

①采取合理的保密措施

商业秘密的基石在于其具有秘密性。为了保护商业秘密而起诉侵权者时，证明其所主张的信息构成是商业秘密是前提条件，其中最重要的就是所主张的信息不为公众所知悉并经权利人采取相应保密措施，即具有秘密性。为了维持商业秘密的秘密性所需采取的保密措施，可参考最高人民法院《关于审理侵犯商业秘密民事案件适用法律若干问题的规定》第6条的规定。

上述管控措施笔者建议企业在可能的情况下都采用。实践中商业秘密民事侵权案，原告的胜诉率一直不高，在很多案件中原告诉讼请求未被支持的原因就是“未采取合理的保密措施”，一般来说，商业秘密的价值越高，管控的手段应该相应的越高，否则如果保护手段和价值不匹配就会被认定为“未采取合理的保密措施”。

现实中，企业采取保密措施时往往对员工的控制比较完善，但是对商业活动中其他参与人特别是甲方、投资方等的商业秘密管控手段并不到位，从而导致商业秘密的泄露。企业应注意重视建立覆盖多方的商业秘密保护机制。

例如，在（2020）最高法知民终9号中，原告华威公司将其葡萄糖结晶系统售卖给玉锋公司，虽然华威公司在公司内部对该结晶系统的图纸和资料进行了严格保密，但销售结晶系统时并未与玉锋公司签订保密协议。后来被告永锋公司在玉锋公司处对华威公司的产品进行的测绘、分析并开发出自己产品。华威公司认为永锋公司侵犯其商业秘密遂提起上诉。法院认定原告主张永锋公司非法获取结晶系统的技术信息的证据不足，驳回了华威公司的起诉。

在这个案例中，原告未能通过合同安排将下游客户纳入商业秘密保护责任体中，出现了商业秘密保护的真空环节从而导致败诉。然而，笔者认为在建立全方位的保护机制的基础上，还应当进一步采取技术性防范措施，比如一些禁止反向的技术壁垒，使得商业秘密自带防护基因。这样一来商业秘密泄露的可能性会进一步降低。

通过该案例，企业应在合规管控时应注意：企业签订保密协议时，除入职员工外，还应当在如下场景中与相关合作方、参与方签订保密协议或者在协议中包含保密条款：涉及商业秘密的咨询、谈判、技术评审、成果鉴定、合作开发、技术转让、合资入股、外部审计、尽职调查、清产核资等活动。

当然，实践中的一些场景不适合通过签订保密协议进行管控约束，比如在行政审批的场景下。由于医药领域无论是医疗器械还是生物药、化学药上市前都应当依法取得行政许可，所以在行政审批的过程中有可能出现泄密。虽然2020年发布的《关于强化行政许可过程中商业秘密和保密商务信息保护的指导意见（征求意见稿）》就是专门对行政部门行为做出的约束，但企业在申请行政许可的过程中仍应当注意风控，具体来说应尽量做到：第一，向行政许可机关提交申请材料时，要明确标出保密要点，不能笼统地把所有材料都作为商业秘密和保密商务信息。对提交的纸质材料，要在文件首页和保密要点处作出明确标注；对提交的电子文档，要在文档首页和保密要点处作出明确标注。第二，尽量缩减申请材料，按照确有必要的原则确定申请人提交材料的范围，避免提交无关材料。

②记录商业秘密的取得过程以及为维护商业秘密的付出

商业秘密由于其不为公众所知，因此作为权利人在纠纷发生时，还应当有充分的证据证明，该等商业秘密由权利人投入了大量的人力、物力而取得。

企业应注意对于涉及技术秘密的信息建立完备的技术开发底档保存制度和流程，对研发的立项、任务分配、研讨会记录、谈判方案、任务完成后项目汇报等有完善记录。对于软件开发企业还应当适度保留源代码版本，存在大幅度修改的版本都应该保留，修改系统漏洞的版本可以不用保留以免服务器负担过重。

涉及经营秘密的，企业应注意对客户名单、喜好、联系的时间、联系方式回访频率等详细记录。在笔者代理的一起商业秘密侵权诉讼中，原告主张的商业秘密为其客户信息，原始载体为业务员签字的纸质笔记本，上面记载了每日打过哪些电话，联系人的姓名、单位、职务，是否有业务合作可能等信息，业务员凭该原始记录的情况说明工作量从企业那里领取相应的奖金。这种企业与职工之间的良性的互动是客户名单保护很好的一个范例。

由于商业秘密侵权中还可以要求损害赔偿，企业也应当一开始就保留这些维权证据，如保留研发费用、维修费用、人员工资等各类单据，保留商业秘密许可、转让合同及履行过程中的发票等用以证明商业秘密的价值和遭受的损失。

此外在医药领域，有些初始的信息虽然离最终成药还很遥远但仍然可以构成商业秘密，例如，（2012）浦刑（知）初字第 42 号案被害单位是辉瑞及药明康德，案件涉及 89 个化学结构式以及初级合成方法的不当披露，在该案的刑事判决书中法院认定“对于合成失败的部分结构式，将此种消极信息直接应用于实践往往无法直接取得现实的经济利益，但能够帮助拓宽研究思路，亦具有实用性和价值性”。又如，在（2013）沪一中民五（知）初字第 119 号案中，诉争的商业秘密是礼来公司针对糖尿病起始阶段的研发信息，其中涉及对已知化合物进行筛选的结果。在该案中法院认定“基础化合物公知并不能说明对公知化合物组合利用的方式亦为公知，这种凝聚权利人智慧成果的利用方式完全可以成为权利人的商业秘密。关于系争信息实用价值的问题，本院认为，新药研发周期长，投资大，在新药研发的初始阶段，即要求其技术信息能够带来经济利益不符合新药研发的特点和规律。这种初始阶段对于化合物的遴选、生物靶点、活性信息等研发数据的研究讨论是新药研发过程中不可或缺的阶段，有助于选择正确的研发路线，从而加快实验及成品化进程，确立药品研发企业的竞争优势，因而具有潜在的商业价值”。

③提前准备应急预案，避免进一步扩大损失

即使企业针对商业秘密进行了全方位的保护，但仍可能存在商业秘密泄露的风险。企业应制定相应的应急预案，这样才能在发现商业秘密泄露或受到侵犯时及时采取应对措施（包括企业内部管理及外部司法措施）以将损失降至最小。

企业在准备应急预案应注意区分不同的等级。比如核心的商业秘密和非核心商业秘密，在详细的同时应兼顾紧急情景下的实操性。针对不同等级的事件采取不同的措施。比如针对核心商业秘密被侵犯的，同时在企业内部采取调查和止损措施并同时采取可能的司法措施。如果是非核心商业秘密，则可以先根据企业内部的预案进行调查等工作。

最高人民法院《关于审查知识产权纠纷行为保全案件适用法律若干问题的规定》第 6 条明确规定，申请人的商业秘密即将被非法披露的情形，属于不立即采取行为保全措施即足以损害申请人利益的“情况紧急”的情形。在司法实践中，美国礼来公司等诉黄某侵害商业秘密纠纷案作为在商业秘密侵权诉讼中适用行为保全措施的案件就是利用诉前行为保全减损的一个参考范例。

④防范雇员带来的商业秘密侵权风险

第一，防范前雇主风险。

随着社会的发展，企业人员流动越来越常见，企业的良性发展也离不开新鲜血液的注入，新人加入会带来新的知识、技术和观点，这种观点碰撞往往会激发出很多有创造性的知识产权，对企业的发展多有裨益。但新人加入也不可避免的使用在为前雇主工作中学习到的知识，厘清这些知识是否涉及商业秘密对风险控制而言非常重要。

笔者曾经代理过一件关于客户名单的商业秘密侵权案，被告的某雇员是原告的前销售人员，由于原、被告的业务类型高度重合，客户也有重合的地方。原告主张其联系过的 17 家单位为其商业秘密，被告与这 17 家企业合作侵犯了其商业秘密。虽然最后被告证明了这 17 家单位或者是主动联系被告进行业务往来，或者原告只是曾经通过公开查询的资讯联系过某单位此后并无业务往来，未侵犯其商业秘密。但是案件经过了一审、二审和最高院再审，在漫长的审理期中诸多客户均对公司持观望态度，因此公司业务受到极大影响。

（2020）最高法知民终 726 号案中，被告李某等系洛阳瑞昌环境工程有限公司员工，自 2013 年起陆续离开原单位就职于洛阳明远石化技术有限公司，洛阳明远石化技术有限公司于 2014 年申请某发明专利，洛阳瑞昌认为该发明专利的公开造成其商业秘密泄露。对此法院认为鉴于明远公司关于涉案专利技术方案有合法来源的抗辩理由不能成立，法院依法推定该技术方案是明远公司、程某通过李某从瑞昌公司获得。李某违反与瑞昌公司的保密约定，向明远公司、程某披露其所掌握的涉密技术信息，侵害了瑞昌公司的技术秘密。明远公司、程某明知李某实施上述违法行为，仍获取、披露该涉密技术信息，应视为侵害瑞昌公司的技术秘密。明远公司、程某、李某共同采取申请涉案专利的方式披露涉密技术信息，并利用专利产品获得对华星公司的销售业绩，导致涉密技术信息被公开，不正当损害了瑞昌公司的竞争优势，明远公司、程某、李某应当承担共同侵权责任。关于技术秘密。明远公司、程某、李某共同申请涉案专利，目前专利权仍由明远公司占有，侵权状态持续至今；明远公司利用涉案专利产品获取不正当利益。上述行为均属于侵害瑞昌公司技术秘密的行为，侵权人依法应承担停止侵害的民事责任。

另有笔者代理的一起案件，原告为一家国际性企业，其员工离职后加入另一家企业，员工在新企业中申请了几个专利，原告认为这几个专利的权利都是属于自己的知识产权，遂先以商业秘密侵权为由报案，最后公安机关经过简单的问询调查后并未立案，原告公司就提起了专利权属争议的诉讼。这一类型的案件在这几年越来越多，一般而言原告最终目的还是商业秘密侵权，如果权属纠纷其获得胜诉的结果原告就有理由主张其商业秘密被不当泄露（专利文本公开必然造成泄露）。

因此提示各企业在注意新员工的专利申请时，除考虑一年之内的权属纠纷外，还应从长线考虑是否可能涉及商业秘密侵权。

为了防范该等风险，企业在新员工入职时应要求他们签署不使用前雇主知识产权承诺书。如果是核心骨干还应当在入职前对其做一个入职前的尽职调查，将实际侵权风险降到最低。

第二，加强员工知识产权保护意识。

（2012）浦刑（知）初字第 42 号案中吴某离职后设立了新公司，为了显示其研发实力将其在药明康德工作时接触到的 89 个化学结构式在互联网披露，法院认定其侵犯商业秘密罪成立。这种公开给吴某带来的直接经济价值可能不明显，但造成药明康德无法将这些化学结构式申请专利，损失巨大。

在某案中，甲公司的某高管离职创业，作为发起人创立了乙公司，1 年多以后该高管又回归了甲公司。在甲公司的某次招投标中乙公司也参与了投标，以“精准”的低价格中标，甲公司遂提起商业秘密侵权诉讼诉该高管以及乙公司侵犯其商业秘密，最终法院认定投标标底构成经营秘密，支持了原告的部分诉请，判决被告赔偿30 万元。该案中，根据法院认定的事实，高管必然违反了忠诚和保密义务，如果该高管的法律意识再强些，这类案件的发生应该是可以避免的。

综上所述，企业培训员工提高员工法律意识还是非常必要的，而且企业高层领导及人事部门更要意识到保护商业秘密的必要性。实践中可以结合经典案例向员工宣讲商业秘密侵权的行为有哪些、法律后果有哪些，提高员工法律意识，同时向员工发放适宜公开的保密手册。员工离职时通过签署离职保密协议等方式宣讲继续履行保密义务的重要性，要求员工将具有商业秘密的载体及时交还或者销毁。

2. 商业贿赂①

（1）商业贿赂对医药企业上市的影响

商业贿赂是一把悬在医药企业头上的“达摩克利斯之剑”，医药领域商业贿赂范围之广泛、手段之新奇，也是其他行业无法比拟的。近年来，随着国家法律法规的完善和执法能力的加强，医药行业反商业贿赂执法成为业内关注的重点和热点。

从数据上来看，截至 2022 年 10 月 31 日，已公布的 2021 ~ 2022 年商业贿赂处罚的行政案件文书共计 74 篇，其中有 15 篇与医疗行业相关，涉及不同地区的各类医药企业，包括代理商、医疗器械销售公司、试剂公司、药品销售、医院等，此外还涉及药品销售人员等，覆盖了医药行业的上中下游。医药行业内商业贿赂事件如此高发，医药企业也应当做出积极应对，防范合规风险。

因商业贿赂而被问询甚至被否决的案例比比皆是：

2017 年 3 月 27 日，南京圣和药业股份有限公司 IPO 被否，主板市场发行审核委员会（以下简称主板发审委）对其审核时，特别严加问询了其商业行贿行为。

2017 年 7 月 11 日，力合科技（湖南）股份有限公司 IPO 被否。其主要原因之一为报告期内存在因涉嫌单位行贿被司法机关立案和部分高管及员工涉嫌多起

① 高永华，法律硕士，锦天城律师事务所律师。

商业贿赂案件、报告期内销售费用中的业务招待费占营业收入的比例高于同行业的情况，涉嫌单位行贿被立案等事项未在其招股说明书（申报稿）中进行披露。

2018年4月17日，海南中和药业股份有限公司IPO被否，可能原因之一就是其报告期内学术会议激增、业务推广使用费是否存在不当利益安排令人生疑。

就新兴的科创板而言，从上交所对浩欧博、博瑞医药、特宝生物、昊海生科等大批在科创板首发申报的医药企业的问询来看，发行人是否存在商业贿赂、是否建立了有效防范商业贿赂的机制无一例外都是问询的重点。

因此，对于拟进行IPO的企业而言，应当及早了解和重视什么是商业贿赂以及监管机关针对申请IPO的医药企业监管的重点，以预防和消除日常经营活动中的商业贿赂风险，为成功进行IPO创造条件。

对于已经上市的公司进行再融资，商业贿赂也是问询的重点。而一旦上市公司出现大的商业贿赂案件，基本就宣布了这个公司的“死刑”。2017年，继中美施贵宝后，中国第二大医药推广公司中国泰凌医药集团有限公司（以下简称泰凌医药，股票代码：01011. HK）因贿赂被罚1160万元，股价跌至0.078元每股。作为一家医药推广企业，被吊销了GSP资质①。

（2）什么是商业贿赂

医药企业相关的商业贿赂行为主要受《刑法》、《反不正当竞争法》与《药品管理法》等法律制度的规制。

商业贿赂适用法律法规分类汇总。（见表4－4）

表4－4　相关规定

序号	法规	生效日期	备注
1	反不正当竞争法	2019－04－23	明确商业贿赂的构成要件及罚则
2	关于禁止商业贿赂行为的暂行规定	1996－11－15	明确商业贿赂中财物的定义、商业贿赂形式等

① GSP是英文Good Supplying Practice缩写，直译为良好的药品供应规范，在我国称为《药品经营质量管理规范》。它是指在药品流通过程中，针对计划采购、购进验收、储存、销售及售后服务等环节而制定的保证药品符合质量标准的一项管理制度。其核心是通过严格的管理制度来约束企业的行为，对药品经营全过程进行质量控制，保证向用户提供优质的药品。当时，没有该资质就无法作为经销商经销药品。自2019年12月1日起，《药品管理法》实施后，已经取消该资质。

续表

序号	法规	生效日期	备注
3	关于在治理商业贿赂专项工作中正确把握政策界限的意见	2007－05－28	明确界定商业贿赂的本质特征与行为界限、处罚幅度等
4	刑法	2021－03－01	涉及分则第三章破坏社会主义市场经济秩序罪及第八章贪污贿赂罪
5	关于办理贪污贿赂刑事案件适用法律若干问题的解释	2016－04－18	贪污贿赂刑事案件不同金额的量刑规定
6	关于办理商业贿赂刑事案件适用法律若干问题的意见	2008－11－20	明确办理商业贿赂刑事案件适用法律的若干问题，如医疗机构中国家工作人员的界定
医药行业			
7	药品管理法	2019－12－01	我国医药行业最重要的监管法律，全环节全流程监管
8	药品管理法实施条例	2019－03－02	与药品管理法共同为医药行业设定了反商业贿赂的相关规则，禁止回扣等不正当利益
9	关于建立医药购销领域商业贿赂不良记录的规定	2014－03－01	将实行过商业贿赂行为的医药生产经营企业在网上公布其商业贿赂不良记录，并实行禁入采购名单、采购评分减分处理
10	2022年纠正医药购销领域和医疗服务中不正之风工作要点	2022－05－09	开展专项治理，打击医药购销领域非法利益链条，重点聚焦医药企业使用票据套取资金，虚构业务事项套取资金，利用医药推广公司空设、虚设活动等违规套取资金，账簿设置不规范，将套取资金用于“带金销售”、商业贿赂的违法违规行为
11	医疗机构工作人员廉洁从业九项准则	2021－11－12	明确规定医疗卫生人员“合法按劳取酬，不接受商业提成”“遵守工作规程，不违规接受捐赠”“恪守交往底线，不收受企业回扣”等不得接受贿赂的廉洁从业准则

续表

序号	法规	生效日期	备注
12	医药代表备案管理办法（试行）	2020-12-01	规定药品上市许可持有人对医药代表的备案和管理负责
13	推荐性国家标准GB/T 35770—2017合规管理体系指南	2018-07-01	医药企业对于外包商的尽职调查义务，医药企业还应对外包商采取适当控制、监督措施，以控制合作过程中可能产生的合规风险等
14	行业标准PIAC/T 00001—2020《医药行业合规管理规范》	2021-02-26	将“企业与第三方建立商业关系必须具备商业上的正当理由”作为第三方管控的总体原则，并规定了企业应对第三方进行管控，包括适当的合规尽职调查、发现高风险交易信号后进行高风险尽职调查，向第三方支付报酬，应与第三方签订反商业贿赂条款及反腐败合规声明等
15	RDPAC行业行为准则	—	对企业工作人员和医务人员之间的互动进行规定，禁止任何RDPAC会员公司向医务人员提供礼品等
16	与中国医疗卫生专业人士互动交流的道德规范—美国先进医疗技术协会	2017-01-01	为成员公司在华开展经营提供了一套可遵循的实践原则，以便其在中国制定合规项目
捐赠			
17	公益事业捐赠法	1999-09-01	规定了捐赠和受赠的内容、捐赠财产的使用等
18	慈善法	2016-09-01	规定了慈善组织、慈善募捐、慈善捐赠、监督管理等内容
19	卫生计生单位接受公益事业捐赠管理办法（试行）	2015-08-26	明确卫生计生单位接受捐赠的原则和细则，如进行捐赠预评估、签订捐赠协议、财务管理、捐赠财产使用管理等
20	捐赠药品进口管理规定	2016-05-20	明确捐赠药品的条件、受赠人的条件与责任、捐赠药品进口备案程序等

续表

序号	法规	生效日期	备注
资本市场			
21	证券法	2019－03－01	公司首次公开发行新股，应当符合发行人及其控股股东、实际控制人最近3年不存在贪污、贿赂、等刑事犯罪
22	科创板首次公开发行股票注册管理办法（试行）	2020－07－10	发行条件包括了最近3年内，发行人及其控股股东、实际控制人不存在贪污、贿赂等刑事犯罪，不存在欺诈发行、重大信息披露违法或者其他涉及国家安全、公共安全、生态安全、生产安全、公众健康安全等领域的重大违法行为
23	上海证券交易所股票上市规则	2022－01－07	发行人首次公开发行股票需要符合公司及其控股股东、实际控制人最近3年不存在贪污、贿赂、侵占财产、挪用财产或者破坏社会主义市场经济秩序的刑事犯罪；如涉及上述行为仍在侦查且尚未结案的，将被中止上市审核
24	深圳证券交易所股票上市规则	2022－01－07	发行人首次公开发行股票需要符合：公司及其控股股东、实际控制人最近3年不存在贪污、贿赂、侵占财产、挪用财产或者破坏社会主义市场经济秩序的刑事犯罪
25	北京证券交易所股票上市规则（试行）（征求意见稿）	2021－09－05	发行人申请公开发行并上市，不得存在下列情形：最近36个月内，发行人及其控股股东、实际控制人，存在贪污、贿赂、侵占财产、挪用财产或者破坏社会主义市场经济秩序的刑事犯罪，存在欺诈发行、重大信息披露违法或者其他涉及国家安全、公共安全、生态安全、生产安全、公众健康安全等领域的重大违法行为
26	公开发行证券的公司信息披露编报规则第25号——从事药品及医疗器械业务的公司招股说明书内容与格式指引	2022－07－29	规定了发行人应披露报告期内下列与公司经营资质及业务合规性有关的信息：报告期内产品或发行人是否存在因商业贿赂等医药购销领域违法违规行为受到的行政、刑事处罚事项，是否存在控股股东、实际控制人、董事、监事、高级管理人员等因医药购销领域违法违规行为受到处罚或被立案调查

鉴于涉及的法律法规较多，这里仅就对商业贿赂影响较大的法律法规进行分析。

①《刑法》中有关商业贿赂犯罪的规定

我国《刑法》中并没有直接规定商业贿赂罪这一罪名，而是以非国家工作人员受贿罪、对非国家工作人员行贿罪、受贿罪、单位受贿罪、行贿罪、对单位行贿罪、介绍贿赂罪、单位行贿罪八个罪名①，对市场交易活动中不同主体严重违背公平竞争的市场原则的犯罪行为进行规制。

②《反不正当竞争法》规定的商业贿赂构成要件

2019 年修正的《反不正当竞争法》第 7 条②对商业贿赂进行了进一步明确规定。

第一，主体要件。

商业贿赂的行贿主体明确为"经营者"，即"从事商品生产、经营或者提供服务（以下所称商品包括服务）的自然人、法人和非法人组织"。同时将"经营者工作人员的行贿行为"原则性地认定为经营者的行为，但经营者可以基于"工作人员的行为与为经营者谋取交易机会或者竞争优势无关"进行抗辩。

商业贿赂的受贿主体被进一步细化，将"交易相对方的工作人员"、"受交易相对方委托办理相关事务的单位或者个人"以及"利用职权或者影响力影响交易的单位或者个人"确定为商业受贿主体，同时将"交易相对方"排除出"商业受贿主体"。

第二，行为要件。

商业贿赂的行为要件为"以财物或其他手段进行贿赂"。

---

① 参见最高人民法院、最高人民检察院《关于办理商业贿赂刑事案件适用法律若干问题的意见》第 1 条规定，商业贿赂犯罪涉及刑法规定的以下 8 种罪名：（1）非国家工作人员受贿罪；（2）对非国家工作人员行贿罪；（3）受贿罪；（4）单位受贿罪；（5）行贿罪；（6）对单位行贿罪；（7）介绍贿赂罪；（8）单位行贿罪。

② 参见《反不正当竞争法》第 7 条规定：经营者不得采用财物或者其他手段贿赂下列单位或者个人，以谋取交易机会或者竞争优势：（1）交易相对方的工作人员；（2）受交易相对方委托办理相关事务的单位或者个人；（3）利用职权或者影响力影响交易的单位或者个人。经营者在交易活动中，可以以明示方式向交易相对方支付折扣，或者向中间人支付佣金。经营者向交易相对方支付折扣、向中间人支付佣金的，应当如实入账。接受折扣、佣金的经营者也应当如实入账。经营者的工作人员进行贿赂的，应当认定为经营者的行为；但是，经营者有证据证明该工作人员的行为与为经营者谋取交易机会或者竞争优势无关的除外。

“财物”的定义比较宽泛，包括超越正常商业往来范畴的财物或者其他利益，如旅游、娱乐活动、服务机会、便利、优惠条件等。《关于禁止商业贿赂行为的暂行规定》第2条第3款明确规定，“财物”是指“现金和实物，包括经营者为销售或者购买商品，假借促销费、宣传费、赞助费、科研费、劳务费、咨询费、佣金等名义，或者以报销各种费用等方式，给付对方单位或者个人的财物”。

“其他手段”的定义同样宽泛，参照《关于在治理商业贿赂专项工作中正确把握政策界限的意见》第7条的规定，“商业活动中，提供、接受违反公平竞争原则的商业赞助或者旅游、考察以及其他活动；提供、收受各种会员卡、消费卡（券）、购物卡（券）和其他有价证券；提供、使用房屋、汽车等物品；提供、收受干股或红利；通过赌博，以及假借促销费、宣传费、广告费、培训费，顾问费、咨询费、技术服务费、科研费、临床费等名义给予、收受财物或者其他利益，以提供、获取交易、服务机会、优惠条件或者其他经济利益的，属于商业贿赂”。

上述《关于在治理商业贿赂专项工作中正确把握政策界限的意见》第8条对商业贿赂的行为要件进行了兜底性的规定，“对商业活动中其他具有商业贿赂特征的行为，应当按照治理商业贿赂的要求，根据是否违反公平竞争原则，给予、收受财物或者其他利益，以提供或获取交易机会或者其他经济利益，以及涉案数额大小、情节轻重、社会危害程度等进行定性处理”。

第三，客体要件。

商业贿赂行为的目的是“谋求交易机会或者竞争优势”，商业贿赂行为侵犯的客体是正常竞争的交易条件，干扰了正常的市场经济规则，扰乱了市场交易自愿、平等、有偿的基本原则。

③《药品管理法》规定的商业贿赂构成要件

2019年修订的《药品管理法》第88条[①]第1款对全环节的医药企业及医疗

---

① 参见《药品管理法》第88条规定：禁止药品上市许可持有人、药品生产企业、药品经营企业和医疗机构在药品购销中给予、收受回扣或者其他不正当利益。禁止药品上市许可持有人、药品生产企业、药品经营企业或者代理人以任何名义给予使用其药品的医疗机构的负责人、药品采购人员、医师、药师等有关人员财物或者其他不正当利益。禁止医疗机构的负责人、药品采购人员、医师、药师等有关人员以任何名义收受药品上市许可持有人、药品生产企业、药品经营企业或者代理人给予的财物或者其他不正当利益。

机构的商业贿赂行为进行了细化规定。

第一，主体要件。

医药行业商业贿赂的行贿主体包括“药品上市许可持有人、药品生产企业、药品经营企业、医疗机构”及上述主体的代理人。

医药行业商业贿赂的受贿主体包括“药品上市许可持有人、药品生产企业、药品经营企业、医疗机构、医疗机构的负责人、药品采购人员、医师、药师等有关人员”。与《反不正当竞争法》的规定不同，医疗机构即便作为药品购销的“交易相对方”仍然可以被认定为商业贿赂的受贿一方，这一特殊规定凸显了医药行业的特殊性。

第二，行为要件。

根据《药品管理法》第 88 条的规定，药品购销领域商业贿赂的行为要件为“给予、收受回扣或者其他不正当利益”；其他医药领域的商业贿赂行为包括“给予财物或者其他不正当利益”。

《药品管理法》本身并未对“回扣”进行定义，参照《关于禁止商业贿赂行为的暂行规定》第 5 条第 2 款的规定，“回扣指经营者销售商品时在账外暗中以现金、实物或者其他方式退给对方单位或者个人的一定比例的商品价款”。“财物或者其他不正当利益”与《反不正当竞争法》中的定义相同，在此不做赘述。

在医药行业的商业贿赂有一些典型行为模式，也是监管部门的监管重点：包括在药品、医疗器械等购销过程中向医疗机构及其工作人员直接给付回扣、好处；通过赠送设备等方式捆绑推销药品、医疗器械耗材或直接将赞助支持费用与产品销量；借助科研合作、学术推广等名义，在采购、科室建设、科研等重点领域进行利益输送；邀请医生参加非学术类会议并承担相关费用、给未实际付出劳动的医生发放劳务报酬；绕开医院和合规捐赠程序向医生或医院内部科室直接提供超出一般合理标准的费用等。

第三，客体要件。

《药品管理法实施条例》第 79 条明确了行为目的，即“影响其药品采购或者药品处方行为”。同时考虑到特殊法与一般法的关系，《反不正当竞争法》所规定的“以谋求交易机会或者竞争优势”要件同样适用。侵犯的客体是医药市场正常竞争的交易条件。

（3）上市公司/拟上市公司商业贿赂监管要点

除遵守以上法律法规体系以外，了解交易所及证券监管机构的问询和监管思路，根据其要求规范公司合规治理，也同等重要。

①销售推广费用的合理性

新产品医院推广会、学术会议、医药代理单位推荐、医院的药事委员会或相关成员推荐、医院临床科室主任推荐、医院知名专家及教授推荐、地方医药学会及其相关人员推荐均为医药产品开发和销售的有效途径，而这其中往往就会存在着极大的进行不当操作和商业贿赂的空间。因此，在IPO过程中，推广费用的合理性就成为监管部门关注的重中之重。

上海仁会生物制药股份有限公司（以下简称仁会生物）是一家从事内分泌、心血管及肿瘤治疗领域内创新生物药自主研发和产业化的高新技术企业，于2020年8月14日提交了科创板IPO注册申请，历时一年多后，仁会生物和保荐机构国泰君安提交了撤回科创板发行上市申请，决定终止对该公司发行注册程序。仁会生物在注册阶段曾遭中国证监会三轮拷问，其中，商业贿赂是中国证监会问询的重点。中国证监会在现场检查中，查阅仁会生物提供的20名销售人员部分资金流水和微信、支付宝账单发现，公司销售人员刘某在2017年9月至2018年2月收到销售人员张某的转账共计15万元，流水摘要为“匡”等。中国证监会要求仁会生物说明，“上述销售人员之间流水摘要为‘匡’等的资金往来的实际用途、转账原因和合理性，是否存在商业贿赂”。

百济神州是一家主要研发、生产、销售口服小分子制剂和单克隆抗体抗癌药物的生物科技公司。上交所《关于百济神州有限公司（BeiGene，Ltd.）首次公开发行人民币普通股（A股）股票并在上海证券交易所科创板上市的问询函》问题26提出，“请发行人说明：（1）2017～2019年，发行人基本以销售授权产品为主，但销售费用率大幅上升的原因及合理性；（2）2019年和2020年1～9月市场调研及推广费用大幅上升的原因，相关费用的支出主要用于授权产品还是自主研发产品的销售，相关费用支出的主要用途和前五大支付对象；（3）专业咨询服务费、会议费的支出用途和主要支付对象，相关费用支出金额较高的合理性，销售费用和管理费用中专业咨询服务费的差异、归集的依据；（4）报告期内是否存在通过支付市场调研及推广、专业咨询服务费、会议费、销售人员薪酬或其他方式实施商业贿赂等违法违规行为”。“报告期内发行人是否存在商业贿赂等违法违规行为，是否有股东、董事、高级管理人员、公司员工等因商业贿赂等违法违规行为受到处罚或被立案调查”。

嘉和美康（北京）科技股份有限公司（以下简称嘉和美康）是一家从事医疗信息化软件研发与产业化的企业，主要产品和服务包括电子病历，和基于电子病历收集的临床数据的处理及应用等，长期深耕临床信息化领域。上交所于2020年9月30日出具的《关于嘉和美康（北京）科技股份有限公司首次公开发行股票并在科创板上市的申请文件的审核问询函》中问询，“请发行人：（1）结合业务类别（如贸易类和自产软件类）和经营模式分析销售费用率高于可比公司平均水平的原因及合理性；（2）售后服务费核算的具体内容，收取的标准，与收入是否存在匹配关系，2018年收入上涨但售后服务费下降的原因；（3）市场推广服务费的具体构成情况，支付对象，推广服务的开展是否合法合规，是否存在商业贿赂等情形”。

②发行人财务的规范性

发行人财务是否规范和是否存在商业贿赂的关联在于：倘若发行人财务不规范，则更容易使商业贿赂资金“合法地”进入公司的财务账簿。因此，若发行人财务不规范，则容易引发监管机构对不规范的财务制度下是否会滋生商业贿赂行为的关注。

仁会生物在注册阶段曾遭中国证监会问询：

“部分会计凭证入账的原始单据不齐备；部分销售费用报销凭证的原始单据分别存在一项或多项异常情况，如原始单据中笔迹不一致、餐饮费开票单位与会议地点不在同一城市或距离超出合理范围、酒店场租费用与网络查询价格差异较大等费用报销的合理性存在异常的情况。”

“仁会生物向学术推广会中讲课人员支付的劳务费为销售人员现金支付，且销售人员报销费用与流水记录不匹配；部分销售人员疑似存在购买发票的情况，如2018～2019年，销售人员靳某通过微信向名为‘开票某某’的对手方转账共计4.98万元；销售人员孙某向其他销售人员邢某等人转账共计19.11万元，流水摘要为‘会议加税点’‘税点结清’等内容”。

销售价格的合理性：

通常来说，医药产品的定价应该是相对稳定的，不应该出现畸高或畸低的情况。如果一家医药企业面对不同的销售渠道出现极端定价的情况，往往会引起监管机构的警惕。

长春普华制药股份有限公司（以下简称长春普华）是一家主要从事中成药、化学药品的研发、生产和销售的高新技术企业。中国证监会创业板发行审核委员会在2017年第13次会议中否决长春普华IPO时就销售价格作出问询，“2014年至2016年，发行人一级经销商向下游医疗机构客户年平均销售量为414.16支/瓶、462.59支/瓶和594.48支/瓶，向零售药店客户年平均销量为95.39支/瓶、117.22支/瓶和111.72支/瓶，向二级经销商客户年平均销售量为1550.24支/瓶、1977.39支/瓶和2363.07支/瓶。请保荐代表人说明其对二级经销商实现最终销售的核查方式及核查覆盖的比例，并发表核查意见”。

③防止商业贿赂的内部控制机制和执行机制的健全性和有效性

通常来说，如果企业出现了或疑似出现商业贿赂情形，那么多为企业内部控制机制不健全或无效，或者在实践中没有得到有效执行。因此，对于是否存在商业贿赂存疑的企业，其防止商业贿赂的内部控制机制和执行机制的健全性和有效性最终会成为中国证监会关注的重点。

上交所于2020年9月30日出具的《关于嘉和美康（北京）科技股份有限公司首次公开发行股票并在科创板上市的申请文件的审核问询函》中要求：

“请保荐机构、发行人律师对（1）、（2）进行核查，就参与招投标的程序是否合法合规，是否存在应招标而未招标的情形发表明确意见。请保荐机构、申报会计师对（3）进行核查，并结合报告期销售费用情况，就发行人是否存在商业贿赂、相关内控制度是否健全并得到有效执行发表明确意见。”

④企业及其经销商历史上是否发生商业贿赂行为，是否因此受到处罚

需要注意的是，中国证监会/上交所的审核/问询范围并不仅限于发行人是否存在商业贿赂行为、是否因商业贿赂行为受到过国家相关部门的处罚，还包括发行人的经销商、发行人的员工以及主要经销商是否存在或曾经存在上述情形。

浙江科惠医疗器械股份有限公司（以下简称科惠医疗）是一家世界顶尖骨科器械优秀供应商。2020年11月3日，上交所下发上证科审（审核）〔2020〕875号《关于浙江科惠医疗器械股份有限公司首次公开发行股票并在科创板上市申请文件的审核问询函》，其中第9题为：

“请发行人说明：（1）发行人产品分属于第一类、第二类、第三类医疗器械的情况；发行人的产品是否存在依照规定禁止向非医疗机构销售的情况，报告期

内发行人是否存在违反规定将相关产品向非医疗机构销售的情况；（2）发行人是否具备生产经营所需的全部资质；发行人的经销商是否具备相应资质；（3）发行人的产品是否可追溯，是否符合国家关于医疗器械追溯的相关规定；（4）报告期内发行人是否存在商业贿赂等违法违规行为，是否有股东、董事、高级管理人员、公司员工等因商业贿赂等违法违规行为受到处罚或被立案调查。”

（4）拟 IPO 医药企业的应对之道

在中国证监会/上交所对拟进行 IPO 的医药企业的商业贿赂强监管的背景下，拟进行 IPO 的医药企业应当从源头遏制、合规建设、合规治理、第三方管控、外部专业管控、信息披露等方面全方位、多角度地积极应对，防范系统性的合规风险。

①建立完善的内部合规制度和执行制度，利用外部力量加强企业合规管控

在上海市方达律师事务所《关于百济神州有限公司（BeiGene，Ltd.）首次公开发行人民币普通股（A 股）股票并在上海证券交易所科创板上市的补充法律意见书（三）》中，针对问题 26 提出：

“请发行人说明：（1）2017 ~ 2019 年，发行人基本以销售授权产品为主，但销售费用率大幅上升的原因及合理性；（2）2019 年和 2020 年 1 ~ 9 月市场调研及推广费用大幅上升的原因，相关费用的支出主要用于授权产品还是自主研发产品的销售，相关费用支出的主要用途和前五大支付对象；（3）专业咨询服务费、会议费的支出用途和主要支付对象，相关费用支出金额较高的合理性，销售费用和管理费用中专业咨询服务费的差异、归集的依据；（4）报告期内是否存在通过支付市场调研及推广、专业咨询服务费、会议费、销售人员薪酬或其他方式实施商业贿赂等违法违规行为。”

发行人的答复为：

“截至本补充法律意见书出具之日，发行人已经建立……与反商业贿赂、反腐败相关的制度文件，对其经营活动进行了规范，制度内容如下：……根据发行人书面确认，发行人在其商业活动中严格执行上述制度文件的规定，不存在被市场监督管理部门予以行政处罚的情形，且经过本律师事务所（方达）查询多个信用系统，报告期内发行人及其子公司、董事及高级管理人员在报告期内不存在因商业贿赂、不正当竞争等违法违规行为而被处于行政处罚的情形。因此，本所律师认为：发行人报告期内不存在通过支付市场调研及推广、专业咨询服务费、会

议费、销售人员薪酬或其他方式实施商业贿赂等违法违规行为而被处以行政处罚的情形。”

这是笔者看到的最简单的答复方式。从以上答复可以看出，拟上市公司建立健全合规制度，且报告期内不存在因此受到的行政处罚，大部分情况下。交易所及监管机构便不再纠结这个问题。

因此，建立完善的企业合规制度，是拟上市公司对应商业贿赂问询和核查的有效手段，包括以下方式：

第一，建立完善的企业合规体系。

把合规经营理念写入章程，倡导与维护企业诚信合规的价值观；以合规风险为导向，结合医药行业最佳实践，建立企业合规行为手册；针对医药领域，梳理、优化与完善各类专项合规管理制度；结合临床药物研发、医疗器械、药品销售等业务实践编制操作规范与合规解读；将合规管理要求融入业务流程，建立合规内部控制关键点。同时，注重加强对各部门的合规培训。针对企业管理层及各级管理人员进行合规培训，形成管理人员的合规意识，发挥管理人员的主观能动性，以监管企业合规经营；对不同部门结合部门业务进行有针对性的合规培训；对于所有员工及新入职员工进行系统性的合规培训，避免行贿和索贿行为，必要时展开专业的合规考试。

第二，加强企业合规制度执行。

企业的合规执行制度涉及企业内部的各个部门，所有的业务部门都是合规管理的参与部门，各部门在合规风险管理中都要承担相应的职责，协力推进合规管理。应当规范财务制度，例如企业的发票管理制度，在业务部门提交发票的过程中，需要合规部门建立相应的发票管理流程；公司的所有款项的进出都应该通过公司账户进行；严格管理采用现金交易的情况；对于“医药专家”“科室主任”“医药代表”“著名教授”等特殊人物，避免对其进行直接或间接的利益输送。此外，法务部门也应加强监督审查，避免法律风险。

第三，积极利用外部合规力量。

在企业合规管控中，也应积极利用外部专业力量，协助企业增强合规管控。面对医药行业层出不穷的新规范，邀请律师等专业人士进入企业开展培训；针对复杂的反腐败、反贿赂案件，聘请专业律师事务所协助进行调查、访谈；聘请外部专业机构协助企业数据合规等新型合规制度的建立。

②对业务人员的报酬体系进行科学的设计，避免对业绩的过分激励

苏州林华医疗器械股份有限公司（以下简称林华医疗），是一家主要产品为留置针类产品的医疗器械公司。在中国证监会第十八届发行审核委员会2021年第56次发审委会议中，苏州林华医疗器械股份有限公司（首发）未获通过，其中第二项问询就与销售人员的工资相关：

“报告期内，发行人的销售费用率分别为29.25%、29.56%、30.53%，远高于行业可比公司。请发行人代表说明：（1）销售费用率远高于行业可比公司的原因及合理性；（2）销售人员工资增幅大于收入增幅的原因；销售人员能提供高质量专业服务的可行性和合理性，单位销售薪酬高于同行业水平的合理性；（3）销售人员人均工资远高于发行人平均职工薪酬的原因及合理性；是否存在商业贿赂，是否存在变向通过经销商资金回转实现销售等情况；（4）报告期内业务宣传费、业务活动费的主要支付内容，发行人及关联方是否与支付对象存在关联关系，是否存在通过业务宣传费、业务活动费进行商业贿赂或不当利益输送的情况；（5）发行人实控人大额现金收支的合理性，是否存在直接、间接与发行人、发行人经销商、供应商、终端医院及其他关联方存在交易或往来的情形，是否存在商业贿赂行为。请保荐代表人说明核查依据、过程，并发表明确核查意见。”

医药行业业务人员报酬体系多采用较低底薪加提成的模式，这一模式对于业绩有较强的激励作用，同时产生了较高的合规风险。在高提成的诱惑下，业务人员更有可能采取非常规手段，如商业贿赂的手段以达到业绩目标，在为企业带来利润的同时，也会带来的较高的合规风险和行政处罚风险。

不合理的报酬体系还有可能导致较高的受贿及索贿风险。部分有权的企业业务人员可能会利用职权，收受或索取贿赂，以达到获取薪资报酬外的非正常收入目的。

企业应对业务人员的报酬体系进行科学设计，寻找激励业绩和防范合规风险的平衡点，倡导企业良性发展；企业对于业务人员的报酬体系的设计也应当合理透明，避免商业贿赂、变相回转的可能性，避免类似林华医药被否原因的发生。

③加强第三方管控，避免因第三方疏漏而引发合规问题

在大博医疗科技股份有限公司（以下简称大博医疗）在非公开发行股票申请文件反馈意见中，中国裁判文书网登载了该公司第三方经销商河南富邦医疗设备有限公司总经理胡某涉嫌对单位行贿罪而被公诉机关起诉。大博医疗的答复概

括如下：

上述贿赂行为系公司主要管理人员自主实施，与公司无关；

公司已经终止和涉案经销商合作；

上述贿赂案件发生后，公司新制定了《经销商管理制度》，并建立和完善了经销商管理和审批制度。之后保荐机构认为，因上述贿赂案件与公司无关。

综上可以看出，即使公司自身有完善的反商业贿赂的管理制度，但如果属于对第三方经销商的遴选和管理，也有可能“城门失火，殃及池鱼”，对公司上市后的形象和融资形成障碍。

因此，建立企业的第三方管控、筛查制度。对于企业的交易相对方和其他第三方，合规部门可以在交易前进行历史涉诉、贿赂、腐败相等相关新闻进行筛查。对于有相关记录的第三方在交易前要求其作出相应的声明和保证，最大限度避免合规风险。同时建立内部与外部举报制度，拓展合规问题反映渠道。

④全面履行信息披露义务

《首次公开发行股票并上市管理办法》第 4 条规定：“发行人依法披露的信息，必须真实、准确、完整，不得有虚假记载、误导性陈述或者重大遗漏。”

《科创板上市规则》第 5. 1. 2 条第 1 款规定：“上市公司和相关信息披露义务人应当及时、公平地披露信息，保证所披露信息的真实、准确、完整。”

因此，发行人如果存在商业贿赂情形，需要全面履行信息披露的义务。对准备在以信息披露为核心的科创板进行 IPO 的医药企业而言，则更需要注重信息披露的准确、完整和客观，避免因未对相关信息进行充分披露而违反前述相关行业规定中对于信息披露要求的规定而遭到否决。

实践中，若该商业贿赂事项发生在报告期内并且是比较轻微的，一般可由公司主管机关取得该行为不属于“重大违法行为”的证明，以作为对其历史违法行为的说明。同时，企业应聘请法律专业人士对所涉“商业贿赂”问题进行分析，厘清该商业贿赂是企业行为还是企业员工自己的独立行为，或者是企业经销商的独立行为。

但是，倘若公司在报告期内的行为构成犯罪，则可能会对公司的 IPO 构成实质性的障碍，公司需要在递交发行申请前进行整改并据此调整 IPO 的时间安排。

（5）结语

出于保护公众投资者的需要，同时是出于上市公司更好取信于市场以便利融资的需要，在我国上市公司内部建立健全合规风险管理机制就显得有相当的急迫性了。医药行业因为其自身行业特点，比如病患（最终消费者）对于医药并无太多选择的权利，因此一直是商业贿赂案件的高发领域。近年来，管理层对医药行业重拳频出，医药领域从“两票制”“4 +7 带量采购”到全面集中采购制度的在全国推广，医疗器械领域对带量采购的推崇，都彰显着监管机构对医药行业商业贿赂等合规问题严管的决心。相应地，从资本市场来看，无论对于首次 IPO 的企业，还是上市后再融资的企业，商业贿赂问题都是监管机构问询的重点。因此，深刻理解医药行业商业贿赂特和监管机构监管思路，是每一个拟登陆或者已经登陆资本市场企业的必修课。山高水险，道阻且长，只有加强企业合规管理的企业，才能基业长青，在监管的重压下脱颖而出，决胜于资本市场。

（五）行业监管及政策调整

1. 两票制①

（1）“两票制”规则体系梳理

①溯源

可查询到的国家层面的最早关于“两票制”的文件可追溯至 2009 年 1 月 17 日卫生部等部委办公室联合发布的《进一步规范医疗机构药品集中采购工作的意见》（卫规财发〔2009〕7 号），其要求减少药品流通环节，由生产企业或委托具有现代物流能力的药品经营企业向医疗机构直接配送，原则上只允许委托一次。

2013 年 12 月 13 日原国家卫生和计划生育委员会、国家发展和改革委员会等发布《关于印发〈纠正医药购销和医疗服务中不正之风专项治理工作实施意见〉的通知》（国卫医发〔2013〕47 号），其中提及督促各地继续做好医药卫生行业发票使用情况专项整治工作，查处非法使用发票等问题，加强对发票违法问题的案件移送和联合查处工作。认真总结有关地区“两票制”的经验和做法。充分运用整治成果，深入挖掘发票违法行为背后隐藏的商业贿赂和不正之风问题。此时“两票制”只是部分地区的探索，并未形成全国性趋势。

②预热

2016 年 4 月 21 日，国务院办公厅《关于印发〈深化医药卫生体制改革 2016

① 刘婧，法学硕士，锦天城律师事务所合伙人。

年重点工作任务〉的通知》（国办发〔2016〕26号）中提到，优化药品购销秩序，压缩流通环节，综合医改试点省份要在全省范围内推行“两票制”，积极鼓励公立医院综合改革试点城市推行“两票制”，鼓励医院与药品生产企业直接结算药品货款、药品生产企业与配送企业结算配送费用，压缩中间环节，降低虚高价格。

2016年6月24日，原国家卫生和计划生育委员会、国家发展和改革委员会等发布的《关于印发〈2016年纠正医药购销和医疗服务中不正之风专项治理工作要点〉的通知》（国卫医函〔2016〕172号）中提到，在综合医改试点省和城市公立医院综合改革试点地区的药品、耗材采购中实行“两票制”。

2016年11月，中共中央办公厅、国务院办公厅转发的国务院深化医药卫生体制改革领导小组《关于进一步推广深化医药卫生体制改革经验的若干意见》中提及，公立医院药品采购逐步实行“两票制”。各地要因地制宜，逐步推行公立医疗机构药品采购“两票制”（生产企业到流通企业开一次发票，流通企业到医疗机构开一次发票），鼓励其他医疗机构推行“两票制”，减少药品流通领域中间环节，提高流通企业集中度，打击“过票洗钱”，降低药品虚高价格，净化流通环境。通过整合药品经营企业仓储资源和运输资源，加快发展药品现代物流，鼓励区域药品配送城乡一体化，为推进“两票制”提供基础条件。建立商业贿赂企业黑名单制度，对出现回扣等商业贿赂行为的药品生产和流通企业，取消其供货资格。

上述文件发布后引发业内热烈讨论——“两票制”真的要来了，但其会覆盖何等范围，如何两票，是否有所特例，如何监管等问题，仍待正式文件出台。

③正式出台

2016年12月26日，国务院医改办、国家卫生计生委、食品药品监管总局、国家发展改革委、工业和信息化部、商务部、国家税务总局、国家中医药管理局《印发〈关于在公立医疗机构药品采购中推行“两票制”的实施意见（试行）〉的通知》（国医改办发〔2016〕4号，以下简称4号文）中明确，两票制的界定、实施范围、重要意义和配套措施，是两票制的提纲挈领性文件。

④升级优化

4号文出台后，国务院、各部委及全国各省市均陆续出台相关行政法规或部门规章对4号文的精神进行重塑，以强调坚决落实两票制：

2016年12月27日，国务院《关于印发〈“十三五”深化医药卫生体制改革规划〉的通知》（国发〔2016〕78号）中提到，实施药品采购“两票制”改革（生产企业到流通企业开一次发票，流通企业到医疗机构开一次发票），鼓励医院与药品生产企业直接结算药品货款、药品生产企业与配送企业结算配送费用，严格按合同回款。

2017年1月24日，国务院办公厅《关于进一步改革完善药品生产流通使用政策的若干意见》（国办发〔2017〕13号）中提到，推行药品购销“两票制”。综合医改试点省（区、市）和公立医院改革试点城市要率先推行“两票制”，鼓励其他地区实行“两票制”，争取到2018年在全国推开。药品流通企业、医疗机构购销药品要建立信息完备的购销记录，做到票据、账目、货物、货款相一致，随货同行单与药品同行。企业销售药品应按规定开具发票和销售凭证。积极推行药品购销票据管理规范化、电子化。

2017年2月14日，国务院《关于印发〈“十三五”国家食品安全规划〉和〈“十三五”国家药品安全规划〉的通知》（国发〔2017〕12号），加强流通环节监管。全面实施药品经营质量管理规范、医疗器械经营质量管理规范，加强冷链运输贮存质量监管。实行生产经营企业购销业务人员网上备案与核查制度。按照“十三五”深化医改要求，推行药品采购“两票制”，鼓励药品生产企业与医疗机构直接结算货款。

2017年4月13日，国务院批转《国家发展改革委〈关于2017年深化经济体制改革重点工作意见〉的通知》（国发〔2017〕27号），进一步改革完善药品生产流通使用政策，逐步推行公立医疗机构药品采购“两票制”。深化药品医疗器械审评审批制度改革。出台支持社会力量提供多层次多样化医疗服务的政策措施。

2017年4月25日，国务院办公厅《关于印发〈深化医药卫生体制改革2017年重点工作任务〉的通知》（国办发〔2017〕37号），落实国务院医改办等单位《关于在公立医疗机构药品采购中推行“两票制”的实施意见（试行）》。2017年年底前，综合医改试点省份和前四批200个公立医院综合改革试点城市所有公立医疗机构全面执行“两票制”，鼓励其他地区实行“两票制”。

2017年7月11日，原国家卫生和计划生育委员会、国家发展和改革委员会等发布的《关于印发〈2017年纠正医药购销和医疗服务中不正之风专项治理工作要点〉的通知》中提到，推行药品购销“两票制”，加大对突出问题的整治力度。

⑤全国药品“两票制”

2018年3月5日，原国家卫生和计划生育委员会、财政部、国家发展和改革委员会、人力资源和社会保障部、国家中医药管理局、原国务院深化医药卫生体制改革领导小组办公室发布《关于巩固破除以药补医成果持续深化公立医院综合改革的通知》（国卫体改发〔2018〕4号），提及2018年各省份要将药品购销“两票制”方案落实落地，推进数据共享、违法线索互联、监管标准互通、处理结果互认。实行高值医用耗材分类集中采购，逐步推行高值医用耗材购销“两票制”。建立健全短缺药品供应保障体系和机制，更好地满足临床合理用药需求。此规定中明确提出2018年要在全国落实“两票制”，并且推进高值医药耗材购销“两票制”。

2018年8月15日，国家卫生健康委员会、工业和信息化部、公安部、财政部、商务部、国家税务总局、国家市场监督管理总局、国家医疗保障局、国家中医药管理局联合发布《关于印发〈2018年纠正医药购销领域和医疗服务中不正之风专项治理工作要点〉的通知》（国卫医函〔2018〕186号），其指出全面实施网上采购，在公立医疗机构中全面实施药品购销“两票制”，鼓励有条件的公立医疗机构实行医用耗材购销“两票制”。

⑥全国高值耗材“两票制”

2019年7月19日，国务院办公厅《关于印发〈治理高值医用耗材改革方案〉的通知》（国办发〔2019〕37号）中提及，鼓励各地结合实际通过“两票制”等方式减少高值医用耗材流通环节，推动购销行为公开透明。将高值医用耗材相关企业及其从业人员诚信经营和执业情况纳入信用管理体系，加强对失信行为的记录、公示和预警，强化履约管理。首次提到高值耗材“两票制”，但是并未规定强制推行，仅为鼓励性规定。

2019年9月25日，国务院办公厅《关于进一步做好短缺药品保供稳价工作的意见》（国办发〔2019〕47号）中提及，短缺药品配送不得限制配送企业，不受“两票制”限制。（各省级人民政府负责，商务部、税务总局、国家医保局参与）不具备配送经济性的地区，在没有药品配送企业参与竞争的情况下，鼓励探索由邮政企业开展配送工作。

（2）“两票制”的理解

①哪两票

根据4号文的规定，两票是指药品生产企业到流通企业开一次发票，流通企业到医疗机构开一次发票，一共开具两次发票，故称“两票”。

“两票”对应过往的多票，即药品由生产企业流通至医院中间经过若干次开票，中间不乏利用地域税收优惠、小额纳税人身份、虚构成本等方式逃税的“过票公司”，“过票公司”将增资收入最小限度纳税从而实现“洗票提现”，而提现资金多用于不正当竞争的“回扣”支出。因此，“两票”最直接的效果是打击“过票企业”，打击过多的、违法违规的开票环节，优化流通环节，合规化药品流通的票据流，打击不正当竞争，净化市场环境。

“两票”的本质是两次“销售发票”，即A向B销售药品时所开具的发票，如果一方为另一方提供服务（如CSO），或者提供劳务、运输等其他服务，则按照正常业务合同关系开具发票，不属于“两票制”所述的任何一票，也不受“两票制”约束。

②地域范围

4号文提出的目标是2017年在11个综合医改试点省[①]和200个公立医院改革试点城市率先落实“两票制”，鼓励其他地区也执行“两票制”，2018年在全国各地推行“两票制”。

目前，除港澳台地区外，全国31个省、自治区、直辖市均已发布“两票制”实施方案或转发国家版实施意见，明确执行“两票制”时间表。

所以，全国部分范围内已经落实“两票制”。

③终端范围

4号文规定在公立医院率先推行“两票制”，鼓励其他医疗机构推行“两票制”，可见“两票制”针对的终端是“医疗机构”，且为“公立医院”。据此，民营医院、个体诊所、零售药店均不适用两票制，而比较有争议的是企业医院，以及由企业以各种形式（包括但不限于“托管”、净资产出资、出资人变更等方式）在不改变医院事业单位性质基础上进行“改制”的企业是否适用“两

① 具体规定的试点地域：江苏、安徽、福建、青海、上海、浙江、湖南、重庆、四川、陕西、宁夏。

票制”。

就上述情形，4号文及相关行政法规、部门规章无明确规定，但部分落实的地方政策中有较为明确的界定，如2017年北京市八部门联合发布的《北京市公立医疗机构药品采购推行“两票制”实施方案（试行）》中规定，“本市行政区域内政府、事业单位及国有企业举办的各级各类公立医疗机构药品采购中实行‘两票制’。鼓励解放军、武警部队在京医疗机构和社会办医疗机构在药品采购中积极推行‘两票制’”，据此，如医院本身为事业单位（无论是否有托管或出资人变更等情形，无论其是否为民营企业托管或以民营企业为举办单位），或医院本身为国有企业下属企业医院（此处排除了民营企业下属医院），均纳入北京政策下“两票制”执行范围。

在终端适用上应当从本质出发，而不应从组织形式出发。可以明确的是，营利性医院不受规制，民营医院、个体诊所、部队医院不受规制，其他常规可见的医院因其本质为非营利且承担公共服务职责，所以应当全部纳入“两票制”执行范围。

④产品范围

4号文明确指向“两票制”的适用范围指向“药品”，但药品中的“麻醉药品、精神药品、防治传染病和寄生虫病的免费用药、国家免疫规划疫苗、计划生育药品、中药饮片、体外诊断试剂、医疗用毒性药品、放射性药品”不包括在内。

在耗材领域，行政法规、部门规章层面并未有全国范围内的耗材“两票制”要求，只是“鼓励”通过“两票制”方式规范耗材流通。各地地方法规层面，据不完全统计，全国已经有陕西、安徽、福建、江西、山东、广东、海南、湖北、湖南、广西、河南、浙江、江苏、辽宁、河北、山西、黑龙江、四川、贵州、青海、甘肃、宁夏、内蒙古、西藏等省份出台了全省或部分地市执行耗材“两票制”的政策，耗材“两票制”在全国范围内的推进指日可待。

福建、陕西、山西、安徽、浙江等省份逐步在骨科医疗器械领域推行“两票制”。

除药品和耗材外，设备采购不受“两票制”规制。

⑤其他例外情况

第一，体系内例外。

如下“体系内开票”可视为一票：药品生产企业或科工贸一体化的集团型企业设立的仅销售本企业（集团）药品的全资或控股商业公司、境外药品国内总代理可视同生产企业，但全国仅限1家商业公司、1家国内总代理，且加价须控制在一定范围内。可见“体系内开票”要符合一定条件，首先是身份条件，即需为仅销售本企业（集团）药品的全资或控股商业公司，或境外药品国内总代理；其次是数量条件，全国范围内只能有1家这样的可不计入开票环节的商业公司或代理公司；最后是加价率要控制在一定范围内，具体由各省（区、市）规定（各省市的规定有待展开）。

第二，偏远地区“三票制”。

4号文中规定药品流通企业为特别边远、交通不便的乡（镇）和村医疗卫生机构配送药品时，允许在“两票制”的基础上再开一次药品购销发票。这是为了保障基层药品的有效供应，但也最多只允许三票，杜绝四票，而且严格限定在少数乡镇卫生院和村卫生室范围内。

第三，紧急情况。

为应对自然灾害、重大疫情、重大突发事件和病人急（抢）救等特殊情况，紧急采购药品或国家医药储备药品可特殊处理。麻醉药品和第一类精神药品的流通经营暂不执行“两票制”，仍按国家现行规定执行。

⑥新形势、新情况

国务院办公厅《关于进一步改革完善药品生产流通使用政策的若干意见》（国办发〔2017〕13号）及《关于深化审评审批制度改革鼓励药品医疗器械创新的意见》中，特别强调要建立的“上市许可持有人”制度，证、厂分离成为趋势。在上市许可持有人制度下，境内药品的国内总代理也将是大势所趋。如果在这种情况下“国内总代理”也算一票，显然与国家鼓励本土创新药加快临床转化的政策相“矛盾”。

关于药品持有人制度下两票制的适用尚无统一的全国性规定，海南省规定：“药品上市许可持有人，如不具备药品经营资质的，应当委托经食品药品监管部门批准生产其药品的生产企业代为销售药品；或仅委托药品生产企业生产药品，另外委托一家药品流通企业代为销售药品，且受托生产企业与药品上市许可持有人及受托药品流通企业之间均没有发生购销行为的，此受托药品流通企业可视为药品生产企业。”

对“上市许可（持有）人”等改革中遇到的新情况，国家的“两票制”政策尚需进一步细化，做出统一规定，明确执行路径。

（3）“两票制”对流通企业 IPO 的影响

“两票制”彻底改变了流通企业的经营模式，大量的流通企业从经销商转变为推广商，而推广商身份的界定又使其面临服务内容与收费是否有相关性、是否合理等问题。

笔者检索到 2021 年 1 月 1 日至 12 月 31 日接受问询的流通企业被问询的与“两票制”相关的问题如表 4 –5 所示。

表 4 –5　相关问题

企业名称	主营业务	反馈问题
兰卫检验	公司是一家为检验诊断行业提供整体解决方案的综合服务商，为各级医疗机构提供第三方医学检验和病理诊断服务、国内外知名品牌体外诊断产品以及其他专业技术支持，以满足各级医疗机构差异化需求	（1）体外诊断产品销售存在较大比例经销的原因，直销经销的价格差异情况，经销销售是否最终实现，同时评估“两票制”对经销业务的影响，是否存在“两票制”实施后发行人该部分业务将被关停或大幅减少的情形，如存在，请在“重大事项提示”中披露。（2）请结合“一票制”“两票制”“带量采购”等最新医疗政策推进情况，披露其对发行人未来业务发展的影响，并在“重大事项提示”中披露
泰恩康	经过 20 余年的发展，公司已经发展为一家以代理业务为基础，自产产品快速发展的综合性医药公司。公司主营业务为代理运营及研发、生产、销售医药产品、医疗器械、卫生材料并提供医药技术服务与技术转让等	（1）说明“两票制”实施后代理产品和自产产品在产品售价、信用政策、市场推广、经销商（配送商）、销售方式及收款结算流程等方面的变化情况。（2）结合“两票制”实施后发行人对公立医疗机构销售的变化情况，分析“两票制”对产品价格、销售收入、毛利率、推广费用、应收账款产生的具体影响

续表

企业名称	主营业务	反馈问题
百洋医药	公司是专业的医药产品商业化平台，主营业务是为医药产品生产企业提供营销综合服务，包括提供医药产品的品牌运营、批发配送及零售，致力于成为连接医药产品和下游消费者的纽带，为品牌医药生产企业提供产品营销的综合解决方案。医药产品的品牌运营是公司的核心业务	（1）列表披露经销与直销模式在主要客户性质、销售内容、定价机制、结算方式、相关收入成本确认等方面的对比情况，其他大型医药流通商向公司采购的原因及合理性，是否违反“两票制”或相关规定，相关业务是否具有可持续性。（2）2018 年开始，“两票制”在全国范围内全面实施。公司在自有批发配送业务区域内对医院渠道的销售全面采用服务费支付的模式。发行人核算销量并计算服务费的具体方式，如何保证服务费计算所依据的销量与实际销量相一致。（3）在实施“两票制”的区域，医药配送企业针对医院渠道销售采用服务费方式是否为行业惯例，上述收费模式是否实质规避“两票制”的监管政策，是否存在被相关主管部门处罚的风险，是否涉及重大违法违规行为。（4）量化分析并补充披露“两票制”及后续拟推行的“一票制”政策对发行人收入结构、财务数据以及毛利率的具体影响
达嘉维康	公司作为区域性医药流通企业，主要从事药品、生物制品、医疗器械等产品的分销及零售业务。公司分销业务以直接向终端销售的纯销模式为主，医疗机构为主要销售终端	（1）湖南省公共资源交易中心于 2020 年 2 月 18 日出具《证明》证实达嘉维康与上述地方性医药流通企业之间的调拨可不视为一票，符合“两票制”规定，不存在规避的情形。湖南省药品监督管理局于 2020 年 6 月 15 日出具《证明》证实达嘉维康与 21 家医药流通企业之间的药品调拨属于合法经营，符合“两票制”规定。请发行人补充披露商业调拨业务符合“两票制”等相关规定的原因及判断依据；湖南省公共资源交易中心出具的《证明》是否以发行人股权收购地方性医药流通企业为前提，在发行人已终止收购地方性医药流通企业的情况下，湖南省公共资源交易中心及湖南省药品监督管理局相关证明的有效性，是否仍存在处罚风险，如是，

续表

企业名称	主营业务	反馈问题
		请披露涉及金额及承担主体。(2) 发行人于2017年起与地方医药公司逐步开展合作事宜，发行人收购该地方的医药公司51%的股权但未实际支付股权转让价款，未实际控制该地方的医药公司。发行人与21家地方医药公司、11家单体药房、10家地方性连锁药房终止合作主要是由于其业绩不达标、未统一采购指定品种、未达制度要求。请发行人补充披露“发行人与21家地方医药公司签订合作协议，将合作方工商登记成为达嘉医药控股子公司并在湖南省公共资源交易中心备案”的情形是否为实质性规避“两票制”相关规定。(3) 补充披露发行人与上述地方医药公司工商变更登记前后双方业务模式的变化情况、具体交易情况，说明上述交易是否存在违反“两票制”的情形，是否存在处罚风险，是否涉及重大违法违规行为。(4) 披露“两票制”相关行业政策的主管单位湖南省公共资源交易中心的具体职能、与湖南省药品监督管理局的关系，结合上述情况，说明是否存在其他有权部门就违反相关政策的行为对发行人进行处罚的风险。(5) 在“两票制”、带量采购等医药改革政策下，药品价格呈下行趋势，是否存在或未来可能出现下游终端医院大量退回商品的情形，发行人相关风险揭示是否充分；发行人最近一期销售退回金额增长的原因及合理性
华人健康	专注于医药流通行业，报告期内主要从事三大块业务，包括：医药代理业务，直营常见病药品、保健食品、医疗器械，医药终端集采业务	请发行人结合医疗行业“两票制”“带量采购”“药品零加成”“药店分级管理”“处方外流与医药分开”“互联网+药品流通”等行业政策的内容，补充披露上述政策对发行人销售、盈利能力的影响，是否将对发行人经营构成重大不利影响

续表

企业名称	主营业务	反馈问题
国科恒泰	国科恒泰致力成为中国领先的医疗器械领域的供应链综合服务商，目前主要从事医疗器械的分销和直销业务，并在业务开展过程中提供仓储物流配送、流通渠道管理、流通过程信息管理以及医院 SPD 运营管理等专业服务	（1）补充说明公司作为境外医用耗材全国总代理或者物流平台进行销售、其对经销商的销售行为属于“两票制”中的“第一票”是否符合“两票制”的政策要求，是否属于行业通行理解，是否因不符合政策要求而受到过相关处罚。（2）补充说明在福建省、安徽省开展业务是否符合当地“两票制”的政策要求，有无类似陕西省的明确规定。（3）补充说明对经销商销售的主要产品被认可为属于“第一票”的销售收入、毛利的占比。（4）补充说明高值医用耗材“两票制”的逐步实施对发行人销售模式等方面的影响，对销售费用率、毛利率的影响，是否对发行人持续经营构成重大不利影响，是否构成本次发行上市的实质性障碍

上述流通企业反馈问题主要集中在如下几个方面：

①“两票制”对业务的影响（对报告期内相关财务指标的影响）

百洋医药及华人健康均被要求解释“两票制”对产品价格、销售收入、毛利率、推广费用、应收账款产生的具体影响，泰恩康被要求解释“两票制”实施后产品售价、信用政策、市场推广、经销商（配送商）、销售方式及收款结算流程等方面的变化情况。

②“两票制”对未来发展影响的预测

兰卫检验被问到“是否存在两票制实施后发行人该部分业务将被关停或大幅减少的情形”。国科恒泰被问询到“补充说明高值医用耗材“两票制”的逐步实施对发行人销售模式等方面的影响，对销售费用率、毛利率的影响，是否对发行人持续经营构成重大不利影响”。达嘉维康被问询到在“两票制、带量采购等医药改革政策下药品价格呈下行趋势，是否存在或未来可能出现下游终端医院大量退回商品的情形”。

③“两票制”实施后经销模式的运行机制、定价机制是否符合惯例

百洋医药被询问“大型医药流通商向公司采购的原因及合理性”“经销与直

销模式在主要客户性质、销售内容、定价机制、结算方式、相关收入成本确认等方面的对比情况，其他大型医药流通商向公司采购的原因及合理性是否违反‘两票制’或相关规定”“如何保证服务费计算所依据的销量与实际销量相一致”“在实施两票制的区域，医药配送企业针对医院渠道销售采用服务费方式是否为行业惯例”。

④是否利用主管部门确认、通过并购等方式规避“两票制”

达嘉维康曾发生对流通企业的并购情形，并购时仅签订协议未进行股权转让对价的支付，而主管部门认定该并购所形成的母子公司关系构成一票，反馈意见中重点问询该并购的模式、主管部门是否为有权主管部门、认定的有效性和合法性、是否有规避“两票制”之目的等问题。

⑤要求对“两票制”在所属行业和地区的适用情况进行政策解读

国科恒泰被要求补充说明公司作为境外医用耗材全国总代理或者物流平台进行销售，其对经销商的销售行为属于“两票制”中的“第一票”是否符合“两票制”的政策要求，是否属于行业通行理解，是否因不符合政策要求而受到过相关处罚。补充说明在福建省、安徽省开展业务是否符合当地“两票制”的政策要求，有无类似陕西省的明确规定。

(4)“两票制”对生产企业 IPO 的影响

笔者查询到2021年1月1日至12月31日，医疗行业生产类企业上市反馈的问题中涉及“两票制”的问题如表4-6所示。

表4-6　相关问题

序号	发行人简称	主营业务	反馈中涉及“两票制”的问题
1	赛伦生物	公司是一家专注于抗血清抗毒素领域的生物医药企业，致力于研究、开发、生产及销售针对生物毒素及生物安全领域的预防和治疗药物。在蛇伤治疗领域，公司拥有国内蛇伤治疗的唯一	(1)在“两票制”全面推行的背景下，发行人前五大客户销售集中度下降的原因，2017年配送模式和经销模式的销售金额及占比情况； (2)发行人全面实施“两票制”后，是否所有的客户均是配送商，配送商通常的利润率是否符合其承担的职责； (3)2018年以后浙江英特药业有限责任公司及其下属公司未进入前五大客户，湖南达嘉维康医药有限公司的销售占比存在一定波

续表

序号	发行人简称	主营业务	反馈中涉及“两票制”的问题
		特效药抗蛇毒血清系列产品，公司抗狂犬病血清产品用于狂犬病的预防	动，分析主要客户销售金额及占比波动的原因； （4）根据问询回复，少部分经销商除承担配送工作外，还受发行人委托从事推广工作，报告期内，受发行人委托从事推广工作的经销商与发行人及其关联方不存在关联关系； （5）请发行人补充披露报告期内按照销售模式分类的收入结构表格； （6）报告期内各年发行人是否均存在“配送商”受发行人委托从事推广工作的情形，委托推广工作是否同“两票制”的实施有关，配送商同时承担推广工作的原因及主要考虑
2	宣泰医药	公司主要从事仿制药的研发、生产和销售以及 CRO 服务	（1）奥赛康作为泊沙康唑肠溶片的独家经销商是否符合“两票制”的相关规定。 （2）选择奥赛康作为泊沙康唑肠溶片独家经销商的考虑以及双方协议的主要内容，是否满足“两票制”的相关要求
3	西点药业	公司是专注于化学药品原料药及制剂研发、生产、销售的科技型医药企业。公司形成了以抗贫血用药、治疗精神障碍用药、原料药为核心，以心脑血管疾病治疗药物和抗肿瘤治疗用药为辅助的产品体系	（1）披露产品受“两票制”规范的具体情况，包括主要产品、受规范时间、执行地区、规范前后的产品价格、收入占比情况，结合“两票制”实施前后产品毛利率及销售费用占营业收入比例的变动，说明“两票制”对发行人经营业绩的影响，量化分析“两票制”对报告期发行人营业收入增长的贡献。 （2）披露“两票制”的实施对发行人销售模式、业务推广的影响。 （3）是否存在商务服务商为发行人提供“两票制”地区的商业推广或其他服务，如是，说明采购金额和会计核算方法

续表

序号	发行人简称	主营业务	反馈中涉及“两票制”的问题
4	恒安药业	公司主要从事化学药品制剂，化学药品原料药、中成药及中药配方颗粒的研发、生产及销售。公司专注于发展皮肤领域用药	(1) 披露同时采取配送经销和代理经销的必要性，是否与同行业可比公司一致； (2) “两票制”实施前后配送经销和代理经销在数量、销售金额等方面是否发生重大变化； (3) 配送经销和代理经销的信用期、退换货等合同主要条款是否存在明显差异，相关收入确认等会计处理是否符合《企业会计准则》的规定； (4) 结合“两票制”的实施情况及对发行人的影响情况，说明发行人经销商数量较多的合理性，是否与同行业可比公司一致
5	西藏多瑞	公司主要从事化学药品制剂及其原料药的研发、生产和销售业务	(1) 报告期内不同销售模式下的醋酸钠林格注射液的单价、销量、毛利率情况，说明差异的原因及合理性。 (2) 报告期内配送经销商的新增和退出情况，按销售金额的分层情况。 (3) 2017 年受托生产复方右旋糖酐 40 注射液并销售给山东华鲁的模式属于何种销售模式，不属于直销模式的依据。 (4) 经销商选取标准、定价机制、物流安排，以及销售存货信息系统等方面的内控是否健全并有效执行，对经销商的信用政策是否合理等。 (5) 报告期内各期前五名配送经销商和传统经销商的基本情况，包括客户名称、合作历史、销售内容、定价政策、毛利率、信用期限；并分析在销售醋酸钠林格注射液过程中，同一年度不同客户之间毛利率存在差异的原因，同一客户不同年度内收入、毛利率变动的原因。 (6) 报告期内是否存在客户与供应商重叠的情形，如有，请补充披露具体的销售及采购情况，发行人向同一主体既销售又采购的原因、合理性、必要性及定价公允性

续表

序号	发行人简称	主营业务	反馈中涉及“两票制”的问题
6	科源制药	公司主要从事化学原料药及其制剂产品的研发、生产和销售。公司产品覆盖降糖类、麻醉类、心血管类及精神类等重点疾病领域	请发行人说明公司产品受“两票制”规范的具体情况，包括主要产品、执行地区、规范前后的产品价格、收入占比情况，结合“两票制”实施前后产品毛利率及销售费用占相关营业收入比例的变动，分析并披露“两票制”对发行人经营业绩、销售模式的影响
7	亨迪药业	公司主要从事化学原料药及制剂产品的研发、生产和销售。公司原料药产品主要为非甾体抗炎类原料药布洛芬和右旋布洛芬，心血管类原料药托拉塞米和米力农，抗肿瘤类原料药醋酸阿比特龙、磷酸氟达拉滨和盐酸格拉司琼	请发行人补充披露药品类产品适用“两票制”规定的具体情况，并分产品说明发行人产品在不同经销模式（配送经销、代理经销）下的终端客户类型、销售金额、占同类药品销售比例、毛利率情况
8	百利天恒	公司是一家集药品研发、生产与营销一体化的现代生物医药企业，拥有化药制剂与中成药制剂业务板块和创新生物药业务板块	请发行人说明：发行人产品“两票制”实施的进度及报告期内各期配送经销商收入占比变动情况，详细说明报告期内各期市场推广费占营业收入比例变动的原因，除“两票制”导致市场推广费占营业收入的比例发生变化外是否存在其他原因
9	宏源药业	公司是一家集有机化学原料、医药中间体、原料药及医药制剂研发、生产和销售为一体的高新技术企业，拥有较完善的医药产业链，产品主要包括乙	请发行人说明公司产品受“两票制”规范的具体情况，包括主要产品、执行地区、规范前后的产品价格、收入占比情况，结合“两票制”实施前后产品毛利率及销售费用占相关营业收入比例的变动，说明“两票制”对发行人经营业绩、销售模式的影响

续表

序号	发行人简称	主营业务	反馈中涉及“两票制”的问题
		二醇反应链条上的相关有机化学原料、医药中间体、原料药、医药制剂和氰乙酸甲酯、盐酸胍反应链条上的相关医药中间体等产品	
10	回音必	公司是主要从事药品的研发、生产及销售。公司产品涵盖中成药、化学原料药及制剂、中药饮片。公司专业生产小容量注射剂、大输液、片剂、胶囊剂、颗粒剂、丸剂、糖浆剂、合剂、外用洗剂、中药饮片十余种剂型	(1) 披露“医药商业”业务中销售发行人自产药物和外购药物的金额及比例；量化分析在剔除“医药商业”业务后，“两票制”的实施对发行人营业收入及利润的影响； (2) 结合“两票制”实施的具体时间及相关要求，分析“两票制”实施前后发行人经销商数量、客户销售金额的变化情况，同行业可比公司情况，披露发行人在“两票制”实施前后，其经销商及对应产品的销售收入、销售模式的变化情况，与同行业可比公司之间是否存在较大差异，如存在，请详细分析差异形成的原因及合理性； (3) 对比“两票制”实施前后，发行人医药工业与医药商业具体业务的开展模式、地区、销售对象等因素及其变化情况，披露报告期内发行人医药商业业务下降、医药工业业务上升的原因及合理性
11	恩威医药	公司主要从事中成药及化学药的研发、生产及销售，专注于妇科产品、儿科用药和呼吸系统用药等领域。公司核心产品洁尔阴洗液曾是国家第三类中药新药、国家中药保护品种	请发行人逐一说明认为“两票制”“带量采购”政策不影响发行人的依据，相关行业政策对发行人的影响情况与同行业可比公司是否一致

续表

序号	发行人简称	主营业务	反馈中涉及“两票制”的问题
12	白马药业	公司是一家从事现代中药及化学药品的研发、生产和销售的高新技术企业	请发行人结合各主要产品市场中竞品或同类功效的产品（以下简称可比产品）价格及销量变动情况，各企业应对“两票制”的方式的差异，说明发行人各产品价格、销量及销售收入变动，各渠道销售收入占比变动的合理性，是否为行业普遍趋势
13	汇宇制药	公司是一家研发驱动型的综合制药企业，主要从事抗肿瘤和注射剂药物的研发、生产和销售	（1）报告期内实施“两票制”的区域销售收入占比，结合“两票制”实施前后主要产品的毛利率、销售费用占营业收入比例的变动，说明“两票制”对发行人盈利能力的影响。 （2）目前已开始实施“一票制”的区域及发行人产品对应销售区域的具体情况；“一票制”对发行人产品销售价格、销售模式及业务推广的影响及发行人的应对措施，“一票制”的全面推广是否对发行人生产经营造成重大不利影响。 （3）同行业可比公司“部分药品销售采取经销商主导模式”是否符合“两票制”实施后的实际情况，发行人的相关分析是否准确，客户结构、经销商承担的职能与发行人是否存在实质差异，请发行人进一步修改完善关于销售费用率与同行业可比公司比较情况的分析
14	沃文特	发行人主营业务为从事体外诊断仪器、试剂和耗材的研发、生产、销售及非自产体外诊断产品的代理业务	请发行人说明发行人产品受“两票制”规范的具体情况，执行地区执行“两票制”前后的产品价格、销售收入、毛利率、销售模式的变动情况，分析“两票制”对发行人经营业绩和销售模式的影响，并请充分披露风险

续表

序号	发行人简称	主营业务	反馈中涉及"两票制"的问题
15	英科新创	公司是一家专业从事体外诊断产品的研发、生产和销售的高新技术企业。公司产品在临床应用上涵盖了传染病、血型、呼吸道、消化道、心脏标志物、优生优育、药物滥用及免疫疾病等领域	请发行人说明目前在医疗器械领域推行"两票制"的进展，结合发行人的销售模式说明"两票制"在医疗器械领域全面推行对发行人可能产生的影响；发行人产品及同类竞品纳入医保情况
16	乐普诊断	公司主营业务为体外诊断试剂及仪器的研发、生产和销售	(1) 结合目前的销售模式，说明已实行"两票制"省份的发行人产品售价、营业收入、销售费用、毛利率、客户情况等数据，对比说明报告期内同一销售模式下实施"两票制"地区和非实施"两票制"地区平均售价、销售费用、毛利率的差异情况，并分析差异产生的原因； (2) 结合发行人现有的营销方式、营销团队、营销计划、人力资源扩张计划分析发行人是否具备足够的销售能力适应"两票制"的推行。请保荐机构核查以上事项，说明"两票制"政策是否对发行人的生产经营产生重大不利影响，并发表意见
17	奥普生物	公司是国内体外诊断产品的供应商，专注于 POCT 检测仪器、POCT 诊断试剂的研发、生产和销售。公司产品广泛应用于炎症感染检测、传染病检测、心脑血管检测、糖代谢检测、肾脏疾病检测、优生优育检测等临床医学领域	(1) 目前发行人主要产品在全国范围内执行"两票制"等行业政策的具体情况； (2) 发行人在实施"两票制"地区的业务开展情况、销售收入占比情况； (3) 对比说明报告期内同一销售模式下实施"两票制"地区和非实施"两票制"地区平均售价、销售费用、毛利率的差异情况，并分析差异产生的原因； (4) 结合发行人现有的营销方式、营销团队、营销计划、人力资源扩张计划分析发行人是否具备足够的销售能力适应"两票制"推行

续表

序号	发行人简称	主营业务	反馈中涉及“两票制”的问题
18	电生理	公司是一家专注于电生理介入诊疗与消融治疗领域创新医疗器械研发、生产和销售的高新技术企业，公司是全球市场中少数同时完成心脏电生理设备与耗材完整布局的厂商之一，亦是首个能够提供三维心脏电生理设备与耗材完整解决方案的国产厂商，攻克了该领域的诸多关键技术，打破了国外厂商在该领域的长期技术垄断地位	发行人在实施“两票制”地区的业务开展情况、销售收入占比；对比说明报告期内同一销售模式下实施“两票制”地区和非实施“两票制”地区平均售价、销售费用、毛利率的差异情况及产生差异的原因
19	春立医疗	公司是国内领先的骨科医疗器械厂商，主营业务系植入性骨科医疗器械的研发、生产与销售，主要产品为关节假体产品及脊柱类植入产品。公司是中国关节假体领域医疗器械注册证较为齐备的企业之一，涵盖肩、肘、髋及膝四大人体关节假体产品，而脊柱类植入产品为脊柱内固定系统的全系列产品组合	(1) 结合目前的销售模式，说明已实行“两票制”省份的产品售价、营业收入、销售费用、毛利率、客户情况等数据，对比说明报告期内同一销售模式下实施“两票制”地区和非实施“两票制”地区平均售价、销售费用、毛利率的差异情况，分析差异产生的原因； (2) 若“两票制”的全面推行对发行人业务模式、销售渠道、销售价格、销售收入、销售费用、回款周期、应收账款管理、税负、募投项目实施等方面可能产生的影响，发行人拟进一步采取的执行和落实“两票制”的相关措施； (3) 结合发行人现有的营销方式、营销团队、营销计划、人力资源扩张计划、分析发行人是否具备足够的销售能力适应“两票制”推行

续表

序号	发行人简称	主营业务	反馈中涉及“两票制”的问题
20	威高骨科	公司的主营业务为骨科医疗器械的研发、生产和销售，主要产品包括骨科植入医疗器械以及骨科手术器械工具	(1)“两票制”实施前后公司销售费用构成及金额变化情况，变动趋势是否与同行业存在差异。 (2)若“两票制”全面推行对发行人业务模式、销售价格、销售收入、销售费用、回款周期等方面将产生的影响，发行人应对“两票制”的相关措施；发行人是否可能出现业绩下滑的风险，若是，请进行风险揭示。 (3)在“两票制”推行的政策背景下，发行人如何进行市场开拓，销售人员的主要工作、开拓方式，采用直销和配送收入的一定比例发放奖金的激励政策是否必要、是否同可比公司或行业通行做法一致
21	科惠医疗	公司起步于全球知名骨科企业的代工，是一家具备国际化工程制造能力和原始创新能力，产品种类齐全的骨科医疗器械公司。公司主营业务系骨科医疗器械产品的研发、生产与销售，业务模块分自主产品、OEM和代理产品。自主产品主要为骨科植入性医疗器械、骨科手术器械及康复设备	分析若“两票制”全面推行对发行人代理业务持续开展等方面将产生的影响，是否可能出现业绩下滑的风险，发行人应对“两票制”的相关措施；请针对可能的风险进行风险揭示
22	百合医疗	公司是一家致力于创新医疗器械的研发和产业化应用的高新技术企业，主	(1)销售人员职工薪酬增幅较小对销售费用率下降的影响程度，销售费用率下降是否受“两票制”等政策影响，若是，请做定量分析并完善信息披露

续表

序号	发行人简称	主营业务	反馈中涉及“两票制”的问题
		营业务为输液管理、血液净化和护创敷料等领域的一次性医疗器械的研发、生产和销售	(2) 市场推广费的主要内容包括但不限于费用发生的原因、变化的原因、具体的推广活动内容、支付对象、是否使用代理及相关代理的资质情况等。 (3) 具体分析“限抗令”“限输令”“一票制”“两票制”和带量采购（含集采、价格联动机制等类似政策）等政策对发行人生产经营和业绩产生的影响，以及未来潜在影响
23	怡和嘉业	公司是国内领先的呼吸健康领域医疗设备与耗材产品制造商，主要产品包括家用无创呼吸机、通气面罩、睡眠监测仪、高流量湿化氧疗仪，并提供呼吸健康慢病管理服务	结合我国近年来医疗器械相关政策和法律法规的变化情况，补充披露发行人医用产品是否受国内主要销售地区执行医疗器械“两票制”“一票制”“带量采购”“耗材占比”等政策的影响，若是，披露对发行人获取订单、销售模式、销售价格、销售渠道、销售回款、销售费用率、经销商管理等的具体影响
24	美的连	公司主营业务为生命体征监测仪器及耗材的研发、生产与销售，专注于为麻醉手术与ICU提供高质量的有源耗材。公司产品涵盖：呼吸监测类，心电、脑电、肌电监测类，血压监测类，体温监测类，电外科类，防护类	(1) 请发行人结合我国近年来医疗器械相关政策和法律法规的变化情况，披露对发行人的具体影响，包括但不限于发行人国内主要销售地区执行医疗器械“两票制”“一票制”“带量采购”“耗材占比”等政策的情况以及对发行人获取订单、销售模式、销售价格、销售渠道、销售回款、销售费用率、经销商管理等的影响，并针对性地补充风险提示； (2) 补充披露发行人在已实行“两票制”省份的营业收入、成本、销售费用、单价和毛利率等数据及变动情况，与尚未实行“两票制”省份的相关数据对比情况，分析并说明产生差异的原因

续表

序号	发行人简称	主营业务	反馈中涉及“两票制”的问题
25	华鸿科技	公司自设立以来一直专注于末梢采血器械、胰岛素笔配套用针等注射穿刺类医疗器械产品的研发、生产及销售。公司全资子公司优外医疗自设立以来一直专注于穿刺器、气腹针等微创手术器械产品的研发、生产及销售	请发行人说明在已被纳入实施“两票制”范围的省份的营业收入、成本、销售费用、单价和毛利率等数据及变动情况，与尚未实行“两票制”省份的相关数据对比情况，分析并说明产生差异的原因
26	优宁维	公司面向高等院校、科研院所、医院和生物医药企业等，提供以抗体为核心的生命科学试剂及相关仪器、耗材和综合技术服务	请发行人补充披露：对比所处行业数据、同行业上市公司收入变动趋势，结合线上线下模式下量价的变动情况，发行人收入较快增长的原因及合理性；未来销售是否受“两票制”或“带量采购”等政策的影响，如有，请在“重大事项提示”披露
27	东星医疗	公司主要从事以吻合器为代表的外科手术医疗器械研发、生产与销售。公司的主营业务包括吻合器及其零配件制造、外科医疗设备制造和医疗器械代理业务	(1) 说明发行人在实施“两票制”地区的业务开展情况，包括但不限于在报告期内执行“两票制”前后的销售数量、平均单价、收入占比、销售费用等； (2) “两票制”对产品代理、经销商数量及层级、配送客户选择因素等产生的影响；销售服务商的数量，主要销售服务商的名称及合作背景，销售服务商提供的具体商业推广内容和定价依据、结算方式，发行人采购销售服务商的金额和对应的会计核算方式； (3) 对比说明在报告期内同一销售模式下实行“两票制”地区和非实行“两票制”地区平均售价的差异，并分析差异产生的原因； (4) 结合上述“两票制”对经营模式产生的影响以及发行人对公立医疗机构的销售情况，

续表

序号	发行人简称	主营业务	反馈中涉及“两票制”的问题
			分析“两票制”对产品价格、销售收入、毛利率、推广费用、应收账款产生的具体影响；是否对发行人未来财务状况和经营成果带来重大不利影响； (5)结合高值医用耗材带量采购政策全国性普及的推广情况及预计进度说明带量采购政策对发行人未来经营的具体影响，发行人是否由此存在大幅降价的风险
28	天益医疗	公司是主要从事血液净化及病房护理领域医用高分子耗材等医疗器械的研发、生产与销售的高新技术企业	(1)补充披露发行人在已实行“两票制”省份的营业收入、成本、销售费用、单价和毛利率等数据及变动情况，与尚未实行“两票制”省份的相关数据对比情况，分析并说明产生差异的原因； (2)补充披露“两票制”对发行人销售模式的具体影响，是否存在部分经销商由推广经销转为配送经销的情形，若是，请披露具体情况； (3)结合上述情形披露“两票制”实施后对发行人的销售渠道、竞争格局、营销模式等业务和财务方面的具体影响，并进行充分风险提示。 (4)请发行人补充披露“两票制”实施后发行人仍以推广经销模式为主的原因，是否符合行业惯例
29	山外山	公司是一家专业从事血液净化设备与耗材的研发、生产和销售，并提供连锁血液透析医疗服务的国家高新技术企业	进一步分析“两票制”对发行人经销业务的影响，并完善相关风险提示

续表

序号	发行人简称	主营业务	反馈中涉及“两票制”的问题
30	仁度生物	公司主营业务为研发、生产和销售以该技术平台为基础的分子诊断试剂和设备一体化产品，专注于为生殖、呼吸、消化、血液、食品、环境安全等领域病原体的精准诊断、有效防控和个性化诊疗提供解决方案	请发行人在招股书中补充披露“两票制”“带量采购”等行业主要法律法规政策及对发行人经营业绩的具体影响
31	迈普医学	公司是一家致力于结合人工合成材料特性，利用先进制造技术开发高性能植入医疗器械的高新技术企业	请发行人说明是否存在“两票制”转为非“两票制”的情形，结合目前全国大部分省份出台的医用耗材“两票制”政策及地方医疗耗材“两票制”的落地情况、发行人产品主要销售区域，发行人关于主要配送企业、客户的选择方式标准，发行人产品主要销售区域医疗机构关于配送企业的遴选标准，以及耗材配送权逐步向大型配送企业集中的发展趋势等情况，说明并披露上述“两票制”转为非“两票制”涉及的主要产品名称、金额及占比，出现配送经销转推广经销的原因，是否因配送商不符合相关规定要求而被取消资格，上述“两票制”转为非“两票制”是否合法合规以及对发行人的影响，请保荐机构、发行人律师核查并发表意见
32	康拓医疗	公司成立于2005年，是一家专注于三类植入医疗器械产品研发、生产、销售的高新技术企业，主要产品应用于神经外科颅骨修补固定和心胸外科胸骨固定领域	请发行人重点结合销售费用率的变动情况，模拟测算“两票制”下公司产品售价、销售数量和销售费用波动对公司营业收入、净利润和毛利率等经营业绩的影响情况

续表

序号	发行人简称	主营业务	反馈中涉及“两票制”的问题
33	圣诺生物	公司是一家拥有多肽合成和修饰核心技术的高新技术企业，具有先进、高效的多肽药物工艺研发和规模化生产能力。公司主营业务为自主研发、生产和销售在国内外具有较大市场容量及较强竞争力的多肽原料药和制剂产品，同时公司依托在多肽药物研发和规模化生产领域的技术优势，为国内外医药企业提供多肽创新药药学研究服务、多肽类产品定制生产服务以及多肽药物生产技术转让服务。此外，公司还提供小分子化学药物左西孟旦制剂代加工及左西孟旦原料药生产、出口销售业务	请发行人说明两票制后主要配送商的选择依据、配送商名称、交易金额及占比、是否存在关联关系等，请保荐机构充分核查并明确发表意见
34	家鸿口腔	集义齿生产、销售、产品研发于一体的大型综合性企业。经营模式主要为医疗器械各类口腔修复体	(1) 结合我国近年来医疗器械相关政策和法律法规的变化情况，披露其对发行人的具体影响，包括但不限于发行人国内主要销售地区执行医疗器械“两票制”“一票制”“带量采购”等政策的情况以及对发行人获取订单、销售模式、销售价格、销售渠道等的影响，并针对性地补充风险提示。(2) 发行人在已实行“两票制”的省份的营业收入、成本、销售费用、单价和毛利率等数据及变动情况，与尚未实行“两票制”的省份相关数据的对比情况，分析并说明产生差异的原因

续表

序号	发行人简称	主营业务	反馈中涉及“两票制”的问题
35	粤万年青	公司主营业务为中成药的研发、生产和销售	（1）分析说明“两票制”全面实施前后主要销售药品类型、主要产品的销售单价、销售收入、销售费用、毛利率等方面的变动情况，与同行业可比公司之间是否存在较大差异，如存在，请详细分析差异形成的原因及合理性； （2）披露报告期内配送经销商和推广配送经销商、直接客户和最终客户的数量和结构的变动情况，说明“两票制”实施前后发行人在客户拓展和产品推广方面采取的措施，原有经销商是否仍与发行人开展交易，交易方式、交易内容的变动情况。 （3）列示受“两票制”影响各产品在“两票制”实施前后销售价格、毛利、销售费用的变动情况，并与同行业可比公司可比产品对比分析、说明差异情况。 （4）披露“两票制”实施前后全国性或区域性医药流通公司销售金额、占比等的变动情况，以及原来下级经销商变为一级经销商的具体情况、销售金额及占比等，专业推广经销商的变动是否符合行业惯例。 （5）结合交易方式的变化说明“两票制”实施前后相关产品对应的应收账款的变动情况，与收入变动是否匹配。 （6）请发行人列示上述产品各类终端销售收入、单价、占比、经销商情况等，并分析披露差异原因、经销商承担推广职能的差异情况，发行人对销售渠道的控制情况，是否存在经销商串货的情形
36	至信药业	公司自成立以来，一直专注于中药饮片的研发、生产加工和销售，主要产品为中药饮片，主要客户为中医院、综合性医院等医疗机构以及医药流通企业。公司销售模式以直供终端为主，经销和零售为辅	请发行人结合中药饮片行业特点、发行人获取终端客户的模式、终端公立医疗机构销售药品的模式等披露发行人与“两票制”下其他医药生产制造企业在经营模式下的差异，发行销售费用中未包括推广服务费用的合理性

上述生产企业反馈的问题主要集中在如下几个方面。

①“两票制”对发行人的业务的影响

反馈意见中普遍关注“两票制”对发行人的业务的影响，所谓对业务的影响可能细分为对客户构成、产品价格、销售收入、毛利率、销售模式、经营业绩等多个方面的影响，每个项目的问询角度略有不同。

在反馈答复中，发行人通常以所被问询的问题为切入点，按不同产品、不同销售模式、不同地域、不同年度分别列举所问及问题在“两票制”实行前后的变化情况，得出“两票制”对所提问题是否切实存在影响。需关注的是，无论经论述比对展示的结果是“两票制”对所问及问题存在影响还是不存在影响，该等结论都应当与行业中类似企业所阐述的影响规律一致、程度相类似。比如“两票制”确实会影响销售模式，通常而言传统经销模式应当逐年减少占比，而配送模式应该提升占比，如发行人所论述情况与此趋势不符就会引起交易所进一步关注。例如，恩威医药在反馈中提到其认为“两票制”政策对其不产生影响，交易所下一轮反馈时重点问及“请发行人逐一说明认为‘两票制’政策不影响发行人的依据，相关行业政策对发行人的影响情况与同行业可比公司是否一致”。回复中恩威医药解释，公司产品主要的销售终端为OTC零售药店，由于“两票制”主要调控公立医院的药品销售，公司的主要产品和主要销售模式不属于“两票制”政策的调控范围，所以“两票制”对公司经营发展不存在重大不利影响。

②要求解释销售模式的合理性、合法性

销售模式主要包括配送模式和经销模式（或称传统经销模式、代理经销模式）。交易所就销售模式提出的主要问题包括：单一产品不同销售模式的单价、销量、毛利率情况，说明差异的原因及合理性；要求列明报告期内各期主要配送经销商和传统经销商的基本情况，包括客户名称、合作历史、发行人对其销售内容、定价政策、毛利率、信用期限、退换货条件，并分析同一年度不同客户之间毛利率存在差异的原因，同一客户不同年度内收入、毛利率变动的原因；列示产品各类终端销售收入、单价、占比、经销商情况等；经销商数量较多的合理性；报告期内配送经销商的新增和退出情况。

对此问题的回复思路大体如下：从问题入手通过数据分析比对展示问题的客观情况，随后解释该等情况出现的客观原因。需要重点关注：给配送经销商和传统经销商的定价模式、账期、商业政策是否有别于同行业其他企业；如果经销商中有关联方，甚至出现独家经销商，关注合理性和定价公允性问题；传统经销商应当随着“两票制”的出台而占比有所下降，该等趋势是否有所体现，如未体现该等趋势是否符合“两票制”政策。

我们重点展开论述独家经销商的特殊问题，宣泰医药被问询，奥赛康作为泊沙康唑肠溶片的独家经销商是否符合“两票制”的相关规定，选择奥赛康作为泊沙康唑肠溶片独家经销商的考虑以及双方协议的主要内容是否满足“两票制”的相关要求。回复此问题时，宣泰医药从以下角度入手：背景描述，奥赛康系A股上市公司、知名医药企业，有一定的市场地位及较为完善的销售渠道。发行人在中国市场积累的销售经验较少，且发行人目前的规模相对较小，所以其决定聚焦研发，对于国内市场的销售环节则采取选择知名医药公司担任经销商的方式完成，这种方式有利于发行人集中资源聚焦研发，提高自身核心竞争力。奥赛康于2018年递交了泊沙康唑注射液的NMPA申请，并在发行人之前获得了批件。发行人有推广泊沙康唑肠溶片的需求，而奥赛康有推广泊沙康唑注射液的需求。由于两种产品可以相互促进，奥赛康与发行人目标一致，所以在推广泊沙康唑肠溶片方面奥赛康比其他经销商候选人更具优势。发行人与奥赛康合作稳定不存在纠纷或潜在纠纷。针对发行人的主要产品在拓展国内市场方面发挥的作用，主要列举经销商完成销售任务等情况。

③推广商、推广费合理性及合法性问题

“两票制”的推行会导致大量传统经销商因无法嵌入为“两票制”的一环而不得不转为开展推广业务，而传统经销商确实手握销售资源和渠道，所以导致了推广商（或称销售服务商）成为配送经销商之外的有效补充措施。

交易所非常关注推广商和推广费的合理性问题，相关问题主要集中在：销售服务商的名称及合作背景；是否存在关联关系；合作内容、定价依据、结算方式、会计核算方式、销售政策；市场推广费的主要内容，包括费用发生的原因、变化的原因、具体的推广活动内容、支付对象、是否使用代理及相关代理的资质情况等；合作推广服务商的选取标准，相关协议、管理制度及执行情况；补充披露报告期内市场推广费大幅增加的原因，是否与收入和业务规模相匹配；有关支出是否存在直接汇入自然人或无商业往来的第三方账户的情形；开展学术推广会议的必要性，以及相关会议支出情况，包括召开频次、召开内容、平均参与人次、费用报销情况等；补充披露市场推广费的使用是否存在不当利益安排，发行人是否建立并有效实施相关内控制度，是否能够有效防范商业贿赂风险；销售费用率高于行业平均水平的原因及合理性。

（5）“两票制”对CRO企业IPO的影响

严格来说CRO不涉及药品或医疗器械的销售业务，因此其收入、销售模式、销售费用等均不受“两票制”的直接影响。但“两票制”的推行对CRO行业确有一定的推进作用。

在百诚医药的反馈问题中，发行人在论述“两票制”的影响时提道：①随着“两票制”等政策的实施，我国医药行业“重销售、轻研发”的模式将得到彻底改变，企业只有将工作重点由药品销售转变为药品研发投入、药品质量提升和药品成本下降，才能在未来获取合理的利润回报。②医药流通领域更加透明，原医药代理商的利润空间被挤占，该类企业或从业人员需要转型。③药品上市许可持有人制度的实施为医药代理商的转型提供了契机，使其由从事销售推广业务实现利润转变为从事技术含量和社会价值更高的药品研发投资、践行MAH制度实现收益。部分医药代理商纷纷成立药品投资机构，凭借多年的医药行业经验选择合适的药品品种委托CRO企业进行开发。④各地政府通过对辖区内药品投资机构的品种补助、成立产业基金等方式扶持新兴的药品投资公司，私募基金、保险基金等也通过各种方式参与到药品研发投资领域。新成立的药品投资机构已经成为CRO企业的重要客户，未来将成为医药领域的重要参与力量。

“两票制”对CRO行业无直接影响，但是有利于改善流通领域环境，催生更多研发需求，为CRO行业创造潜在客户，为医药领域贡献重要参与力量。CRO行业企业IPO时需要对“两票制”实施后企业运营环境的变化情况进行阐述。

（6）“两票制”对医院运营企业IPO的影响

医院本身为医药流通行业的重要终端，其受“两票制”的影响集中体现在药品及耗材采购成本、销售收入、未来盈利持续性的合理性解释上。

以三博脑科为例，三博脑科是以神经专科为特色的医疗服务集团，其在上市时被交易所问询“两票制对发行人主营业务的影响”。三博脑科在反馈意见的回复中提道：“两票制”等政策降低了药品和耗材的采购成本，也对公司各医院药品、耗材带来的收入产生影响。公司重视成本管控，严控药物、耗材占比，相关政策对发行人盈利能力影响较小。“两票制”等政策之外，我国亦在逐步推进医疗服务价格动态调整机制的建立，持续优化医疗服务比价关系，体现医疗服务人员劳动价值。预计公司将凭借高水平的医疗技术和管理能力，较好地适应相关政策的变动，坚持原有的发展思路，利用相关政策下医疗服务技术和服务价值实现的趋势，维持良好的发展态势。

医院运营类公司在IPO时会被问及“两票制”等政策对其运营的影响，但是作为药品和耗材的采购方，也是发票的收票方，其不过多涉及“两票制”政策实施前后运营模式变化导致的合规性问题，因此其回复重点集中在“两票制”实施后对其成本和收入的影响，并强调医疗技术的单独价值，将其自身价值的重点放到独立医疗技术的劳动价值上，以强调其主营业务受“两票制”的影响有限。

2. 药品采购模式及对医药行业的影响①

（1）法规政策梳理

①关于集中采购的国家层面法规政策

集中采购国家层面的相关规定主要包括以下内容。（见表4－7）

表4－7　相关规定

生效时间	发文单位	名称	主要内容
2018－08－20	国务院办公厅	国务院办公厅《关于印发〈深化医药卫生体制改革2018年下半年重点工作任务〉的通知》（国办发〔2018〕83号）	首次提出以“开展国家药品集中采购试点，明显降低药品价格”为工作重点，明确该项工作由国家医疗保障局、国家卫生健康委员会和国家药品监督管理局共同推进
2019－01－01	中央全面深化改革委员会	《国家组织药品集中采购和使用试点方案》（国办发〔2019〕2号）	明确国家组织药品集中采购试点
2018－11－15	联合采购办公室	《4＋7城市药品集中采购文件》	明确招标采购方案，对4＋7集中采购作出具体安排（采购品种数量、申报资格等）
2018－12－25	国家药监局	国家药监局《关于加强药品集中采购和使用试点期间药品监管工作的通知》（国药监药管〔2018〕57号）	为配合落实4＋7集中采购，提出加强药品生产、流通、使用监管，加强药品抽检和不良反应监测，推进一致性评价工作

① 刘婧，法学硕士，锦天城律师事务所合伙人。

续表

生效时间	发文单位	名称	主要内容
2019－01－01	国务院办公厅	国务院办公厅《关于印发〈国家组织药品集中采购和使用试点方案〉的通知》（国办发〔2019〕2号）	对国家组织药品集中采购和使用试点作出总体部署。提出4＋7集中采购政策：跨区域联合采购，以量换价；确保药品质量，以一致性评价作为质量入围标准；招采合一，保证用量和回款
2019－01－21	国家卫健委	国家卫生健康委办公厅《关于做好国家组织药品集中采购中选药品临床配备使用工作的通知》（国卫办医函〔2019〕77号）	为配合落实4＋7集中采购，要求公立医疗机构优先、合理使用中选药品，建立、完善相关激励机制和绩效考核制度
2019－02－28	国家医保局	国家医疗保障局《关于国家组织药品集中采购和使用试点医保配套措施的意见》（医保发〔2019〕18号）	为配合落实4＋7集中采购，提出落实医保基金预付政策，协同医保支付标准与采购价，完善医保支付方式，建立医院集中采购考核机制
2019－09－25	国家医保局，工业和信息化部，财政部，人力资源和社会保障部，商务部，国家卫健委，国家市场监督管理总局，国家药监局，中央军委后勤保障部	《关于国家组织药品集中采购和使用试点扩大区域范围的实施意见》（医保发〔2019〕56号）	将国家组织药品集中采购和使用试点区域范围从“4＋7”个城市扩大到全国范围

续表

生效时间	发文单位	名称	主要内容
2019－12－03	国务院深化医药卫生体制改革领导小组	《关于以药品集中采购和使用为突破口进一步深化医药卫生体制改革若干政策措施的通知》（国医改发〔2019〕3号）	坚持市场机制和政府作用相结合，形成以带量采购、招采合一、质量优先、确保用量、保证回款等为特点的国家组织药品集中采购模式，并不断优化
2019－12－13	国家卫健委	国家卫生健康委办公厅《关于进一步做好国家组织药品集中采购中选药品配备使用工作的通知》（国卫办医函〔2019〕889号）	为将国家组织药品集中采购和使用试点区域范围从“4＋7”个城市扩大到全国范围，要求各省、自治区、直辖市及新疆生产建设兵团卫生健康委切实做好中选药品的配备使用工作，让改革成果惠及更多群众
2020－08－28	国家医保局	国家医疗保障局《关于建立医药价格和招采信用评价制度的指导意见》（医保发〔2020〕34号）	建立信用评价目录清单和失信信息报告记录渠道，实行医药企业主动承诺制，开展医药企业信用评级，分级处置失信违约行为
2021－01－22	国务院办公厅	国务院办公厅《关于推动药品集中带量采购工作常态化制度化开展的意见》（国办发〔2021〕2号）	固定集采规则，明确了集采覆盖范围、采购规则、保障措施和配套政策。标志着药品集采制度基本成熟

②关于集中采购的部分地方层面法规政策

各地对带量采购的范围、区域、品类都有非常细致的规定。此处笔者无法穷尽全部，故仅简单列举主要地区的主要政策如表4－8所示。

表4－8　主要政策

地区	发布时间	发布单位	相关政策文件	主要内容
浙江省	2021－07－16	浙江省医保局联合浙江省卫健委、浙江省药监局等5部门	《浙江省药品医用耗材集中带量采购暂行办法》	适用范围：药品、医用耗材集中带量采购。 主要形式：分为省级集中带量采购和市级联合集中带量采购两种形式。 省级集中带量采购由省级组织，在全省范围内开展。 市级联合集中带量采购由省级统筹开展，牵头市组织，其他市和省级公立医疗机构原则上都需参加。牵头市负责公布采购文件、组织评审、发布信息等。在品种遴选上，国家、省级已开展的品种，市级联合集中带量采购不得重复；已有市牵头开展的品种，其他市不得重复。 药品实施范围：临床用量较大、采购金额较高、临床使用较成熟、市场竞争较充分的品种，不包括谈判药品、国家组织集中带量采购药品；化学药品一般从未通过质量和疗效一致性评价的品种中遴选。 企业范围：为已取得集中带量采购范围内药品或医用耗材注册证书的上市许可持有人，在质量标准、生产能力、供应稳定性、企业信用等方面达到集中带量采购要求的，原则上均可参加。 医疗机构范围：所有公立医疗机构（含军队医疗机构，下同）；医保定点社会办医疗机构和定点药店按照定点协议管理的要求参照执行。 评审方式：采取技术评审和价格评审相结合的方式进行评审。 中选规则：药品集中带量采购通过质量和价格竞争，根据有效报价、报价降幅或综合评分等产生中选企业和中选价格，具体方式在采购文件中明确

续表

地区	发布时间	发布单位	相关政策文件	主要内容
江苏省	2020－11－19	江苏省医疗保障局	《江苏省药品集中带量采购实施方案》	参加企业：经国家药品监督管理部门批准、在中国大陆地区上市的药品上市许可持有人（进口药品全国总代理）均可申报参加。 药品范围：从未纳入国家组织药品集中采购范围的药品中，优先遴选基本药物、临床用量较大、采购金额高或单价高、原研药与仿制药价差大、竞争较充分等类型药品，开展省级组织带量采购。 参加机构：全省所有公立医疗机构、军队医疗机构参加采购联盟。鼓励医保定点社会办医疗机构、医保定点零售药店参加采购联盟，共享采购结果。 采购周期：中选药品采购周期原则上不少于1年。若有中选品种纳入国家组织药品集中采购范围或其他原因需要调整采购周期的，以后续相关公告为准。 具体措施：带量采购，以量换价。按照不低于联盟医疗机构上年度相关药品总用量的60%～70%估算中选药品约定采购总量，进行带量采购，将中选药品约定采购量落实到联盟内每家医疗机构。招采合一，保证使用。联盟医疗机构根据中选价格与中选企业在省平台签订《江苏省药品集中采购带量购销合同》，合同每年一签，确保合同期内完成合同约定量。确保质量，保障供应。保证回款，降低交易成本
山东省	2020－09－29	山东省人民政府	《山东省药品和高值医用耗材集中带量采购实施方案》	机构范围：全省所有公立医疗机构、驻鲁军队医疗机构参加药品和高值医用耗材集中带量采购工作。鼓励其他医疗机构、零售药店积极参加。采购周期不少于1年

续表

地区	发布时间	发布单位	相关政策文件	主要内容
				品种范围：依据省药品、医用耗材集中采购平台（以下简称采购平台）数据，从临床用量大、采购金额高、竞争较为充分的药品和高值医用耗材中，遴选确定药品品种和高值医用耗材品种，分批分类开展集中带量采购。 企业范围：经药品监督管理部门批准、在中国大陆地区上市的药品、高值医用耗材的生产企业（药品上市许可持有人及进口药品、耗材全国总代理视为生产企业），均可自愿参加。中选企业须承诺在采购协议期内满足约定采购量供应需求。 约定采购量：结合医疗机构相关药品、高值医用耗材下年度计划采购量和上年度采购数据确定各评审组约定采购量计算基数，并按照不低于计算基数50%的比例确定约定采购量。 主要措施：落实带量采购，实现以量换价。实行直接结算，降低交易成本。明确支付标准，促进使用中选药品。完善激励措施，调动医疗机构积极性。压实工作责任，保障质量和供应

（2）带量采购对企业IPO的影响

笔者对2021年1月1日至2022年3月31日在会的医疗行业企业的反馈问答进行梳理，整理出与集中采购、带量采购相关的反馈问题如表4－9所示。

表4－9　相关问题

序号	企业名称	关于带量采购提出的问题
1	科源制药	第一轮问询： 说明主要原料药对应的下游制剂情况，包括但不限于被纳入医保目录、带量采购药品目录、集中采购的中标结果；下游制剂已纳入带量采购的，请说明带量采购的进展，并结合发行人主要客户

续表

序号	企业名称	关于带量采购提出的问题
		的中标情况，分析可能对发行人相关销售情况产生的影响；下游制剂暂未纳入带量采购的，请结合相关制剂的类别说明是否存在被纳入的可能，主要竞品是否被纳入带量采购目录；说明一致性评价、关联评审等政策实施后，发行人报告期内主要客户是否发生较大不利变化，是否存在因无法满足一致性评价、关联评审要求而与客户终止合作的情形。 第二轮问询： 结合前述内容及发行人主要客户在国家集中采购的中标情况、受国家集中采购影响的情况等，分析说明集中采购及带量采购政策对发行人及其客户销售产生的影响、下游客户未中标带量采购是否对发行人的持续经营能力产生重大不利影响、发行人的营业收入是否具有成长性；说明测算主要原料药对应制剂实际覆盖规模的数据来源、数据有效性、计算的过程及其合理性、计算结果的准确性
2	恒安药业	第二轮问询： （1）结合代理经销的具体变化情况，说明石辛含片单价下降原因；结合盐酸特比萘芬片带量采购前后的销售价格、中标价格等具体情况说明盐酸特比萘芬片销售价格变化的合理性。 （2）说明目前经营的主要皮肤科用药是否具备参与带量采购投标的资格，如否，请删除或修改“保障公司持续获取订单”等表述并充分提示相关市场竞争风险
3	白马药业	第一轮问询： 披露相关被纳入集中带量采购目录的主治功能范围与发行人产品相同的品种通过一致性评价的情况，此类产品通过一致性评价对发行人开展对应产品一致性评价工作的影响。 第二轮问询： 结合湖北省《中成药省际联盟集中带量采购公告（第1号）》、广东省《广东联盟清开灵等58个药品集团带量采购文件（征求意见稿）》、青海省等省份涉及中成药集中带量采购的行业政策规则与最新政策动态，量化分析中成药带量采购改革对发行人主要产品生产、销售单价、主营业务收入、发行人持续经营能力的影响

续表

序号	企业名称	关于带量采购提出的问题
4	美的连	第一轮问询： 结合我国近年来医疗器械相关政策和法律法规的变化情况，披露对发行人的具体影响，包括但不限于发行人国内主要销售地区执行医疗器械“两票制”“一票制”“带量采购”“耗材占比”等政策的情况以及对发行人获取订单、销售模式、销售价格、销售渠道、销售回款、销售费用率、经销商管理等的影响，并针对性地补充风险提示
5	恩威医药	第一轮问询： 逐一说明认为“两票制”“带量采购”政策不影响发行人的依据，相关行业政策对发行人的影响情况与同行业可比公司是否一致
6	怡和嘉业	第一轮问询： 结合我国近年来医疗器械相关政策和法律法规的变化情况，补充披露发行人医用产品是否受到国内主要销售地区执行医疗器械“两票制”“一票制”“带量采购”“耗材占比”等政策的影响，如是，披露对发行人获取订单、销售模式、销售价格、销售渠道、销售回款、销售费用率、经销商管理等的具体影响
7	沃文特	第一轮问询： 带量采购制度对发行人的影响，主要产品未来是否存在价格大幅下降的风险
8	菲鹏生物	未检索到第一轮问询文件。 第二轮问询： 请发行人进一步分析说明目前我国（区分各省份不同模式）、发行人销售国（地区）关于检验试剂的采购模式、流通模式、定价方式、采购规模、采购结构等情况；结合专项带量采购计划在我国的推广情况及未来前景说明检验试剂的销售方式是否存在重大变动风险，相关计划是否直接或间接对发行人的销售模式、定价方式、销售价格、产品结构存在重大影响，如是，请说明发行人预计采取的应对措施
9	华人健康	第一轮问询： 结合医疗行业“两票制”“带量采购”“药品零加成”“药店分级管理”“处方外流与医药分开”“互联网＋药品流通”等行业政策的内容，补充披露上述政策对发行人销售、盈利能力的影响，是否将对发行人的经营构成重大不利影响

续表

序号	企业名称	关于带量采购提出的问题
10	宏源药业	第一轮问询： 说明主要原料药对应的下游制剂情况，包括但不限于被纳入医保目录、带量采购药品目录、集中采购的中标结果；下游制剂已纳入带量采购的，请说明带量采购的进展，并结合发行人主要客户的中标情况，分析可能对发行人相关销售情况产生的影响；下游制剂暂未纳入带量采购的，请结合相关制剂的类别说明是否存在被纳入的可能，主要竞品是否被纳入带量采购目录；说明一致性评价、关联评审等政策实施后，发行人报告期内主要客户是否发生较大不利变化，是否存在因无法满足一致性评价、关联评审要求而与客户终止合作的情形
11	新天地	补充法律意见书就审核问询函的回答： 结合医保控费、带量采购、关联评审、《抗菌药物临床应用管理办法》等行业政策和部门规章对下游客户及下游制剂市场需求的影响情况，说明上述政策和部门规章对发行人核心产品的销售价格、营业收入、竞争格局、市场需求等持续经营能力产生的具体影响，充分提示相关经营风险
12	泰恩康	第一轮问询： （1）说明药品“带量采购”对发行人生产经营产生的影响、发行人代理的核心原研药未来有无被替代或大幅降价的风险。 （2）披露代理产品及自产产品目前在国内市场的主要竞品及主要竞争对手信息，包括但不限于单价情况、功能及副作用差异、是否为医保目录药品、报告期内市场规模、相关竞品“带量采购”入围情况等信息，说明核心产品是否存在其他替代性、升级迭代竞品，是否存在被替代、淘汰或大幅降价的风险并充分提示相关风险。 第二轮问询： 结合盐酸达泊西汀片的药店销售比例和同通用名中标药品或同类功效药品在各渠道的销售比例，同时结合集中采购中标价格，说明盐酸达泊西汀片的营销和推广形式、销售费用受带量采购的影响。 第三轮问询： 进一步分析报告期内带量采购政策对发行人代销产品及自产产品的影响。请保荐人发表明确意见

续表

序号	企业名称	关于带量采购提出的问题
13	富士莱	未检索到第一轮问询文件。 第二轮问询： 进一步具体分析下游制剂产品中标带量采购对发行人生产经营产生的具体影响
14	家鸿口腔	第一轮问询： 结合我国近年来医疗器械相关政策和法律法规的变化情况，披露其对发行人的具体影响，包括但不限于发行人国内主要销售地区执行医疗器械“两票制”“一票制”“带量采购”等政策的情况以及对发行人获取订单、销售模式、销售价格、销售渠道等的影响，并针对性地补充风险提示
15	东星医疗	第一轮问询： (1) 结合高值医用耗材带量采购政策全国性普及的推广情况及预计进度，说明带量采购政策对发行人未来经营的具体影响，发行人是否由此存在大幅降价的风险； (2) 结合“两票制”和带量采购政策对发行人的影响，分析并说明发行人保持高毛利率的原因和可持续性，是否存在毛利率下滑的风险； (3) 目前国家各部委及全国各地区相继出台的高值医用耗材带量采购相关政策，全国各地区高值医用耗材中吻合器带量采购及降价实践情况； (4) 针对高值医用耗材带量采购政策的全国性普及，发行人产品进入带量采购目录的具体情况，与公司主要产品相同适应症或功效的其他竞品是否已纳入带量采购目录，如有请补充披露同行业可比公司中标的情况； (5) 发行人在带量采购中标地区的销售数量、销售单价在谈判前后的变化情况，是否确实实现了“以价换量”，其他地区是否存在价格联动机制，带量采购中标地区的销售单价是否影响其他地区的单价确定并对发行人产生重大不利影响； (6) 高值医用耗材的带量采购、价格下降等对发行人的具体影响，并按照重要性原则进行风险因素揭示和重大事项提示。 请保荐人就带量采购政策、实践中价格下降情况、发行人的中标情况等以及相关事项对发行人的具体影响，发行人信息披露的充分性进行核查并发表明确意见

续表

序号	企业名称	关于带量采购提出的问题
16	泓博医药	未检索到第一轮问询文件。 第二轮问询： 补充说明带量采购实施前后发行人替格瑞洛系列中间体产品销售价格比较情况，量化分析降价对发行人经营业绩的具体影响，是否可能对发行人的持续经营能力造成重大不利影响，并充分披露相关风险
17	国科恒泰	第一轮问询： “带量采购”实施区域中同类别产品的销售价格，该价格与主要库存产品价格的差异情况；结合前述销售价格、主要供应商差价补偿承诺分析披露发行人跌价准备计提是否充足
18	天益医疗	第一轮问询： （1）阿勒泰地区的体外循环血路和阳泉市、大同市的一次性使用一体式吸氧管“耗材带量采购”的中标价格情况和发行人同类产品销售均价是否存在明显差异，结合上述情形量化分析并针对性披露发行人是否面临“耗材带量采购”政策全面实施后主要产品单价、销量、毛利率大幅下滑的风险； （2）截至目前国家各部委及全国各地区相继出台的医用耗材带量采购相关政策，全国各地区医用耗材中涉及发行人产品带量采购及降价实践情况。 第二轮问询： 逐项列示在开展带量采购政策的省、市发行人未积极参与采购谈判的原因或未中标的具体情况，结合上述情况，对实施大规模带量采购政策后因发行人产品未能中标从而造成业绩大幅下滑的进行重点风险提示
19	三博脑科	第一轮问询： 补充披露“两票制”“带量采购”对发行人主营业务的影响
20	西点药业	第一轮问询： （1）以列表的形式披露发行人各类主要产品所属药品是否属于国家或省级带量采购相关目录的范围，如是，请披露发行人产品是否符合纳入带量采购目录的标准；如符合，请说明该产品是否需要进行一致性评价、申报纳入相应级别带量采购目录的情况及所处阶段；如符合条件但未申报，请说明具体原因

续表

序号	企业名称	关于带量采购提出的问题
		(2) 披露若未来益源生不能被纳入带量采购目录则对益源生销量、销售模式、销售渠道、销售地区以及发行人经营业绩的影响。 (3) 披露利培酮口崩片在各省仍按原政策执行涉及的具体内容，结合带量采购招投标相关程序及具体遴选标准等因素分析该产品被纳入未来国家带量采购品种范围是否具有不确定性，截至目前该产品一致性评价工作的具体进展，量化分析若进入国家带量采购目录对该产品售价、销量、销售地区及发行人经营业绩的影响。 (4) 披露草酸艾司西酞普兰片集中带量采购下一周期招标的具体时间、该产品进入国家带量采购名单是否具有不确定性，草酸艾司西酞普兰片（5mg）申报的最新进展，量化分析若其进入国家带量采购目录对该产品售价、销量、销售地区及对发行人经营业绩的影响。披露发行人该产品在带量采购区域的销售情况。 第二轮问询： (1) 量化分析利培酮口服常释剂型进入带量采购目录对发行人主要产品利培酮口崩片的影响，包括市场份额、销量、销售价格、毛利率等。 (2) 结合相关产品的生产、销售数据及对发行人报告期内利润的影响，分析并披露发行人的主要产品利培酮口崩片与注射用唑来膦酸未及时开展或通过一致性评价对发行人的产品被纳入带量采购目录、发行人主营业务的开展、持续经营能力是否存在不确定性或不利影响，并充分提示风险。 (3) 披露问询回复中针对若利培酮口崩片、草酸艾司西酞普兰片被纳入带量采购目录对发行人经营业绩影响的模拟测算中，销量与单价的确定依据及合理性。 第三轮问询： (1) 结合首家通过利培酮口崩片一致性评价的企业在利培酮片（口服常释剂型）2019 年进入带量采购目录后的销售情况，分析并披露利培酮片（口服常释剂型）进入带量采购目录对发行人利培酮口崩片的营业收入、利润、销量、单位售价的影响；发行人与同行业可比公司的利培酮片（口服常释剂型）进入带量采购目录之间是否存在差异及原因。 (2) 结合发行人草酸艾司西酞普兰片的销量、销售单价、销售地区、销售模式的变动情况，分析并披露其未被纳入带量采购目录对发行人该产品的销售渠道、销量、盈利能力的影响。 (3) 结合带量采购目录的遴选标准，分析并披露发行人进入下一阶段带量采购目录名单是否存在不确定性，若存在，请量化分析

续表

序号	企业名称	关于带量采购提出的问题
		未进入带量采购目录对发行人的影响。 请保荐人、申报会计师、发行人律师发表明确意见。 (4) 结合带量采购政策推进进展及发行人终端客户主体变动情况，分析并披露发行人利培酮口崩片、草酸艾司西酞普兰片推广经销商收入占比持续提升的原因，发行人委托海南万德玛推广经销利培酮口崩片的销售收入2020年大幅下降的原因
21	华兰疫苗	第一轮问询： 说明疫苗作为生物类似药，如行业开展集中带量采购对发行人的经营业绩是否构成重大不利影响
22	欧普康视	第一轮问询： 公司主要产品是否纳入医保范围，“两票制”、高值医用耗材集中带量采购等医疗改革政策对发行人经销模式、经营业绩、市场占有率、未来盈利能力及募投项目实施的影响，已采取或拟采取的应对措施
23	粤万年青	第一轮问询： 列示报告期内药品中标的情况，包括中标药品的价格、数量、型号、客户，“4+7带量采购”试点政策是否对公司业务产生重大影响；说明发行人各类主要产品所属药品是否属于国家或省级带量采购相关目录的范围，如是，请披露发行人的产品是否符合被纳入带量采购目录的标准；如符合，请说明是否申报纳入相应级别带量采购目录及目前所处阶段；如符合但未申报，请说明具体原因并分析其影响。 未检索到第二轮问询文件。 第三轮问询： 结合带量采购政策试点、变化趋势情况，说明相关政策变动对发行人产生的影响，并充分提示风险
24	优宁维	第一轮问询： 对比所处行业数据、同行业上市公司收入变动趋势，结合线上线下模式下量价的变动情况，补充披露发行人收入增长较快的原因及合理性；未来销售是否受“两票制”或“带量采购”等政策的影响，如有，请在“重大事项提示”披露

续表

序号	企业名称	关于带量采购提出的问题
25	西藏多瑞	第一轮问询： 披露目前已参与的带量采购中标情况，说明中标药品价格与非带量采购的同类药品均价及销量对比情况，并分析对收入及利润的具体影响。 第二轮问询： 说明参加广州市2018年地方带量采购未中标的具体原因，报告期内其他醋酸钠林格注射液及竞品带量采购情况，结合实行集中采购的区域、各地的条件及程序，说明发行人产品能否持续获取订单，能否保障销售价格稳定，并从销售单价变动、竞品中标情况、市场份额变化等方面，充分提示集中带量采购可能对发行人未来经营业绩产生的风险
26	华厦眼科	未检索到第一轮问询文件。 第二轮问询： 结合医疗行业“两票制”“带量采购”规定的行业政策，补充披露上述政策对发行人销售、盈利能力的影响，是否将对发行人的经营构成重大不利影响
27	迈普医学	第一轮问询： （1）补充披露高值医疗器械推行带量采购的现状及趋势，已推行或明确推行的省份，部分省份是否在“两票制”和高值医疗器械带量采购之外采取其他类似改革措施。 （2）结合已实施高值医疗器械带量采购地区的基本情况，量化分析并补充披露发行人主要产品的销量、均价在带量采购政策下可能受到的影响，全面推行高值医疗器械带量采购是否有可能造成发行人产品价格大幅下降以及业绩大幅下滑，是否影响发行人的持续经营能力，如是，请进行针对性的风险提示。请保荐人、申报会计师、发行人律师说明核查过程并发表明确意见
28	达嘉维康	第一轮问询： （1）国家或各省带量采购品种的委托配送权的具体情况，包括但不限于获取方式、主管部门、有效期、是否具有排他性等情况；发行人拓展委托配送权的途径及面临的主要困难，相关合作是否具有稳定性；结合与发行人主要竞争对手的可配送额品种数量、数额等方面的对比，披露发行人的行业竞争情况、竞争优势及其可持续性

续表

序号	企业名称	关于带量采购提出的问题
		（2）“两票制”“带量采购”政策对发行人不同业务的影响及发行人的应对措施。 第二轮问询： 补充披露上述配送权未约定期限及排他性条款的原因，是否为行业惯例，说明上述合作协议续期的要求是否存在丧失相关带量采购药品配送权的风险，如是，请披露对发行人生产经营是否构成重大不利影响并充分提示相关风险。 第三轮问询： 从定性和定量的角度，进一步分析带量采购和配送低毛利率疫情物资对发行人最近一期毛利率的影响，发行人将采取何种措施扭转毛利率逐年下降的趋势。 第四轮问询： 在“两票制”、带量采购等医药改革政策下药品价格呈下行趋势，是否存在或未来可能出现下游终端医院大量退回商品的情形，发行人相关风险揭示是否充分；发行人最近一期销售退回金额增长的原因及合理性
29	兰卫检验	第一轮问询： 请结合“一票制”“两票制”“带量采购”等最新医疗政策推进情况，披露其对发行人未来业务发展的影响，请在“重大事项提示”中披露。 第二轮问询： 补充披露“带量采购”对发行人体外诊断产品销售的影响，体外诊断产品销售是否存在进口替代情形，是否会对发行人体外诊断产品的价格及销售收入产生重大不利影响
30	至信药业	第一轮问询： 从产品售价、销售收入、毛利率、产能利用率等方面，分析说明若我国大规模实施中药饮片集中采购，预计对公司持续经营能力产生的具体影响，发行人拟采取哪些应对措施
31	百诚医药	第一轮问询： 招股说明书披露，2015 年以来国家在药品监管领域先后出台了“两票制”“药品带量采购”等政策力图通过减少流通环节、降低药品的销售费用。 请发行人补充披露药品带量采购政策推广的现状和趋势，发行人研发药品及其同类近似药品进入带量采购清单的情况，报告期内

续表

序号	企业名称	关于带量采购提出的问题
		各期发行人前十大客户参与药品带量采购及中标结果情况，全面推行带量采购是否有可能导致发行人业绩大幅下滑，是否影响发行人的持续经营能力，如是，请补充针对性的风险提示。 第二轮问询： 报告期内发行人受托药品研发服务和自主研发技术成果转化服务项目直接进入带量采购清单的情况，并结合在手订单情况等进一步论证全面推行药品带量采购对发行人的经营业绩和持续经营能力的潜在影响
32	拓新药业	第一轮问询： (1) 分类披露主要产品对应的下游药品制剂的市场竞争力，包括但不限于纳入带量采购药品目录、集中采购中标结果、是否属于原研药或首仿药、专利药涉及保护期到期等情况。 (2) 报告期内是否存在下游客户未中标带量采购而导致发行人销量大幅下降的情形，如是，请说明相关情况及对业绩的影响。 第二轮问询： (1) 发行人主要产品的下游药品大部分已被纳入医保目录，大部分尚未被纳入带量采购目录，如未来相关药品被调出医保目录，或相关产品未来被纳入带量采购目录但公司下游客户未在相关药品的带量采购中中标，将对公司的相关产品产生不利影响。 (2) 原料药或医药中间体的技术水平和生产工艺可能会发生变化，存在产品因技术进步而被替代的风险。 (3) 补充披露主要产品对应的下游制剂被纳入医保目录的情况，是否属于地方增补目录药品；对应的下游制剂通过一致性评价情况，如下游制剂被纳入带量采购目录对发行人经营业绩的影响
33	兴齐眼药	请发行人结合近年来药品集中带量采购政策的实施情况等详细分析“两票制”“集中带量采购”等医疗改革政策是否会对发行人的收入、利润、市场占有率等日常生产经营及募投项目实施产生重大不利影响，说明公司采取的应对措施，并充分披露相关风险
34	新荷花	第一轮问询： 从产品售价、销售收入、毛利率、产能利用率等方面，分析说明若我国大规模实施中药饮片集中采购，预计对公司持续经营能力产生的具体影响，以及发行人拟采取的应对措施

续表

序号	企业名称	关于带量采购提出的问题
35	开立医疗	第一轮问询： 结合同行业可比公司内窥镜产品最新投产、销售规模及销售增长情况、内窥镜产品目前的市场容量和行业增长空间、发行人内窥镜产品新增产能及与现有产能对比情况、现有产能利用率、产销率、产销区域分布情况等，说明松山湖开立医疗器械产研项目人员技术和市场储备情况，以及新增产能的消化措施，并结合报告期内产品销售情况、医疗器械带量采购的影响充分提示市场消化的风险
36	兴欣新材	结合报告期内及期后无水哌嗪、氢钠产品单价，销量变动趋势，客户生产的最终药品集中采购价格波动等，分析发行人有关产品2019年收入变动的合理性，下游客户产品价格是否存在大幅下滑的情形、是否对发行人产品的销售构成重大不利影响
37	回音必	（1）发行人各类主要产品所属药品是否属于国家或省级带量采购相关目录的范围，如是，请披露发行人产品是否符合被纳入带量采购目录的标准；如符合，请说明是否申报纳入相应级别带量采购目录，是否进行一致性评价申报工作及目前所处阶段；如符合但未申报，请说明具体原因并分析其影响。 （2）发行人拥有并实际生产的产品是否属于可以开展一致性评价的产品，如是，请披露发行人是否准备或已经开展一致性评价相关工作及目前所处阶段；如否，请说明原因，并结合该产品的产销量及对发行人利润的贡献比例、所处细分产品类别同类竞品的情况，说明发行人该产品未开展一致性评价工作对发行人主营业务及利润的影响
38	乐普医疗	（1）补充披露“两票制”、带量采购、一致性评价等医药改革措施对公司产品、未来生产经营及募投项目实施产生的具体影响，公司的有效应对措施等，并进一步充分披露相关风险； （2）结合行业竞争格局及主营业务开展情况，补充披露药品和高值医用耗材集中采购政策对发行人主营业务、财务状况等方面的影响，是否构成对发行人持续经营产生重大不利影响的情形，并充分披露相关风险

续表

序号	企业名称	关于带量采购提出的问题
39	山外山	(1) 自产和经销的主要产品是否被纳入带量采购目录，如是，请补充说明具体情况； (2) 结合部分地区已完成带量采购价格谈判的血液净化耗材价格平均下降幅度或区间、同类产品中标价格等，进一步分析发行人经销、自产和在研的血液净化耗材产品是否面临较大降价压力，并据此完善相关风险提示
40	英诺特	(1) 结合目前的销售模式，说明已实行“两票制”、带量采购政策省市的发行人产品售价、营业收入、销售费用、毛利率、客户情况等数据，对比说明报告期内同一销售模式下实施“两票制”地区和非实施“两票制”地区产品平均售价、销售费用、毛利率的差异情况，并分析差异产生的原因； (2) 截至目前全国各省份开展体外诊断试剂集中采购、带量采购的情况，发行人在已开展地区的参与及中标情况，未中标的请说明原因； (3) 截至目前全国已开展集中采购、带量采购的各省降价情况，发行人已中标产品降价情况，是否与前述各省降价情况相匹配；发行人关于中标产品降价情况的计算口径； (4) 发行人在实施带量采购相关地区的销售数量、销售单价在中标前后的变化情况，是否实现了“以价换量”；其他地区是否存在价格联动机制，实施带量采购相关地区的销售单价是否影响其他地区的单价确定并对发行人生产经营产生重大不利影响； (5) 进入上述带量采购名单的供应商数量，列表说明上述省份2020年上半年、2020年下半年、2021年上半年新冠抗体检测产品销售数量、均价、收入金额及占比的对比情况，模拟测算带量采购对发行人相关财务数据的影响，并将新冠检测产品进入带量采购名单补充披露至重大事项提示之“新冠肺炎疫情带来的业绩大幅增长不可持续的风险”中
41	宣泰医药	结合发行人主要产品国内获批上市进展及同类产品上市情况，分析带量采购、医保支付、限抗令等政策对发行人产品商业化的影响
42	益方生物	结合竞品进入集中采购目录或带量采购的情况，分析发行人产品上市后的市场拓展空间

续表

序号	企业名称	关于带量采购提出的问题
43	春立医疗	(1) 截至目前全国各省份开展骨科医疗器械带量采购的情况，发行人在已开展带量采购地区的中标情况，未中标的请说明原因； (2) 截至目前全国已开展骨科医疗器械带量采购的各省降价情况，发行人已中标的带量采购中相关产品的降价情况，是否与前述各省降价情况相匹配；发行人关于中标带量采购产品降价情况的计算口径； (3) 发行人在实施带量采购相关地区的销售数量、销售单价在中标前后的变化情况，是否确实实现了“以价换量”；其他地区是否存在价格联动机制，实施带量采购相关地区的销售单价是否影响其他地区的单价确定并对发行人生产经营产生重大不利影响； (4) 国家高值医用耗材第二批集中采购中关于骨科产品的主要安排及当前进展，发行人相关产品的竞标情况； (5) 发行人脊柱产品相关业务是否存在因同行业竞争对手中标而导致销售收入大幅下滑乃至淘汰的风险； (6) 随着带量采购、集中采购政策持续推进，发行人相关产品所处市场规模是否存在滞涨甚至萎缩风险； (7) 进一步分析披露带量采购、集中采购政策趋势，说明发行人未来是否可能出现中标情况不及预期，或中标产品大幅降价乃至出现中标价接近或低于发行人生产成本，从而导致公司业绩大幅下滑的情形，是否存在对发行人的持续经营能力产生重大不利影响的情形； (8) 未来在高值医用耗材“带量采购”不断普及的情况下，请分析发行人是否存在未纳入采购目录的存货滞销风险，如需要请予以风险提示； (9) 发行人产品与本次带量采购类别的对应情况，简要分析全国带量采购对市场规模、竞争格局、发行人产品销售以及竞争地位可能产生的影响，并按照重要性原则完善相关重大事项提示和风险揭示； (10) 按照本次集中采购的产品类别、采购规则、竞价规则等说明本次主要竞标产品品种数量、竞标产品是否构成报告期内的主要业绩来源； (11) 本次集中采购公司竞标进度，对于在同一产品系统类别下，分析公司进入竞价 A 组是否存在障碍，分别说明对于公司进入竞价 A、B 组对生产经营可能产生的影响； (12) 公司髋关节产品、膝关节产品是否存在流标风险，分析发行人未入选本轮带量集中采购的影响，是否会对发行人的持续经营

续表

序号	企业名称	关于带量采购提出的问题
		能力造成重大不利影响； （13）根据部分省份过往集中采购的情况来看，发行人关节产品的价格降幅为32.12%～86.26%，若本次集中采购中标，请结合销量及销售费用等因素预测本轮中标产品在不同价格降幅下对公司业绩的影响，并完善相关风险揭示； （14）请保荐机构核查上述事项，对于本轮集中采购是否对公司生产经营存在较大不利影响发表明确核查意见
44	电生理	以导管出厂价计算的单台电生理手术器械销售金额大幅提升的相关依据、是否考虑带量采购和集中采购等医疗器械降价因素
45	盛诺基	结合晚期肝细胞癌治疗已有两种上市药物，仿制药将陆续上市和国内尚有包含已申请NDA的药品在内的10个处于临床阶段的晚期肝细胞癌一线治疗的创新药临床项目、阿可拉定在晚期肝细胞癌治疗中的位置和针对的特定患者人群、先行者优势、适应症预计市场的规模情况、潜在患者人数、新药进入医保的周期和竞品已进入医保及价格下调、仿制药带量采购等药品管理、医疗改革变化趋势，发行人的定价策略及其他发行人认为有助于反映阿可拉定竞争优劣势的因素等情况，有针对性地充分揭示未来市场面临的激烈竞争程度以及对阿可拉定未来市场空间的影响
46	迈威生物	结合发行人的产品研发情况、目标市场的竞争情况、同类产品的销售情况、带量采购等政策的发展趋势，补充和完善招股说明书中“业务与技术”“重大事项提示”“风险因素”章节的相关内容，删除招股说明书中冗余的具体测算过程
47	仁度生物	（1）请发行人在招股书中补充披露“带量采购”等行业主要法律法规政策及对发行人经营业绩的具体影响。 （2）结合新冠病毒检测产品的销售情况，有针对性地分析说明集中采购政策对该类产品单价、销量的影响，发行人的经营业绩是否存在较大波动
48	汇宇制药	（1）福建省、天津市、厦门市注射用培美曲塞二钠“4+7”带量采购等已在2021年四五月到期，请更新上述地区续标情况。 （2）关于注射用培美曲塞二钠国内主要仿制药生产商江苏豪森药业集团有限公司、齐鲁制药有限公司等是否通过一致性评价，招股书前后披露内容不一致，请予以更正

续表

序号	企业名称	关于带量采购提出的问题
49	百济神州	带量采购等行业政策对销售收入预计产生的影响
50	威高骨科	(1) 针对高值医用耗材带量采购政策的全国性普及，公司是否有产品被纳入带量采购目录，公司主要产品的同类竞品是否已纳入带量采购目录。 (2) 带量采购政策对发行人生产经营的具体影响，未来是否可能出现中标价格接近或低于发行人生产成本的情形，发行人是否存在业绩大幅下滑的风险，结合上述情况进行风险揭示。 (3) 首轮问询回复仅披露了安徽省和江苏省的骨科医疗器械的带量采购情况。根据公开资料，除安徽省、江苏省外，还有福建省、浙江省、湖南省等省份涉及骨科医疗器械的带量采购，且安徽省于2020年7月、江苏省于2020年6月均开展了新一批的高值医用耗材集中带量采购，上述事项首轮问询回复与招股说明书均未披露。 (4) 截至目前全国各省份开展骨科医疗器械带量采购的情况，发行人在已开展带量采购地区的中标情况，未中标的请说明原因。 (5) 截至目前全国已开展骨科医疗器械带量采购的各省降价情况。 (6) 发行人已中标的带量采购中，发行人产品的降价情况，并请披露发行人关于中标带量采购产品降价情况的计算口径。 (7) 带量采购政策对发行人生产经营的具体影响，未来是否可能出现相关产品大幅降价的情形，未来是否可能出现中标价接近或低于发行人生产成本的情形，发行人是否存在业绩大幅下滑的风险，按重要性原则进行相关风险揭示并做重大事项提示
51	科惠医疗	请发行人结合目前销售收入主要集中于华东区域、尤其是浙江省的情况，就带量采购和“两票制”等重要行业政策在浙江省实施后对发行人生产经营的具体影响，进一步补充披露并完善重大事项提示和风险揭示
52	华强科技	(1) 补充披露下游主要客户对应的产品进行一致性评价的进展、发行人的药品能否满足一致性评价要求，进入集中采购的客户名称、对应的产品类型及收入占比情况； (2) 量化分析带量采购可能对发行人产品单价、销量的具体影响，如主要客户未能完成一致性评价或进入集中采购名单对发行人经营业绩的影响； (3) 结合回复情况，完善招股书的风险提示内容

续表

序号	企业名称	关于带量采购提出的问题
53	上海谊众	结合发行人产品在疗效、安全性、患者依从性、治疗费用（结合医保、带量采购）等指标方面与普通紫杉醇注射液、紫杉醇脂质体、白蛋白紫杉醇、多西他赛注射液和其他市场常见的紫杉烷类药物的对比情况，进一步说明发行人的紫杉醇胶束与其他紫杉烷类药物尤其是其他紫杉醇剂型相比的竞争优劣势
54	百合医疗	带量采购（含集中采购、价格联动机制等类似政策）等政策对发行人生产经营和业绩产生的影响，以及未来的潜在影响
55	澳华内镜	(1) 发行人产品及同类竞品纳入带量采购（以及集中采购、阳光采购或类似政策）目录的情况，目前发行人主要产品在全国范围内执行带量采购等行业政策的具体情况； (2) 请保荐机构核查带量采购等相关政策对发行人报告期内业务模式及财务数据的影响，并发表明确意见
56	赛伦生物	(1) 在目前医药行业带量采购政策和严格控费的整体背景下，发行人的高价产品是否存在主动降价的可能及被动降价的风险，是否需要予以风险提示； (2) 近期监管部门是否针对药品价格监管出台了新的法律法规，发行人的持续涨价行为是否涉及违法违规行为； (3) 请保荐机构核查以上情况，对发行人抗蛇毒血清售价大幅提升是否符合法律法规及行业政策要求、是否存在重大不利影响的降价风险发表核查意见
57	奥普生物	(1) 发行人产品及同类竞品纳入带量采购（以及集中采购、阳光采购或类似政策）目录的情况，目前发行人主要产品在全国范围内执行带量采购等行业政策的具体情况； (2) 带量采购等相关政策对发行人报告期内财务数据的影响
58	奥精医疗	第一轮问询： “带量采购”等行业政策对发行人生产经营产生影响的风险。 第二轮问询： (1) 此次带量采购的具体情况，降价幅度及中标价格是否已低于发行人产品成本； (2) 发行人未中标带量采购的原因，未来其他地区如开展类似带量采购，发行人是否仍然缺乏中标能力；

续表

序号	企业名称	关于带量采购提出的问题
		(3) 详细分析发行人未入选本轮带量集中采购的影响，是否对发行人持续经营造成重大不利影响。 第三轮问询： 2020年年底前启动建立高值医用耗材价格监测和集中采购管理平台。截至目前，国家及部分省市已启动高值医用耗材的带量采购。 (1) 当前及未来一段时间内，骨科及骨修复材料面临的带量采购政策； (2) 结合自身情况以及主要竞争对手情况，详细说明发行人未中标带量采购的原因，未来其他地区如开展类似带量采购，发行人是否仍然缺乏中标能力； (3) 请发行人就上述事项是否影响发行人持续经营能力作重大事项提示

经笔者对上述案例进行整理，发现与集中采购、带量采购相关的问题主要集中在如下方面。

①要求发行人对行业政策进行分析

由于各品类药品、医疗器械是否进入带量采购，在哪些区域存在带量采购政策，目前没有但未来是否有可能实施带量采购等问题，均因药品品种、地域有所区别，所以反馈问题通常要求对行业政策进行分析，尤其当发行人产品涉及中成药、高值耗材等非传统化药品时，交易所通常会要求发行人及中介机构解释带量采购政策的实施情况。

②要求整体评估带量采购对发行人客户、销售额、销售单价、主营业务收入、持续经营能力的影响

比如白马药业被要求结合湖北省《中成药省际联盟集中带量采购公告（第1号)》、广东省《广东联盟清开灵等58个药品集团带量采购文件（征求意见稿)》、湖北省、青海省等省份涉及中成药集中带量采购的行业政策规则与最新政策动态，量化分析中成药带量采购改革对发行人主要产品生产、销售单价、主营业务收入、发行人持续经营能力的影响。美的连被要求结合我国近年来医疗器械相关政策和法律法规的变化情况披露对发行人的具体影响，包括但不限于发行人国内主要销售地区执行医疗器械“两票制”“一票制”“带量采购”“耗材占比”等政策的情况以及对发行人获取订单、销售模式、销售价格、销售渠道、销售回

款、销售费用率、经销商管理等的影响，并针对性地补充风险提示。

回复此类问题的思路通常是：列举公司产品涉及带量采购的品类、地域；逐个品类描述其实施带量采购政策的情况，如实施地域、如何定价、如何定量、入围状况等；逐个产品描述带量采购实施前，该产品的单价、销售地域范围、销量、销售收入、销售成本、销售利润等历史数据；模拟产品实施带量采购后，按照政策要求预计的产品的单价、销售地域范围、销量、销售收入、销售成本、销售利润等，并与历史数据进行对比，展示带量采购对发行人的影响；对无法入围中标的项目对发行人的实质影响进行风险揭示。

也有个别项目并不受带量采购的影响，比如恩威医药主营业务为面向零售药店的非处方药经营，其在反馈意见中提到带量采购政策对其业务不存在不利影响，交易所随后追问其该等判断的依据，以及是否与同行业企业对带量采购政策影响的判断一致。恩威医药在回复中描述了其主营业务方向是面向零售药店的非处方药经营，分析带量采购政策的立法背景与现有政策主要是针对公立医院、处方药带量采购，与其主营业务不同，分析同行业企业，认为带量采购对发行人的影响情况与同行业可比公司的主要面向零售药店的非处方业务一致。

③分析未能中标的原因，说明发行人产品能否持续获取订单，能否保障销售价格稳定，对发行人未来经营业绩产生的影响

西藏多瑞在回复时提到，根据广州市 2018 年地方带量采购的评标规则，药品进入评审的品种报价后，选择报价最低的为交易品种，次低的为候选品种。公司在广州市 2018 年地方带量采购中未中标，主要系中标厂家贵州科伦报价更低所致。从地方带量采购中标情况来看，发行人核心产品醋酸钠林格注射液在武汉市中标、广州市落标。从实践效果来看，发行人在武汉市的带量采购中标价格尚未传导到其他省份的中标价格或挂网价格中。同时，从全国及地方临床用药量及未进入国家医保目录来看，短期内醋酸钠林格注射液进入国家集中带量采购的可能性很小，目前被纳入地方集中采购的城市数量仅 2 个。在前述政策背景下，结合报告期内发行人核心产品的终端中标价格变化情况来看，短期内发行人核心产品终端销售价格预计保持相对稳定。

④竞品进入集中采购的情况以及未来发行人拓展市场的空间

益方生物被交易所要求结合竞品进入集中采购目录或带量采购的情况分析发行人产品上市后的市场拓展空间。回复中发行人：描述竞品的品类、功效，与同

类产品的差异性；竞品进入集中采购的情况；同类产品的市场容量，尤其是放眼全球来看市场容量。作为结论，益方生物认为其产品的市场空间大、成药可能性较高、产品研发进度位居全球和中国前列、在初步的临床试验数据中展现出良好的安全性和有效性，集中采购目录、带量采购不会直接对公司产生影响，在未来的市场拓展空间中潜力较大。

3. 注册审批与监管检查

（1）注册与审批①

近年来，我国生物医药行业发展迅速，在飞速发展的过程中，我国自2015年以来的药品医疗器械审评审批制度改革是重要的助推器。

根据国家药监局药品审评中心（CDE）发布的《2019年度药品审评报告》和《2020年度药品审评报告》，2019年，药审中心审评通过批准IND（临床试验申请）申请926件，审评通过NDA（新药申报）164件，审评通过ANDA（仿制药申报）654件，审评通过批准口服固体制剂一致性评价申请260件（按活性成分统计95个品种，按通用名统计107个品种），品种数较2018年（57个品种）同比增长66.7%。审评通过上市Ⅰ类创新药10个品种，审评通过进口原研药58个品种（含新适应症）。2020年，药审中心审评通过批准IND申请1435件，较2019年增长54.97%；审评通过NDA 208件，较2019年增长26.83%；审评通过ANDA 918件；审评通过批准一致性评价申请577件，较2019年增长121.92%。药审中心审评通过创新药NDA 20个品种，审评通过境外生产原研药品NDA 72个品种（含新增适应症品种）。以全球药品批准数量和上市数量的数据来看，现在中国已经成为仅次于美国的创新药第二大国家。

①药品医疗器械审评审批制度改革

2015年8月9日，国务院发布《关于改革药品医疗器械审评审批制度的意见》（国发〔2015〕44号），提出提高审评审批质量，提高药品审批标准，加快创新药审评审批，对创新药实行特殊审评审批制度，开展药品上市许可持有人制度试点，改进药品临床试验审批等一系列改革意见。此后，国务院办公厅发布《关于促进医药产业健康发展的指导意见》、原国家食品药品监督管理总局发布《关于推进药品上市许可持有人制度试点工作有关事项的通知》等一系列政策，推进药品医疗器械审评审批制度改革。

① 袁苇，国际法学硕士，锦天城律师事务所律师。

2017 年 10 月，中共中央办公厅、国务院办公厅印发了《关于深化审评审批制度改革鼓励药品医疗器械创新的意见》，提出改革临床试验管理，包括临床试验机构资格认定实行备案管理，支持临床试验机构和人员开展临床试验，完善伦理委员会机制，提高伦理审查效率，优化临床试验审批程序，接受境外临床试验数据，支持拓展性临床试验等；还提出加快上市审评审批，包括加快临床急需药品医疗器械审评审批，支持罕见病治疗药品医疗器械研发，实行药品与药用原辅料和包装材料关联审批；同时提出促进药品创新和仿制药发展，包括建立上市药品目录集，探索建立药品专利链接制度，开展药品专利期限补偿制度试点等；另外，也提出了加强药品医疗器械全生命周期管理，包括推动上市许可持有人制度全面实施，落实上市许可持有人法律责任，建立上市许可持有人直接报告不良反应和不良事件制度等。

2017 年 12 月 21 日，为加强药品注册管理，加快具有临床价值的新药和临床急需仿制药的研发上市，解决药品注册申请积压的矛盾，原国家食品药品监督管理总局发布《关于鼓励药品创新实行优先审评审批的意见》，其规定具有明显临床价值的药品可优先审评审批，包括未在中国境内外上市销售的创新药注册申请，转移到中国境内生产的创新药注册申请，使用先进制剂技术、创新治疗手段、具有明显治疗优势的药品注册申请等。该意见还规定了优先审评审批的程序及优先审评审批的工作要求。

上述药品监管改革创新的有力推进取得了显著成效。2019 年修订的《药品管理法》将行之有效的改革措施固化为法律成果，鼓励研制和创新新药，为深入推进药品领域改革奠定了更为坚实的法律基础。2019 年《药品管理法》全面实施药品上市许可持有人制度，建立药物临床试验默示许可、附条件批准、优先审评审批、上市后变更分类管理等一系列管理制度，并要求完善药品审评审批工作制度，优化审评审批流程，提高审评审批效率。

这一系列的法律法规、规范性文件的出台打破了以往临床试验开展、注册申报的限速“瓶颈”，开辟了改革药品审评审批监管的新思路，缩短了药物由试验到进入注册审批的时间，并降低了药物在注册过程中的风险，突破了原有的药品审评审批制度逐渐暴露出的局限性，激发医药企业创新研发动力。

②药品注册审批制度

2020 年 1 月，国家市场监督管理总局颁布新的《药品注册管理办法》。2020

年《药品注册管理办法》吸纳了药品审评审批制度的改革成果，引入药品全生命周期管理理念，系统进行设计，加强从药品研制上市、上市后管理到药品注册证书注销等各环节全过程、全链条的监管制度。2020 年《药品注册管理办法》引入了许多新的理念和制度设计，比如药品上市许可持有人制度、药物临床试验默示许可、优先审评审批、原辅包和制剂关联审评审批、沟通交流、专家咨询等新制度；同时，充实了鼓励药物研制和创新的内容以提高药品可及性，设立突破性治疗药物、附条件批准、优先审评审批、特别审批四个加快通道，并明确每个通道的纳入范围、程序、支持政策等要求，将临床急需的短缺药、儿童用药、罕见病用药、重大传染病用药、疾病防控急需疫苗和创新疫苗等均明确纳入加快上市注册范围。

1）药物临床试验

A. 新法规关于临床试验的规定

2020 年《药品注册管理办法》规定的临床试验是指以药品上市注册为目的，为确定药物安全性与有效性在人体开展的药物研究。临床试验，按照药物研发阶段分为Ⅰ～Ⅳ期和生物等效性试验；按照研究目的分为临床药理学研究、探索性临床试验、确证性临床试验和上市后研究。2020 年《药品注册管理办法》对临床试验审评审批的流程以及临床试验获准后的管理作出规定，对于药物临床试验申请实施默示许可、生物等效性试验实施备案等审评审批流程，对临床试验期间的各类报告、临床试验期间变更的申报流程以及临床试验的暂停、恢复及终止程序等作出规定。同时，增加了临床试验登记的相关要求。对于临床试验开展过程中的具体技术内容通过 ICH 相关指南予以定义和描述。

2020 年《药品注册管理办法》关于临床试验最为重大的一项改革措施便是将临床试验从审批改为默示许可，并确定期限为 60 个工作日，改变了以往必须经过书面审批做出决定的方式。申请人完成支持药物临床试验的药学、药理毒理学等研究后，提出药物临床试验申请的，应当按照申报资料要求提交相关研究资料。经形式审查，申报资料符合要求的，予以受理。药品审评中心应当组织药学、医学和其他技术人员对已受理的药物临床试验申请进行审评。对药物临床试验申请应当自受理之日起 60 日内决定是否同意开展，并通过药品审评中心网站通知申请人审批结果；逾期未通知的，视为同意，申请人可以按照提交的方案开展药物临床试验。

2020年《药品注册管理办法》规定了伦理前置制度，将“获得药物临床试验批件后开展伦理审查”变更为“在开展药物临床试验之前获得伦理委员会审查同意”。伦理审查前置既能有效缩短药物临床试验开始的时间，也能够强化伦理委员会和伦理审查的独立性。

此外，2020年《药品注册管理办法》中提出了建立临床试验暂停、终止作为风险控制机制。在药物临床试验期间，发现存在安全性问题或者其他风险的，临床试验申办者应当及时调整临床试验方案、暂停或者终止临床试验，并向国务院药品监督管理部门报告。必要时，国务院药品监督管理部门可以责令申办者调整临床试验方案、暂停或者终止临床试验。

在2020年《药品注册管理办法》颁布后，国家药监局、国家卫健委于2020年4月23日颁布了《药物临床试验质量管理规范》，国家药监局自2020年起颁布了《真实世界证据支持药物研发与审评的指导原则（试行）》《治疗脂代谢紊乱药物临床试验技术指导原则》《抗肿瘤药联合治疗临床试验技术指导原则》《药物临床试验适应性设计指导原则（试行）》《药物免疫原性研究技术指导原则》等一系列指导原则，为生物医药企业的研发、临床试验提供指导。

B. 减免临床试验的特殊规定

根据2020年《药品注册管理办法》第35条的规定，仿制药、按照药品管理的体外诊断试剂以及其他符合条件的情形，经申请人评估，认为无须或者不能开展药物临床试验，符合豁免药物临床试验条件的，申请人可以直接提出药品上市许可申请。豁免药物临床试验的技术指导原则和有关具体要求，由药品审评中心制定公布。仿制药应当与参比制剂质量和疗效一致。申请人应当参照相关技术指导原则选择合理的参比制剂。

a. 豁免医疗器械及体外诊断试剂产品的临床试验

2018年9月，国家药监局发布了《关于公布新修订免于进行临床试验医疗器械目录的通告》（国家药品监督管理局通告2018年第94号），涵盖855项医疗器械产品和393项体外诊断试剂产品。2019年12月，国家药监局发布了《关于公布新增和修订的免于进行临床试验医疗器械目录的通告》（国家药监局通告2019年第91号），新增148项医疗器械产品和23项体外诊断试剂产品，对48项医疗器械产品和4项体外诊断试剂产品名称和描述进行了修订。2021年1月，国家药监局发布《关于发布免于进行临床试验医疗器械目录（第二批修订）的通告》（国家药监局通告 2021 年第 3 号），新增和修订了第二批免于进行临床试验医疗器械（及体外诊断试剂）目录。

b. 减免药品的临床试验

根据 2015 年原国家食品药品监督管理总局发布的《生物类似药研发与评价技术指导原则（试行）》的规定，药学研究是非临床比对实验研究的基础。若前期药学比对实验显示候选类似药和参照药无差异或差异很小，则可仅开展药效动力学和免疫原性的临床比对试验研究。仅在体外药效、药代和免疫原性实验不能判定候选类似药和参照药相似的情况下，才需要进一步开展体内药效和毒性的临床比对试验研究。如前期研究结果可证明候选药与参照药之间无差异或差异很小，且临床药理学比对试验研究结果可以预测其临床终点的相似性，则可判断临床相似性。如前期药学研究不能判定相似性，则应选择更加敏感的技术和方法，继续设计针对性的临床比对试验以证明其相似性。

C. 美国及欧盟的药品临床试验制度

a. 美国

美国主要由隶属于美国卫生和人类服务部（HHS）的 FDA 负责药物临床试验的审评和检查工作。FDA 下属药品审评和研究中心（CDER）的新药办公室（OND）和仿制药办公室（OGD）分别负责审评新药临床试验申请（IND）和仿制药简略新药申请（ANDA）的生物等效性试验资料。

根据美国注册药品分类，新药［FD & CA505（b）（1）&（2）］需向 FDA 提交研究用新药 IND 申请，开展临床试验后获得一定安全有效性证据后方可申请上市（NDA），仿制药［FD & CA505（j）］一般无须向 FDA 提交任何申请即可开展生物等效性试验，试验完成后资料作为上市申请（ANDA）资料的一部分递交给 FDA 即可。

美国对药物临床试验管理的上位法依据是《联邦食品药品和化妆品法案》（FD & CA）和《公共卫生服务法案》（PHSA），属于国会签署发布的法律。FD & CA 属于《美国法典》第 21 章（21U. C），是 FDA 监管临床试验的最高法律依据；PHSA 属于《美国法典》第 42 章（42U. S.），是 HHS 及下属部门监管临床试验的最高法律依据。FDA 作为药物临床试验的主要审评、监管机构，制定了涵盖临床试验审评审批、人员职责、受试者保护等相关的一系列联邦法规（CFR）。另外，HHS 的其他下属部门在临床试验管理方面有一定的法定权力，如 CFR 第 45 章第 46 部分是 HHS 下设人类研究保护办公室通过伦理委员会注册以及保证书制度来监管伦理委员会的法规依据。在保证法律制度实施层面上，FDA 开展了以现场检查为主的生物研究检查项目和 GCP 检查项目，对不合规行为采取措施，保证临床试验依法进行。同时，FDA 还发布许多行业指南以及 FDA 审评和监管人员的内部合规性文件。其中临床试验的相关法律条文主要集中在 FD&CA 第五章，其第 505 节新药第（i）款规定了发起人提交临床试验资料后 30 日内若 FDA 无任何通知可进行临床试验以及临床试验暂缓的定义和适用条件。可见，美国同样采用了临床试验默示许可流程，从 IND 申请到获得许可，美国 FDA 的时限是 30 日内。

此外，美国同样设置了临床试验的减免流程，根据 FDA 的相关规定①，当候选药与参照药在药学和人体药理的比对实验研究中表现出高度相似性，且通过了临床免疫原性评估时，可评判二者的临床相似性。这就意味着，当全面的药学和体外比对实验证明候选药与参照药足够相似时，可以免除重复给药的毒性实验以及Ⅱ期临床试验。在此基础上，当临床药理实验也证明候选药与参照药足够相似时，可在不进行Ⅲ期临床比对试验的情况下确立临床相似性。因此，全面建立候选生物类似药和原研参照药的药学相似性，可以在缩短研发时间的同时大大降低开发成本。

b. 欧盟

欧盟的药品监管职能主要由欧洲药品管理局（European Medicines Agency，EMA）行使。EMA 是欧盟的去中心化机构，总部位于阿姆斯特丹，自 1995 年开始运作。EMA 的机构组成分为三级。一级组织为管理层，包括管理委员会、执行主任及欧洲药监员工。二级组织为 EMA 下属机构，共 7 个科学委员会，分别执行和开展相关的科学审评工作。三级组织由各成员国监管机构和欧洲专家组成。

EMA 的使命是在药品评估和监督方面促进科学进步，以利于欧盟的公民和动物健康，具体职能包括以下几方面：促进药物的开发和获取，致力于使患者能够及时获得新药，并支持药物开发；通过集中审评程序评估药品上市许可申请；

---

① 参见 U. S. FOOD & DRUG ADMINISTRATION，*CFR – Code of Federal Regulations Title* 21312. 2（*b*），U. S. FOOD & DRUG ADMINISTRATION（Oct. 26，2021），载 https：//www. accessdata. fda. gov/scripts/cdrh/cfdocs/cfcfr/cfrsearch. cfm?fr = 312. 2，最后访问日期：2023 年 3 月 5 日。

监控药品整个生命周期的安全性，制定指导方针和标准，监督制药公司遵守欧盟制定的药物警戒（pharmacovigilance）义务，与欧盟以外的有关主管部门一起为药物警戒活动作出贡献；向医疗保健专业人员和患者提供信息。但以下内容不属于 EMA 职权范围，包括：评估所有药品在欧盟的初始上市许可申请，欧盟提供的绝大多数药物是在国家层面获得授权的；评估临床试验的授权申请，临床试验授权在欧盟成员国属于一级申请；评估医疗器械，医疗器械由各国行政主管部门监管；进行研究或开发药物；决定药品的价格或供应情况；控制或掌握有关药物专利的信息；制定有关药品的法律，欧盟委员会将行使关于药品的立法权。

欧盟成员国药监机构（NCA）是欧洲经济区（EEA）各个成员国的药品监管机构。EMA 不负责 EEA 各成员国的临床试验申请（CTA）的审评，CTA 的审评由 NCA 负责。① 尽管临床试验的审评发生在各成员国层面，但 EMA 在确保其发布的临床试验管理规范（GCP 标准）在 EEA 的适用及合作协调方面扮演着非常重要的角色：EMA 与来自 EEA 成员国的药品监管机构（CA）的 GCP 检查员在 EEA 内负责 GCP 相关活动的协调统一。

欧盟药品监管的法律体系比较完善，特别体现在临床试验管理方面，由法规（Reg.）、指令（Dir.）和成员国国内法组成，欧盟药品监管的法律体系中重要的有 Dir. 2001/83/EC、Reg. 726/2004 等。欧盟通过立法形式通过的现行有效的临床试验法规为 Reg. （EU） No. 536/214，Reg. （EC） No. 536/2014 的主要特点是其申请程序更加简化。其通过单一门户网站进行 CTA 申请，申请过程只要求准备和提交一套申请资料，设立了一套更加一体化的审评程序来处理 CTA，临床试验过程及结果的透明度提高，欧盟从整体上对其成员国及第三国进行管控。Reg. （EC） No. 536/2014 涵盖的内容主要有：审评程序，临床试验的开始、中止、暂停、提早结束，受试者的保护（知情同意）在临床上的开展，安全性报告，IMP 的生产、标签、进口，保险。临床试验全过程中的某些方面非 Reg. （EC） No. 536/2014 所管辖，由成员国层面进行监管，又称“特定成员国方面（Country specific－Aspects）”，包括：伦理相关方面的规定，无法提供知情同意

---

① 参见 European Union，*Regulation*（*Eu*）*No* 536/2014 *of The European Parliament And of The Council of* 16 *April* 2014，EUR－Lex（Oct. 26，2021），载 https：//eur－lex. europa. eu/legal－content/EN/TXT/?uri = celex%3A32014R0536，最后访问日期：2023 年 3 月 6 日。

的受试者的法定代理人，损害赔偿的实质性规则，对研究者的要求和临床试验机构的资质，对于国家、机构的具体文件要求（如原件和复印件、公证、语言要求）以及其他要求。

Reg.（EC）No. 536/2014 规定，欧盟的 CTA 须同时在科学和伦理层面经审查批准同意后，申办者方可实施临床试验。由于欧盟临床试验的审查主要发生在成员国层面，而各成员国国内法律制度存在差异，因此各成员国之间的 CTA 的审查机构也有所不同，Reg.（EC）No. 536/2014 着重强调了药物临床试验须向各成员国的伦理审查机构申请伦理审查，且应确保伦理委员会审查的时间和程序与 Reg.（EC）No. 536/2014 中规定的批准 CTA 的时限和程序相一致，其中：（1）就初次申请而言，任何 CTA 的形式审查时间均为 10 日，形式审查之后的审评过程，其时间不得超过 45 日，伦理委员会或药监当局可以要求申办者提交补充材料或对试验方案问题进行解答，其中等待答复的时间不计入上述 45 日中。此外，基因治疗、体细胞治疗或含有遗传性修饰器官的药物 CTA 的审评可以延长 50 日用于专家咨询。（2）参与临床试验的一个相关成员国的后续加入①的时限为 52 日。（3）实质性修正申请（substantial modification）的时限为 49 日（仅涉及一个成员国的情况下），生物技术及先进疗法药物的 CTA 申请延长 50 日用于专家咨询。任何实质性修正、提前结束或终止试验项目均需要向所在国的药监部门或伦理委员会通报。在 CTA 的评审中，欧盟引入了默示批准②的概念，但默示批准并非 FDA 意义上的临床试验审评的默示许可，比如确认受理申请资料时的默示许可，可以确保恪守审评时限，减少不必要的等待。

就临床试验的减免流程，EMA 在 2014 年发布的生物类似药法规③中指出，当在候选药和参照药的理化性质、生物活性、药效和药动学特征都具有相似性，

① 如果申办者希望将获得批准的临床试验扩展至另一成员国，须通过欧盟门户网站向该成员国提交申请资料。

② 参见 European Union，*Directive* 2001/20/*EC of The European Parliament And of The Council of* 4 *April* 2001，European Union（Oct. 26，2021），载 https：//ec. europa. eu/health/sites/default/files/files/eudralex/vol－1/dir_2001_20/dir_2001_20_en. pdf，最后访问日期：2023 年 3 月8 日。

③ 参见 European Medicines Agency，*Guideline on Similar Biological Medicinal Products Containing Biotechnology－Derived Proteins As Active Substance：Non－Clinical and Clinical Issues*，European Medicines Agency（Oct. 26，2021），载 https：//www. ema. europa. eu/en/documents/scientific－guideline/guideline－similar－biological－medicinal－products－containing－biotechnology－derived－proteins－active_en－2. pdf，最后访问日期：2023 年 3 月 10 日。

且候选药包含的杂质和辅料都不会引起不良反应的情况下，可以免除临床试验。

D. 科创板上市审核的关注点

科创板上市第5套标准规定，适用该标准的医药行业企业需至少有一项核心产品获准开展Ⅱ期临床试验。在科创板审核过程中，审核中心会关注产品的临床试验进展，包括对照药的选择、临床试验设计的理由、临床试验数据等。

在本所律师承办的上海谊众（688091. SH）项目中，审核中心关注：上海谊众选择普通紫杉醇注射液作为临床对照药的原因；试验组和对照组的剂量及有效药物的含量问题；与同类产品相比，所选取的病人群体是否存在差异，比较是否具有意义，是否设计随机双盲实验；要求披露相关临床试验数据。同时，我们也看到君实生物（688180. SH）在科创板审核过程中，审核中心关注：君实生物主要产品特瑞普利有条件上市后，是否已就确证性临床试验方案与监管机构达成一致意见并开始实施，已开展的相关试验是否满足有条件上市许可的要求。

通过对已在A股科创板上市的生物科技企业的问询情况来看，在科创板IPO审核过程中，审核中心对于拟上市企业的产品和市场给予重点关注，对于尚在临床试验的产品，审核中心重点关注临床试验的规范、临床试验方案的设计、临床试验数据等。

2）药品上市许可

医药企业在完成支持药品上市注册的药学、药理毒理学和药物临床试验等研究确定质量标准，完成商业规模生产工艺验证，并做好接受药品注册核查检验的准备后，可提出药品上市许可申请。在药品上市审评中，药品审评中心应当组织药学、医学和其他技术人员，按要求对已受理的药品上市许可申请进行审评。根据药品注册申报资料、核查结果、检验结果等，对药品的安全性、有效性和质量可控性等进行综合审评。审评过程中基于风险启动药品注册核查、检验，相关技术机构应当在规定时限内完成核查、检验工作。

3）关联审评审批制度

根据2020年《药品注册管理办法》第41条、第42条的规定，关联审评审批是指药品审评中心在审评药品制剂注册申请时，对药品制剂选用的化学原料药、辅料及直接接触药品的包装材料和容器进行关联审评。药品审评中心建立化学原料药、辅料及直接接触药品的包装材料和容器信息登记平台，对相关登记信息进行公示，供相关申请人或者持有人选择，并在相关药品制剂注册申请审评时关联审评。药品制剂申请人提出药品注册申请，可以直接选用已登记的化学原料药、辅料及直接接触药品的包装材料和容器；选用未登记的化学原料药、辅料及直接接触药品的包装材料和容器的，相关研究资料应当随药品制剂注册申请一并申报。

该制度在原国家食品药品监督管理总局于2017年11月发布的《关于调整原料药、药用辅料和药包材审评审批事项的公告》及国家药监局于2019年7月发布的《国家药监局关于进一步完善药品关联审评审批和监管工作有关事宜的公告》中已有规定，2020年《药品注册管理办法》在此基础上进一步明确了原料药、药用辅料、直接接触药品的包装材料和容器（以下简称原辅包）与药品制剂关联审评审批和监管的有关事宜。

4）药品加快上市注册路径

2020年《药品注册管理办法》以专章的形式规定了药品加快上市注册程序，参考国际经验规定了突破性治疗药物、附条件批准、优先审评审批及特别审批四个药品加快上市注册程序。其中，突破性治疗药物和附条件批准为新增加程序，优先审评审批在原国家食品药品监督管理总局于2017年发布的《关于鼓励药品创新实行优先审评审批的意见》中作了进一步的调整和细化，特别审批程序继续沿用2005年发布的《药品特别审批程序》，没有相应调整。随后国家药监局于2020年7月7日发布《突破性治疗药物审评工作程序（试行）》《药品附条件批准上市申请审评审批工作程序（试行）》《药品上市许可优先审评审批工作程序（试行）》三个文件，分别对应2020年《药品注册管理办法》的第四章“药品加快上市注册程序”中规定的三个制度，对药品注册管理的工作流程，对不同类型的药品上市注册快通道所适用的范围、条件及审评审批时限、具体要求等内容都进行了清晰的阐释，以配合2020年《药品注册管理办法》的实施。以下是对四种药品加快上市注册程序各自的适用范围，以及2020年《药品注册管理办法》给予的不同政策支持进行的简要总结。

A. 突破性治疗药物程序

适用条件：药物临床试验期间，用于防治严重危及生命或者严重影响生存质量的疾病，且尚无有效防治手段或者与现有治疗手段相比有足够证据表明具有明显临床优势的创新药或者改良型新药等。

政策支持：申请人可以在药物临床试验的关键阶段与药品审评中心审评人员

进行沟通交流；申请人可以将阶段性研究资料提交药品审评中心，药品审评中心反馈意见和建议。

B. 附条件批准程序

适用条件：药物临床试验期间，治疗严重危及生命且尚无有效治疗手段的疾病的药品，药物临床试验已有数据证实疗效并能预测其临床价值的；公共卫生方面急需的药品，药物临床试验已有数据显示疗效并能预测其临床价值的；应对重大突发公共卫生事件急需的疫苗或者国家卫生健康委员会认定急需的其他疫苗，经评估获益大于风险的。

政策支持：申请附条件批准的申请人应当就附条件批准上市的条件和上市后继续完成的研究工作等与药品审评中心沟通交流，经沟通交流确认后提出药品上市许可申请。经审评，符合附条件批准要求的在药品注册证书中载明附条件批准药品注册证书的有效期、上市后需要继续完成的研究工作及完成时限等相关事项。

C. 优先审评审批程序

适用条件：药品上市许可申请时，具有明显临床价值的药品：临床急需的短缺药品、防治重大传染病和罕见病等疾病的创新药和改良型新药；符合儿童生理特征的儿童用药品新品种、剂型和规格；疾病预防、控制急需的疫苗和创新疫苗；纳入突破性治疗药物程序的药品；符合附条件批准的药品；国家药监局规定其他优先审评审批的情形。

政策支持：药品上市许可申请的审评时限为 130 日；临床急需的境外已上市境内未上市的罕见病药品，审评时限为 70 日；需要核查、检验和核准药品通用名称的，予以优先安排；经沟通交流确认后，可以补充提交技术资料。

D. 特别审批程序

适用条件：在发生突发公共卫生事件的威胁时以及突发公共卫生事件发生后，国家药监局可以依法决定对突发公共卫生事件应急所需防治药品实行特别审批。

政策支持：国家药监局按照统一指挥、早期介入、快速高效、科学审批的原则，组织加快并同步开展药品注册受理、审评、核查、检验工作。

整体来看，上述四种药品加快上市注册程序比肩国际先进监管理念，改变了原来仅在上市审评阶段加速的机制缺陷。在突破性治疗药物程序、附条件批准程序及优先审评审批程序中，药品监管部门及其专业技术机构在药品研制和注册过程时就给予必要的技术指导、沟通交流、优先配置资源、缩短审评时限等政策和技术支持，从而达到加快新药好药上市的目的，使原来的末端加速机制转向前端、中端加速机制，而我国特有的药品特别审批程序更是在药品的研发审评全程进行加速。

E. 欧盟与美国的相关规定

a. 美国

对于NDA申请，美国《处方药用户付费法案》（PDUFA）规定，属于正常审评的新分子实体及生物制品时限是10个月，优先审评的时限是6个月。对于在药品审评过程中要求申办方补充资料的，FDA没有固定的时间要求，其做法比较灵活，审评时间不一定会因为补充资料而延长。另外，FDA的生产检查和临床数据核查是与技术审评并行开展的，采取抽查的形式。中国的NDA审评时限，根据《药品注册管理办法》的规定，一般创新药为200日，优先审评为130日；提出补充资料要求的审评时限延长1/3，其中适用优先审评审批程序的，审评时限延长1/4；同时要求药品核查中心和药品检验机构原则上在审评时限届满40日前完成药品注册生产现场核查和药品注册检验相关工作。

美国对于普通药品有突破性疗法（Breakthrough Therapy）、快速通道（Fast Track）、加速批准（Accelerated Approval）和优先审评（Priority Review）4个加速程序。快速通道和突破性疗法适用于研发阶段，优先审评和附条件的加速批准适用于注册审评阶段。在《FDA行业指南：严重疾病加快程序——药物和生物制剂（2014）》［*FDA Guidance for Industry*：*Expedited Programs for Serious Conditions—Drugs and Biologics*（2014）］中有详细介绍。加快审评通道覆盖了从临床早期到上市批准的各个阶段，极大地促进并加快了创新药物的研发和上市。此外FDA对于罕见病药物授予孤儿药认定，我国药品审评中心发布的《罕见病治疗药物注册申请临床审评中的基本考虑》提到可以参考欧美做法，对于临床急需境外已上市罕见病用药优先审评审批程序的审评时限为70个工作日。

沟通交流制度。通过沟通交流机制可以确保审评的明确性和透明度，提升创新药研发速度和质量，减少因双方观点不一致影响药品研发及注册的情况。FDA最初设置沟通交流程序是因为其越来越难达到PDUFA中设立的审评时限目标。因此，为了提高审评效率、增加审评透明度，FDA只能完善与申请者之间的沟通。FDA 的沟通交流分 3 类，A 类沟通交流针对可能终止的项目，如重大安全性问题以及停滞不前的项目；B 类是针对药物研发的关键阶段，包括 IND 前(Pre－IND)、Ⅰ期临床结束后（EOP1）、Ⅱ期临床结束后（EOP2）和 NDA 会议前；C 类则是除 A、B 类外其他事项的沟通，申请者和监管机构可以在会议中就临床研究设计、安全性以及加速审评程序等多方面问题与 FDA 进行沟通交流。

b. 欧盟

自 2006 年开始，欧盟先后建立了优先审评（Accelerated Assessment）、适应性审评（Adaptive Pathway）、附条件上市许可（Conditional Marketing Authorization）、重点药物审批（Priority Medicine，PRIME①）的加快注册程序。

其中，优先审评程序缩短了 EMA 人用医药产品委员会（CHMP）审查上市授权申请的时间进度。如果 CHMP 决定该产品对公共卫生和治疗创新具有重大意义，则该申请可能有资格获得加速评估。在集中程序下评估一份上市许可申请可能需要 210 日，不包括申请人必须提供额外信息时的停顿时间。根据要求，如果申请人为加速评估提供足够的理由，CHMP 可以将时间缩短到 150 日。

适应性审评程序是 EMA 为使患者及时获得新药而做出的努力。适应性审评程序是一个关于药品开发和数据生成的科学概念，它允许患者尽早和逐步地获得药品。该方法利用了现有的欧盟药品监管框架。

EMA 支持开发解决未满足医疗需求的药品。为了公共卫生的利益，申请人可以根据比通常要求更少的临床数据获得这类药品的有条件上市许可，因为立即提供药品的好处超过了仍然需要额外数据的固有风险。

PRIME 是 EMA 推出的一项计划，旨在加强对针对未满足医疗需求药品的开发的支持。这一自愿性计划的基础是加强与有前景的药物开发商的互动和早期对话，以优化开发计划和加快评估，使这些药物能够更早地到达患者手中。此外，PRIME 中的早期沟通交流制度，旨在通过 EMA 与药品开发商的早期接触，改进临床试验设计，使产生的数据适合评估上市授权申请。早期的沟通和科学建议也确保患者只参加旨在为申请提供必要数据的试验，使有限的资源得到最佳利用。(见表 4－10 至表 4－13)

① 欧盟的 PRIME 程序只适用于新药（新分子），欧盟每月都会公布纳入 PRIME 的药物名单。

表 4－10　突破性治疗相关程序对比

	中国 突破性治疗	美国 Breakthrough Therapy	欧盟 PRIME
申请时间	临床试验阶段，通常不晚于Ⅲ期临床试验开始前	临床试验阶段，通常在Ⅲ期临床实验开展前	临床试验阶段（已有早期临床数据）
反馈时间	收到申请 45 个工作日内	收到申请 60 个日历日内	无法规规定，一般 40～50 日内反馈
入选条件	（1）属于创新药或者改良型新药；（2）药物临床试验期间（通常不晚于Ⅲ期临床试验开展前）；（3）防治严重危及生命或者严重影响生存质量的疾病；（4）尚无有效防治手段或者与现有治疗手段相比有足够证据表明具有明显临床优势。需要注意尚无有效防治手段是指该药物与安慰剂或者良好证据的历史对照相比，在重要临床结局上具有显著临床意义上的疗效。而与现有治疗手段相比该药物具有明显临床优势是指单用或者与一种、多种其他药物联用，在一个或者多个具有临床意义的终点上有显著改善	治疗严重疾病，初步临床试验表明药物在一个或多个有临床意义的指标上，较现有疗法有显著改善	用于治疗尚无有效防治手段或者与现有治疗药物相比具有明显临床优势的药物

续表

	中国 突破性治疗	美国 Breakthrough Therapy	欧盟 PRIME
获益及终止程序	通过沟通交流和提交阶段性研究资料以获取CDE后续建议，已纳入突破性治疗药物程序的药物可申请Ⅰ类会议。 如评估后不满足条件，将会终止其资格认证	享受快速通道中所有加速途径：可以在Ⅰ期临床实验开始前就获得FDA对有效药物开发计划的密切指导。如评估后不满足条件，将会终止其资格认证	指定专人负责，可以在更早阶段获得EMA密切的指导。如评估后不满足条件，将会终止其资格认证

表4－11　附条件批准相关程序对比

	中国 附条件批准	美国 Accelerated Approval	欧盟 Conditional Marketing Authorisation
申请时间	临床试验期间（可与Pre－NDA会议一同申请）	临床试验期间	临床试验期间沟通，一般在上市许可申请前7个月发起提议
反馈时间	无法规规定	无法规规定	无法规规定
入选条件	未在中国境内上市销售（包括化合物或适应症）且临床急需的品种，且需要满足以下条件之一：（1）目标适应症为严重且危及生命的疾病＋现有治疗手段未满足临床需求＋已有数据显示其疗效并能预测其临床获益的；（2）治疗罕见病的临床急需药品＋境外已批准上市或境内已有临床数据显示其疗效并能预测其	治疗严重疾病且与现有治疗手段相比具有显著疗效，替代终点的效果显示可能具有临床价值，或替代终点对不可逆转的发病或死亡的临床终点有预示性	（1）用于治疗、预防或诊断严重危及生命的疾病的药品；（2）预期用于紧急情况的药品；（3）罕见病用药

续表

	中国 附条件批准	美国 Accelerated Approval	欧盟 Conditional Marketing Authorisation
	临床获益的；（3）公共卫生方面急需 + 已有数据显示其疗效并能预测其临床获益的；（4）应对重大突发公共卫生事件急需的疫苗或国家卫生行政部门认定急需并被依法列入特别审批程序的其他疫苗 + 经评估获益大于风险的		
获益及终止程序	通过沟通交流提交药品上市许可申请，上市后完成确证性临床试验，并提交补充申请。 逾期或未按要求完成研究或者不能证明其获益大于风险的，可能面临注销药品注册证书的情形	依据良好的临床数据和替代终点批准药物，上市后完成确证性临床试验。 如果临床研究不能证明获益大于风险，FDA 可以撤销已批准的药物或者适应症	依据良好的临床数据，根据药品风险和获益平衡，在数据不完整的情况下批准药品，上市后完成确证性临床试验。 年度更新的审评意见为暂停或一定期限内未补充全面的数据可能被撤销，未递交年度更新审评意见的，到期自动终止

表 4－12　优先审评审批相关程序对比

	中国 优先审评审批	美国 Priority Review	欧盟 Accelerated Assessment
申请时间	申报上市时	初始 BLA、NDA 或有效性补充申请	申报上市时（上市许可申请提交前 6～7 个月发起提议：一般上市提交前 2～3 个月递

续表

	中国 优先审评审批	美国 Priority Review	欧盟 Accelerated Assessment
			交加速申请；如已经进入 PRIME 项目，则在上市许可递交前再次确认是否获得加速审批）
反馈时间	收到申请 5 个工作日内（在 Pre – NDA 会议时需与 CDE 达成一致）	收到申请 60 个日历日内	无明确法规规定
入选条件	（1）临床急需的短缺药品、防治重大传染病和罕见病等疾病的创新药和改良型新药；（2）符合儿童生理特征的儿童用药品新品种、剂型和规格；（3）疾病预防、控制急需的疫苗和创新疫苗；（4）纳入突破性治疗药物程序的药品；（5）符合附条件批准的药品；（6）国家药监局规定其他优先审评审批的情形	治疗严重疾病，显著提高安全性或有效性的药品；用于治疗特定感染性疾病；递交时有加速审评券	公共卫生方面临床急需的药品，如产品包含新活性物质或在治疗方法上有创新等；申请附条件上市许可的药品
获益及终止程序	申报前沟通交流，经沟通交流确认后提出申请；药审中心优先配置资源，审评时限为 130 工作日；临床急需境外已上市罕见病用药审评时限为 70 工作日；优先安排核查、检验和通用名称核准	缩短审评时限，由标准审评 10 个月缩短为优先审评 6 个月	缩短审评时限，由标准时限 210 个日历日缩短为 150 个日历日

续表

	中国 优先审评审批	美国 Priority Review	欧盟 Accelerated Assessment
	申请人或药审中心发现该药品不再符合纳入条件的，可经论证终止该程序		

表 4 – 13　几种特有审评程序对比

	中国 特别审批	美国 Fast Track	欧盟 Adaptive Pathway
申请时间	临床试验、上市许可、补充申请阶段	药物研发过程任意阶段	临床试验、上市许可、补充申请阶段
反馈时间	24 小时内	收到申请 60 个日历日内	无明确法规规定
入选条件	突发公共卫生事件应急所需防治药品	治疗严重或危及生命的疾病且可能满足尚未满足的临床需求，如果已有现有疗法，申请的药品必须显示一定的优势	主要适用于医疗需求较大，但很难通过传统方法收集数据的疾病治疗手段
获益和终止程序	国家药监局统一指挥、早期介入、快速高效、科学审批。根据疾病防控的特定需要，限定在一定期限内和范围内使用。如果发现其不再符合纳入条件，应当终止该药品的特别审批程序并告知申请人	享有频繁的会议、书面沟通及滚动审评。如果发现其不再符合纳入条件，应终止程序	迭代研发、真实世界数据、患者及卫生技术评估机构提前介入

5）全球多中心临床研究及境外临床研究数据的适用

接受企业在境外取得的临床试验数据是鼓励其开展国际多中心临床试验、加快药品上市的关键环节。国内《药品注册管理办法》明确可以接受境外临床数据。在2018年7月国家药监局发布的《接受药品境外临床试验数据的技术指导原则》中，将接受境外数据分为完全接受、部分接受与不接受三种情况，区分标准主要取决于境外获得的临床试验数据是否真实可靠、符合ICH GCP要求，是否可以支持目标适应症的有效性和安全性评价，以及是否存在影响有效性和安全性的种族敏感性因素。对于用于危重疾病、罕见病、儿科且缺乏有效治疗手段的药品注册申请，经评估其境外临床试验数据属于“部分接受”情形的，也可采用有条件接受临床试验数据的方式，在药品上市后进一步收集有效性和安全性数据用于评价。

美国对于接受境外数据的法规要求主要是考虑美国人群的代表性，美国是一个移民国家，FDA对于种族敏感性问题担忧较小，接受境外数据的做法比较普遍。实践中如果数据中的某个族群人数较多，FDA会对临床数据中的亚组进行趋势分析，如果亚组与整体趋势一致，则可认为这个临床试验的数据具有美国人群代表性。FDA对数据的质量同样有要求，接受的境外数据需要满足以下条件：一是研究按照《药物临床试验质量管理规范》（GCP）进行；二是FDA能够通过现场核查确认研究数据真实性等；三是也会考虑研究人群、临床实践、法规要求等方面的差异。

欧盟认为，药物开发越来越全球化，提交给EMA的关键性研究中，有越来越多的研究是在欧盟以外进行的，因此有必要了解将研究结果外推到欧盟人群时可能出现的差异和担忧。迄今为止的经验表明，将研究人群中获得的数据外推到欧盟环境中时，内在和外在因素都是需要考虑的。随着欧盟的扩大，欧盟内部在外在和内在因素方面的差异也在增加。① 以四项有关抗血栓药物的研究为例，包括一项上市许可申请和三项适应症的扩展，在其中的两项研究中，北美的患者获得了有益的效果，而欧盟的患者则没有。据推测，这可能是由于北美中心的早期血运重建率较高和治疗开始时间较早。关于另外两项研究，考虑到对有背景疗法

① 参见European Medicine Agency, *Reflection Paper on The Extrapolation of Results From Clinical Studies Conducted Outside The Eu to The Eu - Population*, European Medicine Agency（Oct. 26, 2021），载https://www.ema.europa.eu/en/documents/scientific-guideline/reflection-paper-extrapolation-results-clinical-studies-conducted-outside-european-union-eu-eu_en.pdf，最后访问日期：2022年12月8日。

和干预措施（如β-受体阻滞剂、PCI）的患者进行的亚组分析缺乏与欧盟环境相关的积极结果，有人质疑在亚洲患者（在一项研究中只有中国患者）中看到的有益结果是否可以推断到欧盟的情况。总之，欧盟赞成在某一地区进行临床试验时，会对潜在的外在和内在因素进行深入、前瞻性的分析。这种分析的结果可能有助于监管评估人员决定在世界特定地区进行的某些临床试验是否与欧盟环境有关，或者是否有理由在欧盟范围内进行额外的临床试验。

随着中美两国对境外临床试验数据的开放，越来越多的药企选择全球同步开发的路径。其中，百济神州的泽布替尼则是在中美两国同步开发的典型案例。泽布替尼是一款第二代BTK抑制剂，由中国创新药研发公司百济神州在2012年开发。2019年11月该产品获FDA批准上市，成为第一个成功登陆美国市场的本土企业的原研新化学分子实体（NME），2020年6月其又获得国家药监局（NMPA）上市批件，成为首个实现中美同步开发的中国创新药产品。

在临床研究阶段，泽布替尼（BGB-3111）的临床研究从澳洲开始，2014年5月百济神州向澳大利亚药品监管部门提出泽布替尼IND申请，同年8月在澳大利亚首次启动用于人体的临床研究，这项研究的代号是BGB-3111-AU-003，设计是全球多中心Ⅰ期、Ⅱ期临床研究，研究对象是B细胞淋巴瘤患者。2015年泽布替尼获得FDA的IND许可，美国也加入了BGB-3111-AU-003这项研究。美国方面，2016年5月FDA和百济神州召开EOP1会议，就BCB-3111-AU-003的结果进行讨论，并与FDA初步商量泽布替尼用于套细胞淋巴瘤（MCL）适应症的开发及注册路径，讨论是否可以仅使用Ⅰ期加Ⅱ期的结果就进行上市注册申报，FDA此时并不同意但FDA于2016年6月给予泽布替尼孤儿药资格认定①，在这之后百济神州仍然与FDA就此问题进行了多次沟通。

在中国，百济神州于2015年2月向中国药品监管部门递交IND申请，2016年2月获得临床试验批件，2016年5月启动BGB-3111在国内的Ⅰ期临床研究（BGB-3111-1002）。这一阶段受药品审评审批制度改革影响，国内新药研发加速。2016年12月，泽布替尼在国内的Ⅰ期研究完成后，紧接着启动关键的Ⅱ期临床研究（BGB-3111-206），适应症为复发或难治性套细胞淋巴瘤，这是一项

① 参见谢欣：《泽布替尼炼成记——一粒中国抗癌新药诞生背后》，载《科学大观园》2019年第24期。

仅在中国开展的多中心临床研究。2018 年 6 月 BGB－3111－206 研究结果公布。

在上市申请阶段，在 BGB－3111－206 研究数据获得前夕，2018 年 2 月百济神州和中国药监部门召开 NDA 前会议，同年 8 月百济神州向中国药监部门递交泽布替尼用于治疗 MCL 的上市申请，并获得优先审评资格。但泽布替尼在中国的上市注册，经历了两次资料补充。百济神州分别于 2019 年 7 月和 11 月回复补充资料，2020 年 4 月，CDE 正式受理泽布替尼的两项新药上市申请，2020 年 6 月 3 日，正式在中国获批上市。在这一过程中，CDE 在完成技术审评后，通知相关部门对泽布替尼的合同研发生产组织（CDMO）进行了生产检查，并对样品进行检验①。美国方面，百济神州在注册申请递交之前和 FDA 进行了多次沟通。2018 年 8 月，百济神州注册团队与 FDA 召开了一次关键会议，这次会议 FDA 明确同意可以使用Ⅰ期加Ⅱ期的数据在美国递交 MCL 适应症的上市申请。但此时 FDA 并不能完全接受百济神州的方案，要求至少有 12 个月的随访，观察泽布替尼治疗的持续应答时间，另外 BGB－3111－206 的患者全部来自中国，FDA 对这一研究在美国的人群代表性有担忧。随后，泽布替尼的研究结果获得 FDA 的进一步认可。2019 年 1 月，FDA 授予泽布替尼二线治疗 MCL 突破性药物资格认定。2019 年 4 月，FDA 以书面形式将泽布替尼用于 MCL 治疗的 NDA 要求告知百济神州，2019 年 5 月底，双方召开 NDA 前沟通交流会议，这一次 FDA 同意将 BGB－3111－AU－003 和 BGB－3111－206 两个研究的结果作为疗效审评的依据。2019 年 6 月 27 日，百济神州正式向 FDA 递交泽布替尼 NDA 申请，2019 年 8 月申请获得正式受理，并获得优先审评资格，最终于 2019 年 11 月 15 日泽布替尼获得 FDA 颁发的上市批件，FDA 在此期间对中国临床研究机构进行了数据核查，由于泽布替尼在美国的工厂具有良好的检查记录，所以 FDA 没有再对其进行批准前检查。

从以上两国上市申请流程中可以看出，两国监管部门在 2018 年均不能完全接受百济神州提出的泽布替尼的注册资料内容，FDA 在沟通交流后明确表示不能接受百济神州提出的要求，而国内药品审评中心在受理上市申请后要求百济神州继续补充资料。在这期间，得益于两国各自建立的药品上市注册过程中的沟通

① G Li，X Liu，X Chen，*Simultaneous Development of Zanubrutinib In The USA and China*，Nat Rev Clin Oncol，2020，17（10）：1－2.

交流制度，中美两国的监管机构都与该企业进行了多次沟通交流，每次沟通交流都对泽布替尼的研发及注册起到推动作用。

国内审评审批制度改革落地，提高了药品审评效率，为创新药实现境外上市降低了难度，使得百济神州可以利用中国数据向 FDA 递交上市申请。我们可以看到，最终百济神州在中国和美国获批 MCL 适应症基于的研究数据是相同的，包括 BGB－3111－AU－003 和 BGB－3111－206 两个研究共 118 名 MCL 患者的疗效性数据，以及上述两项研究加上 BGB－3111－1002、BGB－3111－205、BGB－3111－207、BGB－3111－210 这 4 个研究共 682 名各类淋巴瘤患者的安全性数据。可见，在泽布替尼的研究过程中，两国监管部门都对境外研究数据持开放态度，两国共有 4 次接受境外研究数据的情况，使得重复研究的情况基本没有出现，实现了产品在各个国家同步开发的优势。因此，优化审评审批程序、提高审评审批效率，是实现泽布替尼中美同步开发的重要条件。

此外，在泽布替尼研发过程中，中美药品监管部门均将其列入多个加速程序，如中国的优先审评、有条件批准，以及美国的优先审评、突破性疗法、孤儿药认定，使得审评审批的效率得到了极大的提升，推动了中美同步研发的进程。

从泽布替尼的案例中可以看出，国内现行制度对于创新药研发的障碍已基本扫清，如果企业能够合理利用境内外监管部门设置的创新药监管激励政策，则中国创新药企业可成功实现药品在中国与境外的同步开发。

③药品生产质量管理

2019 年《药品管理法》规定，从事药品生产活动应当经所在地省、自治区、直辖市人民政府药品监督管理部门批准，取得药品生产许可证。从事药品生产活动，应当遵守药品生产质量管理规范，建立健全药品生产质量管理体系，保证药品生产全过程持续符合法定要求。根据 2019 年《药品管理法》和国家药监局《关于贯彻实施〈中华人民共和国药品管理法〉有关事项的公告》（国家药监局公告 2019 年第 103 号）的规定，自 2019 年 12 月 1 日起，取消药品生产质量管理规范认证（GMP 认证）。自此，药品证书的事前审批被取消，全面实施药品上市许可持有人制度，监管重心转移至日常药品生产经营活动中，更加强调事后监管，本质上是从行政许可变成了行政检查。

虽然取消了 GMP 认证，但是从事药品生产活动的企业仍然应当根据 2020 年《药品生产监督管理办法》的规定，遵守 GMP 要求，建立健全药品生产质量管理体系，按照国家药品标准、经药品监督管理部门核准的药品注册标准和生产工艺进行生产，按照规定提交并持续更新场地管理文件，对质量体系运行过程进行风险评估和持续改进，保证药品生产全过程持续符合法定要求。

④医疗器械的审评审批制度

2021 年 2 月，国务院发布新修订的《医疗器械监督管理条例》，本次修订落实了 2017 年 10 月中共中央办公厅、国务院办公厅《关于深化审评审批制度改革鼓励药品医疗器械创新的意见》的要求；吸收了医疗器械注册人制度试点的有益经验，将医疗器械注册人制度确立为医疗器械行业的基本制度；继续贯彻从严监管的思路，严格法律责任。其中，对医疗器械行业影响较大的便是对医疗器械审评审批制度进行的改革，其实施优先审批、优化审批、备案程序，提高了审批效率，减轻了企业负担，极大地促进了医疗器械行业高质量、蓬勃发展，促进了医疗器械产品的研发和注册。概括来说，2021 年《医疗器械监督管理条例》对审评审批制度的规定主要体现在以下几个方面。

其一，将医疗器械创新纳入发展重点，完善创新体系，在科技立项、融资、信贷、招标采购、医保等方面予以支持，鼓励企业与高等学校、科研院所、医疗机构等合作开展医疗器械的研究与创新，加强医疗器械知识产权保护，提高医疗器械自主创新能力；其二，加强医疗器械监督管理信息化建设，提高在线政务服务水平，为医疗器械行政许可、备案等提供便利；其三，对创新医疗器械予以优先审评审批；其四，优化审批程序，减少审批材料，允许企业提交自检报告；优化备案程序，实行告知性备案、并联备案等；其五，对延续注册和临床试验实行默示许可；其六，将生产经营许可审查期限由 30 个工作日缩短为 20 个工作日；其七，明确免于临床评价的情形，提高企业注册申请的效率；其八，鼓励医疗机构开展临床试验，将临床试验条件和能力评价纳入医疗机构等级评审。

⑤上市许可持有人制度

第一，药品上市许可持有人制度

药品上市许可持有人（MAH）制度实施后，药品研发机构、生产企业等主体可以单独或联合提出药品上市许可申请并取得药品注册证书，该制度只以药品注册证书为要求，申请人取得药品注册证书后成为 MAH，其就需要对药品的全生命周期负责，即对药品研制、生产、经营、使用全过程中药品的安全性、有效性和质量可控性负责。

自科创板注册制实施以来，已经有若干家在科创板上市的医药企业采用MAH制度。科创板医药第一股——微芯生物作为其主要产品西达本胺原料药和片剂的上市许可持有人，将西达本胺原料药和片剂的生产业务与其剥离并委托其子公司进行生产，将公司的研发与生产业务分离，使上市主体专注于药品研发业务。第一家采用科创板第五套上市标准申报的泽璟制药也采用了MAH模式，泽璟制药是甲苯磺酸多纳非尼原料药的上市许可持有人，由于尚不具备化学原料药的生产厂房和设施，所以其通过委托第三方药品生产企业进行该原料药的生产。

根据2019年《药品管理法》的第十章及2020年《药品注册管理办法》的第九章，药品监管部门对药品上市许可持有人及受托方遵守药品生产质量管理规范的情况进行检查，监督其持续符合法定要求，未遵守药品生产质量管理规范的药品上市许可持有人及受托方将受到药品监管部门的处罚，并对相关药品质量问题承担赔偿责任，严重者可能被吊销业务资质或禁止从事药品生产经营活动。

作为上市许可持有人的拟上市医药企业可能会面临未遵守质量管理规定而被处罚的风险，亦可能会面临第三方生产的原料药不符合质量标准、第三方的生产过程不符合GMP要求、第三方业务安排等原因无法按时或足额获取合同约定的合格原料药的风险，从而对公司未来的业务、财务状况及经营业绩产生重大不利影响。这就要求药品上市许可持有人履行其管理责任，对受托生产企业进行有效监督，制定专门的风险防控措施，保证在委托生产经营模式下的持续合规管控。

另外，由于药品上市许可持有人需要对药品全生命周期负责，所以2019年《药品管理法》、2020年《药品生产监督管理办法》中明确的药品追溯制度也尤为重要，该制度要求药品上市许可持有人、药品生产企业、药品经营企业和医疗机构应当建立并实施药品追溯制度，按照规定提供追溯信息，保证药品可追溯，并向药品追溯协同服务平台提供追溯信息。

第二，医疗器械注册人、备案人制度

2021年《医疗器械监督管理条例》落实了医疗器械注册人、备案人制度，与药品上市许可持有人制度相类似，医疗器械注册人、备案人既可以自行生产，也可以将产品委托给不同的生产商生产或研发，其中有医疗器械生产许可证的受托方可直接进行生产，尚未取得医疗器械生产许可证的受托方可凭借注册人的委托书申请生产许可证，从而进行受托生产。医疗器械注册人、备案人制度要求注册人、备案人对医疗器械研制、生产、经营、使用等全生命周期的产品质量承担全部责任。

该制度下，符合条件的医疗器械注册人、备案人可以单独申请医疗器械注册证，然后委托给有资质和生产能力的企业生产，从而实现医疗器械产品注册和生产许可的解绑，改变二者的捆绑模式有利于提高效率、节约成本、创新发展。

同时，2021 年《医疗器械监督管理条例》明确和强化了医疗器械注册人、备案人的主体责任与义务，包括建立与产品相适应的质量管理体系并保持其有效运行；制订上市后研究和风险管控计划并保证其有效实施；开展不良事件监测和再评价；建立并执行产品追溯和召回制度等。厘清了两者与其他市场主体的权责，对受托生产企业、电子商务平台经营者和使用者等主体的权利义务予以明晰，有利于持续推进医疗器械研发、生产、销售和使用等全过程的健康发展。

第三，美国、欧盟的相关制度

A. 美国 MAH 制度及其实践

美国药品审批实行的也是药品上市许可与药品生产许可相分离的准入制度。美国实行的药品上市申报分为两个阶段，即临床试验申请和上市申请阶段。在临床试验申请阶段，临床试验申请人可以为个人、制药企业、政府机构、学术机构、私人组织或其他组织。在上市申请阶段，上市申请人为药品上市许可申请人，申请获得批准后成为持有人。申请人可以为同一个人或单位，也可以为不同的个人或单位，在申请阶段和申请获批后亦可以进行变更。

美国药品生产实行场地登记制度，不同生产企业颁发不同的生产许可证。药品生产企业登记注册的内容包括两方面，即生产场地和所生产的全部药品的登记注册。药品上市申请中的生产企业与持有人可以不是同一企业，持有人可以把药品的生产委托给一个或多个符合药品生产质量管理规范的生产企业。美国《联邦食品药品和化妆品法案》规定申请人在提交上市申请时，应当同时提交药品生产场地的信息，对场地实行与注册相联系的检查。药品上市后，如药品的生产场地发生变更的，应当向美国食品药品监督管理局提交变更申请。

B. 欧盟 MAH 制度及其实践

美国和欧盟间实行的 MAH 制度存在一定差异，美国的药品上市分为两个申报阶段，即临床研究申请阶段和上市申请阶段；欧盟集中审评药品①只需向 EMA 提交上市申请，提交申请人为 MAA（Marketing authorization holder），申请批准后为 MAH，临床试验申请阶段则由各成员国的监管机构负责。

欧盟的药品上市许可与生产许可彼此独立，欧盟对上市申请人经审批下发合法的上市许可，并对药品的生产商单独核发生产许可。药品上市许可申请人在提交上市许可申请时，必须确定其药品的生产方法及生产商②，但可以允许药品上市许可人委托多家生产企业生产，被委托的药品生产商只负责生产，而其相应的药品民事刑事责任、赔偿责任及质量安全有效性等责任均由 MAH 负责，MAH 还应对药品上市后的安全性负责，确保及时向药监管理部门报告药品不良反应。其中最重要的是 MAH 必须定期递交 PSUR（Periodic Safety Update Report），建立有关药品安全性信息的核心数据库，定期对搜集的数据进行风险评估，对有问题的药品采取召回或其他措施，以减少对公众健康的威胁。

⑥结语

我国医药行业仍处于深化改革的阶段，随着 2019 年《药品管理法》、2020 年《药品注册管理办法》等的施行，药品上市许可持有人制度等重大行业政策的陆续细化落地，药品及医疗器械的审批、注册、制造、包装、许可及销售等各个环节都会受到影响，证券监管部门对生物医药企业的审核问询要点也会相应有所变化。拟在境内上市的生物医药企业应对行业政策和监管动向保持足够关注，未雨绸缪，进一步规范运作，抓住生物医药行业的黄金发展期，助推我国从制药大国向制药强国的转变。

（2）反垄断③

①关于禁止经营者达成垄断协议

根据《反垄断法》的相关规定，关于达成垄断协议主要分为两大类：

第一，横向垄断协议

禁止具有竞争关系的经营者达成下列垄断协议：固定或者变更商品价格；限

① 欧盟药品上市许可的审批程序有三种：第一，集中审批程序（欧盟层面上市）；第二，成员国审批程序（成员国层面上市）；第三，互认可程序（成员国层面上市）。根据申请的药品类别，上市许可申请人可挑选最适当的审批程序对上市许可进行申请。

② 生产商必须在欧盟境内注册，并获得成员国颁发的许可。

③ 李鹏飞，经济法硕士，锦天城律师事务所律师，华东政法大学律师学院特聘教授。

制商品的生产数量或者销售数量；分割销售市场或者原材料采购市场；限制购买新技术、新设备或者限制开发新技术、新产品；联合抵制交易；国务院反垄断执法机构认定的其他垄断协议。

本法所称垄断协议，是指排除、限制竞争的协议、决定或者其他协同行为。

在医药行业，影响较为重大的涉及横向垄断处罚的案件有：冰醋酸原料药垄断案，涉及三家企业共计罚款1283万元。醋酸氟轻松原料药垄断案，天药股份罚没款合计约4402.26万元。

【案件简介】

冰醋酸原料药垄断案

2018年7月，市场监管总局接到举报，称部分冰醋酸原料药经营者联合涨价，损害了下游医药生产企业和患者利益。接到举报后，市场监管总局开展了反垄断调查。

调查发现，2017年10月至2018年2月，成都华邑药用辅料制造有限责任公司、四川金山制药有限公司、广东台山新宁制药有限责任公司三家涉案企业在生产销售冰醋酸原料药过程中，多次交流市场行情，交换产量销量信息，讨论共同涨价事宜。经多次商议，三家涉案企业最终达成了共同提高冰醋酸原料药销售价格的垄断协议，从2018年3月1日起，将冰醋酸原料药销售价格从7~9元/公斤提高至28~33元/公斤，并照此价格对外销售。

涉案企业上述行为违反了《反垄断法》的有关规定，市场监管总局依法作出行政处罚，责令三家企业停止违法行为，没收违法所得658.22万元；对三家企业分别处以上一年度销售额4%的罚款，共计625.16万元。三家涉案企业被罚没共计1283.38万元。

醋酸氟轻松原料药垄断案

2021年4月2日，天药股份发布公告称，天药股份于2021年4月1日收到天津市市场监督管理委员会下发的《行政处罚听证告知书》（津市监垄处告〔2021〕1号）

公告显示，天津市市场监督管理委员会认为天药股份以协议的形式对醋酸氟轻松原料药的销售市场进行划分，并变更、固定醋酸氟轻松原料药的价格，排除限制了醋酸氟轻松原料药在销售领域的竞争，违反了《反垄断法》第17条第1

项、第3项的规定，属于达成并实施“固定或者变更商品价格”“分割销售市场或者原材料采购市场”垄断协议的行为。

根据《反垄断法》第46条第1款、第49条的规定，天津市市场监管部门拟对天药股份没收违法所得约889.79万元，并处2019年度销售额4%的罚款约3512.47万元。罚没款合计约4402.26万元。

第二，纵向垄断协议（《反垄断法》第18条第1款）

禁止经营者与交易相对人达成下列垄断协议：固定向第三人转售商品的价格；限定向第三人转售商品的最低价格；国务院反垄断执法机构认定的其他垄断协议。

另外，根据《禁止垄断协议暂行规定》第12条的规定就构成纵向垄断的行为提供了进一步指引。

禁止经营者与交易相对人就商品价格达成下列垄断协议：固定向第三人转售商品的价格水平、价格变动幅度、利润水平或者折扣、手续费等其他费用；限定向第三人转售商品的最低价格，或者通过限定价格变动幅度、利润水平或者折扣、手续费等其他费用限定向第三人转售商品的最低价格；通过其他方式固定转售商品价格或者限定转售商品最低价格。

在医药行业，较为重大的横向垄断处罚的案件有扬子江药业集团垄断案，国家市场监督管理总局按照扬子江药业集团有限公司2018年度销售额的3%处以7.64亿元的罚款。

【案件简介】

根据举报，自2019年11月起，国家市场监督管理总局依据《反垄断法》依法对扬子江药业集团有限公司（以下简称当事人）涉嫌与交易相对人达成并实施固定转售价格、限定最低转售价格（以下简称固定和限定价格）的垄断行为展开了调查。

经查，当事人自2015年至2019年在全国范围内（不含我国香港、澳门特别行政区、台湾地区，下同）在药品零售渠道与交易相对人达成并实施固定和限定价格的垄断协议，排除、限制了市场竞争，损害了消费者利益。

2021年4月15日，国家市场监督管理总局下发了国市监处〔2021〕29号行政处罚决定书，认定当事人违反了《反垄断法》第18条的规定，按照当事人

2018 年度销售额的 3% 处以 7.64 亿的罚款。

【笔者评述】

纵向垄断系指不具有直接竞争关系的经营主体，如上下游经营者（包括生产厂商与经销商）之间达成排除、竞争协议，最常见的方式为转售价格控制，在医药、医疗器械行业，最为常见的是生产厂商对经销商的销售价格予以限制。可能受到处罚的方式不限于以协议约定、发放调价通知等书面方式限定经销商的销售价格（包括建议零售价、经销商投标价、到医院的最低售价等），值得注意的是，公司内部价格控制相关制度文件、销售人员的口头通知也构成处罚案例中的控制方式。对价格的控制包括直接控制和间接控制，其中间接控制包括控制价格变动幅度、利润水平（毛利率）或者折扣、手续费等。此外，一般而言，生产厂商在设定价格时会辅以考核监督手段（如巡店、价格监督），并会制定相应的惩罚措施（如断货、取消经销商资格等），一般也会将价格稳定作为销售人员的考核标准之一，从各纬度保证价格体系的有效执行。

转售价格控制对生产厂商而言具有管理市场环境的积极作用，但是站在监管的角度来看，生产厂商的纵向垄断剥夺了下游经销商的定价自主权，并会发生一系列的连锁反应：排除和限制品牌内经销商竞争，削弱品牌间的竞争，最终导致生产商和经销商之间、经销商与经销商之间形成的价格让步最终转嫁消费者承担，进而造成损害消费者权益的危害结果。

除上述纵向价格限制之外，仍有其他常见的纵向非价格限制手段，包括但不限于：销售地域限制、销售对象限制、销售竞品限制等。区别于执法机构在认定纵向价格限制时往往以协议是否构成纵向协议为要件的立案和处罚原则，纵向非价格限制存在一定的特殊性。2019 年 1 月 4 日国务院反垄断委员会发布的《关于汽车业的反垄断指南》（以下简称《汽车反垄断指南》）中就地域限制和客户限制就有过相关表述“地域限制和客户限制可能削弱品牌内竞争、分割市场、形成价格歧视。有效实施的地域限制和客户限制导致其他经销商难以获得供货，阻碍更有效率的新型经销模式的推广，使商品和服务价格维持在高位。但是，有时地域限制和客户限制也能够提高经销效率，比如，在经销商需要为保护和建立品牌形象进行特定投资时，地域限制能产生显著的效率”。因此，对于价格外的纵向非价格限制手段还需基于个案进行具体分析，根据公开渠道的查询结果，从目前处罚案例来看，纵向价格限制仍然是主要的处罚情形。

同时，需要特别注意的是，对于有市场支配地位的经营者①，其对价格方面的限制可能会构成《反垄断法》第22条②关于滥用市场支配地位的行为，因此无论基于何种理由，经营者都应当谨慎对待采取订立转售价格控制、实施地域限制和客户限制的条款。

第三，关于豁免

《反垄断法》第20条中规定了垄断行为的豁免情形，即如经营者能够证明所达成的协议属于下列情形之一的，认定不构成垄断协议：为改进技术、研究开发新产品的；为提高产品质量、降低成本、增进效率，统一产品规格、标准或者实行专业化分工的；为提高中小经营者经营效率，增强中小经营者竞争力的；为实现节约能源、保护环境、救灾救助等社会公共利益的；因经济不景气，为缓解销售量严重下降或者生产明显过剩的；为保障对外贸易和对外经济合作中的正当利益的；法律和国务院规定的其他情形。

其中，属于前款第1项至第5项情形的，不适用《反垄断法》第17条、第18条第1款、第19条规定的，经营者还应当证明所达成的协议不会严重限制相关市场的竞争，并且能够使消费者分享由此产生的利益。

笔者注意到，在扬子江药业集团案（2021）中，扬子江药业集团就符合豁免条件提出申请，但最终被驳回，笔者认为，从实务角度而言，经营者证明其符合以上豁免条件需要承担较高的举证责任。

---

① 《反垄断法》第24条规定：有下列情形之一的，可以推定经营者具有市场支配地位：(1) 一个经营者在相关市场的市场份额达到二分之一的；(2) 两个经营者在相关市场的市场份额合计达到三分之二的；(3) 三个经营者在相关市场的市场份额合计达到四分之三的。有前款第2项、第3项规定的情形，其中有的经营者市场份额不足十分之一的，不应当推定该经营者具有市场支配地位。被推定具有市场支配地位的经营者，有证据证明不具有市场支配地位的，不应当认定其具有市场支配地位。

② 《反垄断法》第22条第1款、第3款规定：禁止具有市场支配地位的经营者从事下列滥用市场支配地位的行为：(1) 以不公平的高价销售商品或者以不公平的低价购买商品；(2) 没有正当理由，以低于成本的价格销售商品；(3) 没有正当理由，拒绝与交易相对人进行交易；(4) 没有正当理由，限定交易相对人只能与其进行交易或者只能与其指定的经营者进行交易；(5) 没有正当理由搭售商品，或者在交易时附加其他不合理的交易条件；(6) 没有正当理由，对条件相同的交易相对人在交易价格等交易条件上实行差别待遇；(7) 国务院反垄断执法机构认定的其他滥用市场支配地位的行为。该法所称市场支配地位，是指经营者在相关市场内具有能够控制商品价格、数量或者其他交易条件，或者能够阻碍、影响其他经营者进入相关市场能力的市场地位。

因此，笔者再次提醒，就涉及《反垄断法》第17条、第18条等内容的协议本身而言，因其形式上符合垄断协议的构成要件即存在被执法部门立案和处罚的风险。一旦被执法部门认定为达成并实施垄断协议，经营者可以以符合《反垄断法》第20条的规定提出豁免申请，但经营者将承担较高的举证责任，实务中举证存在一定难度。

第四，小结

由于垄断协议的反垄断罚款金额以“上一年度销售额百分之一以上百分之十以下”计算，所以如果一旦被执法部门认定实施了垄断行为，其处罚往往都是“天价”罚款，因此垄断的违法成本相当之高。需要提醒的是，对于类实施垄断协议（横向或纵向）并不要求该经营者具有市场支配地位，换言之，无论经营者规模大小，只要执法机构发现经营者实施了相关垄断行为即存在被处罚的风险。

此外，笔者也注意到，拟上市企业在审核上市的反馈问题中也出现了涉及垄断的相关问题，如上海赛伦生物技术股份有限公司首次公开发行股票并在科创板上市申请文件的第二轮审核问询函中问询问题7（关于垄断）：“根据问询回复，发行人系国内唯一取得抗蛇毒血清生产注册批件、成熟掌握抗蛇毒血清技术、能够规模化生产抗蛇毒血清的企业。报告期内，发行人多次上调主要产品价格。请发行人说明：发行人上述行为是否存在违反《反垄断法》《反不正当竞争法》等法律法规的情形，是否可能受到主管部门处罚或对产品价格予以调整。”

②关于禁止经营者滥用市场支配地位

关于经营者滥用市场支配地位，根据《反垄断法》的规定及目前的实务操作，我们首先应当明确如下两点。

第一，经营者具有市场支配地位

反垄断法所称市场支配地位，是指经营者在相关市场内具有能够控制商品价格、数量或者其他交易条件，或者能够阻碍、影响其他经营者进入相关市场能力的市场地位。实务中还需对经营者的相关市场、相关地域市场进行具体分析，并结合经营者在相关市场的市场份额，综合判断是否具有市场支配地位。

第二，经营者滥用市场支配地位

根据《反垄断法》第22条第1款的规定禁止具有市场支配地位的经营者从事下列滥用市场支配地位的行为：以不公平的高价销售商品或者以不公平的低价购买商品；没有正当理由，以低于成本的价格销售商品；没有正当理由，拒绝与交易相对人进行交易；没有正当理由，限定交易相对人只能与其进行交易或者只能与其指定的经营者进行交易；没有正当理由搭售商品，或者在交易时附加其他不合理的交易条件；没有正当理由，对条件相同的交易相对人在交易价格等交易条件上实行差别待遇；国务院反垄断执法机构认定的其他滥用市场支配地位的行为。

在医药行业，影响较为重大的滥用市场地位的案件有：扑尔敏原料药垄断案，该案涉及两家企业共计罚没了1243万元。葡萄糖酸钙原料药经销企业垄断案，该案涉及三家企业共计罚没了3.255亿元。

【案件简介】

扑尔敏原料药垄断案

2018年6月，媒体报道扑尔敏原料药短期之内价格快速上涨，导致部分药品停产，引起公众广泛关注。2018年7月，国家市场监督管理总局对相关扑尔敏原料药企业立案调查。调查发现，河南九势制药股份有限公司（以下简称河南九势）是国内最大的扑尔敏原料药生产企业，湖南尔康医药经营有限公司（以下简称湖南尔康）是自2018年以来唯一获得扑尔敏原料药进口代理资质的企业。经研究论证，湖南尔康和河南九势在扑尔敏原料药市场具有市场支配地位。

自2018年2月以来，在湖南尔康的主导下两家涉案企业密切联系，相互配合，实施了滥用市场支配地位的行为，包括：以不公平的高价向下游经营者销售扑尔敏原料药；向下游经营者销售扑尔敏原料药时搭售相关药用辅料；以“无货”为由拒绝向下游经营者供应扑尔敏原料药，或提出缴纳高额保证金、将成药回购统一销售、提高成药价格并分成等下游经营者无法接受的条件，变相拒绝供应扑尔敏原料药。

涉案企业上述行为违反了《反垄断法》的有关规定，国家市场监督管理总局作出行政处罚，责令两家涉案企业停止违法行为；对湖南尔康没收违法所得239.47万元，处以上一年度销售额8%的罚款计847.94万元；对河南九势处以上一年度销售额4%的罚款计155.73万元。对两家涉案企业共计罚没1243.14万元。

葡萄糖酸钙原料药经销企业垄断案

根据举报，自2019年5月23日起，主管部门依据《反垄断法》对山东康惠医药有限公司（以下简称康惠公司）、潍坊普云惠医药有限公司（以下简称普云惠公司）、潍坊太阳神医药有限公司（以下简称太阳神公司）涉嫌实施垄断行为开展了调查。

经查，康惠公司、普云惠公司和太阳神公司于2015年8月至2017年12月滥用在中国注射用葡萄糖酸钙原料药销售市场上的支配地位，实施了以不公平的高价销售商品、附加不合理交易条件的行为，排除、限制了市场竞争，损害了消费者利益。

考虑到当事人的行为情节严重、性质恶劣、持续时间较长，排除、限制了相关市场的竞争，严重损害了制剂生产企业和患者的利益，康惠公司在垄断行为实施过程中起主导作用，普云惠公司起次要作用，太阳神公司起辅助作用等因素，国家市场监督管理总局决定对当事人做出如下处理：对康惠公司没收违法所得1.089亿元，并处2018年销售额10%的罚款计1.438亿元，合计2.527亿元；对普云惠公司没收违法所得605万元，并处2018年销售额9%的罚款计4830万元，合计5435万元；对太阳神公司没收违法所得605万元，并处2018年销售额7%的罚款计1240万元，合计1845万元。

【笔者评述】

在原料药行业，由于行业的限制部分原料药只有几家生产，甚至独家生产，导致这个行业容易形成垄断。2020年10月，为预防和制止原料药领域的垄断行为，引导经营者守法合规经营，国家市场监督管理总局起草了《关于原料药领域的反垄断指南（征求意见稿）》，并向社会公开征求意见。其中，对于在原料药领域的横向垄断协议、纵向垄断协议、滥用市场支配地位等的具体表现形式较《反垄断法》进行了细化，笔者认为，对于全体的医药行业而言，该征求意见稿对提高企业反垄断合规能够起到积极的指引作用。

第三，关于依法实施经营者集中

关于医药行业经营者集中的反垄断审查与其他行业并无显著差别，实务中主要围绕是否需要经营者集中申报而展开。最常见的问题有如下几个：我们公司的行为是否构成经营者集中？是否只要构成经营者集中就需要进行申报？不进行申报会有什么后果？

经营者集中作为企业反垄断合规的一个重要环节，结合实务中的常见疑问，对于经营者集中的合规关注重点概况如下：

A. 经营者集中行为

经营者集中是指经营者合并；经营者通过取得股权或者资产的方式取得对其他经营者的控制权；经营者通过合同等方式取得对其他经营者的控制权或者能够对其他经营者施加决定性影响。(《反垄断法》第25条)

同时，针对实务中新设合资公司是否构成经营者集中的疑问，国家市场监督管理总局反垄断局《关于经营者集中申报的指导意见》第4条规定："对于新设合营企业，如果至少有两个经营者共同控制该合营企业，则构成经营者集中；如果仅有一个经营者单独控制该合营企业，其他的经营者没有控制权，则不构成经营者集中。"

B. 申报的标准

经营者集中达到下列标准之一的，经营者应当事先向国务院反垄断执法机构申报，未申报的不得实施集中：①参与集中的所有经营者上一会计年度在全球范围内的营业额合计超过100亿元人民币，并且其中至少两个经营者上一会计年度在中国境内的营业额均超过4亿元人民币；②参与集中的所有经营者上一会计年度在中国境内的营业额合计超过20亿元人民币，并且其中至少两个经营者上一会计年度在中国境内的营业额均超过4亿元人民币。

营业额的计算，应当考虑银行、保险、证券、期货等特殊行业、领域的实际情况，具体办法由国务院反垄断执法机构会同国务院有关部门制定。(国务院《关于经营者集中申报标准的规定》第3条)

实务中，关于营业额的概要、如何计算和分析、特殊行业如何计算等均有相关条款规定进行指引，本文暂不进行细化和展开。

C. 不进行申报的后果

这里所指的不申报后果是指，符合上述应当进行经营者集中申报的行为，而未通过经营者集中审查就实施集中的行为后果。

"经营者违反本法规定实施集中的，由国务院反垄断执法机构责令停止实施集中、限期处分股份或者资产、限期转让营业以及采取其他必要措施恢复到集中前的状态，可以处五十万元以下的罚款"。(《反垄断法》)

根据国家市场监督管理总局公布的信息，随着近期执法力度的加强，反垄断局对于多起应当进行申报而未申报、且不具有排除、限制竞争的集中的案件①给予了50万元的顶格处罚。

另外，根据2020年1月国家市场监督管理总局发布的《〈反垄断法〉修订草案（公开征求意见稿）》的相关内容，拟对未依法实施经营者集中的行为，给予更大的执法力度，第55条拟定如下“经营者集中具有以下情形之一的，由反垄断执法机构处上一年度销售额百分之十以下的罚款：应当申报而未申报即实施集中的；申报后未经批准实施集中的；违反附加限制性条件决定的；违反禁止经营者集中的决定实施集中的”。

【笔者评述】

考虑到医药企业有着先天的特殊性，除一般情况下由内部法务或外部律师在交易前对企业的相关行为是否构成进行经营者集中以及是否符合经营者集中申报标准进行评估外，根据《关于原料药领域的反垄断指南（征求意见稿）》的相关指引，由于部分原料药品种市场规模相对较小，经营者年度营业额可能没有达到国务院《关于经营者集中申报标准的规定》中规定的申报标准。但当该品种原料药经营者数量较少，在相关市场的市场份额和市场集中度较高时，经营者实施的集中可能产生或加强了其排除、限制竞争的能力、动机及可能性。参与集中的经营者可以主动申报，对于未主动申报，但经营者集中具有或者可能具有排除、限制竞争效果的，不排除反垄断执法机构依据国务院《关于经营者集中申报标准的规定》进行调查。

因此，建议医药企业，特别是原料药领域的企业经营者在实施集中前，可以尽早就相关问题与反垄断执法机构进行商谈，以避免因未主动申报而受到相应的处罚。

③结语

经济与法律一直都在共舞。从经济学的角度来看，竞争的必然结果就是垄断，从某种程度上，垄断是商业成功的表现之一。正因如此，《反垄断法》一直被誉为

① 参见 http：//www. samr. gov. cn/fldj/tzgg/xzcf/202103/t20210312 _ 326761. html，最后访问日期：2023年3月20日；参见 http：//www. samr. gov. cn/fldj/tzgg/xzcf/202103/t20210312_326759. html，最后访问日期：2023年3月20日；参见 http：//www. samr. gov. cn/fldj/tzgg/xzcf/202103/t20210312_326758. html，最后访问日期：2023年3月20日；参见 http：//www. samr. gov. cn/fldj/tzgg/xzcf/202103/t20210312_326755. html，最后访问日期：2023年3月20日。

"经济宪法"，对于垄断的遏制，是法治社会对良性商业社会的一种人为保护。

2020年对反垄断领域来说是相当重要的一年，国家市场监督管理总局及地方监管部门均先后出台了一系列关于企业反垄断合规的指引性文件。例如，2020年9月，国务院反垄断委员会发布了《经营者反垄断合规指南》，其第5条规定"经营者建立并有效执行反垄断合规管理制度，有助于提高经营管理水平，避免引发合规风险，树立依法经营的良好形象。经营者可以根据业务状况、规模大小、行业特性等，建立反垄断合规管理制度，或者在现有合规管理制度中开展反垄断合规管理专项工作"。

（3）数据合规①

①健康医疗数据的定义与内涵

第一，什么是健康医疗数据

健康医疗数据是一个内涵较为丰富的概念，按照国家卫生健康委员会2018年7月发布的《国家健康医疗大数据标准、安全和服务管理办法（试行）》（国卫规划发〔2018〕23号）第4条的规定："本办法所称健康医疗大数据，是指在人们疾病防治、健康管理等过程中产生的与健康医疗相关的数据。"

在国家质检总局与标准化委员会发布的《信息安全技术健康医疗数据安全指南》中，对于健康医疗数据（health data）的界定为：包括个人健康医疗数据以及由个人健康医疗数据加工处理之后得到的健康医疗相关电子数据②。其中对于个人健康医疗数据（personal health data）界定为：单独或者与其他信息结合后能够识别特定自然人或者反映特定自然人生理或心理健康的相关电子数据③。

根据上述定义可以看出，健康医疗数据的内涵比较丰富，既包括与个人相关的数据，也包括个人健康医疗数据加工整合后形成的与健康医疗相关的数据。

第二，健康医疗数据的分类

健康医疗数据可以分为个人属性数据、健康状况数据、医疗应用数据、医疗

① 吴卫明，经济学博士，锦天城律师事务所高级合伙人，公安部某重点实验室学术委员，上海律师协会互联网业务委员会副主任，华东政法大学、上海海事大学、上海政法学院研究生兼职导师。荣获2016年Legalband中国十佳互联网金融律师称号。

② 经过对群体健康医疗数据处理后得到的群体总体分析结果、趋势预测、疾病防治统计数据等。

③ 个人健康医疗数据涉及个人过去、现在或将来的身体或精神健康状况，接受的医疗保健服务和支付的医疗保健服务费用等。

支付数据、卫生资源数据及公共卫生数据等类别。

A. 个人属性数据

个人属性数据是指单独或者与其他信息结合能够识别特定自然人的数据。个人属性数据属于与个人身份识别具有高度关联的数据，通常用于识别特定自然人。个人属性数据与健康状况或医疗行为并无直接关系，但却是对健康医疗数据进行个体化标识的基础。

B. 健康状况数据

健康状况数据是指能反映个人健康情况或同个人健康情况有着密切关系的数据。健康状况数据是健康医疗数据的重要内容，健康医疗数据可以反映个体或特定群体的健康状况。

C. 医疗应用数据

医疗应用数据是指能反映医疗保健、门诊、住院、出院和其他医疗服务情况的数据。医疗应用数据是反映健康状况数据形成过程的数据，是以书面形式或电子数据形式对于诊疗过程的再现。包括病历、医嘱、检查检验报告、病程记录、手术记录、输血记录、护理记录、住院与出院记录等。

D. 医疗支付记录

医疗支付记录具有健康医疗数据与金融数据的双重属性，包括医疗交易信息、医疗保险的理赔信息等。

E. 卫生资源数据

此类数据与个人信息无关，其主要反映医院的基本数据及运营数据。

F. 公共卫生数据

公共卫生数据是指关系到国家或地区大众健康的公共事业相关数据。公共卫生数据由于涉及众多个人健康数据的整合，所以可能会被归入健康医疗领域的重要数据，甚至不排除在特定情况下会构成国家核心数据。

②健康医疗数据合规的难点

如果仅仅从健康医疗数据的内涵来看，虽然此类数据的内涵较为复杂，但总体范围比较清晰。但是，由于健康医疗数据还涉及其他的复杂因素，所以其合规态势比一般的数据领域更为复杂，合规需要考虑的问题也就更为复杂。

第一，所涉主体的复杂性

健康医疗数据所涉及的主体具有高度的复杂性，包括自然人、医院、医生、检测检验机构、医疗器械企业、药店、医疗信息化服务商、医保中心、卫生行政监管部门、保险公司、支付机构等。

因为健康诊疗行为的对象是自然人，所以个人信息是健康诊疗数据的核心，也是数据最重要的来源。但是也要看到，健康医疗数据是多机构与自然人之间，以及各个机构相互之间信息交互而产生的。不同的主体在健康医疗数据处理的过程中扮演着不同的角色。

比如，医疗机构一般是诊疗过程中最为直接的数据处理者，但医疗机构的部分检验、监测环节可能会外包给其他专业机构，这就涉及个人信息的保护问题。

再如，医疗费用的结算环节，既会涉及患者自己的费用支出，也会涉及医保中心的费用审核与拨付。如果存在商业保险，则还会涉及保险公司对于健康医疗数据的审核。

此外，随着医疗与药品销售的分离，医疗机构通过处方共享平台与药店共享处方的行为也涉及健康医疗数据的保护问题。

除上述直接或间接提供医疗服务、医保与商业保险服务、支付服务、药品销售服务的机构外，为互联网医疗及医疗信息化提供网络平台、SAAS 平台、云服务的机构，作为相关主体也会与健康医疗数据产生一定的交集。

第二，医疗模式的创新性

随着互联网及信息技术在健康医疗行业的应用，医疗模式不断创新，医疗健康数据的场景也越发丰富。从原有的以医疗机构、医保中心、药店等为主要的应用场景，逐步衍生出了其他的应用场景。

A. 可穿戴设备模式

比如，在可穿戴设备日益成熟的技术背景下，可以测量脉搏、体温及其他生理指标的可穿戴设备也成为重要的健康医疗数据的收集设备。而为这些设备提供远程支持的生产厂家或服务商，也可能会成为新类型的健康医疗数据的处理者。

B. 中心医院 + 社区医院模式

在中心医院加社区医院、乡村医院的资源共享模式下，除直接提供医疗服务的社区医院和乡村医院外，中心医院也会成为数据处理者。

C. 诊疗 + AI 辅助

在一些特定的疾病诊疗领域，AI 辅助诊疗技术的应用日趋广泛，这一过程中，也可能会涉及健康医疗数据的处理与保护。

第三，价值判断的复杂性

与一般的数据相比，健康医疗数据还涉及价值判断的问题。主要包括以下几个方面。

A. 伦理判断

与其他场景所涉数据处理对比，在健康医疗数据的处理中，伦理判断是其重要的特征。按照国家相关法律法规的规定，涉及人的生物医学研究过程应进行伦理审查，并且将采用流行病学、社会学、心理学等方法收集、记录、使用、报告或者储存有关人的样本、医疗记录、行为等科学研究资料的活动纳入了需要进行伦理审查的生物医学研究活动。相关医学研究机构的伦理委员会进行伦理审查时，应遵循保护隐私原则。如实将受试者个人信息的储存、使用及保密措施情况告知受试者，未经授权不得将受试者个人信息向第三方透露。

B. 人类遗传资源安全问题

在诊疗活动过程中，因检验、检测、治疗的需要医疗机构有机会获取人体血液、细胞、组织等样本，这些样本中所含人类遗传资源的运用，可能会影像公众安全或国家安全。因此，我国制定了生物安全方面的专门法律，国务院也出台了《人类遗传资源管理条例》，专门对人类遗传资源，以及人类遗传资源所涉及的信息进行监管。

在健康医疗数据合规管理过程中，人类遗传资源管控，以及由此带来的生物安全问题，也是此类数据管理中需要考虑的重大价值问题。

第四，管控方式的复杂性

医疗诊疗活动的对象是人本身，所以在其业务形态中，通过线下与患者或检测对象进行接触是其行业的重要特点，这一点与互联网行业主要依赖在线活动不同。因此，其数据的管控也更为复杂。

A. 不同机构的差异

在健康医疗数据的处理过程中，可能涉及不同的机构，其对于数据的管控也会存在很大的差异。如对于检验机构和诊疗机构而言，其用户的基本身份数据，既有来自互联网导流和预约渠道的，也有来自医院窗口的。诊疗过程中的记录，除在病历、检验单据、处方中记载外，还在医院的信息化系统中记载。而对于医保中心、支付等机构而言，其处理的数据主要记载于计算机信息系统中，因而主要是在线处理的数据。

B. 业务模式不同

对于传统医疗机构而言，可能线上数据处理和线下数据处理同样重要。而对于互联网医疗机构来说，其业务模式决定了数据处理活动主要在线上完成。因而，在两种不同的模式下，数据管控的方式也是不同的。

③健康医疗数据的共享问题

随着医疗模式的发展，数据共享问题日益常态化。常见的数据共享场景包括：检测检验支持、处方共享、诊疗机构与康复机构的数据共享、连锁医疗机构的内部共享等。健康医疗数据共享既具有一般数据共享的特点，也具有其自身的特点。

第一，连锁医疗机构内部的共享

按照医疗机构管理条例，医疗机构一般是采取独立登记的方式。监管机构在发放医疗许可证的时候，要求申请机构具备独立承担民事责任的能力，这意味着，即使是连锁医疗机构，从组织架构上看往往采取的也是分别注册的方式。

在这一架构下，各个连锁机构之间数据共享，连锁机构又将数据共享给母公司，最大的障碍在于这些机构属于各自独立的法人机构。这就要求，接受医疗服务的一方在进行用户注册或填写有关个人信息授权条款时，应对于连锁机构内部各个主体之间的健康医疗数据共享明确知悉，并对共享以明示方式同意。

此外，还需要注意的是，连锁机构之间的数据共享，一方面是基于改善服务或二次营销使用；另一方面则可能是医疗大数据的分析利用。如果是大数据利用场景，则可以通过匿名化处理的方式进行共享，这一场景下，对于用户的授权同意可以弱化。

第二，基于第三方检测检验的共享

在医疗活动中，由于检验检测需要，可能会将检材委托第三方检测检验机构检测。检材可能包括血样、尿样及其他人体组织样本，这些样本中包含了与个人有关的信息，且样本所附的身份信息也属于个人信息。在这一场景中，健康医疗数据的共享问题也更为复杂。

如果将此种共享理解为信息委托处理，则处理方应遵循数据处理的一般准则，即控制者应确认处理者的安全能力满足安全要求，并在签署数据处理协议后才能让处理者为其进行数据处理，处理者应当按照控制者的要求处理数据，未经控制者许可，处理者不能引入第三方协助处理数据。在处理过程中，应遵守委托方的数据保护义务，不能转委托第三方代为处理，并且在处理完成后将相关的数据予以返还或销毁。

第三，处方流转情况下的数据共享

处方流转是医药体系改革的重要内容之一，诊疗机构的处方通过共享方式流转给合法的药品销售机构，从而完成诊疗活动和药品销售的分离。处方流转有两种方式：一是患者自行携带处方至药店；二是通过处方流转平台从医院的系统传输到药店系统。患者到药店刷医保卡或者出示身份证的过程，可以视为同意药店获取自己的电子处方，并通过药店的系统调取处方。需要注意的是，医院不能未经患者同意而将处方先行提供给特定药店。

④健康医疗数据的分级分类管理问题

《数据安全法》规定，国家建立数据分类分级管理制度。按照这一立法原则，数据分级分类管理不仅是一个行业合规要求，还是一项基本法律制度。

由于健康医疗数据形成场景的复杂性，所以其分级分类管理也较为复杂。既有与个人的身份、活动情况关联非常紧密的个人信息和个人隐私，也有关系到医院与金融机构作为运营主体的商业秘密数据，还有公共数据以及关系到国家传染病防控、国民健康状况等具有一定公共安全属性的数据。这几类数据除受到医疗卫生相关法律法规、规范的约束外，还分别受到不同法律的约束。

第一，健康医疗数据的分类

笔者认为，根据数据的不同属性，可以将健康医疗数据分为三大类。

A. 个人信息属性的数据

个人信息主体在进行健康体检、疾病诊疗、医疗保险、医疗支付过程中，会有大量的场景将自己的个人信息提供给诊疗机构、药店、保险公司、检验机构、金融支付机构。这些数据在《信息安全技术健康医疗数据安全指南》中主要包括个人属性数据、健康状况数据、医疗应用数据、医疗支付记录。

B. 诊疗机构或其他机构涉及商业秘密范畴的数据

事实上，医疗应用数据、医疗支付记录数据具有双重属性。一方面，这些数据带有个人信息属性；另一方面，这些数据保存在医疗机构、金融机构，在进行必要的分析后，可以形成诊疗机构、金融机构对于一定诊疗方法或金融产品相关情况的总结和创新，从而具有商业或技术应用价值，并对提升该机构的竞争优势具有重要作用。

比如，对于医院而言，通过分析病历、用药信息、病程记录、手术记录等，可以对特定疾病的诊疗方法的有效性进行对比分析，也可以对特定药品的效用以及新药开发提供一定的支持。

对于金融机构而言，通过分析重大疾病险的投保与诊疗、理赔数据，可以对保险产品进行分析，并对保险费率的调整、新产品开发起到支持作用。

C. 公共属性的数据

这些数据主要包括两大类，一类是反映公共卫生资源的数据，如医院的基本数据、医院运营数据等。公共卫生资源数据有利于主管机关和社会公众了解公共卫生资源的分布、运营状况，其公共属性比较突出。

另一类则是与公共卫生情况紧密相关的数据，如环境卫生数据、传染病疫情数据、疾病监测数据、疾病预防数据、出生死亡数据等。此类数据通常需要统计、溯源等方法获得，且会影响公众的情绪与社会稳定，其获取、发布有严格的流程等要求。

第二，健康医疗数据的分级问题

按照《信息安全技术健康医疗数据安全指南》的要求，根据数据重要程度、风险级别以及对个人健康医疗数据主体可能造成的损害和影响的级别进行分级，一共分为五级。（见表4－14）

表4－14 分级说明

等级	使用范围	举例
第1级	可完全公开使用	医院名称、地址、电话等，可直接在互联网面向公众公开
第2级	可在较大范围内供访问使用	不能识别个人身份的数据，各科室医生经过申请审批可用于研究分析
第3级	可在中等范围内供访问使用，如未经授权披露，可能对主体造成中等程度损害	经过部分去标识化处理，但仍可能重标识的数据仅限于获得授权项日组一定范围内使用

续表

等级	使用范围	举例
第4级	在较小范围内供访问使用，如未经授权披露，可能对主体造成较高程度损害	可以直接标识个人身份的数据，仅限于参与诊疗活动的医护人员访问使用
第5级	仅在极小范围内且在严格限制条件下供访问使用，如未经授权披露，可能对主体造成严重程度损害	特殊病种（如艾滋病、性病）主体的详细资料，仅限于主治医护人员访问且需要进行严格管控

当然，在健康医疗数据分级分类管理过程中，需要关注的是，按照《数据安全法》的规定，重要数据目录由各部门负责制定。据此，可以看出，在数据分级分类管理过程中，应首先考虑重要数据问题。对于重要数据，按照其规则进行数据处理活动。

⑤健康医疗数据的出境问题

第一，重要数据出境问题

健康医疗领域所涉及的重要数据出境问题，涉及两方面的法律规则，一是《数据安全法》的规制，二是健康医疗行业的法规监管。

按照《数据安全法》(2021年9月1日施行）的规定，重要数据出境应经过安全评估，重要数据目录由各部门、各地方制定。健康医疗数据领域的重要数据范围，原则上应由国家卫生行政管理机关制定。根据这一原则，对于涉及健康医疗数据处理的机构而言，其重要数据范围应由卫生行政管理机关，即国家卫健委制定相应的规范或指引。在确定重要数据范围后，再依据重要数据出境的规则进行安全评估。

对于健康医疗领域的数据分类分级，虽然国家卫健委有进行原则性的规定，但并未对健康医疗领域“重要数据”的内涵与外延进行界定。

如国家卫健委2018年颁布的《国家健康医疗大数据标准、安全和服务管理办法（试行)》(国卫规划发〔2018〕23号）第18条规定了，“责任单位应当采取数据分类、重要数据备份、加密认证等措施保障健康医疗大数据安全”，但并未涉及重要数据的范围与定义。

国家标准化委员会发布的《信息安全技术—健康医疗数据安全指南》虽然也提出了重要数据应依规进行评估审批，但也同样没有对重要数据的内涵与定义做出界定。

当然，在《信息安全技术—健康医疗数据安全指南》中提到了“涉及人类遗传资源数据（是指利用人类遗传资源材料产生的数据，人类遗传资源材料是指含有人体基因组、基因等遗传物质的器官、组织、细胞等遗传材料）等重要数据的，按照相关部门要求执行”。按照这一表述，人类遗产资源所设计的数据可以归入重要数据的范围。

第二，非重要医疗数据出境问题

在健康医疗数据的处理领域，还会涉及其他非重要数据的出境管理问题，这是与普通数据出境管理所不同的。对于普通数据而言，出境主要是针对重要数据，以及在境外执法、司法机关调取证据过程中涉及中国境内数据的。从一般意义上理解，普通的诊疗机构并不属于关键信息基础设施运营者，

与一般数据出境不同，健康医疗数据的出境涉及更多规则。除了重要数据需要评估外，一般数据也面临特殊的规制。

其一，出境评估问题。按照《信息安全技术—健康医疗数据安全指南》的规定，“涉及出境的应依规进行安全评估”，对于如何评估，相关法律法规及监管部门尚未给出明确的界定。对此，应关注监管机构或行业主管部门给出的进一步的细化解释。

其二，出境的数量限制问题。按照《信息安全技术—健康医疗数据安全指南》的规定，因学术研讨需要向境外提供相应数据的，在进行必要的去标识化处理后，经过数据安全委员会讨论审批同意，数量在250条以内的非涉密、非重要数据可以提供，否则应提请相关部门审批。不涉及国家秘密、重要数据或者其他禁止、限制向境外提供的数据，经主体授权同意，并经数据安全委员会讨论审批同意后，控制者才可向境外目的地提供个人健康医疗数据，且累计数据量应控制在250条以内，否则应提请相关部门审批。

第三，人类遗传资源出境问题

在健康医疗数据中，还涉及人类遗传资源的管理问题。虽然国家通过了《生物安全法》和《人类遗传资源管理条例》（2019年3月20日国务院第41次常务会议通过）对于人类遗传资源的单行立法规制，但是，人类遗传资源的管理和出境，依然是健康医疗数据中非常重要的内容。

人类遗传资源包括人类遗传资源材料和人类遗传资源信息。人类遗传资源材

料是指含有人体基因组、基因等遗传物质的器官、组织、细胞等遗传材料。人类遗传资源信息是指利用人类遗传资源材料产生的数据等信息资料。

无论是遗传资源本身，还是遗传资料信息，都会包含着个体或群体的遗传信息。遗传资源信息的分析，对于疾病诊疗、生物医药开发、健康干预、基因工程应用都有重要的价值。人类遗传资源一旦被滥用，则可能对特定自然人或人群造成不可挽回的损失。因此，我国对于遗传资源信息的出境采取了严格的管控措施。

A. 对境外机构获取我国人类遗传资源的限制

按照《人类遗传资源管理条例》第 7 条的规定，外国组织、个人及其设立或者实际控制的机构不得在我国境内采集、保藏我国人类遗传资源，不得向境外提供我国人类遗传资源。

B. 外方单位利用境内遗传资源应与境内机构合作

《人类遗传资源管理条例》第 21 条规定，外国组织及外国组织、个人设立或者实际控制的机构（以下称外方单位）需要利用我国人类遗传资源开展科学研究活动的，应当遵守我国法律、行政法规和国家有关规定，并采取与我国科研机构、高等学校、医疗机构、企业（以下称中方单位）合作的方式进行。

C. 出境的特别审批

人类遗传资源出境，涉及两方面的管理措施：一是人类遗传资源材料出境；二是人类遗传资源信息出境。

对于人类遗传资源材料，我国《人类遗传资源管理条例》并未禁止出境，但是设置了必要条件，即第 27 条第 1 款、第 3 款规定利用我国人类遗传资源开展国际合作科学研究，或者因其他特殊情况确需将我国人类遗传资源材料运送、邮寄、携带出境的，应当对我国公众健康、国家安全和社会公共利益没有危害，采集合法或来自合法的保藏单位，出境用途合理，并取得国务院科学技术行政部门出具的人类遗传资源材料出境证明。与此对应，需要将人类遗传资源材料运送、邮寄、携带出境的，也同样需要国务院科学技术行政部门审批。

D. 视同出境的管理规则

除出境的情况外，将人类遗传资源提供给外国组织、个人在中国境内设立或控制的机构，也需要进行安全审查。

《人类遗传资源管理条例》第 28 条第 1 款、第 3 款规定，如果将人类遗传资源信息向外国组织、个人及其设立或者实际控制的机构提供或者开放使用，可能影响我国公众健康、国家安全和社会公共利益的，应当通过国务院科学技术行政部门组织的安全审查。同时，应当向国务院科学技术行政部门备案并提交信息备份。

⑥医疗教学中的隐私保护问题

第一，隐私的定义

按照我国《民法典》对隐私的定义，隐私是自然人的私人生活安宁和不愿为他人知晓的私密空间、私密活动、私密信息。隐私权在民法典中，与个人信息共同组成人格权篇中的“隐私权与个人信息保护”一章。在很多场景下，隐私与个人信息具有很强的相关性，但隐私并不同于个人信息。隐私包括私密活动、私密空间、私密信息。

其中，私密信息属于个人信息范畴，属于个人信息中私密属性较强的一类。对于私密信息的保护，可以直接使用个人信息保护的规则。

第二，隐私与个人信息的关系

对于个人隐私中的私密空间、私密活动而言，其并不必然适用个人信息保护规则。根据隐私与个人信息的关系，侵犯隐私通常有以下几种情形。

A. 侵犯隐私权，但并不侵犯个人信息

如入他人住宅、窥视他人住宅、窥视他人私密活动、窥视他人身体私密部位等。此类侵犯公民个人信息的行为，导致公民的生活安宁状态受到破坏，私密空间和私密状态受到打扰，但是上述行为并不构成对于个人信息的收集、存储、使用、加工、传输、提供、公开等信息处理行为。

B. 打扰他人生活的安宁，但并未处理私密信息

比如在精准营销过程中，通过电话、短信、电子邮箱等渠道，发送营销信息，给公民造成骚扰和对生活安宁状态的影响。此种情况下，可能既构成对公民个人信息的不当利用，也构成侵犯隐私权。

C. 侵犯隐私的同时非法处理个人私密信息

如偷拍他人住宅与宾馆房间等私密空间、偷拍他人身体、窥视他人身体私密部位、偷录私密信息等。

第三，医疗活动场景下的隐私问题

医疗活动是一个可以密切和频繁涉及个人隐私的典型场景，患者在接受诊疗服务的过程中，隐私是一个无法回避的问题。常见的涉及隐私的情况主要包括以下几个方面。

A. 患者身体私密部位的检查或治疗

针对特定疾病的检查或治疗措施，有时会对隐私部位进行观察或检查，在对隐私部位采取诊疗措施、手术措施过程中，也会涉及观察、记录。在这一过程中，与诊疗有关的医疗人员之外的人员如果对患者私密部位、诊疗过程进行窥视或观察，将会构成对患者隐私的侵犯。

B. 健康状况问询和记录

健康状况的问询，主要发生在医生与患者的对话交流过程中，部分疾病涉及社会对于患者名誉的评价，如艾滋病、乙肝、性传播疾病等。因此，诊疗过程应属于患者的私密活动。如果他人听取了问询和诊断过程，则将会构成对患者隐私的侵犯。

C. 健康状况数据和医疗应用数据

这两类数据包括患者自身的信息，如主诉、现病史、既往病史、体格检查（体征）、家族史等，以及医疗活动带来的新的信息，如门（急）诊病历、住院医嘱、检查检验报告、用药信息、病程记录、手术记录、出院小结等。此类数据属于个人私密信息。

综上所述，对于医疗活动场景下的隐私问题可以分为两大类：一类是诊疗过程中，对于他人私密活动和私密部位的窥视；另一类是对于私密信息的获取。

第四，医疗教学中的隐私保护

在医疗机构的诊疗实践中，诊疗与医疗科研、医疗教学往往会紧密结合，特别是对于一些具有医疗教学功能的医疗机构而言，教学是其重要的职能。

然而，在教学过程中，医学学员不可避免地会接触到健康状况的问询、患者身体的检查、手术过程的观摩，以及对健康状况数据和医疗应用数据的阅读及分析。

在诊疗活动中，可以视为患者与医院之间就疾病诊疗、个人隐私及信息获取达成了合同，按照《民法典》及《网络安全法》的相关规定，诊疗机构可以在明确获得患者同意的情况下，处理与疾病诊疗相关的个人信息。按照必要性原则，医院可以为诊疗疾病获得必要信息，同时出于保护个人隐私的需要，诊疗机构应严格控制个人隐私及信息在诊疗机构内部的知情范围。

而医疗教学过程势必需要让部分必要诊疗人员之外的学员接触到诊疗过程，通过听取问询患者、观察患者的检查过程和手术过程、阅读相关资料，以达到对医学理论知识的实践认知，从而提升医疗教学的实际效果。从医学教学的目的来看，学员接触个人隐私及个人信息具有正当性，但这一过程同样需要遵守法律关于个人隐私和个人信息处理的基本原则，即仍需取得患者的知情同意，除非相关信息做到脱敏。

基于上述原因，医学教学过程中的隐私保护，我们有三项建议：

A. 签署知情同意书

如果在患者诊疗环节需要安排医学院学员或实习医生参与教学活动，应事先征得患者或其亲属的知情同意，并签署知情同意书。如果其中涉及身体私密部位，或者特定疾病的，还需以醒目的方式特别告知，并取得书面同意。

B. 签署保密协议

考虑到上述参与教学的学员并未取得执业医师资格且并未在相关专业诊疗机构就业，为了防止隐私信息或个人信息的不当扩散，需要就上述特定事项的保密签署专门的保密协议。

C. 采取脱敏或去标识化的措施

所谓脱敏，就是让相关个人信息无法识别到个人，且无法被复原。如在针对某些类别疾病的书面教学过程中，如果仅需用到一定人群的特征分析，则建议对健康状况数据和医疗应用数据进行脱敏化处理，提取必要的疾病特征和诊疗措施即可。

所谓去标识化处理，即对于标识数据做删除或钝化处理，如在案例教学中，对于健康状况数据和医疗应用数据中的患者姓名、身份证号、电话、家庭地址、职业、工作单位以及其他可以标识身份的信息予以去标识化处理，但保留诊断结果、理化参数、处方、医嘱、诊疗记录等必要的颗粒度。

此外，在现场教学中，可以考虑由主治医生或护士在核实患者身份后，对病房、病床、手术资料上的患者身份信息做必要的遮挡处理，避免被学员接触。

⑦公共数据开放问题

从我国当前数据安全立法来看，对于依法实施公共数据开放，总体上是采取支持态度。除《数据安全法》做了相应规定外，一些地方立法中，也针对公共数据开放进行了规制。

《数据安全法》第 41 条规定，国家机关应当遵循公正、公平、便民的原则，按照规定及时、准确地公开政务数据。依法不予公开的除外。并在第 42 条规定，国家制定政务数据开放目录，构建统一规范、互联互通、安全可控的政务数据开放平台，推动政务数据开放利用。

而深圳经济特区作为我国较早出台地方性数据法规的地区，在《深圳经济特区数据条例》中，对于公共数据开放的定义、原则、开放程度、实施机构等均做了明确的规定。

医疗健康数据中的健康状况数据、医疗应用数据、医疗支付记录、卫生资源数据、公共卫生数据都有可能构成该领域的公共数据。

其中卫生资源数据、公共卫生数据由于直接被卫生行政主管部门掌握而当然成为公共数据。而健康状况数据、医疗应用数据、医疗支付记录则直接被诊疗机构和金融支付机构掌握。但是，由于国家医保制度的施行，各地的医保中心、医疗行政主管部门无论是从医保费用报销、拨付角度，还是从医院医保控费、医保反欺诈角度，都可能通过医院间接获取患者的健康状况数据、医疗应用数据、医疗支付记录，从而使这些数据进入到公共数据领域。

与一般的公共数据不同的是，健康状况数据、医疗应用数据属于个人的敏感信息，因而，平衡个人隐私与公共数据开放之间，需要考量的价值判断比一般领域的数据更为复杂。此外，公共卫生数据中的部分数据，也可能会构成重要数据甚至是国家核心数据，如何平衡其开放与安全之间的关系，也是需要予以关注的。

对于医疗健康领域的公共数据开放利用问题，我们认为可以从以下几个方面予以规范：

第一，以分级分类为基础，确定数据开放的范围

掌握或控制医疗健康领域公共数据的机构，可对医疗健康数据进行颗粒度更细的分类。将其中的个人信息、个人敏感信息、重要数据、核心数据等实施分类保护。对于脱敏后的个人信息，综合其对社会公共利益及国家安全的影响，判断是否应予开放。

第二，合理划定国家机关之间的数据开放范围

不同国家机关之间，所掌握的公共数据范围也不同。而国家机关掌握公共数据的权力来自相应的法律或行政法规，这意味着不同机关之间的数据开放也存在一定的边界。相关国家机关从其他国家机关获取公共数据，应以履行行政执法职责的必要性为原则。这一原则在健康医疗数据的开放领域更需要得到遵守，从而可以更好地保护患者的隐私权。

总体而言，健康医疗数据属于所有数据中较为复杂的一种。其多主体融合、多场景交叉、创新应用丰富、监管环境严格等特点，决定了健康医疗数据的治理

与合规也会较为复杂。对于该行业的企业、医院和其他机构而言，应密切关注行业的立法及监管动向，建立自身良好的数据安全与合规运营体系，从而更好地维护患者隐私和自身的数据等相关权益，降低自身法律风险。

三、财务与会计

（一）资本市场视角下的医疗行业财务内控[①]

1. 上市公司的财务内控关注要点

梳理上市公司相关财务管理规范及上市公司处罚案例，总结出上市公司的财务内控关注要点主要包括以下几个方面。

（1）会计管理不规范

财务管理、会计核算、财务簿记、财务报告编制不规范，是各类规定的重点规范领域，也是中国证监会处罚上市公司案例中最为普遍的情形，具体而言包括会计准则的应用不恰当，未能具体掌控公司的资产、未能准确执行《企业会计准则》的相关规定、相关费用未及时入账以及入账费用的依据不足等问题。在规范层面，《企业内部控制基本规范》（财会〔2008〕7号）、《企业内部控制配套指引》（财会〔2010〕11号）及《上海证券交易所上市公司自律监管指引第1号——规范运作》都对财会规范的内控作出具体要求。

在监管层面，会计管理不规范不仅造成内控制度不完善，还会造成财务报告存在虚假记载、重大遗漏的违法情形，根据中国证监会网站的公开信息，比较典型的会计管理不规范情形包括：

①内控体系流于形式

财务处理的合规性和透明性较弱，财务核算不能反映真实交易目的。2019年康美药业股份有限公司（以下简称康美药业）出现的“财务造假”即是此类情形[②]。

---

① 王腾燕，锦天城律师事务所合伙人，曾从事某医药上市公司的内审监察工作，执业以来专注于企业顾问服务、投融资及上市挂牌业务。何深睿，中国政法大学法律硕士在读。

② 康美药业案基本信息，2018年年底中国证监会在日常监管中发现康美药业的财务报告真实性存疑，涉嫌虚假陈述等违法违规行为，经立案调查查明康美药业披露的2016年至2018年的财务报告存在重大虚假并作出行政处罚及市场禁入决定。后投资者起诉康美药业相关主体，2021年11月，广州市中级人民法院对该案作出判决，相关主体赔偿5.2万名投资者达24.59亿元。

②操作管理不规范

未严格执行内控体系，如海联讯公司因财务系统操作管理不规范、合同签订与验收程序倒置被采取警示监管措施。

③具体会计科目的核算不规范

因该类问题被处罚的情形最为常见，如怀集登云汽配股份有限公司因部分三包索赔费、票据贴现费用不入账的情形构成虚假记载、重大遗漏。

（2）关联方占用公司资金

公司股东、实际控制人及其关联方占用公司资金，一直是相关规定、监管部门上市问询以及行政处罚的重要领域，在中国证监会发布的《首发业务若干问题解答》《深圳证券交易所创业板股票首次公开发行上市审核问答》等具体发行上市层面的指导中，均专门指出上市或拟上市公司存在的关联方占用公司资金等财务内控突出问题，同时中国证监会还于2019年12月专门针对内控审计发布《会计监管风险提示第9号——上市公司控股股东资金占用及其审计》，要求会计师事务所在内控审计过程中重点关注此类违规情况。

该角度也不乏监管处罚案例，数知科技因关联方违规占用公司资金受到警示函的监管处罚，而在上市申报阶段，菲鹏生物股份有限公司、共同药业、上海益中亘泰（集团）股份有限公司均因与关联方的资金拆借受到监管问询，主要问询内容是财务内控制度的整改情况以及相关资金是否已经归还。

（3）对子公司的财务管控不到位

在规范层面，《企业内部控制应用指引第6号——资金活动》《深圳证券交易所上市公司自律监管指引第1号——主板上市公司规范运作》等指引类文件均对子公司的管控明确规范要求。

在监管层面，因对子公司的管控不到位受到处罚的案例不在少数，如海王生物工程因未完全建立与经营管理相适应的财务信息系统、个别子公司日现金余额多次大幅超过公司制度规定的限额等违规情形受到警示监管措施；翰宇药业因对子公司合同管理不到位、未按照公司内控制度规定建立客户档案、设置赊销信用额度等内控问题受到警示监管措施；

此外，财务内控的关注点还包括募集资金管理、提供担保及关联交易等内容，因篇幅所限不再一一展开。

2. 医疗行业财务内控的特殊关注点

总结医疗行业的上市问询内容及上市后的监管内容，财务内控呈现如下具有行业特点的关注点。

（1）现金交易

此处的现金交易是指公司直接向客户收取现金的情形，在医疗行业，尤其是在医疗服务行业中，由于顾客付款方式的多样性，难以避免存在现金付款的情况，由于现金交易难以保证财务入账的真实性，因此对公司的财务内控制度提出了较高的要求，公司必须建立一整套完整的财务内控制度来确保现金交易的必要性、真实性和合法性，该问题也是监管对拟上市医疗行业公司的问询要点，如至信药业、华兰生物、泰恩康医药等公司在上市过程中均被问询关于现金收款、现金交易以及现金采购的财务内控规范性。

与现金交易类似的情况是公司使用个人账户进行收付款或不规范地使用员工个人账户发放工资、奖金，利用个人账户收付款的情形主要存在于直接面向客户的医疗服务公司，其原因一般是顾客采用现金支付的情况下，由于银行网点分布或时间原因，难以及时将款项存入公司账户，该种情况与现金交易的监管容忍度不同，基本属于禁止行列，如在监管层面，深圳市海王生物工程股份有限公司因存在通过员工个人账户取现而受到警示监管措施。

（2）费用报销

费用报销问题实际上是公司现金管理的一个延伸，亦是医疗行业的一个老话题。2019 年 6 月，财政部宣布启动医药企业会计信息质量检查，并会同国家医疗保障局基金监管司随机抽取了 77 户医药企业实施“穿透式查账”，最终对其中 19 家企业进行了相应处罚，处罚比例接近 1/4，具体处罚情况见下表。监管发现的主要违规情形包括使用无关票据报销并套取资金、会议费没有充分的报销支持文件或会议没有真实召开（还包括会议召开形式不规范，如未设置签到簿，会议召开的地点不符合商业目的等）、报销的发票信息与支持文件不一致、收取虚假发票、虚增劳务支出等，费用报销问题是财务表层问题，其背后实际上是潜在的业务推广费用不规范或可能存在的商业贿赂。（见表 4 – 15）

表4-15 处罚情形

公司名称	处罚情形
北京诚诺美迪科技有限公司	公司销售人员2018年使用无关人员的机票、发票报销冲账并套取资金，涉及金额91.51万元
赛诺菲（北京）制药有限公司	该公司2018年列支医学领域的学术研讨或经验交流会议费1.49亿元。经对部分会议参会人员进行延伸访谈，相关医生表示会议不真实或未参加会议
长白山制药股份有限公司	（1）2018年虚增人员工资722.25万元，以多报销售人员出差天数的方式虚增差旅费2162.43万元，以多报劳务派遣人员工作量的方式虚增劳务派遣费用508.20万元； （2）2018年列支全国23家医疗机构临床费用2660万元，以业务推广服务商提供的医疗机构门诊收费票据入账。经核对，上述入账的门诊收费票据与医疗机构实际使用的门诊收费票据的号码、公章等信息均不一致
通化玉圣药业有限公司	（1）2018年虚增人员工资483.30万元，以多报销售人员出差天数的方式虚增差旅费598.33万元，以多报劳务派遣人员工作量的方式虚增劳务派遣费用472.02万元； （2）2018年列支福建业务推广费用，后附樟树市慧生信息咨询有限公司开具的发票为虚假发票，涉及金额170万元； （3）2018年列支全国23家医疗机构临床费用1370万元，以业务推广服务商提供的医疗机构门诊收费票据入账。经核对，上述门诊收费票据与医疗机构实际使用的门诊收费票据号码、公章等信息均不一致
江苏万邦医药营销有限公司	公司2018年支付个人代理商销售推广费用，凭证后附部分发票由与该公司无实质业务往来的第三方公司开具，涉及金额1.40亿元
江苏恒瑞医药股份有限公司	（1）2018年以非本公司发生的机票等报销专家讲课费、点评费、主持费，涉及金额108.80万元； （2）2018年以非本公司发生的机票及过路费、咨询费、广告费等发票列支公司员工福利奖励支出，涉及金额214.91万元； （3）所属连云港综合二办2018年以非本单位发生的过桥过路费发票报销办事处销售人员补贴、赠送客户礼品、学术活动餐费等费用，涉及金额96.19万元

续表

公司名称	处罚情形
上海信谊联合医药药材有限公司	（1）所属信谊医药事业部2018年虚增差旅费2003.36万元，以加油发票列支，但无法提供充值卡号明细、费用审批单等资料。抽查发现，部分发票为假发票； （2）所属信谊联合事业部2018年在业务推广费中列支调研咨询费用的后附部分资料不实。经抽查，存在调研报告抄袭、咨询合同签订日期早于咨询公司成立日期、调研内容与合同约定不一致等问题，涉及金额631.62万元
上海上药新亚药业有限公司	（1）2018年列支会议费的后附部分资料不实，存在不同推广会议照片存在雷同，伪造会议地点、签到表，同一时间不同地点召开的会议的记录人为同一人等问题，涉及金额840.39万元； （2）2018年列支市场调研费用的后附部分资料不实，存在调研报告为抄袭、不同地区市场分析报告雷同等问题，涉及金额1318.32万元； （3）2018年列支差旅费的后附部分资料不实，存在无出差人员外勤登记、审批表、交通费，部分会议签到表空白，不同会议照片相同或签到表相同等问题，涉及金额1239.40万元
上海信谊天一药业有限公司	公司2018年列支学术活动费的后附部分资料不实，部分学术会议存在邀请函无具体的参会对象、交通食宿安排信息和详细议程资料，所列会议地址为无效地址，会议签到表无实名签字等问题，涉及金额565.72万元
山东信谊制药有限公司	公司2018年列支兼职业务员费用、办公租赁费用，凭证后附发票为加油发票、运输发票，涉及金额1137.30万元
福建古田药业有限公司	公司2017年至2019年6月30日以业务推广费名义支付福建医统天下健康创业园有限公司3134.10万元，后者扣除税金后通过莆田市秀屿区笏石东进医药信息咨询部等26家供应商账户，将2957.29万元资金转回到福建古田药业有限公司员工控制的3个个人银行账户
山东步长制药股份有限公司	公司以咨询费、市场推广费名义向医药推广公司支付资金，再由医药推广公司转付给该公司的代理商，涉及金额5122.39万元

续表

公司名称	处罚情形
默克雪兰诺有限公司	检查发现，该公司会计科目根据境外母公司统一的代码设置以英文列示，未使用中文
江苏豪森药业集团有限公司	（1）2018年列支咨询评审费、广告宣传费，后附部分发票经国家税务总局全国增值税发票查验平台查询，结果为“查无此票”或相关信息“不一致”，涉及金额1.29亿元； （2）2018年虚列27家信息咨询服务部的咨询评审费1600万元； （3）2018年列支会议费的后附部分资料不实，涉及金额274.06万元； （4）2018年虚增办公用品费481.71万元，后附发票显示购买产品为笔、本子等，经查，实际并未购买
礼来（上海）管理有限公司	公司使用电子计算机进行会计核算，未按照国家统一会计制度的规定设置总账、明细账等会计账簿
广东一力医药有限公司	（1）2018年以广告费、市场推广费的名义分别支付化州市创意广告部及罗定市阳阳商品信息咨询服务部27.44万元、72万元，后者收到款项后，又转回广东一力医药有限公司职工及职工家属个人账户； （2）以咨询调研费名义支付广州市在然企业管理服务有限责任公司46.60万元，但未能提供与调研相关的协议、资金支付凭证等资料
一力制药（罗定）有限公司	公司2018年以市场推广费的名义支付给罗定市阳阳商品信息咨询服务部36万元，后者收到款项后，又转给一力制药（罗定）有限公司职工的新药推广客户个人账户，该公司无法提供上述业务所对应的协议或证明材料
深圳华润三九医药贸易有限公司	（1）2018年列支视频拍摄项目制作费不实，涉及金额1323.70万元； （2）2018年列支物流监管项目费不实，涉及金额320.20万元； （3）该公司本部及广东片区2018年列支会议费不实，涉及金额8848.12万元； （4）该公司本部及广东片区2018年列支调研费不实，涉及金额5952.17万元
云南龙海天然植物药业有限公司	公司通过多报业务推广员人数的方式，虚增销售费用124.44万元

（3）反商业贿赂

关于医疗行业业务推广费用的规范性，不可回避的另一面是反商业贿赂，在全面实施“两票制”后，原本的药品销售代理商不再能够发挥业务推广销售的作用，因此业务推广需要医药企业自行承担，其中业务推广费用的合理性以及规范性的问题尤为突出。同时，原先销售代理商的推广功能被CSO（合同销售组织）替代，但由于CSO不承担销售职责，其服务成果只能够体现在举办的学术会议、进行的推广活动等无法量化的事项上，如何对其业务推广费用进行控制与核查也是“两票制”改革下的内控重点。在此背景下，医疗行业自然成为反商业贿赂的重点领域，需要关注医疗企业的销售人员是否通过学术会议、推介会、医药代表等方式对医生、专家进行商业贿赂。

在规范层面，医疗行业反商业贿赂不仅需要关注《反不正当竞争法》中“如实入账”的相关规定，也需要关注作为团体标准的《医药行业合规管理规范》附录A、D中有关产品推广的相关规定，具体到财务内控方面，主要包括严格控制相关业务推广费用的报销，查明相关活动的报销支持文件以及核验相关活动的支出是否存在商业贿赂的风险、在向第三方支付报酬时是否符合市场的公允价格、采取的支付方式是否恰当等。

在监管层面，销售费用的增加或高于行业水平也是上市过程中问询的重点，如湖北亨迪药业股份有限公司便因其销售费用率高于行业平均水平，被要求披露是否存在不当利益安排以及防范商业贿赂的内控制度是否有效。

（4）其他问题

医疗行业较为特殊的财务处理还包括研发投入和第三方回款，医药行业中的医药企业研发投入大周期长，财务内控重点包括：研发费用的归集、核算及资本化是否合规，尤其是研发费用资本化开始的时点是否符合谨慎性原则。第三方回款的现象主要存在于医药企业和医疗企业，原因在于这些行业涉及集中采购，其款项不是由相对方而是由政府财政统一支付。监管主要关注第三方回款的披露情况、正当性以及相应内控制度是否完善。

（5）实务处理建议

截至目前，锦天城为30余家医疗企业提供了境内IPO的上市服务，并为多家医疗行业企业提供合规体系建设、反商业贿赂审查、反不正当竞争审查、经销商审查等专项服务。根据我们的服务经验，以及笔者曾在某医药上市公司从事内审监察的工作心得，就医疗企业的财务内控笔者建议：企业应坚持“财务＋法律”交叉审查同步调整的基本原则，借助融资时投资方尽调要求和上市筹备前的规范要求进行优化，并根据企业发展阶段灵活使用找标杆、搭框架、打补丁、试运行及专项审的工作方法持续关注财务内控。

3. 小结

资本市场视角下的财务内控可以说是一把悬在空中的达摩克利斯之剑，绝不是只有一个“内部控制评价报告”就能高枕无忧，医药行业的财务内控所需遵循的基本原则无外乎企业通用的会计准则，但基于其行业特点，在现金交易、费用报销、研发费用处理、业务推广费用等环节容易发生差错或舞弊，同时这些环节亦是企业上市问询重点及上市后信息披露的监管重点，一旦处理不妥，轻则面临无法上市、行政处罚的后果，重则面临民事赔偿甚至刑事责任。如前所述，企业运营管理依托于财务与法律，企业的经营活动既集中体现在财务报告的一个个数据中，亦需由一个个合同或法律文件作为支撑，因此从实务角度出发，笔者建议财务内控应更进一步引入法律监察的思路和方法，以“财务＋法律”的双视角优化内控体系，降低整体风险。

（二）研发费用相关问题在医疗健康行业的适用情况①

1. 研发投入、研发支出、研发费用的定义

（1）研发投入

“研发投入”的概念源于科创板第二套上市标准，即“……最近三年累计研发投入占最近三年累计营业收入的比例不低于15%”。

同时《上交所问答》第7问将“研发投入”定义为：“研发投入为企业研究开发活动形成的总支出。研发投入通常包括研发人员工资费用、直接投入费用、折旧费用与长期待摊费用、设计费用、装备调试费、无形资产摊销费用、委托外部研究开发费用、其他费用等。本期研发投入为本期费用化的研发费用与本期资本化的开发支出之和。”

从上述表述来看，其“研发投入”的定义与《财政部关于企业加强研发费用财务管理的若干意见》（以下简称财企〔2007〕194号文件）关于“研发费用”（广义理解，包含了研发费用、无形资产和开发支出）的定义几乎相同，故可理解为“研发投入”一词是上交所在科创板注册制背景下的发明，是对财政部

① 肖浩，国际法学硕士，锦天城合伙人，广州办公室证券与资本市场专业委员会召集人，历任上海市律师协会第十届并购重组业务研究会委员，广州市律师协会第十届证券法律专业委员会委员。

几十年前“研发费用”名词的替代，以避免语言表达上的误解，但“研发投入”和“研发费用”的（广义）实际内涵完全相同。

另需要注意，上述定义中“本期费用化的研发费用”中的“研发费用”为会计术语，指利润表下费用类的会计科目。

（2）研发支出

从会计角度看，“研发支出”是会计术语，属于成本类核算科目，用来核算企业进行研究与开发等无形资产过程中发生的各项支出。其二级科目“研发支出－费用化支出”，在期末转入“研发费用”计入当期损益；二级科目“研发支出－资本化支出”，在期末转入“开发支出”计入资产负债表。

（3）研发费用

从广义上看，“研发费用”即原“技术开发费”，指企业在产品、技术、材料、工艺、标准的研究、开发过程中发生的各项费用。根据财企〔2007〕194号文件第1条的规定，企业研发费用主要构成如表4－16所示：

表4－16　具体费用

序号	具体费用名称
1	研发活动直接消耗的材料、燃料和动力费用
2	企业在职研发人员的工资、奖金、津贴、补贴、社会保险费、住房公积金等人工费用以及外聘研发人员的劳务费用
3	用于研发活动的仪器、设备、房屋等固定资产的折旧费或租赁费以及相关固定资产的运行维护、维修等费用
4	用于研发活动的软件、专利权、非专利技术等无形资产的摊销费用
5	用于中间试验和产品试制的模具、工艺装备开发及制造费，设备调整及检验费，样品、样机及一般测试手段购置费，试制产品的检验费等
6	研发成果的论证、评审、验收、评估以及知识产权的申请费、注册费、代理费等费用
7	通过外包、合作研发等方式，委托其他单位、个人或者与之合作进行研发而支付的费用
8	与研发活动直接相关的其他费用，包括技术图书资料费、资料翻译费、会议费、差旅费、办公费、外事费、研发人员培训费、培养费、专家咨询费、高新科技研发保险费用等

另外，财政部发布的《企业会计准则第 6 号——无形资产》从会计核算角度规范了企业对研发费用的确认、计量、记录及报告方法，并将内部研究开发项目的支出分为研究阶段支出和开发阶段支出①，详见本文“4. 研发支出资本化的条件”。

从会计角度看，“研发费用”又是会计术语，属于利润表下的费用类科目②，由期末“研发支出－费用化支出”转入并计入当期损益。

综上所述，“研发投入”“研发支出”和“研发费用”三者虽在广义理解下的内涵基本相同，可能会在部分描述中混淆使用，但“研发支出”和“研发费用”又兼具会计术语，具有明确的计量方式，故在阅读招股说明书等文件中需要根据语境区分其是广义的理解还是特指会计术语。

2. 研发费用的归集、核算

（1）研发费用的归集与核算

财企〔2007〕194 号文件第 2 条第 1 款规定，企业应当明确研发费用的开支范围和标准，严格审批程序，并按照研发项目或者承担研发任务的单位，设立台账归集核算研发费用。据此，台账的设立是企业研发费用归集的前提。具体实践中，各企业均按照自身企业的特点及使用目的对研发费用进行归集与核算，核算的基础是确定研发费用的起点和结束时点。企业通常结合研发创新的特点、同行业可比上市公司的会计政策以及《企业会计准则》的规定，规范项目的立项、执行、终审流程，从项目立项完成时点作为研发费用的起点，到项目出具终审报告结束确认研发费用。

例如：典型案例之［昊海生物 688366］：披露研发费用归集方法

“昊海生物按照研发项目设立了台账，财务核算上按照研发项目归集每年发生的研发费用，研发支出包括人工成本、直接投入、折旧费用等，均计入具体的研发项目核算。

① 《企业会计准则第 6 号——无形资产》第 7 条规定：“企业内部研究开发项目的支出，应当区分研究阶段支出与开发阶段支出。研究是指为获取并理解新的科学或技术知识而进行的独创性的有计划调查。开发是指在进行商业性生产或使用前，将研究成果或其他知识应用于某项计划或设计，以生产出新的或具有实质性改进的材料、装置、产品等。”

② 根据财政部 2018 年 6 月 15 日发布的《关于修订印发 2018 年度一般企业财务报表格式的通知》（财会〔2018〕15 号）的规定，从原“管理费用”项目中分拆“研发费用”项目。

昊海生物在研发项目立项后，按照项目分别设置附注明细，分别记录各个项目的研发支出。研发部门及财务部门分别对各项研发费用进行审核，设立和更新研发项目台账，研发部门核查研发费用及研发费用项目的归集，财务部门根据研发费用支出范围和标准，判断是否可以将发生的支出列入研发费用。”

（2）研发费用的归集口径差异

目前研发费用归集有三个口径，一是会计核算口径，由财企〔2007〕194号文件规范；二是高新技术企业认定口径，由科技部、财政部、国家税务总局《关于修订印发〈高新技术企业认定管理工作指引〉的通知》（国科发火〔2016〕195号文）规范；三是加计扣除税收规定口径，由财政部、国家税务总局、科技部《关于完善研究开发费用税前加计扣除政策的通知》（财税〔2015〕119号）和97号公告、40号公告等规范。

根据国家税务总局所得司发布的《研发费用加计扣除政策执行指引1.0版》第2条第6款的规定，研发费用归集的会计核算、高新技术企业认定和加计扣除三个口径比较如表4－17所示：

表4－17　相关比较

费用项目	研发费用加计扣除	高新技术企业认定	会计核算	备注
人员人工费用	直接从事研发活动人员的工资薪金、基本养老保险费、基本医疗保险费、失业保险费、工伤保险费、生育保险费和住房公积金，以及外聘研发人员的劳务费用	企业科技人员的工资薪金、基本养老保险费、基本医疗保险费、失业保险费、工伤保险费、生育保险费和住房公积金，以及外聘科技人员的劳务费用	企业在职研发人员的工资、奖金、津贴、补贴、社会保险费、住房公积金等人工费用以及外聘研发人员的劳务费用	会计核算范围大于税收范围。高新技术企业人员人工费用归集对象是科技人员
直接投入费用	（1）研发活动直接消耗的材料、燃料和动力费用。 （2）用于中间试验和产品试制的模具、工艺装备开发及制造费，不构成	（1）直接消耗的材料、燃料和动力费用。 （2）用于中间试验和产品试制的模具、工艺装备开发及制造费，不构成	（1）研发活动直接消耗的材料、燃料和动力费用。 （2）用于中间试验和产品试制的模具、工艺装备开发及制造费，样	房屋租赁费不计入加计扣除范围

续表

费用项目	研发费用加计扣除	高新技术企业认定	会计核算	备注
	固定资产的样品、样机及一般测试手段购置费，试制产品的检验费。 (3) 用于研发活动的仪器、设备的运行维护、调整、检验、维修等费用，以及通过经营租赁方式租入的用于研发活动的仪器、设备的租赁费	固定资产的样品、样机及一般测试手段购置费，试制产品的检验费。 (3) 用于研究开发活动的仪器、设备的运行维护、调整、检验、检测、维修等费用，以及通过经营租赁方式租入的用于研发活动的固定资产的租赁费	品、样机及一般测试手段购置费，试制产品的检验费等。 (3) 用于研发活动的仪器、设备、房屋等固定资产的租赁费，设备调整及检验费，以及相关固定资产的运行维护、维修等费用	
折旧费用与长期待摊费用	用于研发活动的仪器、设备的折旧费	用于研究开发活动的仪器、设备和在用建筑物的折旧费。研发设施的改建、改装、装修和修理过程中发生的长期待摊费用	用于研发活动的仪器、设备、房屋等固定资产的折旧费	房屋折旧费不计入加计扣除范围
无形资产的摊销费用	用于研发活动的软件、专利权、非专利技术（包括许可证、专有技术、设计和计算方法等）的摊销费用	用于研究开发活动的软件、知识产权、非专利技术（包括专有技术、许可证、设计和计算方法等）的摊销费用	用于研发活动的软件、专利权、非专利技术等无形资产的摊销费用	—
设计、试验等费用	新产品设计费、新工艺规程制定费、新药研制的临床试验费、勘探开发技术的现场试验费	符合条件的设计费用、装备调试费用、试验费用（包括新药研制的临床试验费、勘探开发技术的现场试验费、田间试验费等）	—	—

续表

费用项目	研发费用加计扣除	高新技术企业认定	会计核算	备注
其他相关费用	与研发活动直接相关的其他费用，如技术图书资料费、资料翻译费、专家咨询费、高新科技研发保险费，研发成果的检索、分析、评议、论证、鉴定、评审、评估、验收费用，知识产权的申请费、注册费、代理费，差旅费、会议费，职工福利费、补充养老保险费、补充医疗保险费。此项费用总额不得超过可加计扣除研发费用总额的10%	与研究开发活动直接相关的其他费用，包括技术图书资料费、资料翻译费、专家咨询费、高新科技研发保险费，研发成果的检索、论证、评审、鉴定、验收费用，知识产权的申请费、注册费、代理费，会议费、差旅费、通信费等。此项费用一般不得超过研究开发总费用的20%，另有规定的除外	与研发活动直接相关的其他费用，包括技术图书资料费、资料翻译费、会议费、差旅费、办公费、外事费、研发人员培训费、培养费、专家咨询费、高新科技研发保险费用等。研发成果的论证、评审、验收、评估以及知识产权的申请费、注册费、代理费等费用	在加计扣除政策及高新研发费用中对其他相关费用总额有比例限制

三个研发费用归集口径差异的主要原因如下：

a. 会计核算口径的研发费用，其主要目的是准确核算研发活动支出，而企业研发活动是企业根据自身生产经营情况自行判断的，除该项活动应属于研发活动外，其他并无过多限制条件。企业财务报表、招股说明书中披露的研发支出采用该口径。

b. 高新技术企业认定口径的研发费用，其主要目的是判断企业研发投入强度、科技实力是否达到高新技术企业标准，因此对人员费用、其他费用等方面有一定的限制。

c. 研发费用加计扣除政策口径的研发费用，其主要目的是实施税收优惠，细化哪些研发费用可以享受加计扣除政策，因此其政策口径最小。允许加计扣除研发费用的范围主要针对企业核心研发投入，采取的是列举方式，即政策规定中没有列举的加计扣除项目不可以享受加计扣除优惠。

申报企业研发费用在不同归集口径下可能存在差异的，需要在招股说明书或者反馈回复中披露存在差异的原因。

例如：典型案例之［澳华内镜688212］：披露税务加计扣除金额与研发费用金额存在较大差异的原因。

澳华内镜加计扣除的研发费用与实际发生的研发费用金额的差异主要为根据财政部、国家税务总局、科技部《关于完善研究开发费用税前加计扣除政策的通知》（财税〔2015〕119号）、国家税务总局《关于研发费用税前加计扣除归集范围有关问题的公告》（国家税务总局公告2017年第40号）等税法相关规定，调减不能加计扣除的事项。

报告期年各年，不可享受加计扣除优惠政策的研发投入金额分别为302.44万元、310.94万元、819.74万元，差异主要原因及未享受加计扣除优惠整的原因如表4－18所示：

表4－18　相关原因

未加计扣除的项目	未加计扣除的原因	2020年度	2019年度	2018年度
研发项目注册部门人员薪酬	部分支持研发工作的辅助人员薪酬未申请加计扣除	82.22万元	23.19万元	13.03万元
部分子公司未申请加计扣除以及母子公司之间委托研发形成的影响数	合并财务报表中的费用包含子公司的研发费用，由于子公司未申请对研发费用执行加计扣除，因此不计算加计扣除	224.07万元	178.84万元	129.94万元
其他不属于加计扣除范围的费用，如办公、招待费以及超过研发活动直接相关费用总额10%的金额	根据财税〔2017〕34号与研发活动直接相关的其他费用，此类费用总额不得超过可加计扣除研发费用总额的10%	513.45万元	108.92万元	159.46万元
合计		819.74万元	310.94万元	302.44万元
占研发费用比重		20.89%	10.21%	14.29%

（3）研发费用与生产成本的阶段划分时点

对于以仿制药、医疗器械等生产制造为主的公司来说，研发费用与生产成本的区分主要关注既从事研究又从事生产相关人员的工时是否能够清晰地按照其所开展的活动性质进行分摊。而对于CRO①、CDMO②以及原料药研制企业来说，研发费用与生产成本的阶段划分就相对比较复杂。目前，行业常见的处理方式是将通用型基础技术研发阶段（中试③及放大生产前的阶段）作为研发阶段，而将中试及完成后所进行的放大生产和规模化生产过程作为生产阶段。

我们在此选取部分科创板及A股上市CRO、CDMO以及原料药研制企业就其研发费用与生产成本的划分时点进行比较（见表4－19）：

表4－19　相关比较

企业名称及代码	细分行业	研发费用与生产成本的划分时点
诺泰生物（688076）	CDMO	将具有通用性的基础技术研发（如工艺技术开发、基本质量研究等）作为研发阶段，相关研发支出计入研发费用。将CDMO业务的订制产品生产阶段（放大生产阶段）作为生产阶段，相关支出计入生产成本
	原料药	将中试完成前的阶段作为研发阶段，将中试完成后所进行的规模化生产过程作为生产阶段。同时，对于公司自主申报注册的原料药项目注册申报相关的验证及注册申报费用也作为研发费用
凯莱英（002821）	CDMO	将中试及放大生产前的阶段作为研发阶段
博腾股份（300363）	CDMO	将小试完成前的阶段作为研发阶段，包括工艺开发与质量研究及工艺优化等基础技术开发活动。将放大生产作为生产阶段

① CRO：指医药合同研发企业，主要为跨国制药公司和生物制药提供药物发现、临床研究、临床试验等新药研发合同研究服务。

② CDMO：指医药合同定制研发生产企业，主要为跨国制药企业以及生物技术公司提供医药，特别是创新的工艺研发及制备、工艺优化、注册和验证批生产等定制研发生产服务的机构。

③ 中试：指产品正式投产前的试验，即中间阶段的试验，是产品在大规模量产前的较小规模试验。

续表

企业名称及代码	细分行业	研发费用与生产成本的划分时点
博瑞医药（688166）	原料药	将小试阶段的项目统一作为研发项目管理，只有处于中试阶段且工艺验证稳定的项目才能作为生产项目立项，公司按照项目编号严格归集和核算项目支出，分别计入研发费用和生产成本
皓元医药（688131）	原料药	原料药业务主要以产品工艺是否稳定作为研发活动和生产活动的划分标准

综上所述，研发费用的归集与核算并不是简单地从一个科目调整到另一个科目，研发费用归集与核算不清将直接对企业生产成本、营业利润、净利润、研发投入占比、高新技术资格认定、加计扣除等方面造成连锁影响。故申报企业应当在日常经营中规范研发费用的归集和核算，以免在报告期内对企业各项财务数据进行重大调整。

3. 与研发费用有关的税收优惠

根据《关于完善研究开发费用税前加计扣除政策的通知》（财税〔2015〕119 号）、《关于企业研究开发费用税前加计扣除政策有关问题的公告》（国家税务总局公告 2015 年第 97 号）、《关于研发费用税前加计扣除归集范围有关问题的公告》（国家税务总局公告 2017 年第 40 号）、《关于提高研究开发费用税前加计扣除比例的通知》（财税〔2018〕99 号）、《关于进一步完善研发费用税前加计扣除政策的公告》（财政部、税务总局公告 2021 年第 13 号）等相关规定，企业为了开发新技术、新产品、新工艺所发生的研发费用，未形成无形资产计入当期损益的，在按照规定据实扣除的基础上，自 2021 年 1 月 1 日起，按照实际发生额的 100% 在税前加计扣除；形成无形资产的，自 2021 年 1 月 1 日起，按照无形资产成本的 200% 在税前摊销。

从上述规定来看，研发费用的核算无论是计入当期损益还是形成无形资产，两种方式准予税前抵扣的总额是一样的，可加计扣除的总额也是一样的。同时，可加计扣除的费用仍然应当符合法律、行政法规和财税部门税前扣除的相关规定，即税前扣除的项目不得加计扣除。对于研发支出形成无形资产的，其摊销年限应符合企业所得税法实施条例的规定，除法律法规另有规定或合同约定外，摊销年限不得低于10年。

4. 研发支出资本化的条件

由于研发支出资本化对美化财务报表的作用非常显著，因此在科创板问世前，研发支出资本化即在主板和创业板的审核中被广泛关注，由此带来的结果是申报企业对研发支出资本化的问题非常谨慎。为避免被监管部门反复质疑研发资产资本化的合理性，多数企业干脆简单粗暴地将研发支出全部予以费用化。然而，由于科创板申报企业对研发支出资本化的处理会在一定程度上影响上市标准的选择，再加上科创板对申报企业的要求以及从审核制到注册制的变化，导致研发支出资本化这个问题出现一定的松动。上交所首次在《上交所问答》第14问中对研发支出资本化的信息披露要求以及中介机构核查方式进行了明确规定，之后深交所发布的《深圳证券交易所创业板股票首次公开发行上市审核问答》（以下简称《深交所问答》，与《上交所问答》合称《审核问答》）第31问中也有类似规定，以下就结合《企业会计准则》《审核问答》和A股典型案例分析研发支出资本化的问题。

（1）《企业会计准则》中关于研发支出资本化的规定

①研发支出资本化的基本条件

《企业会计准则第6号——无形资产》第9条的规定是研发支出资本化的基础，规定了开发阶段的支出同时满足下列五个条件的，才能确认为无形资产：完成该无形资产以使其能够使用或出售在技术上具有可行性；具有完成该无形资产并使用或出售的意图；无形资产产生经济利益的方式，包括能够证明运用该无形资产生产的产品存在市场或无形资产自身存在市场，无形资产将在内部使用的，应当证明其有用性；有足够的技术、财务资源和其他资源支持，以完成该无形资产的开发，并有能力使用或出售该无形资产；归属于该无形资产开发阶段的支出能够可靠地计量。

在后续计量无形资产时，应当在该无形资产可供使用时起（医药生物企业通常以取得药品注册批件或相应的GMP证书①的时间作为使用无形资产的时间）在使用寿命内合理摊销，并按规定进行减值测试计提减值准备。

---

① GMP证书：指药品监督管理部门按照药品生产质量管理规范及规定，组织对药品生产企业的认证工作。企业符合相关规定要求的，颁发认证证书。

例如，典型案例之［康希诺 688185］：逐条分析研发支出是否符合资本化条件

康希诺是一家以预防用生物制品为主营业务的医药研发企业，其研发管线中涵盖针对预防脑膜炎、埃博拉病毒病、百白破、肺炎、结核病、新型冠状病毒病（COVID－19）、带状疱疹等疫苗产品，其中 Ad5－EBOV、重组新型冠状病毒疫苗（腺病毒载体）与 PBPV 属于一类生物制品。

康希诺划分开发阶段支出的具体标准为：一类生物制品①，以在获得药品监管机构的新药批准文件时作为进入开发阶段的时点；非一类生物制品，以在实质开展Ⅲ期临床试验时作为进入开发阶段的时点，且均需要同时满足以下五项资本化条件（见表 4－20）：

表 4－20　相关条件

资本化条件	具体资本化条件	要求
完成该项目以使其能够使用或出售，在技术上具有可行性	（1）技术源于公司搭建的多糖蛋白结合技术、蛋白结构设计和重组技术、腺病毒载体疫苗技术以及制剂技术四个核心技术平台，研发团队编制技术可行性报告及 POC② 概念验证，管理层审批通过立项报告书 （2）需要其他外部授权技术的，在达到项目预定用途前能获取持续的技术授权，并能熟练掌握公司开发环境与开发人员的，项目组可以编制技术可行性报告及 POC 概念验证，管理层可以审批通过立项报告书 （3）技术能达到项目预定用途设定的各项条件	需满足其一
管理层具有完成该项目并使用或出售疫苗产品的意图	公司具有完成该项目并使用或出售疫苗产品的意图，并在立项报告书中进行明确	需满足

① 根据康希诺上市申报审核问询文件，一类生物制品是指根据《药品注册管理办法》（2007 年）规定的预防用生物制品Ⅰ类（指未在国内外上市销售的疫苗）以及治疗用生物制品Ⅰ类（指未在国内外上市销售的生物制品），即国内外均未上市的创新疫苗或其他生物制品。

② POC：指验证候选药物的药理效应可以转化成临床获益，一般在早期临床研究阶段进行（通常它们被放在Ⅱ期研究中），可以独立进行。

续表

资本化条件	具体资本化条件	要求
能够证明该项目将如何产生经济利益，包括能够证明该项目生产工艺所生产的疫苗产品具有市场推广能力	（1）公司在立项阶段对该项目自身或生产的疫苗产品在未来的市场需求、市场竞争情况、未来市场占有率等进行调研，并在研发过程中根据产品市场整体发展趋势、该产品的竞争力等因素进行综合评估，通过未来销售情况预测该项目自身存在市场或运用项目生产工艺所生产的疫苗产品存在市场 （2）公司具有对该项目自身或生产的疫苗产品进行市场推广的能力，有能力满足销售所需的行政许可、招投标资格、销售渠道等条件	需满足
有足够的技术、财务资源和其他资源支持以完成该项目的开发，并有能力使用或出售该疫苗产品	（1）研发团队出具该项目的技术可行性报告，以确认公司现有四大技术平台以及现有专利或非专利技术足以支持该项目的开发，并对可给予的技术支持进行持续评估 （2）公司有充足现金流或有能力融资以完成该项目的后期开发，相关预算通过管理层审批 （3）公司有其他完成该项目开发并使用或出售的其他资源	需满足
归属该项目开发阶段的支出能够可靠地计量	公司建立相对完善的内部控制体系并对相关支出进行可靠计量	需满足

②研发支出资本化具体时点

鉴于《企业会计准则第6号——无形资产》规定的研发支出资本化的条件过于笼统，因此有必要依据基本条件对研发支出资本化时点予以明确。如康希诺案例，企业将其研发支出资本化的时点设定为：Ⅰ类生物制品，以在获得药品监管机构的新药批准文件时作为进入开发阶段的时点；非Ⅰ类生物制品，以在实质开展Ⅲ期临床试验时作为进入开发阶段的时点。

我们在此选取部分其他科创板及其他A股上市生物医药及医疗器械类企业研发支出资本化时点进行对比如表4－21所示：

表 4－21　相关比较

分类	企业名称及代码	研发支出资本化时点
生物医药类	特宝生物（688278. SH）	将药品研发进入Ⅲ期临床试验阶段前的所有开支予以费用化，将药品研发进入Ⅲ期临床试验阶段的时点作为资本化开始的时点，止于药品研发Ⅲ期临床试验结束后申请并获得药品注册批件与相应的 GMP 证书时
	南新制药（688189. SH）	对于Ⅰ类新药，将取得Ⅲ期临床批件前作为研究阶段，费用计入当期损益，将取得Ⅲ期临床批件后并开始进行临床试验至取得新药证书或生产批件前作为开发阶段，费用资本化（国家药监局要求对Ⅰ类新药需进行Ⅳ期临床研究，对Ⅳ期临床研究费用也资本化）；对除上述Ⅰ类新药外，其他类别在取得临床批文后并开始进行临床研究至取得生产批件前发生的费用予以资本化。如无法区分所属阶段的，则在发生时全部计入当期损益
	海特生物（300683. SZ）	Ⅰ类新药的开发阶段支出是指药品取得新药证书至取得生产批件期间的可直接归属的开支，其他药品的开发阶段支出是指药品研发进入Ⅲ期临床试验阶段后的可直接归属的开支
	龙津药业（002750. SZ）	（1）将外购药品开发技术受让项目以及公司继续在外购项目基础上进行的药品开发支出进行资本化，确认为开发支出。（2）属于工艺改进、质量标准提高等项目成果增加未来现金流入的，将其支出全部资本化，确认为开发支出。（3）公司自行立项的药品开发项目，包括新药，仿制药，增加新规格、新剂型、新适应症补充申请等，将其取得临床批件后的支出进行资本化，确认为开发支出。（4）上市后的临床研究，包括Ⅳ期临床研究，有效性安全性再评价，中药品种保护，社保医保审核等，将其支出予以资本化，确认为开发支出
	方盛制药（603998. SH）	研究阶段支出是指药品研发完成Ⅲ期临床试验阶段前的所有开支；开发阶段支出是指药品研发完成Ⅲ期临床试验阶段后的可直接归属的开支，完成Ⅲ期临床试验的时间以药品监督管理部门的批准文件为准

续表

分类	企业名称及代码	研发支出资本化时点
医疗器械类	心脉医疗（688016. SH）	公司的研发项目支出在产品成功完成首例人体临床试验时，方可作为资本化的研发支出；其余研发支出，则作为费用化研发支出。相关研发费用的资本化止于临床试验结束后，申请并获得医疗器械注册证时
	阳普医疗（300030. SZ）	研发费用资本化开始的时点：对新产品公司依照国家关于医疗器械的要求，由第三方对研究成果最终转化的产品进行临床试验得到相应的临床数据。对于新技术的应用，公司通过实验得到检测数据
	乐普医疗（300003. SZ）	公司体外诊断产品的研发项目以“临床试验开始时间”作为研发费用资本化开始的时点
	冠昊生物（300238. SZ）	以符合《医疗器械临床试验规定》（已失效）规定的医疗器械临床试验条件，并取得医院第一例临床注册开展通知书及CRF表（病例报告表）封面复印件作为项目费用资本化依据
	三鑫医疗（300453. SZ）	需要临床试验的研发项目，以医院伦理委员会通过，并取得伦理批件的时间为资本化时点；不需要临床试验的研发项目，以第三方检测机构检测合格，并取得检测报告的时间为资本化时点

由此看出，生物医药类企业的研发项目大多在进入Ⅲ期临床试验后才选择将研发支出资本化，而海特生物则晚至取得新药证书后，其对资本化的时点选择较为谨慎。医疗器械类企业的研发项目按照是否需要临床试验进行划分：需要临床试验的项目，通常以取得临床试验批件或伦理批件时作为资本化时点；不需要临床试验的项目，通常以取得实验报告或者外部第三方检测报告时为资本化时点。

（2）《审核问答》关于研发支出资本化的信息披露及核查要求

《审核问答》对发行人存在研发支出资本化情况的信息披露要求以及中介机构核查方式作出了具体规定：

①研发支出资本化的会计处理要求

发行人内部研究开发项目的支出，应按照《企业会计准则——基本准则》《企业会计准则第6号——无形资产》等相关规定进行确认和计量。在初始确认和计量时，发行人应结合研发支出资本化相关内控制度的健全性和有效性，对照会计准则规定的相关条件，逐条分析进行资本化的开发支出是否同时满足上述条件。在后续计量时，相关无形资产的预计使用寿命和摊销方法应符合会计准则规定，按规定进行减值测试并足额计提减值准备。

②要求发行人在招股说明书中进行信息披露

第一，披露与资本化相关研发项目的研究内容、进度、成果、完成时间（或预计完成时间）、经济利益产生方式（或预计产生方式）、当期和累计资本化金额、主要支出构成，以及资本化的起始时点和确定依据等内容。

第二，披露与研发支出资本化相关的无形资产的预计使用寿命、摊销、方法、减值等情况，并说明是否符合相关规定。发行人还应结合研发项目推进和研究成果运用时可能发生的内外部不利变化、与研发支出资本化相关的无形资产规模等因素，充分披露相关无形资产的减值风险及其对公司未来业绩可能产生的不利影响。

中介机构要求保荐机构及申报会计师应关注以下事项，并对发行人研发支出资本化相关会计处理的合规性、谨慎性和一贯性发表核查意见：

第一，研究阶段和开发阶段的划分是否合理，是否与研发活动的流程相联系，是否遵循了正常研发活动的周期及行业惯例，并一贯运用，研究阶段与开发阶段划分的依据是否完整、准确披露；

第二，研发支出资本化的条件是否均已满足，是否具有内外部证据支持。重点从技术上的可行性，预期产生经济利益的方式，技术、财务资源和其他资源的支持等方面进行关注；

第三，研发支出的成本费用归集范围是否恰当，研发支出的发生是否真实，是否与相关研发活动切实相关，是否存在为申请高新技术企业认定及企业所得税费用加计扣除而虚增研发支出的情形；

第四，研发支出资本化的会计处理与可比公司是否存在重大差异。从上述《审核问答》的要求中可以看出，监管部门除关注研发支出资本化是否符合会计准则以外，还要求中介机构对研发支出资本化的真实性、合理性、关联性、可比性及后续影响等方面进行详细披露及核查。

（3）外购技术资本化问题

不少医药生物企业的药物研发项目最开始以外购技术为主。而外购的（非专利）技术本身具有资产的属性，即外购技术包括在研项目的药学研究资料及生产技术等，企业购买后可以取得对应技术后续开发权利（通常所称“药品开发权益”），具有可转让属性，符合会计准则中有关资产资源的定义，应当确认为“无形资产”，但从研发项目的角度来看，企业需要在外购技术的基础上开展后续研发，如临床研究、临床试验（或生物等效性试验）等，方可形成完整的药物临床试验批件，因此该外购技术在企业取得时点上暂未达成公司需要的预定可使用状态。故根据会计准则的原则以及财政部《企业会计准则讲解 2010》① 的规定，企业使用外购非专利技术用于后续研发或者需等待相关的配套生产设施完工后（或者经过监管部门批准后）才能投入生产的，其外购部分的成本总是可以资本化（但每年末均应进行减值测试）；自行研发的后续支出则应当按照《企业会计准则第 6 号——无形资产》的五项标准判断能否资本化。一旦研发项目未来最终获得成功形成无形资产时，该无形资产的资本化成本将包括外购技术的成本和符合资本化条件的自行开发支出。

因外购技术资本化的会计处理既不需要满足《企业会计准则第 6 号——无形资产》的五项标准，也不减少企业当期利润，又大大增加了企业当期研发投入的金额，可谓“一举多得”，同时外购技术相比企业自研开发支出更容易掺杂“水份”，更可能涉嫌关联交易、资金占用等问题，所以监管部门尤其关注外购技术的真实性、合理性、关联性、可比性等问题。申报企业除根据《审核问答》披露相关信息外，另需要根据反馈意见进行细致的回复。

例如：典型案例之［艾迪药业 688185］：外购技术资本化相关问题

艾迪药业成立于 2009 年，系一家以人源蛋白产品生产、销售为主的生物制品企业。同时开展部分仿制药业务及经销雅培公司 HIV 诊断试剂和设备业务，并正在布局开展抗艾滋病、抗炎以及抗肿瘤领域创新药物研发。

截至报告期末，艾迪药业存在的 8 个研发项目目前处于研发支出费用化阶段，但相关外购技术费用却计入开发支出予以资本化。监管部门要求艾迪药业说明该些外购技术资本化的依据以及未计入无形资产进行摊销的原因。

---

① 参照《企业会计准则讲解 2010》四、内部研发开发费用的账务处理：“……（三）企业购买正在进行中的研究开发项目，应按确定的金额，借记‘研发支出－资本化支出’科目，贷记‘银行存款’等科目。”

除详细论证外购技术应当资本化的会计处理外，艾迪药业同时披露了开发支出中包含外购技术的具体金额、构成；披露了每一个资本化项目技术转让费支付对象的基本情况（包括但不限于主营业务、实际控制人、与发行人是否存在关联关系）、技术转让定价的依据以及各年支付的金额；对比了同行业上市公司同类研发项目会计处理等信息。

即使如此，在第二次反馈意见中，监管部门再次要求艾迪药业对外购技术资本化的问题进行补充反馈，并要求艾迪药业分析外购技术采用不同会计处理方式的情形下对企业报告期内各期财务数据的影响以及是否适用科创板第二套上市标准①。

艾迪药业在反馈回复中进行了补充说明，并将支付的技术转让费全部费用化以及全部计入无形资产进行摊销，分析这两种情形对报告期内财务数据的影响，并得出在这两种情况下企业仍然均满足科创板第二套上市标准的结论。

综上所述，我们无法直接判定研发支出资本化好还是费用化好，我们推测监管部门之所以会如此关注研发支出资本化问题，可能是为了消除因过度依赖主观判断的会计处理造成企业之间财务报表不具有可比性的影响，可谓用心良苦。但是从近年来的趋势能够看出，我国监管机构对有研发能力的科创型企业持鼓励性态度，只要企业没有恶意利用会计手段粉饰报表并误导投资者，在充分披露信息的情况下，可以将满足条件的研发支出予以资本化并在资产负债表中予以列示，此种方式反而能够更加真实、完整地反映企业的价值。

5. 小结与建议

（1）准确识别研发支出性质，合理归集研发支出类目

医疗健康行业企业的研发费用高，研发投入大，一般也意味着企业的科技创新意愿强烈，以期未来能形成较强的核心竞争力。若企业在付出高额研发支出成本的同时，不合理地扩大研发支出资本化范围，企业与此相关的信息披露就可能失真，将会误导投资人的投资决策，甚至即便成功上市，后续也可能面临因无形资产摊销或减值导致的财务暴雷，损害投资者利益，违背以信息披露为核心的资本市场改革。因此，医疗健康行业企业应本着诚信原则，合法合规合理地选择对

---

① 《上海证券交易所科创板股票上市规则》（2020 年修订）第 2 条第 1 款第 2 项规定：“发行人申请在本所科创板上市，市值及财务指标应当至少符合下列标准中的一项：……（二）预计市值不低于人民币 15 亿元，最近一年营业收入不低于人民币 2 亿元，且最近三年累计研发投入占最近三年累计营业收入的比例不低于 15%。”

研发支出的会计处理方式。

（2）完善研发活动内部控制，规范研发支出会计处理

①企业应当按照企业会计准则的要求，明确研发支出资本化或费用化的标准和节点，建立科学标准的财务管理制度；

②建立并完善与研发活动相关的内控制度及执行监督，包括立项与成果评审，研发过程规范，临床试验，报批上市等，以保证有据可查。

（3）充分披露公司研发模式，做足研发投入核查工作

拟申报 IPO 的医疗健康行业企业在做好研发活动内部管理的同时，建议提高规范意识，积极配合保荐机构、律师事务所、会计师事务所等中介机构针对研发活动的尽职调查工作。具体如下：

①在招股说明书中真实、准确、完整地披露自身的业务模式、生产流程、所在行业的技术水平和市场竞争态势以及在供应链中的地位等基础信息，作为判断会计处理合法性以及合理性的重要依据。

②与中介机构建立起充分互信和畅通的沟通机制，在阐释研发支出资本化的合理性过程中，向中介机构以及在招股说明书中如实披露其产品研发周期、研发过程的关键节点等信息，充分考量产品研发进度不及预期甚至研发失败、新产品商业化不达预期等或有风险。

③重点关注、参考同行业可比上市公司的研发费用资本化政策及资本化率，尽量避免存在或发生较大差异的情形；若该等差异的存在确实有其客观原因和合理性，则需要结合行业特点、研发模式、管线进展等方面进行充分的论证和分析。

（三）收入确认方法在医疗健康行业的适用情况①

1. 概述

营业收入作为利润表的“排头兵”，是企业取得利润的重要保障，交易所、中国证监会也将其作为 IPO 的硬性指标之一。相应地，收入确认准则也是重中之重。2017 年 7 月 5 日，财政部发布了《关于修订印发〈企业会计准则第 14 号——收入〉的通知》（财会〔2017〕22 号）（以下简称新收入准则），对《企业会计准则第 14 号——收入》（2006 年）进行了修订，相比原收入准则，新收

① 韩震，法学学士，锦天城律师事务所律师。

入准则就收入确认章节做出了大幅度、实质性的变更，新收入准则逻辑更统一，框架更完整，对实务的指导作用更强。

2020 年 1 月 16 日，中国证监会发布《发行监管问答——关于申请首发企业执行新收入准则相关事项的问答》，要求申请首发企业应当自 2020 年 1 月 1 日起执行新收入准则。新收入准则将会影响很多行业的收入确认时点和金额，进而影响利润的前置或递延。我们通过总结近期境内外医疗健康行业上市公司执行新收入准则的情况，从而梳理新收入准则下有关医疗健康企业收入确认的适用情况。

2. 新收入准则下的变化

（1）新收入准则的核心变化

新收入准则对收入确认的核心变化是控制权的转移①，主要变化分别体现在以下几个方面。

①收入确认的模式与理念（见表 4－22）

表 4－22　相关模式与理念

新收入准则	旧收入准则
引入单一的收入确认模型：新的收入模型涵盖了原准则中的建造合同与收入两个部分，将所有业务都用统一的标准进行考量，根据衡量标准判断履约义务属于某一个时间段还是某时间点确认，打破了生产销售不可能在某一时间段内确认收入的认知	并行两种收入确认模式：不同的业务类型采用不同的收入确认模型，将业务区分为销售商品、提供劳务、让渡资产使用权和建造合同，销售商品收入主要以风险和报酬转移为基础确认，提供劳务和建造合同收入主要采用完工百分比法
控制权转移：收入确认的判断标准由风险报酬转变为控制权转移，但风险报酬仍属于控制权转移的一个指标②	主要风险和报酬转移：原收入模型强调的是商品所有权上的风险和报酬转移给客户时，同时满足其他四个条件时确认收入

① 《企业会计准则第 14 号——收入》（2017 年）第 4 条规定：“企业应当在履行了合同中的履约义务，即在客户取得相关商品控制权时确认收入。取得相关商品控制权，是指能够主导该商品的使用并从中获得几乎全部的经济利益。”

② 《企业会计准则第 14 号——收入》（2017 年）第 5 条第 1 款规定：“当企业与客户之间的合同同时满足下列条件时，企业应当在客户取得相关商品控制权时确认收入：（一）合同各方已批准该合同并承诺将履行各自义务；（二）该合同明确了合同各方与所转让商品或提供劳务（以下简称“转让商品”）相关的权利和义务；（三）该合同有明确的与所转让商品相关的支付条款；（四）该合同具有商业实质，即履行该合同将改变企业未来现金流量的风险、时间分布或金额；（五）企业因向客户转让商品而有权取得的对价很可能收回。”

②交易价格的确定（见表4－23）

表4－23　相关交易价格的确定

新收入准则	旧收入准则
企业在确认收入时应当按照履约义务分摊到的交易价格计量，即五步法①中的第三步预期有权收取的对价金额，交易价格的确定需要考虑可变对价、非现金对价、重大融资成分或应付客户的对价等复杂的因素，这会增加交易价格确定的难度	按照已收取或应收取对价的公允价值计量

③对包含多重交易安排合同的会计处理（见表4－24）

表4－24　相关会计处理

新收入准则	旧收入准则
“履约义务”② 是新收入准则针对包含多项安排的业务提出的新术语，要求企业通过识别履约义务，将交易价格分摊至各单项履约义务上，将履约义务应承担的相应比例的售价作为履行该义务时确认收入的金额	旧收入准则中的相关指引十分有限，仅在旧收入准则第15条中涉及有关奖励积分的少数规定

④合同成本的处理（见表4－25）

表4－25　相关合同成本的处理

新收入准则	旧收入准则
合同成本包括取得合同的增量成本和履约合同成本，如销售佣金就属于增量成本。预期可以收回的增量成本要资本化，采用与收入确认相同的基础进行摊销，计入当期损益；与一项合同或特定预期合同直接相关的履行合同成本也应当资本化	仅在CAS15③ 规定范围内的建造合同的订立成本可以计入合同成本，对于其他情况下发生的合同取得成本并未进行详细规定

① 新收入准则下，收入的确认和计量大致分为以下五步：（1）识别与客户订立的合同；（2）识别合同中的单项履约义务；（3）确定交易价格；（4）将交易价格分摊至各单项履约义务；（5）履行各单项履约义务时确认收入。

② 根据《企业会计准则第14号——收入》（2017年）第9条第2款规定，履约义务，是指合同中企业向客户转让可明确区分商品的承诺。

③《企业会计准则第15号——建造合同》。

⑤特定交易（或事项）的会计处理（见表4－26）

表4－26　相关会计处理

新收入准则	旧收入准则
新收入准则对很多特定交易进行了详细的规定，如总额法和净额法的区分、售后回购等，有利于提高会计信息的可比性，也让企业在实际处理业务时有迹可循	未进行相应的规定

⑥列报与披露（见表4－27）

表4－27　相关列报与披露

新收入准则	旧收入准则
新增加了列报科目，需要在资产负债表中列示合同资产和合同负债；增强了会计信息披露的广泛性，可能对企业的数据收集和会计信息系统带来更高的要求	收入的信息披露仅限于会计政策的讨论

（2）新收入准则中的收入确认方法

新收入准则规定了统一的确认收入的“五步法”模型：

第一步为识别与客户订立的合同：新收入准则所说的合同包括每一项与客户签订的具有法律约束力的包含权利义务的协议，包括合同变更与合同合并。

第二步为识别合同中的单项履约义务：合同中包括向客户提供协议规定业务的承诺，如转让商品或服务等，判断该商品或服务是否可以明确区分的关键在于该承诺是否可以与合同中其他承诺单独区分并且客户是否可以从该承诺的商品或服务中收益。

第三步为确定交易价格：交易价格是企业向客户履行了承诺而有权收取的对价金额。交易价格除固定的对价金额外，还存在可变对价或非现金对价，这就需要企业对自己有权收取的对价金额进行估计，且需要注意该可变交易价格的最高限制。此外，交易价格还应当考虑货币的时间价值。

第四步为将交易价格分摊至各单项履约义务：企业通常需要按照各单项履约义务的占比，将总的交易价格分摊至各个单项义务，需要注意的是如果无法直接观察到单独售价，则需要进行估计，包括采用市场调整法、成本加成法、余值法等方法合理估计单独售价。此外，如果该项承诺中包含合同折扣或可变对价，则需要按照规定在正确的时点将该事项中影响到的金额分配给引起该项折扣或可变对价的某项履约义务。

第五步为履行每一项单项履约义务时确认收入：企业应当按照控制权转移的标准确认收入，且金额是从总额中分摊至该项履约义务的金额，针对某一时间段内确认收入的履约义务需要选择适当的确定履约进度的方法。

（3）与医疗健康行业收入确认相关的新旧收入准则会计业务处理对比（见表4－28）①

表4－28　会计业务处理对比

准则要素	相关业务	新收入准则会计处理	旧收入准则会计处理	说明
收入确认	提供劳务交易结果能够可靠估计的劳务收入	满足三个条件之一的②，在一段时间内履行义务及确认收入；否则应按照一个时点确认收入	采用完工百分比法确认劳务收入	新旧收入准则存在实质性差异
收入确认	对已签订合同进行变更	合同变更包括：作为单独合同，单独进行会计处理；原合同终止及新合同订立；合同变更作为原合同的组成部分，由此产生的对已确认收入的影响，应当在合同变更日调整当期收入	旧收入准则仅在建造合同准则中约定了一定的原则	旧收入准则未明确约定

① 参见大信会计师事务所：《大信研究：新旧收入准则下44项会计业务处理差异对比》，载https：//mp. weixin. qq. com/s/x_sTGdatnZJp5FETdhGphQ，最后访问日期：2023年3月20日。

② 《企业会计准则第14号——收入》（2017年）第11条第1款规定："满足下列条件之一的，属于在某一时段内履行履约义务；否则，属于在某一时点履行履约义务：（一）客户在企业履约的同时即取得并消耗企业履约所带来的经济利益。（二）客户能够控制企业履约过程中在建的商品。（三）企业履约过程中所产出的商品具有不可替代用途，且该企业在整个合同期间内有权就累计至今已完成的履约部分收取款项。"

续表

准则要素	相关业务	新收入准则会计处理	旧收入准则会计处理	说明
收入确认	销售商品的同时提供产品安装服务	商品和安装服务存在重大整合、定制和高度关联性之一，则识别为一项履约义务；不存在的则应识别为两项履约义务	商品和安装服务能单独区分并单独计量的，商品作为销售收入，安装作为劳务服务；不能区分或不能单独计量的，全部作为销售收入	新旧收入准则区分标准不同
收入确认	授予知识产权许可	首先按照识别履约义务的规定评估知识产权是否与所售商品明确区分，即构成单项履约义务的，且该知识产权可同时满足三个条件时①，则在某一时段内确认收入；若不满足，则在一个时点确认收入	属于提供设备和其他有形资产特许权费的，在交付资产或转移资产时确认收入；属于提供出售及后续服务的特许权费的，在提供服务时确认收入	新收入准则不再以是否提供后续服务及收款期限作为一个时点还是一个时段内确认收入的标准
收入确认	定制开发和应用支持等	识别合同中的履约义务的项数，然后分析每项履约义务是在一个时段还是时点内履行	实务中，参照建造合同完工百分比法确认收入，部分销售商品收入在风险报酬转移时一次性确认	新旧收入准则判断标准发生重大变化
收入确认及计量	附有销售退回条款的销售	销售退回率不能合理估计时，在退货期满后根据实际退货情况确认收入金额。当销售退回率能够合理估计时，以向客户转让商品而有权收取的对价金额确认收入，并在资产负债标日对退货率进行重新评估	不能合理估计退货可能性的，在售出商品或退货期满后确认收入。当销售退回率能够合理估计时，将可能退回商品的金额和对应成本总额的差额确认为预计负债	当销售退回率合理估计时，新旧收入准则会计核算和列报存在差异

① 《企业会计准则第 14 号——收入》（2017 年）第 36 条第 2 款规定：企业向客户授予知识产权许可，同时满足下列条件时，应当作为在某一时段内履行的履约义务确认相关收入；否则，应当作为在某一时点履行的履约义务确认相关收入：（一）合同要求或客户能够合理预期企业将从事对该项知识产权有重大影响的活动；（二）该活动对客户将产生有利或不利影响；（三）该活动不会导致向客户转让某项商品。

续表

准则要素	相关业务	新收入准则会计处理	旧收入准则会计处理	说明
收入确认及计量	附有质量保证条款的销售	把质保义务区分为“保证性质保”和“服务性质保”①，保证性质保在确认商品收入时将合理估计质保期发生的支出确认为预计负债，服务性质保单独作为一项履约义务，分摊合同对价及在质保期内按照合理方法确认收入（一般情况下为直线法）；无法合理区分的则全部作为单项履约义务进行会计处理	不区分质保类型，大部分情况下采用计提负债的会计处理方式	新收入准则在“保证性质保”的会计处理与旧收入准则基本相同
收入计量	区分主要责任人、代理人	企业在向客户转让商品前能够控制该商品的为主要责任人，应按照总额确认收入；否则为代理人，应按照预期有权收取的佣金或手续费的金额确认收入	要求企业代第三方收取的款项应当作为负债处理，不确认收入	旧收入准则无相关规定
收入计量	交易价格在不同履约义务之间的分摊	按照各单项履约义务所承诺商品的单独售价的相对比例，将交易价格分摊至各单项履约义务。当单独售价无法直接观察时，分摊方法可采用市场调整法、成本加成法、余值法合理估计单独售价	在销售产品或提供劳务的同时，应将销售取得的货款或应收货款在本次商品销售或劳务提供产生的收入与奖励积分的公允价值之间进行分配	新旧收入准则均要求分配，但是分配方法存在差异

① 《企业会计准则第14号——收入》（2017年）第33条规定：对于附有质量保证条款的销售，企业应当评估该质量保证是否在向客户保证所销售商品符合既定标准之外提供了一项单独的服务。企业提供额外服务的，应当作为单项履约义务，按照本准则规定进行会计处理。

续表

<table>
<tr><th>准则要素</th><th>相关业务</th><th>新收入准则会计处理</th><th>旧收入准则会计处理</th><th>说明</th></tr>
<tr><td>收入计量</td><td>销售返利、销售折让</td><td>作为可变对价在确定合同交易价格时予以考虑，在后续的资产负债表日需要更新之前的估计①；作为附有客户额外购买选择权的销售②</td><td>无明确规定，实务中一般在返利发生较为确定时对收入进行冲减</td><td>新收入准则明确考虑时点为每一资产负债表日且需持续更新估计</td></tr>
<tr><td rowspan="4">列报</td><td rowspan="4">与合同资产③概念相关，一年以上的合同资产列示为其他非流动资产</td><td>报表列报项目</td><td>报表列报项目</td><td>列报内容</td></tr>
<tr><td rowspan="3">合同资产、其他非流动资产</td><td>应收账款</td><td rowspan="3">转让商品后有条件的收款权利由“合同资产”和“其他非流动资产”科目核算</td></tr>
<tr><td>长期应收账款</td></tr>
</table>

从以上新旧准则下对收入会计业务处理区别情况来看，新的收入准则提高了企业会计核算的规范性，使得会计信息更加客观、可靠。

同时，根据《发行监管问答——关于首发企业执行新收入准则相关事项的问答》规定④，要求申请首发企业披露执行新收入准则后对企业经营情况、财务情况等各方面是否存在重大影响。故对于处在过渡期的申请首发企业来说，为避免报告期内因会计政策变化导致财务报表披露口径发生重大变化，而受到监管层更

① 参见《企业会计准则第14号——收入》（2017年）第16条关于合同中存在可变对价的收入确认的规定。

② 参见《企业会计准则第14号——收入》（2017年）第35条对于附有客户额外购买选择权销售的收入确认的规定。

③《企业会计准则第14号——收入》（2017年）第41条第2款规定，合同资产，是指企业已向客户转让商品而有权收取对价的权利，且该权利取决于时间流逝之外的其他因素。

④ 根据中国证监会《发行监管问答——关于首发企业执行新收入准则相关事项的问答》问答二，要求对于申报财务报表审计截止日在2019年12月31日及之后，且首次执行日晚于可比期间最早期初的申请首发企业，应当在招股说明书“财务会计信息”部分，披露新收入准则实施前后收入确认会计政策的主要差异以及实施新收入准则在业务模式、合同条款、收入确认等方面产生的影响，如有重大影响，应当作“重大事项提示”。

多的关注，其通常选择提早执行新收入准则或尽可能统一新旧收入准则下具体业务的收入确认方式，从而论述报告期内不会因执行新收入准则导致企业的业务模式、合同条款、收入确认、业务数据、财务数据等方面产生重大影响。

【案例】阳光诺和：执行新收入准则未对阳光诺和的业务模式、财务情况等方面产生重大影响

阳光诺和（688621）主营业务是为医药企业提供专业化研发外包服务。阳光诺和主营业务涵盖仿制药开发、一致性评价及创新药开发等方面的综合研发服务，服务内容主要包括药学研究、临床试验和生物分析。

根据阳光诺和招股说明书中的披露信息，阳光诺和在新收入准则实施前后（2018 年 1 月 1 日）收入确认会计政策虽然发生改变，但是执行新收入准则后对其业务模式、合同条款、收入确认等方面未产生变化，具体论述情况如表 4 – 29 所示：

表 4 – 29　具体论述情况

项目	2019 年 12 月 31 日之前的收入确认原则	执行新收入准则下的收入确认原则
基本原则	阳光诺和已将商品或服务所有权的主要风险和报酬转移给买方	阳光诺和在履行了合同中的履约义务，即在客户取得相关商品或服务控制权时，按照分摊至该项义务的交易价格确认收入

（1）业务模式

阳光诺和提供的药物研发服务采用直销业务模式。阳光诺和通过接受客户委托，为其完成药学研究、临床试验和生物分析服务等工作后，配合客户按照国家药品注册管理规定进行申报注册，最终协助客户实现仿制药开发、一致性评价及创新药开发。在研究过程中，阳光诺和均履行了合同履约义务，在客户取得相关服务控制权时确认收入。新收入准则实施前后收入确认金额及时点无差异。

（2）合同条款

阳光诺和与客户签订的合同条款主要由双方协商确定，符合阳光诺和业务情况和行业惯例，因此实施新收入准则不会在合同条款方面对阳光诺和产生重大影响。

综上所示，笔者认为即使新收入准则从发布以来已经历时 4 年之久，但若申请首发企业最晚于 2020 年 1 月 1 日起开始实施新收入准则的，且确定 2019 年度作为申报期第一年，则申请首发企业仍然会面临着申报期内会计政策发生变化的问题，需要根据监管要求披露由此产生的影响。故我们提请申请首发企业应尽早执行新收入准则或提早合理安排以确保申报期内财务政策的一致性，做好新旧收入准则的衔接。

3. 典型医疗健康企业收入确认的会计政策

（1）科创板典型性生物医药类企业收入确认的会计政策（见表 4－30）

表 4－30　收入确认会计政策

公司名称	适用时间	收入确认会计政策
昊海生科（688366. SH）	自 2018 年 1 月 1 日起开始适用新收入准则	（1）销售商品合同 ①自产产品销售：昊海生科与客户之间的销售商品合同通常仅包含转让商品的履约义务。昊海生科通常在综合考虑了下列因素的基础上，除对医院的人工晶体产品销售收入确认的时点是医院实际使用货物之时以外，其余基本均以经销商验收时点确认收入：取得商品的现时收款权利、商品所有权上的主要风险和报酬的转移、商品的法定所有权的转移、商品实物的转移、客户接受该商品。 ②贸易商品销售：昊海生科与客户之间的销售商品合同通常仅包含转让商品的履约义务。根据《新收入准则》的规定，在客户取得相关商品控制权时确认收入，包含如下情形：取得商品的现时收款权利、商品所有权上的主要风险和报酬的转移、商品的法定所有权的转移、商品实物的转移、客户接受该商品。昊海生科通常在综合考虑了以上因素的基础上，根据昊海生科与医院的定期结算单据和结算惯例向医院销售外购人工晶体产品的收入确认的时点是医院实际使用货物之时，其余基本均以经销商验收时点确认收入。 （2）可变对价 昊海生科部分与客户之间的合同存在销售返利的安排，形成可变对价。昊海生科按照期望值或最有可能发生金额确定可变对价的最佳估计数，但包含可变对价的交易价格不超过在相关不确定性消除时累计已确认收入极可能不会发生重大转回的金额

续表

公司名称	适用时间	收入确认会计政策
药明康德（603259. SH/2359. HK）	自2018年1月1日起开始适用新收入准则	药明康德主要通过其中国区实验室服务、美国区实验室服务以及临床研究及其他服务经营分部以FFS① 的收费模式向客户提供合同研发服务（CRO服务）。 对部分FFS业务模式下的合同，药明康德管理层（以下简称管理层）判断该类合同相关履约义务应在某一时间段内确认。管理层需要判断药明康德在整个合同期间有权就累计至今已完成的履约部分收取款项。管理层的判断和分析考虑了相关合同的适用法律法规并参考外部法律、律师的意见（如适用）。 对于在某一时段内履行的履约义务，药明康德应当在该段时间内按照履约进度确认收入，根据商品或者服务的性质，管理层需要采用投入法或者产出法确定恰当的履约进度。 对部分FFS业务模式下的合同，管理层判断药明康德在向客户交付递交物并且被客户验收后拥有现时收款权力，因此管理层认为相关履约义务在该时点被完成
赛诺医疗（688108. SH）	自2020年1月1日起开始适用新收入准则	（1）采用经销方式销售给经销商的商品，在经销商收到商品并签收后，取得收款权利时确认商品销售收入。 赛诺医疗通过现金折让及产品赠与两种方式对经销商进行销售返利。销售返利的会计处理方式为：期末赛诺医疗根据统计的销售返利情况计算尚未结算的返利金额，冲减营业收入。 （2）直接销售给医院的商品，在医院确认商品植入病患体内，且与赛诺医疗达成一致后，取得收款权利时确认商品销售收入
恒瑞医药（600276. SH）	自2020年1月1日起开始适用新收入准则	恒瑞医药主要销售药品及原料药等产品，属于在某一时点履行履约义务。产品销售收入确认需满足以下条件：恒瑞医药已根据合同约定将产品交付给客户且客户已取得相关商品控制权，已经收回货款或取得了收款凭证且相关的经济利益很可能流入时确认收入

① FFS，全称为“fee for service”，指按服务收费。

续表

公司名称	适用时间	收入确认会计政策
华熙生物(688363. SH)	自2020年1月1日起开始适用新收入准则	(1) 内销收入确认具体方法 ①线上销售 a. 华熙生物自营店铺：华熙生物通过淘宝、天猫、有赞和京东等互联网电商平台直接销售商品，消费者将货款支付至互联网支付平台，华熙生物发出商品，消费者收到货物，华熙生物收到货款时确认收入。 b. 平台自营店铺：华熙生物通过京东自营、唯品会、小红书和辣妈学院等电商平台向终端消费者销售商品，根据电商平台定期向其发出的结算清单并由其复核后确认收入。 c. 授权分销商开设店铺：华熙生物授权分销商在约定的电商平台开设店铺销售其商品，华熙生物在商品交付客户指定的收货地点、接收方签收后确认销售收入。 ②线下销售收入的确认是华熙生物将商品委托第三方物流公司运输到购货方指定地点并由购货方签收确认后确认销售收入。 通过实体店销售的收入确认具体方法：华熙生物在产品交付至客户并收到款项时确认销售收入。华熙生物在销售产品的同时授予客户奖励积分的，将销售取得的货款或者应收货款在销售产生的收入与奖励积分的公允价值之间进行分配，将取得的货款或者应收货款扣除奖励积分的公允价值的部分确认为收入、奖励积分的公允价值确认为合同负债，在客户兑换奖励积分时，将原计入合同负债的与所兑换积分相关的部分确认为收入。 (2) 外销收入确认具体方法 根据华熙生物与客户的销售合同或定单及客户的交货期要求，联系第三方国际货运代理商，国际货运代理服务商负责揽货、订舱、收集全套报关单据向海关申报等手续，海关审核无误后货物装船，华熙生物在货物装船并取得提单信息后已获得现时的付款请求权并很可能收回对价时，即在客户取得相关商品的控制权时确认销售收入。 华熙生物与客户之间通常包含提供货物运输服务的履约义务。华熙生物通常以提供服务完成及商品交付客户时确认销售收入

（2）科创板之外的其他 A 股典型性生物医药类企业收入确认的会计政策（见表 4－31）

表 4－31　收入确认的会计政策

公司名称	适用时间	收入确认会计政策
万孚生物（300482. SZ）	自 2020 年 1 月 1 日起开始适用新收入准则	万孚生物主要采用买断式经销模式，对国内部分客户采用直销的销售模式。 （1）经销模式 万孚生物与经销商达成合作意向后，签订年度销售合同，约定销售价格、结算方式等，经销商有采购需求时，提交采购订单，万孚生物按照合同约定的销售价格和结算方式对经销商发出商品。 ①境内销售的收入确认 万孚生物将产品交付经销商后，经销商与二级经销商、终端客户之间的结算价格不再影响万孚生物与经销商对该项产品之间的结算价格，该产品可能发生减值或毁损等形成的损失与万孚生物无关。 万孚生物产品交付经销商后，由经销商对产品实物进行管理，并在确定的销售区域内自主对二级经销商、终端客户进行销售。同时，产品销售后退回的风险很小。 在买断式经销模式下，万孚生物发出产品并将产品出库单交付客户签收确认后，根据客户确认的数量、销售合同约定的单价开具发票，确认收入的实现。 ②境外销售的收入确认 销售价格和结算方式按与客户签订的合同或订单确定，万孚生物的产品经海关申报后装船并离港或离岸后由经销商承担全部风险，经销商与下游客户的结算价格不再影响万孚生物与经销商对该项产品之间的结算价格。万孚生物的产品经海关申报，装船并离港或离岸后，根据出口报关单或货运提单的数量、销售合同约定的单价开具发票，确认收入的实现。 （2）直销模式 万孚生物发出产品并将产品出库单交付客户签收确认后，根据客户确认的数量、销售合同约定的单价开具发票，确认收入的实现。 （3）检测业务的收入确认 万孚生物与客户签订检测服务合同，从客户处获取送检单及样本，将送检单及样本录入核心检测业务系统进行检测，出具检测报告时确认收入的实现

续表

公司名称	适用时间	收入确认会计政策
明德生物（002932. SZ）	自2020年1月1日起开始适用新收入准则	（1）快速诊断试剂收入的确认方法 ①经销模式 明德生物与经销商之间均采用买断式销售的合作模式。明德生物与经销商达成合作意向后，签订年度销售合同，约定结算方式、退换货政策、运费条款等合同条款，经销商有采购需求时向明德生物提交采购订单，明德生物一般在收取货款后根据采购订单和库存情况组织生产和仓库发货，并安排物流配送。 境内收入确认方法：销售商品采用预收款方式的，预收的货款确认为负债，明德生物发出商品后，经销商未在约定的期限内提出异议的，明德生物依据出库单的数量、销售合同约定的单价确认收入的实现；销售商品采用赊销方式的，明德生物发出产品交付客户确认后，相关的风险和报酬已经转移，明德生物根据客户确认的数量、销售合同约定的单价确认收入的实现。 境外收入确认方法：明德生物与境外经销商均采用预收款方式，在发出商品并经对方收货后，确认收入的实现。 ②直销模式 明德生物与直销客户达成合作意向后签订合作协议，约定销售价格、结算方式、退换货政策、运费条款等合作条款。当终端客户有采购需求时，向明德生物提交采购订单，明德生物根据采购订单和库存情况组织生产和仓库发货，并安排物流配送。 境内收入确认方法：产品经客户确认后，明德生物根据客户确认的数量、销售合同约定的单价确认收入的实现。 境外收入确认方法：明德生物不存在境外直销收入。 （2）快速检测仪器收入的确认方法 明德生物与客户签订销售合同或协议，根据具体采购需求和库存情况组织生产和仓库发货，并安排物流配送，将仪器发送至客户指定的地点，安装调试完成确认收入的实现。 （3）检验服务收入的确认方法 明德生物主要为客户提供分子诊断的检验服务，在检测完毕，服务完成并将检测结果交付客户后，确认收入的实现。 （4）软件产品收入的确认方法 明德生物主要为客户提供全流程管理系统安装服务，在安装调试完成后交付客户，确认收入的实现

续表

公司名称	适用时间	收入确认会计政策
基蛋生物（603387. SH）	自2020年1月1日起开始适用新收入准则	（1）销售商品 基蛋生物采用买断式经销模式销售商品，销售收入分国内商品销售收入和出口商品销售收入两类，具体收入确认方法为： ①国内销售 基蛋生物在收到经销商订单，将货物交付给物流公司发给经销商，取得物流公司开具的货运凭证后，开具销售发票，且基蛋生物按客户编制发货确认函，月末与客户对账后确认收入。 ②出口销售 基蛋生物收到经销商订单，根据货物出口报关单和货运提单开具发票，并确认收入。 （2）提供劳务收入 在提供劳务交易的结果能够可靠估计的情况下，于资产负债表日按照完工百分比法确认提供的劳务收入。劳务交易的完工进度按已经发生的劳务成本占估计总成本的比例确定。 提供劳务交易的结果能够可靠估计是指同时满足：收入的金额能够可靠地计量；相关的经济利益很可能流入企业；交易的完工程度能够可靠地确定；交易中已发生和将发生的成本能够可靠地计量。 如果提供劳务交易的结果不能够可靠估计，则按已经发生并预计能够得到补偿的劳务成本金额确认提供的劳务收入，并将已发生的劳务成本作为当期费用。已经发生的劳务成本如预计不能得到补偿的，则不确认收入。 基蛋生物与其他企业签订的合同或协议包括销售商品和提供劳务时，如销售商品部分和提供劳务部分能够区分并单独计量的，将销售商品部分和提供劳务部分分别处理；如销售商品部分和提供劳务部分不能够区分，或虽能区分但不能够单独计量的，将该合同或协议全部作为销售商品处理。 （3）使用费收入 根据有关合同或协议，按权责发生制确认收入。 （4）利息收入 按照他人使用基蛋生物货币资金的时间和实际利率计算确定利息收入

续表

公司名称	适用时间	收入确认会计政策
迈瑞医疗（300760. SZ）	自2020年1月1日起开始适用新收入准则	迈瑞医疗在客户取得相关商品或服务的控制权时，按预期有权收取的对价金额确认收入。 （1）销售商品 迈瑞医疗生产各类医疗器械及器材产品并销售予各地客户。迈瑞医疗在履行了合同中的履约义务（主要包括将产品交付给购货方、完成有关产品的安装并取得验收确认或完成报关离港并取得提单等），即在客户取得相关商品控制权时确认收入。 对于在合同开始日预计客户取得商品控制权至客户支付价款间隔不超过一年的合同，迈瑞医疗给予客户的信用期根据客户的信用风险特征确定，与行业惯例一致，不存在重大融资成分。对于存在重大融资成分的合同，迈瑞医疗按照假定客户在取得商品控制权时即以现金支付的应付金额确定交易价格，该交易价格与合同价格之间的差额，在合同履行期间采用实际利率法摊销。迈瑞医疗向客户提供基于销售金额的销售折扣，并根据历史经验按照期望值法确定折扣金额，按照合同对价扣除预计折扣金额后的净额确认收入。迈瑞医疗将已收或应收客户对价而应向客户转让商品的义务列示为合同负债。 （2）提供劳务 迈瑞医疗提供劳务根据合同服务期限，在提供服务的期间内采用直线法分期确认收入。迈瑞医疗提供劳务主要是为了延长保修期收入及其他收入。 迈瑞医疗按照已完成劳务的进度确认收入时，对于其已经取得无条件收款权的部分，确认为应收账款，其余部分确认为合同资产，并对应收账款和合同资产以预期信用损失为基础确认损失准备；如果迈瑞医疗已收或应收的合同价款超过已完成的劳务，则将超过部分确认为合同负债。迈瑞医疗对于同一合同下的合同资产和合同负债以净额列示。 合同成本包括合同履约成本。迈瑞医疗为提供劳务而发生的成本，确认为合同履约成本，并在确认收入时，按照已完成劳务的进度结转计入主营业务成本。 （3）附有质量保证条款的销售 对于附有质量保证条款的销售，如果该质量保证在向客户保证所销售商品或服务符合既定标准之外又提供了一项单独的服务，则该质量保证构成单项履约义务。否则，迈瑞医疗按照《企业会计准则第13号——或有事项》规定对质量保证责任进行会计处理，确认相应的预计负债

续表

公司名称	适用时间	收入确认会计政策
九强生物（300406. SZ）	自 2020 年 1 月 1 日起开始适用新收入准则	（1）体外检测试剂收入 根据九强生物与客户签订的销售合同、协议或客户通知，编制销售订单；根据销售订单及库存情况组织试剂的生产和出库……按照已收或应收对价总额确认销售收入。 （2）体外检测仪器收入 根据九强生物与客户签订的销售合同或协议，组织体外诊断仪器及配件的采购；根据合同或协议的约定，将体外诊断仪器发送到客户指定的地点，安装调试至预定可使用状态，并取得经客户确认的验收报告或验收单；根据经客户确认的验收报告或验收单，并预计款项可以回收后，作为销售体外检测仪器单项履约义务，客户取得控制权，按照已收或应收对价总额确认销售收入。 其中，九强生物在代理销售体外检测试剂和仪器中，在向客户转让商品之前能够控制商品，承担验收风险、价格风险、存货风险等，九强生物在该交易中的身份是主要责任人。 （3）仪器租赁收入 根据九强生物与客户签订的仪器租赁合同、协议，组织体外诊断仪器及配件的采购；根据合同或协议的约定，将体外诊断仪器发送到客户指定的地点，安装调试至预定可使用状态，体外检测仪器租赁在整个租赁期内作为单项履约义务，按照已收或应收对价总额在整体租赁期内确认销售收入。 （4）其他业务收入 九强生物与客户签订销售合同或协议，由其提供相关服务给客户，如维修保养等，并预计款项可以回收后，作为在某一时点履行的单项履约义务，按照已收或应收对价总额确认销售收入

4. 医疗健康企业收入确认的常见问题

（1）区分主要责任人和代理人

新收入准则第 34 条第 1 款中明确企业应当根据其在向客户转让商品前是否拥有对该商品的控制权，来判断其从事交易时的身份是主要责任人还是代理人。企业在向客户转让商品前能够控制该商品的，该企业为主要责任人，如药品生产企业向药品批发企业销售药品，合同约定由药品生产企业直接向药品批发企业进行销售，药品生产企业作为合同主要义务人拥有自主定价权，并在销售环节中承担着存货的主要风险，因此一般判断药品生产企业属于主要责任人，按照销售总额确认收入；当企业在向客户转让商品前并不拥有商品控制权时，该企业为代理人，如药品经销商在与供应商签署的协议中约定，经销商在对外销售其药品时并不承担存货的毁损灭失和价格变动等风险，同时药品的销售价格需要经过供应商协商确定，且供应商对药品销售承担首要责任，药品经销商只是收取代理经销的相对固定的佣金收入，则药品经销商为代理人，只确认净额的收入。

【案例】睿昂基因：经销模式下的收入确认

睿昂基因（688217）是一家拥有自主品牌分子诊断产品的生命科学企业，主营业务为体外诊断产品的研发、生产、销售及科研服务，主要为血液病（白血病、淋巴瘤）、实体瘤（肺癌、结直肠癌、黑色素瘤等）和传染病（乙型肝炎、风疹、单纯疱疹等）患者提供分子精准检测，为风险评估、疾病分型、靶向药物选择和疗效监测等个体化治疗方案的制定提供依据。

2020 年 7 月 21 日，睿昂基因收到上海证券交易所的《关于上海睿昂基因科技股份有限公司首次公开发行股票并在科创板上市申请文件的审核问询函》（上证科审［审核］［2020］第 482 号），要求睿昂基因就经销模式下销售外购试剂业务中承担的角色进行说明，并确认相关收入应当采用总额法还是净额法。（见表 4－32）

表 4－32　相关问题与回复

问题	睿昂基因回复
外购试剂通过经销实现的收入情况，在经销模式下，睿昂基因在外购试剂业务中所承担的角色，相关收入是否应采用净额法确认	根据睿昂基因与经销商签订的经销协议条款，外购试剂在交付经销商之前的风险由睿昂基因承担，交付之后的相关风险由经销商承担。货物的所有权和损失风险将在卖方将产品转给承运人后转移给买方，即睿昂基因在商品销售给客户之前承担了该商品的主要风险。因此，睿昂基因在经销模式下的外购试剂业务中系主要责任人而非代理人，根据企业会计准则的规定应按总额法确认收入

（2）CRO 企业的收入确认

①CRO 简介

CRO，全称为“Contract Research Organization”，是指通过合同形式为医药

生物科技企业或研发机构在研发过程中提供专业化外包服务的组织或机构。CRO的规模化、专业化可以有效降低医药生物科技企业的研发投入并提高研发效率。在医药行业，药物研发过程一般需经历多个阶段，若以临床作为分类节点，CRO可分为临床前 CRO 和临床 CRO 两大类。

根据业务侧重点的不同，临床前 CRO 主要包括药物发现、药学研究和临床前研究；临床 CRO 主要包括Ⅰ期、Ⅱ期、Ⅲ期、Ⅳ期临床的试验技术服务、试验数据管理统计分析，注册申报和上市后药物安全监测等。

②CRO 收入确认的会计处理

CRO 订单具备高度的专业化和定制化，这对 CRO 企业如何做好订单管理以及根据进展做好会计确认和计量提出了较大挑战。可以将绝大多数 CRO 企业的业务分为 FTE（full – time equivalent，又称全职人力工时或全时当量服务）类和非 FTE 类这两大类，企业根据业务的不同而分别采用不同的会计处理方法。

第一，FTE 类

FTE 类业务是指以工作量（小时）为基础的收费模式，多见于临床前及临床早期新药化合物发现及合成、临床前研究阶段。通常以一个工作人员在一定时期内全部工作时间的计算单位为基础，把非全时工作人员数折算为全时工作人员的相等数量。

1 个 FTE 指该人员全部工作时间都用于该项目，0.5 个 FTE 指该人员全部工作时间的一半用于该项目。企业按“配置人员已发生的劳务时间 × 技术合同约定的 FTE 劳务费率”的方式计算并确认劳务收入。根据企业各自会计政策的不同，确认时点可以是每月也可以是每个资产负债表日或合同约定条件满足时。

第二，非 FTE 类

非 FTE 类业务，主要是指客户的定制服务。根据业务类型又可分为 FFS（fee for service，按服务收费）、INT（integrated services，综合服务）等，其中以 FFS 最为普遍。FFS 类业务是指以完成交货或提交成果报告为收入确认标识的收费模式，多见于为临床新药或已上市药物原料药提供工艺路线开发等服务中。

在非 FTE 类业务服务中：在各个里程碑完成时，即向客户交付合同约定成果并且被客户验收后拥有现时收款权力时确认收入；在里程碑节点内，对已经发生并预计能够得到补偿的劳务成本计入当期成本并按照相同金额确认劳务收入；在里程碑节点内，对已经发生的劳务成本预计不能够得到补偿的，将已经发生的劳务成本计入当期损益，不确认提供劳务收入。

【案例】百诚医药：FFS 类业务下的收入确认方式

百诚医药（3011096）是一家以药学研究为核心的综合性医药技术研发企业，采取“受托研发服务 + 研发技术成果转化”双线发展战略，主要是为各类制药企业、医药研发投资企业提供药物研发服务及研发技术成果转化。百诚医药的业务涵盖药物发现、药学研究、临床试验、注册申请等药物研发主要环节，其中在药学研究和生物等效性试验服务上具有核心竞争优势。

根据百诚医药的招股意向书就其主要收入确认方式（2020 年度和 2021 年 1 ~6月）披露如下：

收入确认的具体方法

①按照时点确认收入

百诚医药销售原料药等产品属于在某一时点履行履约义务。产品收入确认需满足以下条件：百诚医药已根据合同约定将产品交付给客户且客户已接受该商品，已经收回货款或取得了收款凭证且相关的经济利益很可能已经流入，商品所有权上的主要风险和报酬已转移，商品的法定所有权已转移。

②按履约进度确认收入。

百诚医药向各类制药企业、医药研发投资企业提供药物研发服务及研发技术成果转化，由于其履约的同时客户即取得并消耗其履约所带来的经济利益，且客户能够控制其履约过程中的服务，所以百诚医药将其作为在某一时段内履行的履约义务，按照履约进度确认收入，履约进度不能合理确定的除外。百诚医药按照产出法确定提供服务的履约进度。对于履约进度不能合理确定时，百诚医药已经发生的成本预计能够得到补偿的，按照已经发生的成本金额确认收入，直到履约进度能够合理确定为止。

履约进度的具体确认方法

百诚医药结合药学研究项目的行业规范、项目特点、历年研究经验及合同约定的成果交付时点，设置了若干里程碑。百诚医药针对药学研究服务项目（适用于自主研发技术成果转化与临床前药学研究）设置了五个里程碑，即小试、中试、三批工艺验证、注册受理和通过审评，各里程碑的履约进度采用固定节点比例，各里程碑的履约进度比例、收入确认时点、依据具体如表4－33所示：

表4－33 相关信息汇总

里程碑	完工/履约进度（%）	累计完工/履约进度（%）	收入确认时点	收入确认依据
小试	35	35	完成小试生产工艺研究	取得经客户盖章确认的项目进度确认单
中试	20	55	指导对方完成至少一批项目药品放大生产	
三批工艺验证	20	75	指导对方完成项目药品放大生产，连续三批样品生产，并经检验合同	
注册受理	15	90	百诚医药向药品监督管理部门提交注册申请和协助客户向药品监督管理部门提交注册申请	取得注册受理号或客户盖章确认的注册申报资料移交确认单
通过审评	10	100	取得注册批件	取得药品注册批件

公司按“时段法”确认收入的具体依据

百诚医药与客户就临床前药学研究或临床研究服务项目签订合同，约定因履行合同所产生的研究成果及其相关知识产权归属于客户。在研发过程中，百诚医药需将工作形成的研发工作成果或资料提交给客户，如小试报告、中试报告、批生产记录、内外部检验单、临床机构出具的临床试验报告、注册受理单或注册申报资料移交确认单、批件等，由客户对里程碑节点进行确认。同时，客户可以通过项目领导小组实时掌握研发工作具体进展情况，并可随时派人去百诚医药现场进行审计、跟踪和检查，百诚医药须无条件开放与项目有关的所有资料和现场等，配合客户的相关工作，百诚医药还需定期向客户发送研发过程中相关的研发数据、进度、工作小结等资料。

在控制了研发进度和成果并取得知识产权的基础上，客户可以选择自行继续研发或者委托其他企业继续研发，而无须重新执行百诚医药已经完成的工作，或者亦可以把研发已产生的相关资料及技术转让给第三方。因此，符合新收入准则时段确认收入的第一条标准，即客户在企业履约的同时取得并消耗企业履约所带来的经济利益。

处于里程碑节点之间的会计处理

百诚医药按照与客户签订的合同中关于违约责任的条款：若由于百诚医药原因（包括但不限于工艺、生产原因造成研发失败或现场核查未能通过）导致协议终止，则客户不承担责任；故百诚医药在正常履约但未达合同节点里程碑时，由于客户原因而需终止协议时，客户应承担违约责任，根据研发进度据实结算。该类条款的合同项下，百诚医药依据合同约定和历史经验，对已经发生并预计能够得到补偿的劳务成本计入当期成本并按照相同金额确认劳务收入。

无论何种原因导致研发不成功，百诚医药均需向客户全额退款。对该类条款合同项下，已经发生的劳务成本预计不能够得到补偿的，百诚医药将已经发生的劳务成本计入当期损益，不确认提供劳务收入。

同时，百诚医药对比了同行业上市公司对于相似业务的会计处理，包括阳光诺和（688621）、百花村（600721）、博济医药（300404）、药明康德（603259）等，说明百诚医药选取里程碑确定的实际履约进度与企业的业务情况相匹配，会计处理符合《企业会计准则》的相关规定，并与同行业上市公司的处理方式一致。

从上述案例可以看出，CRO 企业的收入确认是一个逐步推导的过程，需要按照收入确认的“五步法”模型，并结合业务流程、合同条款、收款情况、执行情况等因素进行综合判断和分析，使确认的收入更加客观、合理，且具有可比性，能够充分反映 CRO 企业的盈利情况。

（3）医疗器械行业设备投放模式

①设备免费投放模式

设备投放①，并没有明确的法律定义，在医疗器械行业是指医疗器械生产厂商（以下简称器械厂商）提供某一（类）特殊的医用设备给医院（或医疗机构等）使用，由于设备的非普遍适配性，直接或间接促使医院（或医疗机构等）使用该器械厂商所生产的配套耗材的销售模式。

① 参见詹磊、朱桢祎、沈亚威：《医疗器械行业设备投放模式的合规性探讨及上市关注重点问题梳理》，载 https://www.allbrightlaw.com/SH/CN/10475/62478673491a5910.aspx，最后访问日期：2023 年 1 月 6 日。

由于公立医院发展业务需要诸多医用设备，但因流动资金短缺、采购审批程序烦琐等难以及时到位，且部分设备采购价格较高，导致对应耗材使用受到限制或初期难以推广。器械厂商为促进医院等机构采购耗材，协商同意免费提供医院使用对应专属耗材设备；同时，为了收回投入设备的成本，器械厂商往往会根据设备成本价值及折旧年限等，与医院约定较长的投放周期和月度、年度最低采购量，从而平衡设备无偿提供（投放）的折旧成本。

投放期内，器械厂商一般保留设备的所有权，医院（或医疗机构）仅享有设备使用权，所有权将于投放周期届满后转移至医院；同时约定，如医院（或医疗机构等）采购量未达标，则器械厂商有权要求收回设备或主张违约金。

总体来看，免费投放模式的实质是器械厂商通过长期耗材销售分摊无偿提供给医院（或医疗机构等）的设备成本，投放模式具有一定商业合理性：对医院而言，能够缓解业务发展过程中短期资金不足及设备采购审批周期长的压力；对器械厂商来说，投放模式也是一种产品推广路径，通过前期设备投放促进产品（耗材）的销售拓展，客观上也在一定程度上起到了限制竞争对手、长期销售的效果。

②设备投放模式的会计处理

我们对目前上市申报案例进行梳理，存在投放模式的公司以体外诊断产品（IVD）行业居多，其中部分企业已经成功过会或完成上市。因此，审核过程中了解到投放或称为“联动销售模式”在行业中是较为普遍的存在，该模式的合规性及设备投放是否确认收入、如何进行会计处理也是上市问询的重点事项之一。

【案例】圣湘生物：联动销售模式中投放仪器的会计处理

圣湘生物（688289）主要产品及服务包括检测试剂、检测仪器和检测服务，其中对外销售的检测试剂、检测仪器的来源包括自产和外购。圣湘生物在主要采用一般销售模式销售试剂、仪器产品的同时，部分采用联动销售模式进行销售。

2020年3月16日，圣湘生物收到上海证券交易所的《关于圣湘生物科技股份有限公司首次公开发行股票并在科创板上市申请文件的审核问询函》，要求圣湘生物就联动销售模式下设备投放的情况进行说明。（见表4－34）

表 4-34　相关问题与回复

序号	问题	圣湘生物基因回复
1	联动销售模式下，（1）用于投放的仪器的类别、来源（自产、外购）、数量和金额；（2）仪器数量与试剂销量的匹配情况；（3）新增投放仪器数量情况；（4）投放仪器的标准和原则；（5）投放仪器后续管理的内控措施	如实披露
2	联动销售模式下，投放仪器转入固定资产的时点和标志	圣湘生物投放仪器自存货转入固定资产以仪器出库为时点，以出库单为标志。出库后，客户服务部为终端客户进行装机调试，终端客户需代为履行保管义务
3	投放仪器减值测试情况	圣湘生物将投放仪器列入固定资产管理与核算。报告期各期末，圣湘生物按照《企业会计准则》的规定判断期末投放仪器是否存在减值的迹象
4	投放仪器折旧摊销所适用的会计政策，与同行业可比上市公司是否可比	检测仪器投放后，圣湘生物仍拥有设备的所有权、处置权，终端客户只拥有投放设备的使用权，故圣湘生物将投放设备作为固定资产列示。圣湘生物采用平均年限法为折旧方法，按照可用年限与投放合同约定的年限谁短谁为折旧年限，与同行业可比公司相比不存在重大差异
5	与客户终止合作后，投放仪器的处理原则、存放地点及会计处理	圣湘生物的仪器在投放后转入固定资产核算，收回时，不改变会计核算方式，不转入存货核算

综上所述，在联动销售模式下投放设备不符合收入确认条件①的不能确认为

① 《企业会计准则第 14 号——收入》（2017 年）第 5 条第 1 款规定："当企业与客户之间的合同同时满足下列条件时，企业应当在客户取得相关商品控制权时确认收入：（一）合同各方已批准该合同并承诺将履行各自义务；（二）该合同明确了合同各方与所转让商品或提供劳务相关的权利和义务；（三）该合同有明确的与所转让商品相关的支付条款；（四）该合同具有商业实质，即履行该合同将改变企业未来现金流量的风险、时间分布或金额；（五）企业因向客户转让商品而有权取得的对价很可能收回。"

收入，企业应当将该些投放设备计入固定资产科目并按照《企业会计准则》的规定①计提减值准备。同时，企业投放设备在投放后收回的，应当不改变会计核算方式，不得转为存货核算。

（4）合作开发收入确认

医疗健康企业合作开发收入主要源于通过与其他企业签署合作协议进行合作研发。当合同中包含两项或多项研究项目或阶段时，按照各单项履约义务所承诺研发产品的单独售价的相对比例，将交易价格分摊至各单项履约义务。如果企业根据合同约定提前收取合作款项，若企业尚未履行合同中约定的履约义务，不满足收入确认的条件，应将取得的这部分款项单独确认为合同负债②，并在未来结转该收入。

【案例】百济神州：合作开发项目的收入确认

百济神州（688289）是一家全球性、处于商业阶段的生物科技公司，专注于研究、开发、生产以及商业化创新型药物。

交易所询问：报告期内，百济神州技术授权和研发服务收入分别为144,569万元、44,502万元、141,843万元、0元。技术授权与研发服务收入主要来自新基瑞士（Celgene Switzerland LLC）、默克集团（Merck KGaA）。

请百济神州说明：①报告期内，百济神州签署及履行的对外授权合作项目的具体情况，包括授权项目、合作范围、双方权利义务、合作里程碑约定及付款节点、履约情况、授权费、研发报销、研发服务等的具体约定；②技术授权、研发服务、合作研发等履约义务识别情况，合同对价在不同履约义务之间的分摊情况，履约业务是在某一时段内履行还是在某一时点履行的确定情况及依据，会计处理与同行业公司是否可比，是否符合《企业会计准则》的规定。

保荐机构和会计师核查意见（截取部分）：

报告期内，百济神州与默克集团就RAF二聚体抑制剂lifirafenib（BGB－283）授权合作合同的主要条款，包括授权项目、合作范围、双方权利义务、合

① 《企业会计准则第4号——固定资产》第20条规定：“固定资产的减值，应当按照《企业会计准则第8号——资产减值》处理。”

② 根据《企业会计准则第14号——收入》（2017年）第41条第3款的规定，合同负债，是指企业已收或应收客户对价而应向客户转让商品的义务。

作里程碑约定及付款节点、履约情况、授权费、研发报销和研发服务，具体约定如表4－35所示：

表4－35　相关约定

双方权利义务	合作里程碑约定及付款节点和履约情况
（1）百济神州有权保留中国大陆的BGB－283的研发、生产和商业化的独家授权； （2）默克集团有权保留中国大陆以外地区的BGB－283的研发、生产和商业化的独家授权； （3）百济神州向默克集团提供BGB－283境内外的第一阶段的临床研发服务成果	（1）默克集团初始一次性付款1000万美元，百济神州于2013年收到，作为合同对价分摊至技术授权及研发服务各单项履约义务，其中与技术授权有关的对价于专利权转移时点确认收入，与研发服务有关的收入在服务期间内确认收入； （2）默克集团临床一阶段服务费800万美元，于合同开始时和达到合同约定的里程碑条件满足时支付，百济神州分别于2013年收到300万美元，2014年收到500万美元。该金额同样分摊至技术授权及研发服务各单项履约义务，其中与技术授权有关的对价于专利权转移时点确认收入，与研发服务有关的收入在服务期间内确认收入； （3）研发以及药政里程碑总金额为20.5亿美元，默克集团将于达到各约定里程碑节点时支付，百济神州于2015年达到临床第一阶段里程碑并收到400万美元的里程碑付款，在合作协议终止时其他里程碑均未达到； （4）百济神州有权收取中国大陆以外地区的未来销售收入的一定比例的分级特许权使用费；默克集团有权获得中国大陆未来销售收入的一定比例的分级特许权使用费，分级特许权使用费在销售额实现时支付，截至合作协议终止前，尚未达到该里程碑

百济神州就该合同项下识别两个不同类别的履约义务，分别为技术授权服务和研发服务。同时将合同对价在不同履约义务之间进行分摊，并根据新收入准则确定是在某一时段履行还是在某一时点履行，具体说明如表4－36所示：

表 4－36　具体说明

履约义务	分摊依据	履约义务确认时间	确认依据
技术授权：授予默克集团在中国大陆以外的地区 BGB－28 的开发，生产和商业化的独家授权	采用未来现金流量折现和研发服务预期总成本加成的方法分别估计技术授权和研发服务两项履约义务在合同开始日的单独对价，并按照各单项履约义务的单独对价的相对比例，将交易价格分摊至各单项履约义务	在某一时点履行	根据新收入准则的规定，百济神州授予默克集团独家授权，基于授予时点、BGB－283 的专利许可情况，不需要百济神州再执行其他有重大影响的活动，默克集团即可使用并从中获取收益，属于一项单独的履约义务，不满足上述某一时段内履行的履约义务的条件，属于在某一时点履行的履约义务
研发服务：提供 BGB－283 第一阶段境内外临床研发服务		在某一时间段履行	根据新收入准则的规定，百济神州向默克集团提供与 BGB－283 相关的临床试验的研发服务，默克集团可以在百济神州提供服务的同时获得收益，在符合《企业会计准则》规定的情形下，在某一时间段内履行的履约义务条件“客户在公司履约的同时即取得并消耗所带来的经济利益”，按照合同履约进度在一段时间内确认收入

与可比公司的比较情况（见表 4－37）

表 4－37　比较情况

公司名称	收入确认政策
君实生物（688180）	君实生物与客户之间提供技术服务合同通常还包含提供技术服务履约义务，由于君实生物在履约过程中所提供的服务具有不可替代用途，且其在整个合同期间内有权就累计至今已完成的履约部分收取款项，所以君实生物将其作为在某一时段内履行的履约义务，按照履约进度确认收入，履约进度不能合理确定的除外。君实生物按照投入法确定提供服务的履约进度。在履约进度不能合理确定时，其已经发生的成本预计能够得到补偿的，按照已经发生的成本金额确认收入，直到履约进度能够合理确定为止

续表

公司名称	收入确认政策
	君实生物收入确认的具体原则为：君实生物提供的技术服务，以经客户确认的完工进度确认收入
信达生物（HK. 1801）	信达生物向客户提供其专利知识产权授权或商业化授权，并在客户取得或使用相关知识产权或授权时确认收入。授权费收入于客户获得知识产权的控制权后在某一时间点确认。 信达生物与客户订立研发协议。信达生物通过提供研发服务取得收入。客户可在信达生物提供服务的同时获得收益，因此视为该履约义务于某一时段内履行。信达生物采用投入法估计完成履约责任的进度
复宏汉霖（HK. 2696）	复宏汉霖向客户提供单独或与许可捆绑的研发服务。 许可收入在客户取得所有权的时点确认。 研发服务收入，客户可在复宏汉霖提供服务的同时获得收益，因此视为该履约义务于某一时段内履行。研发服务的收入确认方式根据投入法的完成进度确认。进度依据投入成本占完成服务的总预期成本计算
康方生物（HK. 9926）	对于知识产权许可，康方生物在客户取得、使用知识产权的权利时确认收入。其他合作收入若符合以下三种情况则作为某一时间段内确认收入：客户可在康方生物提供服务的同时获得收益，客户能够控制康方生物在履约时所创造或者提升的商品，康方生物履约过程中所产出的商品具有不可替代用途，且康方生物在整个合同期间内有权就累计至今已完成的履约部分收取款项。否则作为时间点确认收入

综上所述，百济神州关于技术授权和研发服务的收入确认方式和会计处理与可比公司保持一致，符合《企业会计准则》的相关要求。

受限于本文篇幅，我们未能罗列其他典型医疗健康企业收入确认的常见问题，包括销售返利、销售退回、药品销售质量保证等。医疗健康行业内的企业众多，有共性的地方也存在不同之处，不同的运营方式会对企业的收入确认与计量带来不同的影响，所以相关中介机构需要对医疗健康企业的运营方式进行深入研究和理解，才能帮助企业全面应对实施新收入准则带来的挑战。

5. 对新收入准则影响的应对措施

（1）深入政策学习，优化财务管理手段

新收入准则对很多业务进行了细化，这就需要申请首发企业在针对会计处理上更加细致，提升会计处理的准确性，使收入确认更加合理。同时，申请首发企业要不断优化财务管理手段，在企业技术部门以及外聘专业机构的通力合作下，对原有财务软件进行升级和优化，按照新收入准则的要求，对会计核算体系进行更新和整合，使其能够按照会计信息质量要求提供符合相关性原则的信息。

（2）提高信息披露质量

新收入准则对企业目前的信息披露有着明确的要求，并且要求企业加强对合同负债和合同资产的相关披露进行说明，严格保证其合理性和良好的信息质量。对申请首发企业而言，新收入准则从2020年1月1日起必须执行，申请首发企业应提前对申报期内财务政策一致性做出合理安排。这就需要申请首发企业严格按照新收入准则的相关要求进行统一完善、提前策划，以便对收入的关联性进行判断以及对决策的可行性进行分析，对企业内部控制体系、数据收集流程以及会计核算系统进行不断的优化升级，以此来有效地提升信息披露的质量。

（3）加强内部控制的管理

新收入准则的实施需要企业的财务、业务、人力资源等多个部门相互配合，申请首发企业需要全面考虑新收入准则实施后各部门的职能与职责，识别和汇总控制缺口，并制定出转换方案。在符合内部控制要求的前提下，以新收入准则为指导，建立适合本企业的内部控制管理体系，明确相关部门人员的职责和权限，推行全面管理，提倡全员参与，建立彼此牵制、彼此连接、彼此制约的内控制度，有效预防错误和舞弊的发生。

四、股权激励与减持

（一）特别表决权的制度设计要求[①]

（1）特别表决权制度简介

目前，上海证券交易所科创板和深圳证券交易所创业板分别规定了一类特别表决权制度。该制度即市场通称的“AB股”制度，指一家企业的股权架构中包含两类代表不同投票权的股份，其中有特别投票权的股份一般被称为“A类股”，而普通股一般被称为“B类股”。在规则允许的范围内，每一股A类股代表的投票权数量大于每一股B类股代表的投票权数量。通常A类股被公司创始人（或

① 马一星，法学硕士，锦天城律师事务所高级合伙人，上海市宁波商会副会长、法律服务专委会副主任；担任浦东新区专业人民调解中心特邀调解员。

创始团队）持有，而 B 类股则由投资人持有。

上述 AB 股制度最早源于 20 世纪 80 年代的美国证券市场，随后逐步被港股市场和 A 股市场引入。2018 年，香港联交所修订了其主板上市规则，引入“不同投票权架构”，形成了香港版的 AB 股制度；2019 年至 2020 年，上海证券交易所科创板和深圳证券交易所创业板在改革中分别引入表决权差异制度，形成了境内版的 AB 股制度。

（2）哪些企业适合采用特别表决权制度

在境内市场，“同股同权”仍是公司股权结构的主流，作为一种“同股不同权”的表决制度，特别表决权一般为各类科技创新企业所采纳。尽管科创板和创业板改革的落地为拟上市企业采用更灵活的股权架构留出了通道，但并非所有科技创新企业都适合采用特别表决权制度。特别表决权制度本质上是为了增强创始人对企业的控制力，保证公司运营、决策的稳定性，因此创始人的控制力强弱是能否采用特别表决权制度的重要标准。

首先，笔者认为特别表决权制度更适用于科技创新企业，特别是融资引入风投、私募投资机构的科技创新企业。这一类企业在发展过程中往往存在共性，即企业本身基于研发、市场推广、生产等因素的需要，资金需求巨大；企业业态新、资产轻，往往缺少不动产等固定资产从传统金融机构（如银行）融资，或其固定资产不适宜用于融资。对于该类型的企业，为了快速获得企业发展所需的资金，创始人往往会选择引入风头、私募等机构投资人，通过融资获取企业运营所需资金。在融资过程中，投资机构获得了企业的部分股权，而创始人的股权也被稀释，创始人在公司股东会的表决权被降低。特别是经历过多轮次融资的企业，甚至可能出现创始人持股低于某些机构投资人持股的情况。对于该类型的企业，特别表决权制度的作用即得凸显，企业可以通过设置特别表决权制度，在创始人持股比例较低的情况下，赋予其较多的投票权，保证企业能按照创始人既定的思路继续发展及运转，维护企业运行的稳定性。

其次，一般而言，我们认为如创始人对公司有足够的掌控能力（如表决权超过 51%，或虽未超过 51% 但为单一最大股东，且持股远超其余股东），则特别表决权制度就缺乏必要的生存空间。基于创始人已有的持股比例，创始人对公司有足够的掌控能力，这类企业一方面无须考虑特别表决权制度；另一方面即使采用该制度，在上市时获得监管机构认可的可能性也不大。

综上所述，笔者认为股权较为分散且创始人持股比例较低的创新型企业适合设置特别表决权制度。

（3）境内外证券市场特别表决权制度的差异

在境内证券市场（创业板、科创板）及港股、美股市场，监管机构对特别表决权制度的规定有所不同。针对拟上市企业在各主要证券市场设置特别表决权制度的主要规则，我们总结如表4－38所示：

表4－38　主要规则

规则类型	创业板	科创板	港股	美股
上市资格	（1）市值指标：不低于人民币100亿元或不低于人民币50亿元，且最近年度营业收入不低于人民币5亿元；（2）表决权差异安排只能在上市前设置；（3）要求企业在上市前处于盈利状态	（1）市值指标：不低于人民币100亿元或不低于人民币50亿元，且最近年度营业收入不低于人民币5亿元；（2）表决权差异安排只能在上市前设置	（1）市值指标：至少400亿港元或至少100亿港元，且最近年度收入不低于10亿港元；（2）不同投票权架构仅允许新申请人提交上市申请时采用；（3）申请人必须是“创新产业”公司，业务符合标准且曾获资深投资者投资	规定较宽松，类似强制规定较少
股东资格	（1）持有特别表决权股份的股东需占全部表决权的10%以上；（2）持有特别表决权股份的股东应当为对上市公司发展作出重大贡献，并且在公司上市前及上市后持续担任公司董事的人员或者该等人员实际控制的持股主体	（1）持有特别表决权股份的股东需占全部表决权的10%以上；（2）持有特别表决权股份的股东应为对公司发展或业务增长作出重大贡献，且上市前后持续担任公司董事的人员或该等人员控制的主体	（1）持有不同表决权股份的股东应占全部表决权的10%以上，但预期市值若超过800亿港元可酌情降低；（2）持有不同表决权股份的股东须对公司业务增长有重大贡献，且上市时须担任公司董事	规定较宽松，投票权较多的类别股一般由公司创始人或管理层持有

续表

规则类型	创业板	科创板	港股	美股
其他针对特别表决权的主要规定	（1）每份特别表决权股份的表决权数量不得超过每份普通股的10倍； （2）除表决权外，特别表决权股份的其他权利与普通股相同； （3）普通表决权比例不低于10%； （4）特别表决权股份不得在二级市场进行交易	与创业板基本相同	（1）每份不同表决权股份的表决权数量不得超过每份普通股的10倍； （2）除表决权外，不同表决权股份的其他权利与普通股相同； （3）同股同权股东所持表决权比例不低于10%； （4）不同表决权股份转让后不同表决权即终止	规定较宽松，左述类型的强制性规定较少，由拟上市公司和投行、交易所沟通确定具体机制
新发行限制	除配股、转增股本外不得发行特别表决权股份，不得提高特别表决权比例	与创业板基本相同	除同比例配股、以股代息和不会提高不同表决权股份比例的资本重组外，不得发行不同投票权股份	与创业板、科创板、港股规定基本相同
必须一股一票表决事项	（1）修改章程； （2）改变特别表决权股份的表决权数量； （3）聘请或解聘独立董事； （4）聘请或者解聘监事； （5）聘请或解聘会计师事务所； （6）公司合并、分立、解散或者变更公司形式	（1）修改章程； （2）改变特别表决权股份的表决权数量； （3）聘请或解聘独立董事； （4）聘请或解聘会计师事务所； （5）公司合并、分立、解散或者变更公司形式	（1）修改组织章程、文件； （2）改变类别股份权利； （3）任免独立非执行董事； （4）任免审计师； （5）上市发行人自愿清盘	基本无左述类似规定，较为宽松

（二）股权激励的核心关注点[①]

1. 股权激励范围及定价标准

（1）股权激励范围及定价的相关法律规定

①非上市公司股权激励范围及定价

股权激励的范围界定及定价标准对于非上市公司而言是相对自由的。通常情况下，非上市公司股权激励对象的范围为管理岗位上的经理层、关键岗位上的工作人员以及董事会认定的人员等，因为非上市公司对于激励对象的界定受到的限制较小，所以董事会在确定股权激励范围方面具有较强的灵活性，可以充分根据企业的阶段性需要调整激励范围。对于非上市的新三板挂牌公司而言，非上市公众公司监管指引对于股权激励的对象及定价做出了基本的要求如表4－39所示：

表4－39 基本要求

	《非上市公众公司监管指引第6号——股权激励和员工持股计划的监管要求（试行）》
激励对象	激励对象包括挂牌公司的董事、高级管理人员及核心员工，但不应包括公司监事。挂牌公司聘任独立董事的，独立董事不得成为激励对象。核心员工的认定应当符合《非上市公众公司监督管理办法》（2021年修正）[②]的规定
授予价格	限制性股票的授予价格、股票期权的行权价格不得低于股票票面金额。 限制性股票的授予价格原则上不得低于有效的市场参考价的50%；股票期权的行权价格原则上不得低于有效的市场参考价。 对授予价格、行权价格低于有效的市场参考价标准的，或采用其他方法确定授予价格、行权价格的，挂牌公司应当在股权激励计划中对定价依据及定价方法作出说明。主办券商应对股权激励计划的可行性、相关定价依据和定价方法的合理性、是否有利于公司持续发展、是否损害股东利益等发表意见

除此之外，公司一般会要求员工在公司连续工作一定年限以上方可符合成为股权激励对象的条件。对于有特殊贡献的人员或者公司需要专门引进的人员，经

① 赵海清，经济法学硕士，锦天城律师事务所律师，淄博仲裁委员会仲裁员。

② 《非上市公众公司监督管理办法》（2021年修正）第42条第4款规定：核心员工的认定，应当由公司董事会提名，并向全体员工公示和征求意见，由监事会发表明确意见后，经股东大会审议批准。

公司董事会审批后会适当放宽要求。当然，上市公司中也会存在为招募优秀员工入职而采取的针对新员工的股权激励计划，如2018年港股上市后，百济神州为招揽优秀人才的加入采取的2018股权奖励计划，该激励计划仅针对新入职的员工，激励对象共计564人，行权价格为ADS市场价的15%折价。

②上市公司股权激励范围及定价

对于上市公司而言，股权激励对象范围的选择和授予价格的确定都有着更为明确的规定。作为注册制推行试点的先行者科创板，其配套的股权激励规则《科创板上市规则》（2020年12月修订）在《上市公司股权激励管理办法》（2018年修订）的基础上作出了新的修订，在激励对象和授予价格方面放宽了激励对象的范围、提高了授予价格的灵活性，具体情况如表4-40所示：

表4-40　相关部门

	《科创板上市规则》 （2020年12月修订） 《深圳证券交易所创业板股票上市规则》 （2020年12月修订）	《上市公司股权激励管理办法》 （2018年修订）
激励对象	激励对象可以包括上市公司的董事、高级管理人员、核心技术人员或者核心业务人员，以及公司认为应当激励的对公司经营业绩和未来发展有直接影响的其他员工，独立董事和监事除外。 单独或合计持有上市公司5%以上股份的股东、上市公司实际控制人及其配偶、父母、子女以及上市公司外籍员工，在上市公司担任董事、高级管理人员、核心技术人员或者核心业务人员的，可以成为激励对象。科创公司应当充分说明前述人员成为激励对象的必要性、合理性。 激励对象不得具有《上市公司股权激励管理办法》第8条第2款第1项至第6项规定的情形	激励对象可以包括上市公司的董事、高级管理人员、核心技术人员或者核心业务人员，以及公司认为应当激励的对公司经营业绩和未来发展有直接影响的其他员工，但不应当包括独立董事和监事。外籍员工任职上市公司董事、高级管理人员、核心技术人员或者核心业务人员的，可以成为激励对象。 单独或合计持有上市公司5%以上股份的股东或实际控制人及其配偶、父母、子女，不得成为激励对象。下列人员也不得成为激励对象： （一）最近12个月内被证券交易所认定为不适当人选； （二）最近12个月内被中国证监会及其派出机构认定为不适当人选； （三）最近12个月内因重大违法违规行为被中国证监会及其派出机构行政处罚或者采取市场禁入措施；

续表

	《科创板上市规则》（2020年12月修订）《深圳证券交易所创业板股票上市规则》（2020年12月修订）	《上市公司股权激励管理办法》（2018年修订）
		（四）具有《公司法》规定的不得担任公司董事、高级管理人员情形的； （五）法律法规规定不得参与上市公司股权激励的； （六）中国证监会认定的其他情形
授予价格	上市公司授予激励对象限制性股票的价格，低于股权激励计划草案公布前1个交易日、20个交易日、60个交易日或者120个交易日公司股票交易均价的50%的，应当说明定价依据及定价方式。 出现前款规定情形的，上市公司应当聘请独立财务顾问，对股权激励计划的可行性、相关定价依据和定价方法的合理性、是否有利于公司持续发展、是否损害股东利益等发表意见	上市公司在授予激励对象限制性股票时，应当确定授予价格或授予价格的确定方法。授予价格不得低于股票票面金额，且原则上不得低于下列价格较高者： （一）股权激励计划草案公布前1个交易日的公司股票交易均价的50%； （二）股权激励计划草案公布前20个交易日、60个交易日或者120个交易日的公司股票交易均价之一的50%。 上市公司采用其他方法确定限制性股票授予价格的，应当在股权激励计划中对定价依据及定价方式作出说明

如表4－40所列，上市公司股权激励对象和授予价格都有着较为明确的规定。然而，在实务操作中，界定股权激励对象范围、确定授予价格时，不仅需要考虑法律法规以及相关政策的约束和规定，还需要结合企业自身的状况和需求，以及企业的长期战略目标，经过全方位多角度的综合考虑之后进行个性化的制定。

因此，每个企业的股权激励范围各不相同，尽管如此，各公司选取的范围、做出判断的标准却有其共通之处，下文将具体说明股权激励对象范围界定及授予价格的考虑因素以及影响生物医药行业的股权激励范围界定和授予价格的特殊要素等。

（2）影响股权激励范围界定的因素

选定股权激励对象的时候，需要提前进行股权统筹与布局。通常来说，股权激励的重点对象主要是公司的董事、高级管理人员，以及对公司未来发展有直接影响的管理骨干、核心技术人员。除此之外的人员若要成为激励对象，则需要公司在相关的材料中论证其作为激励对象的合理性。随着股权激励的观念逐渐深入人心，越来越多的企业开始扩大股权激励对象范围，越来越多的普通员工也逐步被纳入了股权激励计划的范围。如何选定激励对象的范围也就成为了公司需要重点考虑的问题之一。

①从股权激励的目的考虑

股权激励的核心目的是，授予公司的核心人员以公司股权，以保证公司的核心管理人员与公司的长期发展利益相一致，打造牢固的利益共同体，即让核心管理人员与企业“利益共享，风险共担”，形成一种“一荣俱荣，一损俱损”的新型战略关系。通常选择授予股权的对象为公司的核心人员、关键人员，是因为这些人员在公司的长期发展中正在或者将会起到至关重要的作用。因此，股权激励的对象应当以对公司发展起到关键作用作为首要标准进行选择。

大多数公司会因此选择董事会成员、高管人员和核心骨干作为激励对象。这些人是目前或未来对公司非常重要的人力资源，是公司价值的创造者。因此，要将他们对个人利益最大化的追求转化为对企业利益最大化的追求或者使两者追求方向一致，令他们分享企业利益的增长，从而让他们更加关心企业的长期价值增长。实践中，很多公司都选择对这些现有高管、核心技术人员等授予具有高额价值的股权激励，让股权激励在其薪酬结构中占据大部分的比例，目的是将他们留住并鼓励他们为公司创造更大的价值。同时，激励的效果不仅仅是用“利益共享”留住关键人员，更重要的是授予激励的同时给这些关键人员附加了一定的约束，犹如一副“金手铐”将关键人员与公司牢牢捆绑。

②从公司的组织架构的稳定性考虑

公司的组织架构是股权激励对象范围界定的重要因素，公司的组织架构一般包括研发中心、营销中心、客户中心、咨询中心、人力行政部、企划与财务中心等。这些部门的负责人决定了公司各个组织的稳定性和长期的可持续发展性。这类人群在公司中的稳定性，以及有公司利益趋同的必要性远远大于其他岗位。因此，此类部门的负责人都属于股权激励对象的首要考虑对象。

③从公司的长期发展战略考虑

确定股权激励的对象，还要结合企业的发展战略来考虑。公司的股权激励是一个长期的战略设计，因此需要根据公司的长远规划而定，当前确定的激励制度，不仅要激励现有的高管和员工群体，还需要考虑公司长期的战略和组织规划，为今后公司发展（包括但不限于融资计划、上市计划等）拟引入的人才和高管等“预留位置”。

（3）生物医药行业股权激励范围的界定

医药行业股权激励对象不仅需要结合前述三项要素进行界定，还需要综合考虑医药行业的宏观特征。由于医药行业具有较高技术壁垒，所以属于人才密集型行业，具有研发周期长、对核心技术人才依赖度较高等特点。人才通常是各医药企业长期稳定发展的重要基石，因此在设计股权激励方案时，重点有时候会集中在核心技术人员上，很多医药企业在某些阶段会设置主要针对核心技术人员的激励计划，如表4－41所示：

表4－41　激励计划

公司	江苏金迪克生物技术股份有限公司
上市时间	2021年5月
激励计划发布时间	2022年7月
激励方式	授予第二类限制性股票
激励对象	本激励计划涉及的激励对象共计369人，约占公司员工总数的93.42%，具体包括：公司核心技术人员，董事会认为需要激励的其他人员（激励对象主要以核心技术人员为主）。以上所有激励对象必须在公司授予其限制性股票时和本激励计划规定的考核期内与公司或分公司、子公司存在聘用或劳动关系。激励对象包含部分外籍员工

除对于核心技术人才依赖度较高外，医药行业的另一个特征是盈利相对滞后。由于前期的研发投入时间较长，成本较高，很多医药企业都面临较大的现金流压力。在此背景下，预留出用于招揽、留住核心技术人才的现金是十分困难的，因此相对于其他行业，医药行业的股权激励在很多核心人员薪酬结构中的占比往往更大。

结合医药行业的发展现状，各药企从境外引入很多研发人员，此类外籍员工往往在公司担任重要职务，在技术研发等方面起到重要作用，是公司创新能力的保障。随着科创板对于外籍人员股权激励的突破性许可，越来越多的药企将外籍员工纳入股权激励的范围。

综上所述，整体而言，医药企业股权激励计划中的激励对象主要分为两类，第一类为“董事、高级管理人员及核心技术人员”；第二类为“董事会认为需要激励的其他人员”。其中，激励的重心为第一类人员。根据易参发布的《2022年度科创板生物医药行业股权激励报告》，截至2022年4月，在医药企业股权激励中，董事、高级管理人员及核心技术人员人均获授价值268万元的股权；而第二类激励对象往往涉及的人数更多，属于公司关键部门的负责人员等。医药企业通常还会根据公司的需要将实际控制人与重要外籍员工纳入股权激励的范畴。

参考案例：医药行业股权激励对象范围（见表4-42）

表4-42　激励对象范围

公司	荣昌生物制药（烟台）股份有限公司
上市时间	2022年3月
激励计划发布时间	2022年10月
激励方式	授予限制性股票
激励对象	激励对象总人数188人，约占公司2021年12月31日员工总数的10.91%。包括：董事、高级管理人员，核心技术人员，董事会认为需要激励的其他人员，本次激励计划的激励对象还包含实际控制人、实际控制人之子、单独或合计持有公司5%以上的股东及部分外籍员工。① 激励对象必须在公司授予限制性股票时和本激励计划考核期内与公司（含子公司）存在劳动关系、或聘用关系或劳务关系
公司	长春百克生物科技股份公司
上市时间	2021年6月
激励计划发布时间	2022年9月
激励方式	授予限制性股票、第二类限制性股票
激励对象	激励对象共计108人，约占公司2022年6月30日全部职工人数的8.77%，包括：董事、高级管理人员，核心技术人员及董事会认为需要激励的其他人员，不含独立董事、监事、单独或合计持股5%以上的股东或实际控制人及其配偶、父母、子女。 激励对象必须在公司授予限制性股票时和本激励计划考核期内与公司（含子公司）存在劳动关系、聘用关系或劳务关系

① 符合科创板的规定，突破了《上市公司股权激励管理办法》（2018年修订）设定的激励对象范围。

续表

公司	上海睿昂基因科技股份有限公司
上市时间	2021 年 5 月
激励计划发布时间	2022 年 7 月
激励方式	授予第二类限制性股票
激励对象	本激励计划首次授予的激励对象总人数不超过 193 人，约占公司 2020 年年底全部职工人数的 35.74%，包括公司公告本激励计划时在本公司任职的高级管理人员、核心技术人员、技术和业务骨干人员。以上激励对象包含外籍人员。 以上激励对象中，高级管理人员必须经公司董事会聘任，所有激励对象必须在公司授予限制性股票时和本激励计划规定的考核期内与公司或其分公司、子公司存在聘用或劳动关系
公司	无锡祥生医疗科技股份有限公司
上市时间	2019 年 12 月
激励计划发布时间	2022 年 10 月
激励方式	授予第二类限制性股票
激励对象	本激励计划首次授予的激励对象共计 21 人，占 2021 年年底公司全部职工人数的 3.30%。具体包括：公司中层管理人员，公司技术骨干，公司业务骨干。激励对象必须在公司授予限制性股票时和本激励计划考核期内与公司（含子公司）存在劳动关系、聘用关系或劳务关系
公司	上海南方模式生物科技股份有限公司
上市时间	2021 年 12 月
激励计划发布时间	2022 年 4 月
激励方式	授予第二类限制性股票
激励对象	本激励计划首次授予的激励对象共计 78 人，占公司截至 2022 年 3 月 31 日员工总数的 14.29%，包括：公司董事、高级管理人员；公司核心技术人员；董事会认为需要激励的其他人员。激励对象不包括公司独立董事、监事。激励对象包含公司实际控制人及部分外籍员工。 公司董事和高级管理人员必须经公司股东大会选举或公司董事会聘任。所有激励对象必须在本激励计划的考核期内与公司或子公司签署劳动合同或聘用合同

（4）影响股权激励定价的因素

股权激励的定价通常是激励政策有效性的重要的评估标准。除参考前述《非上市公众公司监管指引第 6 号——股权激励和员工持股计划的监管要求（试行）》《上市公司股权激励管理办法》（2018 年修正）等相关法律法规设定的标准外，股权激励定价还需要充分考虑公司的发展阶段、员工的出资能力以及公司的治理安全等多项要素。

①公司的性质及发展阶段

对处于不同发展阶段的公司，股权激励定价的方式应当不同，主要是因为不同阶段的公司面临着不同的经营状况和经营风险。（见表 4－43）

表 4－43　不同阶段的股权激励

公司发展阶段	股权激励定价方式及原因
初创期	通常按照注册资本或初始投入进行定价。因为未来公司的不确定性较大
成长期	此阶段公司已经有了相对稳定的发展，此时通常按照净资产确定股权激励的定价
成熟期	通常参考市场公允价格，此阶段公司通常已引入外部投资人，因此股权激励的价格还需要考虑外部投资人的意见；拟上市公司还需要考虑股份支付给上市或上市后市值带来的影响等

②员工的出资能力及入股后的投资收益

员工的出资能力是其参与激励计划的先决条件，在股权激励定价的时候需要充分考虑员工的出资能力，若员工的出资能力较低，则可以考虑降低定价或者改变出资方式，如股东提供借款或分期付款等。

员工参与股权激励的直接目的是获得投资收益。对于员工而言，若投资收益太低，则达不到激励的效果，无法激发员工的创造性和积极性，使核心员工流失，公司的行业竞争力将会下降；对于公司而言，若给予员工过高的收益，则会导致公司的激励成本过高，影响公司当期甚至多期的盈利水平，不利于公司的长远发展，同样会导致公司的核心竞争力下降。

③股权激励的价格应当确保公司的治理安全

企业在实施股权激励时往往会对管理层进行重点激励。这意味着公司赋予了管理层股权，管理层对公司的控制权增加。若管理层权力过大，则可能出现不受董事会和股东大会制约的情况，会削弱企业内部针对管理层的约束机制的有效性，使得管理层会按照自己的意愿而不是所有者的意愿行事，即实控人丧失实际控制权，这与企业制订股权激励计划的目标相背离。因此，企业在制订股权激励计划时应当牢记三条红线：

第一，持股比例为67%——拥有绝对控制权

持股比例占公司股份2/3以上，能够通过股东大会决议修改公司章程、增资扩股等重大事项，公司章程是除《合同法》《公司法》之外，能够约束股东权利和义务的最重要的契约。

第二，持股比例为51%——拥有相对控制权

持股比例占公司股份1/2以上，能够通过股东大会决议一般决议，可以对公司重大决策进行表决和控制：如制定董事会和高管的薪酬，以及股权激励等。

第三，持股比例为34%——可设置一票否决权

持股比例占公司股份大于1/3时创始人往往不享有对公司的控制权，可以通过设置一票否决权等对股东会的决策产生影响。

若创始人持股比例低于34%，则很大程度上可能丧失公司的控制权，导致公司陷入一种不稳定、缺乏制约的情形中，不利于公司的长远发展。因此，股权激励的定价还应当充分考虑管理层权利的平衡与制约，在确保公司治理安全的前提下，尽可能发挥员工的创造力。

据统计，企业员工持股比例通常不超过10%。笔者建议为确保公司的治理安全，员工持股比例需控制在1%~5%之间。从实践经营来看，较低比例的员工持股能够更好地激发企业和员工活力，促进企业长远、健康的发展。

（5）拟上市公司的股份支付

对于拟上市的公司而言，若授予员工股份的价格低于市场公允价，则需要做股份支付处理，股份支付虽然不影响公司的现金流，但会影响当年公司的净利润。如果公司股份支付在报告期最后一年，则会直接影响当年公司报表利润，进而对公司上市或上市后市值产生一定影响。

（6）股权激励定价标准

通常来说，常见的股权激励的定价标准有：免费、按注册资本定价、按融资估值定价、模拟股票上市定价法又称市盈率定价法等。具体选择哪一种标准需要

结合公司自身的情况来综合考虑。

①免费，即激励对象员工无偿取得

这种定价标准的应用，往往有着比较好的激励效果，可能留下更多忠诚度高的员工。通常情况下，免费赠予股权往往伴随着获赠股权的附加条件，如设置服务期限等，免费赠予通常是由公司承担成本，如广州必贝特医药股份有限公司2019年12月无偿授予员工（重要科研顾问）股权并一次性确认股份支付费用。这种无偿的定价方式，往往会增加公司的成本，甚至有可能会导致员工对这部分免费得到的利益不加珍惜，从而起不到激励的效果。

②按净资产定价

一般而言，拟上市的企业按净资产定价的较多，因为此种定价方法相对容易计算，估值方法也较为市场化，比较客观公正，员工进入和退出都按净资产定价也比较容易操作，不易发生纠纷。如北京百普赛斯生物科技股份有限公司在创业板申报前，其员工持股平台从实控人处受让股权，股权转让价格为2.35元/注册资本，该股权转让价格系参照年末（2016年）公司净资产金额确定。

③按注册资本定价

按注册资本定价的本质是：使得激励对象和创始人股东按同样的价格获得股权。两者的差别仅仅是获得股权的比例。采用这种定价方式的公司往往还没有获得融资也无法按净资产计价，这就意味着公司的估值并没有经过市场上的验证，前景还不确定，因此使用按注册资本定价的方式对激励对象员工而言是相对安全的选择。

④按融资估值定价

对于医药企业等轻资产行业而言，由于企业的主要价值不在有形资产而在无形资产，而无形资产的价值难以客观地估值，所以，一方面，如果轻资产企业采用净资产计价，这相当于给了员工更大的优惠；另一方面，轻资产企业融资较为常见，在创始人或员工都难以对无形资产估值的情况下，投资人的判断可能更为专业，可用投资人给出的融资估值作为市场价格的参考。

⑤模拟股票上市定价法又称市盈率定价法

市盈率定价法指的是模拟上市公司上市时的定价方法，把市盈率和预测的每股收益相乘，得出该公司股份价格；用此种方法，需要先计算出公司的总收益，设置总股数，得出每股收益，市盈率可以参考同类上市公司上市时的市盈率。

对于上市公司而言股权激励定价难度较小，前述《科创板上市规则》（2020年12月修订）以及《上市公司股权激励管理办法》（2018年修正）等在授予价格上的规定较为明确。由于科创板突破了5折规定的限制，由独立财务顾问出具意见，即可以进行更低折扣授予。授予价格折扣=授予价格/当期公允价格，当期公允价格参考激励计划公布前1、20、60、120个交易日交易均价。根据易参发布的《2022年度科创板生物医药行业股权激励报告》的统计，在科创板退出的56份激励计划中，授予价格以首次公开发行价或激励计划公布前1、20、60、120个交易日的收盘价为定价基础，并予以一定折扣。具体如表4-44所示：

表4-44 相关定价情况

阶段	占交易日均价的平均值（%）
激励计划公布前1个交易日	55.1
激励计划公布前20个交易日	53.6
激励计划公布前60个交易日	46.7
激励计划公布前120个交易日	44.4

参考案例：医药行业股权激励授予价格（见表4-45）

表4-45 相关案例

公司	上海昊海生物科技股份有限公司
上市时间	2019年10月
激励计划发布时间	2021年12月
激励方式	授予第二类限制性股票
授予价格	首次授予限制性股票的授予价格为每股95.00元。限制性股票授予价格不得低于股票票面金额，且不低于下列价格较高者：（1）本激励计划草案公布前1个交易日的公司股票交易均价的50%，为61.34元/股；（2）本激励计划草案公布前20个交易日的公司股票交易均价的50%，为66.69元/股；（3）本激励计划草案公布前60个交易日的公司股票交易均价的50%，为70.75元/股；（4）本激励计划草案公布前120个交易日的公司股票交易均价为的50%，为91.14元/股

续表

公司	上海睿昂基因科技股份有限公司
上市时间	2021 年 5 月
激励计划发布时间	2022 年 7 月
激励方式	授予第二类限制性股票
授予价格	首次授予价格依据本激励计划公布前 20 个交易日公司 A 股股票交易均价 64.33 元的 50% 确定，为每股 32.16 元。 本激励计划草案公布前 1 个交易日交易均价为每股 66.57 元，本次授予价格约占前 1 个交易日交易均价的 48.31%；本激励计划草案公布前 60 个交易日交易均价为每股 70.47 元，本次授予价格约占前 60 个交易日交易均价的 45.64%；本激励计划草案公布前 120 个交易日交易均价为每股 69.36 元，本次授予价格约占前 120 个交易日交易均价的 46.37%
公司	上海凯赛生物技术股份有限公司
上市时间	2020 年 8 月
激励计划发布时间	2022 年 7 月
激励方式	授予限制性股票
授予价格	本次限制性股票的授予价格（含预留授予）为每股 80.00 元。本激励计划草案公布前 1 个交易日交易均价为 101.76 元/股，本次授予价格占前 1 个交易日交易均价的 78.62%；本激励计划草案公布前 20 个交易日交易均价为 110.24 元/股，本次授予价格占前 20 个交易日交易均价的 72.57%；本激励计划草案公布前 60 个交易日交易均价为 100.89 元/股，本次授予价格占前 60 个交易日交易均价的 79.29%；本激励计划草案公布前 120 个交易日交易均价为 110.06 元/股，本次授予价格占前 120 个交易日交易均价的 72.69%
公司	江苏金迪克生物技术股份有限公司
上市时间	2021 年 5 月
激励计划发布时间	2022 年 7 月
激励方式	授予第二类限制性股票

续表

授予价格	本次限制性股票的授予价格（含预留授予）为每股 55.18 元。 本次激励计划限制性股票的授予价格为自主定价，参照公司首次公开发行 A 股股票的发行价格，为 55.18 元/股。 本次激励计划限制性股票的授予价格不低于下列价格中的较高者：本次激励计划草案公布前 1 个交易日公司股票交易均价（前 1 个交易日股票交易总额/前 1 个交易日股票交易总量）的 50%，即每股 45.26 元；本次激励计划草案公布前 20 个交易日公司股票交易均价（前 20 个交易日股票交易总额/前 20 个交易日股票交易总量）的 50%，即每股 45.69 元
公司	上海南方模式生物科技股份有限公司
上市时间	2021 年 12 月
激励计划发布时间	2022 年 4 月
激励方式	授予第二类限制性股票
授予价格	本激励计划限制性股票授予价格的定价方法为自主定价，并确定为 20.20 元/股。本激励计划草案公布前 1 个交易日的公司股票交易均价为 40.39 元/股，本次授予价格为前 1 个交易日公司股票交易均价的 50.00%；本激励计划草案公布前 20 个交易日的公司股票交易均价为 46.72 元/股，本次授予价格为前 20 个交易日公司股票交易均价的 43.23%；本激励计划草案公布前 60 个交易日的公司股票交易均价为 53.92 元/股，本次授予价格为前 60 个交易日公司股票交易均价的 37.45%

2. 上市前的期权激励

股权激励源于美国，世界上第一次使用现代意义上的股权激励的公司是美国的辉瑞制药公司。20 世纪 50 年代，辉瑞制药公司为了避税，用股票期权支付经理人的奖金。后来，辉瑞制药公司很快发现使用股票期权的好处，不仅可以达到避税的效果，而且对经理人的激励更加显著。于是，辉瑞制药公司坚持使用股票期权激励经理人。美国其他的大公司也开始纷纷学习和效仿，经理人的股票期权计划就在美国流行开来。但是，股票期权对于有些公司并不适合，因此以股票期权为模型逐渐衍生出了多种股权激励的模式。20 世纪 90 年代之后，股权激励在全世界范围内流行起来，中国的企业是从 2000 年后开始关注这种新的激励方法。因此，期权激励可以说是所有股权激励模型的最初雏形。

随着市场的不断发展，在股票期权的基础上发展出了很多不同的激励模式，但自从股权激励制度被人们广泛认识以来，我国适用的最广泛的模式仍然为：股票期权和限制性股票。同时，很多人认为由于股票期权与股票价格挂钩，所以只有上市公司可以实施期权激励。其实不然，实践中也有大量的非上市公司在运用期权激励的方式，并且这种模式，常常能给非上市公司带来显著的激励效果。

（1）期权激励与限制性股票激励

我国应用最广泛的两种股权激励模式为股票期权激励与限制性股票激励。股票期权激励的优点在于实现了激励对象与股东利益的高度捆绑，若激励对象不行权则公司没有任何损失，但其同时存在过分依赖股票市场的有效性的固有缺点，因此其适合市场有效性较好的上市公司以及人才依附性较强处于初创期或成长期的非上市公司。相比之下，限制性股票激励的优点在于定价往往较低，对于激励对象的吸引力较大，约束力度较大，但同时对于公司股权激励计划的长期设计要求较高，适用于人才密集型行业的上市或非上市公司。两种激励方式的对比如表 4 -46 所示：

表 4 -46　两种激励方式的对比

项目	股票期权激励	限制性股票激励
含义	公司授予激励对象在未来一定期限内以预先确定的价格和条件购买本公司一定数量股权的权利	激励对象按照股权激励计划的条件，从公司获得一定数量的本公司股权
特点	激励对象到期可以选择行权或者不行权	激励对象在业绩指标等符合股权激励计划的前提下，享有限制性股权
激励成本	较低	较高
授予数量	较多	较少
对股权稀释的影响	对股权稀释的影响较大	对股权稀释的影响较小
附加条件	激励对象在获得授予后存在行权等待期（通常大于 1 年）	激励对象获得股票后存在一定时期的禁售期
短期激励性	较弱	较弱
长期激励性质	较强	较强

据统计，大部分生物医药公司在上市前倾向于采用期权激励的方式，上市后

往往转为限制性股票激励的方式。以下重点对非上市企业的期权激励计划进行进一步分析。

（2）非上市企业采用期权激励的原因

据统计，上市前，期权是各公司采用的最主要的激励工具，大部分的公司同时授予期权和限制性股票（其中仍然以期权授予为主）。这是因为，期权作为一种激励工具，在授予时不会对公司股权结构产生直接影响，不存在频繁复杂的股权变更，其灵活性相对较高，且管理成本较低。同时，期权“行权价”让期权具备需激励对象出资且未来价值导向的属性，让激励对象有更明显的价值感知。

具体来说，上市前的企业采取期权激励的方式原因可以从以下几个角度分析。

①着眼于长期激励有利于核心员工与企业的“捆绑”

期权授予的激励方式是一种典型的长期激励，不能一蹴而就，其具体的授予和行权的流程如图 4 -1 所示：

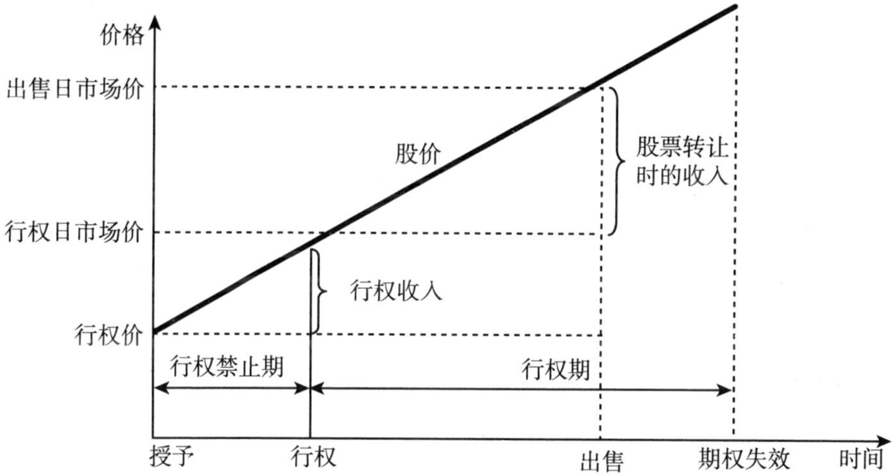

图 4 -1　流程情况

由图 4 -1 可以看出，股票期权是一种典型的延期支付方式，需要经过一段禁止期，满足一定条件后方可行权，即股票期权计划的价值只有通过员工努力工作，使企业业绩上升，从而使得公司股票价格上涨后，才有可能获得预期的股票期权收益。由于期权计划历时较长，往往容易实现员工和企业利益的长期捆绑。可以将员工的报酬与股东财富增长、公司价值增长“捆绑”在一起，实现员工、股东和公司利益的高度一致性，并使三者的利益紧密联系起来。

②股票期权对激励对象而言是一种权利，而非义务

股票期权计划是公司赋予激励对象的一种选择权，在未来的行权期内，激励对象是否行权，完全取决于自己的主观意愿。并且可以将激励对象的风险降到最低，除时间成本外，即使不行权也没有任何额外的损失。

③股票期权可以缓解企业现金流压力

在企业中实施期权计划，企业授予的仅仅是期权，是未来的预期收益，被授予人的收益是在证券市场实现的，企业没有任何现金支出。而且，被授予人在行权的时候，可以增加公司的现金流量，如果企业以定向增发新股或库存股作为激励股票的来源，则公司现金流不但没有减少，股本增加所形成的资本金还会增加。

从企业发展的不同阶段来看，上市前的公司采用期权激励的优势在于：

在企业初创期。企业发展迅速，虽然未来增值的空间较大，但公司往往缺乏根基，很难有持续稳定的现金奖励给员工，期权的非即时性特征，使其成为了这个阶段首选的长期激励模式。激励对象往往是全体员工，因为创业初期每个员工都是重要的，通过股权激励可以使员工的利益与公司利益联结在一起，从而起到保留关键人才的作用。

在企业的成长期。公司业绩提高，股票价格增长较快，现金流较好，这时激励模式的选择要有助于公司的成长。随着企业规模的扩大，此时激励对象的范围不应当是全体员工，而应当主要针对高级管理人员与核心员工。在成长期的前期，也就是通常所讲的快速成长期，实践中大部分的企业依然优先考虑使用股票期权的激励模式，后期常常会逐渐转变为限制性股票激励等模式。（企业在各个阶段采用的激励模式见图4－2）

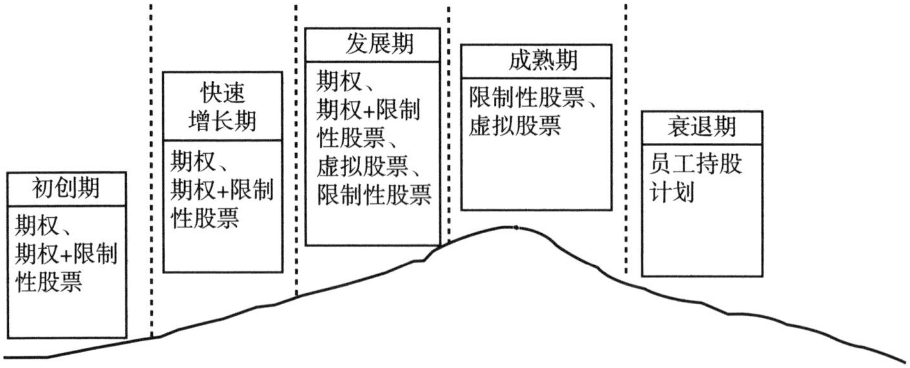

图4－2　股权激励模式在企业不同发展阶段的应用

（3）拟上市企业申报前制订、上市后实施的期权激励计划的相关规则及审核要点

2019年3月3日上交所发布的《上交所问答》、2020年6月10日中国证监会发布的《首发业务若干问题解答》、2020年6月12日深交所发布的《深交所问答》均对发行人存在首发申报前制订并准备在上市后实施的期权激励计划的信息披露作出了相关规定。发行人应当注意的审核要点有：

①激励对象应当符合相关上市板块的规定。

②激励计划的必备内容与基本要求，激励工具的定义与权利限制，行权安排，回购或终止行权，实施程序等内容，应参考《上市公司股权激励管理办法》的相关规定予以执行。

③期权的行权价格由股东自行确定，但原则上不应低于最近一年经审计的净资产或评估值。

④发行人在有效期内的全部期权激励计划所对应的股票数量占上市前总股本的比例原则上不得超过15%，且不得设置预留权益。

⑤在审期间，发行人不应新增期权激励计划，相关激励对象不得行权；在最近一期资产负债表日后行权的，申报前须增加一期审计。

⑥在制订期权激励计划时应充分考虑实际控制人的稳定性，避免上市后期权行权导致实际控制人发生变化。

⑦激励对象在发行人上市后行权认购的股票，应承诺自行权日起3年内不减持，同时承诺上述期限届满后比照董事、监事及高级管理人员的相关减持规定执行。

⑧发行人应在招股说明书中充分披露期权激励计划的有关信息，主要包括：期权激励计划的基本内容、制订计划履行的决策程序、目前的执行情况；期权行权价格的确定原则，以及和最近一年经审计的净资产或评估值的差异与原因；期权激励计划对公司经营状况、财务状况、控制权变化等方面的影响；涉及股份支付费用的会计处理等。

参考案例：公司各阶段股权激励的应用（非上市—上市）

百济神州股权激励计划的特点主要是：高激励力度；自主定价，激励力度最大化；逐步规划，长远考量；高管持续激励，针对核心管理人才制定了持股指

引，以进一步使公司管理层利益与股东利益保持一致，从而达到更好的激励效果。（见表4－47、表4－48、表4－49）

表4－47　第一阶段

公司名称	百济神州
上市时间	2021年科创板上市，在此之前已于美股、港股上市
激励时间（第一次）	2011年（上市前）
激励方案	期权激励
激励对象	符合资格的公司员工、董事及顾问
行权价格	行权价格为0.46美元/股
情况简介	百济神州于2010年成立，成立初期即进行股权激励计划，《2011期权计划》的重点是授予关键管理人员期权，以达成留住人才的目的

表4－48　第二阶段

公司名称	百济神州
上市时间	2021年科创板上市，在此之前已于美股、港股上市
激励时间（第一次）	2016年（美股上市后）
激励方案	期权激励
激励对象	激励对象共计3675人，包括高级管理人员，员工从核心团队扩展至全员持股
行权价格	行权价格为6.71美元/股
情况简介	百济神州实施《2016期权及激励计划》，并停止在《2011期权计划》下授予新的期权。《2016期权及激励计划》也是百济神州广泛激励高管和员工的主要计划，覆盖范围也从原来的核心团队到全员持股

表4-49　第三阶段

公司名称	百济神州
上市时间	2021年科创板上市，在此之前已于美股、港股上市
激励时间（第一次）	2018年（港股上市后）
激励方案	期权激励
激励对象	激励对象共计564人，仅提供给新入职的员工，为招揽优秀人才加入
行权价格	行权价格为ADS市场价的15%折价
情况简介	2018年随着港股上市，以及团队不断扩大，百济神州又实施了针对招募优秀员工入职的《2018股权奖励计划》，以及针对员工购买股权的《2018年员工购股计划》，以使激励更有针对性和有效性

（三）减持安排

1. 未盈利企业的股票减持规定①

（1）控股股东、实际控制人的减持安排

《上市公司股东、董监高减持股份的若干规定》（以下简称减持规定）（实施日期2017年5月26日）第2条规定："上市公司控股股东和持股5%以上股东（以下统称大股东）、董监高减持股份，以及股东减持其持有的公司首次公开发行前发行的股份、上市公司非公开发行的股份，适用本规定。大股东减持其通过证券交易所集中竞价交易买入的上市公司股份，不适用本规定。"减持规定中的大股东指上市公司控股股东和持股5%以上股东，大股东减持适用规章主要为减持规定及对应交易所的上市公司股东及董监高减持股份实施细则。另外，大股东为创业投资基金的，还应适用《上市公司创业投资基金股东减持股份的特别规定》及对应交易所相关的创业投资基金股东减持股份实施细则；突击入股股东还适用《监管规则适用指引——关于申请首发上市企业股东信息披露》（实施日期：2021年2月9日）。

①境内证券交易所不同板块的减持规则一览

首先，我们对A股市场境内证券交易所针对控股股东、实际控制人、董事、

① 马一星，法学硕士，锦天城律师事务所高级合伙人，上海市宁波商会副会长、法律服务专委会副主任；担任浦东新区专业人民调解中心特邀调解员。

监事、高级管理人员的主要减持规则进行梳理总结并展示如表4－50所示：

表4－50　总结与展示

《公司法》、《证券法》及中国证监会普适性规定	上交所		深交所	
	通用	科创板	通用	创业板
减持规定	•《上海证券交易所上市公司股东及董事、监事、高级管理人员减持股份实施细则》 •《〈上海证券交易所上市公司股东及董事、监事、高级管理人员减持股份实施细则〉问题解答（一）》	—	•《深圳证券交易所上市公司股东及董事、监事、高级管理人员减持股份实施细则》 •《关于就〈深圳证券交易所上市公司股东及董事、监事、高级管理人员减持股份实施细则〉有关事项答投资者问》 •《关于就〈深圳证券交易所上市公司股东及董事、监事、高级管理人员减持股份实施细则〉有关事项答投资者问（二）》	—
《上市公司创业投资基金股东减持股份的特别规定》	《上海证券交易所上市公司创业投资基金股东减持股份实施细则》	—	《深圳证券交易所上市公司创业投资基金股东减持股份实施细则》	—

续表

《公司法》、《证券法》及中国证监会普适性规定	上交所		深交所	
	通用	科创板	通用	创业板
• 《上市公司证券发行管理办法》 • 《上市公司非公开发行股票实施细则》	—	《科创板上市公司证券发行注册管理办法（试行）》	—	《创业板上市公司证券发行注册管理办法（试行）》
—	—	《科创板上市规则》	—	• 《深圳证券交易所创业板股票上市规则》 • 《深圳证券交易所创业板上市公司规范运作指引》
—	—	《上海证券交易所科创板上市公司股东以向特定机构投资者询价转让和配售方式减持股份实施细则》	—	—

②控股股东、实际控制人的减持安排的一般规定

从法律、法规和中国证监会规则层面，监管机构制定了境内上市企业控股股东、实际控制人需遵守的减持一般规定，我们分类总结如表4－51所示：

表 4-51　分类总结

规定类型	规则简述
不得减持股份的情形	●发起人持有的本公司股份，自公司成立之日起 1 年内不得转让。公司公开发行股份前已发行的股份，自公司股票在证券交易所上市交易之日起 1 年内不得转让。 ●具有下列情形之一的，上市公司大股东（控股股东和持股 5% 以上股东）不得减持股份： （1）上市公司或者大股东因涉嫌证券期货违法犯罪，在被中国证监会立案调查或者被司法机关立案侦查期间，以及在行政处罚决定、刑事判决作出之后未满 6 个月的； （2）大股东因违反证券交易所规则，被证券交易所公开谴责未满 3 个月的。 ●在上市公司收购中，收购人持有的被收购的上市公司的股票，在收购行为完成后的 18 个月内不得转让。 ●控股股东、实际控制人在下列期间不得买卖上市公司股份： （1）公司年度报告公告前 30 日内，因特殊原因推迟年度报告公告日期的，自原预约公告日前 30 日起算，直至公告前 1 日； （2）公司业绩预告、业绩快报公告前 10 日内； （3）自可能对公司股票及其衍生品种交易价格产生较大影响的重大事件发生之日或者进入决策程序之日，至依法披露后 2 个交易日内； （4）控股股东、实际控制人在上市公司年报、中期报告公告前 30 日内不得转让解除限售存量股份。 注：下列主体在此款所列期间不得买卖公司股份： （一）控股股东、实际控制人直接或者间接控制的法人、非法人组织； （二）控股股东、实际控制人为自然人的，其配偶、未成年子女
短线交易的限制	上市公司、股票在国务院批准的其他全国性证券交易场所交易的公司持有 5% 以上股份的股东，将其持有的该公司的股票或者其他具有股权性质的证券在买入后 6 个月内卖出，或者在卖出后 6 个月内又买入，由此所得收益归该公司所有，公司董事会应当收回其所得收益
交易方式	上市公司股东可以通过证券交易所的证券交易卖出，也可以通过协议转让、集中竞价、大宗交易及法律规定的其他方式减持股份。（详细规定参见下述“1.4　控股股东，实际控制人减持股份的交易方式”）

续表

规定类型	规则简述
信息披露	上市公司股东减持股份，应当按照法律、法规，以及证券交易所规则，真实、准确、完整、及时履行信息披露义务
上市文件的公开承诺	发行人控股股东应在公开募集及上市文件中公开承诺：所持股票在锁定期满后 2 年内减持的，其减持价格不低于发行价；公司上市后 6 个月内如公司股票连续 20 个交易日的收盘价均低于发行价，或者上市后 6 个月期末收盘价低于发行价，持有公司股票的锁定期限自动延长至少 6 个月
无实控人的情形	• 发行人没有或难以认定实际控制人，要求发行人的股东按持股比例从高到低依次承诺其所持股份自上市之日起锁定 36 个月，直至锁定股份的总数不低于发行前 A 股股份总数的 51%。 • 位列上述应予以锁定 51% 股份范围的股东，符合下列情形之一的，不适用上述锁定 36 个月规定： （1）员工持股计划； （2）持股 5% 以下的股东； （3）非发行人第一大股东且符合一定条件的创业投资基金股东。 • 其中，“符合一定条件的创业投资基金股东”是指符合《私募基金监管问答——关于首发企业中创业投资基金股东的认定标准》的创业投资基金。具体来说，包括以下几点： （1）创业投资基金首次投资该首发企业时，该首发企业成立不满 60 个月。 （2）创业投资基金首次投资该首发企业时，该首发企业同时符合以下条件：经企业所在地县级以上劳动和社会保障部门或社会保险基金管理单位核定，职工人数不超过 500 人；根据会计师事务所审计的年度合并会计报表，年销售额不超过 2 亿元、资产总额不超过 2 亿元。 （3）截至首发企业发行申请材料接收日，创业投资基金投资该企业已满 36 个月。 （4）按照《私募投资基金监督管理暂行办法》，已在中国证券投资基金业协会备案为“创业投资基金”。 （5）该创业投资基金的基金管理人已在中国证券投资基金业协会登记，规范运作并成为中国证券投资基金业协会会员

续表

规定类型	规则简述
突击入股	●发行人提交申请前12个月内新增股东的，应当在招股说明书中充分披露新增股东的基本情况、入股原因、入股价格及定价依据，新股东与发行人其他股东、董事、监事、高级管理人员是否存在关联关系，新股东与本次发行的中介机构及其负责人、高级管理人员、经办人员是否存在关联关系，新增股东是否存在股份代持情形。上述新增股东应当承诺所持新增股份自取得之日起36个月内不得转让。 ●发行人在全国中小企业股份转让系统挂牌、境外证券交易所上市交易期间通过集合竞价、连续竞价交易方式增加的股东，以及因继承、执行法院判决或仲裁裁决、执行国家法规政策要求或由省级及以上人民政府主导取得发行人股份的股东，可以申请豁免本指引的核查和股份锁定要求。 ●其中，12个月的节点是指提交申请，36个月锁定期的节点是自取得之日

③上交所和深交所关于控股股东、实际控制人减持的特别规定

公司在上交所或深交所上市时，除上文一般规定外，亦需遵守两交易所对减持的特别规定。对于两交易所的特别规定，我们分类总结如表4－52所示：

表4－52　分类总结

<table>
<tr><th>规则类型</th><th>上交所</th><th>深交所</th></tr>
<tr><td rowspan="2">不得减持股份的情形</td><td colspan="2">公司存在下列情形之一的，自相关决定作出之日起至公司股票终止上市或者恢复上市前，其控股股东、实际控制人及其一致行动人不得减持其持有的公司股份：
（1）公司因欺诈发行或者因重大信息披露违法受到中国证监会行政处罚；
（2）公司因涉嫌欺诈发行罪或者因涉嫌违规披露、不披露重要信息罪被依法移送公安机关</td></tr>
<tr><td colspan="2">公司因“为维护公司价值及股东权益所必需”而回购股份的，公司控股股东、实际控制人自公司首次披露回购股份事项之日至披露回购结果暨股份变动公告期间，不得直接或间接减持本公司股份</td></tr>
</table>

续表

<table>
<tr><th>规则类型</th><th>上交所</th><th>深交所</th></tr>
<tr><td>不得减持股份的情形</td><td colspan="2">公司存在重大违法情形，即公司存在欺诈发行、重大信息披露违法或者其他严重损害证券市场秩序的重大违法行为，且严重影响上市地位，其股票应当被终止上市的情形；或公司存在涉及国家安全、公共安全、生态安全、生产安全和公众健康安全等领域的违法行为，情节恶劣，严重损害国家利益、社会公共利益，或者严重影响上市地位，其股票应当被终止上市的情形。触及退市标准的，自相关行政处罚决定事先告知书或者司法裁判作出之日起至公司股票终止上市并摘牌前（除此情形外，深交所还规定，至公司收到相关行政机关相应行政处罚决定或者人民法院生效司法裁判，显示公司未触及重大违法强制退市情形前），控股股东、实际控制人及其一致行动人不得减持公司股份</td></tr>
<tr><td>预警制度</td><td colspan="2">1. 大股东通过集中竞价交易减持股份的，应当在首次卖出股份的 15 个交易日前向本所报告备案减持计划；
2. 大股东减持计划的内容，应当包括但不限于拟减持股份的数量、来源、减持时间区间、方式、价格区间、减持原因等信息，且每次披露的减持时间区间不得超过 6 个月；
3. 在减持时间区间内，大股东在减持数量过半或减持时间过半时，应当披露减持进展情况；
4. 在减持时间区间内，上市公司披露高送转或筹划并购重组等重大事项的，大股东应当立即披露减持进展情况，并说明本次减持与前述重大事项是否有关；
5. 大股东通过本所集中竞价交易减持股份的，应当在股份减持计划实施完毕或者披露的减持时间区间届满后的 2 个交易日内公告具体减持情况；在预先披露的减持时间区间内，未实施减持或者减持计划未实施完毕的，应当在减持时间区间届满后的两个交易日内向交易所报告，并予公告</td></tr>
<tr><td>上市文件的公开承诺</td><td colspan="2">• 发行人向本所申请其首次公开发行股票上市时，控股股东和实际控制人应当承诺：自发行人股票上市之日起 36 个月内，不转让或者委托他人管理其直接和间接持有的发行人首次公开发行股票前已发行股份，也不由发行人回购该部分股份。
• 但转让双方存在控制关系，或者均受同一实际控制人控制的，自发行人股票上市之日起 1 年后，经控股股东和实际控制人申请并经本所同意，可豁免遵守前款承诺</td></tr>
</table>

续表

规则类型	上交所	深交所
询价转让	科创板上市公司（以下简称科创公司）控股股东、实际控制人不得在下列期间内启动、实施或者参与询价转让： （1）科创公司定期报告公告前30日内（因特殊原因推迟定期报告公告日期的，自原预约公告日前30日起算，至实际公告前1日）； （2）科创公司业绩预告、业绩快报公告前10日内； （3）自可能对科创公司股票的交易价格产生较大影响的重大事件发生之日或者在决策过程中，至依法披露后2个交易日内。 注：该规定为上交所科创板板块的特别规定	深交所暂未配套询价转让机制

④控股股东、实际控制人减持股份的交易方式

根据中国证监会减持规定以及上交所、深交所的上市公司股东及董事、监事、高级管理人员减持股份实施细则，上市公司大股东减持股份主要有集中竞价交易、大宗交易以及协议转让等三种方式。对于该等交易方式各自需遵守的减持细节，我们总结如表4－53所示：

表4－53　减持细节

减持方式	集中竞价交易	大宗交易	协议转让
适用情形	—	深交所： ①A股单笔交易数量不低于30万股，或者交易金额不低于200万元人民币； ②B股单笔交易数量不低于3万股，或者交易金额不低于20万港元	—

续表

减持方式	集中竞价交易	大宗交易	协议转让
		上交所： ①A 股单笔买卖申报数量应当不低于 30 万股，或者交易金额不低于 200 万元人民币； ②B 股单笔买卖申报数量应当不低于 30 万股，或者交易金额不低于 20 万美元	
减持股份的总数限制	• 上市公司大股东在 3 个月内通过证券交易所集中竞价交易减持股份的总数，不得超过公司股份总数的 1%。 • 大股东减持采取集中竞价交易方式的，在任意连续 90 个自然日内，减持股份的总数不得超过公司股份总数的 1%。股东通过集中竞价交易减持上市公司非公开发行股份的，除遵守前款规定外，在股份限制转让期间届满后 12 个月内，减持数量还不得超过其持有的该次非公开发行股份的 50%	• 上市公司大股东通过大宗交易方式减持股份，股份出让方、受让方应当遵守证券交易所关于减持数量、持有时间等规定。适用前款规定时，上市公司大股东与其一致行动人所持有的股份应当合并计算。 • 大股东减持采取大宗交易方式的，在任意连续 90 个自然日内，减持股份的总数不得超过公司股份总数的 2%。前款交易的受让方在受让后 6 个月内，不得转让其受让的股份。大宗交易买卖双方应当在交易时明确其所买卖股份的性质、数量、种类、价格，并遵守有关细则相关规定	如上市公司大股东选择通过协议方式减持上市公司股份，则单个受让方的受让比例不得低于 5%（转让双方存在实际控制关系、均受同一控制人所控制、与上市公司收购相关、有权机关认定或者法律法规另有规定的除外）。上市公司大股东通过协议转让方式减持股份后不再具有上市公司大股东身份的，上市公司大股东以及股份受让方应当在减持后 6 个月内继续遵守任意连续 90 日内通过集中竞价交易减持股份的总数不得超过公司股份总数的 1% 以及集中竞价交易需履行的相关信息披露程序

续表

减持方式	集中竞价交易	大宗交易	协议转让
信息披露及限售	在股份减持过程中，每减少5%时，应当在该事实发生之日起3日内编制权益变动报告书，向中国证监会、证券交易所提交书面报告，通知该上市公司，并予公告。在该事实发生之日起至公告后3日内，不得再行出售该上市公司的股票。每减少1%时，应当在该事实发生的次日通知该上市公司，并予公告	如上市公司大股东选择通过大宗交易的方式减持上市公司股份，每减少5%时，应当在该事实发生之日起3日内编制权益变动报告书，向中国证监会、证券交易所提交书面报告，通知该上市公司，并予公告。在该事实发生之日起至公告后3日内，不得再行出售该上市公司的股票。每减少1%时，应当在该事实发生的次日通知该上市公司，并予公告	如上市公司大股东选择通过协议转让的方式减持上市公司股份，每减少5%时，应当在该事实发生之日起3日内编制权益变动报告书，向中国证监会、证券交易所提交书面报告，通知该上市公司，并予公告。在该事实发生之日起至公告后3日内，不得再行出售该上市公司的股票。每减少1%时，应当在该事实发生的次日通知该上市公司，并予公告
定价标准	—	—	如上市公司大股东选择通过协议方式减持上市公司股份，则应当以协议签署日的前1交易日转让股份二级市场收盘价为定价基准，转让价格范围下限比照大宗交易的规定执行（法律、行政法规、部门规章、规范性文件及本所业务规则等另有规定的除外）。如涉及国有主体协议转让上市公司股份的，还应当遵守国资相关规定确定转让价格

⑤创投基金的减持

如上市企业的控股股东、实际控制人属于中国证监会规定的“创业投资基金”，还应符合中国证监会于2020年发布的《上市公司创业投资基金股东减持股份的特别规定》的相关减持要求。

在中国证券投资基金业协会备案的创业投资基金，其所投资符合条件的企业上市后，通过证券交易所集中竞价交易减持其持有的发行人首次公开发行前发行的股份，适用下列比例限制：截至发行人首次公开发行上市日，投资期限不满36个月的，在3个月内减持股份的总数不得超过公司股份总数的1%；截至发行人首次公开发行上市日，投资期限在36个月以上但不满48个月的，在2个月内减持股份的总数不得超过公司股份总数的1%；截至发行人首次公开发行上市日，投资期限在48个月以上但不满60个月的，在1个月内减持股份的总数不得超过公司股份总数的1%；截至发行人首次公开发行上市日，投资期限在60个月以上的，减持股份总数不再受比例限制。

投资期限自创业投资基金投资该首次公开发行企业金额累计达到300万元之日或者投资金额累计达到投资该首次公开发行企业总投资额50%之日开始计算。

创业投资基金所投资符合条件的企业是指满足下列情形之一的企业：首次接受投资时，企业成立不满60个月；首次接受投资时，企业职工人数不超过500人，根据会计师事务所审计的年度合并会计报表，年销售额不超过2亿元、资产总额不超过2亿元；截至发行申请材料受理日，企业依据《高新技术企业认定管理办法》（国科发火〔2016〕32号）已取得高新技术企业证书。

⑥未盈利企业减持的规定

目前，关于未盈利企业的股票减持内容主要集中于上交所的科创板和深交所的创业板，以上两板块规定“公司上市时未盈利的，在实现盈利前，控股股东、实际控制人及其一致行动人自公司股票上市之日起3个完整会计年度内，不得减持首发前股份；自公司股票上市之日起第4个和第5个完整会计年度内，每年减持的首发前股份不得超过公司股份总数的2%，并应当符合《减持细则》关于减持股份的相关规定”。

除上述规定外，未盈利企业控股股东及/或实际控制人减持股份也应符合上述《公司法》《证券法》、中国证监会以及相关证券交易所的一般规定及规范性制度。

（2）董事、监事及高级管理人员的减持安排

关于董事、监事及高级管理人员的减持安排主要被规定在《公司法》、《证券法》、减持规定、上交所和深交所的股票上市规则及实施细则中。以下我们按董事、监事及高级管理人员的一般规定、上交所和深交所、科创板和创业板、未盈利企业的特殊规定，对董事、监事及高级管理人员减持进行梳理总结。

①董事、监事及高级管理人员减持安排的一般规定

从法律、法规和中国证监会规则层面，监管机构制定了境内上市企业董事、监事及高级管理人员需遵守的减持一般规定，我们分类总结如表 4－54 所示：

表 4－54　分类总结

规定类型	规则简述
不得减持股份的情形	具有下列情形之一的，董事、监事及高级管理人员不得减持股份： （1）董事、监事及高级管理人员所持本公司股份自公司股票上市交易之日起 1 年内不得转让；（注） （2）董事、监事及高级管理人员离职后半年内； （3）董事、监事及高级管理人员承诺一定期限内不转让并在该期限内的； （4）公司定期报告公告前 30 日内； （5）公司业绩预告、业绩快报公告前 10 日内； （6）自可能对本公司股票交易价格产生重大影响的重大事项发生之日或在决策过程中，至依法披露后 2 个交易日内； （7）董事、监事及高级管理人员因涉嫌证券期货违法犯罪，在被中国证监会立案调查或者被司法机关立案侦查期间，以及在行政处罚决定、刑事判决作出之后未满 6 个月的； （8）董事、监事及高级管理人员因违反证券交易所规则，被证券交易所公开谴责未满 3 个月的。 注：公司董事、监事及高级管理人员应当向公司申报所持有的本公司的股份及其变动情况，且在任职期间每年转让的股份不得超过其所持有本公司股份总数的 25%，所持股份不超过 1000 股的，可一次全部转让，不受前款转让比例的限制
短线交易的限制	公司、股票在国务院批准的其他全国性证券交易场所交易的公司持有 5% 以上股份的董事、监事及高级管理人员，将其持有的该公司的股票或者其他具有股权性质的证券在买入后 6 个月内卖出，或者在卖出后 6 个月内又买入，由此所得收益归该公司所有，公司董事会应当收回其所得收益并及时披露相关情况。前款所称董事、监事及高级管理人员持有的股票或者其他具有股权性质的证券，包括其配偶、父母、子女持有的及利用他人账户持有的股票或者其他具有股权性质的证券

续表

规定类型	规则简述
交易方式	董事、监事及高级管理人员可以通过证券交易所的证券交易卖出，也可以通过协议转让、集中竞价、大宗交易及法律规定的其他方式减持股份
信息披露	董事、监事及高级管理人员减持股份，应当按照法律、法规，以及证券交易所规则，真实、准确、完整、及时履行信息披露义务
上市文件的公开承诺	持有发行人股份的董事和高级管理人员应在公开募集及上市文件中公开承诺： （1）所持股票在锁定期满后2年内减持的，其减持价格不低于发行价； （2）公司上市后6个月内如公司股票连续20个交易日的收盘价均低于发行价，或者上市后6个月期末收盘价低于发行价，持有公司股票的锁定期限自动延长至少6个月

②上交所和深交所对董事、监事及高级管理人员减持的特别规定

公司在上交所或深交所上市时，除上文一般规定外，亦需遵守两交易所对减持的特别规定。对于两交易所的特别规定，我们分类总结如表4－55所示：

表4－55　两交易所的特别规定

规定类型	上交所	深交所
不得减持股份的情形	董事、监事及高级管理人员在任期届满前离职的，应当在其就任时确定的任期内和任期届满后6个月内，遵守下列限制性规定： （1）每年转让的股份不得超过其所持有本公司股份总数的25%； （2）离职后半年内，不得转让其所持本公司股份	
	公司存在下列情形之一的，自相关决定作出之日起至公司股票终止上市或者恢复上市前，董事、监事、高级管理人员及其一致行动人不得减持其持有的公司股份： （1）公司因欺诈发行或者因重大信息披露违法受到中国证监会行政处罚； （2）公司因涉嫌欺诈发行罪或者因涉嫌违规披露、不披露重要信息罪被依法移送公安机关	
	公司因“为维护公司价值及股东权益所必需”而回购股份的，公司董事、监事、高级管理人员自公司首次披露回购股份事项之日至披露回购结果暨股份变动公告期间，不得直接或间接减持本公司股份	

续表

<table>
<tr><th>规定类型</th><th>上交所</th><th>深交所</th></tr>
<tr><td>不得减持股份的情形</td><td colspan="2">公司存在重大违法情形，即公司存在欺诈发行、重大信息披露违法或者其他严重损害证券市场秩序的重大违法行为，且严重影响上市地位，其股票应当被终止上市的情形；或公司存在涉及国家安全、公共安全、生态安全、生产安全和公众健康安全等领域的违法行为，情节恶劣，严重损害国家利益、社会公共利益，或者严重影响上市地位，其股票应当被终止上市的情形。触及退市标准的，自相关行政处罚决定事先告知书或者司法裁判作出之日起至公司股票终止上市并摘牌前（除此情形外，深交所还规定，至公司收到相关行政机关相应行政处罚决定或者人民法院生效司法裁判，显示公司未触及重大违法强制退市情形前），董事、监事、高级管理人员及其一致行动人不得减持公司股份</td></tr>
<tr><td>预警制度</td><td colspan="2">董事、监事、高级管理人员在减持前需预先完成的事项：
（1）董事、监事、高级管理人员通过集中竞价交易减持股份的，应当在首次卖出股份的15个交易日前向交易所报告备案减持计划，并予以公告。
（2）董事、监事、高级管理人员减持计划的内容，应当包括但不限于拟减持股份的数量、来源、减持时间区间、方式、价格区间、减持原因等信息，且每次披露的减持时间区间不得超过6个月。
（3）在减持时间区间内，董事、监事、高级管理人员在减持数量过半或减持时间过半时，应当披露减持进展情况。
（4）在减持时间区间内，公司披露高送转或筹划并购重组等重大事项的，董事、监事、高级管理人员应当立即披露减持进展情况，并说明本次减持与前述重大事项是否有关。
（5）董事、监事、高级管理人员通过交易所集中竞价交易减持股份的，应当在股份减持计划实施完毕后的2个交易日内公告具体减持情况；在预先披露的减持时间区间内，未实施减持或者减持计划未实施完毕的，应当在减持时间区间届满后的2个交易日内向交易所报告，并予公告。
（6）董事、监事、高级管理人员所持本公司股份发生变动的，应当自该事实发生之日起2个交易日内，向公司报告并由公司在证券交易所网站进行公告</td></tr>
</table>

续表

规定类型	上交所	深交所
上市文件的公开承诺	以下情形出现时，董事、监事、高级管理人员应当遵守在公开募集及上市文件或者其他文件中作出暂停转让其拥有权益的公司股份公开承诺： (1) 公司发行新股申请或者披露文件，或者构成重组上市的重大资产重组申请或者相关披露文件出现前条规定情形，被中国证监会立案稽查的； (2) 公司首次公开发行股票申请或者披露文件存在虚假记载、误导性陈述或者重大遗漏，被中国证监会立案稽查的	以下情形出现时，董事、监事、高级管理人员应当遵守其在公开募集及上市文件、信息披露文件或者其他文件中作出暂停转让其拥有权益的公司股份公开承诺： (1) 公司因首次公开发行股票、发行新股、构成借壳上市的重大资产重组的申请，被中国证监会立案稽查的； (2) 公司相关披露文件存在虚假记载、误导性陈述或者重大遗漏被中国证监会立案稽查的
询价转让	科创公司董事、监事、高级管理人员不得在下列期间内启动、实施或者参与询价转让： (1) 科创公司定期报告公告前30日内（因特殊原因推迟定期报告公告日期的，自原预约公告日前30日起算，至实际公告前1日）； (2) 科创公司业绩预告、业绩快报公告前10日内； (3) 自可能对科创公司股票的交易价格产生较大影响的重大事件发生之日或者在决策过程中，至依法披露后2个交易日内。 注：该规定为上交所科创板板块的特别规定	—

③未盈利企业董事、监事、高级管理人员股票减持的特殊规定

目前，关于未盈利企业的股票减持内容主要集中于上交所的科创板和深交所

的创业板，以上两板块规定“公司上市时未盈利的，在公司实现盈利前，董事、监事、高级管理人员自公司股票上市之日起3个完整会计年度内，不得减持首发前股份；在前述期间内离职的，应当继续遵守此规定”。

④核心技术人员股票减持的规定

截至目前，深交所尚未对核心技术人员的减持安排出台细则。上交所科创板在《科创板上市规则》及相关实施细则中关于核心技术人员的减持安排进行了规定，下文简要总结了科创板上市企业核心技术人员不得减持股份的情形及相关规定、询价转让、预警制度、以及未盈利企业的股票减持规定（如表4－56所示）：

表4－56　相关规则

规定类型	规则简述
不得减持股份的情形及相关规定	公司核心技术人员减持本公司首发前股份的，应当遵守下列规定： （1）自公司股票上市之日起12个月内和离职后6个月内不得转让本公司首发前股份； （2）自所持首发前股份限售期满之日起4年内，每年转让的首发前股份不得超过上市时所持公司首发前股份总数的25%，减持比例可以累积使用
询价转让	科创公司核心技术人员不得在下列期间内启动、实施或者参与询价转让： （1）科创公司定期报告公告前30日内（因特殊原因推迟定期报告公告日期的，自原预约公告日前30日起算，至实际公告前1日）； （2）科创公司业绩预告、业绩快报公告前10日内； （3）自可能对科创公司股票的交易价格产生较大影响的重大事件发生之日或者在决策过程中，至依法披露后2个交易日内
预警制度	核心技术人员所持公司股份发生变动的，应当在2个交易日内向公司报告并由公司在交易所网站公告
未盈利企业的股票减持规定	公司上市时未盈利的，在公司实现盈利前，核心技术人员自公司股票上市之日起3个完整会计年度内，不得减持首发前股份；在前述期间内离职的，应当继续遵守此规定

2. 境外资本市场有关减持的规定

（1）香港资本市场有关减持相关规则梳理[①]

①香港证券市场中的原则性规定

香港证监会对证券及期货市场依法规管的首要目标是，维持和促进证券期货业的公平性、效率、竞争力、透明度及秩序，为市场投资者提供保障、减少行业的犯罪行为及失当行为，以降低行业的系统性风险，并且维持香港金融业的稳定性。[②]

第一，公平、有序、平等对待原则

《综合主板上市规则》（Main Board Listing Rules，以下简称《主板规则》）以及《GEM证券上市规则》（GEM Listing Rules，以下简称《GEM规则》）都规定，证券的发行和销售须以公平及有序的形式进行，以及上市证券的所有持有人均受到公平及平等的对待。[③]

第二，真实披露义务原则

上市发行人须提供可能影响投资人及公众人士利益的重要资料，而发行人的招股章程所载资料也须在各重要方面准确完备且没有误导或欺诈的成分。[④]

前述的保证及平等对待是香港联交所有意通过监管确保证券持有人能享有的，不仅是因为该等保障未必能够在法律上获得，也源于确保香港市场是公平、有秩序及信息灵通是联交所的法定义务[⑤]。

②有关发行人的董事（Director）之要求

在香港商业环境中，董事[⑥]在公司治理方面的关注重点是其对公司的忠实义务（Duty of Fiduciary）以及避免利益冲突义务（Conflict of Interest Duty），

① 陈禾，外贸英语学士学位，锦天城律师事务所高级合伙人。
② 参见《证券及期货条例》（Cap. 57）第4条的规定。
③ 参见《主板规则》第2.03条（2）、（4）；《GEM规则》第2.06条（2）、（4）的规定。
④ 参见《主板规则》第2.03条（3）、第2.13条；《GEM规则》第17.56条的规定。
⑤ 参见《证券及期货条例》（Cap. 57）第21条（1）的规定。
⑥ 参见朱大明：《香港公司法研究》，法律出版社2015年版。香港公司中的董事职位的判断不仅需要依据其头衔来认定，而且需要结合公司性质、公司章程、董事的服务合同等因素，来判断其履职的功能或作用是否具有公司代理人（Agent）、公司授信人（Fiduciary）的角色，董事与公司之间也可能存在雇佣合约的关系。在香港公司法中可能会使用管理人、受托人、经理等称呼，但从实质上判断，该人士的董事法律地位不受影响。《主板规则》第1.01条规定："董事包括以任何职称担任董事职位的人。"

前述两点核心的董事义务不仅反映在香港公司法中，也在上市规则条文中得以体现。① 就董事买卖、转让所持的公司证券事宜，一是受到《证券及期货条例》第XIII部及第XIV部所规定的有关内幕交易和市场不当行为的规束，二是应当遵循《主板规则》附录十中的原则，“本交易所认为上市发行人的董事最好能持有其所属公司上市发行人的证券……然而，在若干情况下，即使有关董事并无触犯法定条文，该董事仍不可随意买卖其所属上市发行人的证券”②。同时，无论是以自己名义还是通过名义持有人购买、配发持有发行人的证券，发行人的董事及其紧密联系人③、现有股东都不能以优惠条件取得。④ 在前述原则下，上市规则中对董事买卖证券设置了如下限制。

第一，绝对禁止的情形

凡公司董事管有与所属发行人证券的内幕消息⑤，不得在其知悉、参与所涉事项直至该消息公之于众之前的期间内买卖发行人的证券。⑥ 并且有义务提醒、尽量确保没有参与所涉交易的其他董事或任何雇员，若知内幕消息，亦不得在禁止董事买卖证券期间内购买、出售证券。⑦ 该要求旨在防止他们利用只有其因职

---

① 参见《主板规则》第2.03条（5）规定：“上市发行人的董事本着整体股东的利益行事（当公众人士只属上市发行人少数的股东时无须如此）。”另见普通法确立的基本原则是，董事必须善意地以公司的利益行事，董事只对公司负有义务，对股东、雇员、债权人不负有义务，但董事通常会把公司利益等同于股东利益，包括现有股东以及将来的股东。

② 参见《主板规则》附录十第3条、第4条的规定和《GEM规则》第5.48条、第5.49条的规定。

③ 关于“紧密联系人”（Close Associate）的定义详见《主板规则》第1.01条、第19A.04条的释义：（a）就个人而言，包括其配偶、其未成年子女、其权益受托人、本人及/或前述人士直接或间接拥有股本权益达控股股东身份的任何公司及附属公司。（b）就公司而言，包括其附属公司、其控股公司、其控股公司的附属公司、其权益受托人、该公司及/或前述公司直接或间接拥有股本权益达控股股东身份的任何公司及附属公司。前述“紧密联系人”的定义同样适用于H股及GEM板上市规则中。

④ 参见《主板规则》第10.03条、第10.04条的规定和《GEM规则》第5.66条的规定。

⑤ 关于“内幕消息”（Inside Information）的定义见《证券及期货条例》（Cap.571）第XIII部第245条的释义：“内幕消息”，是指就某法团而言，指符合以下说明的具体消息或资料：（a）关于（i）该法团的；（ii）该法团的股东或高级人员的；或（iii）该法团的上市证券或该等证券的衍生工具的；及（b）并非普遍为惯常（或相当可能会）进行该法团上市证券交易的人所知，但该等消息或资料如普遍为他们所知，则相当可能会对该等证券的价格造成重大影响。

⑥ 参见《主板规则》附录十规则A.第1条、第2条的规定和《GEM规则》第5.54条、第5.55条的规定。

⑦ 参见《主板规则》附录十基本原则第5条的规定和《GEM规则》第5.50条的规定。另见《主板规则》附录十规则B.第13条的规定和《GEM规则》第5.66条的规定。

务便利等原因知悉但尚未被公众知道的，且属于对股价敏感的内幕消息，借信息不对称的优势来获取利益或减少损失。

第二，限制性禁止的情形

在不触及知悉内幕消息的情况下，在上市发行人公开发布年度业绩的前60日内，及刊发季度业绩及半年度业绩的前30日内，包括上市发行人延迟公布业绩的期间和发布业绩当日，董事不得买卖该证券。①

即使不在该禁售期内，在任何时候若董事有意要增持或出售证券，董事或主席必须在获得确认书之后才能买卖，该确认书是在书面通知主席或由董事会指定另一名董事后，经过其他董事批准出具的。② 并使其他董事确信出售或转让所持有的发行人的证券是其唯一可选择的合理行动，如已无其他方式能解决的紧急财务承担问题。除此之外，其还必须履行应有的通知、披露义务。③

前述买卖证券的限制也适用于董事的配偶、未成年子女（亲生或收养）、代该等子女进行交易的人士，由该等人士进行的交易能造成令董事拥有权益发生变化的结果。④

③有关发行人的控股股东（Controlling Shareholder）之要求

为保证上市前的公司拥有权连续性不受重大影响，香港联交所的上市规则规定，发行人控股股东⑤不应因出售其股份而导致其失去对公司直接或间接的控股权。其一，香港主板和GEM的上市规则就业绩记录部分都要求，申请上市的公司在上市前应保证至少经审计的最近一个会计年度（公布上市文件前的完整财政年度至上市日为止）的拥有权和控制权维持不变。⑥ 其二，在发行人上市后，控股股东有2个减持锁定期，在首个禁售期内其不得转让任何股权。而在第2个限售期内，控股股东在满足规则要求情况下可以出售其权益，前提是在出售后其不能失去对该发行人直接或间接的控股权。

---

① 参见《主板规则》附录十规则A. 第3条（a）；《GEM规则》第5.56条的规定。

② 参见《主板规则》附录十规则B. 第8条；《GEM规则》第5.61条的规定。

③ 参见《主板规则》附录十规则C. 第14条；《GEM规则》第5.67条、第5.68条的规定。

④ 参见《主板规则》附录十规则A. 第6条；《GEM规则》第5.59条的规定。

⑤ 关于“控股股东”的定义见《主板规则》及《GEM规则》第1.01条的释义：“控股股东”是指任何有权在发行人的股东大会上行使或控制行使30%或以上投票权的人士或一组人士，或有能力控制组成发行人董事会大部分成员的任何一名或一组人士。香港联交所一般不认为“中国政府机关”是中国发行人的控股股东。

⑥ 参见《主板规则》第8.05条（1）（c）的规定；《GEM规则》第11.12A条（2）的规定。

第一，适用于香港证券市场主板的规则

首个禁售期是自新申请人在上市文件中披露控股股东持有股权当日起至证券开始在交易所买卖日起计满6个月止的期间，发行人的控股股东不得出售或订立协议出售上市文件载明的由其实际拥有的证券，或设立任何选择权、权利、利益或产权负担（以下简称权益负担）。第2个限售期是在前述期间届满起6个月之内，控股股东不得因出售证券、或行使或执行有关权益负担后不再成为控股股东。①

在前述的锁定期之外，如能符合《主板规则》第8.08条的规定，维持发行的证券有一个公开市场及足够公众持股量，则控股股东可自由地购买及出售额外证券，也即需要满足以下条件：上市时，发行人已发行股份数目总额必须至少有25%由公众人士持有（In Public Hands）；上市时，公众持股量的市值不低于1.25亿港元；若上市时市值超过100亿港元，则香港联交所可能会接受15%至25%的持股量。首次申请上市的证券，在上市时有关证券须由足够数目的人士持有，数目视发行的规模及性质决定，但至少有300名股东。上市时，持股量最高的3名公众股东实际拥有证券不超过50%。

若发行人不能达到前述要求，香港联交所有权将该证券停牌，直至发行人采取措施满足最低限额的要求，或香港联交所将批准继续买卖并密切监视以防出现虚假市场。②

值得留意的是，在香港联交所建立的支持海外发行人第二上市（Secondary Listing）的规则中，即发行人已在其他地区证券交易所主要上市的，如纽交所、新加坡交易所等，且其大部分股本证券通常在香港以外地区交易，在符合香港联交所上市规则的前提下该等海外发行人可以申请在香港联交所主板作第二上市。第二上市发行人以其主要上市地的监管规范为主要监管，而香港联交所第二上市规则较主要上市规则的要求宽松，如前所述《主板规则》第10.07条规定的“6+6”的减持期间限制和《主板规则》第8.08条规定的公众持股百分比要求都不适用于正在申请或已经于香港联交所第二上市的海外发行人。

---

① 参见《主板规则》第10.07条的规定。

② 参见《主板规则》第8.08条（1）（b）的规定。

第二，适用于由中小型公司构成、带有较高投资风险的《GEM 规则》

鉴于中小型企业在 GEM 上市的审核要求较主板的要求宽松，且考虑到此类企业所在的行业具有较大不确定性会带来较高的投资风险，GEM 的限售期规定也长于主板的规定，也即“12 + 12”模式。首个禁售期是在公司上市文件披露持有股权日起至上市后 12 个月内，控股股东不得出售其公司权益；第 2 个限售期是在上市后第 2 个 12 个月期间内，控股股东须至少维持其在公司的控股地位。①

禁售、限售期外的期间内，在符合《GEM 规则》第 11. 23 条规定的前提下，维持公开市场和足够公众持股量，则控股股东可自由地买卖证券，即上市时由公众人士持有的股本证券的市值（于上市时确定）必须最少为 4500 万港元，以及于上市时最低公众持股量必须占公司已发行股本总额至少 25%，若市值超过 100 亿港币，香港联交所可接受比例调整，而公众持有的股本证券须最少由 100 个人持有。②

④有关发行人的基础投资者/基石投资者（Cornerstone Investor）之要求

基础投资者③在 A 股市场又称为“战略投资者”，在公司上市时引入基础投资者不仅能对该公司上市融资起到资金支持的作用，同时因基础投资者的信誉及影响力背书，给不稳定及难预测的市场带来信心。基础投资者即有资格优先配售 IPO 配售中部分股份的人士，包括机构投资者、知名人士，如资产管理基金、主权基金、富豪、企业等。优先配售目的在于确保基础投资者能够取得发行人的股份，但其签署购股协议时也承担了未知发行价的风险，和上市后至少 6 个月的锁定期的限制。正是因为香港联交所规定的公平及有序、平等对待投资者的原则，防止因基础投资者的持股变动，对公司结构产生重大变动，进而导致市场的震荡，需要对特别是基础投资者配售及出售股份作出指引。

由香港联交所发布的 HKEx – GL51 – 13，有关基础投资者的投资事宜的指引信（Guidance Letter）中第 2. 2 条明确了上市申请人向基础投资者配售的原则：配售必须按 IPO 招股价进行，不得以低于发行价认购股份，并且基础投资者必须

① 参见《GEM 规则》第 13. 16A 条的规定。
② 参见《GEM 规则》第 11. 23 条（2）的规定。
③ 关于“基础投资者/基石投资者”的定义详见《主板规则》第 18A. 01 条的释义：在 IPO 中基石投资者愿意接受限制通常是为了表明其对新申请人（如生物科技公司）的财政状况及未来前景有信心。

在申请人的股份在香港联交所开始买卖前悉数实缴；所配售的IPO招股股份须由发行人设置禁售期，一般为上市日期起至少6个月；每名投资者在上市申请人的董事会内设有代表，同时独立于上市申请人、其关联人士及其各自的联系人（Associate）①；须在上市文件披露配售安排详情、投资者身份及背景。

若该基础投资者被视为公众人士（Public）②，即其与上市申请人的核心关联人无关，或其所持有的股份在满足指引信所规定的条件时被视为公众持股，除应当遵循6个月禁售期规定外，其持有的股份应作为上市条件要求的25%公众最低股份持有量中的部分。当基础投资者为公众持股人士时，还应遵循《主板规则》的第8.08条（3）的规定，持股量最高的3名公众股东实益拥有的百分比不得超过50%。

值得注意的是，除优先获得保证分配的股份外，若上市申请人与基础投资者之间还通过补充协议或其他方式，向基础投资者提供直接、间接利益，包括上市后回购、允诺将上市所得的融资款项投资于投资人的基金、约定在另案的IPO中分配股份、豁免经纪佣金等与认购股份有关，但不符合公平商业原则的交易安排，香港联交所将结合上市申请人所披露的交易安排，综合考虑上市申请人与投资人的关系，香港联交所可能认为该基础投资者实质上为"首次公开招股前投资者"（Pre－IPO Investor，以下简称Pre－IPO投资者），应当适用HKEx－GL43－12及HKEx－GL44－12指引的约束。若投资者被重新定义为Pre－IPO投资者，则其持有部分将不属于公众持股的份额，最终使公众持股比例下降，并有可能最终低于25%的实质要求而不满足上市条件，对投资者及拟上市公司都会带来不利的影响。

⑤有关发行人的Pre－IPO Investor之要求

如前所述，香港联交所就上市申请人与投资人之间的特殊安排，对所属关系类型有明显的区分。总体上，基础投资者与Pre－IPO投资者的共同点在于，在符合公平和有序地发行及销售证券、公平和平等地对待所有证券持有人的原则

① 关于"联系人"的定义详见《主板规则》第14A.12条至第14A.15条的释义："联系人"的范围广于前述"紧密联系人"，例如，包括直系家属、同居的非直系家属等。

② 关于"公众人士"的定义详见《主板规则》第8.24条的释义："公众人士"是指不是由核心关连人直接或间接资助购买证券的人士，及不是因惯常听取核心关连人指示处置证券的人士，无论是以自己名义或其他方式持有证券。

下，特别是投资者能够在有别于其他公开招股的股东获得优势和利益的同时，应接受特别的限制。两者区别在于，Pre－IPO 投资者的风险承受较有保障，且能够享有更优惠的条件，例如，以低于 IPO 的价格取得发行人股份，若进行首次公开招股前投资（Pre－IPO Investment，以下简称 Pre－IPO 投资）的时间很接近上市申请的聆讯，则会违反《主板规则》第 2.03 条规定的原则。因此，香港联交所针对 Pre－IPO 投资者附带的特别权利给予了明确的指引，以防有违公平有序的秩序及平等对待投资者的原则。

根据指引信 HKEx－GL29－12 第 2.6 条规定，Pre－IPO 投资须在上市申请人首次呈交 IPO 申请表格日期的至少足 28 天前完成。受指引限制的 Pre－IPO 投资是指申请人在首次呈交申请表日前的足 28 天内刚完成投资，且投资者在首次呈交申请表时仍为股东，或 Pre－IPO 投资完成于申请人首次呈交表格时或之后至上市日前的期间内。当投资相关股份的资金已经不可撤回地交付并由申请人或现有股东接收时，投资即完成，且前述日数不包括 Pre－IPO 投资完成日、上市申请表呈交日、证券交易日。与此同时，该类投资者的特殊投资条款优于其他 IPO 的投资者，尤其体现在优先承购权及附带售出权、盈利保证、否决权等少数人所有的特别权利中。香港联交所一般将申请人的证券交易首日押后至最后一次的 Pre－IPO 投资完成或撤回投资后足 120 天。

HKEx－GL43－12 第 4 条则规定了适用于该类主体的禁售及公众持股事宜。Pre－IPO 投资者的禁售限制并非一项强制性监管要求，但上市申请人或包销商可要求 Pre－IPO 投资者在 6 个月或以上期间内不得售出其在 Pre－IPO 投资阶段认购的股份，以避免因为该类投资者在上市后大量出售股份导致股价大幅下降。若该股份并非由上市申请人的关联人士（Connected Person）① 直接或间接资助的，Pre－IPO 投资者认购的股份列入公众持股部分（至少 25% 的公众持股量）计算。此外，有关 Pre－IPO 投资的详情也必须按照规定披露于招股章程中，包括 Pre－IPO 投资者的实益拥有人的背景、特殊权利的安排等，以保护其他投资者的权益及证券市场的公平秩序。

---

① 有关“关连人士”的定义详见《主板规则》第 14A.07 条至第 14A.11 条的释义：“关连人士”是指（a）上市发行人或其附属公司的董事、高级管理人员、主要股东；（b）过去 12 个月曾担任上市发行人或其附属公司的董事的人士；（c）中国发行人或其附属公司的监事；（d）前述人士的联系人；（e）关联附属公司；（f）香港联交所视为有关连的人士。

⑥有关H股（H Shares）之规定

H股公司是依据中国法律在中国内地设立的、并在香港证券市场发行股份上市的股份有限公司，同时适用中国内地法律和香港法律，也由中国内地和香港的监管机构进行监管。H股是指在香港联交所上市的、由中国发行人依据中国内地法律发行的、以人民币标明面值的、以人民币以外的货币认购的外资股（Foreign Shares），与之相对是内资股（Domestic Shares），即是由境内公司发行并由境内投资者以人民币认购和交易的股票。

其一，符合香港联交所上市申请的H股，中国发行人应满足：发行人是在中国正式注册成立的股份有限公司，并由香港联交所认为其与中国证监会有足够联系和合作安排①，和香港联交所认为其与发行人已在或将在的另一交易所当局有足够的安排②，并且香港联交所认为适用的中国法律和发行人的公司章程能够给H股持有人提供足够的股东保障。

其二，依《主板规则》第19A.38条及第65条（b）规定，若H股公司的董事拟认可、分配、发行、授予股份等证券，须事先获得股东的特别决议（Special Resolution）③ 批准，并根据公司章程进行类别股东会议获得内资股及外资股股东的特别决议批准。

其三，《主板规则》第19A.53条要求，中国发行人须遵守及符合《公司法》、国务院《关于股份有限公司境外募集股份及上市特别规定》（以下简称《境外募集特别规定》）及公司章程的规定。《公司法》第141条规定了1年的锁定期，以及对公司董事、监事、高级管理人员转让股份的限制，具体如下：发起人持有的公司股份，自公司成立之日起1年内不得转让；公司公开发行股份前已发行的股份，自公司股票在证券交易所上市交易之日起1年内不得转让；公司董

① 中国证监会已于2016年9月30日发布《内地与香港股票市场交易互联互通机制若干规定》（中国证券监督管理委员会令第128号）将适用范围由沪港通扩展至沪港通和深港通。

② 例如，中国证监会于2014年4月10日发布《中国证券监督管理委员会、香港证券及期货事务监察委员会 联合公告——预期实行沪港股票市场交易互联互通机制试点时将需遵循的原则》开展沪港股票市场交易互联互通机制，深交所于2021年1月22日修订发布的《深圳证券交易所深港通业务实施办法》。

③ 在香港《公司条例》（Cap. 622）第564条中规定的“特别决议”是指最少要获得75%的多数票通过的决议。在内地《公司法》中，常指必须经代表2/3以上表决权的股东通过的决议，常见于修改公司章程、增加或者减少注册资本的决议，以及公司合并、分立、解散或者变更公司形式的事宜。与之相对的是“普通决议”（Ordinary Resolution），即获过半数票通过的决议。

事、监事、高级管理人员在任职期间每年转让的股份不得超过其所持有的公司股份总数的25%，离职后半年内，不得转让其所持有的公司股份。公司章程也可以对他们转让公司股份做出其他限制性规定。

中国证监会于2019年11月14日发布的《H股公司境内未上市股份申请“全流通”业务指引》（中国证券监督管理委员会公告〔2019〕22号）适用于H股公司的境内未上市股份（或称为“内资股”）到香港联交所上市流通的情形，以及《股份有限公司境外公开募集股份及上市（包括增发）审核关注要点》（以下简称《审核关注要点》）中“特定对象适用事项”的第4条也同样适用。《审核关注要点》中规定了“首发前已持有发行人股份的股东及持有发行人股份（包括直接持股与间接持股）的董事、监事、高级管理人员作出专项承诺，自发行人股票在境外交易所上市交易之日起1年内不转让所持股份”。

⑦有关以特殊目的收购公司上市之规定

特殊目的收购公司（Special Purpose Acquisition Company，SPAC）是以SPAC发起人出资建立和以IPO募资运营的纯资金主体，其目的在于限期收购合并另一家非上市且有实体经营活动的目标公司（或称“继承公司”），以加快继承公司达成新上市的目标，SPAC上市是兼具私募股权投资与传统IPO功能及特点的上市融资方式。以SPAC方式上市融资涉及两个阶段的上市规则：第一个阶段为作为纯资金主体的SPAC应适用的上市规则；第二个阶段为完成De－SPAC并购交易后的新上市继承公司应遵守的上市规则。

在2022年1月1日新增生效的《主板规则》第十八B章有关SPAC的上市规则明确规定了，（1）SPAC的发起人及其各自董事和雇员；（2）SPAC的董事；（3）SPAC的雇员，以及前述主体的紧密联系人，在SPAC完成De－SPAC并购交易之前都严禁买卖SPAC的上市证券。① 并且SPAC上市的必要要件之一是至少有一名具备由香港证监会认可持有6号牌照（就机构融资提供咨询意见）及/或9号牌照（提供资产管理）的SPAC发起人至少持有10%SPAC发起人股份。② 因为在SPAC未完成并购交易前的期间内，SPAC的投资者主要是基于信赖SPAC的发起人的专业经验和优良资源的组合而选择加入，SPAC的发起人承担着代表

① 参见《主板规则》第18B.15条的规定。
② 参见《主板规则》第18B.11条的规定。

投资者议定并购交易条款、实现回报允诺的责任，SPAC 是否能如期进行令投资者满意的并购交易存在不确定性。鉴于 SPAC 兼具融资及投资的运营属性，SPAC 的投资者及市场监管机构对 SPAC 将发生并购交易、实现控制权的转移已有预期，规范传统 IPO 上市涉及并购交易的规定也应调整适用。如当涉及关联目标公司的并购交易符合《主板规则》第十四 A 章——关连交易的规定时，SPAC 必须为了证明：(1) 建议交易相关的利益冲突极微；(2) 有充分理由支持会按公平交易的基础进行交易。其可以通过以下方式加以佐证：(1) 证明 SPAC 及/或其关连人士并非并购目标的控股股东；(2) SPAC 没有向关连人士支付现金代价而是发行设有 12 个月禁售期的代价股份。①

当 SPAC 完成 De-SPAC 交易后，即 SPAC 顺利在上市规则要求的上市期限内（上市之日起 36 个月内或向香港联交所申请延期）完成收购、合并目标公司的交易，并且该继承公司应当满足《主板规则》适用于新上市的其他公开市场要求（如 25% 公众持股量的要求）以实现上市目的。与其他传统 IPO 方式上市的公司一致，继承公司的控股股东若有意在上市后出售该公司的证券，其必须遵守《主板规则》第 10.07 条的规定。SPAC 发起人在 SPAC 并购交易完成日起 12 个月内，不得出售已于上市文件中披露的其已实益拥有的继承公司证券，也不得订立出售该继承公司证券的协议，或设立权益负担，该等由 SPAC 发起人实益持有的证券限于通过发行、转换或行使发起人股份、发起人权证、提成权的方式取得的。

⑧综述

在香港资本市场的环境下处置上市发行人的权益，须考虑涉及的各类主体及交易背景的差异，从而判断适用发行人上市流通的限制，和把握适宜各方目标的进程安排。从发行人关连人士的角度来看，受减持限制的人士主要包括：发行人的董事及其家属，该等人士不仅禁止进行与内幕消息有关的交易，也不得未经其他董事的同意随时任意售出其所持股份；发行人的控股股东，其受到 2 个锁定期的限制，在主板市场为“6+6”，而在 GEM 市场为“12+12”，并且在第 2 个锁定期其所持有的公司权益不得导致其失去控股地位；基础投资者，其在能确保获

① 参见《主板规则》第 18B.56 条。为满足并购交易的要件，SPAC 公司还应提供第 18B.49 条要求的上市文件和并购交易的独立估值资料。

得配售股份优待的同时，须承受上市后至少6个月的锁定期，并且可能面临二级市场破发的损失风险，若其与发行人之间有其他特殊约定，将影响其身份认定进而导致发行人延迟满足上市条件、影响上市进程；Pre－IPO投资者，其同样受到上市后至少6个月禁售期的约束，但其可以与发行人另行约定风险保护措施。除前述的于上市规则中明确规定的减持限制情形之外，发行人的股东、董事、高级管理人员等持有发行人股份的人士还可自愿作出承诺，即对其所持发行人的股份在一定期限内全部或部分禁售，① 以及在2022年10月19日香港联交所为符合条件的特专科技公司放宽来港上市要求而刊发的咨询文件中，香港联交所建议对以下人士实施IPO后禁售期的限制：上市申请人的控股股东；关键人士；领航资深独立投资者，其中香港联交所建议对已商业化公司的控股股东及关键人士的禁售期为上市日起12个月，而在未商业化公司中建议针对该等人士的禁售期为24个月。针对类似于Pre－IPO投资者角色的领航资深独立投资者，香港联交所则建议在商业化公司中的禁售期为上市日起6个月，而在未商业化公司中的禁售期为12个月。②

---

① 商汤（0020. HK）于2022年6月30日发布公告称徐某、王某、徐某1及公司若干管理层成员自愿承诺，于2022年12月29日之前，不会出售公司于2016年11月1日采纳的首次公开发售前受限制股份单位计划（经修订）下已归属的受限制股份单位所涉及的B类股份，以及同期的雇员激励计划（经修订）下已归属的期权获行使所涉及的B类股份。前述受限的相关B类股份总数为20.02亿股（占已发行股份总数约5.98%），该等股份目前透过Sense Talent Management Limited持有。该等承诺人士表示，作出该等自愿禁售承诺乃为表达彼等对公司长期价值及前景的信心。同时，公司所有已发行A类股份将受禁售承诺的规限，直至2022年12月29日。参见https：//www1. hkexnews. hk/listedco/listconews/sehk/2022/0630/2022063000418 _ c. pdf，最后访问日期：2022年12月28日。

② 有关特专科技公司上市制度的具体建议见香港联交所于2022年10月公布的《有关特专科技公司上市制度的咨询文件》，咨询截止日期为2022年12月18日。
参见https：//www. hkex. com. hk/－/media/HKEX－Market/News/Market－Consultations/2016－Present/October－2022－Specialist－Technology－Co/Consultation－Paper/cp202210_c. pdf，最后访问日期：2023年1月6日。
(1)“特专科技公司”是指主要于特专科技行业内可接纳领域从事研发、商业化及/或销售特专科技产品的公司，涉及的领域包括新一代信息技术、先进硬件、先进材料、新能源及节能环保和新食品及农业技术。
(2)“关键人士”是指包括：①创办人；②不同投票权受益人；③执行董事及高级管理人员；④负责特专科技公司技术运营及/或特专科技公司产品研发的主要人员。
(3)“领航资深独立投资者”是指不作为上市申请人的核心关连人士的第三方资深独立投资者，或非控股申请人的、对申请人有较大持股量的大股东。

从发行上市的方式来区分，在香港联交所主要上市的发行人（包括 H 股公司）应依照上市规则的要求行事，而第二上市的海外发行人则可以获得多方面的较大豁免，以不适用对控股股东的锁定期和公众持股量比例的限制为例。H 股公司则须同时遵循两地的法律法规，所依据的内地法律主要是《公司法》及《境外募集特别规定》，特别是股份公司上市交易 1 年内不得转让现有股份、公司的董监高在职时每年转让不得超过持有总数的25%，即使是离职半年后也不得转让持有的公司股份。针对香港联交所新推行的 SPAC 上市方式，则要留意 SPAC 在限期完成 De－SPAC 并购交易前，其发起人、董事、雇员皆不得出售 SPAC 的证券；即使在继承公司新上市后，SPAC 发起人仍要接受 12 个月的锁定期，而新上市的继承公司控股股东和董事则适用一般的减持股份限制规定。

鉴于本文篇幅有限，故此处仅根据香港《证券及期货条例》及香港联交所相关上市规则，和内地《公司法》及境外上市发行的相关规定简要梳理发行人董事、控股股东、基础投资者、Pre－IPO 投资者、H 股发行人和 SPAC 及其继承公司，以及其相关方减持、处置发行人证券的要求。在实际操作中，实施主体需根据具体情况，结合相关上市规则及香港联交所的意见另行判断。

（2）美国证券法下有关减持的规定①

美国上市公司②股东在公开市场出售其所持证券，需符合美国《1933 证券交易法》（Securities Act of 1933）（以下简称《1933 证券法》）③，包括有关登记注册（Registration）的要求，或者适用相应的豁免。其中 144 条规则（Rule 144）是较为主要的豁免方式之一。

①登记注册

根据美国《1933 证券法》以及相关上市规则，证券的发行和销售须在美国证监会进行登记注册，或者被允许豁免注册。④ 上市公司的证券⑤的登记注册需

---

① 黄晶晶，法学硕士，锦天城律师事务所高级合伙人。

② 此处的美国上市公司仅指纽交所和美国纳斯达克的上市公司。

③ 参见《1933 证券法》，载 https：//www. govinfo. gov/content/pkg/COMPS－1884/pdf/COMPS－1884. pdf，最后访问日期：2023 年 1 月 6 日。

④ 参见 https：//www. investor. gov/introduction－investing/investing－basics/glossary/registration－under－securities－act－1933，最后访问日期：2023 年 1 月 6 日。

⑤ 在 IPO 中，发行人主要发行的是股票（shares）。但除股票外，发行人还可以发行其他种类的证券，故本文以“证券”作为统称。

要向美国证监会提交登记报告（Registration Statements），包括：

招股说明书（Prospectus），即法定的发行（Offering）或“出售”（Selling）文件，必须交付给所有发行对象或购买证券的人。在招股说明书中，必须清楚描述发行公司的经营活动、财务状况、经营成果、风险因素和经营管理和/或出售股东的相关信息等重要信息。招股说明书还必须包括或者引用经审计的财务报表。①

其他不必向投资者提供但必须向美国证监会提交的额外信息和证据，如美国证监会问询的回复等文件。

以 IPO 为例②，IPO 发行的证券实际上就是在向 SEC 进行登记注册公开融资募集中将发售的股票。因此，购买 IPO 发行证券的公众股东，其证券可以在公开市场上自由流通。但是对于 IPO 前已经持有公司证券的股东（以下简称原始股东）而言，完成 IPO 本身并不会将其持有的上市公司的证券进行登记，原始股东持有的证券仍然需要经 SEC 登记注册或者通过适用豁免登记注册程序后，才可在公开市场再出售。美国证券登记的要求是美股与 A 股及港股最大的不同。

②Rule 144

如前所述，以 IPO 为例，除已进行过 IPO 登记的股东以外，IPO 之前的原始股东所持有的证券均为“限制性证券”或“控制性证券”。除非进行登记注册或获得豁免，否则该部分证券是“自始受限”的，无法出售。美国《1933 证券法》中 Rule 144③ 就是最主要的限制性证券的豁免规则。

限制性证券（Restricted Securities）是指在非公开发行的交易中，直接或间接从上市公司或上市公司的关联方取得的证券④。据此定义，上市公司上市前的投资人⑤、员工持股计划持有人等原始股东持有的证券也是限制性证券⑥。

---

① 参见 https：//www. sec. gov/smallbusiness/goingpublic/registrationstatement，最后访问日期：2023 年 1 月 6 日。

② 美国上市方式除 IPO 以外，还包括直接上市（DPO）、特殊目的收购（SPAC）等方式。但因本文篇幅有限，故本文仅以 IPO 上市为例。

③ Rule 144 原文参见 https：//www. ecfr. gov/cgi - bin/text - idx? SID = 69659b311a985485dd72257b59c73957&mc = true&node = se17. 3. 230 _1144&rgn = div8，最后访问日期：2023 年 3 月 20 日。

④ 原文参见 Rule 144（a）（3）的规定。

⑤ 此处指一家公司 IPO 之前的所有私募投资者。

⑥ 参见 https：//www. sec. gov/reportspubs/investor - publications/investorpubsrule144htm. html，最后访问日期：2023 年 3 月 20 日。

控制性证券（Control Securities）是指由上市公司的关联方持有的证券。[①] 关联方（Affiliate）指直接或间接控制、或受该上市公司控制或与该上市公司共同控制的人，包括但不限于上市公司的高管、董事或持股10%以上的大股东等与上市公司有控制关系的人员（以下简称控制人员）及其近亲属[②]。非关联方从控制人员或关联方处购买的证券为限制性证券，即便这些证券在关联方手中的时候已经不再是限制性的证券[③]。但是，如果控制人员与普通公众股东一样，是从公开市场上购买的已经是自由交易的证券，则原则上是非限制性股票，但是依然是控制性证券而受到出售时间和数量的限制。

以股票证为例，如果该股票属于限制性证券，则股票证背面会有一段限制出售的标识（Legend）（以下简称限制性标识），说明该股票的转让和出售受到限制。控制性证券的股票证书通常没有限制性标识[④]。

第一，上市公司关联方出售所持证券的限制

上市公司的关联方如未向美国证监会登记注册，而想要向第三方或者市场出售其持有的限制性证券或控制性证券，需符合 Rule 144 所载的适用条件。Rule 144 不是出售限制性证券或控制性证券的唯一手段，但为出售方提供了一种“避风港”（Safe Harbor）的豁免形式。Rule 144 的五个条件总结如下[⑤]。

A. 限制期（Holding Period[⑥]）要求

上市公司的限制性证券的限制期为至少 6 个月，即限制性证券的持有者必须至少持有该证券 6 个月。如果是 IPO 原始股东，限制期自 IPO 之日起不少于 6 个月。IPO 之后，新股东从原始股东处获得的限制性证券，限制期自限制性证券被购买并全额支付对价之时开始计算。

从上市公司处购买额外证券不影响先前已经购买的同类证券的锁定期和限制

---

① 参见 https://www.sec.gov/reportspubs/investor-publications/investorpubsrule144htm.html，最后访问日期：2023 年 1 月 6 日。

② 原文参见 Rule 144（a）（1）（2）的规定。

③ 参见 https://www.sec.gov/reportspubs/investor-publications/investorpubsrule144htm.html，最后访问日期：2023 年 1 月 6 日。

④ 参见 https://www.sec.gov/reportspubs/investor-publications/investorpubsrule144htm.html，最后访问日期：2023 年 1 月 6 日。

⑤ 以下 Rule 144 规则总结均参见 https://www.sec.gov/reportspubs/investor-publications/investorpubsrule144htm.html，最后访问日期：2023 年 1 月 6 日。

⑥ 尽管 Holding Period 的直译为“持股期”，但考虑到中文常规用法，此处翻译为“限制期”。

期。从上市公司的非关联方处获得的限制性证券，可将该非关联方已经持有股票的时间计入购买方的限制期（限制期从非关联方购买该证券之日开始计算），无须重新计算。对于关联方赠与的限制性证券，限制期从关联方购买该证券之日开始，而不是从赠与之日开始。对于包括员工期权计划在内股票期权，限制期从期权行使且取得实际股票之日开始，而不是授予期权之日。

限制期仅适用于限制性证券。由于在公开市场上获得的证券已经是自由交易的股票而不受限制，关联方或者非关联方的任何股东在公开市场上购买上市公司的证券没有限制期，依然保持自由交易的股票。但是关联方持有的自由交易股票由于关联方的特殊身份，即其作为对于上市公司有控制力的关联方，该等自由交易的股票变成了控制性证券而受 Rule 144 其他条件的制约，比如，出售的数量和时间上的限制。以 IPO 为例，如果控制股东与普通公众股东一样，是从公开市场上购买的上市公司的证券，则不受 6 个月的限制期的限制，但是控制股东受到出售数量和时间的限制。

B. 信息公开要求

Rule 144 要求，在出售限制性股票前，上市公司必须已提供足够的当前最新公开信息，即上市公司需根据《1934 年证券交易法》的要求定期向美国证监会进行报告，包括但不限于年度报告、重大事项公告等。

C. 交易量要求

对于主板①上市公司的关联方和控制股东而言，在 Rule 144 规定的限制期结束后，每 3 个月可以出售的股票数额不能超过正在出售的同一类别已发行股票的 1%，或不能超过 4 周内平均周交易量，以前述二者较高者为准。而 OTC② 的公司，仅适用前述 1% 的要求。

D. 普通经纪交易要求

对于关联方而言，其所持证券的出售必须在各方面都被视为常规交易行为，股票交易经纪人不能收取高于正常水平的佣金。同时，无论是出售证券的关联方还是股票交易经纪人，都不可招揽或安排招揽购买证券的订单，以防止利益输送。

---

① 由于篇幅限制，本文中“主板”仅指纽交所及美国纳斯达克。

② OTC，指场外交易市场（Over – the – counter），是在证券交易所外进行证券买卖的市场。

E. 向美国证监会递交 Rule 144 表格

对于关联方而言，如果在任何 3 个月内出售所持证券的交易量超过 5000 股或交易总金额超过 50,000 美元，则关联方必须填写 144 表格并上报给美国证监会。

第二，上市公司非关联方出售所持证券的限制

对于上市公司的非关联方（而且在出售证券前的至少 3 个月内都不是上市公司的关联方）而言，持有限制性证券的限制期①为至少 6 个月。当非关联方持有限制性证券至少 6 个月但不足 1 年时，上市公司需要满足 Rule 144 中“已披露当前公开信息的要求”，即可使用 Rule 144 的豁免规则出售限制性证券。持有限制性证券超出 1 年后，上市公司非关联方可以不考虑上述使用 Rule 144 的条件，而可以使用 Rule 144 的豁免规则向公众出售限制性证券，只要该股东出售时且前 3 个月不是公司的关联方。

在限制性证券持有人满足 Rule 144 的所有条件后，可以要求上市公司过户代理人移除其所持限制性证券股票证上的限制性标识。过户代理人一般在取得上市公司同意，并获得上市公司律师出具的法律意见书之后，会将限制性标识移除。限制性证券未移除限制性标识的，不可在公开市场上进行交易。②

综上所述，上市公司的原始股东或者通过私募融资获得增发股票的股东，可依相关法律法规通过上市公司向美国证监会进行登记注册成为自由交易股票，或者适用 Rule 144 的豁免规则，在限制期满 6 个月后，根据 Rule 144 的条件减持其所持证券。

鉴于本文篇幅有限，故此处仅根据美国《1933 证券法》及美国证监会相关上市规则简要阐述上市公司股东减持的方法。实际操作中，需根据上市公司股东们的具体情况并结合上市规则，由证券律师作出相应的具体判断。

---

① 此处“锁定期”的起始时间计算方式与上文“（一）发行人关联方出售所持证券的限制之 1. 锁定期要求”保持一致，即如果是 IPO 原始股东，锁定期自 IPO 之日起 6 个月；如果是从原始股东手中获得的限制性证券，则锁定期自限制性证券被购买并全额支付对价之时开始计算。

② 参见 https://www.sec.gov/reportspubs/investor-publications/investorpubsrule144htm.html，最后访问日期：2023 年 1 月 6 日。

五、信息披露要求

（一）概述①

不同于上交所主板的上市规则，科创板首次公开发行股票采取注册制而非审核制。这意味着信息披露制度成为了持续监管中的核心，完善的披露制度是充分保障市场与投资人知情权的有效手段。随着科创板注册制试点工作的逐步推进，相信A股全面实行注册制终将到来，信息披露也一定会占据资本市场的核心地位。本节将以科创板为例对发行监管阶段的信息披露要求展开讨论。

1. 法律规则

科创公司同样适用中国证监会、交易所相关信息披露规定，但是，针对科创企业特点更加侧重行业信息、核心技术等事项的信息披露，并在披露时点、暂缓豁免披露商业敏感信息、非交易时间对外发布重大信息等方面作出更具弹性的安排。具体的法律规则如下：

《股票注册管理办法》；

《公开发行证券的公司信息披露编报规则第24号——科创板创新试点红筹企业财务报告信息特别规定》；

《公开发行证券的公司信息披露内容与格式准则第41号——科创板公司招股说明书》；

《公开发行证券的公司信息披露内容与格式准则第42号——首次公开发行股票并在科创板上市申请文件》；

《公开发行证券的公司信息披露内容与格式准则第26号——上市公司重大资产重组》；

《科创板上市规则》；

《上海证券交易所科创板股票发行上市审核规则》；

《上海证券交易所科创板上市保荐书内容与格式指引》；

《科创板创新试点红筹企业财务报告信息披露指引》；

《上交所问答》及《上海证券交易所科创板股票发行上市审核问答（二）》。

---

① 宋正奇，法学学士，锦天城律师事务所高级合伙人。

2. 责任主体

发行人是第一责任人，发行人及其控股股东、实际控制人、董事、监事和高级管理人员应依法履行信息披露义务，保证信息披露的真实、准确、完整。

中介机构承担核查把关责任，保荐人、证券服务机构（包括律师事务所、会计师事务所等）应当诚实守信、勤勉尽责，依法对发行人的信息披露进行核查把关。

上交所通过提出问题、回答问题等方式，对发行上市申请文件信息披露进行审核，以督促发行人及其保荐人、证券服务机构真实、准确、完整地披露信息，提高信息披露质量。

【案例】中国国际金融股份有限公司——因擅自修改问询问题被予以监管警示

在向上交所报送的交控科技股份有限公司首次公开发行A股股票并在科创板上市申请文件审核问询函的回复（以下简称审核问询的回复）中，中国国际金融股份有限公司（以下简称中金公司）擅自修改了反馈问题9、12、14、15中的16处数据，但未向上交所告知上述改动内容。同时，中金公司在向上交所同步报送的更新后的招股说明书中，对经营数据、业务与技术、管理层分析等披露内容进行了百余处修改，未按上交所要求采用楷体加粗格式标明，也未向上交所报告。

对此，上交所认为，对上交所发行上市审核问询的回复是发行上市申请的重要文件，市场和投资者对此高度关注。作为保荐人，中金公司制作的回复意见擅自改动上交所问询问题，违反了回复内容应当真实、准确、完整的要求。招股说明书是发行上市申请中重要的信息披露文件，内容修改直接关系到投资者的知情权，也影响审核工作顺利进行，中金公司上述行为已违反了其作为保荐人的信息披露职责。

2019年5月17日，上交所作出〔2019〕1号监管措施决定书，针对中金公司的信息披露违规行为予以了监管警示。

3. 信息披露原则：充分、一致、可理解

交易所在审核过程中将重点关注发行人的信息披露是否达到真实、准确、完整的要求，是否符合招股书准则的要求，是否充分、一致、可理解，便于投资者在信息充分的情况下作出投资决策。

需要明确的是，科创板提出的“新三性”（充分性、一致性、可理解性），并不是对“老三性”（真实性、准确性、完整性）的摒弃或替换。关于“新三性”具体如下：

（1）充分

中国证监会制定的信息披露规则是信息披露的最低要求。无论上述规则是否有明确规定，凡是对投资者作出价值判断和投资决策有重大影响的信息，发行人均应当予以披露。①

信息披露主体应当披露包括但不限于是否充分、全面披露发行人业务、技术、财务、公司治理、投资者保护等方面的信息以及本次发行的情况，充分揭示可能对发行人经营状况、财务状况产生重大不利影响的所有因素。

（2）一致

发行上市申请文件及信息披露内容应当一致、合理和具有内在逻辑性，包括但不限于财务数据勾稽合理，符合发行人实际情况，非财务信息与财务信息相互印证，保荐人、证券服务机构核查依据充分，能对财务数据的变动或者与同行业公司存在的差异作出合理解释。②

（3）可理解

由于申请科创板上市的公司从事的业务技术性、创新性较强，尽管披露了相关信息，也不易被投资者理解。因此，中国证监会要求申请科创板上市的公司发行上市申请文件披露的内容应当简明易懂，便于一般投资者阅读和理解，包括但不限于使用浅白语言，简明扼要、重点突出、逻辑清晰，结合企业自身特点进行有针对性的信息披露。③

【案例】博拉网络股份有限公司——业务模式和业务实质、核心技术及技术先进性以及核心技术在主营业务中的应用情况披露不充分、不准确、不一致

博拉网络股份有限公司（以下简称博拉网络）终止审核主要是由于以下两点原因：④

第一，公司对其业务模式和业务实质的披露。

博拉网络定位为企业大数据服务提供商，基于自主研发的E2C（E－servicetoCompany）数字商业大数据云平台，通过“大数据＋技术产品＋应用服

① 参见《股票注册管理办法》第34条的规定。

② 参见《股票注册管理办法》第74条的规定。

③ 参见《股票注册管理办法》第34条的规定。

④ 参见关于终止博拉网络股份有限公司首次公开发行股票并在科创板上市审核的决定。

务”的业务模式，为企业客户提供技术开发服务和大数据应用服务。但是，公司并未充分披露大数据在其提供的大数据营销及运营、数字媒体投放、电商及其他三类服务中的应用过程及具体表征，未能清晰、准确地披露其为企业提供大数据服务全过程的相关内容。上交所认为，公司定位为企业大数据服务提供商的依据披露不充分，披露的业务模式未充分体现其大数据服务提供商的定位。

此外，报告期各期，博拉网络“大数据应用服务”的收入占主营业务收入的比重分别为65.20%、70.50%、80.35%、90.04%，由大数据营销及运营、数字媒体投放、电商及其他三类业务组成。其中，数字媒体投放业务分为提供广告运营服务和提供充值服务两种，充值、运营操作、广告投放等均通过第三方平台实现，但博拉网络并未充分披露该业务如何应用大数据、应用了何种大数据。

上交所认为，博拉网络没有充分披露该等业务与大数据应用之间有何联系、如何运用大数据，因此判定公司将电商及其他业务披露为大数据应用服务与该等业务的相关销售合同内容和收入确认凭据不一致，该等业务实质披露不准确。

第二，对核心技术及在主营业务中应用情况的披露。

关于核心技术，根据招股说明书披露，公司已取得的21项发明专利全部是从第三方受让取得的，其互联网和大数据主要核心技术相关的3项发明专利同样是受让取得。上交所在公告中称：“发行人披露其核心技术为自主研发及具有技术先进性和技术优势的依据不充分。”

此外，上交所还认为，公司未充分披露其核心技术如何具体应用在各项业务中，特别是数字媒体投放、电商及其他业务，亦未能准确区分和披露自有数据、第三方数据及公开数据在大数据应用服务中的具体使用情况，发行人披露其“经营的各项服务（细分产品）均应用了大数据技术”依据不充分，依靠核心技术开展生产经营所产生收入的占比披露不准确。

【案例】宁波容百新能源科技股份有限公司与浙江杭可科技股份有限公司——因信息披露不充分被中国证监会给予1年内不接受公开发行证券相关文件的监管措施

2020年4月10日，宁波容百新能源科技股份有限公司（以下简称容百科技）与浙江杭可科技股份有限公司（以下简称杭可科技）分别收到中国证监会下发的行政监管措施决定书，均被给予1年内不接受公开发行证券相关文件的监管措施，起因都是因为两家公司在申请科创板IPO过程中，公司招股书涉及比克动力的信息披露存在问题。

容百科技的信息披露违规问题如下：

第一，未充分披露比克动力信用风险大幅增加情况。容百科技于2019年7月1日起将比克动力信用额度调整为0，但招股说明书（签署日为7月16日）中未披露该事项并充分提示风险。

第二，未披露比克动力“回款”的实质为以自身开具商业承兑汇票偿还逾期应收账款。在招股说明书中披露“截至2019年6月25日，比克动力通过银行承兑汇票、商业承兑汇票及电汇合计回款金额为10，561.62万元，回款比例约为49%”。上述还款中，比克动力开具的商业承兑汇票总计7002.84万元，占总回款的66.30%，但容百科技未披露回款是以自身开具的商业承兑汇票为主的情况。

杭可科技的信息披露违规问题如下：

第一，未披露暂停执行合同情况及可能由此导致的存货跌价准备的风险、相关预付款披露有误。2018年12月，比克动力暂停四期项目合同，招股说明书未予披露，且比克动力四期合同预付款合计1600万元，占合同金额比例为15%，与招股说明书披露该项合同预付款30%不一致。

第二，未披露比克动力应收票据到期无法承兑的情况。2018年10月至2019年6月，比克动力共12笔商业承兑汇票，合计11,692.7万元到期未能承兑，其中4460万元已通过电汇等支付，其余7232.7万元尚未支付，上述情形与招股说明书披露不符。

（二）尚未盈利或存在累计未弥补亏损的风险提示[①]

2019年1月28日，中国证监会发布《关于在上海证券交易所设立科创板并试点注册制的实施意见》，允许符合科创板定位、尚未盈利或存在累计未弥补亏损的企业在科创板上市。这一规则体现了科创板对企业的包容性，也是科创板有别于A股其他板块的主要区别之一，这一规则显著利好前期研发投入大、市场估值高的企业（如生物医药企业），可以帮助此类企业在最需要资金投入的时期就可以通过上市募集资金，当然此类企业相较于传统的已经盈利企业也必定会一定程度上存在更多风险，作为“交换”，科创板对尚未盈利或存在累计未弥补亏损的企业的信息披露也提出了更高的要求。

---

① 宋正奇，法学学士，锦天城律师事务所高级合伙人。

1. 发行人信息披露义务

针对尚未盈利或存在累计未弥补亏损的企业申请科创板上市的，招股说明书中应当针对未来一定期间无法盈利或无法进行利润分配的风险，对发行人资金状况、业务拓展、人才引进、团队稳定、研发投入、市场拓展等方面产生不利影响等风险因素进行披露。此外，上交所将重点关注以下方面的信息披露情况（见表4－57）：

表4－57　信息披露情况

序号	披露要求	具体要求
1	原因分析	应结合行业特点分析并披露该等情形的成因①，还应说明尚未盈利或最近1期存在累计未弥补亏损是偶发性因素，还是经常性因素导致
2	影响分析	应充分披露尚未盈利或最近1期存在累计未弥补亏损对公司现金流、业务拓展、人才吸引、团队稳定性、研发投入、战略性投入、生产经营可持续性等方面的影响
3	趋势分析②	应当披露未来是否可实现盈利的前瞻性信息，对其产品、服务或者业务的发展趋势、研发阶段以及达到盈亏平衡状态时主要经营要素需要达到的水平进行预测，并披露相关假设基础；存在累计未弥补亏损的发行人应当分析并披露在上市后的变动趋势
4	风险因素	应充分披露相关风险因素③。未盈利状态持续存在或累计未弥补亏损继续扩大的，应分析触发退市条件的可能性，并充分披露相关风险
5	投资者保护措施及承诺	应当披露依法落实保护投资者合法权益规定的各项措施；还应披露本次发行前累计未弥补亏损是否由新老股东共同承担以及已履行的决策程序。还应披露其控股股东、实际控制人和董事、监事、高级管理人员、核心技术人员按照相关规定作出的关于减持股份的特殊安排或承诺

① 比如，产品仍处研发阶段，未形成实际销售；产品尚处于推广阶段，未取得客户广泛认同；产品与同行业公司相比技术含量或品质仍有差距，未产生竞争优势；产品产销量较小，单位成本较高或期间费用率较高，尚未体现规模效应；产品已趋于成熟并在报告期内实现盈利，但由于前期亏损较多，导致最近1期仍存在累计未弥补亏损；其他原因。

② 披露前瞻性信息时应当声明其假设的数据基础及相关预测具有重大不确定性，提醒投资者进行投资决策时应谨慎使用。

③ 包括但不限于：未来一定期间无法盈利或无法进行利润分配的风险，收入无法按计划增长的风险，研发失败的风险，产品或服务无法得到客户认同的风险，资金状况、业务拓展、人才引进、团队稳定、研发投入等方面受到限制或影响的风险等。

【案例】上海硅产业集团股份有限公司——被要求披露趋势分析

交易所询问：

请发行人修改并披露：报告期内发行人扣除非经常性损益后归属于母公司所有者的净利润持续为负，请发行人按照《公开发行证券的公司信息披露内容与格式准则第41号——科创板公司招股说明书》第82条的规定，披露未来是否可实现盈利的前瞻性信息及其依据、基础假设等2019年上半年业绩信息。

保荐机构回复：

保荐机构核查意见如下：随着公司整体规模的持续扩张，预计未来发行人将在扣除非经常性损益后实现盈利；发行人2019年全年测算的营业收入同比增加。测算的扣除非经常性损益后归属于母公司股东的净亏损较上年同期增加，主要是因为公司300mm半导体硅片受半导体硅片行业景气度下降的影响，产品单价降幅较大，同时产能利用率处于较低水平使固定资产折旧费用等固定成本上升，使亏损增加。

针对盈利的前瞻性信息及其依据，保荐机构主要从行业、业务拓展、技术研发团队和研发投入四个方面作为未来可实现盈利的依据，分析了公司未来将在扣除非经常性损益后实现盈利的前瞻性：

（1）公司尚未盈利的原因

一方面，公司于2018年下半年才实现规模化生产，产品产销规模较低，而在此过程中公司购置的土地、房屋建筑物和机器设备的金额较大，导致投产前期固定成本分摊较高，营业成本高于营业收入；另一方面，公司300mm半导体硅片的质量、良品率和市场竞争力仍待进一步提高，公司的议价能力不强，因此产品平均单价也处于相对较低的水平。

（2）公司未来是否盈利的前瞻性信息

随着上海新昇300mm半导体硅片产能的不断扩大、客户认证进程的进一步深入、产品规格的不断丰富、产品质量的逐步提高，预计上海新昇未来的销售收入将呈增长趋势，亏损也将有所收窄直至实现盈利；公司200mm半导体硅片（含SOI硅片）具有成熟的生产工艺和稳定的客户群体，报告期内收入规模和盈利能力均呈现逐年增长的态势，未来随着公司在200mm半导体硅片（含SOI硅片）相关生产线的进一步升级、改造和扩产，在相关应用领域下游市场需求稳定增长的情况下，盈利规模有望继续增长。综上所述，随着公司整体规模的持续扩张，预计未来公司将在扣除非经常性损益后实现盈利。

（3）前瞻性信息的依据

①行业方面

一方面，2019 年行业进入下行周期，预测 2020 年全球半导体市场将出现反弹，随着全球数据处理量的增加、人工智能与 5G 的普及、以自动驾驶为代表的汽车电子的快速发展，未来半导体硅片需求量将稳定上升。

另一方面，近年来，在中国政府高度重视、大力扶持半导体行业发展的大背景下，中国大陆的半导体产业快速发展，受益于产业政策的支持、国内硅片企业技术水准的提升、以及全球芯片制造产能向中国大陆的转移，预计中国大陆半导体硅片企业的销售额将继续提升，将以高于全球半导体硅片市场的增速发展，市场份额占比也将持续扩大。

②业务拓展方面

硅产业集团是中国大陆规模较大的半导体硅片制造企业之一，也是中国大陆率先实现 300mm 半导体硅片规模化销售的企业。公司下游客户芯片制造企业通常不会轻易更换供应商，双方将建立长期、稳固的合作关系。公司主要产品已通过认证和待认证的客户数量均呈逐年递增趋势。

③技术研发团队方面

公司自设立以来持续引进全球半导体行业高端人才，经过多年的积累，发行人拥有了一支国际化、专业化的管理和技术研发团队。同时，为最大限度地激励研发人员的主观能动性、保持技术研发团队的稳定性，公司授予了主要技术研发人员股票期权。此外，公司还将继续引进和培养各方面的人才，同时吸纳全球高端人才，优化人才结构；未来还将根据具体情况对核心人才再次实施股权或期权激励，将公司利益、个人利益与股东利益相结合，有效的激励核心人才。

④研发投入方面

报告期各期，公司研发投入占销售收入的比重高于同行业，可比上市公司，与公司所处的发展阶段相一致。未来，公司还将进一步加大核心产品相关技术的研发投入，在最前沿的单晶生长、切割、研磨、抛光、外延与 SOI 技术方面继续追赶国际先进水平。

【案例】先临三维科技股份有限公司——被要求对主要子公司亏损原因及公司持续经营能力分析，因信息披露不规范被给予监管警示

交易所询问：

主要子公司基本均为亏损的原因，公司对外投资是否审慎、发展战略、持续经营能力。

保荐人及发行人律师回复：

（1）主要子公司基本均为亏损的原因及持续经营能力

律师说明北京易加、天远三维 2018 年主要亏损原因均是因为公司正处于研发成果转化阶段，列举了两家子公司的在研项目；另外，通过分析两家子公司行业前景以证明其持续经营能力："北京易加、天远三维均从事科技创新的 3D 数字化和 3D 打印技术研发或技术应用，属于国家重点鼓励和扶持产业，具有一定的技术领先性和较高的市场估值。随着前期研发投入转化，经营规模不断扩大，预期未来会扭亏为盈，具有持续经营能力。"

另一家子公司"先临云打印及其下属子公司业务尚处早期推广培育阶段，同时公司前期对 3D 打印服务市场预期较为乐观，推进速度过快，上述因素导致了先临云打印亏损较大。从海外市场发展情况看，随着 3D 打印产业的成熟，3D 打印服务业务具有广阔发展前景"。

（2）公司对外投资是否审慎

公司对外投资较为审慎，公司章程中设置了对外投资的审批权限条款，另外公司单独制定了投资决策管理制度，对投资决策的程序、审批权限等事项作出明确规定。公司主要对外投资发生在 2015 年至 2017 年，公司均已按照公司章程、投资决策管理制度履行对外投资决策程序，并按新三板相关规定履行信息披露程序。

（3）发展战略

公司致力于成为具有全球影响力的 3D 数字化和 3D 打印技术企业，对外投资均围绕公司主业和上述发展战略展开。公司将继续深化在高端制造、精准医疗、定制消费等领域的应用，在高端制造领域重点发展金属 3D 打印等直接制造应用，在精准医疗领域重点突破齿科数字化应用，在定制消费领域重点探索鞋品定制等个性化定制应用。

值得注意的是，尽管先临三维科技股份有限公司针对其亏损原因及持续经营能力分析的问询做出了如上回复，但上交所仍然启动了对其的现场督导工作，并着重检查了与亏损子公司和研发投入资金相关的资料。现场督导工作中，先临三维科技股份有限公司因被发现存在数处信息披露不规范情形，最终被上交所给予了监管警示［上证科审（自律监管）〔2020〕4 号］。先临三维科技股份有限公司在信息披露方面存在的不规范情形如下：

（1）未充分披露内部控制存在的薄弱环节及相关风险

①未能有效识别重要子公司财务管理不规范等情形

……

现场督导期间，保荐机构经核查发现李某、叶某为完成收购的业绩承诺，通过虚构向自然人客户销售软件升级服务等手段，2015 年、2017 年分别虚增营业收入约 80 万元、88 万元。经测算，若扣除上述虚增收入对应后的净利润，对赌协议约定的业绩可能无法完成。此外，2016 年至 2019 年 10 月，天远三维账外销售金额约 3113 万元、虚增账面采购金额并从供应商处获取回款约 139.5 万元，涉及金额均转入出纳的个人账户。同时，李某、叶某还通过出纳账户发生无票支出合计约 395.2 万元。

天远三维是发行人收购的对其业务有重要影响的子公司，发行人在申报时未能有效识别出其财务管理不规范等情形，招股说明书（申报稿）未能客观反映发行人对子公司管理存在的内部控制薄弱环节，也未能充分、全面披露天远三维的财务信息情况，相关风险揭示不充分。

②研发投入资金归集不规范

现场督导发现，发行人研发投入资金归集不规范，主要表现在以下几方面：一是研发与生产、管理、销售人员相互调动情况较多，存在非研发部门人员工资等费用计入研发费用的情况。二是发行人及子公司部分董事长、总经理和中层管理者薪酬全部计入研发费用。三是研发领料控制存在瑕疵。发行人系统显示的部分信息与实际情况不一致，部分研发领料未明确标注受益人的信息，部分领用内容与研发无关的物料，研发领料与形成的样机等有形物体也无明确数量关系等。发行人采用第二套上市标准，研发投入金额影响其是否符合上市条件的审核判断，招股说明书（申报稿）等申报文件未披露前述研发投入计算过程中存在的不规范情形。

（2）问询回复关于第三方回款情况的披露不全面

上交所首轮审核问询要求发行人对销售第三方回款情况进行说明，但发行人问询回复仅披露了经销商销售中存在第三方回款情况，报告期内经销商回款涉及金额611.10万元，占报告期合计主营业务收入的0.47%。现场督导发现，保荐工作底稿中的第三方回款合计金额为4474.21万元。发行人在回复上交所问询时，未披露非经销模式下的第三方回款情况，相关信息披露不全面。

2. 中介机构核查要求

发行人存在以下情形，保荐机构和申报会计师应重点关注是否影响发行人持续经营能力：（见表4－58）

表4－58　相关情形说明

行业	所处行业受**国家政策限制或国际贸易条件**影响存在重大不利变化风险
	所处行业出现周期性衰退、产能过剩、市场容量骤减、增长停滞等情况
	所处行业准入门槛低、竞争激烈，**相比竞争者**发行人在技术、资金、规模效应方面等**不具有明显优势**
	所处行业**上下游供求关系**发生重大变化，导致原材料采购价格或产品售价出现重大不利变化
业务	因**业务转型**的负面影响导致营业收入、毛利率、成本费用及盈利水平出现重大不利变化，且最近一期经营业绩尚未出现明显好转趋势
	重要客户本身发生重大不利变化，进而对发行人业务的稳定性和持续性产生重大不利影响
	由于工艺过时、产品落后、技术更迭、研发失败等原因导致市场占有率持续下降、重要资产或主要生产线出现重大减值风险、主要业务停滞或萎缩
	多项业务数据和财务指标呈现恶化趋势，短期内没有好转迹象
	对发行人业务经营或收入实现有重大影响的商标、专利、专有技术以及特许经营权等**重要资产或技术**存在重大纠纷或诉讼，已经或者未来将对发行人财务状况或经营成果产生重大影响
其他	其他明显影响或丧失持续经营能力的情形

（三）科创公司财务报告的披露要求[①]

相对于主板财务会计信息的披露要求，科创板要求企业优化财务会计信息架构，提高对企业投资价值判断的信息有效性，同时强调财务会计信息的披露应当从投资者决策判断角度进行。

1. 与企业盈利能力相关的信息披露要求

发行人应披露产品（或服务）特点、业务模式、行业竞争程度、外部市场环境等影响因素及其变化趋势，披露其对发行人未来盈利（经营）能力或财务状况可能产生的具体影响或风险。

首先，招股说明书应当将财务会计信息和管理层讨论与分析合并，从管理层视角对公司财务会计信息进行讨论与分析，而不能是对财务报告中内容的简单重复。同时要求大段简化、不再大量披露审计报告附注内容，以改变将管理层讨论分析简化为财务会计分析的做法。其次，发行人和保荐人在分析财务报告时，应当突出管理层视角，结合业务与技术、经营模式、技术水平、竞争力等要素，披露并分析取得经营成果的逻辑，加强财务会计信息与业务信息之间的相互印证，以提高相关信息披露的有效性。

值得注意的是，如果发行人认为提供盈利预测信息将有助于投资者对发行人及投资于发行人的股票作出正确判断，且发行人确信能对未来期间的盈利情况作出比较切合实际的预测，发行人可以披露盈利预测信息，科创板允许发行人在作出明确提示的前提下披露盈利预测信息。（见表4－59）

表4－59　具体披露要求

财务会计信息	财务报表	发行人应披露报告期的资产负债表、利润表和现金流量表，以及会计师事务所的审计意见类型
	重要会计政策和会计估计	发行人应结合自身业务活动实质、经营模式特点及关键审计事项等，披露对公司财务状况和经营成果有重大影响的会计政策和会计估计，针对性披露相关会计政策和会计估计的具体执行标准，重点披露与行业相关、与同行业公司存在重大差异、对财务报表理解具有重要影响的会计政策和会计估计的具体执行标准，不应简单重述一般会计原则

① 宋正奇，法学学士，锦天城律师事务所高级合伙人。

续表

财务会计信息	非经常性损益	发行人应依据经注册会计师鉴证的非经常性损益明细表，以合并财务报表的数据为基础，披露报告期非经常性损益的具体内容、金额及对当期经营成果的影响，并计算报告期扣除非经常性损益后的净利润金额
	主要税种、税率	发行人应披露报告期内母公司及重要子公司、各主要业务所适用的主要税种、税率。存在税收减、免、返、退或其他税收优惠的，应按税种分项说明相关法律法规或政策依据、批准或备案认定情况、具体幅度及有效期限
	主要财务指标	发行人应列表披露报告期的主要财务指标
业务经营信息	管理层分析	发行人应以管理层的视角，结合“业务与技术”中披露的业务、经营模式、技术水平、竞争力等要素披露报告期内取得经营成果的逻辑
	经营成果分析	发行人对于经营成果的分析，应充分说明主要影响项目、事项或因素在数值与结构变动方面的原因、影响程度及风险趋势
	资产质量分析	发行人对于资产质量的分析，应结合自身的经营管理政策，充分说明对发行人存在重大影响的主要资产项目的质量特征、变动原因及风险趋势
	偿债能力、流动性与持续经营能力分析	发行人应分析可预见的未来需偿还的负债金额及利息金额，结合现金流、融资能力与渠道等情况，分析公司的偿债能力；结合公司的业务或产品定位、报告期经营策略以及未来经营计划，分析披露发行人在持续经营能力方面是否存在重大不利变化或风险因素，以及管理层自我评判的依据
	重大投资或资本性支出、重大资产业务重组或股权收购合并等事项	发行人报告期存在重大投资或资本性支出、重大资产业务重组或股权收购合并等事项的，应分析披露该等重大事项的必要性与基本情况，对发行人生产经营战略、报告期及未来期间经营成果和财务状况的影响

2. 与研发相关的财务披露要求①（见表4-60）

表4-60 相关要求

信息披露一般要求	发行人应在招股说明书中披露研发相关内控制度及其执行情况，并披露研发投入的确认依据、核算方法、最近3年研发投入的金额、明细构成、最近3年累计研发投入占最近3年累计营业收入的比例及其与同行业可比上市公司的对比情况
主要依靠核心技术开展生产经营的信息披露要求	发行人应在招股说明书中披露以下信息： （1）报告期内通过核心技术开发产品（服务）的情况，报告期内核心技术产品（服务）的生产和销售数量，核心技术产品（服务）在细分行业的市场占有率； （2）报告期内营业收入中，发行人依靠核心技术开展生产经营所产生收入的构成、占比、变动情况及原因等
存在研发支出资本化情况的信息披露要求	发行人应在招股说明书中披露： （1）与资本化相关研发项目的研究内容、进度、成果、完成时间（或预计完成时间）、经济利益产生方式（或预计产生方式）、当期和累计资本化金额、主要支出构成，以及资本化的起始时点和确定依据等内容； （2）与研发支出资本化相关的无形资产的预计使用寿命、摊销方法、减值等情况，并说明是否符合相关规定。 发行人还应结合研发项目推进和研究成果运用时可能发生的内外部不利变化、与研发支出资本化相关的无形资产规模等因素，充分披露相关无形资产的减值风险及其对公司未来业绩可能产生的不利影响
存在科研项目相关政府补助的信息披露要求	发行人应结合国家科技创新发展规划、公司承担科研项目的内容、技术创新水平、申报程序、评审程序、实施周期和补助资金来源等，说明所承担的科研项目是否符合国家科技创新规划。 发行人应在招股说明书中披露所承担科研项目的名称、项目类别、实施周期、总预算及其中的财政预算金额、计入当期收益和经常性损益的政府补助金额等内容

3. 红筹企业

对于科创板公开发行证券并上市的创新试点红筹企业的财务信息披露行为，上交所专门发布了《公开发行证券的公司信息披露编报规则第24号——科创板

① 参见《上交所问答》。

创新试点红筹企业财务报告信息特别规定》和《科创板创新试点红筹企业财务报告信息披露指引》两份文件予以规范。

为充分保护境内投资者合法权益，红筹企业境内财务信息披露应遵循“就高不就低”原则，对于在境外财务报告中披露的信息，在其境内上市财务报告中也应予以披露。①

红筹企业披露的财务报告信息，可按照中国企业会计准则编制，也可在按照国际财务报告准则或美国会计准则编制的同时，提供按照中国企业会计准则调整的差异调节信息。② 不论采用何种会计准则，红筹企业都应在财务报告中明确。

采用中国企业会计准则编制财务报告的红筹企业除特别规定外，应遵循《公开发行证券的公司信息披露编报规则第 15 号——财务报告的一般规定》，且境内上市后不得变更。③

红筹企业如存在协议控制或类似特殊安排，在与合并报表编制相关的信息披露方面，应当详细披露合并范围及相关依据，对特殊合并事项予以重点说明：

（1）充分披露协议控制架构的具体安排，包括协议控制架构涉及的各方法律主体的基本情况、主要合同的核心条款等。

（2）分析披露被合并主体设立目的、被合并主体的相关活动以及如何对相关活动作出决策、发行人享有的权利是否使其目前有能力主导被合并主体的相关活动、发行人是否通过参与被合并主体相关活动而享有可变回报、发行人是否有能力运用对被合并主体的权利影响其回报金额、投资方与其他各方的关系。

（3）结合上述情况和会计准则规定，分析披露发行人合并依据是否充分，详细披露合并报表编制方法。

4. 会计政策变更、会计估计变更、会计差错更正

发行人报告期内或首发材料申报后存在会计政策、会计估计变更情形的，应当由申报会计师对发行人编制的申报财务报表与原始财务报表的差异比较表出具

① 参见《公开发行证券的公司信息披露编报规则第 24 号——科创板创新试点红筹企业财务报告信息特别规定》第 14 条的规定。

② 参见《公开发行证券的公司信息披露编报规则第 24 号——科创板创新试点红筹企业财务报告信息特别规定》第 4 条第 1 款的规定。

③ 参见《公开发行证券的公司信息披露编报规则第 24 号——科创板创新试点红筹企业财务报告信息特别规定》第 4 条和第 6 条的规定。

审核报告并说明差异调整原因，保荐机构应核查差异调整的合理性与合规性。

首发材料申报后，发行人如出现会计差错更正事项，应充分考虑差错更正的原因、性质、重要性与累积影响程度。首发材料申报后，如发行人同一会计年度内因会计基础薄弱、内控不完善、必要的原始资料无法取得、审计疏漏等原因，除特殊会计判断事项外，导致会计差错更正累积净利润影响数达到当年净利润的20%以上（如为中期报表差错更正则以上一年度净利润为比较基准）或净资产影响数达到当年（期）末净资产的20%以上，以及滥用会计政策或者会计估计及因恶意隐瞒或舞弊行为导致重大会计差错更正，应视为发行人在会计基础工作规范及相关内控方面不符合发行条件。

5. 信息披露的及时性要求

上交所要求发行人保持财务信息的及时更新。在中国证监会作出注册决定后、发行人股票上市交易前，发行人应当及时更新信息披露文件内容，财务报表过期的，发行人应当补充财务会计报告等文件；保荐人及证券服务机构应当持续履行尽职调查职责；发生重大事项的，发行人、保荐人应当及时向交易所报告。①

发行人财务报告审计截止日期至招股说明书签署日之间超过4个月的，应当参照《关于首次公开发行股票并上市公司招股说明书财务报告审计截止日后主要财务信息及经营状况信息披露指引》的规定，提供经审阅的期间季度的财务报表，并在招股说明书中披露审计截止日后的主要财务信息；同时，发行人应当在招股说明书“重大事项提示”中补充披露下一报告期业绩预告信息，主要包括年初至下一报告期末营业收入、扣除非经常性损益前后净利润的预计情况、同比变化趋势及原因等。若前述财务信息与财务报告审计截止日期或上年同期相比发生较大变化的，应当披露变化情况、变化原因及由此可能产生的影响。②

在审企业财务报表超过有效期的，应当按照《股票注册管理办法》《上海证券交易所科创板股票发行上市审核规则》的规定，及时申请延长有效期，但延长最多不超过1个月。未申请延长或延长1个月后仍未更新的，上交所将中止审核。发行人更新财务资料的，应同步更新相关申请文件和问询回复（更新部分以楷体加粗）。

---

① 参见《股票注册管理办法》第26条的规定。

② 参见上海证券交易所《关于科创板发行人财务信息披露有关事项的通知》的规定。

【案例】恒安嘉新（北京）科技股份公司——会计差错更正后对净利润的影响达到了当年净利润20%以上

从中国证监会发布的关于不予同意恒安嘉新（北京）科技股份公司（以下简称恒安嘉新）首次公开发行股票注册的决定来看，两大会计问题成为公司IPO注册被否的原因。

一是公司对4个重大合同收入确认时点进行调整。

前3次的问询函，恒安嘉新从各个角度进行了回复，对4笔合同对应的收入确认情况进行了解释。然而，在第4轮回复时，恒安嘉新主动调整了4笔合同收入的入账时间。公司表示，该4笔合同，在2018年年底均未回款且未开具发票，实际回款情况也与合同约定存在较大差异且金额影响较大。基于谨慎性原则，经公司董事会及股东大会审议通过，将上述4个合同收入确认时点进行了调整，将在满足合同约定并且主要经济利益已经流入公司的情况下予以确认收入。

中国证监会认为，恒安嘉新将该会计差错更正认定为特殊会计处理事项的理由不充分，不符合企业会计准则的要求，恒安嘉新存在会计基础工作薄弱和内控缺失的情形。

二是经问询后恒安嘉新将股权代持确认为股份支付，但招股书没有披露计提股份支付费用后减少的净利润数据。

2016年，恒安嘉新实际控制人金某将567.20万股股权分别以象征性1元的价格转让给了刘某等16名员工。在提交上交所科创板上市审核中心的申报材料、首轮问询回复、2轮问询回复中发行人都认定上述股权转让系解除股权代持，因此不涉及股份支付。在第3轮回复中，恒安嘉新表示，金某与刘某等16人之间形成股权代持时无银行转账记录，金某与刘某等人之间形成股权代持的银行转账记录未列明汇款用途。由于时间久远，能够支持股份代持的证据不够充分，基于谨慎性考虑，会计处理上调整为在授予日一次性确认股份支付。

此次调整，在上会稿的招股说明书中，公司所涉及的相关内容已进行了全面的修改。不过，该调整属于前期会计差错更正，按照招股说明书要求，应该对调整的事项和调整情况进行披露。在招股说明书中，并未见相应的披露。

（四）科创公司信息披露的特别规定（见表4-61）[①]

表4-61 特别规定

特别规定	具体内容
分行业披露	发行人应当根据自身特点，有针对性地披露行业特点、业务模式、公司治理、发展战略、经营政策、会计政策，充分披露科研水平、科研人员、科研资金投入等相关信息，并充分揭示可能对公司核心竞争力、经营稳定性以及未来发展产生重大不利影响的风险因素
募集资金用途	募集资金使用管理制度及募集资金重点投向科技创新领域的具体安排
股份锁定期	公开发行股份前已发行股份的锁定期安排，特别是核心技术人员股份的锁定期安排以及尚未盈利情况下发行人控股股东、实际控制人、董事、监事、高级管理人员股份的锁定期安排。 保荐人和发行人律师应当就前款事项是否符合有关规定发表专业意见
信息披露豁免	发行人有充分依据证明拟披露的某些信息涉及国家秘密、商业秘密的，发行人及其保荐机构应当在提交发行上市申请文件或问询回复时，一并提交信息豁免披露申请文件
特殊表决权	发行人存在特别表决权股份或类似安排的，应披露相关安排的基本情况，包括设置特别表决权安排的股东大会决议、特别表决权安排运行期限、持有人资格、特别表决权股份拥有的表决权数量与普通股份拥有表决权数量的比例安排、持有人所持特别表决权股份能够参与表决的股东大会事项范围、特别表决权股份锁定安排及转让限制等，还应披露差异化表决安排可能导致的相关风险和对公司治理的影响，以及相关投资者保护措施
协议控制	发行人存在协议控制架构的，应披露协议控制架构的具体安排，包括协议控制架构涉及的各方法律主体的基本情况、主要合同的核心条款等
控股股东、实际控制人位于国际避税区且持股层次复杂	保荐机构和发行人律师应当对发行人设置此类架构的原因、合法性及合理性、持股的真实性、是否存在委托持股、信托持股、是否有各种影响控股权的约定、股东的出资来源等问题进行核查，说明发行人控股股东和受控股股东、实际控制人支配的股东所持发行人的股份权属是否清晰，以及发行人如何确保其公司治理和内控的有效性，并发表核查意见

① 宋正奇，法学学士，锦天城律师事务所高级合伙人。

续表

特别规定	具体内容
首发申报前实施的员工持股计划	发行人应在招股说明书中充分披露员工持股计划的人员构成、是否遵循“闭环原则”、是否履行登记备案程序、股份锁定期等内容
准备在上市后实施的、首发申报前制订的期权激励计划	发行人应在招股说明书中充分披露期权激励计划的有关信息： （1）期权激励计划的基本内容、制订计划履行的决策程序、目前的执行情况； （2）期权行权价格的确定原则，以及和最近 1 年经审计的净资产或评估值的差异与原因； （3）期权激励计划对公司经营状况、财务状况、控制权变化等方面的影响； （4）涉及股份支付费用的会计处理等
申报前后新增股东	（1）申报前新增股东 发行人在招股说明书信息披露时，除满足招股说明书信息披露准则的要求外，如新股东为法人，应披露其股权结构及实际控制人；如为自然人，应披露其基本信息；如为合伙企业，应披露合伙企业的基本情况及普通合伙人的基本信息。最近 1 年末资产负债表日后增资扩股引入新股东的，申报前须增加一期审计。 （2）申报后新增股东 发行人申报后产生新股东且符合上述要求无须重新申报的，应比照申报前 1 年新增股东的核查和信息披露要求处理。除此之外，保荐机构和发行人律师还应对股权转让事项是否造成发行人实际控制人变更，是否对发行人控股权的稳定性和持续经营能力造成不利影响进行核查并发表意见

【案例】上海泰坦科技股份有限公司——首次申报因未清晰披露业务模式和业务实质被否，重点整改后仅一轮问询就过会

在上海泰坦科技股份有限公司（以下简称泰坦科技）2019 年 9 月首次向上交所提出上市申请时，科创板上市委员会在审核中重点关注了其对业务模式和业务实质的披露。根据泰坦科技提交的招股说明书，公司定位为“基于自主核心产品的专业技术集成服务商”，“以核心产品技术为基础，开发出具有市场竞争力的产品，并为创新研发、生产质控实验室提供科学服务一站式技术集成解决方案”。但科创板上市委员会认为泰坦科技未能清晰披露“专业技术集成”的内涵，与通常理解的“技术集成”的差别以及是否属于一站式网络销售的一种方式。另外，报告期内泰坦科技各期主营业务收入中超过93%来自科研试剂和科研仪器及耗材的产品销售，其中，报告期内该部分销售收入中超过50%为直接采购第三方品牌产品后直接对外销售，泰坦科技未充分说明“专业技术集成”在经营成果中的体现。对于自主品牌产品，泰坦科技全部采用OEM（Original Equipment Manufacturer，通常指贴牌生产）方式生产。针对OEM环节，泰坦科技仅有两人负责OEM厂商现场的工艺指导与品质管控，部分产品由泰坦科技提供原材料后委托OEM厂商进行分装加工，部分产品通过直接采购OEM厂商成品贴牌后对外销售。泰坦科技未充分说明“专业技术集成”在上述业务模式中的体现。

鉴于上述问题，科创板上市委员会认为泰坦科技未能准确披露业务模式和业务实质，不符合《股票注册管理办法》和《上海证券交易所科创板股票发行上市审核规则》中信息披露的相关规定，并终止审核。

2020年4月，泰坦科技重新向上交所提出上市申请，针对上述信息披露不规范的问题作出了整改，并于2020年6月16日通过审核。泰坦科技针对其信息披露问题的具体解决方案如下：

（1）泰坦科技删除了“专业技术集成服务商”的业务模式描述，在主营业务描述部分对公司业务进行了平白直接的描述，方便投资者阅读。重新申请的招股说明书将公司主营业务模式具体披露为“公司致力于为国内科学研究、科技创新及产业升级提供重要支撑和保障。首先，公司通过销售人员日常销售维护及服务，对客户研发方向、历史采购数据及行业趋势进行分析，掌握了客户需求。其次，公司为满足客户需求，研发建设了自主品牌，并以OEM的模式进行生产。再次，为保证产品的完整性，公司外购第三方品牌产品，并与自主品牌产品共同形成完整的产品矩阵，对外实现销售。最后，公司通过建设科学服务平台‘探索平台’、建立仓储物流系统等，为客户提供稳定可靠、方便、快捷的产品和服务”。

（2）泰坦科技删除了“专业技术集成”的相关说法，并在业务与技术部分对第三方品牌产品购销思路披露为“自设立以来，公司就采取自主品牌与第三方品牌相结合的销售方式，在建立Adamas、Greagent、Tichem等自主品牌的同时，对外销售赛默飞、陶氏化学、3M等国际知名厂商产品。公司对外销售第三方品牌产品主要是因为公司客户实验繁杂、产品种类需求较多，无法独立提供所有种类的产品。因此，公司采取自主品牌与第三方品牌相结合的模式，为客户提供完整的产品矩阵”。此外，泰坦科技还对其目前外购的第三方品牌产品尚未进行自主研发的原因进行了详细的披露。

（3）针对 OEM 生产环节，泰坦科技解释了采用此种生产模式的原因及必要性、工艺指导和现场管控人员的作用，并重点补充披露了 OEM 生产中的技术体现。

【案例】优刻得科技股份有限公司——A 股首例同股不同权

优刻得科技股份有限公司（以下简称优刻得）从 2019 年 10 月 8 日提交注册以来，其注册进程一直为外界所关注，主要原因就是设置了“特别表决权”的公司治理结构。

优刻得的招股说明书中，除按照《公开发行证券的公司信息披露内容与格式准则第 41 号——科创板公司招股说明书》的要求对特别表决权设置基本情况作出了翔实的披露外，还从特别表决权对股东大会议案的影响及对中小股东权益可能的影响、防范特别表决权滥用及保护中小股东利益的具体措施等方面披露了特别表决权制度对于中小股东的影响及保护，并在“重大事项提示”一节对特别表决权股份设置及特殊公司治理结构做了风险揭示。

首轮和 2 轮问询中，科创板上市委员会又针对特别表决权设置的法律依据、设置程序的合规性、特别表决权对公司治理的影响、公司治理结构的稳定性、持有特别表决权人员的必要性和合理性等问题要求优刻得作了补充披露。

此外，科创板上市委员会不仅关注了优刻得本次上市的特别表决权设置安排，还重点关注了开曼时期表决权具体安排及实际运行情况，过渡时期（终止红筹架构至目前表决权设置期间）公司表决权安排及实际运行情况，及目前特别表决权比例与开曼时期比例存在差异的原因及合理性。

交易所询问：

请发行人：（1）进一步说明表决权设置运行时间较短，如何保证公司治理结构的稳定及公司治理有效；（2）结合优刻得（开曼）层面季某、莫某、华某的特别表决权安排及本次的特别表决权安排差异，说明本次表决权数量设置的合理性；（3）说明自终止红筹架构协议至发行人本次表决权设置的时间间隔，以及在此期间公司与优刻得（开曼）层面表决权具体安排及实际运行情况；（4）结合公司表决权的历次安排，进一步说明公司最近 2 年内控制权是否稳定、实际控制人是否发生重大变更。

保荐人及发行人律师回复：

1. 进一步说明表决权设置运行时间较短，如何保证公司治理结构的稳定及公司治理有效

发行人曾在红筹架构下设置特别表决权安排，并稳定、有效运行。本次特别表决权的设置系经各股东充分讨论并经股东大会一致决议通过，同时，发行人也已制定相关配套措施。发行人共同实际控制人亦签署一致行动协议、补充协议及作出锁定承诺，以保障公司治理结构的稳定、有效。具体如下：

（1）自优刻得（开曼）将创始人持有股份设置为每股 3 票表决权至公司境外红筹架构终止，公司历史上特别表决权安排已经稳定、有效运行约 18 个月，其间境内外主体的股东会决策均正常、有效进行，特别表决权安排的治理结构有效适用于发行人。发行人具备在特别表决权下公司治理的相关经验。

（2）公司历次股东（大）会决议均获得一致通过，投资人股东充分认可共同实际控制人对公司的治理安排，本次设置特别表决权是对公司治理结构的进一步完善。

（3）公司历次董事会决议均获得一致通过，自公司特别表决权股权安排设置至今，公司董事会成员未发生变更，董事会治理结构稳定、有效。

（4）公司已将对公司治理产生重大影响的股东（大）会决议事项依法设为特别表决权安排的例外，以保证持有普通表决权的股东充分参与公司治理。

（5）实际控制人签署一致行动协议、补充协议及作出锁定承诺以保证公司治理的稳定。

2. 结合优刻得（开曼）层面季某、莫某、华某的特别表决权安排及本次的特别表决权安排差异，说明本次表决权数量设置的合理性：

（1）设置每 1 份特别表决权股份对应 5 份普通表决权股份的特别表决权比例安排，可以承继优刻得（开曼）历史上存在特别表决权的比例安排，本次特别表决权安排具有历史延续性；（2）设置每 1 份特别表决权股份对应 5 份普通表决权股份数量，是经过测算并与公司各股东充分协商的结果，本次特别表决权安排具有商业合理性。

因此，尽管本次发行人设置的表决权比例高于优刻得（开曼）之前设置的表

决权比例，但该等设置从一定程度上整体延续了公司历史上的治理安排，且经过公司与全体股东之间的充分协商，可以在强化其对公司的控制权以及保护其他股东的表决权比例之间形成较好的平衡，有利于进一步保持和强化公司股权结构和控制权结构的延续性和稳定性，故本次表决权数量的设置具有合理性。

3. 说明自终止红筹架构协议至发行人本次表决权设置的时间间隔，以及在此期间公司与优刻得（开曼）层面表决权具体安排及实际运行情况

红筹架构协议的终止时点为2016年9月20日。自终止红筹架构协议至发行人本次表决权设置期间，发行人未设置特别表决权，公司股东按照其出资比例行使表决权。优刻得（开曼）不再通过协议对公司实施控制，公司生产经营独立于优刻得（开曼）。优刻得（开曼）按照红筹架构协议的约定，回购其境外投资人股东所持的各系列优先股。

自终止红筹架构协议至发行人本次表决权设置期间，公司共召开10次股东（大）会，各股东均一致表决通过相关决议，具体运行情况如下：列举历次股东（大）会召开、出席及表决情况。

根据优刻得（开曼）的股东会决议，自终止红筹架构协议至发行人本次表决权设置期间，优刻得（开曼）共召开2次股东会，各股东均一致表决通过相关决议，具体运行情况如下：列举历次股东会召开、出席及表决情况。

4. 结合公司表决权的历次安排，进一步说明公司最近2年内控制权是否稳定、实际控制人是否发生重大变更

结合公司最近2年表决权的历次安排，公司最近2年内控制权稳定、实际控制人未发生重大变更。

在2019年3月17日设置特别表决权前的最近2年内，3名共同实际控制人在发行人层面合计持股比例最高且一直处于控股地位，且其他投资人股东在发行人层面的持股比例与3名实际控制人合计持股比例始终差距较大，3人依其出资额或持有的股份合计享有的表决权比例远高于发行人其他股东。3名共同实际控制人合计所享有的表决权足以对发行人股东会/股东大会的决议产生重大影响。最近2年内，季某、莫某及华某能够共同决定且实际决定董事会半数以上成员，并实际管理和控制发行人。2019年3月17日，发行人设置特别表决权后，3名共同实际控制人合计持有发行人表决权的比例上升为64.7126%，进一步强化了其对发行人的控制能力。

如本审核问询函回复之本问题之“……（三）说明自终止红筹架构协议至发行人本次表决权设置的时间间隔，以及在此期间公司与优刻得（开曼）层面表决权具体安排及实际运行情况”部分，在发行人最近2年内，3名共同实际控制人在历届股东会/股东大会中均表决一致，季某、莫某及华某3人具体管理发行人并共同对发行人的业务经营及发展起到决定性的作用。

因此，最近2年内季某、莫某及华某共同持有发行人表决权比例最高，且在表决权的行使上保持一致。发行人持续且稳定地由季某、莫某及华某共同进行控制，发行人最近2年内控制权稳定，实际控制人未发生重大变更。

（五）境外上市公司的信息披露（以美股为例）①

1. 信息披露制度

信息披露制度，也称公示制度或公开披露制度，是上市公司为保障投资者利益、接受社会公众的监督而依照法律规定必须将其自身的财务、经营状况等信息和资料向证券管理部门和证券交易所报告，并向社会公开或公告，以便使投资者充分了解公司情况的制度。② 信息披露作为公司证券发行过程中的重要环节，是市场投资者分析以及评价证券风险的事实基础，因而证券信息披露需要确保所披露的信息资料具有真实性、充分性以及准确性。③

美国信息披露制度的构建源于各州的证券立法，1911年，美国堪萨斯州通过了第一部州级证券立法，即《蓝天法》（*The Blue Sky Law*）。其后，全国性的证券监管机构和证券监管体系建立，信息披露制度也被不断地完善及统一。1933年至1934年，美国国会相继通过了《1933证券法》和《1934年证券交易法》，并成立了美国证监会，这也标志着美国信息披露制度的初步形成。④

《1933证券法》和《1934年证券交易法》分别对在美国上市的公司的初次信息披露以及持续性信息披露规则作出了细化的规定，从而确保了投资者有充分

---

① 黄晶晶，法学硕士，锦天城律师事务所高级合伙人。

② 参见《信息披露制度》，载 https：//wiki. mbalib. com/wiki/信息披露制度，最后访问日期：2023年1月6日。

③ 参见裴明明：《美国境外上市公司信息披露制度简述（针对初次发行）》，载 https：//mp. weixin. qq. com/s/ZhSXubxiuqSRyuIU4wbXFA，最后访问日期：2023年1月6日。

④ 参见杨郊红：《美国上市公司信息披露制度的变迁及启示》，载 http：//cdfy. chinacourt. gov. cn/article/detail/2011/11/id/580870. shtml，最后访问日期：2023年1月6日。

及完整的渠道了解上市公司的相关证券信息。[①]《1933 证券法》第 17 条（a）款中规定，“任何人在发行或出售任何证券时，通过利用任何在州际贸易中的交通或通讯手段或工具，或通过利用邮政手段，直接或间接从事下述活动都是违法的：……（2）通过对重大事实的不真实报告或漏报在制作报告时能使报告不至被误解所必要的重大事实，以获得金钱或财产……”[②]《1934 年证券交易法》中规定的发行人需持续披露的信息包括：（1）定期报告。包括年度报告、季度报告以及临时报告。（2）重大事项报告。根据该法的规定，发行人有责任立即公开有关重大事项信息，以防止欺诈及内幕交易，并规定了需在 15 日内披露的重大事项。（3）特殊人士（特殊人士是指直接或间接持有公司任何种类股票的 10% 以上或某一种类股票的 5% 以上的人士和发行公司的董事及高级管理人员）取得证券的登记及公开。《1934 年证券交易法》规定，前述人士在发行人发行的证券在美国证监会注册时，或在成为发行人的股东、董事、高级管理人员后的 10 日内，应向美国证监会报告其持股情况，并在持股情况发生变化的月度结束后 10 日内报告变化情况。若公司证券在交易所上市，应同时向证券交易所报告上述情况。（4）发行人回购自身股票的信息披露。《1934 年证券交易法》规定，发行人在决定回购所发行的证券时，应公开披露其回购原因、回购数量、回购资金来源、回购价格、回购方式等信息。[③]

2002 年，美国国会通过了《萨班斯—奥克斯利法案》[④]（The Sarbanes-Oxley Act），进一步在信息披露制度中加入了关于内控信息披露的要求。同时，美国证监会也根据前述法案的原则制定了相应的信息披露约束规则，上市公司发生资产购买或资产处置等重大事件时，需要按照《1934 年证券交易法》的规定向美国证监会提交“8 – K 表格”（Form 8 – K，即公司重大变化的临时报告）[⑤] 予以披露。至此，美国证券市场的信息披露制度已较为成熟和完备。

---

① 参见李蕤：《中国公司在美国上市法律问题研究——基于信息披露制度对中国公司的影响》，上海交通大学 2011 年硕士学位论文，第 9 页。

② 参见《1933 证券法》第 17 条的规定。

③ 参见《1934 年证券交易法》第 3E 条的规定。

④ 参见《萨班斯—奥克斯利法案》的规定。

⑤ 参见“FORM 8 – K”［CURRENT REPORT Pursuant to Section 13 OR 15（d）of The Securities Exchange Act of 1934］，载 https：//www. govinfo. gov，最后访问日期：2023 年 3 月 12 日。

2. 美国上市公司的信息披露要求

（1）公司上市时的信息披露要求

根据美国证监会的要求，公司在美国上市时的初次信息披露主要通过注册登记书进行披露。关于注册登记书，美国本国发行人提交 S－1 表格（Form S－1）①，外国发行人则提交 F－1 表格（Form F－1）。Regulation S－K② 及 Regulation S－X③ 分别对于这两种注册登记书如何准备法律披露信息以及财务披露信息作出了规定。递交给美国证监会的注册登记书应包含两个部分，即公开招股说明书和不需要包括在招股说明书中的信息和附件。（见图 4－3）

Table of Contents

TABLE OF CONTENTS

图 4－3　联拓生物公开招股说明书目录

以生物制药公司 LianBio（NASDAQ. LIAN）（“联拓生物”）④ 公开招股书目录为例（见图 4－3），其中通常包含以下内容：招股书封面，招股书简介，风险因素，收益用途，股利政策，资本化，管理层关于财务状况及运营结果的讨论及分

① 参见 FORM S－1（Registration Statement under the Securities Act of 1933），载 https://www.govinfo.gov，最后访问日期：2023 年 3 月 12 日。

② 参见 Regulation S－K，载 https://www.cfainstitute.org/en/advocacy/issues/regulation－s－k，最后访问日期：2023 年 3 月 12 日。

③ 参见 Regulation S－X，载 https://www.cfainstitute.org/en/advocacy/issues/regulation－s－x，最后访问日期：2023 年 3 月 12 日。

④ 参见 https://www.sec.gov/Archives/edgar/data/0001831283/000119312521316916/d168979d424b4.htm，最后访问日期：2023 年 3 月 16 日。

析，业务描述，管理层介绍，高管及董事薪酬，最终受益人及管理层的证券所有权，关联关系及关联方交易，股本描述，普通股/美国存托凭证描述，符合未来出售条件的普通股和美国存托股票，征税，承销，法律事务，专业人士，民事责任的强制执行，在哪里可以找到更多信息，以及合并财务报表索引。（见表4－62）

表4－62　公开招股说明书披露重点项目

序号	项目	内容
1	招股说明书封面 Prospectus Cover Page	招股说明书封面和封底的信息必须是简单的英文。每一页的披露必须限于披露项目所要求的信息，封面不应超过一页。如VIE架构，则需在公司历史和架构（Corporate History and Structure）。以及风险披露（Risk Factor）章节进行披露
2	招股说明书摘要 Prospectus Summary	Regulation S－K第503项要求对于冗长或复杂的招股说明书，公司需提供招股说明书关键方面的简明英语摘要。摘要是对招股说明书中其他内容的简要总结，即对公司行业领域、业务、发行以及未来业务发展同时提供积极与消极两方面的摘要总结
3	风险因素 Risk Factor	Regulation S－K第503项要求公司讨论使其发行具有投机性或风险性的最重要事实。公司应该将每个风险因素限制在一两个简短的段落中，并解释为什么该风险适用于公司。建议：（1）在每个风险因素的子标题中清楚简明地描述风险；（2）将每个风险因素子标题限制为一个风险，不要在一个标题下讨论多种风险；（3）对于不描述特定风险如何适用于公司或本次发行的一般风险因素讨论可能无助于理解风险；（4）清楚直接地列出每种风险的程度
4	收益用途 Use of Proceeds	Regulation S－K第504项规定了公司需披露发行的净收益将用于的主要目的以及拟用于每个目的的大致金额的要求
5	业务描述 Description of Business	Regulation S－K第101项要求公司描述其最近3年的业务发展。它还要求公司提供其业务实质的简要描述。在不清楚一家公司如何创造收入或未来增长战略的情况下，美国证监会要求该公司应当就其当前或预期的重要收入来源进行讨论

续表

序号	项目	内容
6	管理层的讨论与分析 Management's Discussion and Analysis	根据 Regulation S－K 第 303 项的要求，公司必须提交管理层对公司财务状况和运营结果的讨论和分析。在该章节，公司必须说明其已知的趋势、需求、承诺、事件或不确定因素，以及这些情形将对公司的财务状况、经营业绩、收入产生或可能产生的重大影响，或导致其流动性以任何重大方式减少或增加。公司还必须提供关于收益和现金流的质量和可变性的额外信息，以便读者能够评估公司过去的业绩是否可能预示未来的业绩。公司还应讨论其财务状况是保持在当前水平，还是增加或减少
7	董事、高级管理人员、发起人和控制人 Directors，Officers，Promoters and Control Persons	Regulation S－K 第 401 项要求公司在注册登记书中披露受托管理公司的人员的身份和经历有关的信息。具体来说，公司必须列出董事、高级管理人员和某些重要员工的姓名和年龄。此外，还必须说明这些人的任期、任职时间以及他们与其他企业的关系，包括在其他公司担任董事的情况。公司必须合理详细地描述每位董事或高级管理人员的业务经历，因为第 401 项要求陈述公司过去 5 年的历史经验，公司必须说明整个 5 年期间的情况并提供其高级管理人员和董事的业务经验和教育背景的简要和准确的描述。如果一家公司的高级管理人员没有全职为公司服务，公司应描述该高级管理人员同时从事的其他业务活动
8	与关联人、发起人和某些控制人的交易 Transactions with Related Persons，Promoters and Certain Control Persons	Regulation S－K 第 404 项要求公司描述其与高级管理人员、董事、发起人、控制人和某些亲属发生的交易，其中涉及的金额超过 120，000 美元或对于较小的报告公司其最近两个完整会计年度年末总资产平均值的 1% 以及交易的任何参与方与公司有直接或间接的重大利益的交易。第 404 项允许涉及金融服务业务的公司在正常业务过程中以与外人相同的条件向公司相关人员提供贷款。据此，美国证监会要求前述公司要么披露他们向内部人士提供的贷款是否与外部人士的贷款条件相当，以及这些贷款是不是在正常业务过程中发放的
9	分配计划 Plan of Distribution	Regulation S－K 第 508 项要求公司说明其将如何向公众发行证券。如果一家公司表示其管理人员或董事，或除承销商以外的任何人将出售其证券，美国证监会要求该公司说出这些人的姓名，并描述这些人打算如何出售证券

续表

序号	项目	内容
10	出售证券的持有人 Selling Security Holders	如果公司的注册登记书中表明现有证券持有人从自己的账户中出售证券，则 Regulation S－K 第 507 项要求公司：（1）说出每个出售证券的持有人的姓名；（2）确定拟销售证券的持有人在过去 3 年中与公司是否存在任何特殊关系；（3）披露出售证券持有人的持股数量（包括被出售类别的全部已发行股份的百分比）；（4）披露出售证券持有人寻求出售的证券数量；（5）披露出售后该类别证券所有权占所有证券的百分比（如果超过 1%）。 如果出售证券的持有人是一家机构，美国证监会则要求该公司明确对该机构持有的证券拥有表决权和处置权的自然人
11	财务报表 Financial Statements	作为常规事项，美国证监会要求公司根据 Regulation S－X 第 8－08 条更新其财务报表。该条款规定：（1）在提交之日，除《1934 年证券交易法》规定的年度或季度报告之外，提交文件中包含的财务报表的更新速度不得低于这些报告中要求提交的财务报表的更新速度；（2）如果要求的财务报表是在注册登记书生效日期前 135 天或更早的日期，则必须更新财务报表，以包括在生效日期后 135 天内的中期财务报表
12	承诺 Undertakings	公司在其注册登记书中应包括提供额外信息、更新信息或解决其他问题的某些承诺。根据发行的性质，公司可能需要提供 Regulation S－K 第 512 项中规定的多项承诺
13	未注册证券的近期销售 Recent Sales of Unregistered Securities	Regulation S－K 第 701 项要求公司讨论其在过去 3 年内所有未根据证券法注册的证券销售情况。美国证监会要求公司披露他们过去通过私募发行证券的历史，公司需要披露证券出售日期、出售证券的金额和名称以及获得的对价。 此外，第 701 项要求公司披露其出售证券时所依赖的注册豁免，包括简要陈述在每种情况下适用豁免的依据

资料来源：参见 Staff Observations in the Review of Smaller Reporting Company IPOs，载 https：//www.sec.gov/divisions/corpfin/guidance/cfsmallcompanyregistration.htm，最后访问日期：2023 年 3 月 16 日。

（2）公司上市后的信息披露要求

公司完成上市后，除通过季度报告（Form 10 – Q/Form 6 – K①）和年度报告（Form 10 – K/ Form 20 – F）进行必要的披露外，如果发生任何重要事件或者重大变化时，公司还需要向美国证监会提交 8 – K 表格进行披露。不同于上市披露的内容，8 – K 表格在披露上更加具有灵活性，公司可以根据实际运营过程中发生的变化进行披露，披露内容涉及公司的收购交易、破产清算、管理层或财政年度的变动等领域。（见表 4 – 63）

表 4 – 63　8 – K 表格中披露重点项目

序号	项目	内容
第一节　注册人的业务和运营 Registrant's Business and Operations		
1. 01	签订重大确定性协议 Entry into a Material Definitive Agreement	公司应披露在日常运营过程之外所达成的某些重要协议或对这些协议所进行的重大修改。重大确定性协议指规定了重大权利义务、对公司可强制执行、对公司具有重大影响的协议
1. 02	终止重大协议 Termination of a Material Definitive Agreement	公司应披露除正常条款到期协议终止情形外的重大协议的终止，但如果仅处于重大协议终止的谈判或协商中，则不需要进行披露
1. 03	破产或接管 Bankruptcy or Receivership	公司应披露其破产或成为破产标的的情形
1. 04	Mine Safety[1] – 报告关闭情况和违规模式 Reporting of Shutdowns and Patterns of Violations	公司应披露其因违反《1977 联邦矿山安全与卫生法》（The Federal Mine Safety and Health Act of 1977）而收到的违规通知
第二节　财务信息 Financial Information		
2. 01	完成资产收购或处置 Completion of Acquisition or Disposition of Assets	公司应披露其收购或处置大量资产的交易条款、交易方、交易对价等

① Form 10 – Q 和 Form 10 – K 适用于美国本国发行人，Form 6 – K 和 20 – F 适用于外国发行人。

续表

序号	项目	内容
2.02	运营结果和财务状况 Results of Operations and Financial Condition	公司如果以新闻稿或其他形式宣布尚未公开过的季度业绩和年度业绩，也需要在8-K表格中披露
2.03	产生直接财务义务或资产负债表外义务 Creation of a Direct Financial Obligation or an Obligation under an Off-Balance Sheet Arrangement of a Registrant	公司应披露其承担的重大财务义务的基本条款。重大财务义务包括正常业务范围以外的任何长期债务、资本安排、经营租赁、短期债务以及资产负债表外通过直接或间接方式产生的重大财务义务
2.04	触发导致直接财务义务或资产负债表外义务加速到期或增加的事件 Triggering Events That Accelerate or Increase a Direct Financial Obligation or an Obligation under an Off-Balance Sheet Arrangement	公司应披露会给其产生重大影响的、可以引发金融义务加速到期或增加的贷款或其他事件的违约情形，如债权加速到期或交叉违约等
2.05	与退出或处置相关的成本 Costs Associated with Exit or Disposal Activities	公司应披露资产重组计划以及因此产生的费用，如公司拟关闭部分工厂、办公室并解散员工，则公司需要披露因前述事项所产生的费用
2.06	重大减值 Material Impairments	公司应披露重大资产减值事项。公司资产价值的减值将影响公司资产负债表上的资产以及损益表上支出的数值，故需进行披露。但如果公司在准备定期报告的财务报表时已可以确定减值事件的发生，则可以直接在定期报告中进行披露

续表

序号	项目	内容
第三节　证券和交易市场 Securities and Trading Markets		
3.01	退出或未能满足持续上市规则或标准的通知；上市转让 Notice of Delisting or Failure to Satisfy a Continued Listing Rule or Standard; Transfer of Listing	公司应披露美国证券交易所通知公司不再满足继续上市要求的情形。如果美国上市公司股价低于1美元，则会被强制退市；如果公司股价长期低于低价状态，则交易所会向公司发出监管函要求公司在期限内恢复合规，而公司则应披露其为避免退市所采取的措施
3.02	股票证券的未注册销售 Unregistered Sales of Equity Securities	公司如对外销售的股票证券已超过该类别公司已发行股票的1%（对于较小的发行人而言该比例为5%），则应进行披露。在美国证券交易委员会注册的公开募股则无须在本项下进行披露
3.03	对证券持有人权利的重大修改 Material Modification to Rights of Security Holders	公司应披露涉及对于股东权利产生影响的重要文书的重大变更，或由于发行或修改另一类证券而导致的对证券持有人权利的重大限制，如限制红利支付的贷款条款等
第四节　与会计师和财务报表相关的事项 Matters Related to Accountants and Financial Statements		
4.01	注册人的注册会计师变更 Changes in Registrant's Certifying Accountant	公司应披露关于独立审计师的雇佣情况，包括但不限于审计师辞职、审计师拒绝重新任命和公司聘用新审计师等情形。 审计师的更换对于公司财务报表的编制具有一定影响，故公司需要进行披露：（1）离任审计师对于公司的财务报表的合格或者负面意见；（2）公司与离任审计师在会计原则或惯例或审计范围等方面的分歧（如有）；（3）离任审计师是否发现了对当前或先前财务报表的公平性或可靠性有重大影响的新信息，而该问题尚未得到审计师的满意解决等

续表

序号	项目	内容
4.02	不依赖先前发布的财务报表或相关的审计报告或已完成的中期审核 Non-Reliance on Previously Issued Financial Statements or a Related Audit Report or Completed Interim Review	如果公司发现此前的财务报表存在错误，则需要进行披露。如果审计师认为不应依赖其先前发布的审计报告或对财务报表的中期审查，则也需要在此项下进行披露。除披露以上两种情况外，公司还必须披露其审计委员会、董事会或首席执行官是否已与审计师讨论关于财务报表或审计报告的错误事项
第五节　公司治理和管理 Corporate Governance and Management		
5.01	注册人控制权的变更 Changes in Control of Registrant	公司应披露其控制权的变化，公司需披露变化后的实控人拥有其所有的证券对象的表决权的比例以及新旧实控人关于董事选举或董事安排的任何变化等事项
5.02	董事或某些高级管理人员的离任；选举董事；任命某些高级管理人员；某些高级管理人员的补偿安排 Departure of Directors or Certain Officers; Election of Directors; Appointment of Certain Officers; Compensatory Arrangements of Certain Officers	公司应披露其董事会及管理层的变化，包括各公司首席执行官、总裁、首席财务官、首席运营官等人员的退休、辞职或被终止职务等情形。因前述变化涉及公司经营管理以及运营，因此公司需要简述人员变化原因，如果员工提供了有关其辞职，拒绝或罢免的信函，则公司必须将前述信函随附 8 - K 表格一并提交。 公司还必须披露任何新董事或高级管理人员的任命，并简要描述任何相关的薪酬安排，如对现任高级管理人员的薪酬的任何变更
5.03	对公司章程或细则的修订；会计年度变更 Amendments to Articles of Incorporation or Bylaws; Change in Fiscal Year	公司应披露对其公司章程或细则的修改以及其会计年度的变更
5.04	根据注册人员工福利计划暂停交易 Temporary Suspension of Trading Under Registrant's Employee Benefit Plans	公司应披露其董事或员工收到根据《1974 年就业退休收入保障法》发出的通知

续表

序号	项目	内容
5. 05	修改注册人的道德守则，或道德守则的豁免 Amendments to the Registrant's Code of Ethics, or Waiver of a Provision of the Code of Ethics	公司应披露适用于其首席执行官、首席财务官、首席会计官或财务总监或类似职能人员所需遵守的道德守则的变更或任何豁免
5. 06	空壳公司地位的变化 Change in Shell Company Status	公司如果为空壳公司，则公司应披露其所完成的使其不再是空壳公司的合并交易，包括该交易的重要条款及文件
5. 07	证券持有人表决的事项 Submission of Matters to a Vote of Security Holders	公司应披露如董事选举以及所有其他需由股东表决事项的结果，该等披露需在股东大会或者特别会议结束后的4个工作日内通过8－K表格提交
5. 08	股东提名董事 Shareholder Director Nominations	如果公司前1年没有召开股东大会，或今年的股东大会与往年召开的日期相差超过30天，公司需披露截止合适股东可以提名董事的截止日期
第六节　资产担保证券 Asset-Backed Securities		
6. 01	资产担保证券信息和计算材料 ABS Informational and Computational Material	公司应披露其资产担保证券的信息以及相关材料
6. 02	服务方或受托方的变更 Change of Servicer or Trustee	公司应披露资产担保证券中服务方或受托方的变更情形
6. 03	信用增加或其他外部支持的变更 Change in Credit Enhancement or Other External Support	公司应披露资产担保证券中关于信用及外部支持的变更情形

续表

序号	项目	内容
6.04	未能按照要求进行分配 Failure to Make a Required Distribution	公司应披露资产担保证券中未能按照要求进行分配的情形
6.05	证券法更新披露 Securities Act Updating Disclosure	如果在资产担保证券发行时实际资产池的任何重大池特征与招股说明书中的资产池描述相差5%或更多（根据其条款池资产转换为现金的结果除外），则公司应披露实际资产池特征的信息
6.06	静态池[2] Static Pool	公司应在注册声明生效之前披露资产证券化项目中的静态资产池信息
第七节　食品和药物管理局条例 Regulation FD		
7.01	FD 规则披露 Regulation FD Disclosure	该条例旨在确保公司统一披露重要信息，即公司向证券市场从业人士提供的信息也应当向公众投资者进行披露以避免公司选择性地披露重大非公开信息
第八节　其他事件 Other Events		
8.01	其他事件 Other Events	作为其他未列明的重要事项的补充披露
第九节　财务报表和附件 Financial Statements and Exhibits		
9.01	财务报表和附件 Financial Statements and Exhibits	对于公司已进行的重要交易或签署的重要协议，公司应披露财务报表作为附件

资料来源：参见 FORM 8 - K［CURRENT REPORT，Pursuant to Section 13 OR 15（d）of The Securities Exchange Act of 1934］。

［1］指《1977 年联邦矿山安全与卫生法》（30 U. S. C. 802）第 3 节定义的煤矿或其他矿山。

［2］资产证券化通常以资产池为基础资产，即最终的产品是以一组资产汇集而成的资产合体。资产池分为静态资产池与动态资产池，其中静态资产池没有循环购买的安排，整个资产池具有确定性；而动态资产池会根据一定的标准不断向资产池中补充新购买的资产从而保持资产池内的现金流的稳定性。

（3）近期新增对于美国上市公司信息披露要求

①《外国公司问责法案》

《外国公司问责法案》（Holding Foreign Company Accountable Act，以下简称《问责法》）于2020年12月18日经美国众议院通过、由总统签署生效。根据《问责法》的规定，如果被美国证监会认定为“被认定的发行人”（Commission-Identified Issuer），则需要向美国证监会提交文件“确认其不受该外国司法管辖区的任何政府实体的拥有或控制”。“被认定的发行人”指的是作为上市公司：其一，所聘请的出具审计报告的注册会计师事务所拥有位于美国之外的司法管辖区的分支机构或办事处；其二，美国上市公司会计师监督委员会（U. S. Public Company Accounting Oversight Board，PCAOB）无法完全检查、调查该会计师事务所出具的审计报告；其三，PCAOB无法检查或调查是由于外国（指美国之外）政府的立场原因导致的。

2002年《萨班斯—奥克斯利法案》通过后，根据该法案美国证监会设立了PCAOB。PCAOB是一家私营的非盈利企业，其主要职责为监督上市公司的审计并促使其准备信息完整、准确和独立的审计报告，以保护投资人和公众权益。经过美国证监会的批准后，PCAOB制定了对所有美国上市公司进行审计的会计师事务所的审计标准。① 根据《萨班斯—奥克斯利法案》，在美国上市的公司必须向美国证监会提交经审计的财务报表并接受PCAOB的检查，以评估审计师在对上市公司的审计中是否符合美国法律要求的审计标准。自2007年起，基于保护国家秘密和国家安全的需要，中国内地和香港的审计单位以中国法律限制为由拒绝了PCAOB的检查请求。② 此外，根据我国2020年3月1日实施的《证券法》第177条第2款的规定，境外证券监督管理机构不得在中华人民共和国境内直接进行调查取证等活动。未经国务院证券监督管理机构和国务院有关主管部门同意，任何单位和个人不得擅自向境外提供与证券业务活动有关的文件和资料。因此，由于司法管辖限制，PCAOB无法对前述在美上市的中国企业充分行使审计监督职责。

① 参见陈晋捷：《兰迪实务丨中概股大跌，〈外国公司问责法〉新规惹得祸？评美国〈外国公司问责法〉最新动向》，载https：//mp. weixin. qq. com/s/AELscMmavvgex－jF0chi－g，最后访问日期：2023年1月6日。

② 参见《美国证券交易委员会（SEC）实施〈外国公司问责法案〉的最新进展》，载https：//mp. weixin. qq. com/s/raR9TgKN2rl0SX－oVcrR1Q，最后访问日期：2023年1月6日。

《问责法》对此类无法充分进行审计监督的美国上市公司，PCAOB 要求其额外披露：A. 在此期间是由 PCAOB 无法检查的会计师事务所为发行人准备的审计报告；B. 其注册地的司法辖区的外国政府在上市公司拥有的股比；C. 与出具报告的会计师事务所有关的外国政府是否对上市公司有控制性经济权益；D. 该上市公司董事会（或上市公司运营实体）成员是否存在涉及中国的某些事项；E. 该上市公司章程性文件中是否包含涉及中国的某些事项。①

此外，如果美国上市公司是外国发行人，其还需额外披露包括：A. 发行人成立或以其他方式组织的外国司法管辖区的政府实体拥有发行人股份的比例；B. 该注册会计师事务所适用的外国司法管辖区的政府实体是否对发行人具有控制性财务利益；C. 担任发行人或与发行人有关的经营实体的董事会成员的每位中国共产党官员的姓名……

2021 年 3 月 24 日，美国证监会通过了一项《临时最终规则》（Interim final rule；request for comment）②，其中规定了拟向美国证监会申报的部分公司（特别是总部位于中国的公司）需要就中国政府对公司的控制和影响作出具体披露。美国证监会据此修改了上市公司的信息披露要求，特别是 10 – K 表、20 – F 表、40 – F表和 N – CSR 表，从而落实了《问责法》关于信息披露要求的实施细则，并于2021 年5 月5 日生效。与《问责法》一样，《临时最终规则》要求“被认定的发行人”向美国证监会提交文件以说明是否被外国政府所拥有或控制、外国政府对其影响及披露其年度报告中的审计。

目前，拟赴美上市的中概股公司均在招股说明书中就 PCAOB 审查问题作了披露，比如：

联拓生物于2021 年 10 月 20 日发布的招股说明书中披露：③

“As an auditor of companies that are registered with the SEC and publicly traded in the United States and a firm registered with the PCAOB, our auditor is required under the laws of the United States to undergo regular inspections by the PCAOB to

① 参见王勇、刘曼妮：《12 个问题，解读美国〈外国公司问责法〉实施新规及其对 SPAC 的影响》，载 https://mp.weixin.qq.com/s/Jsdvrec0f9Q_OJqG6uXGGw，最后访问日期：2023 年 1 月 6 日。

② 参见 https://www.sec.gov/rules/interim/2021/34 – 91364.pdf，最后访问日期：2023 年 1 月 9 日。

③ 参见 https://www.sec.gov/Archives/edgar/data/0001831283/000119312521316916/d168979d424b4.htm，最后访问日期：2023 年 1 月 9 日。

assess their compliance with the laws of the United States and professional standards. Although we have substantial operations within China, a jurisdiction where the PCAOB is currently unable to conduct inspections without the approval of the Chinese government authorities, our auditor is currently inspected fully by the PCAOB.

Inspections of other auditors conducted by the PCAOB outside China have at times identified deficiencies in those auditors' audit procedures and quality control procedures, which may be addressed as part of the inspection process to improve future audit quality. The lack of PCAOB inspections of audit work undertaken in China prevents the PCAOB from regularly evaluating auditors' audits and their quality control procedures. As a result, to the extent that any component of our auditor's work papers are or become located in China, such work papers will not be subject to inspection by the PCAOB. As a result, investors would be deprived of such PCAOB inspections, which could result in limitations or restrictions to our access of the U. S. capital markets. "

译文如下:①

"根据美国法律，作为在美国证监会注册并公开交易的公司的审计师以及在PCAOB注册的会计师事务所，我们的审计师需要接受PCAOB的定期检查，以评估其是否符合美国法律和专业标准。尽管我们的实体业务在中国运营，且如果没有事先获得中国政府部门的批准，PCAOB目前无法在该区域进行检查，但我们的审计师仍可以接受PCAOB的全面检查。

PCAOB在对中国境外的其他审计机构进行检查过程中有时会发现这些审计机构的审计程序和质量控制程序存在缺陷，这些缺陷可以在检查过程中加以解决，以提高未来的审计质量。而PCAOB对在中国开展的审计工作缺乏检查，这导致PCAOB无法定期评估审计师的审计工作及其质量控制程序。因此，如果我们审计师的工作文件的任何部分位于或变成位于中国，此类工作文件将不接受PCAOB的检查。因此，投资者将难以得到PCAOB的检查保护，这可能会限制或约束我们进入美国资本市场。"

① 该翻译译文仅供参考，非官方翻译版本。

②《与中国近期发展相关的投资者保护声明》（Statement on Investor Protection Related to Recent Developments in China，以下简称《SEC声明》）

2021年7月30日，美国证监会主席Gary Gensler发布《SEC声明》①，进一步声明中概股公司需要增加特定的信息披露后美国证监会才可能批准其注册登记，其中包括：A. 投资者购买的不是中国境内运营主体的股票，而是与该运营主体存在VIE协议关系的空壳发行人的股票，且发行人业务描述应就空壳公司所提供的管理服务和中国境内运营主体的业务描述进行明确区分；B. 中国政府执法风险可能影响中国境内运营主体、空壳公司发行人和投资者的财务状况和VIE协议效力以及其风险性；C. 就VIE架构提供详细财务量化数据；D. 实体运作公司和上市公司，是否收到中国监管机构的同意或者否决其在海外上市，并披露即便收到相关政府同意其也有可能被收回的风险（如适用）；E. 披露如果公司未适用可接受PCAOB审查的审计师的风险。② 该声明的发布意味着接下来美国证监会对于以VIE架构提交上市申请的中国企业将进行额外的针对性审查，并且仅在审查通过后其上市申请方能生效。③

事实上，关于拟以VIE架构进行上市的公司的信息披露要求，美国证监会早于2020年11月23日就已发布针对总部位于中国或大部分业务在中国（“中国发行人”）的披露注意事项指南（“CF指南”）④，该指南重点关注了采用VIE结构的中国发行人需披露的注意事项，尤其提及了VIE结构可能存在被认定为不符合中国法律法规的政策风险。

据此，拟赴美上市的中概股企业在招股说明书中就VIE架构风险做出了相应披露。以华瑞电工（NASDAQ. HRDG）2021年9月17日的招股说明书为例：⑤

---

① 参见https：//www. sec. gov/news/public - statement/gensler - 2021 - 07 - 30，最后访问日期：2023年3月19日。

② 参见盟资研究院：《SEC主席：与中国近期势态有关的投资者保护声明（中英文）》，载https：//mp. weixin. qq. com/s/q4yxDvFKvlEcPmeDLlCJbw，最后访问日期：2023年3月19日。

③ 参见董立阳：《中美监管夹击，中概股与美元基金如何应对?》，载https：//mp. weixin. qq. com/s/LuC7XHJylg_sxP4ow - JPCA，最后访问日期：2023年1月10日。

④ 参见CF Disclosure Guidance：Topic No. 10，“Disclosure Considerations for China - Based Issuers”（Nov. 23，2020），载https：//www. sec. gov/corpfin/disclosure - considerations - china - based - issuers，最后访问日期：2023年1月10日。

⑤ 参见Huarui International New Material Limited，载https：//www. sec. gov/，最后访问日期：2023年1月10日。

“Recently, the General Office of the Central Committee of the Communist Party of China and the General Office of the State Council jointly issued the Opinions on Strictly Cracking Down on Illegal Securities Activities, which were made available to the public on July 6, 2021. The Opinions on Strictly Cracking Down on Illegal Securities Activities emphasized the need to strengthen the administration over illegal securities activities, and the need to strengthen the supervision over overseas listings by Chinese companies. Effective measures, such as promoting the construction of relevant regulatory systems will be taken to deal with the risks and incidents of China - based overseas listed companies, and cybersecurity and data privacy protection requirements and similar matters. It is still uncertain how PRC governmental authorities will regulate overseas listing in general and whether we are required to obtain any specific regulatory approvals. Furthermore, if the CSRC or other regulatory agencies later promulgate new rules or explanations requiring that we obtain their approvals for this offering and any follow - on offering, we may be unable to obtain such approvals which could significantly limit or completely hinder our ability to offer or continue to offer securities to our investors.

We believe that neither we, our subsidiaries nor our VIE are currently required to obtain approval from Chinese authorities, including the China Securities Regulatory Commission, or CSRC, or Cybersecurity Administration Committee, or CAC, to list on U. S. exchanges or issue securities to foreign investors, however, if we, our VIE, or our subsidiaries were required to obtain approval in the future and were denied permission from Chinese authorities to list on U. S. exchanges, we will not be able to continue listing on U. S. exchange, which would materially affect the interest of the investors. It is uncertain when and whether the Company will be required to obtain permission from the PRC government to list on U. S. exchanges in the future, and even when such permission is obtained, whether it will be denied or rescinded. Although the Company is currently not required to obtain permission from any of the PRC federal or local government to obtain such permission and has not received any denial to list on the U. S. exchange, our operations could be adversely affected, directly or indirectly, by existing or future laws and regulations relating to its business or industry. ”

"The Company and its PRC legal counsel believe that the contractual arrangements with its VIE and its shareholders are in compliance with PRC laws and regulations and are legally enforceable. However, uncertainties in the PRC legal system could limit the Company's ability to enforce the contractual arrangements. If the legal structure and contractual arrangements were found to be in violation of PRC laws and regulations, the PRC government could:

- revoke the business and operating licenses of the Company's PRC subsidiaries and VIE;
- discontinue or restrict the operations of any related – party transactions between the Company's PRC subsidiaries and VIE;
- limit the Company's business expansion in China by way of entering into contractual arrangements;
- impose fines or other requirements with which the Company's PRC subsidiaries and VIE may not be able to comply;
- require the Company's PRC subsidiaries and VIE to restructure the relevant ownership structure or operations; or
- restrict or prohibit the Company's use of the proceeds of a public offering to finance the Company's business and operations in China.

The imposition of any of these restrictions or actions could result in a material adverse effect on the Company's ability to conduct its business. In such case, the Company may not be able to operate or control the VIE, which may result in deconsolidation of the VIE in the Company's consolidated financial statements. In the opinion of management, the likelihood for the Company to lose such ability is remote based on current facts and circumstances. These contractual arrangements are governed by PRC law and disputes arising out of these agreements are expected to be decided by arbitration in the PRC. Management believes that each of the contractual arrangements constitutes valid and legally binding obligations of each party to such contractual arrangements under PRC laws. However, the interpretation and implementation of the laws and regulations in the PRC and their application to an effect on the legality, binding effect and enforceability of contracts are subject to the discretion of competent

PRC authorities, and therefore there is no assurance that relevant PRC authorities will take the same position as the Company herein in respect of the legality, binding effect and enforceability of each of the contractual arrangements. Meanwhile, since the PRC legal system continues to rapidly evolve, the interpretations of many laws, regulations and rules are not always uniform and enforcement of these laws, regulations and rules involve uncertainties, which may limit legal protections available to the Company to enforce the contractual arrangements should the VIE or the nominee shareholders of the VIE fail to perform their obligations under those arrangements."

译文如下:①

"近日，中共中央办公厅、国务院办公厅联合印发了《关于依法从严打击证券违法活动的意见》，已于2021年7月6日向社会公开。《关于依法从严打击证券违法活动的意见》强调，要加强对非法证券活动的管理，加强对中国公司境外上市的监管。将采取推进相关监管制度建设等有效措施，以应对境外上市的中国公司的风险和事件，以及网络安全和数据隐私保护要求等类似事项。目前仍不确定中国政府将如何监管海外上市，以及我们是否需要获得任何特定的监管批准。此外，如果中国证监会或其他监管机构以后颁布新的规则或解释，要求我们获得他们对本次发行和任何后续发行的批准，我们可能无法获得此类批准，这可能会严重限制或完全阻碍我们向投资者提供或继续提供证券的能力。

我们认为，我们、我们的子公司和我们的VIE目前在美国交易所上市或向外国投资者发行证券都不需要获得中国政府包括中国证监会（CSRC）、国家互联网信息办公室（CAC）的批准，但是，如果我们、我们的子公司或我们的VIE未来需要获得批准，并且被中国政府拒绝在美国交易所上市，我们将无法继续在美国交易所上市，这将对投资者的利益产生重大影响。公司未来是否需要获得中国政府的许可才能在美国交易所上市、何时需要获得前述许可，以及即使获得许可，该许可是否会被拒绝或撤销都是不确定的。尽管公司目前不需要获得任何中国中央或地方政府的允许来获得此类许可，也没有收到任何拒绝公司在美国交易所上市的通知，但我们的运营可能会直接或间接受到与其业务或行业相关的现有或未来法律法规的不利影响。"

① 该翻译译文仅供参考，非官方翻译版本。

“公司及其中国法律顾问认为，公司与VIE及其股东的合同安排符合中国法律法规，并可依法强制执行。然而，中国法律制度的不确定性可能会限制公司执行合同安排的能力。如果中国政府发现公司法律结构和合同安排违反中国法律法规，其可以：

- 吊销公司在中国的子公司和VIE的业务和经营许可证；
- 停止或限制公司在中国的子公司与VIE之间的任何关联交易；
- 通过签订合同安排的方式限制公司在中国扩张业务；
- 对公司在中国的子公司和VIE处以罚款或提出公司在中国的子公司和VIE可能无法遵守的其他规定；
- 要求公司在中国的子公司和VIE对相关股权结构或运营进行重组；或者
- 限制或禁止公司使用公开发行的收益为公司在中国的业务和运营融资。

任何这些限制或行动的实施都可能对公司开展业务的能力产生重大不利影响。在这种情况下，公司可能无法运营或控制VIE，这可能导致本公司合并财务报表中的VIE解体。管理层认为，根据目前的事实和情况，公司丧失这种能力的可能性微乎其微。这些合同安排受中国法律管辖，由这些协议引起的争议将在中国通过仲裁解决。管理层相信，根据中国法律，每项合同安排均构成该等合同安排各方的有效及具有法律约束力的义务。然而，中国法律法规的解释和实施及其对合同的合法性、可约束性和可执行性的影响由中国主管部门自行决定，因此，不能保证中国相关部门将在每项合同安排的合法性、可约束性和可执行性方面采取与本公司相同的立场。同时，由于中国法律体系持续快速发展，许多法律、法规和规则的解释并不总是统一的，并且这些法律、法规和规则的执行涉及不确定性，如果公司的VIE或VIE的名义股东无法履行其在合同安排下的义务，则将限制公司在履行签署合同安排时可受到的法律保护。”

③《致中概股的信函样本》（Sample Letter to China-Based Companies，以下简称Sample Letter）

2021年12月，美国证监会进一步公布针对中概股的Sample Letter①，敦促各拟赴美上市的中概股在准备披露文件时，对以下问题根据相关要求进行披露：

---

① 原文参见https：//www.sec.gov/corpfin/sample-letter-china-based-companies，最后访问日期：2023年3月20日。

Prospectus Cover Page

Please disclose prominently on the prospectus cover page that you are not a Chinese operating company but a Cayman Islands holding company with operations conducted by your subsidiaries and through contractual arrangements with a variable interest entity (VIE) based in China and that this structure involves unique risks to investors. If true, disclose that these contracts have not been tested in court. Explain whether the VIE structure is used to provide investors with exposure to foreign investment in China-based companies where Chinese law prohibits direct foreign investment in the operating companies, and disclose that investors may never hold equity interests in the Chinese operating company. Your disclosure should acknowledge that Chinese regulatory authorities could disallow this structure, which would likely result in a material change in your operations and/or a material change in the value of the securities you are registering for sale, including that it could cause the value of such securities to significantly decline or become worthless. Provide a cross-reference to your detailed discussion of risks facing the company and the offering as a result of this structure.

Provide prominent disclosure about the legal and operational risks associated with being based in or having the majority of the company's operations in China. Your disclosure should make clear whether these risks could result in a material change in your operations and/or the value of the securities you are registering for sale or could significantly limit or completely hinder your ability to offer or continue to offer securities to investors and cause the value of such securities to significantly decline or be worthless. Your disclosure should address how recent statements and regulatory actions by China's government, such as those related to the use of variable interest entities and data security or anti-monopoly concerns, have or may impact the company's ability to conduct its business, accept foreign investments, or list on a U. S. or other foreign exchange. Please disclose whether your auditor is subject to the determinations announced by the PCAOB on December 16, 2021 and whether and how the Holding Foreign Companies Accountable Act and related regulations will affect your company. Your prospectus summary should address, but not necessarily be limited to, the risks highlighted on the prospectus cover page.

Clearly disclose how you will refer to the holding company, subsidiaries, and VIEs when providing the disclosure throughout the document so that it is clear to investors which entity the disclosure is referencing and which subsidiaries or entities are conducting the business operations. Refrain from using terms such as "we" or "our" when describing activities or functions of a VIE. For example, disclose, if true, that your subsidiaries and/or the VIE conduct operations in China, that the VIE is consolidated for accounting purposes but is not an entity in which you own equity, and that the holding company does not conduct operations. Disclose clearly the entity (including the domicile) in which investors are purchasing an interest.

Provide a description of how cash is transferred through your organization and disclose your intentions to distribute earnings or settle amounts owed under the VIE agreements. State whether any transfers, dividends, or distributions have been made to date between the holding company, its subsidiaries, and consolidated VIEs, or to investors, and quantify the amounts where applicable. Provide cross-references to the condensed consolidating schedule and the consolidated financial statements.

Prospectus Summary

Disclose clearly that the company uses a structure that involves a VIE based in China and what that entails, and provide early in the summary a diagram of the company's corporate structure, identifying the person or entity that owns the equity in each depicted entity. Describe all contracts and arrangements through which you claim to have economic rights and exercise control that results in consolidation of the VIE's operations and financial results into your financial statements. Identify clearly the entity in which investors are purchasing their interest and the entity (ies) in which the company's operations are conducted. Describe the relevant contractual agreements between the entities and how this type of corporate structure may affect investors and the value of their investment, including how and why the contractual arrangements may be less effective than direct ownership and that the company may incur substantial costs to enforce the terms of the arrangements. Disclose the uncertainties regarding the status of the rights of the Cayman Islands holding company with respect to its contractual arrangements with the VIE, its founders and owners, and the challenges the company may face enforcing these contractual agreements due to legal uncertainties and jurisdictional limits.

Accordingly, please refrain from implying that the contractual agreements are equivalent to equity ownership in the business of the VIE. Any references to control or benefits that accrue to you because of the VIE should be limited to a clear description of the conditions you have satisfied for consolidation of the VIE under U. S. GAAP. Additionally, your disclosure should clarify that you are the primary beneficiary of the VIE for accounting purposes. Please also disclose, if true, that the VIE agreements have not been tested in a court of law.

In your summary of risk factors, disclose the risks that your corporate structure and being based in or having the majority of the company's operations in China poses to investors. In particular, describe the significant regulatory, liquidity, and enforcement risks with cross-references to the more detailed discussion of these risks in the prospectus. For example, specifically discuss risks arising from the legal system in China, including risks and uncertainties regarding the enforcement of laws and that rules and regulations in China can change quickly with little advance notice; and the risk that the Chinese government may intervene or influence your operations at any time, or may exert more control over offerings conducted overseas and/or foreign investment in China-based issuers, which could result in a material change in your operations and/or the value of the securities you are registering for sale. Acknowledge any risks that any actions by the Chinese government to exert more oversight and control over offerings that are conducted overseas and/or foreign investment in China-based issuers could significantly limit or completely hinder your ability to offer or continue to offer securities to investors and cause the value of such securities to significantly decline or be worthless.

Disclose each permission or approval that you, your subsidiaries, or the VIEs are required to obtain from Chinese authorities to operate your business and to offer the securities being registered to foreign investors. State whether you, your subsidiaries, or VIEs are covered by permissions requirements from the China Securities Regulatory

Commission (CSRC), Cyberspace Administration of China (CAC) or any other governmental agency that is required to approve the VIE's operations, and state affirmatively whether you have received all requisite permissions or approvals and whether any permissions or approvals have been denied. Please also describe the consequences to you and your investors if you, your subsidiaries, or the VIEs: (ⅰ) do not receive or maintain such permissions or approvals, (ⅱ) inadvertently conclude that such permissions or approvals are not required, or (ⅲ) applicable laws, regulations, or interpretations change and you are required to obtain such permissions or approvals in the future.

Provide a clear description of how cash is transferred through your organization. Disclose your intentions to distribute earnings or settle amounts owed under the VIE agreements. Quantify any cash flows and transfers of other assets by type that have occurred between the holding company, its subsidiaries, and the consolidated VIEs, and direction of transfer. Quantify any dividends or distributions that a subsidiary or consolidated VIE have made to the holding company and which entity made such transfer, and their tax consequences. Similarly quantify dividends or distributions made to U. S. investors, the source, and their tax consequences. Your disclosure should make clear if no transfers, dividends, or distributions have been made to date. Describe any restrictions on foreign exchange and your ability to transfer cash between entities, across borders, and to U. S. investors. Describe any restrictions and limitations on your ability to distribute earnings from the company, including your subsidiaries and/or the consolidated VIEs, to the parent company and U. S. investors as well as the ability to settle amounts owed under the VIE agreements.

We note that the consolidated VIEs constitute a material part of your consolidated financial statements. Please provide in tabular form a condensed consolidating schedule that disaggregates the operations and depicts the financial position, cash flows, and results of operations as of the same dates and for the same periods for which audited consolidated financial statements are required. The schedule should present major line items, such as revenue and cost of goods/services, and subtotals and disaggregated intercompany amounts, such as separate line items for intercompany receivables and investment in subsidiary. The schedule should also disaggregate the parent company, the VIEs and its consolidated subsidiaries, the WFOEs that are the primary beneficiary of the VIEs, and an aggregation of other entities that are consolidated. The objective of this disclosure is to allow an investor to evaluate the nature of assets held by, and the operations of, entities apart from the VIE, as well as the nature and amounts associated with intercompany transactions. Any intercompany amounts should be presented on a gross basis and when necessary, additional disclosure about such amounts should be included in order to make the information presented not misleading.

Disclose that trading in your securities may be prohibited under the Holding Foreign Companies Accountable Act if the PCAOB determines that it cannot inspect or investigate completely your auditor, and that as a result an exchange may determine to delist your securities. Disclose whether your auditor is subject to the determinations announced by the PCAOB on December 16, 2021.

Risk Factors

Revise your risk factors to acknowledge that if the PRC government determines that the contractual arrangements constituting part of the VIE structure do not comply with PRC regulations, or if these regulations change or are interpreted differently in the future, the securities you are registering may decline in value or become worthless if the determinations, changes, or interpretations result in your inability to assert contractual control over the assets of your PRC subsidiaries or the VIEs that conduct all or substantially all of your operations.

We note your disclosure about the Holding Foreign Companies Accountable Act. Please expand your risk factors to disclose that the United States Senate has passed the Accelerating Holding Foreign Companies Accountable Act, which, if enacted, would decrease the number of "non-inspection years" from three years to two years, and thus, would reduce the time before your securities may be prohibited from trading or delisted. Update your disclosure to reflect that the Commission adopted rules to implement the HFCAA and that, pursuant to the HFCAA, the PCAOB has issued its report notifying the Commission of its determination that it is unable to inspect or investigate completely accounting firms headquartered in mainland China or Hong Kong.

Given the Chinese government's significant oversight and discretion over the conduct of your business, please revise to highlight separately the risk that the Chinese government may intervene or influence your operations at any time, which could result in a material change in your operations and/or the value of the securities you are registering. Also, given recent statements by the Chinese government indicating an intent to exert more oversight and control over offerings that are conducted overseas and/or foreign investment in China-based issuers, acknowledge the risk that any such action could significantly limit or completely hinder your ability to offer or continue to offer securities to investors and cause the value of such securities to significantly decline or be worthless.

In light of recent events indicating greater oversight by the Cyberspace Administration of China (CAC) over data security, particularly for companies seeking to list on a foreign exchange, please revise your disclosure to explain how this oversight impacts your business and your offering and to what extent you believe that you are compliant with the regulations or policies that have been issued by the CAC to date.

译文如下:①

招股说明书封面

请在招股说明书封面页的显著位置披露，您不是一家中国运营公司，而是一家设立于开曼群岛的控股公司，您的子公司通过与中国 VIE 的合同安排进行运营，这种结构对投资者有独特的风险。如果属实，请说明这些 VIE 合同没有经过法庭的检验。在中国法律禁止外国直接投资运营公司的情况下，解释 VIE 结构是否被用于向投资者提供对中国公司的外国投资的敞口，并披露投资者可能永远不会持有中国运营公司的股权。您应披露，中国监管部门可能不允许这种结构，这可能会导致您的运营发生重大变化和/或您持有的证券价值发生重大变化。提供一份交叉参考，详细讨论公司所面临的由于这种结构而导致的发行风险。

提供与公司总部设在中国或在中国拥有大部分业务相关的法律和经营风险的显著披露。您的披露应明确说明这些风险是否会导致您的业务和/或您登记出售

① 该翻译译文仅供参考，非官方翻译版本。

的证券的价值发生重大变化，或可能极大限制或完全阻碍您向投资者提供或继续提供证券的能力，并导致这些证券的价值大幅下降或毫无价值。您的披露应涉及中国政府最近的声明和监管行动是否已经或可能影响公司开展业务、接受外国投资或在美国或其他外国交易所上市的能力，如与使用可变利益实体和数据安全或反垄断问题有关的声明和行动。请披露您的审计师是否受PCAOB于2021年12月16日宣布的决定的影响，以及《问责法》和相关法规是否以及如何影响贵公司。您的招股说明书摘要应该提到，但不一定限于，招股说明书封面上突出显示的风险。

明确披露您将如何提及控股公司、子公司和VIE，以便投资者清楚披露所涉及的实体，以及哪些子公司或实体正在进行业务运营。在描述VIE的活动或功能时，避免使用“我们”或“我们的”等术语。例如，如果属实，则披露您的子公司和/或VIE在中国进行运营，出于会计目的，VIE是合并的，但不是您拥有股权的实体，控股公司不进行运营。明确披露投资者购买权益的实体（包括注册地）。

提供现金如何通过您的架构转移的描述，并披露您打算如何分配收益或结算VIE协议下的欠款。说明到目前为止，控股公司、其子公司和合并VIE之间或向投资者之间是否进行了任何转让、股息或分配，并在适用的情况下量化数额。提供精简合并进度表和合并财务报表的交叉参考。

招股说明书摘要

明确披露该公司使用的是一种涉及中国VIE的结构，以及这种结构所涉及的内容，并在摘要的早期提供该公司的公司结构图，指明在每个描述的实体中拥有股权的个人或实体。描述所有您声称拥有经济权利和行使控制权的合同和安排，这些合同和安排将导致VIE的运营和财务结果合并到您的财务报表中。明确指明投资者购买其权益的实体，以及公司运作的实体。描述相关的合同协议实体之间，以及这种类型的公司结构可能影响投资者和投资的价值，包括合同安排可能不如直接所有权有效的方式和原因，以及公司为执行协议条款可能会产生大量成本。披露开曼群岛控股公司在其与VIE的合同安排、其创始人和所有者的权利状态方面的不确定性，以及由于法律不确定性和管辖权限制，该公司在执行这些合同协议时可能面临的挑战……

因此，请避免暗示VIE协议安排等同于VIE业务下的股权所有权。任何关于您因 VIE 而获得的控制权或利益，都应限于明确描述您根据美国公认会计准则（U. S. GAAP）下对 VIE 进行合并所满足的条件。此外，您的披露应澄清，就会计目的而言，您是该 VIE 的主要受益人。如果情况属实，也请披露 VIE 协议没有经过法院的检验。

在您的风险因素摘要中，请披露您的公司结构和公司总部设在中国或公司的大部分业务都在中国给投资者带来的风险。特别是，描述重大的监管、流动性和执法风险，并交叉引用招股说明书中这些风险的更详细讨论。例如，具体讨论中国的法律制度所带来的风险，包括法律执行方面的风险和不确定性，以及中国的规则和法规可能在几乎没有提前通知的情况下迅速改变；以及中国政府可能在任何时候干预或影响您的运营，或可能对在海外进行的发行和/或外国资本对中国发行人的投资施加更多控制，这可能导致您的运营和/或您登记销售的证券的价值发生重大变化。承认中国政府对在海外进行的发行和/或外国对中国发行人的投资施加更多监督和控制的任何行动存在的风险，可能会极大限制或完全阻碍您向投资者发售或继续发售证券的能力，并导致这些证券的价值大幅下降或毫无价值。

披露您、您的子公司或 VIE 需要从中国政府获得的每一项许可或批准，以经营您的业务和向外国投资者发售正在注册的证券。请说明您、您的子公司或 VIE 是否受到中国证券监督管理委员会、中国国家网络安全局或任务其他需要批准 VIE 运营的政府机构的许可要求，并确认您是否已经收到所有必要的许可或批准，以及是否有任何许可或批准被拒绝。如果您、您的子公司或 VIE：（ⅰ）未获得或维持该等许可或批准；（ⅱ）无意中得出不需要该等许可或批准的结论；或（ⅲ）适用的法律、法规或解释发生变化，而您被要求在未来必须获得此类许可或批准，同时说明对您和您的投资者造成的后果。

描述现金如何通过您的架构转移，并披露您打算如何分配收益或结算 VIE 协议下的欠款。量化控股公司、您的子公司和 VIE 之间发生的现金流和其他资产转移，以及转移方向。量化子公司或 VIE 向控股公司支付的任何股息或分配，以及进行此类转让的实体，以及相应的税务后果。同样，量化美国投资者获得的股息或分配、来源及其税收后果。您的披露应清楚表明迄今为止是否有转让，股息，或分配。请描述对外汇交易的任何限制，以及您在实体之间、跨境和向美国投资者转移现金的能力。请说明对外汇的任何限制，以及您在各实体之间、跨越国界和向美国投资者转移现金的能力。请说明对您向母公司和美国投资者分配公司（包括您的子公司和/或合并的 VIE）收益的能力，以及结算 VIE 协议下所欠款项的能力的任何限制和约束。

我们注意到合并的 VIE 构成贵公司合并财务报表的一个重要部分。请以表格形式提供一份简明的合并报表，对业务进行分类，并描述截至相同日期和相同时期的财务状况、现金流和经营成果，这些都是需要提供经审计的合并财务报表。请以表格形式提供一份精简的综合明细表，对各项业务进行分类，并说明截至需要编制审计合并财务报表的同一日期和同一期间的财务状况、现金流和业务结果。明细表应列出主要项目，如货物/服务的收入和成本，以及公司间的小计和分类数额，如公司间应收账款和子公司投资的单独项目。该明细表还应该对母公司、VIE 及其合并后的子公司、VIE 的主要受益人 WFOE 以及合并后的其他实体进行分类。本披露的目的是让投资者评估 VIE 以外实体持有的资产和运营的性质，以及与公司间交易相关的性质和金额。公司间的任何金额均应以总额形式提交，如有必要，应进一步披露此类金额，以使所提交的资料不具有误导性。

披露如果 PCAOB 决定不能完全检查或调查您的审计师，您的证券交易可能会被《问责法》禁止，因此，交易所可能会决定将您的证券摘牌。披露您的审计师是否受到 2021 年 12 月 16 日 PCAOB 宣布的决定的影响。

风险因素

修改您的风险因素，以确认如果中国政府确定构成 VIE 结构一部分的合同安排不符合中国法规，或如果这些法规在未来发生变化或有不同的解释，有关决定、变更或解释将导致贵方可能无法维护对贵方中国子公司或负责贵方全部或大致所有经营活动的 VIE 的资产的合同控制权。

我们注意到您对《外国公司问责法案》的披露。请扩大您的风险因素，以披露美国参议院已经通过了《加速外国公司问责法案》，该法案如果颁布，将把“非检查年”的数量从 3 年减少到 2 年，因此，将缩短您的证券可能被禁止交易或退市的时间。请更新您的披露，以反映出委员会通过了实施《外国公司问责法案》的规则，以及根据《外国公司问责法案》，PCAOB 已经发布了报告，通知委员会它无法对总部设在中国内地或香港的完全会计公司进行检查或调查。

美国参议院已经通过《问责法》，如果该法案实施，将“非检查年限”从 3 年减少到 2 年，会缩短您的证券被禁止交易或退市的时间，请进一步披露此法案实施对您的相关风险。请更新披露，SEC 通过了实施《问责法》的规则，以及 PCAOB 根据《问责法》发布报告，确定其无法对总部位于中国内地或中国香港的会计师事务所进行全面检查或调查。

鉴于中国政府对您的商业行为有重大监督和自由裁量权，请修改并单独强调中国政府可能在任何时候干预或影响您的运营，从而可能导致您的运营和/或您登记的证券价值发生重大变化的风险。此外，鉴于中国政府最近的声明表明，有意对在海外进行的发行和/或在中国发行的外国投资施加更多的监督和控制，请承认任何此类行为可能会严重限制或完全阻碍您向投资者提供或继续提供证券的能力，并导致该等证券的价值大幅下降或一文不值的风险。

鉴于最近的事件表明，国家互联网信息办公室将加强对数据安全的监管，尤其是对寻求在外国交易所上市的公司的监管，请修改您的披露，解释这一监管如何影响您的业务和您的产品，以及您认为您在多大程度上遵守了中国互联网信息办公室迄今发布的法规或政策。

《国务院关于境内企业境外发行证券和上市的管理规定（草案征求意见稿）》及《境内企业境外发行证券和上市备案管理办法（征求意见稿）》

2021 年 12 月 24 日，中国证监会发布了《国务院关于境内企业境外发行证券和上市的管理规定（草案征求意见稿）》（以下简称《境外发行证券管理规定》）① 及《境内企业境外发行证券和上市备案管理办法（征求意见稿）》（以下简称《证券上市备案管理办法》）②（《境外发行证券管理规定》及《证券上市备案管理办法》合称备案新规）。备案新规首次提出，要求所有在境外上市的境内企业（无论直接上市还是间接上市）向中国证监会备案。同日，中国证监会有关负责人就备案新规答记者问（“证监会有关负责人答记者问”）③ 提到，VIE 架构企业需满足中国证监会合规要求并履行备案后，方可赴境外上市。④ 备案新规的

① 原文参见：www. csrc. gov. cn/csrc/c101981/c1662244/content. shtml，最后访问日期：2023 年 1 月 3 日。

② 原文参见：www. csrc. gov. cn/csrc/c101981/c1662251/content. shtml，最后访问日期：2023 年 1 月 3 日。

③ 原文参见：www. csrc. gov. cn/csrc/c100028/c1662240/content. shtml，最后访问日期：2023 年 1 月 3 日。

④ 参见黄晶晶、林恳等：《研究丨境外上市备案新规对赴美上市企业的影响》，载 https：//mp. weixin. qq. com/s/t_x3sBRHzI39LRJv7cctrw，最后访问日期：2023 年 1 月 3 日。

出台，中概股企业需要就此重大法律事件向美国证监会作出进一步的信息披露。

例如，在备案新规发布后美国 IPO 的美华国际（NASDAQ. MHUA），在其招股说明书中作出如下披露：

As the Administration Provisions and Measures have not yet come into effect, we are currently unaffected. However, according to CSRC Answers, only new initial public offerings and refinancing by existent overseas listed Chinese companies will be required to go through the filing process; other existent overseas listed companies will be allowed sufficient transition period to complete their filing procedure, which means if we complete the offering prior to the effectiveness of Administration Provisions and Measures, we will certainly go through the filing process in the future, perhaps because of refinancing or given by sufficient transition period to complete filing procedure as an existent overseas listed Chinese company.

However, it is uncertain when the Administration Provision and the Measures will take effect or if they will take effect as currently drafted. If it is determined in the future that the approval of the CSRC, the CAC or any other regulatory authority is required for this offering, we may face sanctions by the CSRC, the CAC or other PRC regulatory agencies. These regulatory agencies may impose fines and penalties on our operations in China, limit our ability to pay dividends outside of China, limit our operations in China, delay or restrict the repatriation of the proceeds from this offering into China or take other actions that could have a material adverse effect on our business, financial condition, results of operations and prospects, as well as the trading price of our securities. The CSRC, the CAC, or other PRC regulatory agencies also may take actions requiring us, or making it advisable for us, to halt this offering before settlement and delivery of our ordinary shares. Consequently, if you engage in market trading or other activities in anticipation of and prior to settlement and delivery, you do so at the risk that settlement and delivery may not occur. In addition, if the CSRC, the CAC or other regulatory PRC agencies later promulgate new rules requiring that we obtain their approvals for this offering, we may be unable to obtain a waiver of such approval requirements, if and when procedures are established to obtain such a waiver. Any uncertainties and/or negative publicity regarding such an approval requirement could have a material adverse effect on the trading price of our securities.

译文如下：①

由于备案新规尚未生效，我们目前不受影响。不过，据证监会有关负责人答记者问称，只有在海外上市的中国公司的IPO和再融资需要通过备案程序；其他已经存在的境外上市公司将被允许有足够的过渡期来完成备案程序，这意味着如果我们在备案新规生效之前完成上市，我们将来一定会完成备案程序，这或是因为我们作为一家在海外上市的中国公司会进行再融资或给予足够的过渡期完成备案手续。

但是，备案新规何时生效、是否按目前的草案生效尚不确定。如果将来确定此次发行需要获得中国证监会、国家互联网信息办公室或任何其他监管机构的批准，我们可能会面临中国证监会、国家互联网信息办公室或其他监管机构的制裁。这些监管机构可能会对我们在中国的业务处以罚款和处罚，限制我们向境外支付股息的能力，限制我们在中国的业务，延迟或限制将此次发行的收益汇回中国，或采取可能对我们的业务、财务状况、经营结果、前景以及我们证券的交易价格产生重大不利影响的其他行动。中国证监会、国家互联网信息办公室或其他中国监管机构也可能采取行动，要求或建议我们在结算和交付我们的普通股之前暂停此次发行。因此，如果您在结算和交割前进行市场交易或其他活动，您将承担结算和交割可能不会发生的风险。此外，如果中国证监会、国家互联网信息办公室或其他中国监管机构随后颁布新规则，要求我们就此次发行获得他们的批准，或建立了获得该等豁免的程序，我们可能无法获得该等豁免。任何有关批准要求的不确定性和/或负面宣传都可能对本公司证券的交易价格产生重大不利影响。

综上所述，美国的信息披露制度是十分成熟和完备的，对信息披露的质量要求较高，赴美上市的中国医疗健康企业需要结合自身实际情况、所处行业特性等做具体披露甚至量化分析，以确保投资人能够根据企业的披露真实、准确和全面的信息而做出相应的投资决策。

① 该翻译译文仅供参考，非官方翻译版本。

六、其他关注点

（一）上市主体资格——整体改制①

1. 概述

关于A股上市主体资格的要求，各板块之间略有差异，经整理对比如表4－64所示：

表4－64　主体资格差异

<table>
<tr><th>序号</th><th>事项</th><th>主板</th><th>创业板</th><th>科创板</th></tr>
<tr><td>1</td><td>主体资格</td><td colspan="3">依法设立且有效存续的股份有限公司</td></tr>
<tr><td rowspan="2">2</td><td rowspan="2">经营年限</td><td>持续经营时间应当在3年以上，经国务院批准的除外</td><td colspan="2">持续经营时间应当在3年以上</td></tr>
<tr><td colspan="3">有限责任公司按原账面净资产值折股整体变更为股份有限公司的，持续经营时间可以从有限责任公司成立之日起计算</td></tr>
<tr><td rowspan="2">3</td><td rowspan="2">注册地</td><td colspan="3">境内</td></tr>
<tr><td colspan="2">—</td><td>允许在境外注册、主要经营活动在境内且符合创新公司境内发行股票或存托凭证相关要求的红筹公司申请上市。[1]</td></tr>
<tr><td>4</td><td>股本总额</td><td>发行前股本总额不低于人民币3000万元；发行后股本总额不低于人民币5000万元</td><td colspan="2">发行后股本总额不低于人民币3000万元</td></tr>
<tr><td>5</td><td>分拆子公司上市</td><td colspan="3">满足以下7个条件的上市公司，可以将部分业务或资产，以其直接或间接控制的子公司（以下简称所属子公司）的形式，在境内证券市场首次公开发行股票上市或实现重组上市：
（1）上市时间：上市公司股票境内上市已满3年。
（2）净利润：上市公司最近3个会计年度连续盈利，且最近3个会计年度扣除按权益享有的拟分拆所属子公司的净利润后，归属上市公司股东的净利润累计不低于人民币10亿元（净利润以扣除非经常性损益前后孰低值计算）。</td></tr>
</table>

① 宋正奇，法学学士，锦天城律师事务所高级合伙人。

续表

序号	事项	主板	创业板	科创板
5	分拆子公司上市	(3) 拟分拆业务/资产占比：上市公司最近1个会计年度合并报表中按权益享有的拟分拆所属子公司的净利润不得超过上市公司合并报表净利润的50%；上市公司最近1个会计年度合并报表中按权益享有的拟分拆所属子公司净资产不得超过上市公司合并报表净资产的30%。 (4) 关联交易及合规情况：上市公司不存在资金、资产被控股股东、实际控制人及其关联方占用的情形，或其他损害公司利益的重大关联交易。上市公司及其控股股东、实际控制人最近36个月内未受到过中国证监会的行政处罚；上市公司及其控股股东、实际控制人最近12个月内未受到过证券交易所的公开谴责。上市公司最近1年及一期财务会计报告被注册会计师出具无保留意见审计报告。 (5) 不可用于分拆的业务/资产：上市公司最近3个会计年度内发行股份及募集资金投向的业务和资产，不得作为拟分拆所属子公司的主要业务和资产，但拟分拆所属子公司最近3个会计年度使用募集资金合计不超过其净资产10%的除外；上市公司最近3个会计年度内通过重大资产重组购买的业务和资产，不得作为拟分拆所属子公司的主要业务和资产。所属子公司主要从事金融业务的，上市公司不得分拆该子公司上市。 (6) 董事、高级管理人员持股限制：上市公司董事、高级管理人员及其关联方持有拟分拆所属子公司的股份，合计不得超过所属子公司分拆上市前总股本的10%；上市公司拟分拆所属子公司董事、高级管理人员及其关联方持有拟分拆所属子公司的股份，合计不得超过所属子公司分拆上市前总股本的30%。 (7) 独立性：上市公司应当充分披露并说明：本次分拆有利于上市公司突出主业、增强独立性。本次分拆后，上市公司与拟分拆所属子公司均符合中国证监会、证券交易所关于同业竞争、关联交易的监管要求，且资产、财务、机构方面相互独立，高级管理人员、财务人员不存在交叉任职，独立性方面不存在其他严重缺陷[2]		
		—		达到一定规模的上市公司，可以依据法律法规、中国证监会和交易所有关规定，分拆业务独立、符合条件的子公司在科创板上市[3]

［1］参见《股票注册管理办法》第80条的规定。

［2］参见《上市公司分拆所属子公司境内上市试点若干规定》的规定。

［3］参见《科创板上市公司持续监管办法（试行）》第31条的规定。

科创板对发行人主体资格方面的要求基本上延续了主板（中小板）和创业板的要求，即要求发行人为依法设立并持续经营3年以上的股份公司，按原账面净资产价折股整体变更为股份有限公司，经营时间可以从有限责任公司成立的那天开始计算。

但在以下几个方面对原有规则进行了创新和突破。

（1）允许符合相关要求的红筹公司通过发行股票或存托凭证的方式上市

此前，已搭建红筹架构的企业如果希望回归境内资本市场，为满足股权清晰的上市要求，需要其将控制权由境外转回境内。对于实际控制人非中国国籍的，则要求发行人本着简洁清晰的原则设置持股架构。在这种审核政策下，红筹企业需要面临时间成本、税收成本、资金压力和外汇等多重困难。

但随着《存托凭证发行与交易管理办法（试行）》和《科创板上市规则》等一系列规则的出台，满足要求的红筹公司①可以直接申请发行股票或者存托凭证并在科创板上市，为符合一定条件的红筹企业拓宽了国内融资渠道。

结合前述法规，申请在科创板上市的红筹公司应当同时符合21号文等系列文件和科创板规定的上市标准②：

①行业标准

21号文对企业行业的要求③虽然与科创板不同，但实际上都是聚焦在高新技术企业和战略性新兴产业要求企业，不存在实质差异。

值得注意的是，21号文规定拟试点CDR的企业需要经中国证监会成立的科技创新产业化咨询委员会的甄选后，中国证监会才会审核决定申请企业是否列入试点，并严格按照法律法规受理审核试点企业发行上市申请。同时，上交所设立科技创新咨询委员会，在上交所发行上市审核中，可以根据需要就发行人是否符合科创板定位进行咨询。中国证监会的甄选程序与上交所的审核程序将如何衔接、中国证监会成立的科技创新产业化咨询委员会与上交所设立的科技创新咨询委员会之间的关系及职权范围等问题均尚未明确。（见表4－65）

---

① 根据21号文规定，红筹公司是指注册地在境外、主要经营活动在境内的公司。

② 参见《科创板上市规则》（2019年修订）第2.1.3条的规定。

③ 符合国家战略、掌握核心技术、市场认可度高，属于互联网、大数据、云计算、人工智能、软件和集成电路、高端装备制造、生物医药等高新技术产业和战略性新兴产业，且达到相当规模的创新企业。

表 4－65　相关要求标准

<table>
<tr><th>序号</th><th>企业类型</th><th>市值[1]/估值[2]</th><th colspan="2">其他要素</th></tr>
<tr><td>1</td><td>已在境外上市的大型红筹企业</td><td>市值不低于 2000 亿元人民币</td><td colspan="2">—</td></tr>
<tr><td>2</td><td rowspan="3">尚未在境外上市的红筹企业</td><td>估值不低于 200 亿元人民币</td><td colspan="2">最近 1 年营业收入不低于 30 亿元人民币</td></tr>
<tr><td>3</td><td>预计市值不低于 100 亿元人民币</td><td>—</td><td rowspan="2">营业收入快速增长，拥有自主研发、国际领先技术，同行业竞争中处于相对优势地位[3]</td></tr>
<tr><td>4</td><td>预计市值不低于 50 亿元人民币</td><td>最近 1 年营业收入不低于 5 亿元人民币</td></tr>
</table>

［1］《试点创新企业境内发行股票或存托凭证并上市监管工作实施办法》第 7 条第 2 款规定，市值是指：按照试点企业提交纳入试点申请日前 120 个交易日平均市值计算，汇率按照人民银行公布的申请日前 1 日中间价计算。上市不足 120 个交易日的，按全部交易日平均市值计算。

［2］《试点创新企业境内发行股票或存托凭证并上市监管工作实施办法》第 8 条第 1 项规定，估值应参考最近三轮融资估值及相应投资人、投资金额、投资股份占总股本的比例，并结合收益法、成本法、市场乘数法等估值方法综合判定。融资不足三轮的，参考全部融资估值判定。

［3］《股票注册管理办法》第 80 条第 2 款中规定，“营业收入快速增长，拥有自主研发、国际领先技术，同行业竞争中处于相对优势地位”的具体标准，由交易所制定具体规则，并报中国证监会批准。具体要求见《科创板上市规则》（2019 年修订）第 2.1.3 条的规定。

②财务指标

从财务指标看，21 号文要求企业需达到“相当规模”，具体要求如下。

虽然科创板对红筹企业的态度是对 A 股一直以来较严监管态度的突破，但考虑到红筹企业的特殊性和其本身的复杂性，监管机构对其上市的态度应该会趋于谨慎，建议经办律师在核查及发表意见过程中重点关注以下问题。

第一，核查并充分披露协议控制架构或者类似特殊安排，充分履行信息披露义务。

经办律师应核查红筹公司的协议控制架构或者类似特殊安排，应当充分、详细披露相关情况，特别是风险、公司治理等信息，以及依法落实保护投资者合法权益规定的各项措施。①

① 参见《科创板上市规则》（2019 年修订）第 13.1.6 条的规定。

除协议控制架构外，考虑到红筹企业历史沿革的复杂性，经办律师还应当特别关注①：

a. 海外架构搭建是否涉及外汇使用，是否取得外汇管理部门的批准，是否符合我国有关税收、外资、外汇管理等方面的法律法规规定，是否符合境外法律规定；

b. 原拟境外上市主体（开曼公司或 BVI 公司）历次融资情况，是否存在优先股或其他特殊权利义务安排，是否与目前拟上市主体存在关联关系，是否存在利益输送等；

c. 原拟境外上市主体是否保留期权及保留原因，是否存在纠纷及潜在纠纷，是否符合“不得设置预留权益”的相关规定②，是否影响发行股权结构的清晰稳定；

d. 海外期权计划的设置及执行情况。

第二，确保红筹公司兼顾境外注册地法律和境内法律要求，保障境内外投资者权益保护水平相当。

根据《科创板上市规则》③ 的规定，在科创板上市的红筹企业在股权结构、公司治理、运行规范等事项上的投资者权益保护水平不得低于境内法律。也就是说，拟在科创板上市的红筹企业起码在上述几个方面是需要同时满足境内和境外的法律要求的。

这条要求看似简单，但鉴于大多数红筹企业注册地法律均遵循英美法系，而我国境内法律属大陆法系，两种法系在股权结构、公司治理等多方面均有所出入，要求企业同时满足两种法系的要求实质上却为红筹企业在科创板上市造成了实践上的困难。举例来说，根据我国的法律体系，股份有限公司的最高权力机构是股东大会，公司重大事项以及对股东利益有重大影响的事项应由股东大会决

① 参见《关于深圳光峰科技股份有限公司首次公开发行股票并在科创板上市申请文件的审核问询函》问题 2。

② 根据《上交所问答》第 12 问的要求，发行人全部在有效期内的期权激励计划所对应股票数量占上市前总股本的比例原则上不得超过 15%，且不得设置预留权益。

③ 《科创板上市规则》第 13.1.3 条规定，“红筹企业在境内发行股票或者存托凭证并在本所科创板上市，股权结构、公司治理、运行规范等事项适用境外注册地公司法等法律法规的，其投资者权益保护水平，包括资产收益、参与重大决策、剩余财产分配等权益，总体上应不低于境内法律法规规定的要求，并保障境内存托凭证持有人实际享有的权益与境外基础证券持有人的权益相当”。

策；而在开曼法下，大部分事项都是由董事会决策的。如红筹企业的治理结构依照开曼法进行规定，即由董事会决定公司重大事项，是否就意味着削弱了对投资者的保护力度?①

对于未在其他证券交易所上市、股权结构相对简单的红筹企业来说，该问题较为容易解决，可参考华润微电子有限公司的处理方法：

a. 在符合红筹企业注册地法律的前提下，按照适用于境内一般A股上市公司章程的内容和格式以及适用法律、法规及规范性文件的规定和要求制定现行的公司章程、股东大会议事规则、董事会议事规则等相关治理制度，以明确股东大会、董事会、独立董事等机构的权责范围和工作程序。

b. 除通过接轨境内A股上市公司的要求之外，采取一系列措施保障境内投资者的利益，如采用安全、经济、便捷的网络或者其他方式为境内公众投资者行使权利提供便利的安排、指定证券事务办公室为公司信息披露境内证券事务机构，从而保障对境内投资者权益的保护在实质结果层面总体上不低于境内法律法规的要求。

但对于情况较为复杂的红筹企业，尤其是对于境外上市的红筹企业来说，可能因为客观原因（包括现有股东意向等）的限制导致其无法按照适用于一般境内A股上市公司的规则调整公司治理制度②。鉴于此，核查过程中，经办律师应当重点关注红筹公司注册地规则及公司章程，审慎确定其审议本次境内发行上市事宜的权力机构③；同时对公司重大交易及关联交易等事项的审核权限和程序股权结构、公司治理、运行规范等相关事项进行核查，对公司章程及其他治理文件作出补充或者调整，以保证其投资者权益保护水平不低于境内法律法规的要求。

此外，就境内外事项的协调问题，如发生以下情形，除红筹企业应当详细说明情况、原因、替代方案（如需）外，经办律师还需就相关事项出具法律意见：

---

① 参见王武、代广颖等：《投资在中国——VIE 架构 2018 年度回顾与展望》，载 https://lawv4.wkinfo.com.cn/commentary/detail/MTU5NTM4Ng%3D%3D?aid=MzAwMDE3OQ%3D%3D&bid=QjAwMDAxNTk3MTA%3D&title=作者简介&lang=中文，最后访问日期：2020 年 4 月 14 日。

② 参见楼伟亮、刘一苇等：《红筹企业境内上市监管关注要点》，载 https://mp.weixin.qq.com/s/GafqCY1--m1VQSg5oGHCZg，最后访问日期：2020 年 4 月 13 日。

③ 参见徐军、张霞、虞中敏：《科创板上市十大法律问题实务初析》，载 https://www.allbrightlaw.com/CN/10475/2e298260e6b327c3.aspx，最后访问日期：2020 年 4 月 14 日。

a. 红筹企业和相关信息披露义务人适用《科创板上市规则》相关信息披露要求和持续监管规定，可能导致其难以符合公司注册地、境外上市地有关规定及市场实践中普遍认同的标准，需要向上交所申请调整适用的。

b. 红筹企业注册地公司法等法律法规或者实践中普遍认同的标准对公司董事会、独立董事职责有不同规定或者安排，导致董事会、独立董事无法按照本所规定履行职责或者发表意见的。

（2）允许上市公司通过拆分子公司的方式在科创板上市

上市公司分拆子公司上市并非科创板才提出的概念，早在2004年中国证监会就曾出台中国证券监督管理委员会《关于规范境内上市公司所属企业到境外上市有关问题的通知》（证监发〔2004〕67号），对境内上市公司分拆子公司到境外上市作出规定。但在《关于在上海证券交易所设立科创板并试点注册制的实施意见》发布前，关于境内上市公司分拆子公司在境内上市方面的规定一直属于空白状态。《关于在上海证券交易所设立科创板并试点注册制的实施意见》首次明确允许具备一定条件的上市公司分拆下属子公司到科创板上市。随后，中国证监会出台《上市公司分拆所属子公司境内上市试点若干规定》，从上市公司分拆条件、分拆程序、信息披露及监管等方面对上市公司分拆子公司科创板上市作出了进一步的规定。

①分拆范围及上市方式

分拆子公司的范围适用于A股上市公司直接或间接控制的子公司，但不得分拆金融业务上市。上市方式不仅限于首次公开发行股票上市，也可通过重组上市。此外，《上市公司分拆所属子公司境内上市试点若干规定》并未限制分拆出的子公司仅能在科创板上市，境内证券市场均在允许范围内，因此，上市地点的选择主要取决于子公司本身条件及上市方式。

②分拆实质性条件

从财务指标、规范运作、独立性等多个维度，提出规制标准：

a. 明确划定了上市公司的净利润最低标准①及拟分拆所属子公司净利润和净

① 上市公司最近3个会计年度连续盈利，且最近3个会计年度扣除按权益享有的拟分拆所属子公司的净利润后，归属于上市公司股东的净利润累计不低于6亿元人民币（净利润以扣除非经常性损益前后孰低值计算）。

资产占比的上限①，在提高分拆境内上市门槛的同时保障了分拆子公司不会对上市公司自身主业和业绩造成不利影响，凸显分拆上市主要是基于多元化业务发展的必要需求，避免上市公司跟风分拆或滥拆。

b. 禁止重组资产在短期内重复上市，禁止上市公司将近期募集资金投向的业务和资产用于上市。②

c. 要求分拆有利于突出主业，强调上市公司和子公司业务的独立性，进一步明确和扩大避免交叉任职的人员范围。

③分拆程序性要求

为充分保障股东合法权益，要求上市公司参照重大资产重组的规定披露相关信息、提示风险，严格执行股东大会表决程序，分拆决议须同时经出席会议的股东所持表决权的2/3以上、出席会议的中小股东所持表决权的2/3以上通过。

同时，《上海证券交易所科创板股票发行上市审核问答（二）》也对中介机构在该过程中需要重点关注的方面作出了解答。监管层对分拆子公司在科创板上市主要关注合规性、同业竞争、关联交易、公司独立性等方面的问题，鉴于此，中介机构在核查时应当关注。

④资产取得情况及决策程序

发行人取得上市公司资产的背景、所履行的决策程序、审批程序与信息披露情况，应当符合法律法规、交易双方公司章程以及中国证监会和证券交易所有关上市公司监管和信息披露要求，不存在争议或潜在纠纷。

发行人来自上市公司的资产置入发行人的时间，在发行人资产中的占比情况，对发行人生产经营的作用。

---

① 上市公司最近1个会计年度合并报表中按权益享有的拟分拆所属子公司的净利润不得超过归属于上市公司股东的净利润的50%；上市公司最近1个会计年度合并报表中按权益享有的拟分拆所属子公司净资产不得超过归属于上市公司股东的净资产的30%。

② 上市公司最近3个会计年度内发行股份及募集资金投向的业务和资产，不得作为拟分拆所属子公司的主要业务和资产，但拟分拆所属子公司最近3个会计年度使用募集资金合计不超过其净资产10%的除外；上市公司最近3个会计年度内通过重大资产重组购买的业务和资产，不得作为拟分拆所属子公司的主要业务和资产。所属子公司主要从事金融业务的，上市公司不得分拆该子公司上市。

上市公司股东大会审议分拆事项实行2/3多数决①，但关于董事、高级管理人员的持股计划仅说明由股东大会审议表决，未明确表决程序。此外，发行人的董事、监事和高级管理人员在上市公司的任职情况，与上市公司及其董事、监事和高级管理人员如存在亲属及其他密切关系，在资产转让的相关决策程序履行过程中，应当回避表决或采取保护非关联股东利益的有效措施。②

⑤发行人及关联方董事、监事和高级管理人员的任职情况及关联关系

发行人及其关联方的董事、监事和高级管理人员在上市公司及其控制公司的历史任职情况及合法合规性，是否存在违反竞业禁止义务的情形。发行人的董事、监事和高级管理人员在上市公司的任职情况，与上市公司及其董事、监事和高级管理人员是否存在亲属及其他密切关系。

⑥转让资产的权属是否清晰

资产转让完成后，发行人及其关联方与上市公司之间是否就上述转让资产存在纠纷或诉讼。

⑦中小投资者保护情况

发行人及其关联方的董事、监事、高级管理人员以及上市公司在转让上述资产时是否存在损害上市公司及其中小投资者合法利益的情形。

【案例】东港股份

东港股份（002117）是领先的综合印刷媒体服务公司，东港瑞云是负责档案管理业务的全资子公司（东港股份直接持股10%，全资子公司东港嘉华持股90%），东港瑞云主要开发面向中小微公司的档案云存储服务。成立3年来，东港瑞云收入利润快速增长，2018年实现收入接近1亿元，实现净利润1600万元。2018年，东港瑞云总资产占上市公司合并报表比例为4.18%。

2019年4月8日，东港股份发布了关于控股子公司股份制改制的公告，公司控股子公司东港瑞云数据技术有限公司拟股份制改制并整体变更设立股份有限公司，更名为东港瑞云数据技术股份有限公司，之后在符合单独上市条件时，申请在国内A股单独上市融资，优先考虑在科创板申请上市。

2019年4月9日，东港股份收到深交所的《关于对东港股份有限公司的关注

---

① 参见《上市公司分拆所属子公司境内上市试点若干规定》第2条第5款的规定。

② 参见《上海证券交易所科创板股票发行上市审核问答（二）》第4问的规定。

函》(中小板关注函〔2019〕第210号),要求东港股份对东港瑞云进行股份制改制的有关问题作出说明。(见表4-66)

表4-66 相关问题与回复

序号	问题	东港股份回复
1	东港瑞云基本情况,包括但不限于主要股东及各自持股比例、上市公司对其初始投资和追加投资的历史沿革、上市公司董事、监事和高级管理人员在东港瑞云的持股情况、主营业务、近3年及一期主要财务数据及占上市公司合并报表的比例	对2015年5月东港瑞云设立以来的股权机构历史变化进行说明;表示董事、监事和高级管理人员并未对东港瑞云持股;介绍了东港瑞云的主营业务、近3年的财务情况、占上市公司合并报表的比例
2	在目前分拆上市实施细则和操作规则尚不明确的情况下,实施股份制改制并考虑单独上市的主要原因	东港瑞云实施股份制改制并考虑单独上市的主要原因是公司经营战略和新业务发展。公司传统印刷业务业绩平稳,复合类产品和技术服务增长迅速,对资金持续投入的需求较大。利用资本市场扩大影响力,拓宽融资渠道,可以帮助实现公司从印刷企业向综合产品与信息服务商转型的战略
3	结合东港瑞云的基本情况,说明其目前是否具备分拆上市的可行性,如具备: (1)请说明东港瑞云是否具备持续盈利能力。 (2)是否与上市公司存在同业竞争和持续性的交易,在人员、资产、财务、机构、业务等方面是否保持独立,是否为上市公司核心业务和资产;如不具备,请说明相关决策是否谨慎,是否存在主动迎合市场热点的情形。 (3)请结合现有法律法规、相关规定及东港瑞云基本情况,充分说明东港瑞云拟单独上市存在的不确定性,并充分提示风险	(1)从市场前景、产能、技术能力、运营状况角度,解释了东港瑞云具有较好的持续经营能力; (2)在业务独立、人员独立、资产独立、机构独立、财务独立方面说明了子公司东港瑞云的独立性; (3)解释了分拆上市可能会出现的不确定性:未来无法满足分拆上市法律法规、业务不达预期、企业运作规范性不满足要求、股东反对

续表

序号	问题	东港股份回复
4	披露： （1）公司董事、监事、高级管理人员及持股5%以上股东在未来6个月的减持计划及减持计划内容； （2）公司近期接待机构和个人投资者调研的情况，并自查是否存在违反公平披露原则的事项	（1）经询问公司董事、监事和高级管理人员及持股5%以上的股东，均表示无未来6个月内减持本人或本单位所持有的东港股份股票的计划。 （2）公司3月8日通过电话会议，向27名机构投资者介绍了试点中小微公司档案云平台业务的情况。3月15日，公司举行了2018年年度报告网上说明会。在上述两次交流过程中，均未涉及东港瑞云改制的事项。经自查未发现存在违反公开披露原则的事项

2. 持续经营并有效存续

（1）具体要求

发行人历史沿革清晰，应当是依法设立且合法存续的股份公司。发行人的注册资本已足额缴纳，发起人或者股东用作出资的资产的财产权转移手续已办理完毕，发行人的主要资产不存在重大权属纠纷。发行人生产经营符合法律、行政法规和公司章程的规定、符合国家产业政策。发行人主营业务、控制权、管理团队和核心技术人员稳定，最近2年内主营业务和董事、高级管理人员及核心技术人员均没有发生重大不利变化。控股股东和受控股股东、实际控制人支配的股东所持发行人的股份权属清晰，最近2年实际控制人没有发生变更，不存在导致控制权可能变更的重大权属纠纷。

（2）常见问题

①出资瑕疵

发行人的注册资本已足额缴纳，发起人或者股东用作出资的资产的财产权转移手续已办理完毕，发行人的主要资产不存在重大权属纠纷是一直以来A股首发上市审核的基本要求之一，然而实践中，存在出资瑕疵的企业并不少见。

出资瑕疵主要分为出资不实和出资程序瑕疵两种情形。常见的出资不实的情形有：出资未能及时到位；出资资产价值低于认购股本的价值；出资之后抽逃出资；出资资产未能及时办理过户手续；股东拿不能用于出资的资产出资；股东拿公司的资产出资等。常见的出资程序存在瑕疵的情形有：没有验资报告；没有评估报告；出具报告机构不具有执业资格等。

在以往的A股上市审核中，如果企业存在《首发审核非财务知识问答》中所规定的“涉及金额较大、存在恶意隐瞒、提供虚假文件或者对股东权益有重大影响等重大出资瑕疵”，很大可能会构成发行上市的法律障碍，导致企业无缘上市。但科创板侧重以信息披露为中心，力求通过发行人充分披露与投资者投资决策相关的重要信息、由投资者自行决策并承担风险以代替A股的审核机制，因此科创板将部分发行条件转化为信息披露要求，其中之一就是删去了“涉及金额较大、存在恶意隐瞒、提供虚假文件或者对股东权益有重大影响等重大出资瑕疵”这一政策红线。此外，《上海证券交易所科创板股票发行上市审核问答（二）》[①]不再要求中介机构核查“补足出资是否已取得其他股东的同意”。

根据科创板目前的规则，存在出资瑕疵问题的企业只需要在上市前及时对问题作出补救，并在相关文件中对问题进行充分披露，即可满足上市要求。但这不意味着中介机构核查义务的减轻。对于历史沿革中存在出资及改制瑕疵的公司，如股东未全面履行出资义务、抽逃出资等，中介机构依然应当依照A股IPO核查要求进行充分核查（有必要时进行专项核查），在申报前依法补救，并在法律意见书中对出资瑕疵的影响、股东/发行人是否因此受到过处罚、是否构成重大违法及发行障碍、是否存在纠纷和潜在纠纷及公司采取的补救措施进行充分的披露和论证。

【案例】广东紫晶信息存储技术股份有限公司：股东以现金分红赠与公司以规范出资

背景：

2010年8月12日，公司注册资本由300万元增加至4500万元，其中郑某、罗某以实物出资2100万元，但所投实物缺乏购买发票。

2019年1月，发行人对上述事项聘请了具有证券期货资格的评估机构对其价值进行追溯评估，证明其实物出资价格公允。2019年2月，发行人进行利润分

① 历史上存在出资瑕疵的，应当在申报前依法采取补救措施。保荐机构和经办律师应当对出资瑕疵事项的影响及发行人或相关股东是否因出资瑕疵受到过行政处罚、是否构成重大违法行为及本次发行的法律障碍，是否存在纠纷或潜在纠纷进行核查并发表明确意见。发行人应当充分披露存在的出资瑕疵事项、采取的补救措施，以及中介机构的核查意见。

配，紫辰投资与紫晖投资获得现金分红2100万元投入公司以规范本次出资缺乏发票的情形，相关金额计入资本公积以规范该次实物出资。部分其他股东自愿将分红金额扣除相关所得税后的金额全部投入公司，相关金额计入资本公积。

交易所询问：

发行人说明，报告期内进行大额分红是为实际控制人补足瑕疵出资金额提供资金，其他持股比例合计49.92%的股东自愿选择将分红款扣除相关所得税之后再投入公司，自愿投入金额合计金额为2683.18万元（含税）。请发行人说明：是否违反同股同权的原则，对其他股东是否公平，是否损害其他股东的利益，其他股东是否对分红方案存在意见分歧或已确认无异议；是否存在代持或其他协议安排，是否实质上构成增资行为。对主要股东额外分红，不同股东不同比例分红是否在公司上市后仍会发生，能否防范，能否有效保障中小股东合法权益，是否存在切实可行的措施或安排。其他股东将分红款投入公司的具体方式，相应的会计处理。报告期内是否存在通过相关股东进行体外循环的情况。

保荐机构及律师回复：

第一，发行人本次分红严格遵照公司章程“同股同权”原则；本次分红过程公开、公平、公正；股东出具确认函对股东大会审议分红事项及本次分红补足再次予以确认；截至补充法律意见书出具之日，股东就上述分红事项不存在纠纷情况。

第二，本次分红补足出资系参考市场成熟案例做法，并经股东大会审议，不存在外部资金增资、转让的情况，不存在代持或其他协议安排。根据发行人全部股东（除钱某无法取得联系外）出具的确认函，发行人股东确认：本人/本公司与其他股东或其他方之间不存在委托持股等股份权属不清晰的情况。

第三，本次利润分配其他股东自愿选择将分红款扣除相关所得税之后再投入公司，实质为赠予行为，相关金额计入资本公积，发行人并未增加相应股东持股数量和比例，发行人不存在注册资本增加的情形。

第四，发行人本次分红不存在对主要股东额外分红的情况，亦从未发生过不同股东不同比例分红的情况；发行人已建立了完善的“三会一层”治理体系，按照相关规定制定并审议通过公司章程（草案），公司未来仍将持续严格按照《公司法》、公司章程（草案）等相关规定进行利润分配，公司在利润分配方案制定、利润分配方案审议、利润分配政策调整、信息披露等方面均制定了相关保障措施，以持续有效保障中小股东合法权益。

②股权结构瑕疵

股权结构瑕疵主要包括历史股权转让瑕疵，如国有股权转让瑕疵、集体资产产权转让瑕疵、内部员工股权转让瑕疵等；公司的股东存在委托持股情况；股权结构分散等问题。

发行人历史沿革中各类股东性质不一样，股权转让适用的法律规定也不一样。根据中国相关法律法规的规定，股东主要有国有全资企业、国有控股企业、国有参股企业、国资委、财政局、集体企业、农民专业合作社、个人、个人独资企业、合伙企业、外商投资企业、契约型基金、信托计划、资管计划、职工持股会和工会持股等类型。对于发行人历史沿革中存在的其他类型的股东，需要根据股东性质适用的法律来判断发行人历次股权转让所履行的程序是否合法合规。

为确保发行人股东持有的发行人股份权属清晰，需要核查发行人包括但不限于历次股权演变的协议、章程、股东会决议、工商登记变更、股权转让价款支付凭证和股权转让方纳税凭证等文件，就历史沿革中的有关情况与发行人董事、管理层以及股东进行访谈与沟通等。

另外，对于控股股东、实际控制人设立在国际避税区且持股层次复杂的，保荐机构和发行人律师应当对发行人设置此类架构的原因、合法性及合理性、持股的真实性、是否存在委托持股、信托持股、是否有各种影响控股权的约定、股东的出资来源等问题进行核查，说明发行人控股股东和受控股股东、实际控制人支配的股东所持发行人的股份权属是否清晰。①

③改制瑕疵

国有企业改制是一个复杂的系统性工程。国有企业改制，包括转让国有控股、参股企业国有股权或者通过增资扩股来提高非国有股的比例等，国有企业改制必须制定改制方案。方案可由改制企业国有产权持有单位制定，也可由其委托中介机构或者改制企业（向本企业经营管理者转让国有产权的企业和国有参股企业除外）制定。国有企业改制方案需依法按照有关规定履行决定或批准程序，未经决定或批准不得实施。国有资产监督管理机构所出资企业改制为国有股不控股

① 参见《上交所问答》第5问的规定。

或不参股的企业（或简称“非国有的企业”），改制方案需报同级人民政府批准。①

实践中，很多国有企业改制时间较早，由于改制当时相关法律法规不完善、企业负责人员对改制程序合规性不够重视等问题，有相当数量的企业改制时并未按照上述要求完成改制。对此，《上海证券交易所科创板股票发行上市审核问答（二）》第3问中规定②，发行人由国有企业、集体企业改制而来或历史上存在挂靠集体组织经营，若存在改制瑕疵，则不再要求“发行人取得省级以上国资管理部门或省级以上人民政府就改制程序的合法性、是否造成国有资产流失出具的确认意见”，只需要同出资瑕疵一样充分履行信息披露义务即可。

【案例】福建福光股份有限公司：国有企业改制时存在程序瑕疵

背景：

2004年2月24日，福光光学向福光有限转让工业产权、专有技术和部分存货等国有资产，未在产权交易机构进行，且当时未履行信息集团、省财政厅或省级人民政府审核批准的程序，福光光学的资产评估结果未经相关财政部门核准或备案，存在程序瑕疵。

交易所询问：

请发行人说明：福光有限收购福光光学的背景、存在上述瑕疵的原因，是否违反了当时有效的法律法规的规定；发行人是否采取了补救措施，是否取得有权机关就上述收购程序合法性、是否造成国有资产流失出具的确认意见。

保荐机构及律师回复：

福光光学向福光有限出让资产的行为未在产权交易机构进行，且当时未履行信息集团、省国有资产管理部门、省财政厅或省政府审核批准的程序；福光光学

① 参见 http://www.dehenglaw.com/CN/tansuocontent/0008/015990/7.aspx? MID = 0902，最后访问日期：2020年4月15日。

② 《上海证券交易所科创板股票发行上市审核问答（二）》第3问（二）中规定：对于发行人是国有企业、集体企业改制而来的或历史上存在挂靠集体组织经营的企业，若改制过程中法律依据不明确、相关程序存在瑕疵或与有关法律法规存在明显冲突，原则上发行人应在招股说明书中披露有权部门关于改制程序的合法性、是否造成国有或集体资产流失的意见。国有企业、集体企业改制过程不存在上述情况的，保荐机构、发行人律师应结合当时有效的法律法规等，分析说明有关改制行为是否经有权机关批准、法律依据是否充分、履行的程序是否合法以及对发行人的影响等。

的资产评估结果未经相关财政部门核准或备案，存在程序瑕疵。但鉴于福光有限已向福光光学支付无形资产、技术产权和流动资产的转让价款，并办理了资产交割手续；福建省国资委和福建省人民政府办公厅分别就上述福光有限收购资产事宜出具了确认意见，确认上述程序瑕疵未导致国有资产流失，不存在损害国有股东及职工利益的情形，结果有效。因此，本所律师认为，截至本补充法律意见书出具日，福光有限收购资产事宜已经有权机关批准，上述程序瑕疵不会构成本次发行上市的实质性法律障碍。

对于历史沿革涉及较多自然人股东的发行人，经办律师应当重点关注形成自然人股东的程序合规及是否有争议或潜在纠纷；入股/退股程序合规性，协议/付款凭证/工商登记齐备性；抽取一定比例访谈（《上海证券交易所科创板股票发行上市审核问答（二）》不再要求比例）。

需要中介机构核查并发表明确意见的有：股权变动真实性、程序合法性、是否存在代持、是否有争议/潜在纠纷；有争议或潜在纠纷的，应针对有关纠纷对控股股权权属清晰稳定的影响发表明确意见；涉及定向募集设立的，应以有权部门……确认意见（合规性、是否有争议或潜在纠纷）为依据。

其他常见问题（最近2年内主营业务和实际控制人、董事、高级管理人员及核心技术人员发生重大不利变化）将在本书后续章节内进一步讨论。

3. 整体改制需要注意的相关事项

对于拟IPO公司，改制（从有限责任公司变更为股份有限公司）是公司发展上市过程中的重要节点。这一过程主要是为实现以下两个目的：一是公司形式上，将偏重于人合性、股权不方便自由转让的有限责任公司变更为资合性更强、股份可以自由转让的股份有限公司，以满足上市的形式条件；二是规范运作上，通过审计、评估对有限责任公司阶段公司的资产、运营等状况进行总结梳理，清晰产权结构，并制定、执行三会制度以提升完善公司治理、内控和决策机制。

（1）企业整体改制原则

企业以上市为目的进行业务和资产重组，应遵循以下原则：形成清晰的业务发展战略目标，合理配置存量资源。突出主营业务，形成核心竞争力和持续发展的能力。避免同业竞争。改制后的股份公司与控股股东（发起人）或实际控制人及其全资、控股子公司应避免在公司主营业务方面存在同业竞争。重组中难免碰到利益权衡，要把握大的原则，为了上市需要牺牲一定利益。减少和规范关联交易。产权关系清晰，不存在法律障碍。具有完整的生产经营体系和独自面向市场的经营能力。

（2）企业改制注意事项

结合中国证监会审核要点和实践经验，拟在科创板上市的医药公司股份制改造中需要注意如下问题。

①公司整体改制时存在未弥补亏损，或者整体变更时不存在未弥补亏损，但因会计差错更正追溯调整报表而致使整体变更时存在未弥补亏损

中国证监会于2019年1月中旬发布的《发行监管问答——关于首发企业整体变更设立股份有限公司时存在未弥补亏损事项的监管要求》明确要求，在有限责任公司按原账面净资产值折股整体变更为股份有限公司时存在未弥补亏损；或者整体变更时不存在未弥补亏损，但因会计差错更正追溯调整报表而致使整体变更时存在未弥补亏损的拟IPO公司自完成整体变更的工商登记后运行满36个月方可进行申报。市场一直在关心这一则《发行监管问答——关于首发企业整体变更设立股份有限公司时存在未弥补亏损事项的监管要求》是否适用于科创板，上交所于《上交所问答》中给出了明确的答复。

根据《上交所问答》第13问规定，整体变更存在累计未弥补亏损，或者因会计差错更正追溯调整报表而致使整体变更时存在累计未弥补亏损的，发行人可以在完成整体变更的工商登记注册后提交发行上市申请文件，不受运行36个月的限制。

此外，针对部分科创公司因前期技术研发、市场培育等方面投入较大，在有限责任公司整体变更为股份有限公司前，存在累计未弥补亏损问题的，上交所也在《上交所问答》中确认发行人可以以不高于净资产金额折股，通过整体变更设立股份有限公司方式解决以前累计未弥补亏损，持续经营时间可以从有限责任公司成立之日起计算。

如果发行人存在上述情形，经办律师应对下述事项进行核查并发表核查意见：整体变更相关事项是否经董事会、股东会表决通过，相关程序是否合法合规，改制中是否存在侵害债权人合法权益情形，是否与债权人存在纠纷，是否已完成工商登记注册和税务登记相关程序，整体变更相关事项是否符合《公司法》等法律法规规定。

需要注意的是，发行人在整体变更为股份公司时，若其经审计的净资产值低于当时有限公司的注册资本，发行人可以在股改过程中通过减资的方式实现股份公司的注册资本低于原注册资本的操作。在A股IPO的申报中，东土科技（300353）等发行人曾经存在过类似情形，发行人律师除需核查申报主体整体变更的事项外，还应重点关注和核查发行人减资程序的合法合规情况、对发行人生产经营的影响以及是否存在被债权人追偿的潜在风险，通常从是否已履行编制资产负债表及财产清单、履行通知债权人和减资公告等程序合规入手，排除因程序缺失而对发行人造成实质不利影响。

【案例】烟台睿创微纳技术股份有限公司：整体变更时存在未弥补亏损

问题：

招股说明书披露，发行人在整体变更时存在未弥补亏损。2016年4月30日股改基准日，烟台睿创微纳科技股份有限公司（以下简称睿创有限）经华普天健审计的净资产为31,106.69万元，未分配利润为-4282.31万元，经信永中和复核，调减股改基准日未分配利润为854.44万元。

请保荐机构及经办律师对下述事项进行核查并发表明确意见：整体变更相关事项是否经董事会、股东会表决通过，相关程序是否合法合规，改制中是否存在侵害债权人合法权益情形，是否与债权人存在纠纷，是否已完成工商登记注册和税务登记相关程序，整体变更相关事项是否符合《公司法》等法律法规规定。

保荐机构和律师核查意见：

保荐机构和律师核查了睿创有限整体变更为发行人过程中的相关资料，包括睿创有限董事会及股东会会议文件、发行人创立大会文件、审计报告、发起人协议以及发行人就整体变更出具的说明。经核查，睿创有限整体变更为发行人过程合法合规，履行的程序如下：

整体变更事项经董事会、股东会审议通过。A. 2016年6月15日，睿创有限召开董事会，批准将公司变更为股份有限公司。B. 2016年6月16日，睿创有限召开股东会，同意以净资产折股的方式将睿创有限整体变更为股份有限公司。C. 2016年6月18日，发行人召开创立大会暨第一次临时股东大会，创立大会审议通过了关于发行人通过睿创有限整体变更设立的相关议案。D. 整体变更过程中履行了其他如下程序。

2016年6月15日，华普天健出具了审计报告（会审字〔2016〕3913号），根据该审计报告，确认截至2016年4月30日，睿创有限的净资产为31,106.69万元，未分配利润为-4282.31万元。

根据信永中和针对发行人在股改基准日的净资产情况出具的专项复核报告的内容，信永中和确认调减睿创有限2016年4月30日的未分配利润为854.44万元，调整后，股改时点净资产为30,511.86万元，并确认“上述事项对股改时出资情况未产生出资不实的影响”。2018年9月10日，发行人召开2018年第三次临时股东大会，本次会议审议通过了关于调整公司整体变更设立方案的议案，批准按照专项复核报告确认的净资产对发行人设立方案进行调整。

2016年6月16日，睿创有限全体股东签署了发起协议书，同意共同作为发起人，将睿创有限整体变更为股份有限公司。

2016年6月21日，华普天健出具验资报告（会验字〔2016〕4213号），验证各发起人认缴的发行人股本已足额缴纳。

2016年6月23日，原烟台市工商行政管理局批准发行人设立，并核发了营业执照。

根据发行人出具的说明，并经保荐机构和律师核查，睿创有限整体变更为发行人过程中不存在因改制导致的侵犯睿创有限债权人合法权益的情形，且不存在债权人因睿创有限改制引发与发行人存在纠纷和争议的情形。

保荐机构和律师认为，睿创有限整体变更为发行人的过程已经睿创有限董事会、股东会及发行人创立大会审议通过，与整体变更相关的其他程序合法、合规。

发行人的设立不存在侵害债权人合法权益的情形，亦不存在与债权人的纠纷。发行人的设立已经完成了工商、税务登记。发行人的设立过程及结果符合整体变更当时适用《公司法》及相关法律、法规的规定。

②无形资产评估及处理

拟在科创板上市企业，尤其是医药企业，均持有大量无形资产，而其竞争力也往往体现在无形资产，包括专利、商标、著作权及人才。在企业改制时，企业应当首先对无形资产进行清查，主要通过核查有关权证资料或者财务资料的真实性、可靠性和权威性，确定无形资产是否存在、存在的权益范围及尚存的收益年限等因素，以确保评估过程中可以根据每一项无形资产的权属、盈利能力、潜力，合理评定无形资产的价值。

对于与公司主营业务或主要产品相关联的无形资产（商标、专利等），在公司改制设立时应当随同进入股份公司，公司要做好相关商标注册人的名称变更工作。对于与主营业务或主要产品无关的无形资产，如果无必要，应当在获准发行前将资产处置相关的手续办理完毕，并在有关文件中充分披露无形资产的处置情况。

③发起人和股东资产或权利的投入

发行人股东投入的资产或权利应当履行法定的验资和评估程序。包括：

a. 企业整体改制为股份有限公司时，应当聘请有证券从业资格许可证的资产评估机构进行资产评估。

b. 以实物、知识产权、土地使用权等可以用货币估价并可以依法转让的非货币财产作价出资的，应当对作为出资的非货币财产评估作价，核实财产，不得高估或者低估作价。

c. 发行股份的股款缴足后，必须经依法设立的验资机构验资并出具证明。

发行人和中介机构应当确保发起人和股东投入的资产或权利已经交付给发行人，并根据资产和权利的特征和法律要求办理变更登记等手续。根据投入资产和权利性质的不同，有些需要交付，有些需要登记，有些需要交付和登记，有些则需要登记并获取证书。相关手续较为复杂琐碎，发行人和中介机构应当仔细核查并将有关资料留作工作底稿，保证发行人的注册资本已足额缴纳。

（二）公司治理——“三会”制度与约束机制①

A 股各上市板块之间都有关于公司治理的规范要求，但是具体到每个板块略有不同，经整理主要差异如表 4－67 所示：

表 4－67　主要差异

序号	事项	主板（中小板）	创业板	科创板
1	公司治理架构	发行人已依法建立健全股东大会、董事会、监事会、独立董事、董事会秘书制度，相关机构和人员能够依法履行职责	具有完善的公司治理结构，依法建立健全股东大会、董事会、监事会、独立董事、董事会秘书、审计委员会制度，相关机构和人员能够依法履行职责	具备健全且运行良好的组织机构，相关机构和人员能够依法履行职责

① 宋正奇，法学学士，锦天城律师事务所高级合伙人。

续表

序号	事项	主板（中小板）	创业板	科创板
2	特殊表决权安排	不允许特殊表决权，同股同权		允许存在表决权差异安排
3	董事、管理层及核心技术人员	最近3年内，董事、高级管理人员未发生重大变化	最近2年内，董事、高级管理人员未发生重大变化	最近2年内董事、高级管理人员及核心技术人员均没有发生重大不利变化
4	董事、监事和高级管理人员的禁止性规定	发行人的董事、监事和高级管理人员应当忠实、勤勉，具备法律、行政法规和规章规定的资格，且不存在下列情形： （1）被中国证监会采取证券市场禁入措施尚在禁入期的； （2）最近3年内受到中国证监会行政处罚，或者最近1年内受到证券交易所公开谴责的； （3）因涉嫌犯罪被司法机关立案侦查或者涉嫌违法违规被中国证监会立案调查，尚未有明确结论意见的		董事、监事和高级管理人员不存在最近3年内受到中国证监会行政处罚，或者因涉嫌犯罪被司法机关立案侦查或者涉嫌违法违规被中国证监会立案调查，尚未有明确结论意见等情形

企业在上市准备过程中，关于公司治理的核心要点在于股东大会、董事会和监事会议事规则的设置问题、董事、监事及高级管理人员的任职资格问题以及职工代表大会的设置问题，以下我们逐项展开讨论。

1. 股东大会、董事会和监事会议事规则

发行人应当建立健全股东大会、董事会、监事会和经理层制度，具有健全的股东大会、董事会、监事会的议事规则，形成权责分明、有效制衡的决策机制，以保障公司股东及投资人的合法权利和基本权益。发行人股东大会、董事会、监事会议事规则是否完善、合法，直接关系到发行人公司治理过程中是否具有完善、合法和可操作的行为准则。如果发行人的股东大会、董事会、监事会议事规则存在问题，必然会影响发行人的公司治理。

2019年4月17日，中国证监会对《上市公司章程指引》作出了修改，结合《上市公司治理准则》和上市公司治理实践，对股东大会召开、董事职务解除、董事会专门委员会设置、高管人员任职要求进行完善。拟在科创板上市企业在制定公司股东大会、董事会、监事会议事规则时应当特别注意相关制度是否符合修改后的《上市公司章程指引》的要求。

（1）发行人具有健全的组织机构

发行人应当建立股东大会、董事会、监事会，董事会下设战略委员会、审计委员会、薪酬与考核委员会以及提名委员会；董事会中应当有不少于1/3的独立董事；监事会应当包括股东代表和适当比例的职工代表，其中职工代表比例不得低于1/3，董事、高级管理人员不得兼任监事。

值得注意的是，修改后的《上市公司章程指引》① 允许股东大会在董事任期届满前解除其职务。此前，董事在任期届满以前，股东大会不能无故解除其职务。

另外，《上市公司章程指引》第107条增设“公司董事会设立审计委员会，并根据需要设立战略、提名、薪酬与考核等专门委员会。专门委员会对董事会负责，依照本章程和董事会授权履行职责，提案应当提交董事会审议决定。专门委员会成员全部由董事组成，其中审计委员会、提名委员会、薪酬与考核委员会中独立董事占多数并担任召集人，审计委员会的召集人为会计专业人士”。

对于作出表决权差异安排的公司，还应明确股东大会对以下事项行使表决权时，每一特别表决权股份享有的表决权数量应当与每一普通股份的表决权数量相同②：

a. 对公司章程作出修改；

b. 改变特别表决权股份享有的表决权数量；

c. 聘请或者解聘独立董事；

d. 聘请或者解聘为上市公司定期报告出具审计意见的会计师事务所；

e. 公司合并、分立、解散或者变更公司形式。

（2）发行人具有健全的股东大会、董事会、监事会议事规则，该议事规则是否符合相关法律、法规和规范性文件的规定

对于发行人的股东大会、董事会和监事会议事规则及规范运作，我国《公司法》《上市公司章程指引》《上市公司股东大会规则》《上市公司治理准则》等法

① 《上市公司章程指引》第96条第1款修改为：“董事由股东大会选举或者更换，并可在任期届满前由股东大会解除其职务。”

② 参见《科创板上市规则》第4.5.10条第1款的规定。

律法规均有明确的规定。另外，上交所也制定有《上海证券交易所股票上市规则》《上海证券交易所上市公司规范运作指引》《上海证券交易所上市公司董事会议事示范规则》《上海证券交易所上市公司监事会议事示范规则》等对公司上市及上市后的股东大会、董事会、监事会议事规则及规范运作有相应的规定。

（3）发行人历次股东大会、董事会、监事会的召开、决议内容及签署合法、合规、真实、有效

股东大会、董事会、监事会的召开、决议内容及签署应该做到程序和内容合法。违反有关规定而召开股东大会、董事会、监事会及决议将可能导致相应决议的无效或被撤销。因此，发行人股东大会、董事会、监事会的召开、决议内容及签署是否合法、合规、真实、有效，直接关系到相关决议的有效性，需特别注意。

此外，修改后的《上市公司章程指引》第 44 条删去了原规定中“其它方式”的表述，改为“公司还将提供网络投票的方式为股东参加股东大会提供便利”。这一条还增加了部分注释内容，“现场会议时间、地点的选择应当便于股东参加。发出股东大会通知后，无正当理由，股东大会现场会议召开地点不得变更。确需变更的，召集人应当在现场会议召开日前至少 2 个工作日公告并说明原因”。

（4）股东大会或董事会历次授权或重大决策等行为是否合法、合规、真实、有效

股东大会是公司的最高权力机构，董事会是股东大会的决策执行机构。尽管股东大会有部分事项的决定或组织实施权，但基于其自身机构性质、需要将部分工作授权董事会办理，必要时董事会也可授权个人办理董事会的部分工作。但是，股东大会、董事会的授权程序和内容必须符合法律规定。

2. 董事、监事及高级管理人员的任职资格

（1）一般要求

根据《公司法》第 146 条和《首次公开发行股票并上市管理办法》第 16 条的规定，有下列情形之一的，不得担任公司的董事、监事、高级管理人员：

a. 无民事行为能力或者限制民事行为能力；

b. 因贪污、贿赂、侵占财产、挪用财产或者破坏社会主义市场经济秩序，被判处刑罚，执行期满未逾 5 年，或者因犯罪被剥夺政治权利，执行期满未逾 5 年；

c. 担任破产清算的公司、企业的董事或者厂长、经理，对该公司、企业的破产负有个人责任的，自该公司、企业破产清算完结之日起未逾3年；

d. 担任因违法被吊销营业执照、责令关闭的公司、企业的法定代表人，并负有个人责任的，自该公司、企业被吊销营业执照之日起未逾3年；

e. 个人所负数额较大的债务到期未清偿；

f. 被中国证监会采取证券市场禁入措施尚在禁入期的；

g. 最近36个月内受到中国证监会行政处罚，或者最近12个月内受到证券交易所公开谴责；

h. 因涉嫌犯罪被司法机关立案侦查或者涉嫌违法违规被中国证监会立案调查，尚未有明确结论意见。

（2）对董事的其他要求

《上市公司章程指引》第96条第3款设置了对内部董事数量的限制：董事可以由经理或者其他高级管理人员兼任，但兼任经理或者其他高级管理人员职务的董事以及由职工代表担任的董事，总计不得超过公司董事总数的1/2。

（3）对独立董事的其他要求

①任职条件

a. 根据法律、行政法规及其他有关规定，具备担任上市公司董事的资格。

b. 具有《关于在上市公司建立独立董事制度的指导意见》所要求的独立性。

c. 具备上市公司运作的基本知识，熟悉相关法律、行政法规、规章及规则。

d. 具有5年以上法律、经济或者其他履行独立董事职责所必需的工作经验。

e. 不存在3年内受证券交易所公开谴责或两次以上通报批评的情形。

f. 不处于上交所认定不适合担任上市公司董事的期间。

a）曾任职独立董事期间，连续两次未出席董事会会议，或者未出席董事会会议的次数占当年董事会会议次数1/3以上；

b）曾任职独立董事期间，发表的独立意见明显与事实不符。

g. 公司章程规定的其他条件。

以会计专业人士身份被提名为独立董事候选人的，应具备较丰富的会计专业知识和经验，并至少符合下列条件之一：

a）具有注册会计师执业资格；

b）具有会计、审计或者财务管理专业的高级职称、副教授职称或者博士学位；

c）具有经济管理方面高级职称，且在会计、审计或者财务管理等专业岗位有5年以上全职工作经验。

②独立性要求

下列人员不得担任独立董事：

a. 在上市公司或者其附属公司任职的人员及其直系亲属、主要社会关系（直系亲属是指配偶、父母、子女等；主要社会关系是指兄弟姐妹、岳父母、儿媳女婿、兄弟姐妹的配偶、配偶的兄弟姐妹等）；

b. 直接或间接持有上市公司已发行股份1%以上或者是上市公司前10名股东中的自然人股东及其直系亲属；

c. 在直接或间接持有上市公司已发行股份5%以上的股东单位或者在上市公司前5名股东单位任职的人员及其直系亲属；

d. 在上市公司实际控制人及其附属公司任职的人员；

e. 为上市公司或者其附属公司提供财务、法律、咨询等服务的人员，包括提供服务的中介机构的项目组全体人员、各级复核人员、在报告上签字的人员、合伙人及主要负责人；

f. 在与上市公司及其控股股东或者其各自的附属公司具有重大业务往来的单位担任董事、监事或者高级管理人员，或者在该业务往来单位的控股股东单位担任董事、监事或者高级管理人员；

g. 最近1年内曾经具有前6项所列举情形的人员；

h. 公司章程规定的其他人员和上交所认定不具备独立性的人员；

i. 中国证监会认定的其他人员。

③任职时间和数量限制

独立董事每届任期与该上市公司其他董事任期相同，任期届满，可以连选连任，但是连任时间不得超过6年。独立董事应当确保有足够的时间和精力有效履行职责，原则上最多在5家上市公司兼任独立董事。

④专业性要求

具备上市公司运作的基本知识，熟悉相关法律、行政法规、部门规章及其他规范性文件，具有5年以上法律、经济、财务、管理或者其他履行独立董事职责所必需的工作经验，并已根据中国证监会《上市公司高级管理人员培训工作指引》（已失效）及相关规定取得独立董事资格证书。

⑤其他任职要求

a.《公务员法》关于公务员兼任职务的规定①；

b. 中纪委、中组部《关于规范中管干部辞去公职或者退（离）休后担任上市公司、基金管理公司独立董事、独立监事的通知》的规定②；

c. 中共中央纪委、教育部、监察部《关于加强高等学校反腐倡廉建设的意见》关于高校领导班子成员兼任职务的规定③。

（4）对监事的其他要求

董事、经理和其他高级管理人员不得兼任监事。

监事会应当包括股东代表和适当比例的公司职工代表，其中职工代表的比例不低于1/3。监事会中的职工代表由公司职工通过职工代表大会、职工大会或者其他形式民主选举产生。监事会成员不得少于3人。公司章程应规定职工代表在监事会中的具体比例。

（5）对高级管理人员的其他要求

《上市公司章程指引》第126条修改了高管人员的任职要求，将监事也纳入其中，同时删去了控股股东的限制，改为："在公司控股股东单位担任除董事、

① 《公务员法》第44条规定，公务员因工作需要在机关外兼职，应当经有关机关批准，并不得领取兼职报酬。

② 《关于规范中管干部辞去公职或者退（离）休后担任上市公司、基金管理公司独立董事、独立监事的通知》第2条规定，中管干部辞去公职或者退（离）休后3年内，不得到与本人原工作业务直接相关的上市公司、基金管理公司担任独立董事、独立监事，不得从事与本人原工作业务直接相关的营利性活动。中管干部辞去公职或者退（离）休后可以到与本人原工作业务不直接相关的上市公司、基金管理公司担任独立董事、独立监事。

第3条规定，中管干部辞去公职或者退（离）休后3年内按照规定担任上市公司、基金管理公司独立董事、独立监事的，必须由拟聘任独立董事、独立监事的公司征得该干部原所在单位党组（党委）同意，并由该干部原所在单位党组（党委）征求中央纪委、中央组织部意见后，再由拟聘任独立董事、独立监事的公司正式任命。中管干部辞去公职或者退（离）休3年后担任上市公司、基金管理公司独立董事、独立监事的，应由本人向其所在单位党组（党委）报告，并由其所在单位党组（党委）向中央组织部备案，同时抄报中央纪委。

③ 《关于加强高等学校反腐倡廉建设的意见》第9条中规定，学校党政领导班子成员应集中精力做好本职工作，除因工作需要、经批准在学校设立的高校资产管理公司兼职外，一律不得在校内外其他经济实体中兼职。确需在高校资产管理公司兼职的，须经党委（常委）会集体研究决定，并报学校上级主管部门批准和上级纪检监察部门备案，兼职不得领取报酬。学校党政领导班子成员不得在院系等所属单位违规领取奖金、津贴等；除作为技术完成人，不得通过奖励性渠道持有高校公司的股份。要加强对领导干部遵守党的政治纪律、贯彻落实科学发展观、执行民主集中制、遵守廉洁自律规定和执行党风廉政建设责任制等情况的监督。

监事以外其他行政职务的人员，不得担任公司的高级管理人员。”原第126条规定为：“在公司控股股东、实际控制人单位担任除董事以外其他职务的人员，不得担任公司的高级管理人员。”

3. 职工代表大会

根据《公司法》[①]和《企业民主管理规定》[②]的相关规定，职工代表大会是职工行使民主管理权力的机构，是企业民主管理的基本形式。因此上市公司除应当建立健全股东大会、董事会、监事会和经理层制度，还应根据相关法律法规设立职工代表大会，通过职工代表大会进行企业民主管理。

（1）职工代表大会的组成

企业可以根据职工人数确定召开职工代表大会或者职工大会。企业召开职工代表大会的，职工代表人数按照不少于全体职工人数的5%确定，最少不少于30人。职工代表人数超过100人的，超出的代表人数可以由企业与工会协商确定。[③]县级以下一定区域内或者性质相近的行业内的若干尚不具备单独建立职工代表大会制度条件的中小企业，可以通过选举代表联合建立区域（行业）职工代表大会制度，开展企业民主管理活动。

职工代表大会的代表由工人、技术人员、管理人员、企业领导人员和其他方面的职工组成。其中，企业中层以上管理人员和领导人员一般不得超过职工代表总人数的20%。有女职工和劳务派遣职工的企业，职工代表中应当有适当比例的

---

① 《公司法》第18条规定，公司职工依照《工会法》组织工会，开展工会活动，维护职工合法权益。公司应当为本公司工会提供必要的活动条件。公司工会代表职工就职工的劳动报酬、工作时间、福利、保险和劳动安全卫生等事项依法与公司签订集体合同。

公司依照宪法和有关法律的规定，通过职工代表大会或者其他形式，实行民主管理。

公司研究决定改制以及经营方面的重大问题、制定重要的规章制度时，应当听取公司工会的意见，并通过职工代表大会或者其他形式听取职工的意见和建议。

② 《企业民主管理规定》第3条规定，职工代表大会（或职工大会，下同）是职工行使民主管理权力的机构，是企业民主管理的基本形式。

企业应当按照合法、有序、公开、公正的原则，建立以职工代表大会为基本形式的民主管理制度，实行厂务公开，推行民主管理。公司制企业（以下简称公司）应当依法建立职工董事、职工监事制度。

企业应当尊重和保障职工依法享有的知情权、参与权、表达权和监督权等民主权利，支持职工参加企业管理活动。

③ 参见《企业民主管理规定》第8条第2款的规定。

女职工和劳务派遣职工代表。①

（2）职工代表的产生

企业应当根据职工人数和生产（行政）单位设置状况确定职工代表总数、划分选区、分配名额，进行职工代表的选举。职工代表人数应当按照企业全体职工人数的一定比例确定，具体比例和人数应当按照本企业职代会实施办法（细则）确定，或由企业与工会协商确定，但最少不得低于 30 人。②

职工代表应当以班组、工段、车间、科室等为基本选举单位由职工直接选举产生。规模较大、管理层次较多的企业的职工代表，可以由下一级职工代表大会代表选举产生。选举、罢免职工代表，应当召开选举单位全体职工会议，会议应有 2/3 以上职工参加。选举、罢免职工代表的决定，应经全体职工的过半数通过方为有效。③

（3）职工代表大会的任期

职工代表大会每届任期为 3 年至 5 年。具体任期由职工代表大会根据本单位的实际情况确定。职工代表大会因故需要提前或者延期换届的，应当由职工代表大会或者其授权的机构决定。④

（4）职工代表大会的职权⑤

职工代表大会行使下列职权：

①听取企业主要负责人关于企业发展规划、年度生产经营管理情况，企业改革和制定重要规章制度情况，企业用工、劳动合同和集体合同签订履行情况，企业安全生产情况，企业缴纳社会保险费和住房公积金情况等报告，提出意见和建议；审议企业制定、修改或者决定的有关劳动报酬、工作时间、休息休假、劳动安全卫生、保险福利、职工培训、劳动纪律以及劳动定额管理等直接涉及劳动者切身利益的规章制度或者重大事项方案，提出意见和建议。

②审议通过集体合同草案，按照国家有关规定提取的职工福利基金使用方案、住房公积金和社会保险费缴纳比例和时间的调整方案，劳动模范的推荐人选

① 参见《企业民主管理规定》第 9 条的规定。
② 参见中华全国总工会办公厅《关于规范召开企业职工代表大会的意见》第 6 条的规定。
③ 参见《企业民主管理规定》第 24 条、第 25 条的规定。
④ 参见《企业民主管理规定》第 10 条的规定。
⑤ 参见《企业民主管理规定》第 13 条、第 14 条的规定。

等重大事项。

③选举或者罢免职工董事、职工监事，选举依法进入破产程序企业的债权人会议和债权人委员会中的职工代表，根据授权推荐或者选举企业经营管理人员。

④审查监督企业执行劳动法律法规和劳动规章制度情况，民主评议企业领导人员，并提出奖惩建议。

⑤公司研究决定改制以及经营方面的重大问题、制定重要的规章制度。①

⑥法律法规规定的其他职权。

国有企业和国有控股企业职工代表大会除以上规定行使职权外，行使下列职权：

①听取和审议企业经营管理主要负责人关于企业投资和重大技术改造、财务预决算、企业业务招待费使用等情况的报告，专业技术职称的评聘、企业公积金的使用、企业的改制等方案，并提出意见和建议。

②审议通过企业合并、分立、改制、解散、破产实施方案中职工的裁减、分流和安置方案。

③依照法律、行政法规、行政规章规定的其他职权。

（5）职工代表大会的出席和决议

职工代表大会每年至少召开一次。职工代表大会全体会议必须有 2/3 以上的职工代表出席。②

职工代表大会选举和表决相关事项，必须按照少数服从多数的原则，经全体职工代表的过半数通过。对重要事项的表决，应当采用无记名投票的方式分项表决。③ 职工代表大会在其职权范围内依法审议通过的决议和事项具有约束力，非经职工代表大会同意不得变更或撤销。企业应当提请职工代表大会审议、通过、决定的事项，未按照法定程序审议、通过或者决定的无效。④

（6）职工董事和职工监事制度

董事会和监事会中的职工代表由公司职工通过职工代表大会、职工大会或者

① 参见《公司法》第 18 条第 3 款中的规定。
② 参见《企业民主管理规定》第 17 条的规定。
③ 参见《企业民主管理规定》第 20 条的规定。
④ 参见《企业民主管理规定》第 21 条的规定。

其他形式民主选举产生。① 公司应当依法在公司章程中明确规定职工董事、职工监事的具体比例和人数。

职工董事、职工监事候选人由公司工会根据自荐、推荐情况，在充分听取职工意见的基础上提名，经职工代表大会全体代表的过半数通过方可当选，并报上一级工会组织备案。工会主席、副主席应当作为职工董事、职工监事候选人人选。公司高级管理人员和监事不得兼任职工董事；公司高级管理人员和董事不得兼任职工监事。

（三）独立性——业务体系与完整性评价②

独立性一直是 A 股上市中的实质性条件。

2016 年以前，独立性的要求是公司首次公开发行的条件之一，《首次公开发行股票并上市管理办法》《首次公开发行股票并在创业板上市管理办法》均规定了业务独立、资产独立、财务独立、机构独立、人员独立的“五独立”要求。

2016 年以后，修订后的《首次公开发行股票并上市管理办法》《首次公开发行股票并在创业板上市管理办法》不再将“五独立”作为发行条件，但是仍然要求拟上市公司在招股说明书中披露已达到发行监管对公司独立性的基本要求。具体到配套修改的《公开发行证券的公司信息披露内容与格式准则第 1 号——招股说明书》（2015 年修订）及《公开发行证券的公司信息披露内容与格式准则第 28 号——创业板公司招股说明书》（2015 年修订）中，对公司独立性的基本要求仍然围绕“五独立”的要求。中国证监会将独立性从发行条件中删除，只不过是监管上越来越强调以信息披露为导向，监管审核不对独立性作判断，而由中介机构承担核查责任，根据发行人充分披露的信息加以判断。

2019 年科创板正式推出并发布了相关配套制度，其中《公开发行证券的公司信息披露内容与格式准则第 41 号——科创板公司招股说明书》第 62 条中同样规定了“五独立”的要求。

科创板对于公司独立性的要求与 A 股主板、创业板是一脉相承的，现以科创板为例对 A 股上市过程中的独立性问题展开讨论。

---

① 参见《公司法》第 108 条第 2 款、第 117 条第 2 款的规定。

② 宋正奇，法学学士，锦天城律师事务所高级合伙人。

1. 业务体系支持独立经营

根据《公开发行证券的公司信息披露内容与格式准则第 41 号——科创板公司招股说明书》第 62 条第 5 项的规定，发行人应当披露其业务方面满足独立性的基本要求。发行人的业务应当独立于控股股东、实际控制人及其控制的其他企业，与控股股东、实际控制人及其控制的其他企业间不存在对发行人构成重大不利影响的同业竞争，以及严重影响独立性或者显失公平的关联交易。

与主板、创业板的规定相比较，科创板对于业务独立性方面的要求在同业竞争问题上存在一些差异。主板和创业板要求发行人与控股股东、实际控制人及其控制的其他企业间不存在同业竞争，而科创板则要求发行人与控股股东、实际控制人及其控制的其他企业间不存在对发行人构成重大不利影响的同业竞争。关于同业竞争存在合理性以及关联交易的审核要点将在本书中展开讨论，此处不再赘述。

在业务独立性方面，除了关注控股股东、实际控制人及其控制的其他企业对发行人的影响外，还应当关注发行人的客户集中度。对于发行人客户集中的情况，需关注是否有充分的证据表明发行人采用公开、公平的手段或方式独立获取业务；发行人与重大客户是否存在关联关系，发行人的业务获取方式是否影响独立性，发行人是否具备独立面向市场获取业务的能力。① 客户集中对于企业发展一定会存在不确定性的风险，但是如果是基于合理原因（如行业特点等）造成的客户集中，不会对发行人的首发上市造成障碍。中介机构应当特别关注非因行业原因造成的客户集中，因为这往往可能存在关联方隐匿、独立性问题。

【相关案例】

①威高骨科（科创板上市公司，股票代码：688161）——关联销售与关联方客户重合对业务独立性的影响

威高骨科是从香港上市公司威高股份（股票代码：01066. HK）分拆上市的子公司，与威高股份或其上层股东威高集团存在一定程度的关联交易和重合客户的情况。其中，威高骨科对于威高集团的销售比例在报告期 3 年均达到了 5% 以上。2017 年至 2019 年，威高集团均是发行人的第一大客户。同时，威高骨科与

---

① 参见《上海证券交易所科创板股票发行上市审核问答（二）》第 12 问中的规定。

实际控制人控制的其他企业（包括威高股份）重合客户收入占比超过了20%。

报告期内，发行人对威高股份销售主要系透过威高股份，以配送模式对终端医院进行相关产品销售。由于威高股份相关产品已在相关终端医院销售，威高股份在上述医院已具备结算户头，故其作为母公司将发行人产品配送至上述医院。报告期内，销售金额不断扩大，主要是因为市场认可度不断提高，终端医院对于其产品需求持续增加。虽然报告期内发行人向实际控制人控制的其他企业的关联销售金额逐年上升，但占发行人收入的比例较小，2020年以来，发行人积极采取相关措施降低关联销售金额，切实降低了实际控制人控制的其他企业对于发行人销售的影响。由此，发行人及中介机构认为，关联销售不会对发行人的独立性构成重大不利影响。

报告期内，发行人与关联方重合客户的情况主要分为三类，即重合直销医院、重合配送商、重合经销商。

关于重合直销医院：威高股份主要从事一次性医疗器械的研发、生产及销售，其终端客户与发行人的终端客户均为医院，发行人与威高股份不可避免地存在部分直销医院重合；但发行人主要产品为骨科植入物医疗器械，与威高股份主要产品一次性医疗器械完全不同，相关产品对应的主要科室、临床用途等均存在本质差异，相关直销医院重合情形具备商业原因及业务合理性。对于直销医院，尽管受行业特点影响存在直销医院重合的情形，但是直销医院独立采购骨科医疗器械，不存在利用实际控制人、控股股东及其控制企业的直销医院销售渠道的情形。

关于重合配送商：针对配送模式，终端医院一般只通过选定的少量具备相关资质的配送商采购医疗器械，部分终端医院的配送商配送范围涵盖多类医疗器械产品，存在发行人与威高股份通过同一配送商结算户头将产品销售至终端医院的情形，相关配送商重合情形具备商业原因及业务合理性。对于配送商，终端医院一般只通过选定的具备相关资质的配送商采购医疗器械，配送商主要承担与终端医院沟通需求和结算、与发行人开具发票及结算职能，发行人产品的渠道开发、客户维护及产品使用过程中的专业配套服务由发行人营销团队及其聘请的第三方服务商开展，渠道由发行人维护和控制，不存在利用实际控制人、控股股东及其控制企业的配送商销售渠道的情形。

关于重合经销商：除少部分大型医药流通企业因具备部分终端医院多类医疗

器械经销资格，存在相关重合经销情形外，报告期内，大部分重合经销商在经销品类上均存在明显的主次区分，一般会侧重于某一特定大类医疗器械业务，对于其他大类的医疗器械则以配合终端医院零星需求进行少量销售为主。对于发行人收入金额较大的重合经销商，发行人有独立的销售团队进行开发和维护，不属于发行人利用实际控制人、控股股东及其控制企业的配送商销售渠道的情形；对于发行人收入金额较小，而对实际控制人、控股股东及其控制企业收入贡献较大的重合经销商，存在发行人产品由相关经销商根据终端医院零星需求进行少量销售的情形，报告期各期、金额和占比较小，对发行人销售独立性不构成重大不利影响。

发行人与实际控制人控制的其他企业重合原因也基本与前述三种情况类似。发行人说明，受行业特点影响，发行人与威高股份、实际控制人控制的其他企业存在客户重合情形，与心脉医疗、三生国健等其他医疗行业上市公司相关情形不存在重大差异，具有商业原因和业务合理性。基于上述，发行人及中介机构认为，对于重合客户，仅有利用实际控制人控制的企业的重要经销商进行零星销售的情形，金额和占比较小，对发行人经营业绩不存在实质影响，对发行人销售独立性不构成重大不利影响。

由此可见，关联销售以及关联方客户重合的情况如果存在合理理由（如行业特点影响），并且发行人的销售对实际控制人、控股股东及其控制的其他企业不存在重大依赖，不存在通过关联销售调解利润或进行利益输送的情况，那么不会影响发行人的业务独立性，也不会对上市构成重大不利影响。这就需要中介机构结合发行人及其所处行业的实际情况作出审慎分析判断。

②上海谊众（科创板上市公司，股票代码：688091）——独立性与消除潜在同业竞争

发行人上海谊众的核心产品是注射用紫杉醇聚合物胶束，其实际控制人为周某，而凯宝药业（创业板上市公司，股票代码：300039）为发行人的第二大股东。凯宝药业持有发行人2020年前五大供应商之一的歌佰德25%的股权，发行人实际控制人周某通过爱珀尔持有20.25%的股权，分别为歌佰德第一大、第二大股东。同时，发行人的实际控制人周某，多位董事、监事和高级管理人员，核心技术人员曾任职于歌佰德，并曾主持歌佰德的新药临床试验。后因缺乏资金，歌佰德2018年4月以来一直处于停业状态。报告期内，歌佰德向发行人提供蒸

汽和污水处理服务。上海谊众科创板上市审核中，上交所着重问询了发行人与关联企业歌佰德之间的独立性和同业竞争问题。

对于歌佰德是否影响发行人的独立性，发行人及中介机构从以下几个方面对上交所进行了回复：

a. 梳理歌佰德技术来源及技术差异，说明业务独立性

歌佰德技术主要是“注射用度拉纳明”的临床试验及相关的 2 项发明专利。该等技术最初由上海恰尔持有，核心专利技术主要来源于第二军医大学、华东理工大学及王某（第二军医大学教师）。上海恰尔经营恶化前，周某主持了注射用度拉纳明的临床试验及商业化生产线建设，发行人多名核心技术人员参与了注射用度拉纳明临床试验及商业化生产建设工作，但实质上并非周某等的研发成果。2011 年，上海恰尔与债权人之间诉讼导致上海恰尔的技术成果进入司法拍卖。为了能够继续进行临床试验，周某与其他投资者共同组建了歌佰德。歌佰德通过法院拍卖方式购买了注射用度拉纳明及专利技术。

同时，发行人及中介机构详细披露了发行人与歌佰德产品的差异性，歌佰德主要产品度拉纳明为生物制品，发行人主要产品紫杉醇聚合物胶束为化学药物，两者Ⅲ期临床试验及拟上市注册的适应症虽然均为非小细胞肺癌，但两者在生产工艺、作用机制等方面存在较大差异。

b. 梳理蒸汽及污水处理服务形成历史，采取措施逐步停止关联服务采购

因发行人与歌佰德地理位置相邻，发行人向歌佰德采购蒸汽、污水处理服务。发行人及中介机构认为，报告期内采购量较少，采购价格公允，关联交易情况已经履行了发行人董事会、股东大会确认程序，对发行人的独立性不产生重要影响。同时，发行人采取了与第三方非关联公司签署蒸汽供应合同，自建污水处理站的措施，以减少关联交易的发生。

根据环境保护相关的法律法规规定，如果排污不达标，环保部门有权责令发行人停止生产。如歌佰德不能提供污水处理服务，发行人的生产势必会产生极大的负面影响。因此，发行人采取自建污水处理设施等措施是必要的。

c. 梳理人员任职情况，说明机构和人员独立性

发行人及中介机构梳理了实际控制人、董事、监事和高级管理人员及核心技术人员曾经在歌佰德的任职情况并做了逐一披露，说明目前该等人员均已经专职在发行人处任职。

d. 梳理设备使用情况，说明资产独立性

发行人及中介机构梳理了歌佰德产线主要设备及使用情况，说明歌佰德2018年4月停业至今，其产线独立建设，发行人不存在与歌佰德共用设备的情况。

同时，发行人及中介机构强调了歌佰德与发行人不属于同一控制下，歌佰德即使重新开启临床试验，也需要5年以上才能上市销售，发行人与歌佰德目前不存在同业竞争。

然而，在本案例中，发行人与歌佰德之间存在诸多交集，包括大股东、董事、监事、高级管理人员、核心技术人员的任职、地理位置相邻等情形，特别是产品适应症相同的情形，上述回复仍无法消除发行人与歌佰德潜在的同业竞争问题。在第四轮反馈中，歌佰德股东会审议通过了歌佰德提前解散并注销的议案。发行人、上海凯宝、爱珀尔、通过爱珀尔间接持有歌佰德权益的发行人员工等相关主体同时作出了一系列避免同业竞争和避免影响发行人独立性措施的承诺，包括如未来歌佰德进行资产处置或清算，将不以任何形式承接任何与注射用度拉纳明相关的专利、技术、临床批文、已有的临床试验结果、商标等无形资产和技术，歌佰德的注射用度拉纳明将无使用价值，再无继续进行研发的可能。发行人最终还是采用了注销关联方的方式彻底解决业务独立和同业竞争问题。

2. 资产独立且完整

根据《公开发行证券的公司信息披露内容与格式准则第41号——科创板公司招股说明书》第62条第1项的规定，发行人应当披露其资产完整方面满足独立性的基本要求。生产型企业应当具备与生产经营有关的主要生产系统、辅助生产系统和配套设施，合法拥有与生产经营有关的主要土地、厂房、机器设备以及商标、专利、非专利技术的所有权或者使用权，具有独立的原料采购和产品销售系统；非生产型企业应当具备与经营有关的业务体系及主要相关资产。

发行人存在租赁控股股东、实际控制人房产或者商标、专利、主要技术情况的，应当结合相关资产的具体用途、对发行人的重要程度、未投入发行人的原因、租赁或授权使用费用的公允性、是否能确保发行人长期使用、今后的处置方案等，充分论证该等情况是否对发行人资产完整和独立性构成重大不利影响，充分做好信息披露和风险揭示。①

① 参见《上海证券交易所科创板股票发行上市审核问答（二）》第7问中的规定。

【相关案例】

海尔生物（科创板上市公司，股票代码：688139）——控股股东授权使用资产的独立性要求

海尔生物科创板上市申报过程的六轮问询中，上交所反复关注了海尔生物是否满足独立性要求、独立于控股股东海尔集团及其控制的其他公司的问题。报告期内，发行人向海尔集团及其控制的其他企业租赁房屋，用于生产、研发和销售，海尔集团曾与发行人共有专利，并授权发行人使用核心商标及其管理系统。上交所关注发行人是否符合业务、资产独立性的要求，包括共有专利权的处置、授权商标使用的明确保障、共用业务系统对发行人的重要性等事项。发行人详细说明了核心专利已经均由发行人独立享有所有权和使用权，不存在与海尔集团技术互通的情形；详细说明了关于商标持续、无偿使用的保障措施；详细说明了使用部分海尔集团业务系统的数据隔离情况以及核心业务系统自建情况；详细说明了房产租赁情况对资产独立性不存在重大不利影响；详细说明了关联交易及同业竞争情况，最终排除了上交所对于公司独立性的顾虑。

由此可见，在发行人存在租赁控股股东房产、使用控股股东商标、业务系统的情况时，如果发行人的共用资产能够稳定且具有保障不会使控股股东影响发行人的业务，那么共用资产不会影响发行人的资产独立性；在发行人存在与控股股东共有技术的情况时，发行人的核心技术不存在与控股股东互通，发行人的生产、销售、采购等均具有独立面向市场的能力，那么共有技术不会影响发行人的独立性。如果与控股股东共有的技术是发行人的核心技术，则会影响发行人的独立性，特别是选择在科创板上市的公司，科创属性的论证至关重要。如果发行人存在与控股股东共有核心技术的情况，势必会让审核人员和投资者对发行人的独立研发能力质疑。

3. 财务独立

根据《公开发行证券的公司信息披露内容与格式准则第41号——科创板公司招股说明书》第62条第3项的规定，发行人应当披露其财务方面满足独立性的基本要求。发行人应当已建立独立的财务核算体系、能够独立作出财务决策、具有规范的财务会计制度和对分公司、子公司的财务管理制度；发行人未与控股股东、实际控制人及其控制的其他企业共用银行账户。

【相关案例】

①康得新（中小板上市公司，股票代码：002450）——存在银行账户实施归集交易的财务不独立情形

2019年7月6日，康得新发出《关于收到中国证监会行政处罚事先告知书的公告》（以下简称《事先告知书公告》）。《事先告知书公告》中披露康得新控股股东康得投资集团有限公司（以下简称康得集团）于2014年与北京银行股份有限公司（以下简称北京银行）西单支行签订了现金管理服务协议，对康得集团控制的下属公司在北京银行西单支行开立的银行账户进行统一管理，将协议下子公司账户资金实时归集到康得集团北京银行西单支行银行卡尾号为3258账户，如需付款再从母账户下拨。各子账户实际余额为0，但北京银行西单支行提供的银行对账单上不显示母子账户间自动上存下划等归集交易，显示余额为累计上存金额扣减下拨金额后的余额。中国证监会认为，该等归集交易实际上为康得集团非经营性占用康得新资金的行为，构成康得新与康得集团之间的关联交易。上述归集交易也违反了上市公司财务独立的要求，存在变相与控股股东共用银行账户的情形。

②海尔生物（科创板上市公司，股票代码：688139）——集团财务公司统筹管理资金不符合财务独立性要求

除了资产独立性，上交所还关注了海尔生物与其控股股东的财务独立性。发行人与海尔集团财务公司之间存在业务往来，公司报告期内主要通过海尔集团财务公司进行员工工资发放并开展部分业务结算。上交所关注发行人利用财务公司发放员工工资、开展部分业务结算、与财务公司开展存贷款业务对发行人财务独立性是否构成了重大不利影响，相关风险是否已揭示，发行人采取了何种措施减少相关风险，今后是否继续开展，发行人是否需要采取整改措施等事项。发行人在前两轮反馈中说明了开展业务的具体情况，公司的制度约束，与财务公司的协议约束等情况，但是并不能打消上交所审核人员的顾虑。在第三轮反馈中，发行人将其与海尔集团财务公司的账户全部予以注销，且承诺未来不再通过海尔集团财务公司开展任何金融服务业务。由此可见，与上文康得新一案类似，大型集团通过集团财务公司或其他金融机构统筹管理集团资金的做法是不满足监管要求的。

4. 机构与人员独立

根据《公开发行证券的公司信息披露内容与格式准则第 41 号——科创板公司招股说明书》第 62 条第 2 项、第 4 项的规定，发行人应当披露其机构与人员方面满足独立性的基本要求。机构独立方面，发行人应当已建立健全内部经营管理机构、独立行使经营管理职权，与控股股东和实际控制人及其控制的其他企业间不存在机构混同的情形；人员独立方面，发行人的总经理、副总经理、财务负责人和董事会秘书等高级管理人员不得在控股股东、实际控制人及其控制的其他企业中担任除董事、监事以外的其他职务，不得在控股股东、实际控制人及其控制的其他企业领薪；发行人的财务人员不得在控股股东、实际控制人及其控制的其他企业中兼职。

机构独立问题在拟上市企业中比较少见，对于与控股股东合署办公等机构混同的情形是较易被发现并纠正的。而人员独立性的核查是一个庞杂却又需要非常细致的工作，其核查范围不仅包括发行人的人员，还包括控股股东、实际控制人及其控制的其他企业的人员，有时根据实质重于形式的原则还需要扩展到实际控制人的非关联方亲属或者公司其他关联方。

【相关案例】

①之江生物（科创板上市公司，股票代码：688317）——控股股东共用财务部门及人员的整改

之江生物上市审核过程中，上交所关注到之江生物曾经与控股股东共用财务部门及人员的情况。主要表现为，因发行人控股股东之江药业主营业务为对外投资，财务核算较为简单，报告期初（2017 年 6 月前）发行人部分财务人员曾代控股股东进行财务核算，2019 年 6 月之前控股股东财务事项由发行人总经理邵某进行审批。该等情况已经在 2017 年 6 月和 2019 年 6 月后进行了整改。发行人说明整改完成后，发行人已经符合机构及人员独立的要求。

该案例的情况在拟上市的企业中非常普遍，许多拟上市企业的控股股东往往是实际控制人为了持有拟上市企业股权而历史上形成或者专门设立的控股公司。该等控股公司的业务和财务核算都非常简单。因此，在上市筹划前，该等控股公司往往使用拟上市企业的财务部门及人员。虽然，这种情况非常普遍，但拟上市企业及其实际控制人、控股股东仍应当重视该问题的整改。

②嘉元科技（科创板上市公司，股票代码：688388）——高级管理人员曾在关联方缴纳社保、公积金

在首轮问询中嘉元科技被问及董事长兼总经理廖某在报告期内存在在关联方缴纳社保、公积金的事宜，要求发行人说明廖某在关联企业的具体任职及薪酬情况。在详细核查高级管理人员银行流水、与关联方资金往来确认不存在领薪情况后，未构成人员独立性的问题。

在核查人员独立性时，往往重视从发行人出发，调取发行人的社保、公积金缴纳清单。但是，人员的独立性问题往往存在复杂和隐蔽的安排。从该案例可以看出，如果有必要，也需要重视相关人员的个人流水，从控股股东、实际控制人及其控制的其他企业调取相关工商、社保、公积金、工资流水等资料，以相互印证。

（四）关联交易与同业竞争①

1. 关联方的认定及关联交易的审核关注点

（1）关联方认定及关联交易披露在 IPO 审核中的重要性

关联方的准确认定，直接影响关联交易披露的准确性和完整性。因此，在 IPO 申报过程中，要求发行人及中介机构严格依照相关法律、法规和规范性文件，以及企业会计准则、上市规则的具体关联方认定标准对发行人的关联方作出真实、准确、完整的披露，相关关联方认定规则在后文将详细列示。

此外，我们注意到在诸多被否案例中，发行人通常会基于操纵利润、粉饰业绩、逃避税负等不同目的而刻意设计或隐藏一些关联方，而这些刻意被隐藏的关联方实质上是发行人控股股东、实际控制人所实际控制的，只是披上了一层“无关联关系第三方”的外衣。② 要在尽调过程中发现这些“无关联关系第三方”，除了需要中介机构做到勤勉尽责外，还需要多多研究案例，积累较为丰富的“刑侦”经验。我们在后文中将结合相关案例对关联方的核查方式进行详细阐述。

参照《科创板上市规则》第 7. 2. 2 条的规定，关联交易是指发行人及其合并报表范围内的子公司与发行人关联方之间发生的交易，包括购买或出售资产、对外投资（购买银行理财产品的除外）、转让或受让研发项目、签订许可使用协议、

---

① 吴旭日，法律硕士，锦天城律师事务所合伙人。

② 参见赵旭东：《公司治理中的控股股东及其法律规制》，载《法学研究》2020 年第 4 期。

提供担保、租入或者租出资产、委托或者受托管理资产和业务、赠与或者受赠资产、债权债务重组、提供财务资助及日常经营范围内发生的可能引致资源或义务转移的事项等。

发行人在经营过程中，为提高企业的经营效率会优先和“自己人”做生意，这是因为发行人与关联方之间由于存在关联关系，互相之间较为熟悉，与一般商业交易相比，可以节约关系开发、维护等各个环节的交易成本，因此，关联交易通常是企业发展过程中基于交易的便利性而自然形成的。但由于是“自己人”，在上市准备和申报过程中，在满足发行上市条件的利益驱动下，发行人与关联方之间更便于通过交易对发行人进行利益输送，为发行人代垫成本、粉饰业绩、逃避税负等不正当行为披上了合法交易的外衣，而显失公平的关联交易在上市后会严重损害发行人及发行人其他非关联股东特别是中小股东、债权人的利益。① 因此，关联交易的公允性、合法性、必要性历来是IPO项目的关注点之一。后文将对关联交易的审核关注要点进行详细说明。

（2）关联方的认定

①法规综述

根据中国证监会《关于进一步提高首次公开发行股票公司财务信息披露质量有关问题的意见》的规定，发行人及各中介机构应严格按照《企业会计准则》、《上市公司信息披露管理办法》和证券交易所颁布的相关业务规则的有关规定进行关联方认定，充分披露关联方关系及其交易。因此，发行人首次公开发行股票并在境内A股上市关联方认定主要适用的法律法规如表4－68所示：

表4－68　主要法律法规

序号	规范名称	发布年份	相关条款	是否有效
1	《公司法》（2018年修正）	2018	第124条	有效
2	《企业会计准则第36号——关联方披露》（以下简称《企业会计准则36号》）	2006	全文	有效

① 参见中国证券监督管理委员会：《证监会通报上半年案件办理情况》，载中国证监会网，http：//www.csrc.gov.cn/pub/newsite/zjhxwfb/xwdd/202008/t20200807_381308.html，最后访问日期：2023年3月26日。

续表

序号	规范名称	发布年份	相关条款	是否有效
3	《〈企业会计准则——关联方关系及其交易的披露〉问题解答》（以下简称《企业会计准则解答》）	2000	全文	有效
4	《上市公司信息披露管理办法》	2021	第41条、第54条、第64条	有效
5	《上海证券交易所股票上市规则》（2022年1月修订）	2022	第6章第3节　关联交易	有效
6	《科创板上市规则》	2020	第7章第2节　关联交易	有效
7	《深圳证券交易所股票上市规则》（2022年修订）	2022	第6章第3节　关联交易	有效
8	《深圳证券交易所创业板股票上市规则》（2020年12月修订）	2020	第7章第2节　关联交易	有效
9	《上海证券交易所上市公司自律监管指引第5号——交易与关联交易》	2022	全文	有效
10	《深圳证券交易所上市公司自律监管指引第7号——交易与关联交易》	2022	全文	有效

②“实质重于形式”原则的理解

《企业会计准则》明确指出，在判断是否存在关联方关系时，应当遵循实质重于形式的原则，如即使发行人对参股公司持股比例低于20%，但是发行人对参股公司有人事任免权，则视为对参股公司有重要影响，那么基于实质重于形式的原则，应将参股公司认定为关联方。

鉴于关联关系的复杂性和隐蔽手段的多样性，法律、法规或相关规范性文件实难对关联方及关联关系的认定情形完全覆盖，当前监管机构出台文件界定/监管的路径基本上以“主要情形罗列＋适用兜底原则”的模式呈现。目前，《上市规则》也基本上是在列举关联法人和关联自然人的具体认定情形后设立“兜底条款”，规定“中国证监会、本所或者上市公司根据实质重于形式的原则认定的其他与上市公司有特殊关系，可能造成上市公司对其利益倾斜的自然人”。

“实质重于形式”的概念最早出现在美国会计原则委员会（APB）于1970年发布的第四号公告——“基本概念与会计原则”中。APB认为，财务会计应该强调交易或事项的经济实质，而不论该交易或事项的法律形式是否不同于其经济实质。[①] 财政部2006年颁布的《企业会计准则》中与国际会计惯例接轨，增加了“实质重于形式”的原则，规定其为企业进行会计核算应当遵守的基本原则之一。[②] 在此之前，《企业会计准则》的具体准则的修订中就已经有颇多内容体现了该基本原则。上交所与深交所亦在2004年对相关上市规则的修订中在关联方认定规则中增加了“实质重于形式”的原则，延续至今。

“实质重于形式”原则包含了以下含义：其一，该原则的范围包含潜在关联方，发行人在认定关联方时不能仅聚焦于已经存在交易的主体。其二，适用该原则认定关联方应当关注已有交易、事项或潜在交易、事项是否已经或可能导致公司利益倾斜、价值转移。

需要注意的是，实务中相当大一部分的上市造假也是通过实质上的关联方完成的，如通过股权代持、形式持股比例较低但实质有重大影响等方式隐匿关联方通常比较隐蔽，较难被发现，但并非无迹可寻。可以采取的发现手段包括但不限于对发行人的客户、供应商的背景审查，对异常交易、大额债权债务互抵等事项进行审查等。因此中介机构应当在尽调过程中仔细、审慎、全面地进行调查，时刻秉持“实质重于形式”的原则，以避免发行人通过关联方非关联方而规避关联交易核查，防止发行人通过关联交易发生调整利润、粉饰业绩、损害中小股东利益等情形，同时也是为了更好地降低中介机构的执业风险。

（3）核查隐蔽关联方的技巧、方式

①隐蔽关联方特征

我们在项目尽调过程中，要想更高效地核查出发行人刻意隐藏的关联方，必须了解这些“嫌疑人”的基本特征。根据我们的实务经验，隐蔽关联方一般存在如下特征：曾经与发行人或其主要控制人、关键管理人员（含离职）等存在关联关系；该等主体的注册地址或办公地址与发行人或其集团成员在同一地点或较为

---

① 参见许香兰：《实质重于形式原则及其在会计上的应用》，载《财政研究》2002年第7期。

② 参见窦艳丽：《浅谈“实质重于形式”原则在财务会计中的应用》，载《山西财经大学学报》2010年第S期。

接近的位置；该等主体的网站地址或其 IP 地址、邮箱域名等与发行人或其集团成员相同或相似；该等主体的名称与发行人或其集团成员名称相似；该等主体的主要控制人、关键管理人员或购销等关键环节的员工姓名结构与发行人管理层或行政管理人员相近；该等主体和发行人之间的交易与其经营范围不相关，比如技术服务费；互联网难以检索到该等主体的相关资料；长期拖欠发行人款项，但发行人仍继续与其交易；是发行人新增的重要客户或重要供应商，且注册后占比较大。

②识别和发现隐蔽关联方的方式

基于对上述隐蔽关联方的外在特征的掌握，我们在尽调过程中，可以针对所发现的重点“嫌疑人”进行相关核查，具体的核查方式主要有如下几个方面：

第一，实际控制人、董事、监事、高级管理人员、财务人员流水核查。

第二，关注企查查中“疑似关系”一栏中联系方式的关联；重点关注联系电话相同的情形。此外，若联系地址相同，可至百度搜索中查看相关地址的命名。如我们在某项目尽调过程中，核查发行人供应商相关信息时，发现高德地图中该供应商的名称显示为“发行人二厂”。

第三，调阅关联法人/客户供应商的工商登记资料；不仅需关注工商登记资料的主要信息如股东、董事、监事、高级管理人员等信息，还需关注办理工商变更的人员、联络人是否是发行人的员工，工商登记资料中所留的电话号码是否和发行人的电话号码重复或相似。

第四，对发行人主要客户、供应商的董事、监事和高级管理人员进行核查，检索是否为发行人的员工、前员工或专利发明人所投资、任职。如发现发行人客户的实际控制人为发行人前员工，需要根据重要性原则判断是否应当将相关公司认定为关联方。从避免审核风险的角度来看，即使未将前员工公司列为关联方，也应当将相关交易视同关联交易进行审查。

第五，对于实际控制人等重要自然人或可疑的自然人，可以通过调阅户口簿或走访其户籍所在地的公安部门查询调查等。

第六，调阅董事、监事、高级管理人员、实际控制人及其他关键管理人员个人的征信报告。关注上述自然人是否存在对外担保；关注上述自然人是否存在大额银行借款及上述资金用途和资金流向。若征信报告存在其他异常信息，需以异常信息为线索进行充分尽调，以识别未发现的关联方。

第七，请发行主体提供其公司与客户、供应商进行日常联系的对接联系人，核查发行主体联系人与客户、供应商对接联系人之间过去 3 年的联系情况，包括邮件、微信等。如果有规律和正常的联系，基本可以确认没有问题。如果无法提供正常通信状况，多半说明是假的。由财务总监之类直接对接联络对接客户的，基本都是假的。

第八，对名称与公司或其集团成员名称相似的客户或供应商重点关注。

综上所述，根据我们的实务经验，我们认为，虽然实务中对关联方的认定及披露尺度存在一定的差异，但是我们应当按照最全面的标准进行核查，并收集相关底稿。

（4）关联交易的审核关注点

①境内 A 股

依据《首发业务若干问题解答》的规定以及结合境内 A 股 IPO 项目的反馈问题来看，关于关联交易的审核关注点主要包括如下几个方面。

A. 关联交易的合法性

发行人应当确保关联交易的合法性，在审核时，一般来说关注如下两个方面。

a. 关联交易程序合法

上至《公司法》，下至发行人的内部制度，都规定了关联交易应当遵守的批准程序，这就是关联交易的程序合法性。在报告期内，不少发行人在关联交易的程序合法性方面存在不同程度的瑕疵。从审核的角度来看，如果关联交易在实质上符合审核要求并且充分完整地进行了披露，那么程序合法性方面的瑕疵在补正后并不会对上市产生实质性影响。

b. 关联交易应当实体合法

关联交易不得损害发行人利益，这是实体合法的基本要义。最高人民法院《关于适用〈中华人民共和国公司法〉若干问题的规定（五）》第 1 条规定，关联交易损害公司利益，原告公司依据《公司法》第 21 条规定请求控股股东、实际控制人、董事、监事、高级管理人员赔偿所造成的损失，被告仅以该交易已经履行了信息披露、经股东会或者股东大会同意等法律、行政法规或者公司章程规定的程序为由抗辩的，人民法院不予支持。由此可见，发行人的关联方，特别是控股股东、实际控制人不得通过关联交易损害发行人的利益。具体在 IPO 审核中，关联交易的公允性、为关联方提供担保等事项属于审核关注的重点。关于关联交易的公允性，笔者将在下文进行具体分析。

实践中，对于发行人是否存在“关联交易非关联化”亦是上市审核中的关注点之一。发行人在规范关联交易时，应当采取循序渐进但同时能彻底打消审核人员疑虑的方式。如果关联交易问题解决方式不恰当，特别是关联交易非关联化方式，不但不能消除关联交易问题的影响，反而会因此受到审核追问，甚至被质疑通过关联交易进行财务造假而成为否决项。因此，在项目服务过程中，我们需要提示发行人不得抱有侥幸心理，试图“带病闯关”。

B. 关联交易的公允性

关联方交易的价格是否公平、合理，关联交易价格是否具有公允性，是判断公司关联交易是否合规的关键。[①] 在上市审核中，关联交易的公允性主要关注交易价格的公允性。关联交易公允性论证的要素包括关联交易的定价方法，如公允价值法、成本加成法、协议定价法等；本次关联交易是否与非关联方同类交易的价格相一致；关联方交易有无价格异常的情况。根据《首发业务若干问题解答》的要求，发行人和中介机构应结合可比市场公允价格、第三方市场价格、关联方与其他交易方的价格等，说明并披露关联交易的公允性，并说明是否存在对发行人或关联方的利益输送。具体而言，发行人及中介机构需要考察关联交易的定价依据、定价方法来判断关联交易的公允性。目前的法律法规以及审核反馈意见中对关联交易公允性的判断边界并不明确。虽然不同类型、性质的交易必然有着不同的定价逻辑，很难对所有关联交易存在一个通行的判断标准，但仍可以通过对一些常见的交易类型进行分类分析，总结出特定交易类型常见的判断依据。

a. 商品、服务交易

商品、服务销售、采购交易的定价公允性的一种判断方法是可比价格的比较法，包括与政府指导价或定价、市场价格、招投标价格等进行比较，如果差异较小，可以认为定价是公允的。

政府指导价是指根据《价格法》第3条第4款的规定，由政府价格主管部门或者其他有关部门，按照定价权限和范围规定基准价及其浮动幅度，指导经营者制定的价格。政府定价，是指根据《价格法》第3条第5款的规定，由政府价格

---

① 参见盛江：《非正常关联方交易审计实务思考》，载《财会月刊》2014年第14期。

主管部门或者其他有关部门，按照定价权限和范围制定的价格。在某些品种的商品、服务存在政府指导价和政府定价时，所有的行业主体都需要遵循政府价格规定。因此，参照政府指导价或政府定价的商品和服务的销售和采购可以被认定是公允的。

根据《价格法》第6条中的规定，除适用政府指导价或者政府定价外，实行市场调节价，由经营者依照本法自主制定。因此，在公平竞争的市场环境下，依据市场价格定价可以被认定是公允的。市场价格是发行人及上市公司披露关联交易时最常见的定价依据。但是我们也需要注意，如果发行人的定价依据偏离了市场定价，也可能存在合理理由解释，应当具体问题具体分析。比如，成都先导（科创板上市公司，股票代码：688222）首发招股说明书中对公司向四川萃趣和华川集团采购基因测序试剂的定价依据披露为“参考了市场平均价格，与公司向其他交易方采购同类试剂盒价格相似”。再如，三友医疗（科创板上市公司，股票代码：688085）在首发招股说明书中对公司向关联方上海山寺学网络科技有限公司采购网络培训课程的定价依据披露为“根据供应商公开市场报价确定”。

根据《招标投标法》第41条的规定，中标人的投标应当符合下列条件之一，“（一）能够最大限度地满足招标文件中规定的各项综合评价标准；（二）能够满足招标文件的实质性要求，并且经评审的投标价格最低，但是投标价格低于成本的除外”。某项商品、服务交易是通过招投标方式建立的，经过招标、投标严格的挑选程序，发行人或其关联方已经与其他投标人进行了充分竞争，在保证招投标不存在舞弊的情况下，其定价可以被认定是公允的。比如当虹科技（科创板上市公司，股票代码：688039）首发招股说明书中对公司与华数传媒、光线传媒的关联销售的定价依据披露为“公司向华数传媒销售的产品和服务大部分通过公开招投标程序，价格公允”。

结合政府指导价或政府定价、市场价格、招/投标价格等可比价格，发行人可以对比与其他交易方、关联方的定价，在分析关联交易的成本基础上加上合理利润的价格作为公允价格。比如成都先导（科创板上市公司，股票代码：688222）首发招股说明书中对公司向与Xcella交易的定价依据披露为“参考海外地区同类服务价格，综合考虑对方提供服务所花费成本等因素，谈判确定服务价格”。

b. 收购兼并

收购兼并的关联交易是发行人为了解决独立性、持续关联交易等问题所采取的主动性规范方式之一。发行人在实施收购兼并的过程中，通常会采用评估价格来确定交易价格。不同的资产类型，包括土地、房屋、机器设备、股权、专利、商标等，依据其价格影响因素不同，应当以不同的评估方法进行评估。目前，常见的评估方法主要有三种，分别是市场法、收益法、成本法。市场法是以现行市场上参照物的现行价格作为价格标准，并考虑交易时间、交易条件及动机等因素，与参照物在成新率、功能、工艺、外观等方面的差异进行调整后，得出标的物现值的一种方法；收益法是指通过估算标的物的未来预期收益并折成现值，借以确定标物价格的一种方法；成本法是指用标的物现时重置成本减去有形损耗、功能性贬值和经济性贬值来确定标的物现值的一种方法。以上三种方法基本思路是计算出标的物的市场价值，在于交易价格对比，如果相差较大，则判断为非公允；如果相差较小或不相差，则判断为公允①。比如威胜信息（科创板上市公司，股票代码：688100）首发招股说明书中披露，公司在报告期内向控股股东及其控制的其他公司购买房屋、土地使用权及设备，公司以2016年10月31日为基准日对标的资产进行评估，收购价格为评估价格，定价公允。

c. 关联担保

关联企业之间相互提供担保，能有效解决企业的资金问题，有利于经营活动的有效开展，但也形成了或有负债，增加了担保企业的财务风险，有可能因此而引发经济纠纷。关联担保这类关联交易有其特殊的审核逻辑，即发行人不应存在影响持续经营能力的重大对外担保，包括为控股股东、实际控制人及其关联方提供担保，如果有一般要求在申报基准日前得到清理；但是，控股股东、实际控制人或其他关联方为发行人提供担保，由于不会损害发行人、中小股东的利益，审核部门一般不会要求对这类关联担保作进一步分析和清理。

d. 资金占用

关联方资金占用是指关联方利用其关联关系而占用公司资产的行为，包含有偿占用和无偿占用，通常来说后者对拟上市公司的危害性更强。关联方资金

---

① 参见曾小玲、黄文锋：《上市公司关联交易隐形化及治理对策》，载《证券市场导报》2004年第8期。

占用主要包括：资金拆借、垫付欠款、垫付应收账款、垫付股权转让款。关联方占用资金会使拟上市公司的资金流动性降低，甚至会影响到其正常的经营活动。

以科创板为例，关联方的资金占用是科创板审核中心所关注的重点。在问询中，对疑似关联方资金占用的情况，科创板审核中心提问要求拟上市公司就是否构成关联方资金占用进行说明。对于明确存在的关联方资金占用情形，科创板审核中心的提问主要关注：关联方资金占用的形成原因；是否履行内部决策程序；关联方资金占用费的确定依据；资金占用费是否公允。

C. 关联交易的必要性与发行人独立性

关联交易的必要性是IPO审核过程中涉及关联交易事项的必问问题之一，发行人应当说明关联交易形成的原因、背景，并在此基础上说明关联交易存在合理的必要性。如若关联交易的存在缺乏必要性，不免让人怀疑关联交易可能存在舞弊、隐匿等不当目的，由此对审核进程造成障碍。

关联交易除了具备必要性外，还不得影响发行人独立性。发行人如果存在大量的关联交易，使得发行人的收入、利润对关联方存在重大依赖，那么一旦关联方的交易无法继续维持，则会影响到发行人的持续经营能力，由此对上市产生实质性障碍。在首发业务若干问题解答中规定，对于控股股东、实际控制人与发行人之间关联交易对应的收入、成本费用或利润总额占发行人相应指标的比例较高（如达到30%）的，发行人应当结合关联方的财务状况和经营情况、关联交易产生的收入、利润总额合理性等，充分说明并披露关联交易是否影响发行人的经营独立性、是否构成对控股股东或实际控制人的依赖，是否存在通过关联交易调节发行人收入利润或成本费用、对发行人利益输送的情形。

科创板、创业板审核问答中虽然未对控股股东、实际控制人与发行人之间关联交易的比例作出规定，但不存在影响发行人独立性的关联交易仍然是科创板上市的必备条件。根据《上海证券交易所科创板股票发行上市审核问答（二）》第7问的规定，发行人租赁控股股东、实际控制人房产或者商标、专利、主要技术来自控股股东、实际控制人的授权使用时，中介机构应当结合相关资产的具体用途、对发行人的重要程度、未投入发行人的原因、租赁或授权使用费用的公允性、是否能确保发行人长期使用、今后的处置方案等，充分论证该等情况是否对发行人资产完整和独立性构成重大不利影响。

②境外市场的审核尺度、关注点

A. 北京国科环宇科技股份有限公司——科创板上市申请否决第一案

2019 年 9 月 5 日，科创板股票上市委员会发布 2019 年第 21 次审议会议结果公告，不同意北京国科环宇科技股份有限公司（以下简称国科环宇）发行上市（首发）。

根据公开披露资料，报告期内，国科环宇与关联方单位 A、单位 D 存在较大金额的关联交易。上交所在三轮审核问询中，对国科环宇的关联交易都进行了重点问询，特别关注了关联交易未来是否长期存在，关联交易是否可持续，若是，还需要关注关联交易对发行人独立开展业务的影响、是否独立报价等问题。上市委员会提出问询的主要问题中也提到“发行人客户集中度高、关联方交易比重大对其直接面向市场独立持续经营能力的影响”。

最终，上市委员会认为，国科环宇关联交易占比较高，业务开展对关联方存在较大依赖，无法说明关联交易价格公允性，因此在独立性方面也有所欠缺，重大专项承研业务模式非市场化取得，收入源于拨付经费，导致国科环宇在问询中无法就该类交易的价格公允性予以充分论证。国科环宇不符合业务完整、具有直接面向市场独立持续经营能力的要求。同时，国科环宇在首次申报时未能充分披露重大专项承研业务模式，对关联方的披露存在遗漏，未充分披露投资者对公司作出价值判断和投资决策所必需的信息。

B. 北京诺康达医药科技股份有限公司——2019 年申请终止

根据公开披露资料，上交所在审核过程中质疑北京诺康达医药科技股份有限公司（以下简称诺康达）存在隐瞒关联关系、虚增收入的问题，特别关注到北京亦嘉新创科技有限公司（以下简称亦嘉新创）在 2017 年和 2018 年都是诺康达的第二大客户，两年分别为诺康达贡献了 1391 万元和 3770 万元的营业收入，占当期营业收入的比重分别为 18.57% 和 20.34% 。为此，上交所要求诺康达说明亦嘉新创 2017 年 4 月成立后，即与诺康达签订 2990 万元大额合同的原因；要求说明诺康达与亦嘉新创发生交易的合理性；说明亦嘉新创及其控股股东、董事、监事、高级管理人员与诺康达及其控股股东、董事、监事、高级管理人员等是否存在关联关系，是否存在其他利益安排。

诺康达在第一轮回复中明确表示双方之间不存在关联关系并对此作出承诺。

但是，通过公开查询获得的工商资料显示，亦嘉新创间接持有诺康达 1.92% 的股份。① 由于亦嘉新创并未达到关联方认定中所要求的 5% 的比例，无法将亦嘉新创定义为关联方。但是基于“实质重于形式”原则，即《科创板上市规则》中认定关联方的兜底条款，科创板审核中心可能会因为该笔交易具有特殊性，而认定双方可能存在关联交易，从而需要按照关联交易的要求进行披露。虽然诺康达在第一轮回复中就相关问题予以正面的回复，但最终还是主动撤回了上市申请的材料。

诺康达和国科环宇先后在科创板上市审核中折戟，可以充分地说明目前科创板审核中心对关联交易的审核程度与把控力度之严。此外，在 2020 年终止赛克赛斯生物科技股份有限公司科创板案例中，交易所亦特别关注到报告期内注销实际控制人控制的其他企业均为亏损或微利状态，质疑相关关联方存在代垫成本、费用的情况。

综上所述，在 IPO 申报过程中，较之于同业竞争问题，关联交易虽然不是审核红线，但是，如前文所述，发行人与关联方之间更便于通过交易对发行人进行利益输送，为发行人代垫成本、粉饰业绩，而显失公平的关联交易在上市后会严重损害发行人及发行人其他非关联股东特别是中小股东的利益。因此，在审核过程中，如果存在故意遗漏或隐瞒关联方，或者不能将关联交易的必要性、公允性以及对发行人独立性的影响等事项作出合理、充分的解释，则关联交易事项亦会成为审核部门的关注重点。我们注意到，对于该类问题，如果存在挤牙膏式的回复，可能会导致项目被反复问询，最终被否决或自动申请终止。

2. 同业竞争的审核底线解析与上市公司治理的规范措施

（1）同业竞争的理解和境内法规的规定

①同业竞争的理解

随着注册制的推行，虽然《首次公开发行股票并上市管理办法》（2022 年修正）已删除同业竞争的相关限制性规定，而《股票注册管理办法》《创业板首次公开发行股票注册管理办法（试行）》也将同业竞争限定为“重大不利影响的同

① 参见《被质疑隐瞒关联交易、虚增营收 诺康达的回应来了》，载 http：//finance. sina. com. cn/stock/kechuangban/2019 - 07 - 25/doc - ihytcitm4649077. shtml，最后访问日期：2023 年 1 月 8 日。

业竞争”①，在同业竞争方面的发行条件要求较主板的限制程度有所松动。但避免同业竞争仍然是一般性原则，保留部分同业竞争应当只是例外选择。

在审核实践中，发行人及中介机构更多的还是基于中国证监会的审核要求去力证不存在同业竞争，而非选择认可同业竞争，但解释为非重大不利影响的同业竞争。根据相关过会案例，我们理解量化分析的指标只能是参考标准，原则上肯定是占比越小越好，应当从实质性判断着眼，分析竞争方同类业务对发行人独立性及持续经营能力的影响，而不局限于对占比大小的考量。如果经过核查、分析，其他方面的因素表明竞争方的同类业务对发行人的独立性或持续经营能力构成重大影响，即使占比未达 30%，也会构成首次公开发行上市的实质障碍。因此，笔者理解，同业竞争仍然是境内 A 股 IPO 审核的红线。

对于从事证券业务的专业人士来说，同业竞争是一个司空见惯，几乎每个项目都会打交道的一个概念，但是笔者认为，还是有必要对其准确定义、定性和具体分析。那么何谓“同业竞争”？从词语的结构来看，属于并列结构，由“同业”和“竞争”构成。具体来说，前者由“业态”决定，后者由发行人与“竞争方”的“竞争关系”决定，因此，构成同业竞争需要两者兼备。对于 IPO 审核以及上市公司所要求规范的同业竞争问题，当前我国法律尚未有专门、完整和明确的表述界定，为此，笔者根据中国证监会制定的相关部门规章、规范性文件，以及相关保代培训文件，提炼出“同业竞争”这一概念的核心要素。②

笔者认为，同业竞争有三大核心要素，具体包括“竞争方”由哪些主体构成？“同业”如何认定？“同业”是否即竞争？对于如上核心要素，笔者将逐一分析。

---

① 根据《上交所问答》第 4 问的规定：认定“同业竞争”是否构成重大不利影响时，保荐机构及发行人律师应结合竞争方与发行人的经营地域、产品或服务的定位，同业竞争是否会导致发行人与竞争方之间的非公平竞争、是否会导致发行人与竞争方之间存在利益输送、是否会导致发行人与竞争方之间相互或者单方让渡商业机会情形，对未来发展的潜在影响等方面，核查并出具明确意见。竞争方的同类收入或毛利占发行人该类业务收入或毛利的比例达 30% 以上的，如无充分相反证据，原则上应认定为构成重大不利影响。

② 1998 年 10 月 6 日，中国证监会发布的《关于对拟发行上市企业改制情况进行调查的通知》（已失效）要求：“拟发行上市的企业在改制时，应具备独立的产、供、销系统，控股股东不得与上市公司从事相同产品的生产经营，以避免同业竞争。”该文件首次提及了同业竞争的两个基本要素，即竞争方和同业的含义，后续监管部门不断完善对同业竞争的监管要求，也是以该文件作为基础。

A. “竞争方”的认定

对于哪些主体可能与发行人构成同业竞争，笔者从相关法规文件和反馈问题中梳理出当前审核部门对于“竞争方”的认定和核查要求：

a.《首发业务若干问题解答（一）》问题 15 中规定：中介机构应当针对发行人控股股东（或实际控制人）及其近亲属全资或控股的企业进行核查；发行人控股股东、实际控制人的其他亲属及其控制的企业与发行人存在竞争关系的，应当充分披露前述相关企业在历史沿革、资产、人员、业务、技术、财务等方面对发行人独立性的影响，报告期内交易或资金往来，销售渠道、主要客户及供应商重叠等情况，以及发行人未来有无收购安排。由此可见，同业竞争中的“竞争方”为发行人的控股股东、实际控制人及其近亲属控制的其他企业。

b. 在中国证监会保荐机构专题培训中（2016 年 7 月 25 日）指出，“竞争方界定为控股股东、实际控制人及其关联企业，除此之外原则上不算竞争方。实际控制人的近亲属在竞争方之列，旁系亲属①从事与发行人竞争业务根据具体情况判定是否属于竞争方、是否构成同业竞争”。

c. 在中国证监会保荐机构专题培训中（2017 年 9 月 21 日保代培训、2017 年 11 月 9 日保代培训）就同业竞争问题均指出，“主要看控股股东、实际控制人与上市主体是否存在同业竞争；二股东、三股东等所控制的企业，如果存在相同或类似业务，并不算同业竞争（不算发行条件的合规要求），但要关注是否存在业务的冲突，要如实披露并提示风险；同业不竞争、地域或档次等划分来解释，均不予接受；相同或类似业务：具有替代性；即使没有替代性，但如果共用采购、销售渠道，仍然构成同业竞争。比如，大股东做女装，上市主体做男装，尽管没有替代性，但销售渠道是相同的，仍然构成同业竞争；控制人近亲属从事竞争业务的问题：①关注历史上是否同源？如果从最开始就相互独立发展，没有交集，可以不作为同业竞争。②是否存在业务混同的情形，是否存在采购端、销售端大量重叠、混同的情形？如果是，那么还是属于同业竞争”。

---

① 关于“直系亲属”“旁系亲属”的范围界定，《民法典》未有明确的规定，仅对“近亲属”和家庭成员有范围界定，近亲属指配偶、父母、子女、兄弟姐妹、祖父母、外祖父母、孙子女、外孙子女；配偶、父母、子女和其他共同生活的近亲属为家庭成员。一般会认为“直系亲属”包括父母、配偶、子女。但从中国证监会对《首发业务若干问题解答》的反馈意见来看，需要对发行人控股股东、实际控制人的夫妻双方的近亲属均列入竞争方范围进行核查。

d. 在2001年中国证监会发布的《公开发行证券公司信息披露的编报规则第12号——公开发行证券的法律意见书和律师工作报告》第38条中，有如下表述："发行人是否存在持有发行人股份5%以上的关联方，发行人与关联方之间是否存在同业竞争。"根据上述规定，发行人律师应对持有发行人股份5%以上的股东及其控制的企业与发行人是否构成同业竞争进行核查，并要求此类股东出具避免同业竞争的相关承诺。

e. 在一些IPO反馈问题中要求保荐机构、律师"对发行人控股股东、实际控制人以及夫妻双方的近亲属的对外投资、任职情况进行核查，说明上述企业的历史沿革、资产、人员、业务和技术等方面与发行人的关系，是否存在共同的采购销售渠道、客户、供应商，是否存在上下游业务（如果存在上下游业务，请说明未将上下游相关业务纳入上市范围的原因），是否影响发行人的独立性，是否存在拥有相竞争业务或者其他可能导致利益冲突或者转移的情形发表明确意见"。

据此，笔者认为，同业竞争事项核查的"竞争方"主要包括：发行人控股股东、实际控制人及其控制的其他企业；持有发行人股份5%以上的股东及其控制的其他企业；发行人的控股股东、实际控制人为自然人时，竞争方主体扩展至发行人控股股东、实际控制人以及夫妻双方的近亲属（具体范围按《民法典》相关规定执行，即配偶、父母、子女、兄弟姐妹、祖父母、外祖父母、孙子女、外孙子女）和相关人员控制的企业。

在实践中，除上述"竞争方"外，发行人的董事、监事及其他高级管理人员根据《公司法》的规定需遵守忠实义务，禁止从事与任职公司同类的业务，保证董事、监事及其他高级管理人员不与拟上市公司存在同业竞争，这在一定意义上也将董事、监事及其他高级管理人员列入同业竞争的主体范围；此外，也不乏控股股东、实际控制人以及持股5%以上的自然人股东在相关企业处兼任董事、高级管理人员并能够影响相关企业运营的独立性，对于该类董事和高级管理人员是否属于"竞争方"，与发行人是否构成同业竞争，在一些个案中也会被中国证监会基于"实质重于形式"的原则所关注。

B. "同业"的认定

根据《首发业务若干问题解答（一）》问题15中规定，同业竞争的"同业"是指竞争方从事与发行人主营业务相同或相似业务；《公开发行证券的公司信息披露内容与格式准则第1号——招股说明书》（2015年修订）第52条中规定，

“发行人应披露是否存在与控股股东、实际控制人及其控制的其他企业从事相同、相似业务的情况”。因此，一般来说，只要发行人与“竞争方”有从事相同、相似业务的情况就构成“同业”。

再往前追溯，在中国证监会2017年9月的保代培训文件中规定，只要业务之间具备替代性即可认为是相同或相似业务，或虽业务不具替代性，但发行人与“竞争方”之间共用采购或销售渠道等对独立性有重大影响的事项也有可能被认定为“同业”。

从中国证监会审核的角度来看，中国证监会对“同业”的认定条件几乎不设限制，较为宽松，发行人很容易与相关“竞争方”落入“同业”的范畴。即便如此，笔者还是在一些过会案例中探寻到了解释的路径和方向，主要有如下两个维度。

维度一：正面分析说明

根据笔者的案例研究，对于认定发行人与“竞争方”之间是否属于“同业”，在中国证监会回复相关反馈问题时，一般都是根据《国民经济行业分类》（GB/T 4754—2011）采取分大类的方式进行说明，具体包括：

第一，在行业分类中不属于同一门类，则当然不属于同业，如A类和C类当然不同业。实际上，如果能进行这类区分，在中国证监会的反馈问题中可能就不会涉及同业竞争了。

第二，在同一门类当中，大类不同，一般可认定属于不同业，如同属于A类的农林牧渔业，A01农业与A02林业属于不同业。对于该类区分，可参考“好太太”案例①。

第三，同一门类同一大类中的不同中类或不同小类，除非具有特别的区分，一般应认定属于“同业”。从目前的过会和被否案例来看，中国证监会是不接受发行人仅以细分产品或细分市场的不同来说明与“竞争方”之间不构成同业竞争的②。

---

① 在广东好太太科技集团股份有限公司首次公开发行股票招股说明书（申报稿）中，有如下论述：根据中国证监会《上市公司行业分类指引》（2012年修订），结合公司与好莱客及其子公司的主营业务情况，公司所属行业类别为C33金属制品业，好莱客所属行业类别为C21家具制造业。公司与好莱客在中国证监会颁布的行业分类中不属于同一大类行业。

② 信利光电股份有限公司首次公开发行股票申请文件反馈意见：请保荐机构、发行人律师进一步核查并披露，是否简单依据经营范围对同业竞争做出判断，是否仅以经营区域、细分产品、细分市场的不同来认定不构成同业竞争。

维度二：反向推演

从相关保代培训的文件以及相关案例的反馈意见[①]和反馈答复来看，还可以从发行人与“竞争方”之间的产品或服务不能相互替代的角度，即从反面来论证二者之间不属于“同业”。

综上所述，笔者认为，在认定发行人与“竞争方”之间是否属于“同业”时，可从正反两个维度进行说明：一方面，从《国民经济行业分类》（GB/T 4754—2011）、中国证监会发布的《上市公司行业分类指引》（2012 年修订）等分类指引规定的行业分类来说明不属于同业，此为正向角度；另一方面，可从专业领域、业务资质、产品品种、生产工艺、主要客户、客户需求、采购及销售渠道、产品的特性、用途等多个维度，来比较说明发行人与“竞争方”之间的产品或服务不具有可替代性，即分属不同的行业领域，此为反向角度。

C. “竞争关系”的认定

同业竞争的第三个核心要素是“竞争关系”。根据《首发业务若干问题解答（一）》问题 15 中的规定，核查认定该相同或相似的业务是否与发行人构成“竞争”时，应按照“实质重于形式”的原则，结合相关企业历史沿革、资产、人员、主营业务（包括但不限于产品服务的具体特点、技术、商标商号、客户、供应商等）等方面与发行人的关系，以及业务是否有替代性、竞争性、是否有利益冲突、是否在同一市场范围内销售等，论证是否与发行人构成竞争；不能简单以产品销售地域不同、产品的档次不同等认定不构成同业竞争。根据《公开发行证券的公司信息披露内容与格式准则第 1 号——招股说明书》（2015 修订）的规定，在“竞争方”与发行人属于“同业”的情况下，除非能够充分论证“同业不竞争”或“不存在实质性同业竞争”，否则发行人只要与“竞争方”从事同一或者相似业务就会被认定为构成“同业且竞争”。

因此，在“竞争方”与发行人属于“同业”的情况下，如果发行人倾向于不采取清理方式解决可能存在的同业竞争，则在回复反馈问题时，对于二者之间是否构成“竞争关系”的判断和论证将成为决定能否过会的重要因素之一。

---

① 富士康工业互联网股份有限公司首次公开发行股票申请文件反馈意见：请保荐机构和发行人律师补充核查说明发行人与鸿海控制的 2 家巴西公司及富智康在业务、产品与服务上的具体差别、技术工艺是否类似、是否有替代性、是否有竞争性。

以上系笔者对实务中认定“同业竞争”三大核心要素的梳理和分析。由于每家公司所处行业与“竞争方”之间可能存在的竞争关系和差异点千差万别，不可能找到一把“万能钥匙”。这就需要发行人与中介机构结合发行人的实际情况，围绕发行人与“竞争方”之间是否存在替代关系、是否存在利益冲突、是否可能争夺商业机会等方面，尽可能多地从不同维度寻找相关证据，论证双方之间是否存在现实或潜在的利益或冲突，以得出“同业但不竞争”的结论。

②相关法规、监管政策综述

目前，在《公司法》《证券法》等法律层面未涉及同业竞争的具体规定。虽然在法律层面尚无同业竞争的定义规定，但也并非一个纯理论称谓。根据笔者的检索，境内证券市场最早涉及同业竞争的规范性文件为中国证监会于 1998 年 3 月 17 日发布的《关于股票发行工作若干问题的补充通知》（已失效）。该通知要求“为了便于股份公司规范运作，避免同业竞争和过多的关联交易，克服上市公司低水平重复建设现象，同一集团内原则上不得设立多个上市公司”。自此，同业竞争问题就成为 IPO 项目和上市公司及再融资的重点关注问题。

《上市公司治理准则》（2018 年修订）第 73 条第 2 款中有关于“同业竞争”事项的相关规定，“控股股东、实际控制人及其控制的其他单位不应从事与上市公司相同或者相近的业务。控股股东、实际控制人应当采取有效措施避免同业竞争”。除此之外，在中国证监会的部门规章和交易所的规范性文件方面，亦有诸多涉及同业竞争事项的监管规定，现行有效的关于同业竞争事项的规范体系主要包括（见表 4－69）：

表 4－69　规范体系

序号	规范名称	发布年份	相关条款	是否有效
首次公开发行股票并上市				
1	《首发业务若干问题解答（一）》	2019	问题 15	有效
2	《公开发行证券的公司信息披露内容与格式准则第 28 号——创业板公司招股说明书》（2020 年修订）	2020	第 2 章第 7 节　公司治理与独立性	有效
3	《公开发行证券的公司信息披露内容与格式准则第 41 号——科创板公司招股说明书》	2019	第 2 章第 7 节　公司治理与独立性	有效

续表

序号	规范名称	发布年份	相关条款	是否有效
4	《公开发行证券的公司信息披露内容与格式准则第1号——招股说明书》（2015年修订）	2015	第2章第7节 同业竞争与关联交易	有效
5	《证券发行上市保荐业务工作底稿指引》	2009	第3章 同业竞争与关联交易调查	已修订
6	《〈首次公开发行股票并上市管理办法〉第十二条发行人最近3年内主营业务没有发生重大变化的适用意见——证券期货法律适用意见第3号》	2008	第1条	有效
7	《〈首次公开发行股票并上市管理办法〉第十二条“实际控制人没有发生变更”的理解和适用——证券期货法律适用意见第1号》	2007	第4条	有效
8	《公开发行证券公司信息披露的编报规则第12号——公开发行证券的法律意见书和律师工作报告》	2001	第38条	有效
上市公司重大资产重组				
1	《上市公司重大资产重组管理办法》（2020年修订）	2020	第43条	有效
2	《〈上市公司重大资产重组管理办法〉第十四条、第四十四条的适用意见——证券期货法律适用意见第12号》（2022修订）	2022	第1条第2项	有效
3	《公开发行证券的公司信息披露内容与格式准则第26号——上市公司重大资产重组》（2022年修订）	2022	第38条	有效
上市公司治理				
1	《公开发行证券的公司信息披露内容与格式准则第2号——年度报告的内容与格式》（2021年修订）	2021	第28条	有效

续表

序号	规范名称	发布年份	相关条款	是否有效
2	《上海证券交易所股票上市规则》（2022年1月修订）	2022	第6章第3节　关联交易	有效
3	《上海证券交易所上市公司自律监管指引第1号——规范运作》	2022	第2.2.6条	有效
4	《科创板上市规则》（2020年12月修订）	2020	第4.1.1条	有效
5	《深圳证券交易所上市公司规范运作指引》（2020年修订）	2020	第3.1.5条、第4.2.11条、第6.5.21条	有效
6	《深圳证券交易所股票上市规则》（2022年修订）	2022	第4章　公司治理	有效
7	《深圳证券交易所创业板上市公司规范运作指引》（2020年修订）	2020	第2.1.8条、第3.1.2条、第4.1.5条、第4.2.9条	有效
8	《上市公司治理准则》（2018年修订）	2018	第63条、第73条	有效
9	《上市公司监管指引第4号——上市公司及其相关方承诺》	2022	第2条、第5条、第6条、第7条	有效
10	《关于推动国有股东与所控股上市公司解决同业竞争规范关联交易的指导意见》	2013	全文	有效
11	《上市公司分拆规则（试行）》	2022	第3条	有效

（2）关于同业竞争的审核底线解析

①境内IPO审核同业竞争的逻辑

A. 审核部门严防死守同业竞争的原因

前文笔者汇总了监管部门关于同业竞争的相关部门规章、规范性文件，可见不仅在首发上市过程中需要关注和解决同业竞争问题，而且在上市公司的规范治理过程中，同业竞争问题也会被持续关注。那么，监管部门如此关注同业竞争的背后逻辑和原因是什么呢？我们从如下两个被否案例中可有所思考。

a. 天津立中集团股份有限公司被否

在天津立中集团股份有限公司首次公开发行股票申请文件反馈意见中，中国证监会就同业竞争问题要求保荐机构、发行人律师进一步核查并披露：是否简单依据经营范围对同业竞争做出判断，是否仅以经营区域、细分产品、细分市场的不同来认定不构成同业竞争；就发行人与实际控制人控制的其他企业是否存在同业竞争发表明确结论性意见；对发行人控股股东、实际控制人以及夫妻双方的近亲属（具体范围按民法通则相关规定执行，即配偶、父母、子女、兄弟姐妹、祖父母、外祖父母、孙子女、外孙子女）的对外投资、任职情况进行核查，说明上述企业的历史沿革、资产、人员、业务和技术等方面与发行人的关系，采购销售渠道、客户、供应商等方面是否存在重叠情形，是否会影响发行人的独立性，就是否存在拥有相竞争业务或者其他可能导致利益冲突或者转移的情形发表明确意见。

就上述反馈问题，天津立中集团股份有限公司首次公开发行股票招股说明书（申报稿）从发行人与控股股东、实际控制人及其控制的其他企业的行业分类及国家标准、产品、主要生产设备和生产流程、核心技术、产品用途、应用领域、销售渠道、主要原材料及采购渠道多个角度进行了比较分析。

然而，在发审会上，同业竞争问题还是被发审委问询“发行人实际控制人控制的主体众多，与发行人之间存在上下游关系，为同一产业链上不同环节。①请发行人代表说明：发行人与上述关联方在采购、销售渠道上的关联性，是否存在共同的供应商、客户，上述关联方与发行人主要供应商、客户在资金、业务上的往来情况，发行人与上述关联方之间是否存在成本、费用分担或混同的情形，发行人在业务、资产、技术、人员等方面是否与关联方完全独立；②实际控制人控制的众多主体之间是否存在同业竞争，不存在同业竞争的依据；③请保荐代表人说明核查方法、过程、依据，并发表明确核查意见”。

b. 常州恐龙园股份有限公司被否

在常州恐龙园股份有限公司首次公开发行股票申请文件反馈意见中，中国证监会就同业竞争问题要求请保荐机构、发行人律师进一步核查并披露：控股股东、实际控制人控制的其他企业的实际经营业务，说明是否简单依据经营范围对同业竞争做出判断，是否仅以经营区域、细分产品、细分市场的不同来认定不构成同业竞争；认定不存在同业竞争关系时，是否已经审慎核查并完整地披露发行人控股股东、实际控制人直接或间接控制的全部企业；上述企业的历史沿革、资产、人员、业务和技术等方面与发行人的关系，采购销售渠道、客户、供应商等方面是否影响发行人的独立性；请保荐机构、发行人律师结合关联方从事的具体业务、发行人实际控制人及其近亲属的对外投资情况等核查发行人是否存在同业竞争的情形并发表意见。除此之外，中国证监会还要求“发行人参照《上市公司信息披露管理办法》补充披露发行人实际控制人、董监高家庭关系密切成员从事商业经营和控制企业情况，包括从事的实际业务、主要产品、基本财务状况、住所、股权结构，以及关联方对盈利性组织的控制方式等。补充说明上述企业报告期内发行人与之是否存在交易，是否存在与发行人类似或相关业务，存在交易的，请说明关联交易的必要性及公允性。若存在相同、相似业务，请说明该等情形是否构成同业竞争或潜在同业竞争；存在上下游业务的，请就该事项对发行人独立性的影响程度发表意见”。

就上述反馈问题，常州恐龙园股份有限公司首次公开发行股票招股说明书（申报稿）仅就控股股东控制的其他企业与发行人之间的主营业务进行了简要说明，这显然不能打消中国证监会的质疑和担忧，中国证监会认定常州恐龙园股份有限公司资产独立性不足，控股股东或许会利用常州恐龙园股份有限公司的资金和品牌价值为其他资产输送利益。因此，在发审会上，发审委要求发行人代表说明：控股股东控制的恐龙谷温泉、恐龙城大剧场、常州环球恐龙城实业等公司是否与发行人存在同业竞争。龙控集团2015年为“环球恐龙城”进行宣传并统一支付广告宣传费用，发行人承担部分广告费，同时，发行人报告期3年广告宣传及制作费占销售费用的比例都在60%以上，请说明“环球恐龙城”的资产拥有方、运营主体、具体内容，发行人是否具有独立性，是否存在关联方共享发行人销售费用等支出形成之利益的情形，发行人是否存在向关联方输送利益的情形。恐龙人酒店住宿业务与恐龙园业务的关联性，转让恐龙人酒店是否影响业务独立性。发行人控股股东及其控制的公司与发行人之间的业务合作与分工的总体安排。发行人与控股股东是否已建立相关机制或采取切实有效的措施，防范相关利益输送或侵害。请保荐代表人发表核查意见。

结合前文相关法规文件以及上述被否案例，笔者认为，同业竞争被审核部门重点关注的主要原因是担心在发行人上市后，“竞争方”（一般来说指控股股东）通过对上市公司的控制或其他重大影响向“竞争方”或“竞争方”所控制的主体输送利益“掏空”上市公司，从而侵害上市公司利益，最终对广大中小投资者利益造成严重损害。因此，即使是在注册制模式下，对于同业竞争的审核尺度并没有实质性改变，同业竞争这一 IPO 监管“红线”始终存在。

B. 中国证监会对同业竞争的披露要求

根据《公开发行证券的公司信息披露内容与格式准则第 1 号——招股说明书》（2015 修订）第 2 章第 7 节“同业竞争与关联交易”的规定，发行人应从以下几个方面详细披露是否存在同业竞争：发行人应披露是否存在与控股股东、实际控制人或除控股股东以外的其他持有发行人股份 5% 以上的股东及其控制的其他企业从事相同、相似业务的情况；对发行人控股股东、实际控制人以及夫妻双方的近亲属（具体范围按《民法典》相关规定执行，即配偶、父母、子女、兄弟姐妹、祖父母、外祖父母、孙子女、外孙子女）及相关人员对外投资、任职情况进行核查，应披露相关企业的历史沿革、资产、人员、业务和技术等方面与发行人的关系，是否存在拥有相竞争业务或者其他可能导致利益冲突或者转移的情形；发行人应对是否存在同业竞争作出合理解释；发行人应披露控股股东、实际控制人作出的避免同业竞争的承诺；如发行人历史上曾存在同业竞争，发行人应详细披露解决同业竞争的措施、过程、效果。

C. 审核中关于同业竞争问题的关注点

审核部门对于同业竞争问题的关注点本质上与前文所述同业竞争被关注原因的逻辑是相通的，属于一个问题的两个方面，或者说是抽象和具体的关系。根据笔者所做的案例研究，在反馈意见中关于同业竞争的关注点不外乎如下几个方面：

“竞争方”是否与发行人之间存在业务、资产、人员、技术等方面的往来；“竞争关系”不限于销售，还包括生产、技术、研发、设备、渠道、供应商等因素，需要说明相关企业的历史沿革、资产、人员、业务和技术等方面与发行人的关系，采购销售渠道、客户及供应商等方面是否影响发行人的独立性，发行人与“竞争方”是否存在供应商或客户重叠的情形；对同业竞争问题的核查方式与手段不能仅限于依据经营范围，对实际控制人控制的公司与发行人之间的同业竞争关系做出判断，不能以经营区域、细分产品、细分市场的不同来认定不构成同业竞争；发行人控股股东控制的部分企业存在亏损的情况，是否存在为发行人代垫费用、代为承担成本或转移定价的情形；“竞争方”业务是否属于发行人上下游关联业务，如果属于，需要说明发行人未将其整合入拟上市主体的原因，或未将其纳入发行人是否对发行人资产完整性和业务独立性构成重大影响。

通过对同业竞争问题关注点的总结，有助于我们更深入地理解中国证监会关注同业竞争的原因，也有助于发行人在回复反馈问题时，更有针对性地准备相关证据和更充分地进行论述，以消除审核部门对发行人相关关注问题的疑虑和担忧。

②同业竞争问题解决的常规路径

若发行人与“竞争方”属于“同业”且无法形成“同业不竞争”的有力解释，那么，按照审核要求，必须彻底、干净地消除同业竞争，相应的解决措施通常包括“关并转”三类，分别为注销竞争企业或发行人关闭相关业务；将竞争性业务或竞争方股权并入拟上市主体，或吸收合并竞争方；将竞争性业务或股权转让给无关联的第三方。以上解决措施，在本书中称之为同业竞争问题解决的常规路径。对于以上三种方案，作如下简要说明。

第一，注销“竞争方”企业或发行人关闭相关业务。

如果选择由发行人停止竞争业务，则需要充分说明合理性及对发行人业务发展机会不构成影响，所以，实践中一般都是采取注销竞争方的方式予以解决。

注销竞争方，一般仅适用于已无实际经营的企业，而对于持续运营中的企业，注销需要处理企业清算、债权债务处理、人员安置、税务处理等多方面的问题，成本过高。此种方案有很大的局限性。

第二，将竞争性业务或股权并入发行人。

实务中，将竞争性业务（包括但不限于生产设备、存货、客户资源等）并入发行人，即发行人收购竞争方的经营性资产的主要措施包括：竞争方需要停止生产涉及同业竞争的产品，并将相关专业设备予以封存，同时将设备、原材料变卖或转让给发行人，产成品转让发行人。除了由发行人收购竞争方业务外，同时还要求竞争方在实质上停止从事与发行人相竞争的生产业务，以彻底消除同业竞争。

该方案的另一种处理方式是，将竞争方股权并入发行人，即发行人成为竞争方控股股东，或者由发行人吸收合并竞争方，即发行人存续，竞争方主体资格消灭。从操作便利的角度来说，笔者建议选择通过发行人增资或竞争方将股权转让给发行人的方式使得发行人成为竞争方控股股东。①

此外，在实践中，为了不影响发行人的业绩，笔者注意到在一些案例中对于经营业绩不佳甚至亏损的竞争方会被排除在外。对此，中国证监会也会予以关注。从目前反馈意见来看②，审核通常会涉及构成同业竞争的经营实体未纳入发行人的原因。对于该反馈问题，笔者理解一般都难以给出合理、充分的理由。在笔者研究的案例中，“江苏新能”实际上未在招股书中回答该问题，而已过会的“中国出版”属于央企，其反馈答复的思路对于一般的民营企业来说，实质上并没有参考和借鉴意义。据此，笔者建议，除非有特别合理的理由，为降低IPO被否风险，发行人在对同业竞争进行清理时，还是要将全部竞争方并入，不要部分留在发行人上市体系之外。

第三，竞争性业务转让给无关联的第三方。

竞争方或发行人将构成同业竞争的业务转让给无关联的第三方，彻底消除同业的问题。对于将存在同业竞争的业务转让给第三方的处理方式，中国证监会一般会本着风险导向的审核理念，对转让的真实性（收购方作为非关联第三方的真实性，转让价款的支付情况，是否存在后续回购、仍然掌握控制权等“抽屉协议”等）提出进一步的核查与披露要求。因此，相关转让行为必须是真实转让，不能存在“代持”等情形。

③解决同业竞争问题的特殊路径

本书所称同业竞争问题解决的特殊路径，是相对于上文同业竞争问题解决的常规路径而言，即“关并转”以外的其他方式。实践中，采取该种方式的案例较少，相关过会案例都属于经典案例，值得认真研读和学习。笔者在此略举三个例子。

第一，与控股股东及其控制的企业“同业”的应对思路。

如上文中关于“竞争方”的论述，控股股东、实际控制人及其控制的企业是

---

① 根据《公司法》第173条的规定，吸收合并需要编制资产负债表及财产清单。公司应当自作出合并决议之日起10日内通知债权人，并于30日内在报纸上公告。债权人自接到通知书之日起30日内，未接到通知书的自公告之日起45日内，可以要求公司清偿债务或者提供相应的担保。可见，吸收合并程序更为复杂。

② 中国出版传媒股份有限公司首次公开发行股票申请文件反馈意见：控股股东除新华书店总店之外其他企业实际开展业务情况，是否与发行人相近或类同，是否属于发行人上下游关联业务，是否与发行人构成同业竞争，未将其纳入发行人是否对发行人资产完整性和业务独立性构成重大影响。

无例外的构成同业竞争的“竞争方”。因此，对于发行人与控股股东及其控制的企业之间的同业竞争问题，除类似于华能水电、江苏新能这种大型国有企业外，都必须论证为不构成“同业”，即中国证监会一般不接受发行人所谓“同业但不竞争”的解释口径。

如上文所提及的“好太太”案例，即是通过行业分类比较，论证与好莱客所属行业分属于不同类别，不构成同业。当然，“好太太”招股说明书中还描述了各自主营业务、主要产品、主要原材料、生产流程、生产技术、生产设备、采购和销售渠道等方面存在显著差异，而且对资产、人员、财务、机构和业务等方面的相互独立进行了详细解释。但是，笔者认为，该案例最终顺利过会是其关于不构成“同业”的解释说服了中国证监会。不同业是根本，后面的细分项比较论述仅仅是加分项。又如，在西部超导（688122）① 的案例中，交易所关注发行人与其实际控制人控制的企业西部钛业是否存在同业竞争，反馈回复中，发行人及中介机构说明西部超导与西部钛业的生产工艺和控制技术、关键工艺的差异，并结合各方专利情况说明技术储备的差异，以论证产品不具有同质性，说明发行人与竞争方不存在同业竞争。

据此，笔者认为，在发行人与控股股东、实际控制人及其控制的企业存在同业竞争嫌疑的情况下，如果发行人未选择“关并转”的处理方式，仅仅是解释加承诺，通过中国证监会审核的可能性基本没有。虽有大型国有企业成功过会的案例，但是，笔者注意到过会的江苏新能、华能水电都属于电力行业，客观上存在一定的行业特殊性。而且，从中国证监会审核的角度来说，国有企业通过关联方转移利益的动机也相对于民营企业来说要低一些。

第二，客户、供应商重叠率高的应对思路。

产业链定位越是接近的公司，越是可能存在相同的客户及供应商，且客户、供应商重合度高，容易导致独立性缺失，资源渠道的互相利用等问题。因此，客户、供应商重合度系反映发行人与竞争方竞争程度的重要指标。交易所在问核中往往会要求发行人披露与竞争方客户、供应商的重合情况及相应采购金额/收入

---

① 西部超导系科创板上市企业，2019 年 7 月 11 日上市，其在报告期内存在与控股股东控制的企业均生产钛合金、从事熔炼工艺的情形。西部超导曾于 2014 年申报主板未获通过，与控股股东控制的西部材料（002149. SZ）及其子公司之间的同业竞争是其主要问题。

金额的占比，对于具有重合客户和供应商的，一般应当通过价格对比说明公允性，通过产品明细说明采购/销售的产品类型的区别，通过行业特性说明符合行业普遍情况。

在笔者研究的案例中，“数字认证”系该解决路径的经典案例。根据“数字认证”的招股书说明书，“数字认证”第二大股东首信股份持股34.98%，系实际控制人北京国资公司的下属企业。首信股份的经营区域主要在北京地区，其面向的客户主要为北京市属政府机构，而相关政府机构单位业务是“数字认证”的客户，二者之间客户重叠率较高。报告期内，公司与首信股份相同客户形成的收入分别为5322.98万元、8910.44万元、8759.18万元和3,265,78万元，占当期营业收入的比重分别为25.18%、33.11%、28.27%和26.84%。

针对客户重叠问题，“数字认证”的解释思路是，一方面，披露获得客户的方式，主要是客户自主招标，而不是依赖于关联方首信股份开展业务，及“数字认证”系面向相关客户独立开展业务；另一方面，从双方之间专业领域不同、客户需求不同及业务资质不同，即双方为重叠客户提供的服务和产品显著不同，以此论证首信股份的业务与发行人不构成同业竞争。

“数字认证”客户重叠率如此之高仍能通过“解释”即顺利过会，笔者认为，有如下几个方面的原因：实际控制人为国有企业；竞争方为国有企业；客户为政府机构，且客户获得方式为招标；竞争方与发行人之间在业务方面确实存在一些差异和区分度。

第三，与竞争方之间相关业务分属产业链不同位置（上下游关系）的应对思路。

在华宝国际（00336.HK）分拆华宝香精A股上市的案例中，发行人华宝香精主要向食品饮料、卷烟、饲料和日化用品行业销售香精。而实际控制人控制的企业中有数家从事香原料业务。香原料通常不能直接应用到终端产品的加香中，其客户主要是众多的香精生产企业。就中国证监会相关反馈问题中的同业竞争问题，招股说明书从产品特征、应用领域、生产工艺、生产设备、核心技术、核心人员、产品商标，以及原材料采购和客户销售等方面进行了对比，认为不存在竞争和可替代性。

笔者认为，该案例中最为值得借鉴的思路是不回避香原料业务与香精业务存在一定关联的问题，以此分析二者处于产业链上不同位置，论证各自发展并形成不同的业态，据此得出香原料行业和香精行业内的企业独立存在，各自发展，不具有竞争关系。

综上，笔者认为，过会案例的回复思路具有一定的参考价值，但是并不能照搬和复制，需要结合具体 IPO 项目的具体情况找到适合自身项目的解释口径。

（3）上市公司规范和解决同业竞争问题的措施、建议

①监管部门对上市公司同业竞争方面的规范和治理的目的和要求

根据前文所列上市公司规范治理的相关规定，笔者认为，监管部门对于上市公司同业竞争方面的规范和治理的目的和相关要求主要体现在如下几个方面：

第一，要求上市公司避免同业竞争的目的是保障中小投资者依法行使权利，因此，上市公司控股股东、实际控制人不得利用控股、控制地位，侵害上市公司财产权利，谋取上市公司商业机会，损害上市公司和中小股东合法利益。

第二，上市公司的控股股东、实际控制人应当诚实守信，规范行使权利，严格履行承诺，且应当主动采取有效措施避免同业竞争。

第三，上市公司应当对相关交易（如变更募集资金用途用于收购控股股东或实际控制人资产、重大资产重组的标的资产为控股股东、实际控制人资产等交易）完成后可能产生同业竞争的情况及相关应对措施依法履行信息披露义务。且相关交易原则上应当有利于提高上市公司资产质量、改善财务状况和增强持续盈利能力。

第四，实践中，鉴于上市公司董事、监事和高级管理人员，特别是董事、高级管理人员对上市公司的运作发展有决定性的作用，交易所对于上市公司的董事、监事和高级管理人员也要求具备独立性。如《深圳证券交易所创业板上市公司规范运作指引》第 3. 1. 2 条中规定，董事、监事和高级管理人员不得利用职务便利为自己或者他人谋取属于上市公司的商业机会，不得自营或者为他人经营与公司相同或者类似的业务。

②解决措施和建议

结合 IPO 审核的相关规定，我们认为，解决上市公司同业竞争问题最直接的措施就是消除同业竞争关系（包括股权收购、重组、卖），如实际控制人通过资产注入公司的方式解决此前产生的同业竞争问题。但是，实践中亦存在一些特殊情形下的解决措施。

对于上市公司主动谋求与控股股东同类业务可能涉及同业竞争的，上市公司

可采用细分领域的方法进行解释，具有被监管部门认可的可能性，但是不得与已出具的承诺有矛盾。

对于国资控股上市公司历史上遗留的同业竞争问题，一般应当通过重大资产重组方式解决，如果不能按承诺期限完成，应经上市公司股东大会审议通过延长承诺期限事项。如果无法通过重大资产重组方式解决同业竞争，一般会采取控股股东与上市公司签订委托经营合同的过渡方式初步解决，在过渡安排基础上，通过控股股东混合所有制改革优先解决同业竞争问题。

对于上市公司重大资产重组项目中的同业竞争问题，处理方式包括以下几种。

第一，承诺。

针对因重组并购等可能形成同业竞争的，控股股东、实际控制人及相关方应承诺不利用自身的控制地位限制上市公司正常的商业机会，避免与上市公司形成同业竞争；上市公司未明确表示主动放弃商业机会的，控股股东、实际控制人及其控制的企业不参与相关业务；控股股东、实际控制人及其控制的企业将来可能获取与上市公司业务产生直接或间接竞争商业机会的，尽力促使该商业机会先提供给上市公司，避免利益冲突。

此外，监管部门也会接受控股股东明确承诺在一定期限内将竞争性资产/股权注入上市公司，以及承诺在一定期限内将竞争性业务转让给非关联第三方的安排。一般来说，上市公司和竞争方会作出“上述未纳入上市公司的资产的盈利情况符合公司利益和其他有关法律的规定或上市公司认为必要时，则届时无条件将上述资产转让给上市公司，或转让给其他无关联第三方，以避免可能出现的同业竞争”等类似承诺。

第二，经营托管。

采取受托管理“竞争方”的方式作为一个过渡性安排。对于部分资产由于自然条件及历史的原因存在着市场定位不明，发展潜力受限，经营业绩下滑、部分资产权属不清以及尚处于前期筹建阶段的情况，暂不具备进入上市公司的条件，可以由上市公司与相关方签订资产托管协议，约定将相关资产交由上市公司托管，并由相关方向上市公司支付一定金额的托管费用。另外，在经营托管方式下，上市公司、控股股东和实际控制人一般会作出“在本次重组取得中国证监会核准之日起一定期限后，相关资产中仍有部分资产因存在法律障碍而无法注入上市公司的，则将把该等资产托管给上市公司管理，直至上述问题得到妥善解决使上述资产符合注入上市公司的条件”等类似承诺。综上，为了更好地体现上市公司维护广大中小投资者利益的态度和决心，上市公司、竞争方会承诺在届时仍不符合注入条件的，则向独立第三方转让以彻底消除同业竞争；如果未能转给第三方，则届时由上市公司决定是否同意受让该等资产；如果上市公司放弃受让，则由无关联董事、股东表决处理，实际控制人将该部分资产委托上市公司管理，直至上市公司董事会要求将该等资产注入上市公司。

综上所述，笔者认为，避免“同业竞争”是上市公司控股股东、实际控制人维护上市公司业务独立性、维护广大中小股东利益的法定义务，也是上市公司是否符合规范治理要求的重要准则之一。在上市公司规范治理监管过程中，上市公司的董事、监事和高级管理人员，特别是对上市公司经营发展有较大影响的董事、高级管理人员也会被列入监管范围。

结合相关规定和前文所述的解决措施，为规范上市公司同业竞争问题、避免被监管部门处罚，笔者提出如下建议：

第一，上市公司控股股东、实际控制人以及相关董事、高级管理人员均应当严格履行公开承诺事项。

第二，作为信息披露义务人，须严格履行信息披露义务，及时披露相关同业竞争情况整改、变更和解决进度。

第三，同业竞争事项原则上应当彻底清理，如果不能在一定期限内彻底清理，则应当采取维护上市公司及中小股东权益且监管部门可接受的过渡性措施，如委托经营等。

第四，除业务独立外，上市公司还应当做好与控股股东、实际控制人之间在人员、资产、财务、机构等其他方面独立性的规范措施，以免因其他独立性的不规范被监管部门质疑存在业务方面的独立性问题。

第五章 美国上市公司的信息披露规定

一、信息披露制度

信息披露制度，也称公示制度或公开披露制度，是上市公司为保障投资者利益、接受社会公众的监督而依照法律规定必须将其自身的财务、经营状况等信息和资料向证券管理部门和证券交易所报告，并向社会公开或公告，以便使投资者充分了解公司情况的制度。信息披露作为投资者分析以及评估证券风险的事实基础，是公司证券发行过程中的重要环节，因而公司进行信息披露时需要确保所披露的信息资料具有真实性、充分性以及准确性。

美国信息披露制度的构建源于各州的证券立法，1911 年，美国堪萨斯州通过了第一部州级证券立法，即《蓝天法》（The Blue Sky Law）。其后，全国性的证券监管机构和证券监管体系建立，信息披露制度也被不断地完善及统一。1933 年至 1934 年，美国国会相继通过了《1933 年证券法》（The Securities Act of 1933）和《1934 年证券交易法》（The Securities Exchange Act of 1934），并成立了美国证券交易委员会（U. S. Securities and Exchange Commission，SEC），这也标志了美国信息披露制度初步形成。①

《1933 年证券法》和《1934 年证券交易法》分别对于在美国上市的公司的

① 杨郊红：《美国上市公司信息披露制度的变迁及启示》，载 http：//cdfy. chinacourt. gov. cn/article/detail/2011/11/id/580870. shtml，最后访问日期：2022 年 12 月 30 日。

初次信息披露以及持续性信息披露规则作出了细化的规定，从而确保了投资者有充分及完整的渠道了解上市公司的相关证券信息。①《1933 年证券法》第 17 条第（a）款中规定，“任何人在发行或出售任何证券时，通过利用任何在州际贸易中的交通或通讯手段或工具，或通过利用邮政手段，直接或间接从事下述活动都是违法的：……（2）通过对重大事实的不真实报告或漏报在制作报告时能使报告不至被误解所必要的重大事实，以获得金钱或财产……”②《1934 年证券交易法》中规定的发行人需持续披露的信息包括：（1）定期报告。包括年度报告、季度报告以及临时报告。（2）重大事项报告。根据该法的规定，发行人有责任立即公开有关重大事项信息，以防止欺诈及内幕交易，并规定了需在 15 日内披露的重大事项。（3）特殊人士取得证券的登记及公开。特殊人士是指直接或间接持有公司任何种类股票的 10% 以上或某一种类股票的 5% 以上的人士和发行公司的董事及高级管理人员。③《1934 年证券交易法》规定，前述人士在发行人发行的证券在 SEC 注册时，或在成为发行人的股东、董事、高级管理人员后的 10 日内，应向 SEC 报告其持股情况，并在持股情况发生变化的月度结束后 10 日内报告变化情况。若公司证券在交易所上市，应同时向证券交易所报告上述情况。（4）发行人回购自身股票的信息披露。《1934 证券交易法》规定，发行人在决定回购所发行的证券时，应公开披露其回购原因、回购数量、回购资金来源、回购价格、回购方式等信息。④

2002 年，美国国会通过了《萨班斯—奥克斯利法案》⑤（The Sarbanes-Oxley Act），进一步在信息披露制度中加入了关于内控信息披露的要求。同时，SEC 也根据前述法案的原则制定了相应的信息披露约束规则，上市公司发生资产购买或

---

① 李缪：《中国公司在美国上市法律制度研究——基于信息披露制度对中国公司的影响》，上海交通大学 2011 年硕士学位论文，第 9 页。

② 参见《1933 年证券法》第 17 条，载 https://www.govinfo.gov/content/pkg/COMPS-1884/pdf/COMPS-1884.pdf，最后访问日期：2022 年 12 月 30 日。

③ 参见《1934 年证券交易法》第 16 条，载 https://www.govinfo.gov/content/pkg/COMPS-1885/pdf/COMPS-1885.pdf，最后访问日期：2022 年 12 月 30 日。

④ 参见《1934 年证券交易法》第 3E 条，载 https://www.govinfo.gov/content/pkg/COMPS-1885/pdf/COMPS-1885.pdf，最后访问日期：2023 年 2 月 6 日。

⑤ 参见《萨班斯—奥克斯利法案》，载 https://www.govinfo.gov/content/pkg/COMPS-1883/pdf/COMPS-1883.pdf，最后访问日期：2023 年 2 月 6 日。

资产处置等重大事件时，需要按照《1934 年证券交易法》的规定向 SEC 提交“8－K 表格”（Form 8－K，即公司重大变化的临时报告）① 予以披露。至此，美国证券市场的信息披露制度已较为成熟和完备。

二、美国上市公司的信息披露要求

1. 公司上市时的信息披露要求

根据 SEC 的要求，公司在美国上市时的初次信息披露主要通过注册登记书（registration statement）进行披露。关于注册登记书，美国本国发行人提交 S－1 表格（form S－1）②，外国发行人则提交 F－1 表格（form F－1）。regulation S－K③ 及 regulation S－X④ 分别对于这两种注册登记书如何准备法律披露信息以及财务披露信息作出了规定。递交给 SEC 的注册登记书（registration statement）应包含两个部分，即公开招股说明书（prospectus）和不需要包括在招股说明书中的信息和附件。

以生物制药公司 LianBio（NASDAQ. LIAN）（联拓生物）⑤ 公开招股书目录为例（见图 5－1），其中通常包含以下内容：招股书封面、招股书简介、风险因素、收益用途、股利政策、资本化、管理层关于财务状况及运营结果的讨论及分析、业务描述、管理层介绍、高管及董事薪酬、最终受益人及管理层的证券所有权、关联关系及关联方交易、股本描述、普通股/美国存托凭证描述、符合未来出售条件的普通股和美国存托股票、征税、承销、法律事务、专业人士、民事责任的强制执行、在哪里可以找到更多信息，以及合并财务报表索引。（见图 5－1、表 5－1）

① 参见“FORM 8－K”［CURRENT REPORTPursuant to Section 13 OR 15（d）of The Securities Exchange Act of 1934］，载 https：//www. govinfo. gov，最后访问日期：2023 年 2 月 6 日。

② 参见“FORM S－1”（Registration Statement under the Securities Act Of 1933），载 https：//www. govinfo. gov，最后访问日期：2023 年 2 月 6 日。

③ 参见“Regulation S－K”，载 https：//www. cfainstitute. org/en/advocacy/issues/regulation－s－k，最后访问日期：2023 年 2 月 6 日。

④ 参见“Regulation S－X”，载 https：//www. cfainstitute. org/en/advocacy/issues/regulation－s－x，最后访问日期：2023 年 2 月 6 日。

⑤ 请参见《联拓生物招股说明书》，载 https：//www. sec. gov/Archives/edgar/data/0001831283/000119312521316916/d168979d424b4. htm，最后访问日期：2023 年 3 月 6 日。

Table of Contents

TABLE OF CONTENTS

图 5-1　联拓生物公开招股说明书目录

表 5-1　公开招股说明书披露重点项目

序号	项目	内容
1	招股说明书封面 prospectus cover page	招股说明书封面和封底的信息必须是简单的英文。每一页的披露必须限于披露项目所要求的信息，封面不应超过一页。如采用可变利益实体（Variable Interest Entity，VIE）架构，则需在公司历史和架构 corporate history and structure 以及风险披露 risk factor 章节进行披露
2	招股说明书摘要 prospectus summary	regulation S-K 第 503 项要求对于冗长或复杂的招股说明书，公司需提供招股说明书关键方面的简明英语摘要。摘要是对招股书中其他内容的简要总结，即对公司行业领域、业务、发行以及未来业务发展同时提供积极与消极两方面的摘要总结
3	风险因素 risk factor	regulation S-K 第 503 项要求公司讨论使其发行具有投机性或风险性的最重要事实。公司应该将每个风险因素限制在一两个简短的段落中，并用解释为什么该风险适用于公司。建议：（1）在每个风险因素的子标题中清楚简明地描述风险；（2）将每个风险因素子标题限制为一个风险。不要在一个标题下讨论多种风险；（3）对于

续表

序号	项目	内容
3	风险因素 risk factor	不描述特定风险如何适用于公司或本次发行的一般风险因素讨论可能无助于理解风险；（4）清楚、直接地列出每种风险的程度
4	收益用途 use of proceeds	regulation S－K 第 504 项规定了公司需披露发行的净收益将用于的主要目的以及拟用于每个目的的大致金额的要求
5	业务描述 description of business	regulation S－K 第 101 项要求公司描述其最近 3 年的业务发展。它还要求公司提供其业务实质的简要描述。在不清楚一家公司如何创造收入或未来增长战略的情况下，SEC 要求该公司应当就其当前或预期的重要收入来源进行讨论
6	管理层的讨论与分析 management's discussion and analysis	根据 regulation S－K 第 303 项的要求，公司必须提交管理层对公司财务状况和运营结果的讨论和分析。在该章节，公司必须说明其已知的趋势、需求、承诺、事件或不确定因素，以及这些情形将对公司的财务状况、经营业绩、收入产生或可能产生的重大影响，或导致其流动性以任何重大方式减少或增加。公司还必须提供关于收益和现金流的质量和可变性的额外信息，以便读者能够评估公司过去的业绩是否可能预示未来的业绩。公司还应讨论其财务状况是保持在当前水平，还是增加或减少
7	董事、高管、发起人和控制人 directors, officers, promoters and control persons	regulation S－K 第 401 项要求公司在注册登记书中披露受托管理公司的人员的身份和经历有关的信息。具体来说，公司必须列出董事、高管和某些重要员工的姓名和年龄。此外，还必须说明这些人的任期、任职时间以及他们与其他企业的关系，包括在其他公司担任董事的情况。公司必须合理、详细地描述每位董事或高管的业务经历，因为第 401 项要求陈述公司过去 5 年的历史经验，公司必须说明整个 5 年期间的情况并提供其高级管理人员和董事的业务经验和教育背景的简要和准确的描述。如果一家公司的高管没有全职为公司服务，公司应描述该高管同时从事的其他业务活动

续表

序号	项目	内容
8	与关联人、发起人和某些控制人的交易 transactions with related persons, promoters and certain control persons	regulation S－K 第 404 项要求公司描述其与高管、董事、发起人、控制人和某些亲属发生的交易，其中涉及的金额超过 120，000 美元或对于较小的报告公司其最近两个完整会计年度年末总资产平均值的 1% 以及交易的任何参与方与公司有直接或间接的重大利益的交易。第 404 项允许涉及金融服务业务的公司在正常业务过程中以与外人相同的条件向公司相关人员提供的贷款。据此，SEC 要求前述公司要么披露他们向内部人士提供的贷款是否与外部人士的贷款条件相当，以及这些贷款是不是在正常业务过程中发放的
9	分配计划 plan of distribution	regulation S－K 第 508 项要求公司说明其将如何向公众发行证券。如果一家公司表示其管理人员或董事，或除承销商以外的任何人将出售其证券，SEC 要求该公司说出这些人的姓名，并描述这些人打算如何出售证券
10	出售证券的持有人 selling security holders	如果公司的注册登记书中表明现有证券持有人从自己的账户中出售证券，则 regulation S－K 第 507 项要求公司：（1）说出每个出售证券的持有人的姓名；（2）确定拟销售证券的持有人在过去 3 年中与公司是否存在任何特殊关系；（3）披露出售证券持有人的持股数量（包括被出售类别的全部已发行股份的百分比）；（4）披露出售证券持有人寻求出售的证券数量；（5）披露出售后该类别证券所有权占所有证券的百分比（如果超过 1%）。 如果出售证券的持有人是一家机构，SEC 则要求该公司明确对该机构持有的证券拥有表决权和处置权的自然人
11	财务报表 financial statements	作为常规事项，SEC 要求公司根据 regulation S－X 第 8－08 条更新其财务报表。该条款规定：（1）在提交之日，除《1934 年证券交易法》规定的年度或季度报告之外，提交文件中包含的财务报表的更新速度不得低于这些报告中要求的提交的财务报表的更新速度；（2）如果要求的财务报表是在注册登记书生效日期前 135 天或更早的日期，则必须更新财务报表，以包括在生效日期后 135 天内的中期财务报表

续表

序号	项目	内容
12	承诺 undertakings	公司在其注册登记书中应包括提供额外信息、更新信息或解决其他问题的某些承诺。根据发行的性质，公司可能需要提供 regulation S－K 第 512 项中规定的多项承诺
13	未注册证券的近期销售 recent sales of unregistered securities	regulation S－K 第 701 项要求公司讨论其在过去 3 年内所有未根据证券法注册的证券销售情况。SEC 要求公司披露他们过去通过私募发行证券的历史，公司需要披露证券出售日期、出售证券的金额和名称以及获得的对价。 此外，第 701 项要求公司披露其出售证券时所依赖的注册豁免，包括简要陈述在每种情况下适用豁免的依据

资料来源：参见 *Staff Observations in the Review of Smaller Reporting Company IPOs*，载 https：//www. sec. gov/divisions/corpfin/guidance/cfsmallcompanyregistration. htm，最后访问日期：2023 年 3 月 6 日。

2. 公司上市后的信息披露要求

公司完成上市后，除通过季度报告（form 10－Q/form 6－K①）和年度报告（form 10－K/form 20－F）进行必要的披露外，如果发生任何重要事件或者重大变化时，公司还需要向 SEC 提交 8－K 表格进行披露（见表 5－2）。不同于上市披露的内容，8－K 表格在披露上更加具有灵活性，公司可以根据实际运营过程中发生的变化进行披露，披露内容涉及公司的收购交易、破产清算、管理层或财政年度的变动等领域。

表 5－2　8－K 表格中披露重点项目

序号	项目	内容
第一节　注册人的业务和运营 registrant's business and operations		
1.01	签订重大确定性协议 entry into a material definitive agreement	公司应披露在日常运营过程之外所达成的某些重要协议或对这些协议所进行的重大修改。重大确定性协议指规定了重大权利义务、对公司可强制执行、对公司具有重大影响的协议

① Form 10－Q 和 Form 10－K 适用于美国本国发行人，Form 6－K 和 20－F 适用于外国发行人。

续表

序号	项目	内容
1. 02	终止重大协议 termination of a material definitive agreement	公司应披露除正常条款到期协议终止情形外的重大协议的终止，但如果仅处于重大协议终止的谈判或协商中，则不需要进行披露
1. 03	破产或接管 bankruptcy or receivership	公司应披露其破产或成为破产标的的情形
1. 04	Mine Safety[1] – 报告关闭情况和违规模式 reporting of shutdowns and patterns of violations	公司应披露其应违反《1977 联邦矿山安全与卫生法》（The Federal Mine Safety and Health Act of 1977）而收到的违规通知
第二节　财务信息 financial information		
2. 01	完成资产收购或处置 completion of acquisition or disposition of assets	公司应披露其收购或处置大量资产的交易条款、交易方、交易对价等
2. 02	运营结果和财务状况 results of operations and financial condition	公司如果以新闻稿或其他形式宣布尚未公开过的季度业绩和年度业绩，也需要在 8 – K 表格中披露
2. 03	产生直接财务义务或资产负债表外义务 creation of a direct financial obligation or an obligation under an off – balance sheet arrangement of a registrant	公司应披露公司承担的重大财务义务的基本条款。重大财务义务包括正常业务范围以外的任何长期债务、资本安排、经营租赁、短期债务以及资产负债表外通过直接或间接方式产生的重大财务义务
2. 04	触发导致直接财务义务或资产负债表外义务加速到期或增加的事件 triggering events that accelerate or increase a direct financial obligation or an obligation under an off- balance sheet arrangement	公司应披露会给公司产生重大影响的、可以引发金融义务加速到期或增加的贷款或其他事件的违约情形，如债权加速到期或交叉违约等

续表

序号	项目	内容
2. 05	与退出或处置相关的成本 costs associated with exit or disposal activities	公司应披露资产重组计划以及因此产生的费用，如公司拟关闭部分工厂、办公室并解散员工，则公司需要披露因前述事项所产生的费用
2. 06	重大减值 material impairments	公司应披露重大资产减值事项。公司资产价值的减值将影响公司的资产负债表上资产以及损益表上支出的数值，故需进行披露。但如果公司在准备定期报告的财务报表时已可以确定减值事件的发生，则可以直接在定期报告中进行披露
第三节　证券和交易市场 securities and trading markets		
3. 01	退出或未能满足持续上市规则或标准的通知；上市转让 notice of delisting or failure to satisfy a continued listing ruleor standard; transfer of listing	公司应披露美国证券交易所通知公司不再满足继续上市要求的情形。如美国上市公司股价低于1美元则会被强制退市，如公司股价长期低于低价状态，则交易所会向公司发出监管函要求公司在期限内恢复合规，而公司则应披露其为避免退市所采取的措施
3. 02	股票证券的未注册销售 unregistered sales of equity securities	公司如对外销售的股票证券已超过该类别公司已发行股票的1%（对于较小的发行人而言该比例为5%），则应进行披露。在美国证券交易委员会注册的公开募股则无须在本项下进行披露
3. 03	对证券持有人权利的重大修改 material modification to rights of security holders	公司应披露涉及对于股东权利产生影响的重要文书的重大变更，或由于发行或修改另一类证券而导致的对证券持有人权利的重大限制，如限制红利支付的贷款条款等
第四节　与会计师和财务报表相关的事项 matters related to accountants and financial statements		
4. 01	注册人的注册会计师变更 changes in registrant's certifying accountant	公司应披露关于独立审计师的雇佣情况，包括但不限于审计师辞职、审计师拒绝重新任命和公司聘用新审计师等情形。 审计师的更换对于公司财务报表的编制具有一定

续表

序号	项目	内容
		影响，故公司需要进行披露：（1）离任审计师对于公司的财务报表的合格或者负面意见；（2）公司与离任审计师在会计原则或惯例或审计范围等方面的分歧（如有）；（3）离任审计师是否发现了对当前或先前财务报表的公平性或可靠性有重大影响的新信息，而该问题尚未得到审计师的满意解决等
4. 02	不依赖先前发布的财务报表或相关的审计报告或已完成的中期审核 non-Reliance on previously issued financial statements or a related audit report or completed interim review	如果公司发现此前的财务报表存在错误，则需要进行披露。如果审计师认为不应依赖其先前发布的审计报告或对财务报表的中期审查，则也需要在此项下进行披露。在签署这两种情况下，公司还必须披露其审计委员会、董事会或首席执行官是否已与审计师讨论关于财务报表或审计报告的错误事项
第五节　公司治理和管理 corporate governance and management		
5. 01	注册人控制权的变更 changes in control of registrant	公司应披露其控制权变化，公司需披露变化后的实控人拥有其所有的证券对象的表决权的比例以及新旧实控人关于董事选举或董事安排的任何变化等事项
5. 02	董事或某些高级管理人员的离任；选举董事；任命某些高级管理人员；某些高级管理人员的补偿安排 departure of directors or certain officers; election of directors; appointment of certain officers; compensatory arrangements of certain officers	公司应披露其董事会及管理层的变化，包括各公司首席执行官、总裁、首席财务官、首席运营官等人员的退休、辞职或被终止职务等情形。因前述变化涉及公司经营管理以及运营，因此公司需要简述人员变化原因，如果员工提供了有关其辞职，拒绝或罢免的信函，则公司必须将前述信函随附 8 - K 表格一并提交。 公司还必须披露任何新董事或高级管理人员的任命，并简要描述任何相关的薪酬安排，如对现任高级管理人员的薪酬的任何变更

续表

序号	项目	内容
5.03	对公司章程或细则的修订；会计年度变更 amendments to articles of incorporation or bylaws; change in fiscal year	公司应披露对其公司章程或细则的修改以及其会计年度的变更
5.04	根据注册人员工福利计划暂停交易 temporary suspension of trading under registrant's employee benefit plans	公司应披露其董事或员工收到根据《1974 年就业退休收入保障法》收到的通知
5.05	修改注册人的道德守则，或道德守则的豁免 amendments to the registrant's code of ethics, or waiver of a provision of the code of ethics	公司应披露适用于其首席执行官、首席财务官、首席会计官或财务总监或类似职能人员所需遵守的道德守则的变更或任何豁免
5.06	空壳公司地位的变化 change in shell company status	公司如果为空壳公司，则公司应披露其所完成的使其不再是空壳公司的合并交易，包括该交易的重要条款及文件
5.07	证券持有人表决的事项 submission of matters to a vote of security holders	公司应披露如董事选举以及所有其他需由股东表决事项的结果，该等披露需在股东大会或者特别会议结束后的 4 个工作日内通过 8 - K 表格提交
5.08	股东提名董事 shareholder director nominations	如果公司前一年没有召开股东大会，或今年的股东大会与往年召开的日期相差超过 30 天，公司需披露合适股东可以提名董事的截止日期
第六节　资产担保证券 Asset - Backed Securities		
6.01	资产担保证券信息和计算材料 ABS informational and computational Material	公司应披露其资产担保证券的信息以及相关材料

续表

序号	项目	内容
6. 02	服务方或受托方的变更 change of servicer or trustee	公司应披露资产担保证券中服务方或受托方的变更情形
6. 03	信用增加或其他外部支持的变更 change in credit enhancement or other external support	公司应披露资产担保证券中关于信用及外部支持的变更情形
6. 04	未能按照要求进行分配 failure to make a required distribution	公司应披露资产担保证券中未能按照要求进行分配的情形
6. 05	证券法更新披露 securities act updating disclosure	如果在资产担保证券发行时实际资产池的任何重大池特征与招股说明书中的资产池描述相差5%或更多（根据其条款池资产转换为现金的结果除外），则公司应披露实际资产池特征的信息
6. 06	静态池[2] static pool	公司应在注册声明生效之前披露资产证券化项目中的静态池信息
第七节　食品和药物管理局条例 regulation FD		
7. 01	FD 规则披露 regulation FD disclosure	该条例旨在确保公司统一披露重要信息，即公司向如证券市场从业人士提供的信息也应当向公众投资者进行披露以避免公司选择性地披露重大非公开信息
第八节　其他事件 other events		
8. 01	其他事件 other events	作为其他未列明的重要事项的补充披露
第九节　财务报表和附件 financial statements and exhibits		

续表

序号	项目	内容
9.01	财务报表和附件 financial statements and exhibits	对于公司已进行的重要交易或签署的重要协议，公司应披露财务报表作为附件

资料来源：参见“FORM 8 – K”［CURRENT REPORT，Pursuant to Section 13 OR 15（d）of The Securities Exchange Act of 1934］，载 https：//www. govinfo. gov，最后访问日期：2023 年 3 月 1 日。

［1］指《1977 年联邦矿山安全与卫生法》（30 U. S. C. 802）第 3 节定义的煤矿或其他矿山。

［2］资产证券化通常以资产池为基础资产，即最终的产品是以一组资产汇集而成的资产合体。资产池分为静态资产池与动态资产池，其中静态池没有循环购买的安排，整个资产池具有确定性；而动态资产池会根据一定的标准不断向资产池中补充新购买的资产从而保持资产池内的现金流的稳定性。

三、近期新增对于美国上市公司信息披露要求

1.《外国公司问责法案》（Holding Foreign Company Accountable Act）

《外国公司问责法案》①（以下简称《问责法》）于 2020 年 12 月 18 日经美国众议院通过、由总统签署生效。根据《问责法》，如果被 SEC 认定为“被认定的发行人”（Commission – Identified Issuer），则需要向 SEC 提交文件“确认其不受该外国司法管辖区的任何政府实体的拥有或控制”。“被认定的发行人”指的是作为上市公司：（1）所聘请的出具审计报告的注册会计师事务所拥有位于美国之外的司法管辖区的分支机构或办事处；（2）美国上市公司会计师监督委员会（U. S. Public Company Accounting Oversight Board，PCAOB）无法完全检查、调查该会计师事务所出具的审计报告；（3）PCAOB 无法检查或调查是由于外国（指美国之外）政府的立场原因导致的。

2002 年《萨班斯—奥克斯利法案》通过后，根据该法案 SEC 设立了 PCAOB。PCAOB 是一家私营的非盈利企业，其主要职责为监督上市公司的审计并促使其准备信息完整、准确和独立的审计报告，以保护投资人和公众权益。根据《萨班斯—奥克斯利法案》，PCAOB 被授权制定对所有美国上市公司进行审计

① 参见《外国公司问责法案》，载 https：//www. federalregister. gov/documents/2021/04/05/2021 – 06292/holding – foreign – companies – accountable – act – disclosure，最后访问日期：2023 年 2 月 8 日。

的会计师事务所的审计标准。在美国上市的公司必须向 SEC 提交经审计的财务报表并接受 PCAOB 的检查，以评估审计师在对上市公司的审计中是否符合美国法律要求的审计标准。根据 PCAOB 官网，截至 2020 年 12 月 31 日，PCAOB 已对 51 个国家或地区的外国会计师事务所进行了审查。而在 PCAOB 公布的名单中，并不包括中国内地和中国香港地区①根据 2020 年 3 月 1 日实施的《证券法》第 177 条，境外证券监督管理机构不得在中华人民共和国境内直接进行调查取证等活动。未经国务院证券监督管理机构和国务院有关主管部门同意，任何单位和个人不得擅自向境外提供与证券业务活动有关的文件和资料。因此，由于司法管辖限制，PCAOB 无法对前述在美上市的中国企业充分行使审计监督职责。

《问责法》对此类无法充分进行审计监督的美国上市公司，PCAOB 要求其额外披露：（1）在此期间是由 PCAOB 无法检查的会计师事务所为发行人准备的审计报告；（2）其注册地的司法辖区的外国政府在上市公司拥有的股比；（3）与出具报告的会计师事务所有关的外国政府是否对上市公司有控制性经济权益；（4）该上市公司董事会（或上市公司运营实体）成员是否存在涉及中国的某些事项；和（5）该上市公司章程性文件中是否包含涉及中国的某些事项。②

此外，如果美国上市公司是外国发行人，其还需额外披露包括：（1）发行人成立或以其他方式组织的外国司法管辖区的政府实体拥有发行人股份的比例；（2）该注册会计师事务所适用的外国司法管辖区的政府实体是否对发行人具有控制性财务利益……③

2021 年 3 月 24 日，SEC 通过了一项《临时最终规则》（Interim final rule; request for comment）④，其中规定了拟向 SEC 申报的部分公司（特别是总部位于中国的公司）需要就中国政府对公司的控制和影响作出具体披露。SEC 据此修改了上市公司的信息披露要求，特别是 10 – K 表、20 – F 表、40 – F 表和 N – CSR 表，从而落实了《问责法》关于信息披露要求的实施细则，并于 2021 年 5 月 5

① 参见 https：//pcaobus. org/oversight/international/international/pcaob – inspections – of – registered – non – u – s – – firms，最后访问日期：2023 年 3 月 8 日。

② 此部分为译文，原文参见 https：//pcaobus. org/，最后访问日期：2023 年 3 月 8 日。

③ 此部分为译文，原文参见 https：//pcaobus. org/，最后访问日期：2023 年 3 月 8 日。

④ 参见《临时最终规则》（Interim final rule；request for comment），载 https：//www. sec. gov/rules/interim/2021/34 – 91364. pdf，最后访问日期：2023 年 3 月 8 日。

日生效。与问责法一样，《临时最终规则》要求“被认定的发行人”向 SEC 提交文件以说明是否被外国政府所拥有或控制的、外国政府对其影响及披露其年度报告中的审计。

美国东部时间 2022 年 12 月 15 日，PCAOB 发布声明，宣布并确认 PCAOB 在历史上首次完全取得对总部设在中国内地和中国香港地区的会计师事务所进行检查和调查的授权。①

PCAOB 在声明中强调，这是 PCAOB 检查和调查中国公司的开始，而不是结束；PCAOB 未来将继续要求在中国内地和中国香港地区实现完全准入，并计划在自 2023 年起恢复定期检查，并继续进行调查。PCAOB 需要的是一个可持续和不受干扰的检查和调查机制，如果出现任何相反的情况，PCAOB 也会重新作出决定。

尽管有 PCAOB 前述积极的决定，但是拟赴美上市的中概股公司在招股书中仍然就 PCAOB 审查问题做了披露，比如：

于 2023 年 2 月 3 日在美国纳斯达克挂牌上市的硕迪生物（NASDAQ. GPCR）在其招股说明书中披露：②

“We have retained PricewaterhouseCoopers LLP as our independent registered public accounting firm. PricewaterhouseCoopers LLP is headquartered in the United States, is registered with the PCAOB and is an auditor of companies that are both registered with the SEC and publicly traded in the United States. As a result, the HFCA Act does not currently apply to us. However, if our operations fundamentally change in a way that requires our independent registered public accounting firm to be located in China in order to comply with the standards of the PCAOB regarding auditors then the HFCA Act would apply to us. Such a restriction would negatively impact our ability to raise capital. We view the likelihood to be remote that our operations will fundamentally change, as to require our auditor to be located in China. Additionally, it is possible that in the future Congress could amend the HFCA Act or the SEC could

---

① PCAOB Secures Complete Access to Inspect, Investigate Chinese Firms for First Time in History | PCAOB (pcaobus. org).

② 硕迪生物招股说明书，参见 form F－1（sec. gov）。

modify its regulations to apply the restrictions, including trading prohibitions and delisting, under the HFCA Act in situations in which an independent registered public accounting firm in China performs part of the audit such as in our current situation. There are currently no such proposals.

Further, while we understand that there has been dialogue among the CSRC, the SEC and the PCAOB regarding the inspection of PCAOB – registered accounting firms in China, there can be no assurance that, in the future, we will be able to comply with requirements imposed by U. S. regulators. The market price of our ADSs could be adversely affected as a result of anticipated negative impacts of these executive or legislative actions upon, as well as negative investor sentiment towards, companies with operations in China that are listed in the United States, regardless of whether these executive or legislative actions are implemented and regardless of our actual operating performance."

译文如下:①

"我们聘请了普华永道会计师事务所作为我们独立的注册会计师事务所。普华永道会计师事务所总部位于美国，在 PCAOB 注册，是在 SEC 注册并在美国公开交易的公司的审计师。因此，HFCA 法案目前不适用于我们。但是，如果我们的业务发生根本性变化，要求我们的独立注册会计师事务所位于中国，以符合 PCAOB 关于审计师的标准，那么 HFCA 法案将适用于我们。这样的限制会对我们筹集资金的能力产生负面影响。我们认为，我们的业务发生根本性变化的可能性很小，因此要求我们的审计师位于中国。此外，未来美国国会可能会修订《HFCA 法案》，或者美国证券交易委员会（SEC）可能会修改其法规，适用《HFCA 法案》下的限制，包括交易禁令和摘牌，在中国的独立注册会计师事务所执行部分审计的情况下，如我们目前的情况。目前还没有这样的提议。

此外，尽管我们了解到中国证监会、SEC 和 PCAOB 之间就检查在中国 PCAOB 注册的会计师事务所进行了对话，但不能保证未来我们能够遵守美国监管机构的要求。无论这些行政或立法行动是否实施，也无论我们的实际经营业绩如何，我们的美国存托凭证的市场价格可能会受到负面影响，因为这些行政或立

① 该翻译译文仅供参考，非官方翻译版本。

法行动预期会对在中国有业务且在美国上市的公司产生负面影响。"

2.《与中国近期发展相关的投资者保护声明》(Statement on Investor Protection Related to Recent Developments in China, 以下简称《SEC 声明》)

2021 年 7 月 30 日, SEC 主席 Gary Gensler 发布"Statement on Investor Protection Related to Recent Developments in China"(与中国近期发展相关的投资者保护声明, 又称 SEC 声明)①, 进一步声明中概股公司需要增加特定的信息披露后 SEC 才可能批准其注册登记, 其中包括: (1) 投资者购买的不是中国境内运营主体的股票, 而是与该运营主体存在 VIE 协议关系的空壳发行人的股票, 且发行人业务描述应就空壳公司所提供的管理服务和中国境内运营主体的业务描述进行明确区分; (2) 中国政府执法风险可能影响中国境内运营主体、空壳公司发行人和投资者的财务状况和 VIE 协议效力以及其风险性; (3) 就 VIE 架构提供详细财务量化数据; (4) 实体运作公司和上市公司, 是否收到中国监管机构的同意或者否决其在海外上市, 并披露即便收到相关政府同意其也有可能被收回的风险 (如适用); (5) 披露如果公司未适用可接受 PCAOB 审查的审计师的风险。② 该声明的发布意味着接下来 SEC 对于以 VIE 架构提交上市申请的中国企业将进行额外的针对性审查, 并且仅在审查通过后其上市申请方能生效。③

事实上, 关于拟以 VIE 架构进行上市的公司的信息披露要求, SEC 早于 2020 年 11 月 23 日就已发布针对总部位于中国或大部分业务在中国 (中国发行人) 的披露注意事项指南 (CF 指南)④, 该指南重点关注了采用 VIE 结构的中国发行人的需披露注意事项, 尤其提及了 VIE 结构可能存在被认定为不符合中国法律法规的政策风险。

因此, 拟赴美上市的中概股企业需要在招股书中就 VIE 架构风险做出相应披

---

① 《与中国近期发展相关的投资者保护声明》, 载 https: //www. sec. gov/news/public - statement/gensler - 2021 - 07 - 30, 最后访问日期: 2023 年 3 月 8 日。

② 盟资研究院: 《SEC 主席: 与中国近期势态有关的投资者保护声明 (中英文)》, 载 https: //mp. weixin. qq. com/s? _ biz = Mzg3NDU1ODA5NA = = &mid = 2247484690&idx = 1&sn = e9e56d84acd99d04141d2e825e5c289b&scene = 58&subscene = 0, 最后访问日期: 2023 年 3 月 8 日。

③ 董立阳: 《中美监管夹击, 中概股与美元基金如何应对?》, 载 https: //mp. weixin. qq. com/s/LuC7XHJylg_sxP4ow - JPCA, 最后访问日期: 2023 年 3 月 8 日。

④ CF Disclosure Guidance: Topic No. 10, "Disclosure Considerations for China - Based Issuers" (Nov. 23, 2020), 载 https: //www. sec. gov/corpfin/disclosure - considerations - china - based - issuers, 最后访问日期: 2023 年 3 月 8 日。

露。以亘喜生物（NASDAQ. GRCL）为例：[①]

"The PRC government has recently indicated an intent to exert more oversight and control over offerings that are conducted overseas by and/or foreign investments in China－based issuers. For example, on December 24, 2021, the CSRC published the draft Administrative Provisions of the State Council on the Overseas Issuance and Listing of Securities by Domestic Companies (Draft for Comments), or the Draft Overseas Listing Regulations, and the draft Measures for the Overseas Issuance and Listing of Securities Record－ filings by Domestic Companies (Draft for Comments), or the Draft Overseas Listing Measures, for public comments. These drafts stipulate that PRC domestic companies that seek to offer and list securities in overseas markets directly or indirectly shall complete the filing procedures with and report relevant information to the CSRC.

In connection with our issuance of securities to foreign investors, under current PRC laws, regulations, and rules, as of the date of this prospectus, based on the legal advice of our PRC legal counsel, we, our PRC subsidiaries, the VIE, and the VIE's subsidiary, (i) are not required to obtain any permissions or approvals from the CSRC; and (ii) are not required to go through cybersecurity review by the CAC. However, there are substantial uncertainties regarding the interpretation and application of current and future PRC laws. Accordingly, a PRC government agency may take a view that is contrary to the above conclusion. In addition, we, our PRC subsidiaries, the VIE, and VIE's subsidiary have not been asked to obtain or denied such permissions by any PRC authority. In addition, as of the date of this prospectus, we have not received any inquiry, notice, warning, or sanctions regarding ourcorporate structure and contractual arrangements from the CSRC, CAC or any other PRC governmental agency."

"Our PRC legal counsel, based on its understanding of the relevant laws and regulations, is of the opinion that (i) the ownership structure of the WFOE, the VIE

---

① 《FORM F－1》(Huarui International New Material Limited)，载 https：//www.sec.gov/，最后访问日期：2023 年 3 月 8 日。

and its subsidiary are in compliance with applicable PRC laws or regulations and (ii) such contractual arrangements constitute valid, legal and binding obligations enforceable against each party of such agreements in accordance with the terms of each agreement, and will not result in any violation of PRC laws or regulations currently in effect. However, our PRC legal counsel has also advised us that there are substantial uncertainties regarding the interpretation and application of current and future PRC laws, regulations and rules. Accordingly, the PRC regulatory authorities may take a view that is contrary to the opinion of our PRC legal counsel. If we or the VIE are found to be in violation of any existing or future PRC laws or regulations, or fail to obtain or maintain any of the required permits or approvals, the relevant PRC regulatory authorities would have broad discretion to take action in dealing with such violations or failures, including:

- revoking the business licenses and/or operating licenses of such entities;
- discontinuing or placing restrictions or onerous conditions on our operation through any transactions between the WFOE and the VIE;
- imposing fines, confiscating the income from the WFOE or the VIE, or imposing other requirements with which we or the VIE may not be able to comply;
- requiring us to restructure our ownership structure or operations, including terminating the contractual arrangements with the VIE and deregistering the equity pledges of the VIE, which in turn would affect our ability to consolidate or derive economic interests from the VIE;
- restricting or prohibiting use of any of our offering proceeds to finance our business and operations in China, and taking other regulatory or enforcement actions that could be harmful to our business;
- confiscating any of our income deemed to be obtained through illegal operations;
- discontinuing or placing restrictions or onerous conditions on our operations;
- imposing additional conditions or requirements with which we may not be able to comply; or
- taking other regulatory or enforcement actions against us that could be harmful

to our business.

The imposition of any of these penalties would result in a material and adverse effect on our ability to conduct our business. In addition, it is unclear what impact the PRC government actions would have on us and on our ability to consolidate the financial results of the VIE in our consolidated financial statements, if the PRC government authorities were to find our legal structure and contractual arrangements to be in violation of PRC laws and regulations. If the imposition of any of these government actions causes us to lose our right to direct theactivities of the VIE or our right to receive substantially all the economic benefits and residual returns from the VIE and we are not able to restructure our ownership structure and operations in a satisfactory manner, we would no longer be able to consolidate the financial results of the VIE in our consolidated financial statements. Either of these results, or any other significant penalties that might be imposed on us in this event, would have a material adverse effect on our financial condition and results of operations."

译文如下:①

"中国政府最近表示，有意对境外发行人和/或外国投资在境外发行的股票加强监督和控制。例如，中国证监会于2021年12月24日发布了《国务院关于境内企业境外发行证券和上市的管理规定（征求意见稿)》（或称管理规定）及《境内企业境外发行证券和上市备案管理办法（征求意见稿)》（或称管理办法)，向社会公开征求意见。这些新规草案规定，境内公司在境外市场直接或者间接发行和上市证券的，应当向中国证监会办理备案手续，并向中国证监会报告有关情况。

涉及我们向外国投资者发行证券，根据中国现行法律、法规和规则，截至本招股说明书发布之日，基于我们中国法律顾问的法律意见，我们、我们的中国子公司、VIE以及VIE的子公司，(i) 不需要获得中国证监会的许可或批准；(ii) 不需要通过中共中央网络安全和信息化委员会办公室（CAC）的网络安全审查……因此，中国政府机构可以采取与上述结论相反的观点。此外，我们、我们的中国子公司、VIE以及VIE的子公司未被任何中国当局要求获得或拒绝此类许可。此

① 该翻译译文仅供参考，非官方翻译版本。

外，截至本招股书发布之日，我们未收到中国证监会、中国证监会或任何其他中国政府机构关于我们公司结构和合同安排的任何询问、通知、警告或制裁。”

“我们的中国法律顾问基于其对相关法律法规的理解，认为（i）WFOE、VIE及其子公司的所有权结构符合适用的中国法律法规，且（ii）该等合同安排构成有效、合法且有约束力的义务，可根据各协议条款对该等协议的各方强制执行。且不会导致任何违反中国现行法律法规的行为。然而，我们的中国法律顾问也告知我们，当前和未来中国法律、法规和规则的解释和适用存在很大的不确定性。因此，中国监管机构可能会采取与我们中国法律顾问意见相反的意见。如果我们或VIE被发现违反任何现有或未来的中国法律或法规，或未能获得或维持任何所需的许可或批准，中国相关监管机构将有广泛的自由裁量权采取行动处理此类违规或失败，包括：

- 撤销该等实体的营业执照和/或经营许可证；撤销公司在中国的子公司和VIE的营业执照和经营许可证；
- 停止或限制我们通过WFOE与VIE之间的任何交易开展业务，或对我们的业务设置繁重条件；停止或限制公司中国子公司与VIE之间的任何关联方交易；
- 通过订立合同安排，征收罚款、没收来自WFOE或VIE的收入，或施加我们或VIE可能无法遵守的其他要求，限制公司在中国的业务扩张；
- 要求我们重组我们的所有权结构或业务，包括终止与VIE的合同安排和注销VIE的股权质押，这反过来又会影响我们整合VIE或从VIE获得经济利益的能力，并征收罚款或公司的中国子公司和VIE可能无法遵守的其他要求；
- 限制或禁止使用我们的任何发行收益来资助我们在中国的业务和运营，并采取其他可能对我们的业务有害的监管或执法行动，要求公司的中国子公司和VIE重组相关的所有权结构或运营；
- 没收经认定为非法经营取得的收入；
- 停止或对我们的业务设置限制或苛刻的条件；或
- 采取其他可能损害我们业务的监管或执法行动。

任何这些处罚的实施都将对我们开展业务的能力产生重大的不利影响。此外，目前尚不清楚，如果中国政府当局发现我们的法律结构和合同安排违反中国法律法规，中国政府的行动将对我们以及我们在合并财务报表中合并VIE财务业绩的能力产生何种影响。如果任何这些政府行动的实施导致我们失去了指导 VIE 活动的权利，或我们失去了从 VIE 中获得几乎所有经济利益和剩余回报的权利，并且我们无法以令人满意的方式重组我们的所有权结构和业务，我们将不再能够在合并财务报表中合并 VIE 的财务结果。这些结果中的任何一项，或在此事件中可能对我们施加的任何其他重大处罚，都将对我们的财务状况和经营结果产生重大不利影响。”

3.《致中概股的信函样本》（Sample Letter to China - Based Companies，以下简称 Sample Letter）

2021 年 12 月，SEC 进一步公布针对中概股的 Sample Letter①，敦促各拟赴美上市的中概股在准备披露文件时，对以下问题根据相关要求进行披露：

Prospectus Cover Page

1. Please disclose prominently on the prospectus cover page that you are not a Chinese operating company but a Cayman Islands holding company with operations conducted by your subsidiaries and through contractual arrangements with a variable interest entity（VIE）based in China and that this structure involves unique risks to investors. If true, disclose that these contracts have not been tested in court. Explain whether the VIE structure is used to provide investors with exposure to foreign investment in China - based companies where Chinese law prohibits direct foreign investment in the operating companies, and disclose that investors may never hold equity interests in the Chinese operating company. Your disclosure should acknowledge that Chinese regulatory authorities could disallow this structure, which would likely result in a material change in your operations and/or a material change in the value of the securities you are registering for sale, including that it could cause the value of such securities to significantly decline or become worthless. Provide a cross - reference to your detailed discussion of risks facing the company and the offering as a result of this structure.

2. Provide prominent disclosure about the legal and operational risks associated

① 原文请参见 https://www.sec.gov/corpfin/sample - letter - china - based - companies，最后访问日期：2023 年 3 月 5 日。

with being based in or having the majority of the company's operations in China. Your disclosure should make clear whether these risks could result in a material change in your operations and/or the value of the securities you are registering for sale or could significantly limit or completely hinder your ability to offer or continue to offer securities to investors and cause the value of such securities to significantly decline or be worthless. Your disclosure should address how recent statements and regulatory actions by China's government, such as those related to the use of variable interest entities and data security or anti – monopoly concerns, have or may impact the company's ability to conduct its business, accept foreign investments, or list on a U. S. or other foreign exchange. Please disclose whether your auditor is subject to the determinations announced by the PCAOB on December 16, 2021 and whether and how the Holding Foreign Companies Accountable Act and related regulations will affect your company. Your prospectus summary should address, but not necessarily be limited to, the risks highlighted on the prospectus cover page.

3. Clearly disclose how you will refer to the holding company, subsidiaries, and VIEs when providing the disclosure throughout the document so that it is clear to investors which entity the disclosure is referencing and which subsidiaries or entities are conducting the business operations. Refrain from using terms such as "we" or "our" when describing activities or functions of a VIE. For example, disclose, if true, that your subsidiaries and/or the VIE conduct operations in China, that the VIE is consolidated for accounting purposes but is not an entity in which you own equity, and that the holding company does not conduct operations. Disclose clearly the entity (including the domicile) in which investors are purchasing an interest.

4. Provide a description of how cash is transferred through your organization and disclose your intentions to distribute earnings or settle amounts owed under the VIE agreements. State whether any transfers, dividends, or distributions have been made to date between the holding company, its subsidiaries, and consolidated VIEs, or to investors, and quantify the amounts where applicable. Provide cross – references to the condensed consolidating schedule and the consolidated financial statements.

Prospectus Summary

5. Disclose clearly that the company uses a structure that involves a VIE based in China and what that entails, and provide early in the summary a diagram of the company's corporate structure, identifying the person or entity that owns the equity in each depicted entity. Describe all contracts and arrangements through which you claim to have economic rights and exercise control that results in consolidation of the VIE's operations and financial results into your financial statements. Identify clearly the entity in which investors are purchasing their interest and the entity (ies) in which the company's operations are conducted. Describe the relevant contractual agreements between the entities and how this type of corporate structure may affect investors and the value of their investment, including how and why the contractual arrangements may be less effective than direct ownership and that the company may incur substantial costs to enforce the terms of the arrangements. Disclose the uncertainties regarding the status of the rights of the Cayman Islands holding company with respect to its contractual arrangements with the VIE, its founders and owners, and the challenges the company may face enforcing these contractual agreements due to legal uncertainties and jurisdictional limits.

6. We note your disclosure that the Cayman Islands holding company controls and receives the economic benefits of the VIE's business operations through contractual agreements between the VIE and your Wholly Foreign – Owned Enterprise (WFOE) and that those agreements are designed to provide your WFOE with the power, rights, and obligations equivalent in all material respects to those it would possess as the principal equity holder of the VIE. We also note your disclosure that the Cayman Islands holding company is the primary beneficiary of the VIE. However, neither the investors in the holding company nor the holding company itself have an equity ownership in, direct foreign investment in, or control of, through such ownership or investment, the VIE. Accordingly, please refrain from implying that the contractual agreements are equivalent to equity ownership in the business of the VIE. Any references to control or benefits that accrue to you because of the VIE should be limited to a clear description of the conditions you have satisfied for consolidation of the VIE

under U. S. GAAP. Additionally, your disclosure should clarify that you are the primary beneficiary of the VIE for accounting purposes. Please also disclose, if true, that the VIE agreements have not been tested in a court of law.

7. In your summary of risk factors, disclose the risks that your corporate structure and being based in or having the majority of the company's operations in China poses to investors. In particular, describe the significant regulatory, liquidity, and enforcement risks with cross – references to the more detailed discussion of these risks in the prospectus. For example, specifically discuss risks arising from the legal system in China, including risks and uncertainties regarding the enforcement of laws and that rules and regulations in China can change quickly with little advance notice; and the risk that the Chinese government may intervene or influence your operations at any time, or may exert more control over offerings conducted overseas and/or foreign investment in China – based issuers, which could result in a material change in your operations and/or the value of the securities you are registering for sale. Acknowledge any risks that any actions by the Chinese government to exert more oversight and control over offerings that are conducted overseas and/or foreign investment in China – based issuers could significantly limit or completely hinder your ability to offer or continue to offer securities to investors and cause the value of such securities to significantly decline or be worthless.

8. Disclose each permission or approval that you, your subsidiaries, or the VIEs are required to obtain from Chinese authorities to operate your business and to offer the securities being registered to foreign investors. State whether you, your subsidiaries, or VIEs are covered by permissions requirements from the China Securities Regulatory Commission (CSRC), Cyberspace Administration of China (CAC) or any other governmental agency that is required to approve the VIE's operations, and state affirmatively whether you have received all requisite permissions or approvals and whether any permissions or approvals have been denied. Please also describe the consequences to you and your investors if you, your subsidiaries, or the VIEs: (i) do not receive or maintain such permissions or approvals, (ii) inadvertently conclude that such permissions or approvals are not required, or (iii) applicable laws, regulations,

or interpretations change and you are required to obtain such permissions or approvals in the future.

9. Provide a clear description of how cash is transferred through your organization. Disclose your intentions to distribute earnings or settle amounts owed under the VIE agreements. Quantify any cash flows and transfers of other assets by type that have occurred between the holding company, its subsidiaries, and the consolidated VIEs, and direction of transfer. Quantify any dividends or distributions that a subsidiary or consolidated VIE have made to the holding company and which entity made such transfer, and their tax consequences. Similarly quantify dividends or distributions made to U. S. investors, the source, and their tax consequences. Your disclosure should make clear if no transfers, dividends, or distributions have been made to date. Describe any restrictions on foreign exchange and your ability to transfer cash between entities, across borders, and to U. S. investors. Describe any restrictions and limitations on your ability to distribute earnings from the company, including your subsidiaries and/or the consolidated VIEs, to the parent company and U. S. investors as well as the ability to settle amounts owed under the VIE agreements.

10. We note that the consolidated VIEs constitute a material part of your consolidated financial statements. Please provide in tabular form a condensed consolidating schedule that disaggregates the operations and depicts the financial position, cash flows, and results of operations as of the same dates and for the same periods for which audited consolidated financial statements are required. The schedule should present major line items, such as revenue and cost of goods/services, and subtotals and disaggregated intercompany amounts, such as separate line items for intercompany receivables and investment in subsidiary. The schedule should also disaggregate the parent company, the VIEs and its consolidated subsidiaries, the WFOEs that are the primary beneficiary of the VIEs, and an aggregation of other entities that are consolidated. The objective of this disclosure is to allow an investor to evaluate the nature of assets held by, and the operations of, entities apart from the VIE, as well as the nature and amounts associated with intercompany transactions. Any intercompany amounts should be presented on a gross basis and when necessary,

additional disclosure about such amounts should be included in order to make the information presented not misleading.

11. Disclose that trading in your securities may be prohibited under the Holding Foreign Companies Accountable Act if the PCAOB determines that it cannot inspect or investigate completely your auditor, and that as a result an exchange may determine to delist your securities. Disclose whether your auditor is subject to the determinations announced by the PCAOB on December 16, 2021.

Risk Factors

12. Revise your risk factors to acknowledge that if the PRC government determines that the contractual arrangements constituting part of the VIE structure do not comply with PRC regulations, or if these regulations change or are interpreted differently in the future, the securities you are registering may decline in value or become worthless if the determinations, changes, or interpretations result in your inability to assert contractual control over the assets of your PRC subsidiaries or the VIEs that conduct all or substantially all of your operations.

13. We note your disclosure about the Holding Foreign Companies Accountable Act. Please expand your risk factors to disclose that the United States Senate has passed the Accelerating Holding Foreign Companies Accountable Act, which, if enacted, would decrease the number of "non – inspection years" from three years to two years, and thus, would reduce the time before your securities may be prohibited from trading or delisted. Update your disclosure to reflect that the Commission adopted rules to implement the HFCAA and that, pursuant to the HFCAA, the PCAOB has issued its report notifying the Commission of its determination that it is unable to inspect or investigate completely accounting firms headquartered in mainland China or Hong Kong.

14. Given the Chinese government's significant oversight and discretion over the conduct of your business, please revise to highlight separately the risk that the Chinese government may intervene or influence your operations at any time, which could result in a material change in your operations and/or the value of the securities you are registering. Also, given recent statements by the Chinese government indicating an

intent to exert more oversight and control over offerings that are conducted overseas and/or foreign investment in China – based issuers, acknowledge the risk that any such action could significantly limit or completely hinder your ability to offer or continue to offer securities to investors and cause the value of such securities to significantly decline or be worthless.

15. In light of recent events indicating greater oversight by the Cyberspace Administration of China (CAC) over data security, particularly for companies seeking to list on a foreign exchange, please revise your disclosure to explain how this oversight impacts your business and your offering and to what extent you believe that you are compliant with the regulations or policies that have been issued by the CAC to date.

译文如下:①

招股说明书封面

1. 请在招股说明书封面页的显著位置披露，您不是一家中国运营公司，而是一家设立于开曼群岛的控股公司，您的子公司通过与中国 VIE 的合同安排进行运营，这种结构对投资者有独特的风险。如果属实，请说明这些 VIE 合同没有经过法庭的检验。解释在中国法律禁止外国直接投资运营公司的情况下，VIE 结构是否被用于向投资者提供对中国公司的外国投资的敞口，并披露投资者可能永远不会持有中国运营公司的股权。您应披露，中国监管当局可能不允许这种结构，这可能会导致您的运营发生重大变化和/或您持有的证券价值发生重大变化。提供交叉参考，详细讨论公司所面临的由于这种结构而导致的发行风险。

2. 提供与公司总部设在中国或在中国拥有大部分业务相关的法律和经营风险的显著披露。披露该风险可能会导致您的运营发生重大变化和/或您持有的证券价值发生重大变化。您的披露应该强调中国政府近期的声明和监管行动，比如使用相关的 VIE 和数据安全或反垄断问题，已经或可能影响公司开展业务、接受外国投资或者在美国或其他外国交易所上市的能力。请披露贵公司的审计师是否受 PCAOB 于 2021 年 12 月 16 日宣布的决定的影响，以及《问责法》和相关法规是否以及如何影响贵公司。你的招股说明书摘要应该提到，但不一定限于，招股

① 该翻译译文仅供参考，非官方翻译版本。

说明书封面上突出的风险。

3. 明确披露您将如何提及控股公司、子公司和VIE，以便投资者清楚披露所涉及的实体，以及哪些子公司或实体正在进行业务运营。在描述VIE的活动或功能时，避免使用“我们”或“我们的”等术语。例如，如果属实，则披露您的子公司和/或VIE在中国进行运营，出于会计目的，VIE是合并的，但不是您拥有股权的实体，控股公司不进行运营。明确披露投资者购买权益的实体（包括注册地）。

4. 提供现金如何通过您的架构转移的描述，并披露您打算如何分配收益或结算VIE协议下的欠款。说明到目前为止，控股公司、其子公司和合并VIE之间或向投资者之间是否进行了任何转让、股息或分配，并在适用的情况下量化数额。提供精简合并时间表和合并财务报表的相互参照。

招股说明书摘要

5. 明确披露该公司使用的是一种涉及中国VIE的结构，以及这种结构所涉及的内容，并在概要的早期提供该公司的公司结构图，指明在每个描述的实体中拥有股权的个人或实体。描述所有您声称拥有经济权利和行使控制权的合同和安排，这些合同和安排将导致VIE的运营和财务结果合并到您的财务报表中。明确指明投资者购买其权益的实体，以及公司运作的实体。描述相关的合同协议实体之间，以及这种类型的公司结构可能影响投资者和投资的价值，包括如何以及为什么比直接所有权合约安排可能不太有效，公司可能需要可观的成本执行的条款安排。披露开曼群岛控股公司在其与VIE的合同安排、其创始人和所有者的权利状态方面的不确定性，以及由于法律不确定性和管辖权限制，该公司在执行这些合同协议时可能面临的挑战。

6. 请避免暗示VIE合同协议安排等同于股权所有权。任何关于您因VIE而获得的控制权或利益的引用，应限于明确描述您根据美国公认会计准则（U. S. GAAP）对VIE合并所满足的条件。此外，您的披露应澄清您是因会计目的而别列为是VIE的主要受益人。如果属实，还请披露VIE协议没有经过法庭的检验。

7. 在您的风险因素总结中，披露您的公司结构和公司在中国或在中国的大部分业务给投资者带来的风险。特别是，描述重大的监管、流动性和执行风险，并参照招股说明书中对这些风险的更详细的讨论。承认中国政府采取的任何行动对在海外进行的发行和/或在中国发行的外国投资施加更多监督和控制的任何风险，这可能会导致您的运营发生重大变化和/或您持有的证券价值发生重大变化。

8. 披露您、您的子公司或 VIE 在经营您的业务和向外国投资者提供注册证券时，需要从中国当局获得的每一项许可或批准。说明您、您的子公司或 VIE 是否符合中国证监会（CSRC）、中国互联网信息办公室（CAC）或任何其他需要批准 VIE 运营的政府机构的许可要求，并确认您是否已收到所有必要的许可或批准，以及是否有任何许可或批准已被拒绝。如果您、您的附属公司或 VIE：（ⅰ）未获得或维持该等许可或批准，（ⅱ）无意中得出不需要该等许可或批准的结论，或（ⅲ）适用的法律、法规或解释发生变化，而您被要求在未来获得该等许可或批准，请同时说明对您和您的投资者造成的后果。

9. 提供现金如何通过您的架构转移的描述，并披露您打算如何分配收益或结算 VIE 协议下的欠款。量化控股公司、您的子公司和 VIE 之间发生的现金流和其他资产转移，以及转移方向。量化子公司或 VIE 向控股公司支付的任何股息或分配，以及进行此类转让的实体，以及相应的税务后果。同样，量化美国投资者获得的股息或分配、来源及其税收后果。您的披露应清楚表明迄今为止是否有转让，股息，或分配。请描述对外汇交易的任何限制，以及您在实体之间、跨境和向美国投资者转移现金的能力。

10. 请以表格形式提供一份精简的综合时间表，对各项业务进行分类，并说明截至需要编制审计合并财务报表的同一日期和同一期间的财务状况、现金流量和业务结果。明细表应列出主要项目，如货物/服务的收入和成本，以及公司间的小计和分类数额，如公司间应收账款和子公司投资的单独项目。明细表还应该对母公司、VIE 及其合并后的子公司、VIE 的主要受益人 WFOE 以及合并后的其他实体进行分解。本披露的目的是让投资者评估 VIE 以外实体持有的资产和运营的性质，以及与公司间交易相关的性质和金额。公司间的任何金额均应以毛额形式提交，如有必要，应进一步披露此类金额，以使所提交的资料不具有误导性。

11. 披露如果 PCAOB 决定不能完全检查或调查您的审计师，您的证券交易可能会被《问责法》禁止，因此，交易所可能会决定将您的证券摘牌。披露您的审计师是否受到 2021 年 12 月 16 日 PCAOB 宣布的决定的影响。

风险披露

12. 修改您的风险因素，确认如果中国政府确定构成 VIE 结构一部分的合同安排不符合中国法规，或如果这些法规在未来发生变化或有不同的解释，如果有关决定、变更或解释导致贵方无法维护对贵方中国子公司或负责贵方全部或大致所有经营活动的VIE的资产的合同控制权，则贵方登记的证券可能会贬值或变得一文不值。

13. 美国参议院已经通过《加速控股外国公司问责法》，如果该法案实施，将“不检查年”从3年减少到2年，会缩短您的证券被禁止交易或退市的时间，请进一步披露此法案实施对您的相关风险。请更新披露，SEC通过了实施《问责法》的规则的相关影响，以及PCAOB根据《问责法》发布报告，确定其无法对总部位于中国内地或中国香港的会计师事务所进行全面检查或调查的相关影响。

14. 鉴于，中国政府对您的商业行为有重大监督和自由裁量权，请修改并单独强调中国政府可能在任何时候干预或影响您的运营，从而可能导致您的运营和/或您登记的证券价值发生重大变化的风险。此外，鉴于中国政府最近的声明表明，有意对在海外进行的发行和/或在中国发行的外国投资施加更多的监督和控制，承认任何此类行为可能会严重限制或完全阻碍您向投资者提供或继续提供证券的能力，并导致该等证券的价值大幅下降或一文不值的风险。

15. 鉴于最近的事件表明，中国互联网信息办公室将加强对数据安全的监管，尤其是对寻求在外国交易所上市的公司的监管，请修改您的披露，解释这一监管如何影响您的业务和您的产品，以及您认为您在多大程度上遵守了中国互联网信息办公室迄今发布的法规或政策。

4. 《境内企业境外发行证券和上市管理试行办法》

2021年12月24日，中国证监会发布了《国务院关于境内企业境外发行证券和上市的管理规定（征求意见稿）》① 及《境内企业境外发行证券和上市备案管理办法（征求意见稿）》②，并首次要求所有在境外上市（无论直接上市还是间接上市）的境内企业向中国证监会备案。

2023年2月17日，经国务院批准，中国证监会正式发布境外上市备案管理相关制度规则，自2023年3月31日起实施。此次发布的制度规则共6项，包括《境内企业境外发行证券和上市管理试行办法》（以下简称《管理试行办法》）和

① 原文请参见 http://www.csrc.gov.cn/csrc/c10198/c1662244/content.shtml，最后访问日期：2023年3月3日。

② 原文请参见 http://www.csrc.gov.cn/csrc/c10198/c1662244/content.shtml，最后访问日期：2023年3月3日。

5项相关配套指引（以下合称境外上市备案新规）。① 境外上市备案新规要求所有在境外上市（无论直接上市还是间接上市）的境内企业向中国证监会备案。同日，中国证监会有关负责人就境外上市备案新规答记者问（证监会答记者问）提到，证监会将征求有关主管部门意见，对满足合规要求的VIE架构企业境外上市予以备案。②

中进医疗（JIN MEDICAL INTERNATIONAL LTD.）（NASDAQ. ZJYL）在2023年2月24日向SEC递交的F－1/A中做出如下披露③：

On February 17, 2023, the CSRC released the "Trial Measures for the Administration of the Overseas Issuance and Listing of Securities by Domestic Enterprises" and a series of associated regulatory guidelines (together, the "Rules Regarding Overseas Listing"), which will become effective on March 31, 2023. The Rules Regarding Overseas Listing require Chinese companies applying to list on overseas exchanges to report and file certain documents with the CSRC within three working days after submitting listing applications and subsequent amendments. In addition, an overseas offering and listing is prohibited under any of the following circumstances: (1) if the intended securities offering and listing is specifically prohibited by national laws and regulations and relevant provisions; (2) if the intended securities offering and listing may endangers national security, as reviewed and determined by competent authorities under the State Council in accordance with law; (3) if, in the past three years, the domestic enterprise or its controlling shareholders or actual controllers have committed corruption, bribery, embezzlement, misappropriation of property, or other criminal offenses disruptive to the order of the socialist market

① 包括《监管规则适用指引——境外发行上市类第1号》《监管规则适用指引——境外发行上市类第2号：备案材料内容和格式指引》《监管规则适用指引——境外发行上市类第3号：报告内容指引》《监管规则适用指引——境外发行上市类第4号：备案沟通指引》《监管规则适用指引——境外发行上市类第5号：境外证券公司备案指引》。除非特别说明，以下内容均引用自《管理试行办法》或上述配套指引。

② 参见 https://www.sec.gov/Archives/edgar/data/1837821/000121390023014263/ea173808－f1a11_jinmedical.htm，最后访问日期：2023年3月20日。

③ 参见 https://www.sec.gov/Archives/edgar/data/1837821/000121390023014263/ea173808－f1a11_jinmedical.htm，最后访问日期：2023年3月20日。

economy; (4) if the domestic enterprise is currently under investigation for suspicion of criminal offenses or major violations, and no conclusion has yet been made thereof; or (5) if there are material ownership dispute over the equity held by the controlling shareholders or the other shareholders controlled by the controlling shareholders or actual controllers. The Rules Regarding Overseas Listing define the legal liabilities of breaches such as failure in fulfilling filing obligations or fraudulent filing conducts, imposing a fine between RMB 1 million and RMB 10 million.

Regulatory Guideline No. 2 of the Rules Regarding Overseas Listing provides that, where an issuer with a VIE structure files with the CSRC for overseas initial public offering, or IPO, the following specific disclosures on the VIE structure must be included in its application report: (1) reasons for the set - up of the VIE structure and the specific arrangements; (2) risks associated with control, counterparty default and tax issues; and (3) risk mitigants.

The Rules Regarding Overseas Listing, when effective, may subject us to additional compliance requirement in the future, and we cannot assure you that we will be able to get the clearance of filing procedures under the Rules Regarding Overseas Listing on a timely basis, or at all. Any failure of us to fully comply with new regulatory requirements may significantly limit or completely hinder our ability to offer or continue to offer our Ordinary Shares, cause significant disruption to our business operations, and severely damage our reputation, which would materially and adversely affect our financial condition and results of operations and cause our Ordinary Shares to significantly decline in value or become worthless. According to the Rules Regarding Overseas Listing, if we cannot obtain the approval from the SEC to list our Ordinary Shares before the effective date, March 31, 2023, then we will be required to file with the CSRC in accordance with the Rules Regarding Overseas Listing within a reasonable time and before the consummation of this offering.

Given the current PRC regulatory environment, it is uncertain whether we, our PRC subsidiaries or the VIE, will be required to obtain permissions from the PRC government to offer securities to foreign investors in the future, and whether we would be able to obtain such permissions. If we are unable to obtain such permissions if required in the future, or inadvertently conclude that such approvals are not required, we may face sanctions by theCSRC, the CAC or other PRC regulatory agencies for failure to seek their approval which could significantly limit or completely hinder our ability to offer or continue to offer securities to our investors and, in such event, the value of our Ordinary Shares may depreciate significantly or become worthless. See "Risk Factors – The Chinese government exerts substantial influence over the manner in which we must conduct our business, and may intervene or influence our operations at any time, which could result in a material change in our operations, significantly limit or completely hinder our ability to offer or continue to offer securities to investors and, and cause the value of our Ordinary Shares to significantly decline or be worthless.

译文如下:①

2023年2月17日，中国证监会正式发布了《境内企业境外发行证券和上市管理试行办法》及《监管规则适用指引》（1~5号）（以下统称备案新规），自2023年3月31日起施行。根据备案新规，境内企业在提交境外上市申请和后续变更之日起3个工作日内，应向中国证监会备案或报告。此外，境内企业存在下列情形之一的，不得境外发行上市：（1）法律、行政法规或者国家有关规定明确禁止上市融资的；（2）经国务院有关主管部门依法审查认定，境外发行上市可能危害国家安全的；（3）境内企业或者其控股股东、实际控制人最近3年内存在贪污、贿赂、侵占财产、挪用财产或者破坏社会主义市场经济秩序的刑事犯罪的；（4）境内企业因涉嫌犯罪或者重大违法违规行为正在被依法立案调查，尚未有明确结论意见的；（5）控股股东或者受控股股东、实际控制人支配的股东持有的股权存在重大权属纠纷的。如果境内企业未遵守备案新规的备案义务或者存在欺诈备案行为的，将被处以人民币100万元以上人民币1000万元以下的罚款。

《监管规则适用指引2》规定，发行人存在协议控制架构的，需要在备案中说明（1）设置协议控制架构的原因和具体安排；（2）协议控制架构可能引发的控制权、相关主体违约、税务等风险；（3）风险应对措施安排。

备案新规生效后，未来我们可能被要求遵守额外的合规要求，我们不能向您

① 该翻译译文仅供参考，非官方翻译版本。

报证我们未来每次都能及时或者完全完成备案程序。如果我们不能完全遵守备案新规的要求，这会妨碍我们发行或持续发行普通股的能力，从而导致我们业务受阻，并严重损害我们的声誉，这将会对我们的财务情况、运营结果造成重大不利影响，并导致我们普通股价值严重下跌或者毫无价值。根据备案新规要求，如果我们不能在2023年3月31日前获得SEC允许我们普通股挂牌的批准，那么我们必须要在合理的时间内完成有关本次发行的中国证监会备案。

鉴于中国的监管环境，我们不确定我们的发行主体、中国子公司或者VIE实体是否在未来就向外国投资者发行证券要获得中国政府的同意，也不确定我们是否能获得该等同意。如果我们未来没有获得该等同意，或者确定了我们不可能获得该等批准，我们可能面临中国证监会、网信办或其他中国监管机构因未能获得该等批准对我们的处罚，这将严重影响或完全阻碍我们向投资者发行或持续发行证券的能力。如此，我们的普通股的价值将严重贬损或毫无价值。请参见“风险因素－中国政府对我们开展业务的方式施加重大影响，并可能随时干预或影响我们的经营，这可能导致我们的经营发生重大变化，严重限制或完全阻碍我们向投资者发行或继续发行证券的能力，并导致我们普通股的价值大幅下降或变得毫无价值”。

境外上市备案新规出台后，中概股企业，包括医疗健康行业的企业，均需要将境外上市备案新规的相关内容在招股书中进行详细的信息披露，包括对法律内容本身的描述和对中概股企业的具体影响和可能存在的合规风险的披露。

综上所述，美国的信息披露制度是十分成熟和完备的，对信息披露的质量要求较高，赴美上市的中国医疗健康企业需要结合自身实际情况、所处行业特性等做具体披露甚至量化分析，以确保投资人能够根据企业的披露真实、准确和全面的信息而做出相应的投资决策。